国家社科基金
GUOJIA SHEKE JIJIN HOUQI ZIZHU XIANGMU
后期资助项目

U0676338

"文化强国"战略视野中的文化产业发展研究

The Research on the Development of
Cultural Industry in the Strategic Vision of
Building a Powerful Cultural Country

范玉刚　著

中国社会科学出版社

图书在版编目（CIP）数据

"文化强国"战略视野中的文化产业发展研究/范玉刚著. —北京：
中国社会科学出版社，2016.2
ISBN 978 - 7 - 5161 - 7601 - 6

Ⅰ.①文…　Ⅱ.①范…　Ⅲ.①文化产业—产业发展—研究—中国
Ⅳ.①G124

中国版本图书馆 CIP 数据核字（2016）第 025312 号

出 版 人　赵剑英
选题策划　郭晓鸿
责任编辑　慈明亮
责任校对　张依婧
责任印制　李寡寡

出　　　版　中国社会科学出版社
社　　　址　北京鼓楼西大街甲 158 号
邮　　　编　100720
网　　　址　http://www.csspw.cn
发 行 部　010 - 84083685
门 市 部　010 - 84029450
经　　　销　新华书店及其他书店

印　　　刷　北京君升印刷有限公司
装　　　订　廊坊市广阳区广增装订厂
版　　　次　2016 年 2 月第 1 版
印　　　次　2016 年 2 月第 1 次印刷

开　　　本　710×1000　1/16
印　　　张　32.75
插　　　页　2
字　　　数　603 千字
定　　　价　108.00 元

国家社科基金后期资助项目

出 版 说 明

后期资助项目是国家社科基金设立的一类重要项目，旨在鼓励广大社科研究者潜心治学，支持基础研究多出优秀成果。它是经过严格评审，从接近完成的科研成果中遴选立项的。为扩大后期资助项目的影响，更好地推动学术发展，促进成果转化，全国哲学社会科学规划办公室按照"统一设计、统一标识、统一版式、形成系列"的总体要求，组织出版国家社科基金后期资助项目成果。

全国哲学社会科学规划办公室

目　录

绪论 全球化语境下的"文化强国"战略

当今时代是一个战略时代，一定程度上，战略已经成为一个国家发展中最具活力和决定意义的主题词。处于伟大历史复兴进程中拐点的中国正处在这样一个战略时代，这是一个全球化语境中文化思潮相互激荡剧烈的时代，也是一个国家文化战略博弈空前激烈的时代。面对复杂的国际国内形势的纷纭变换，中国需要什么样的文化战略？基于对文化特性和文化地位不断凸显的深刻认知，中国共产党在十七届六中全会上鲜明地提出：没有文化的积极引领，没有人民精神世界的极大丰富，没有全民族精神力量的充分发挥，一个国家、一个民族不可能屹立于世界民族之林。并诚心正意地指出：物质贫乏不是社会主义，精神空虚也不是社会主义。没有社会主义文化繁荣发展，就没有社会主义现代化。在全会上向全党全社会发出号召：坚持中国特色社会主义文化发展道路，努力建设社会主义文化强国。在党的十八大上进一步强调：扎实推进社会主义文化强国建设。自此，"文化强国战略"成为中国现代化建设和实现民族伟大复兴的一条主线，文化发展成为国家战略，这显示了中国共产党的文化自觉和文化自信。

从全球视野来看，世界大国的崛起都离不开国家战略的指导。国家战略是一个国家发展的总体战略和根本方面，是一个国家安身立命的根本问题，它广泛涉及一个国家的政治、经济、军事、外交、文化、科技等各个方面，是一定时期国家战略利益的一种反映，是国家根据当前国际形势与国内发展格局变化做出的一种战略选择，在不同的历史发展阶段上，国家战略形态总是以某种具体形态方式来凸显国家战略利益的需要。当前，国际思想界有一个普遍共识，即现代大国的崛起通常需要三个基础：政治基础意味着国家的独立和主权，经济基础则是提供政治和军事实力的保障，文化基础是综合国力中"软实力"的核心，是大国竞争的最后战役。20世纪中后期以来，真正的大国崛起没有一个是凭借武力取得成功的，而都是诉诸软实力的发挥，以"攻心为上"的战略成为屡试不爽的法宝。只有软实力强大的国家才能最终赢得他国的志愿认同，成为真正强大的国家。可以说，大国之间的文化战略博弈，构成了全球化时代的特有景观。而从人类发展中全球地理版图的划分来看，可以发现分别有三个最重要的因素主导不同的文明时期：军事（19世纪）、经济（20世纪）、文化（21世纪），文化作为软实力，在日趋激烈的综合国力竞争中处于举足轻重的地位。两种不同的观察视角最后都聚焦文化，这也解释了为何自20世纪中后期以来，文化领域的扩张和反扩张，渗透和反渗透已成为国际政治经济竞争的重要内容。与之相应，全球范围内的资源配置出现了前所未有的分化和重组，对文化资源和话语权的争夺成为全球资源重组的重要内容，越来越多的文化产品进入全球市场，越来越多的区域文化经济融入现代市场体系（2013年全球文化创意产业创造产值2.25万亿美元，占全球GDP的3%）。一定意义上，21世纪以来的全球经济、政治、文化战略格局的重组，以及各种力量的博弈，都是以文化产业为中轴线展开的。

随着文化的地位和作用的全球凸显，文化发展被提升到国家战略高度。国家战略作为一个系统，文化战略是该系统中的重要构成部分。所谓文化战略，是一个国家在全球化语境下，基于本国发展的特定历史阶段，对本国文化发展与世界战略的一种长远考虑和谋划，集中反映了一个国家的文化意志和对于世界的文化意图；是一个国家和民族在文化竞争、博弈日益激烈的语境下，为强化民族文化认同、增强凝聚力、有效传播价值及建构其文化形象，所主动采取或实施的一种具有战略性意义的立场或者国家行为。文化战略成为一种国家战略需求，表明文化本身不再是一种手段，而是一种目的，从而引发全球性文化竞争下的秩序重构。有学者指出：国际文化战略秩序是国家和国家集团间文化战略竞争和战略博弈的结果，是指在一定的国际环境下所表现出来的、呈相对稳定状态的国家间在世界文化事务中的发言权、话语权和主导权的国际文化权力关系。国际上一切国家文化战略的制定都是依据自己在这种关系中所处的地位来决定的，直接体现于对世界文化秩序建构主导权的争夺与控制。① 文化战略的主要功能之一，就是为文化秩序的建立提供全部合法性与合理性依据，并据此指导一个国家的文化发展和文化建设。不过需要指出的是，当下文化竞争越发不能脱离文化产业这种主导方式和形态，因此，文化产业的竞争和博弈就成为文化战略的重要内容和支撑。文化产业发展的现代化程度成为衡量大国文化地位和国际文化影响力的重要标志。如日本1998年提出"文化立国

---

① 胡惠林：《当前中国文化战略发展的几个问题》，《艺术百家》2011年第6期。

战略",该战略已成为日本的国家发展战略,成为日本的立国与强国之本。

近年来,文化产业发展受到党和政府的高度重视,并成为学界的一个研究热点。在"文化强国战略"视野中加强文化产业发展研究,把握文化产业发展的脉络,理清文化产业发展的思路,明晰文化产业发展的战略目标,以及可持续发展的路径和模式,探索其发展规律,是促进文化产业发展的一项迫切性工作。根据当下文化产业发展实际和建立创新型国家的总体战略要求,契合新型城镇化运动和全面建成小康社会的总体战略布局,在文化战略高度上深化文化产业发展研究,对于越来越深入参与全球文化产业竞争的中国文化产业发展具有特别重要的意义和价值。尤其是从学理和实践层面对文化产业如何成为经济结构战略性调整的重要支点、转变经济发展方式的重要着力点,为推动科学发展提供重要支撑等进行系统性的研究不可缺失。从研究现状来看,能够形成完整的宏观体系和局部细化可操作性相统一的文化产业研究还不多。因此,本课题研究,不仅有学术价值,更有现实性的应用价值。

一 提出"文化强国"战略的现实性和必要性

文化是民族的血脉,是人民的精神家园,随着文化的地位和作用的全球凸显,文化从幕后走向台前,文化发展被提升到国家战略高度。当今世界,文化越来越成为民族凝聚力和创造力的重要源泉,越来越成为综合国力竞争的重要因素,越来越成为经济社会发展的重要支撑,丰富精神文化生活越来越成为我国人民的热切愿望。中央对文化的地位和作用的认知,彰显了党的文化自觉。一个国家、一个民族若只有物质财富的丰富而没有思想道德素质和科学文化素质的提高,就谈不上是一个强大的国家、一个强盛的民族;一个国家若仅是经济强国、军事强国而非文化强国,就谈不上是一个真正的强国。增强民族凝聚力和创造力,提高文化的竞争力和感召力,从来都是增强综合国力的一个重要方面;共同文化的认同、主流价值观的贞立,一直都是聚合社会力量、增强民族凝聚力和创造力的重要途径。一个国家综合国力的提升需要"文化强国"战略的支撑,中国的"文化强国"战略就是在"中国崛起"和实现"两个百年"目标的背景下提出的。

1. 深刻领会"文化强国"战略的内涵和意义

党中央诚心正意地把文化建设提升到国家战略高度,表征着党对文化发展的高度重视,对文化的认知和文化功能的理解越来越深刻,没有文化的积极引领,没有人民精神世界的极大丰富,没有民族精神力量的充分发挥,一个国家、一个民族不可能屹立于世界民族之林。没有社会主义文化繁荣发展，就没有社会主义现代化。这些极富战略意识的论断，标志着党在文化发展上越来越主动，越来越自信。社会主义文化强国是中国特色社会主义发展的目标，也是发展的旗帜和宣言，是对中国发展方向的引领和伟大历史复兴的书写。仅仅是经济上的崛起，而缺失了文化上的伟大复兴，中国崛起的世界意义就是不完整的。

首先，在思想观念上深刻领会中央对文化认知的自觉。《中共中央关于深化文化体制改革 推动社会主义文化大发展大繁荣若干重大问题的决定》（以下简称《决定》）中的一系列高屋建瓴的论断，显示了中央把文化发展提升到实现中华民族伟大复兴的战略高度，不仅形成文化建设上的全党共识，而且明确了2020年文化改革发展奋斗的目标，实现目标的路径越来越清晰。中央对文化的认识越来越深刻，在横向上文化越来越脱离狭隘性、单一性内涵，特别是意识形态的桎梏和体制性束缚，文化不单单是一种工具性手段、一种支撑性力量，而且越来越具有广泛性和多重性内涵，文化不仅要在转变经济发展方式中发挥引擎功能，而且它自身就是发展的目的。这契合了世界性的经济文化化、文化经济化、经济政治文化一体化的态势，以及随着产业越来越下游化、人的需求越来越上游化的发展趋势。在纵向上文化的地位不断凸显，文化发展不仅与经济发展、政治进步、社会管理和生态文明居于同一格局中，成为"五位一体"的现代化事业总体布局中的"一位"，而且还处于引领社会发展方向的地位。

中央既基于国际视野中风云变幻的战略格局重组及其文化地位的凸显，又针对当前社会矛盾频发、热点问题不断的国内现实，特别是社会发展、文化发展远远滞后于经济发展所带来的一系列难点问题，向全党全社会发出号召，吹响推动文化大发展大繁荣的号角，提出实现奋斗目标的方针政策，强调要遵循市场经济规律和尊重文化自身的发展规律，适应社会主义市场经济发展要求，加强文化法制建设，一手抓繁荣，一手抓管理，推动文化事业和文化产业全面协调可持续发展，这标志着中央在文化理论创新与实践方面越来越成熟，促进文化事业全面繁荣和文化产业快速发展的能力正稳步提升。这是具有全球视野和世界眼光的文化发展"顶层设计"思路的显现，这样的目标有利于增强党的凝聚力和精神感召力，有利于提高文化治理能力和治理结构的现代化。

其次，对基本国情和文化发展的当前现状要有清醒的判断。建设社会主义文化强国是目标，但当前我们只能算是文化资源大国，还不是文化产业强国，要想成为世界文化强国还有相当的距离！中国作为文化资源丰厚的大国，经济崛起并没有带来相应的文化复兴。这是中国文化发展在国际上的尴尬，是资源向产业转化能力的匮乏，是我国文化生产力不发达的表征。传统文化资源和文化遗产以及现代文化资源是文化生产与创造的基础，是发展文化产业的优势所在，但因文化创新和文化创意能力不足，文化产业发展体系不健全，尤其缺乏信息化基础上的现代工业体系的支撑，因此还不能从整体上系统地将资源优势转化为产业优势，导致文化内容产品的国际竞争力不强，文化品牌的国际影响力较弱，从而在根本上制约着国家文化力的提升。实现中华民族的伟大复兴不能停留在一句口号和单一的愿望上，就要脚踏实地，这个"地"在文化上就是全面创新和转变文化的发展方式，契合文化观念的现代转变，全面提升文化竞争力，尤其是文化产业的国际竞争力，推动我国从文化资源大国迈向文化强国。这既要加强文化与科技的融合，以高科技的融入提升文化的竞争力，又要在内容上坚持发挥社会主义核心价值观对文化生产与消费的引领作用。

　　一个现代化的强国必定是经济、政治、文化、社会和生态文明协同发展的国家，文明的发展趋势是文化与科技、情感与技术的均衡发展。随着文化时代的来临，人们越发感到文化已渗透到经济发展的全过程，文化资源日益成为经济发展的基础性资源，文化创新和文化创意日益成为价值创造的重要支点，品牌、形象、美誉度等文化形态的无形资产日益成为市场竞争的质点。如温家宝同志所言：文化比经济深刻，比政治广泛。有文化价值融入的经济发展才能进入高层次、高水平，才更有发展的可持续性。

　　再次，积极转变文化的发展方式，释放文化产能和活力，形成文化发展繁荣的现代基础。当前，文化大发展有着极好的氛围，有中央政策的强力推动和公众对文化的强烈期待，有文化自身的吁求特别是文化消费主体和文化生产主体的巨大驱动，促使文化发展方式的转变愈发迫切，这也是深化文化体制改革的目标之一。转变文化的发展方式就是使文化契合时代特点、充满活力，使文化在整个社会上活起来，文化的始源性含义原本就是动词，是"以文化人、以文育人"，加大基础设施的投入和硬件设施的完善只是基础，如何将静态的设施建设变成动态的文化服务才是目的，从而在文化的自立发展或者在社会主流价值观引导下形成文化发展高地。公共文化服务体系既包括保障公民基本文化权益的内容，也包括各类文化服务，就是说涵盖了事业和产业两个方面，既要满足人民群众基本的文化权益，有着广泛均等和基本的文化事业繁荣的基础保障；又要提升文化产业竞争力，激发文化活力，满足大众多样性的文化差异化、个性化的需求和文化诉求的自主表达，做到生产性文化与消费性文化的协调发展，进一步解放文化生产力。一定意义上，文化产业代表着一个国家文化与精神的创新力，作为全球经济增长的新引擎，它已成为衡量国家现代化发达程度的重要尺度。但遗憾的是，我国丰富而立体的资源体系，并没有转化成产业优势。说到底，文化产业发展内容是根本，科技是支撑，产业整合是关键。作为一项系统性工程，面对丰富的文化资源和工业基础及其技术创新，我们既缺乏文化创意和科技的点亮，也缺乏产业之间的兼容与提升。这使得文化产业要想获得整体性突破和提升，就必须转变文化发展方式，推动文化产业成为国民经济的支柱性产业，并融入国民经济发展的大循环中。新的发展方式重在追求文化品质和文化发展成效，并在全社会贯彻和践行社会主义核心价值观，在发展中鼓励文化祈向全社会应当的"至善"的尺度，注重培育社会主导文化，坚持文化的传承创新，在整体上形成与中国国际地位相称的文化软实力，提高中华文化的国际影响力。

最后，要明白把中华文化建设成全球高位态的主导性文化之一，不断提升中华文化在全球的位置，是建设社会主义文化强国的阶段性目标。文化发展提升到国家战略层面，就不能把目光向下，紧紧盯住眼前和自身的局部利益，要有国际视野和世界眼光，不仅有产业意识还要有文化意识，要站在人类性的立场上去看待和借鉴人类的文化发展成果，在价值上要有使命感与担当意识，要有对文化普适性价值的弘扬，要有对文化内涵与审美意蕴的开掘与提炼，要能体现中华民族的文化自觉和文化自信。在当前境遇下，要充分认识到文化产业是当代文化发展与文化积累和传承的一种主导方式，是新的文化业态生成和传播的主导方式，其核心是文化价值的传承和高扬。当前，非传统文化安全问题凸显，而国家文化竞争力和安全保障能力，说到底取决于国家文化产业的国际竞争力，国家文化安全体系要靠强大的文化力量来支撑。因此，文化产业发展提升到国家战略高度，就不能把眼光仅仅盯在几个大项目上，要有文化力的整体性、系统性提升，要增强国际竞争力，要有提升国家"软实力"的使命担当，这不单单是发展数量（如 GDP）问题，更是在根本上关乎文化发展形态和文化位态的提升，是中华文化影响力的全球拓展和中国形象的建构。

2. 提出"文化强国"战略正当其时

一个国家能够在什么时机和多大程度上选择与制定最符合自身发展利益的战略，不仅直接关系到这个国家的发展可能、发展速度和发展方向，而且还直接关系到该国的发展命运，关乎其在全球的地位和角色。"文化强国"战略目标的提出源自中国共产党对世情、国情的深刻把握。放眼全球，当今世界正走向一个全球化、信息化的时代，国际体系中新的权力和利益分配格局正在形成。在新的全球战略格局重组中，文化的力量在综合国力竞争中日益凸显，世界各国尤其是发达国家的政要对文化的软实力日益倚重。因而，提升国家文化软实力，建设社会主义文化强国的战略目标，指向的正是中国如何在文化转型时代取得文化发展的自主地位，如何在新的世界格局重构中确立自己的位置这样一个时代命题。从国内来看，经过 30 多年的改革开放和高速发展，今日的中国已经站在了近代 170 多年来的历史最高点，走到了一个通向大国复兴和崛起的历史关节点上。在这个承前启后的时刻，执政党要重新思考和确立发展目标。经济发展至关重要，经济发展仍是第一要义，但 GDP 至上、缺乏文化价值和人文关怀的发展是短视的发展，是不可持续的发展。"文化强国"战略目标的提出，意味着文化的发展、人的发展已经为"发展"做出了新的定义。发展不单是经济的发展，文化是发展的关键词，文化的发展是发展的最高阶段。这是一种新的发展观，也是一种新的文化观，其本质是以人为本。从根本上说，一切领域的发展都要以人的全面自由发展为最高目标。

中央对文化发展的高瞻远瞩，既基于国际视野又立足国内现实，从战略布局上凸显了文化建设的责任感和使命感。放眼全球，当今世界正处于大发展、大变革、大调整时期，各种不稳定、不确定、不安全因素增多，金融危机、欧元债务引发的世界经济动荡的局势愈加扑朔迷离，国际地区热点此起彼伏，我国发展的外部环境更趋复杂。回望国内，我国正进入社会发展的关键期，深化改革开放、加快转变经济发展方式的攻坚期，中国经济高速发展积累的国内各种矛盾迭出、热点难点问题增多。现实条件下，思想意识更加多元，文化交流更加频繁，"软实力"发挥的作用越来越大，这要求我们必须把"软实力"提升当作硬任务。国际上，文化的力量越来越受到各国政府和政要的倚重，有的国家甚至把文化作为国家战略的轴心，经济、社会、技术和教育战略都围绕这个轴心展开。在此语境下，中央提出建设社会主义文化强国的战略目标，旨在激发全民族的文化创造热情和想象力，凝聚起全社会、全民族推进文化改革发展的强大力量。这意味着中国的发展不单是经济的崛起，而且正向全面的经济、政治、文化、社会和谐发展的高层次迈进，中国正从文化资源大国走向世界文化强国，一个有文化内涵和文化影响力的世界大国正在崛起，它必将在全球提升中华民族的文化位态，使其成为全球有影响力的文化。

从全球视野看，文化的地位和作用越来越凸显，文化发展越来越受到各国政府的重视，很多发达国家都把文化提升到国家"软实力"的高度。自美国学者约瑟夫·奈提出"软实力"概念以来，"软实力"越来越受到倚重。表面上看，美国没有文化部，采取自由竞争、"无为而治"的文化政策，其实美国采取对内扶持、对外保驾护航的策略，使其在改写文化观念、张扬商业娱乐文化并获得"文化教父"地位后，早已将文化霸权战略融入国家战略，成为国家安全战略的重要组成部分。其文化发展战略渗透到政治、外交、军事、经济和贸易政策中，它对内通过税收减免调节等涵润文化生态来保障国家社会安全，维护社会主流价值观，宣扬美国精神，鼓励文化企业提高竞争力；对外通过文化立法和版权保护并借助经济强势和高科技力量，以文化产品和文化贸易为载体，输出美国民主、价值观和消费娱乐文化，在扩张本国文化利益的同时提升其文化软实力，从而有力地维护了其在多极世界格局中的超级大国地位。

英国早在1990年就将文化战略提到议事日程，1992年英国文化委员会形成"国家文化艺术发展战略"讨论稿，1993年以"创造性的未来"为题正式向社会公布，这是英国首次以官方文件颁布的国家文化政策。法国政府基于对自身文化传统的自豪，在关贸总协定中提出"文化例外"的原则，并在联合国教科文组织框架下通过《保护文化及其艺术多样性国际公约》，其文化发展战略是对内扶持、赞助本国文化产业，对外积极推动文化交流，提升法国文化的世界影响力，把文化发展与国家形象的传播结合起来，在国家实力相对下降的境遇下，以"文化大国"来提升世界地位。澳大利亚1994年以"创意的国度"为目标，公布澳大利亚的第一份文化政策报告，指出文化能够创造价值，是国家重要的"工业品牌"，自此澳大利亚的文化产业和文化贸易步入快速发展的轨道。亚洲的日、韩更是明确提出"文化立国"战略的国家。1995年，日本文化政策推进会发表重要报告《新文化立国：关于振兴文化的几个策略》，1996年日本政府公布《21世纪文化立国方案》确立了面向21世纪的"文化立国"方略，把发展文化经济作为国家战略，通过一系列立法来保障和推进战略的实施。2001年日本国会通过《振兴文化艺术基本法》，2004年颁布《文化产品创造、保护及活用促进基本法》，2007年通过《日本文化产业战略》。目前，日本文化产业的许多领域在全球范围居于领先地位，尤其是动漫、游戏这些新兴文化产业行业，给日本带来源源不断的财富。日本通过发展"新文化产业"，显现出实实在在的生产力，由经济大国走向文化大国，从而变"产品输出"为"文化输出"，强有力地推动了日本经济的发展，改善了国家形象。2010年，日本经济产业省特别设立酷日本战略室，在全球培养日本游戏迷、日本动漫迷等，以促进日本文化产品出口。如今日本的动漫业已成为国内第三大支柱产业，作为全球最大的动漫制作和输出国，全球播放的动画片中有65%出自日本，在欧洲这一比例高达80%。电子游戏业的全球市场份额中，90%以上的硬件、50%以上的软件均被日本厂商掌握。蒸蒸日上的动漫产业不仅带来可观的经济效益,还在整体上提升了日本文化的国际竞争力。韩国政府1998年提出"文化立国"战略,相继制定《文化产业振兴五年计划》《文化韩国21世纪设想》等政策,出台《文化产业振兴基本法》《设立文化地区特别法》等法律法规。2001年设立文化产业振兴院,以此促进文化商品的制作与流通,针对区域特点开发不同产品,注重发挥品牌作用。韩国对文化产品的出口,特别采取翻译费用全额补贴的办法,自主地去增强、提升本国文化产品在世界范围内的生存力和竞争力。其成功经验是文化产品的内容、资金来源以及市场消费的高度本土化,显现出有本土魅力、文化根基和本土优势的产业,才会有国际竞争力这一被普遍认同的观点。从以上世界文化产业强国的文化产业发展实践来看,它们不仅把文化发展战略提到国家层面,明确提出"文化立国"战略,还有相应的文化政策和法律法规支撑。

随着国家现代化事业"五位一体"布局的全面推进与和谐社会的建构,文化发展被提升到党和国家的战略高度。适时提出"文化强国"战略,不仅与先期的"教育立国"、"科技立国"等构成一种深层次递进关系,是对国家发展战略的丰富和完善,也是对世界发展潮流的契合。"文化强国"作为内涵丰富的系统工程,以其丰富性、多层次性、广泛性和前瞻性,将成为21世纪最具影响力的国家战略。我们不仅明确提出口号,还要勇于亮出战略目标,特别是海外市场的可量化目标,以及实现目标的路径,及其相配套的政策和法律法规。"文化强国"战略的目标是人,根本点是以人为本,其出发点和归宿点都是人,是人的需求,而且是人最终和最高的需求,体现了人对文化的需求和人的自由全面发展的诉求,它切合的是人作为类存在的最高的价值设定。文化是经济和社会可持续发展的重要组成部分,甚至发展的最高定义都要通过文化来界定。党的十六大报告提出,"发展文化产业是在社会主义市场经济条件下繁荣社会主义文化、满足人民群众精神文化需求的重要途径",并把发展文化产业纳入实现全面小康生活的总体战略。2007年,党的十七大把发展文化产业与提升国家"软实力"关联起来;2012年,党的十八大提出发展文化的关键在于增强文化的活力,并提出了一系列建构公共文化服务体系和发展文化产业的战略新举措;2013年,党的十八届三中全会提出:坚持以人民为中心的工作导向,坚持把社会效益放在首位、社会效益和经济效益相统一,以激发全民族文化创造活力为中心环节,进一步深化文化体制改革的要求。这种战略高度上的认知和布局,应对的是文化产业越来越成为全球政治、经济、文化战略格局重组,各种力量博弈的一条中轴线的理念,应对的是对文化的理解越来越置于产业视野下的现实境遇。未来世界的竞争将是文化生产力的竞争，文化生产力、文化经济的发展是 21 世纪最核心的话题之一。

尽管北京奥运会提升了中国的世界影响力，向全世界展示了一个全新的现代的中国形象，美轮美奂的开闭幕式给全世界留下了深刻的印象，充分展现了中国的经济、科技、文化力量，但在世界舆论格局、文化影响力方面仍是西强我弱，信息交流严重不对等，针对中国的有意误读和负面的舆论仍大量存在。上海世博会的成功举办对提升中国文化的全球影响力又是一个极佳的机遇，创新的理念和国家馆的实力再次震撼了世界。其实，不论是北京奥运会还是上海世博会，都是全球性展示国家实力的文化盛会，在全球性的眼球聚焦中，都不应该仅仅展示文化产品，而且要输出文化主张和文化价值观！为提升国家文化影响力，就要变"产品输出"为"文化输出"，由"中国制造"向"中国创造"提升，不能甘于做世界加工厂，而要担当世界发展的引擎和自主创新的创意高地。遍览世博会各个国家展馆，在感受文化差异性的同时，也明显感觉到各国家之间的文化差距！从展馆的布展和展品看，虽然一定程度上都显现了各自的国家形象，但从文化价值传播效果来看，一流的文化强国展示的是国家精神和国家意志；二流强国借助现代高科技讲述了一个动听的故事；三流国家大多炫耀的是传统文化符号；四流国家大多贩卖的是旅游产品和各种纪念品。究其实质，文化发展、文化传播的不平衡源自国家实力的不对称，文化视野决定文化差距，我们必须在全球战略格局中定位中国文化！有鉴于此，为使这种富有冲击性和震撼性的成果有可持续性，就必须制定相应的全方位的文化战略，在文化大发展中提升国家的"软实力"。不仅要输出中国产品，更要提出文化主张，输出文化价值观！提出"文化强国"战略有利于整合全民族的文化智慧和文化力量，有利于融合海内外认同中国文化价值观的各种力量，在后金融危机时代的全球战略格局中增强话语权。

"文化强国"作为国家战略有没有可操作性？这就是全民族文化素质的提升和民族凝聚力、认同感的增强，以及当前方兴未艾的文化创意产业的有效支撑。其实，2009 年 7 月 22 日国务院常务会议通过的《文化产业振兴规划》（以下简称《规划》），连同此前的《"十一五"国家文化发展纲要》和此后的《"十二五"国家文化发展纲要》，已充分意识到文化产业培育新的经济增长点和拉动国民经济发展的引擎作用。《规划》站在国家战略高度把文化产业视为国民经济重要产业之一，这对文化产业是一次巨大的政策性推动。标志着我们走过了此前的社会启蒙和动员阶段，开始进入政策引导阶段，实现了文化产业发展从无序到有序的质变，文化产业开始进入体系培育时期。它明确提出把社会效益放在首位，这绝不是一句滥俗的套话，而是有其深刻用意，它契合的是民族文化根基和文化理想的培育，是内向度的文化价值与外向度的产业维度的呼应与融合，亦是在文化体制改革中对文化事业与产业发展并举新格局的一种期望，一定意义上可视作"文化强国"战略的展开。文化产业崛起的背后是一个国家主流核心价值的培育和长期国家文化意识的积淀。"文化强国"之文化既关乎民族精神和文化价值的贞立，也关乎文化生产力的产业层面，还关乎作为文化成果的制度层面的建设，它是一个系统性的工程，其核心是社会主义核心价值观的培育和践行，主要表现为国家"软实力"的提升。文化"软实力"是一个国家的立国之本，遍览世界诸强，即便一个国家的硬实力遭遇重挫，只要"软实力"未伤元气，则国家的复兴和强大仍可预期。在电视系列片《大国崛起》中，英国首相丘吉尔曾说过：我宁肯不要印度（英国殖民地），也不能没有莎士比亚（文化经典）。这种视野和眼光显示了一位杰出政治家的远见卓识。但文化"软实力"的提升有其规律，需要动员全民族的力量，需要长期的文化积累、提炼和文化创新，进而达到文化自觉，提出"文化强国"战略就是为了营造适宜的文化环境和创造性的社会氛围，通过激发全民族的意志形成核心价值观为国家复兴奠基，此外还有助于通过文化发展从根本上克服现代人的精神危机和价值虚无，有助于民族精神家园的生态和谐。

时代语境要求以文化来安顿灵魂，以主流文化价值观来引导多元文化的发展和凝聚人心，以文化的高位态来增强民族自豪感和自信心。文化固然可以产业化运作但不能异化为单纯赚钱的经济行为，文化固然有其虚灵的价值维度但不可缺失现实关怀，更不可"板结化"。中华文化不仅负载着中国精神，还要在全球获得普适性的认同，中国文化"走出去"不能靠所谓的"东方奇观"以及被凝视的"他者"形象成为西方文化的注脚，而是在全球化舞台上弘扬中华文化的核心价值，勇于张扬中国价值、中国力量，凸显民族文化的特色和社会主义文化的主旋律，在全球文化的相互激荡和博弈中旗帜鲜明地树立有别于资本主义文化观的社会主义文化价值观。文化产品要以普遍可接受的形式负载主流核心价值观，要以独特的审美意味凸显普适性的文化内涵，要有强烈的国家意识和国家形象建构的自觉，文化有地域性、民族性，但更要有广泛涵摄力的价值普适性，和世界共同价值观的标高，这样的文化才是立国之本、立国之基。

就文化价值观的建构与传播而言，主流文化要有民族精神的担当和价值根基的守护，同样可以轻松、从容、高贵、优雅，不能总是诉诸苦难和悲痛，也不排斥娱乐，但它不能追逐低俗的娱乐和唯商业利益是从。靠看似火爆的"刘老根大舞台"、郭德纲的相声、周立波的清口、长沙"琴岛之夜"的民间演艺以及《三枪拍案惊奇》、《小时代》、《后会无期》等娱乐产品是不可能支撑起"文化强国"战略的，它们的价值是在民间文化抑或在活跃商业娱乐文化市场的界域内。文化的竞争必须靠有清晰明确思想的主流价值观，以及主流价值观的体系化和全民族普及，只有"思想"才能构成文化的"软实力"，而不是娱乐，更不是大众性的低俗表演秀！并非一个国家的所有文化形态都能构成国家软实力，只有与国家主流文化价值观呈正向关系的文化形态，才能有效支撑一个国家的文化"软实力"建设。因此，有必要重申：文化不等于娱乐！中央提出"文化强国"战略的深刻用意之一就是纠偏文化产业发展中的弊端和乱象，旨在全社会推动人文社会科学的发展，以期形成民族思维水平的有着卓越艺术性追求的高端的思想文化。一个国家的"软实力"主要显现于精神文化产品的深刻影响力和文化价值理念的感召力，以及借助现代技术的传播方式和力度形成的现代传播力，但前者是根本。

随着全球经济一体化程度的加深和交往的频繁，一些关于人类共同利益的普世价值，如自由、平等、人道主义、环境保护、可持续发展等，愈来愈为全世界人民所接受和认同，但这并不意味着存在一种纯粹单一的同质性的世界文化，这些全球认同的普世价值必然以各具民族特色的文化形态和方式表现出来。文化的民族性、地域性并不妨碍对全球普世价值的认同，否则，就会在全球化进程中狭隘化为文化部落主义。这样的文化何以立国？只有勇于承认文化的普适性价值，中华文化才能走出地域进入全球特别是西方国家的主流文化市场，在讲好"中国故事"的同时，把带有中华民族特色和声音的文化产品传播到世界的各个角落。事实上，只有被市场消费的文化产品才能产生影响力，所谓"软实力"才能发挥效力，才能参与全球化舞台上文化领导权的博弈。日、韩"文化立国"战略的提出，不仅促进其文化产业的发展，增强了文化的全球影响力，如同好莱坞一样有效地传播了它们的文化价值观，因占据全球产业高端，还使诸多民族国家的文化产品亦步亦趋，譬如，中国商业大片对于好莱坞的模仿，中国的动漫产品对日、韩动漫形象的模仿。

对于"文化强国"战略内涵的阐释，既要有自上而下的认知，也要有自下而上的驱动力，上下互动、政府和民间（包括海外力量）实现联动，它的全面展开必然关乎对文化事业和文化产业的重新理解。作为产业层面的文化虽然凸显的是经济维度，但它同样负载着丰富的人文内涵。文化是复杂的、多维度的，文化的价值是多向度的，面向市场进行文化体制改革，不是单纯把文化推向市场，极力追逐市场效益和商业利益，让文化去赚钱这样单一的价值取向，其最终的旨归是通过市场运作方式解放文化生产力，繁荣文化市场，增强文化的活力和竞争力，实现文化的大发展大繁荣，把中华文化建成有世界影响力的高位态文化，在全球化舞台上树起社会主义文化的旗帜，建立一套有别于资本主义而又可沟通和互动包含普适性价值的文化坐标系。因此，不论是"文化强国"战略，还是文化体制改革的深化，都不可机械地把文化事业和文化产业对立起来，而是在文化的多维度中理解和领会其内涵。以前，强调思想解放转变观念，是为了把文化从意识形态的宣传中解放出来，特别是在理论上分成事业和产业，试图把产业从事业中区分开来，放到市场上专门经营、发展文化产业。经过改革和解放思想，已经有了较为明晰的事业和产业概念，但不可在现实中偏执、硬性地机械区分事业和产业，而是要在一种动态把握中领会其意味，甚至在文化产业的大发展中重新回归对文化事业的理性认识，也就是说对文化事业的理解要有产业或者市场视野，这样才能激发活力和有效克服"效率黑洞"。为此，应在产业发展的背景下谈事业，不同于此前把产业从事业束缚下解放出来，现在把事业从产业框架下区分出来，即在市场运作充分的前提下谈事业的保护，旨在充分发挥市场灵验的功能，相对于绝大多数文化单位主要依靠市场配置和供给，应该受政府保护的文化单位只是一小部分。现如今，因为市场化程度低，市场运作不充分，文化事业仍占有文化领域的大部分，大批国有文化单位要靠政府财政拨款生存，只有通过深化改革使其中的大部分成为有竞争力的市场主体才能做大文化，才能保障主流文化的市场导向和文化的发展走向！否则很可能使主流文化因僵化和封闭沦为自说自话的表演秀！提出"文化立国"战略，旨在文化领域再次掀起思想解放思潮，在一种全民参与的互动中打通多元话语体系，使之回归鲜活的相互融通的文化土壤，按文化的发展规律和社会发展进程理顺文化发展之间的各种关联。政府文化主管部门才能实现管、办分离，监管和服务并重，才能真正实现职能转变，才不会像现在这样管、办都抓，搞得焦头烂额！

只有文化大发展才能推动中国文化走向世界，对于如何"走出去"，在国家层面要有统筹考虑和整体性的战略安排，要着重培育中国文化的消费者和有市场号召力的文化品牌，文化品牌、海外文化市场的培育，应突出文化内涵、强调历史积累和文化底蕴。"走出去"的文化产品既要坚持民族立场，也要弘扬文化的普适价值；既要有本土特色，也要有国际因素和流行因素。近年来，中国文化走向海外的不少，但不少文化产品的价值诉求模糊、内容空洞、内涵稀薄甚至以某种"东方情调"迎合西方口味，不利于中国形象的有效传播和建构。正如习近平总书记在文艺工作座谈会上一再强调的，在文艺发展中，如果一味地"以洋为尊"、"以洋为美"、"唯洋是从"，把作品在国外获奖作为最高追求，跟在别人后面亦步亦趋、东施效颦，热衷于"去思想化"、"去价值化"、"去历史化"、"去中国化"、"去主流化"那一套，绝对是没有前途的！是不可能形成当代的文艺经典。我们提出"文化强国"战略，就是要在多元文化的发展中辨析国家的主流文化精神和内涵，旨在全球文化的博弈中守护和弘扬民族的文化理想。如果说，文化是一面镜子，它映照出的应该是一个民族的文化精神和文化形象，是一个国家"软实力"的聚焦。

文化能够凝聚人心、润泽灵魂、塑造品质，滋养一个民族赓续的精神血脉，筑牢一个国家长久发展的根基。就此意义而言，"文化强国"战略的提出有助于在后危机时代的全球战略格局重组中，提升议程设定的话语权，通过推广中华民族的文化理念占据国际规范的道义制高点，在抵御强势文化霸权的博弈中获得文化领导权。当下世界格局重组已不能仅仅凭借有形实力或硬实力的霸权，而是软实力的地位不断凸显。事实上，实力结构、制度结构和文化结构都成为世界格局改写的重要因素，尤其是文化的重要性不断上升。谁能主导这些力量，拥有更多的话语权，谁就占据制高点，谁就有更大的影响力和进入国际体系的核心。因此，"文化强国"战略的提出，可以激发文化发展的潜能和全民族的文化活力，有利于在整体上改变文化滞后于经济发展的现状，提高文化"软实力"的强力，在全民族中形成文化凝聚力，通过文化的凝聚力在国内形成主流文化的高位态，在与各种海外文化思潮的博弈中张扬民族文化价值观，在全球化舞台上飘扬中国的文化旗帜，树立中国的文化形象。

以什么样的视野、眼光和思想原则来制定国家文化产业发展战略，是本书思考的逻辑起点，它关乎中国文化发展的社会主义性质。恰当准确的战略定位是文化产业可持续发展的基础，文化产业的战略目标是国家文化产业发展的核心，它应着眼于国家的整体战略利益和战略调整与战略选择，发展路径、发展模式以及评估体系的建构都是其中的重要组成部分。文化产业的良性健康发展不仅需要中央政府的重视，更需要科学理论的指导和适当的战略规划。对于一个在历史中创造了辉煌文化的大国而言，任何一个领域的崛起都不能缺失理性思维，文化产业的发展更不能流于肤浅、功利、狭隘化。虽然近年来，学术界和政府文化主管部门较重视文化战略和文化产业战略研究，立项了一些课题，出版了一些有分量的研究成果，有关文化产业发展战略的研究不断深入，但相对于中国当前日益复杂的文化产业发展现状，理论的学术性、系统性、针对性和现实性仍有待提高和深入，鲜有在国内学术界产生重大影响并为国际社会所认同的理论成果，理论的弱化在深层次上制约着中国文化崛起的步伐，根本原因是对"文化产业发展战略"的研究不够系统、整体、深入、全方位，缺乏深刻的理论思维支撑。现实的急迫和时代的局限为深入推进文化产业发展战略研究提供了机遇，如何借助文化体制改革的成果，抓住历史机遇，推动文化产业发展战略的整体突破和理论创新，成为每个人文学者的学术使命和责任。因此，关于中国文化产业发展战略研究，不仅具有指导实践的应用价值，对国家文化政策的制定和文化产业发展具有参考价值，在理论上还有学术价值，兼具学术价值和应用价值的双重性。

正如文化产业界所认识到的，理论准备不足、政策准备不足、市场准备不足、产业准备不足等构成中国文化产业发展战略准备整体性的不足。准备不足和当前文化体制改革阶段性的完满收官催生的文化产业新格局，使已有的中国文化产业发展战略研究成果不能完全适应新格局。国家文化产业的发展命运，不仅仅是学术问题，更是关乎国家"软实力"和综合竞争力提升的国际政治经济问题。文化产业发展既是经济问题，更是文化问题。作为国民经济的支柱性产业，文化产业既要在实现经济新常态中发挥引擎功能，又要在建设文化强国和提升国家"软实力"中作为重要路径和载体，在传播中华文化价值观、生活方式和建构现代中国形象方面担当重要使命。

二 文化产业发展日益融入国家战略

在当下的全球化进程中，文化及文化产业已成为理解全球化的一个基本维度。一些发达国家如美国率先提出"文化走向国家发展政策的中心"，发展应放在人类整个文明/文化框架内来考虑，发展最终可以用文化来解释或用文化概念来界定等观点。面对美国文化巨无霸的全球扩张，法国、加拿大等发达国家不仅基于对文化和文化产业竞争重要性和特殊性的深刻认识，提出国际贸易的"文化例外"原则，通过文化外交宣扬"文化多样性"立场，还在联合国教科文组织框架内于 2006 年通过了《保护文化及其艺术表现形式多样性的国际公约》。可以说，发展文化产业已成为全球化时代凸显的国家文化战略命题。特别是一些西方国家早已把向发展中国家输出文化价值观视作实现其外部利益的一种国家战略，把发展文化产业作为国家战略形态，在经济利益的背后其实关乎国家的文化安全和文化主权。世界因为文化的联系和对文化产品的消费及其日益全球化的文化市场，而成为一个国家战略利益的延伸。发展文化产业作为国家战略的价值，在于它不仅构成了国家文化战略的重要内容，而且还为国家"软实力"的提升提供有效路径和载体，以及由此在全球化舞台上形成民族生活方式和价值观传播的竞争体系。中国的文化产业不仅要发展出维护国家文化安全的能力和实力，还要能有效地配合国家经济、政治、军事战略的全面拓展，以其实力成为中华民族伟大复兴的有效支撑力量。

1. 现阶段文化产业发展要有国家战略意识

文化产业发展战略是国家战略的一个重要形态，是国家发展战略的核心内容之一，是"文化强国"战略的落地生根和操作性实践。全球化语境下，文化产业战略不仅一般地体现国家文化利益，还包含着重大的国家政治、经济利益与国家安全利益，因而是改变国家文化产业力量对比与格局的重要力量。在全球化语境下，世界正向多元化方向发展，意识形态的冲突逐步转换为双边文化贸易的冲突，冲突的实质是如何进入和占领对方的文化主渠道市场，在获得经济利益的同时传播其价值观和生活方式。因此，文化产业发展鲜明地体现了国家文化战略的意图和价值诉求。基于中国的发展阶段和现实国情，自 2000 年文化产业被写入中央文件以来，文化产业受到各级政府的高度重视。在建设社会主义文化强国的目标中，文化产业对国家发展的重要性似乎怎么强调都不为过，不仅在转变经济发展方式、成为国民经济支柱产业、提升国家软实力上大有作为，它还要有效地支撑起文化强国战略目标的实施。文化产业作为支柱性产业不单是新的经济增长点和拉动经济增长的新引擎及其支撑性力量，还要借助经济和科技的强势传播和输出价值观，它的重心落在文化内向度的价值理念的传承和弘扬上。只不过每个发达国家都有自己独特的发展战略及其实施路径。唯此，发展文化产业才显得格外重要和有可持续性的朝阳前景。

当下，人类文明和文化的发展与传播，已不能脱离开文化产业这样具体的文化存在方式和主导形态。文化产业不仅改变了财富的创造方式，成为一种新的财富创造形态，还改变了人的精神生产和精神消费的方式，包括精神表达方式和精神传播方式，从而改变了整个现代社会的精神世界空间。文化产业作为先进生产力的表征和高端产业显现的形态，一定意义上，已经成为推动社会或民族文明程度提升的驱动力，在各种文化形态的相互博弈和迈向更高文明阶段中，发挥引领功能，担当率先实现文明跃升的使命。说到底，文化产业之间的竞争，已成为国家文化体系（社会核心价值）之间的博弈，文化产业越来越成为国际竞争的聚焦点。文化产业成为国际政治、经济、军事博弈的聚焦点，作为意识形态传播隐蔽基础的文化产业的规制和自由问题，将会深刻影响世界文化产业利益的格局和国际文化秩序，愈发加剧了对文化资源的争夺，价值观、标准、规则、人才都成了主要的战略资源；人们越来越认识到，发展文化产业不是一般地满足经济文化发展的需要，而是对一种新的战略资源的掌握，是对一种战略市场的争夺，对一种新的文化存在的主导权的争夺；在全球普遍的经济结构的战略性调整和培育新兴产业的过程中，文化产业将进一步成为更多国家对外贸易的主导产业和经济发展的先导。

随着经济全球化进程的深入，世界强国无不把发展文化产业提升到国家战略高度。文化的力量以经济的方式所表现出来的人类财富创造与增长方式的转移，使其演变为经济社会发展的主要驱动力，而日益成为一种重要的国家战略力量，被推到了世界文化发展的前沿。文化，作为日益强大的产业，已成为发达国家国民经济的重要支柱产业。即使在市场经济自由化程度最高的美国，确保美国的价值观和美国人的生活方式，历来都是美国国家战略最核心的内容之一。美国的文化霸权——把文化战略融入国家战略，成立高规格的领导协调机构，完善巧妙的战略指导，一切都做得悄然无息又极富成效。可以说美国政府从来都没有放弃在文化产业发展上的政府主导权，只是美国式的政府主导（通过国会立法和中介协会组织及其遍布全美的如同毛细血管的文化非营利组织，由此构成美国独特的文化运行体系）与中国不同而已；日、韩等国早已在20世纪末提出"文化立国"的战略主张，日本政府近年来推出的"酷日本"活动，韩国政府极力推动的"韩流"，英国推出的"创意英国"活动，都以文化产业振兴战略为背景，通过文化创意的力量提升国家形象和综合竞争力；法国政府通过支持文化产业发展来保持文化大国的世界地位，即使在欧债危机影响下，政府对文化支持的力度（财政拨款）不减反增。这些国家政要都明白，只有政府的强有力支持，才能实现一个国家和民族文化的可持续发展，文化发展战略成为国家战略的重要组成部分自在情理之中。

不仅国家之间的竞争要借助文化的力量，城市发展也把文化提升到战略高度。如英国的曼彻斯特2002年5月出台文化发展战略，提出将文化变成城市发展战略的轴心，经济、社会、技术和教育的战略都将越来越维系于文化轴心。伦敦2003年发布的《伦敦：文化资本，市长文化战略草案》，提出文化战略要维护和增强伦敦作为"世界卓越的创意和文化中心"的声誉，成为世界级文化城市，并确立了四个文化目标：一是卓越性，即增强伦敦作为世界一流文化城市的地位；二是创新性，即把创新作为推动伦敦成功的核心；三是可参与性，即确保所有的伦敦人都有机会参与到城市文化中；四是效益性，即确保伦敦从它的文化资源中获得最大的利益。这些城市对文化和文化产业的重视，对当前城市化进程和规模不断扩大的中国极具启发价值。

从国内经济发展来看，2014年，我国人均GDP已超过7800美元，少数地区突破2万美元。经济持续发展催生了井喷的文化消费热潮，使文化领域成为我国少数几个总供给难以满足总需求的领域之一，有效供给严重不足，文化消费的结构性短缺愈发突出，如何满足人民群众多层次的文化消费需求，为人民大众提供丰富的多元化高质量的文化产品，成为对执政党带领全国人民建设社会主义现代化强国面临的严峻考验。推动文化产业发展是解决难题的重要抓手，它在满足大众文化消费的多样性和差异化的同时，还激活了文化的创造力和实现了文化业态的创新。因此，大力发展文化产业成为各级政府施政的主要内容。不可否认，在中央政策的激励下，各级政府及其文化主管部门很重视文化产业，媒体和社会热炒文化产业，但无论是在对文化产业特殊性的认知上，还是在日益复杂的文化产业实践中，不仅在社会上，还是学界中，均不同程度上对文化产业存在误读，甚至在实践中扭曲文化产业发展的本性。文化产业发展在不少地方出现过热、虚热等乱象，可谓俯拾皆是"产业"，唯独不见"文化"。因此，在发展文化产业实践中，不仅要洞悉文化和文化产业的发展规律，深化对文化产业特殊性的认知，还要在推动文化产业发展中融入国家战略意识。特别是对一个大国而言，越从战略角度观察和分析问题，就越发感到国家文化产业发展战略研究的重要性。如何在文化产业发展实践中，建立国有文化企业的现代法人治理结构，建构有文化特色的现代企业制度，和多种混合所有制共同发展的现代文化产业发展格局？在理论上，探讨一种动态的发展的大文化观和文化大战略管理理论，都离不开战略视角的思考。也就是说，文化产业发展要有全球视野和世界眼光，要在发展中树立以国家文化利益为最高利益，要以增强民族文化凝聚力和国家认同感为诉求目标，以提升国家文化实力、文化创造力和民族文化的全球位态为着力点的理念。从21世纪以来全球文化秩序的变化和发展格局的变动来看，全球文化利益格局的任何变动都是国家文化产业创新引发的。

在即将来临的文化（创意）时代，一个国家的文化创新创意能力，即文化产业发达程度，往往成为衡量一个国家现代化发展水平的尺度。在驱动国家发展的所有要素禀赋中，创造力是一个国家竞争力最重要的禀赋，是一个国家最核心的战略资源，是一个国家核心的文化产业能力，发展文化产业要凸显创新和文化创意，及其对先进生产力的引领。文化产业发展带来的深刻变动，不仅促使文化生产关系进一步适应文化生产力，催生文化生产力的解放，带来生产关系的深刻调整，还对国内文化发展格局及其文化秩序产生革命性影响，这其中会带来文化权力的博弈及其文化领导权的变化（主要表现在公民文化权益和权利的全面保障和落实，以及新兴阶层及其文化媒介人的文化审美合法性和微观政治学诉求上），还会以文化"软实力"的提升改写中国与世界的经济关系、中国与世界的文化关系，从而以中国文化竞争力的提升影响到全球经济、政治、文化格局的战略重组。

可以说，文化的兴盛体现着一个国家的实力，文化的命运也是民族的命运，大力发展和弘扬本国本民族的文化具有特别重要的意义。中国文化发展战略目标定位是全面的"中国崛起"和实现"中华民族的伟大复兴"。文化战略是国家文化发展的宏观指南和总体构想，它需要通过具体的方式和战略步骤及其有效载体来付诸实践。文化产业成为实现国家战略的重要载体，文化产业政策体现着国家的文化发展战略，文化产业发达与否反映着综合国力的强弱，甚至对世界格局的形成或走向有深远的战略意义。实践表明，文化产业发展有其可通约的国际惯例，及其普适性的一般规律和发展模式，更有其地方性特征和发展阶段的特殊性，因此，不能离开文化产业发展实际和文化产业发展规律抽象地探讨文化产业发展战略。21世纪的竞争，不仅是产品与产品的竞争，也是文化体系之间的竞争，表现为文化产业能力和发达程度的竞争。在当前经济发展的高端领域，一些发达国家不单依靠输出技术掌握主导权，还依靠输出商业模式控制产业链高端，近而占据价值链传播的制高点，由工厂化的规模经济向公司化的势力经济模式转变，其中的支撑主要来自文化创意创新的驱动力量。

在此语境下，必须把文化产业发展提升到国家战略高度，从国家战略层面和区域经济战略高度来规划文化产业发展。大力发展文化产业，除了满足人民群众不断增长的精神文化需求和破除文化产品战略性短缺的困境，更根本的是解决当前较为严重的文化生产性与消费性之间的矛盾，尤其是要解决文化发展中的基本矛盾——如何坚持社会主义文化的性质和导向，积极传播和践行社会主义核心价值观，这是当前文化发展和文化建设特别是文化产业发展中的主要矛盾。随着文化多元化发展的凸显，这一矛盾越发突出，对这一矛盾的解决也越发紧迫。它直接影响着文化在综合国力竞争和文化产业博弈中的立场和根基，关系到中国特色社会主义的长期发展。文化产业不只是一般意义上的文化形态和经济形态，还是一种特殊的文化制度形态，尤其是关联社会转型期意识形态的自我调适和创新，以及全球化和数字化生存语境带来的复杂的非传统文化安全问题，因此，国家文化产业发展战略研究要有鲜明的价值取向，要对重大的理论问题和现实问题予以回答。就文化产业而言，当前正处于挑战和机遇并存的历史拐点，必须在国家战略高度上全面深刻整体定位文化产业的发展，以积极的姿态迎接世界的挑战和文化创意时代的来临。究其实质，其一，文化产业竞争力状况反映了一个国家经济实力、科技水平和创新能力，这符合我们建设一个创新型国家的战略目标；其二，文化产业竞争力可以产生极强的文化影响力和辐射力，对于建构与中国经济大国地位相匹配的国际形象具有重要意义；其三，文化产业竞争力作为"软实力"的核心和有效支撑力量，对于提升中国的国际话语权具有重要意义；其四，文化产业竞争力在引领中国文化发展，推动中国的文化崛起，进而在实现伟大民族复兴中担当重要使命。

"重要战略机遇期"是中央在世纪之交提出来的一个对我国所处环境和历史方位的重要判断，认为21世纪前20年是我国发展的重要战略机遇期。在实践上，如何在此后的战略机遇期规划国家文化产业发展的战略目标、战略核心和重心以及实现路径和方式，并提出可操作性的实践步骤；在理论上，分析、总结本土文化产业发展经验，并在与国际经验的比较研究中，从切合社会主义市场经济的内生层面把握文化产业的发展规律，在此基础上提出国家文化产业发展的新理论、新主张，为国家文化产业发展实践提供战略指导，都需要做出庄重严谨的回答。加快发展文化产业，是党中央科学把握国内国际形势和文化发展规律做出的重大战略部署，是建设社会主义文化强国的必然战略举措，也是推进经济结构调整、加快转变经济发展方式的重要途径。如何契合正在来临的文化时代及其产业结构和经济发展方式的变化，各个国家都在试图抢占产业和文化发展的制高点，文化产业作为新兴战略产业不仅成为发达国家的支柱性产业和驱动新经济的引擎，还成为一个国家对选择发展道路和国家形象建构的自我展示。

2. 在文化产业发展中融入国家战略意识

2009年7月22日，国务院出台《文化产业振兴规划》，2010年发布《关于金融支持文化产业振兴和发展繁荣的指导意见》，2012年《国家"十二五"时期文化改革与发展规划纲要》，对发展文化产业做了全面部署和政策保障。随着国家"五位一体"的现代化事业布局的展开，文化从边缘走向国家政策的中心，推动文化产业发展被提升到国家战略高度，这标志着文化产业步入理性发展阶段。但是，放眼国际，在文化产业发展的国际竞争中，发达国家基本上形成了各自的产业优势和竞争实力，掌握了国际话语权，我们唯有把发展文化产业提升到国家战略高度，才能深度参与国际竞争。

其一，发展文化产业要有全球视野与世界眼光。

面向国际、国内两个市场，利用好国际、国内两种资源，是我国对外开放的基本方针。从国际上看，文化产业已成为发达国家的支柱产业和经济发展新引擎，并已着手全球化战略布局。在文化产业走过十多年之后，我国在文化发展的"十二五"规划中首次提出：积极推动文化产业成为国民经济的支柱性产业。事实上，我们与文化产业发达国家处于不对等、非均衡的状态，这必然对我国弱势文化产业形成强烈竞争和挑战。这种冲击缘于我国文化产业以弱质形态进入全球化进程，即由于我国文化产业是在市场主体、市场规模、法律保障、对外贸易、文化资源以及核心竞争力等均存在缺陷的前提下参与全球化，这是政府推动和政策引导的结果，而非市场发展的主动选择；从国内来看，经济发展、科技水平、市场发育、文化资源分布不平衡，尤其是人才分布和现代文化市场体系的不健全，必然带来国内文化产业发展的不平衡，而呈现梯度和带状特点。如何进行战略布局和培育主导特色产业并形成优势产业集群，成为中央和地方政府的一项战略抉择。制定国家文化产业发展战略，不仅要考虑全球发展的不平衡性及其产业形态的不对等，还要考虑国内发展的不平衡性和区域文化传统，尊重生产关系一定要适应生产力发展要求等客观规律。因此，不仅要有全球视野的国际分工体系格局及其产业对接意识，还要有基于国内现实的梯度发展策略及其差异性发展模式，既适应不同地区的发展水平，又能应对国际挑战，实现我国文化生产力的合理布局。

从国家层面看，为应对国际文化产业的碾压和产品的倾销，既需要发展适应后工业消费需求的"内容产业"和"创意产业"政策，以契合国内如北京、上海、深圳、广州等大都市消费群体的需求，满足国内文化产品"战略性短缺"的同时，积极输出文化产品；又需要有适应工业化进程的文化产业政策，以满足国内大众的文化消费需求；还要在西部地区和少数民族以及农村逐步完善文化基础设施等公共文化服务体系均等化的文化政策，通过文化事业的发展和福利供给奠定文化产业的发展基础和培育潜在的文化产品的消费者，这些都关乎文化政策的创新。在此语境下，有学者提出：协调东部的产业能力与西部的资源潜力相结合；东部的市场活力与中部的产业潜力相结合；东部的民营经济产业实力和中西部国有文化经济的闲置能力相结合。① 这一思路固然有其合理性和乐观的前景，但遭遇的现实障碍和政策瓶颈，短期内难以克服，地方利益和行业利益的纠结难以突破，有待于文化体制改革的深化，需要中央政府和地方政府的全力支持。通过宏观调控和政策引导，促进区域文化产业协调发展，鼓励东部地区率先发展文化产业，中部地区加快文化产业崛起，西部地区结合资源优势和文化特色，通过加大文化投入形成一定的发展能力，进而形成东部地区、中部地区和西部地区优势互补、良性互动的区域文化产业协调发展新格局。也就是说：我国文化产业的发展采取分阶段、分区域、分步骤、分层次和积极渐进式发展，既可以避免文化体制改革的剧烈震荡，又能够防止文化产业发展的大起大落；既有利于文化产业战略目标的选择，又有利于创造适合文化生产力状况的实现途径。②

现阶段，文化产业发展愈益呈现全球化趋势：文化资源的全球配置和品牌的全球流动；跨国公司主导的产业经营全球化，和产业分工体系的国际化；文化贸易（文化市场）和版权保护的全球化。在此境遇下，作为文化产业后发国家，一定要基于全球视野制定科学的文化产业发展战略，充分发挥政府的主导作用和市场配置资源的积极作用，通过大力发展文化产业提升国际竞争力，通过对市场上文化产品的消费扩大中华文化的影响力和文化传播力，提高国家的"软实力"，以中华文化的影响力消解各种对我国不利的妖魔化宣传，降低世界有影响力的大国对中国综合国力不断强大的敌视和抵制。以文化影响力来提升中国在国际社会的声望和话语权，通过文化传播积极建构负责任的大国形象。利用国际交流和对话机制，弘扬中国先进文化，使其成为构建和谐世界和国际文化新秩序的基础。有学者指出，从全球看，在文化产业发展初期，文化产业的非均衡性是一个普遍存在的客观现象。但在文化产业快速发展的跃升期和高端形态，应该说由非均衡发展逐渐过渡到均衡发展，最终呈现出良性协调发展，这是一个大趋势。③

在经济全球化进程中，各文化大国在文化产业领域的竞争越来越激烈，文化产业的强弱成为影响国家文化安全的重要因素，文化产业竞争力关乎国家意识形态和价值观的辐射力、影响力和感召力。面对风起云涌竞

---

① 张晓明：《认识文化产业发展不平衡规律　科学制定文化产业发展战略》，《理论与当代》2006 年第 1 期。

② 胡惠林主编：《我国文化产业发展战略理论文献研究综述》，上海人民出版社 2010 年版，第 164 页。

③ 韩美群：《当代西方文化产业区域发展模式评析》，《国外社会科学》2009 年第 6 期。

争激烈的文化产业，必须制定国家文化产业发展战略，增强国家文化产业实力，提升文化产业的国际竞争力，充分发挥文化产业的多重溢出效应。契合国家经济实力的增强和科技水平的提升，转变文化产业自身的增长方式，推动文化产业的结构优化和产品升级，在保量重质提升品位的基础上实现文化产业的包容性增长。

其二，文化产业发展需要顶层设计。

文化建设既是中国特色社会主义事业总体布局的重要组成部分，又融入渗透到各领域各方面，与其他建设相辅相成、互为支撑。在中央的战略布局中，推动文化产业跨越式发展，使之成为新的经济增长点、经济结构战略调整的重要支点、转变经济发展方式的重要着力点，文化发展、价值传承和文明积累的现代主导方式，为推动经济社会科学发展提供重要支撑。如何定位文化产业是顶层设计的逻辑起点。首先，要在经济建设视野中定位文化产业的发展，推动文化产业从文化宣传系统的"小圈子"进入国民经济发展的大循环，充分发挥文化的溢出效应，促进文化产业与国民经济、社会建设、生态文明建设实现深度融合；其次，要在"文化强国"视野中定位文化产业发展，从文化资源大国迈入文化产业强国，这不仅是一个经济学命题，更是一个价值观建构和传播的文化命题，旨在以民族文化的率先突破引领人类文明的跃升。从前瞻性来看，文化产业发展要从"经济形态"逐渐转向"文明形态"，即以"文明形态的文化产业"替代"经济形态的文化产业"（更高经济形态和文明层次）。总体上看，中央对文化产业的认知，体现了文化发展的顶层设计的思路。

进入初级阶段的中国文化产业，正迈向产业实践中的"自觉"和产业管理上的"有序"。现阶段，推动文化产业发展一定要有国家意志和国家战略意识，体现文化发展的"顶层设计"，文化发展的顶层设计要系统完善，既要顶层推动，也要上下互动，强调顶层设计，不是忽视地方政府和人民群众的首创精神和体制机制创新。中央政府的顶层设计，应结合东、中、西部经济社会发展实际，制定科学合理的投入机制、补偿机制和社会投资引导机制，充分发挥市场灵验功能，加快文化立法和健全文化宏观管理体制，科学地推动文化产业大发展。

文化产业具有广泛的辐射力和感染力，作为提高产品附加值的战略性产业，其意义不止于获得经济利益，还在提高公民素质、增加就业，促进经济社会协调发展，优化产业结构、转变经济增长方式、实现可持续发展，促进中国传统文化的传承与发展，保护生态环境等方面具有独特优势。这对改善中国文化的现代处境、提升全球影响力和文化的位态，既是一种前行中的焦虑，又是一种现实驱动力。作为产业群的文化产业是涉及众多领域、行业和部门的新兴交叉门类，其发展需要社会经济文化的综合推进，需要相关配套政策和各领域的协同推动，任何一个环节的滞后都会影响综合效应的发挥，比较适合大部门制的综合行政管理机构来统筹发展，需要实施国家层面的统一规划和协调，制定国家统计标准，实现中央层面的规划指导和宏观调控。

事实上，不仅经济领域深化改革需要"顶层设计"，在文化产业成为世界大国博弈的焦点而竞争愈发激烈的境遇下，结合中国实际推动文化产业大发展，同样离不开"顶层设计"。"顶层设计"思路的提出表明在深化改革开放中不再是"摸着石头过河"，也不再是盲从、盲目或依附、亦步亦趋于某一现成模式，从而体现出对现代化发展道路的某种自觉，而是一种对社会发展理论的成熟，和基于明确价值立场和诉求的战略高端思路的清晰化。具体在文化产业领域就是要坚持社会主义文化理想和信念，在实践中走出一条有别于经济领域以基础加工业为主导的发展思路，不同于发达国家单纯商业、娱乐至上的产业化思路，更不是固守传统文化产业节拍的原地踏步，而是在现有经济实力、科技力量支撑和依托自主创新的现代文化发展方式，实现文化产业的梯度开发与文化资源对接的战略，走中国特色的跨越式文化产业发展之路。具体地说，文化产业发展要以完善强大的现代工业体系（如电影工业等）为支撑，以夯实民族文化之根为内核，以融入社会主义核心价值观为诉求，以健全产业发展体系为重心，来健全整个文化生态系统。事实上，只有高端思路，才能真正把脉中国文化产业发展的现状和症结，进而对发展文化产业的路径、意义和价值有着清晰的认知，对文化产业发展何为有着明确的定位，对文化产业管理体制和运行机制有所创新，在产业布局中统筹协调、突出重点，做到转变文化的发展方式和实现文化产业的科学发展。

纵观国际经验，文化产业强国美国虽对文化产业采取"无为而治"的自由竞争政策，但政府主要运用法律手段对文化产业进行调控，积极拓宽文化产业的资金来源，重视人才战略，把创新意识作为文化产业持续发展的动力。作为创意产业强国的英国，通过成立直属首相的"特别工作小组"，重新整合有关政府部门，充分调动有限的财政资源，形成合力，统一管理，大大提高了政府在宏观管理上的工作效率，为创意产业的规范发展奠定了基础。在现阶段的中国有了中央的顶层设计，可以摒除部门利益之争和地方保护主义，有效洞察制度性缺陷和改革路径的合法性，促进文化产业的包容性增长，使文化的发展成为人的自由和社会发展的关键词和价值诉求，而不是满足一己或小圈子的私利，更不会成为某一阶层的奢侈品。当下文化产业领域中的诸多乱象并非都是文化人、文化企业的问题，而是有着制度和政策层面的不合理性。就像我们习以为常而又都明白的大城市的交通拥堵状况，本身就存在管理不善和管理水平不高以及道路交通设计的不合理，导致宽敞的大道难以畅通，明明可以让车辆毫无堵塞的通过，却因设计和管理问题把车和人拥堵到辅路上难以畅行。再有公立医院的看病难引发的诸多弊病和乱象也存在着制度缺陷和政策的引导不力，制度设计与实际现状不吻合，脱离中国老百姓的生活现实，不能怪老百姓觉悟不高，而是政策引导发生偏差或者不到位，导致资源配置的不合理和垄断怪胎的滋生。文化领域存在同样的问题，既要强调文化消费的多元化选择，也要注重生产源头上的文化表达的自主性，使消费性文化与生产性文化保持均衡发展，才能理顺文化领域的关系使之畅通无碍，才不会滋生背离主流发展方向的无序乱象。

其三，不断迈向产业价值链高端。

文化消费方式和消费结构的变化，推动了文化生产方式和传播方式的变革。文化生产的集中化、社会化成为文化产业的主导趋势，和文化产业集约化、规模化的助推器。文化的社会化生产推动文化产业渗透于国民经济各行业，与制造、信息、旅游、包装、建筑装饰、工业设计等产业融合，不仅提升了文化的表现力、传播力和影响力，还提高了制造业和现代服务业的品牌价值和附加值，推动中国经济不断迈向价值链的高端。文化与经济的交融，使得文化建设不再是"两张皮"：一方面，文化事业发展离不开国民经济体系的支撑；另一方面，文化产业发展作为战略性新兴产业已成为国民经济新的增长点，价值传播的制高点，正在与国民经济、社会发展、教育、新型城镇化、国家创新驱动战略、旅游、体育产业相融合，对实现经济新常态发挥了重要的引擎作用。随着文化生产社会化程度的提高，文化企业间的重组、并购越来越频繁，推动资本和资源向优势企业适度集中，有利于形成一批骨干文化企业和战略投资者，加快文化产业转型升级，提高产业集中度，进而夯实中国软实力提升的基础，增强中国文化产业的国际竞争力。

随着经济全球化的深入，文化产品的生产与服务越来越融入国际文化生产体系，遗憾的是我国的文化生产在国际分工体系中，总体上处于产业链的中低端环节。因缺乏高端创意研发方面的战略应对，缺少强大的原创力量支持，缺失有效的智力支持和人力资源保障，所以难以源源不断地推出凝聚文化与科技、富有世界眼光与独特感召力的品牌文化产品和文化服务。转变文化发展方式，离不开高科技的应用。当下，数字化和网络化技术正改变文化的生产方式、传播方式和消费方式，立体电影、互联网电视、动漫游戏、数字出版、电子书等文化新业态不断涌现，文化已成为集成和应用新技术的重要领域。文化与科技的交融不但催生了文化新业态，还推动了文化生产的产业化运作，以数字技术为载体的内容文化产业成为引领文化产业发展的新趋势，这种内容文化产业以创意为内在动力，把各种"文化资源"通过数字技术转换和传播，生成新的生产和消费方式，不断催生新的产业集群。高科技在文化产业领域的运用不单纯具有工具的意义，随着技术的创新，技术与文化业态还具有相互依存的生成性。从发展趋势看，已经出现由技术决定向"内容为王"的转化，在此转轨中，发达国家牢牢占据文化产业的"高端"位置，引领了全球文化产业的发展方向。对于中国文化产业而言，只有抓住机遇，推动技术创新与内容创意齐头并进，以内容优势推动文化产业跨越式发展，才能有效缩小与发达国家在文化产业方面的差距。遗憾的是，我国文化产业在数字技术和创意两方面都没有占据领先位置，在文化市场的博弈中仍处于守势。

诚然，我们拥有巨大的民族文化资源"金矿"，但是"文化资源优势并不会天然地转变为产业优势和市场竞争力，这个转化过程需要创意的支撑，现代化生产技术的支撑"[1]。所以，通过创意创新和高端技术应用，积极开发才是保护民族文化遗产的最佳选择。全球化境遇下，文化资源越来越显示出非独占性，成为全球文化产业配置的对象，相反，创意、技术、市场越来越重要，尤其是版权开发及其保护。发展文化产业很大程度上依赖对知识产权的保护，现在制约文化产业发展的最大障碍就是侵权和盗版。法律体系的不健全以及成本低、执法难、获利丰厚，导致对文化产品的侵权现象愈演愈烈。盗版的存在阻碍了社会科技进步，造成企业原创动力不足，就业机会减少，其非法所得不纳税，导致国家税收大量流失。国际上，美国还以知识产权问题为借口压制和打击我国文化产业发展，通过控制标准维护美国在文化产业领域的霸主地位和保持对中国文化输出的高压态势。

培育外向型文化企业，改变传统的重文化交流轻文化贸易的思维方式和做法，建立完善的高效的文化贸易体制，坚持全球市场理念与本土区域文化优势的整合，既要鼓励大企业，又要扶持小企业，形成多种所有制并存、大中小微企业竞相发展、传统与新兴产业互动融合的新的格局。在产

---

① 丹增：《发展文化产业与开发文化资源》，《求是》2006 年第 1 期。

业结构上，统筹发展速度与质量、结构与效益，加快构建现代文化产业体系和现代文化市场体系，加大骨干文化企业培育力度和国际文化市场开拓力度，坚持走规模化、集约化、专业化发展之路，以结构调整为主线，以骨干企业为支撑，以科技创新为动力，以大众创业万众创新为抓手，推进文化领域资源整合，文化与科技相融合，加强对文化市场的培育和引导，优化文化产业布局结构，延伸文化产业链，提高附加值，支持和壮大国有或国有控股文化企业，鼓励和引导各种非公有制文化企业健康发展。培育一批核心竞争力强的国有或国有控股大型文化企业或企业集团，在发展产业和繁荣市场方面发挥主导作用。

其四，以社会核心价值引导文化产业发展。

从文化的内涵上看，它是价值观，是精神，是审美，因而有意识形态属性；从其存在与发生作用的方式上看，文化以产品和服务的方式存在，虽是一种产品，但绝非一般的商品，作为内容产品，它一定承载着某种价值观。文化的双重属性并不背离、相分，而是相互促进的正向关系，它通过文化市场和文化贸易得以强化。正确认识文化的双重属性，有利于尊重文化的发展规律。在实践中，许多文化产品和服务，可以通过市场交换实现价值。随着社会主义市场经济体制的不断完善，文化与经济的融合日益密切，文化的商品属性日益显现。这表明在文化领域，完全可以发挥市场在资源配置中的积极作用。但不能借改革之名将整个文化都交给市场，搞所谓"文化产业化"、"文化市场化"，要谨防"市场失灵"，维护文化产品的公益性和公共性，加强对文化产业的监管，制定精细化的监管规则，确保发展的正确方向和导向。

文化产业的经济属性要求其遵循市场原则和产业发展规律，其社会意识形态属性要求它必须反映国家意志和社会主流价值观，体现国家和民族的文化自觉和自信，担负捍卫国家文化主权和文化安全的职责。发展文化产业，不仅关系到国民经济发展、产业结构调整，也关系到国际文化竞争力；关系到如何整合开发中国丰富的、独特的、珍贵的文化资源，将其转化为文化产品，通过产业化和市场化运作，使之转化为全世界共享的文化商品。一方面可以产生巨大的经济效益，成为新的经济增长点；另一方面，有助于提高全民族的文化素质和大众日常生活的文化品格，产生巨大的社会人文效益，又把中国文化传播到全世界。

当前，文化贸易成为宣传外交思想和价值观传播的主要方式，即对外宣传不再是简单的国家之间的文化交流和民间互访，而是靠实实在在的文化贸易数字说话。文化通过对外贸易，裹挟着自己的意识形态和价值观流向他国，这种渗透具有很强的隐蔽性，这在美国最为明显。美国的文化产品已成为美国外交的一种"低代价、高收益"的软资源，约瑟夫·奈称之为"一种毋需投入过多并且相当有价值的软力量资源"①。文化产业在全球化时代不但是意识形态传播的基础，而且还能强化意识形态传播的时效性和影响的广延性（《豪门恩怨》在非洲热播就是生动例证），它还进一步强化了意识形态传播的隐蔽性。文化产品和文化服务不但传播文化价值，还再生产着大众的文化身份，对社会凝聚力产生重要影响。在全球文化市场的博弈中，文化影响力是通过对文化产品实实在在的消费产生的，没有文化产业的壮大和文化贸易数字的支撑，一个国家和政党文化表达的空间就会受到压抑；但如果仅仅追逐娱乐或迎合市场，抑或沦为发达国家的文化价值观和意识形态的注脚或爬虫，迷失自身的文化价值诉求，弱化文化的精神提升和引导功能，就会失去对国家主流意识形态的守护，从而给民族文化的现代发展、国家软实力的提升带来戕害。因此，在国家战略高度推动文化产业大发展，一定要旗帜鲜明地坚持普适性的主流价值诉求，在全社会弘扬社会主义核心价值观。

---

① ［美］约瑟夫·奈：《美国定能领导世界吗?》，军事译文出版社 1992 年版，第 160 页。

第一章　文化与文化战略研究

文化是什么？有人说文化是一条归家的路，让人认祖归宗；有人说文化是润心细无声；有人说文化是民族的遗传密码，无论走到天涯海角，都会留下文化的温度和温情。反观人类历史，唯有文化，才是伟大民族复兴和强盛的根。观中国历朝历代，兴盛者无不伴随文化上的强盛，如汉武气概，盛唐气象；衰败者无不伴随文化上的败落，如晚明之禁锢，晚清之僵化。究其底蕴，文化如水，经济似船，政治是帆，水深载大船，风正一帆悬。诚如温家宝同志所言：国家的影响力，取决于经济、科技和军事实力，但归根结底取决于文化实力。文化的影响力更深刻、更具渗透性。①这就是通常所说的文化比经济深刻，比政治广泛。

文化虽有其物态化的形式，却不能束之高阁，把它博物馆化，而是在生活中、实践中、生产中才能获得发展。无论多么丰富多姿、色彩缤纷，文化的核心只能是文化价值。所谓文化价值乃是一个国家和民族的思想观念、社会心理、生存方式、交往形式、行为习惯的理想取向和评判标准，是维系国家和民族和谐统一，振奋民族精神，鼓舞国民形成精神感召的思想力量。它既是精神文化的灵魂，又是制度文化的理据和内化，它在文化建设、经济社会建设以及人的自由全面发展中具有决定意义。在市场经济条件下，文化价值的认同离不开市场的选择，但文化走向市场，不能以牺牲文化的自主性、公共性为代价，尤其不能追求市场效益最大化和过度商业化。经济全球化语境下，本土文化生产和文化消费不可避免地要在全球化的文化、经济和组织环境下进行，这愈发加剧了文化生成、展示、传播、消费的复杂性。同时，也给文化交流和扩张提供了平台。作为世界大国，中国应该在文化上有自己的根基，既不能脱离自己厚重的历史和悠久的文化传统，还要在中西文明互鉴视野中有现代文化的积累与创新，才能不断提升中华文化在世界文化多元格局中的位态。中华民族伟大复兴的标

---

① 引自温家宝同志2010年2月4日在中央党校省部级主要领导干部专题研讨班上的讲话。

志之一，就是中国文化对世界的影响力和辐射力的全面提升。

第一节　相关概念辨析

进入文化和文化战略研究题域，首先要清理和辨析一些基本概念。

一　从文化到文化产业

文化可以说是最难取得共识的概念之一，进入文化研究题域，首先面对的第一个概念就是"文化"。威廉斯①在著名的《关键词——文化与社会的词汇》中指出，文化是英文中两三个比较复杂的词汇之一，部分原因是这个词在一些欧洲国家语言里，有着极为复杂的词义演变史。然而，主要原因是在一些学科领域里以及不同的思想体系里，它被用作重要的观念。② 不仅在英国文化语境中是如此，在汉语文化语境中也概莫能外。文化概念尽管重要，但对于什么是文化却从来没有过一个完全令人满意的定义，文化如同我们生存其中的空气难以把握。它的疑难不在于词义，而在于文化本身的模糊性、不精确性和难以把握的不确定性，以至于在文化史上出现260多种定义。威廉斯在《文化与社会》中把文化界定为：作为"整体的生活方式"、物质的、思想和精神的文化，后来他在《漫长的革命》中作了更明确概括，即"理想的"文化定义、"文献式的"文化定义和文化的"社会"定义。他还根据对文化过程的分析，把文化区分为主导性的、剩余的和创生的文化类型，以阐明文化生成过程的动力和内在关系。对威廉斯而言，"文化"的内涵不是固定的，其指涉的是全面的生活方式，包括文学与艺术，也包括各种机制与日常行为等实践活动；文化不是抽象的概念，它由各个阶层共同参与、创造与建构而成，绝非少数精英的专利。他指出："即使在一个由某一阶级为主导的社会里，其他阶级的成员对一般共同资产显然也可能有所贡献，而且这些贡献可能不受支配阶级的观念与价值的影响，甚至还与之对立。"③ 这直接启发了文化研究

---

① 雷蒙·威廉斯（Raymond Williams, 1921—1988），20世纪中叶英语世界最重要的马克思主义文化批评家，文化研究的重要奠基人之一。出生于威尔士乡间的工人阶级家庭，毕业于剑桥的三一学院。"二战"后至1961年曾任教于牛津大学的成人教育班，1974年起，在剑桥大学耶稣学院担任戏剧讲座教授，直至去世。被誉为"战后英国最重要的社会主义思想家、知识分子与文化行动主义者"。

② 威廉斯：《关键词——文化与社会的词汇》，刘建基译，生活·读书·新知三联书店2005年版，第101页。

③ 威廉斯：《文化与社会》，彭怀栋译，（台北）联经出版社1985年版，第353页。

学派对边缘文化、少数族裔亚文化、工人阶级文化的重视，以及对大众电影、广告传媒、流行音乐与通俗文学的肯定。超越文化的精英主义的定义，凸显价值形塑的生成性，特别是作为某种生活方式便成为大众文化研究的基本立场，把文化理解为一个生成变化过程的动态视角，对此后文化研究产生了深刻影响。从接合的视角考察文化，既看到了文化的现成性（产品），又凸显了文化的生成性（实践性），从而将文化解读为物质的和观念的。由此，近年来理论旅行的"文化研究"为重新开发唯物主义文化和意识形态理论做出了关键性贡献，完成了对正统马克思主义及人类学和社会学文化概念的超越。

在汉语语境中，"文化"同样是一个复杂而重要的词汇。在古汉语中，"文化"是两个语义不同的词。文与化是中国比较古老的观念，在甲骨文中已经出现，并被普遍地使用于先秦的典籍中。"文"为象形字，出现很早。甲骨文和金文中都有"文"字。东汉许慎在《说文解字》中说："文，错画也，象交文。"《说文解字序》又云："依类象形，故谓之文。"《易传·系辞下》曰："物相杂，故曰文。"这表明在古人的意味里线条错综交叉构成的形象即谓文，这是文的本意。作为对一种非自然的、具有抽象意味的线条构形的命名，"文"的意识帮助中国的先民们形成了最初最基本的文化符号意识。"化"在中国古代作为一个独立的概念，具有动词性，意谓生长。文与化在先秦时代尚未形成一个概念，《周易·彖传》中说："观乎天文，以察时变；观乎人文，以化成天下。"以天文指自然天象，以人文指人类社会中的种种文化现象和文明建制，这可能是文化概念的最早雏形。文的意识的出现成为人类文明起源的标志，因此文最重要的一个初始含义就是人文，也就是人类的文明、文化。文成为对人类文化、文明的指称与命名，说明中国先人认为，人类的种种属人的创造物在构成性和意义化上与文的本性相同且相通，都是人之道的文示与形显，因而文作为文化、文明的名称才得以在人的生存领域和生存方式上不断延伸，而最终成为对所有人文现象的普遍性指称。较为明确的字义使用可能出现于汉代刘向的《说苑·指武》中，"圣人之治天下也，先文德而后武力。凡武力之兴，为不服也，文化不改，然后加诛"。故而，在古汉语中"文化"一般指文治和教化，是与"武力"相对应的"文德"，古代中国从野蛮进入文明时代之后，一直都把文化偏于人文教化视为治国之本。与现代意义上所谓的文化，在意义上有相当的差距。

现在文化通常指称良好的风度、文学、艺术和科学等人类在社会历史发展过程中所创造的物质财富和精神方面的成就，并可以通过教育获得。从《牛津辞典》得知，英语中 culture 的这一义涵，在 1805 年之前尚未出现，直到马修·阿诺德的《文化和无政府状态》（1869），此用法才得以推广，作为文化一词的书面用法存留至今。可见，无论是在西方语境中还是在汉语语境中，"文化"一词获得现在的内涵和意味都是晚近的事情。

最早在科学意义上为"文化"下定义的是英国文化人类学奠基人泰勒，1871 年，他在代表作《原始文化》中写道："文化或文明，就其广泛的民族学意义来讲，是一个复合整体，包括知识、信仰、艺术、道德、法律、习俗以及作为一个社会成员的人所习得的其他一切能力和习惯。"[①]这一文化的经典定义至今仍为人引用。但在现实生活中说到文化，几乎是一个无所不包的概念。人们对什么是文化有各种各样的理解，既可以指日常生活中消费的文化产品，也可以指某一个行业或领域的文化（如校园文化、企业文化、军营文化、公安文化等），还可以在更普遍的精神思想层面来理解文化，如与政治、经济、社会、生态文明并列的层面即"五位一体"的高度上来理解文化。因此，文化建设就不是单个人的事情，也不是某个行业或某个领域的事情，而是全社会全民族的事情。可以说，文化强国战略是一个国家、一个民族的发展战略。从一般意义上说，文化是人类群体或社会的共有产物和共享的成果，是代代相传的人们的整体生活方式，是生活在一定时空环境中的人群的某种"说法"和"活法"的统一，其核心是价值观。所谓价值观是一个社会中人们所共同持有的关于如何区分对与错、好与坏、符合意愿或违背意愿的观念，是决定社会的目标和理想的最普遍、抽象的观念（善恶是非的判断）。这就是通常所说的作为价值归属的文化可以为人类安心、为社会立魂。因此，从普遍的意义上讲，文化被视为一个民族的精神记忆、灵魂和血脉，是一个民族区别于其他民族的遗传密码，也是该民族自我确认、自我阐释、自我表达的符号系统，它表征着该民族共有的归属感、认同感和凝聚力。今天在全球化语境下，随着交流、交往的频繁，我们和其他很多国家的人的表层生活方式越来越相似，出门坐汽车、乘地铁，住高楼，用电脑，打手机，甚至可以自由地去他国家旅行、学习、居住，那么怎么来定义"我是中国人"呢？其中重要的就是文化——中华民族文化（如春节的习俗——千方百计地回老家、与家人包饺子、放鞭炮——背后的情感认同和价值认同）。文化是最根本意义上的自我身份认同。人以群居，进而从一个部落形成一个社

---

① 泰勒：《原始文化》，连树生译，上海文艺出版社 1992 年版，第 1 页。

会，文化是其中的重要纽带，它规定和规范着我们如何去表达（说法）和去生活（活法）。通常而言，文化不仅有内在的非对待性的虚灵的人文价值向度，更有外在的可量化的产业维度和经济维度等外向度价值，文化具有多重属性和多维功能。作为一套表意系统，文化是特定历史时期和特定地域的人们的一套说法和活法的统一（整体的生活方式），而不能机械地割裂、照搬或复制，它必须活在人的日常生活中。作为内外向度的统一，文化的内向度指向价值观、内在的感召力，外向度指向文化产业竞争力、强势文化产品的市场占有率。

可见，文化是一个历史范畴，是一定历史时期经济和政治的反映，是社会发展现实的全面反映。在中西不同的文化语境中，"文化"与"Culture"的含义不尽相同，二者的内涵存在着明显的时代差异和文化悬殊。有学者指出，在中国语境和汉语系统中，"文化"一词是由于"文"、"化"二字的长期连用和合用而逐步形成的，它意指人类通过自己的活动使事物的性质和状态发生合乎规律、合乎需要的变化，这一变化过程及其历史成果即为文化。这里所说的"事物"包括自然现象和社会现象，也包括人本身以及人心人性在内。从这个意义上说，"文化"由三个层次构成：文化即人化，文化即教化，文化即美化。这三个层级的精神实质在于对天人合一、身心合一、美善合一这三种境界的文化追求，顺天应人并使人达到天人合一的境界谓之"人化"，教以人伦并使人达到身心合一的境界谓之"教化"，陶冶人心并使人达到美善合一的境界谓之"美化"。它们千百年来积淀在中国人心灵深处，影响着中国人的心思言行，成为中国传统文化的精髓。① 这一分析不是把文化看成一个孤立事态、一种局部现象，而是看成一个运动过程、一个有机整体，从而揭示了文化的动态性、过程性和整体性，在动态的逻辑推演和有序的系统解析中把握文化的内涵。从自然与文化的关系看，文化被理解为由自然塑造出来的人反过来塑造自然和自我塑造的过程、方式和结果——这就是"人化"；从文化与人性的关系看，文化是人类探索和建构自身本质的过程，是人类进化的特有方式和动力机制——这就是"教化"；从文化与发展的关系看，文化不但是发展的关键词，还是发展的最高目的，是指人对"善"的生活境界的价值诉求，从而祈向人生真、善、美合一的境界——这就是"美化"。从"人化"—"教化"—"美化"的追求来看，其中蕴含着一以贯之的价值——文明程度的递进。

---

① 姚文放：《中国审美文化史的叙述方法》，《探索与争鸣》2012 年第 9 期。

　　历史的进程驶入 20 世纪 90 年代，"文化产业"的概念迎合时代机缘出场。其实，文化的产业发展是文化现代化的显现和结果之一。尽管学界对它的出场有过质疑、争议、批判，但它还是在历史的逻辑中获得了自身的合法性，而逐渐进入文化政治和文化战略视野。确切地说，我国对文化产业概念的理解是随着社会主义市场经济不断发展完善和文化市场日益繁荣活跃而逐渐清晰和明确的。20 世纪 80 年代，"文化市场"地位合法性的确立，1989 年文化部设置文化市场管理局，尤其是 1998 年在政府机构改革中，文化部成立内设性机构"文化产业司"，标志着"文化产业"开始进入政府管理视野。2000 年党的十五届五中全会第一次在中央文件中使用"文化产业"概念，提出要推动有关文化产业发展。2002 年党的十六大首次明确把文化区分为文化事业和文化产业，强调一手抓公益性文化事业，一手抓经营性文化产业，把文化产业作为文化建设发展的一个重要方面鲜明地提出来，文化发展可经由文化事业与文化产业的双轮驱动，这在理论上是一个重大突破，在思想和意识形态层面确立了文化的经济属性和文化产业的地位，对文化产业发展具有里程碑意义，更是一种制度的建构。严格意义上讲，文化事业的命名和制度安排是中国的"独创"，它是中国现代化总体事业的有机构成部分，其定位是通过国家投入来满足社会及其人民大众的文化需要，不以营利为目的，其功能主要体现在公益性上，现在它越来越成为公共文化服务体系的支撑力量。在全面深化文化体制改革进程中，有越来越多的社会力量被引入文化事业建设中，同时政府也可以在市场上购买文化服务以满足大众的基本文化需求。随着社会主义制度的不断完善，文化发展越来越显现"人民性"的宗旨，越来越以满足公民的文化权益为诉求。只不过文化事业满足的是人民大众的基本权益，文化产业保障的是差异化的权益。公民的文化权益通常包含五个部分：享受文化成果的权益；参与文化活动的权益；参与文化事务管理的权益；开展文化创造的权益；文化成果受保护的权益。实际上，把"文化产业"写入中央文件，更有一种制度建构的意味，这在本质上是一种文化制度的创新，表明我们的文化发展由传统的福利型文化一体化的供给方式，开始分化为事业、产业两种运作方式，制度的建构明确了文化产业的地位，这在本质上是一种意识形态管理方式（重构文化领导权）的创新，是对文化多重内涵和多种发展方式的深刻认知。2004 年中宣部会同国家统计局等有关部门正式编制出台《文化及相关产业分类》和《文化及相关产业统计指标体系框架》，确定了文化产业的"核心层"、"外围层"和"相关层"的范围。

随着文化改革发展的深入推进和高新科技对生产生活的巨大影响，特别是文化与科技的日益交融，文化产业的内涵不断丰富和调整。正是基于现实的变化和认识的深化，中宣部和国家统计局对文化及相关产业分类方法进行了修订，并正式印发了《文化及相关产业分类（2012）》，将文化及相关产业定义为"为社会公众提供文化产品和文化相关产品的生产活动的集合"①，范围包括文化产品的生产活动、文化产品生产的辅助生产活动、文化用品的生产活动和文化专用设备的生产活动四大类，具体统计内容为新闻出版发行服务、广播电视电影服务等 10 个方面。② 这种界定有着明显的"五位一体"的总体布局背景，强调了文化的普遍性、兼容性等基本特性，以及文化产业融合发展的趋势，文化产业除了新闻传媒、广播影视、书刊出版等直接为社会公众提供文化产品之外，还广泛涉及以创意、科技等方式，以园区、金融等服务手段，以旅游、贸易等渠道或载体进行的文化及相关生产活动。总体上看，修订后的分类体系与新的国民

① 2004 年的文化产业定义是"为社会公众提供文化、娱乐产品和服务的活动，以及与这些有关联的活动的集合"。在联合国教科文组织的定义中，文化产业是指按照工业标准，生产、再生产、储存以及分配文化产品和服务的一系列活动。在实践中，2004 年的统计分类标准的局限性日益显现：1. 界限不清：事业与产业/经营性与非经营性；2. 标准模糊，各地的标准和概念使用不统一，未能与国民经济分类体系挂钩；3. 缺乏前瞻性，未能反映文化产业发展的新兴业态；4. 现有标准不能有效支撑国家战略目标的实施。这次修订进一步切近了文化产业发展的独特性，完善了文化及相关产业的定义及内涵和外延，对文化及相关产业的类别结构和具体内容进行了调整，增加了文化创意、文化新业态、软件设计服务、具有文化内涵的特色产品生产等内容和部分行业小类，减少了旅行社、休闲健身活动等不符合文化及相关产业定义的活动类别。

② 《文化及相关产业分类（2012）》是以新的《国民经济行业分类》为基础制定的，兼顾部门管理需要和可操作性，并与联合国教科文组织《文化统计框架——2009》相衔接。在修订中，延续了原有的分类方法，调整了类别结构，增加了与文化生产活动相关的创意、新业态、软件设计服务等内容和部分行业小类，减少了少量不符合文化及相关产业定义的活动类别。具体分为五层：第一层为"文化产品的生产"和"文化相关产品的生产"两部分；第二层根据管理需要和文化生产活动的自身特点分为 10 个大类，即"新闻出版发行服务"、"广播电视电影服务"、"文化艺术服务"、"文化信息传输服务"、"文化创意和设计服务"、"文化休闲娱乐服务"、"工艺美术品的生产"、"文化产品生产的辅助生产"、"文化用品的生产"、"文化专用设备的生产"等；第三层依照文化生产活动的相近性分为 50 个中类；第四层是具体的活动类别，共计 120 个小类；第五层是对于含有部分文化生产活动的小类设置延伸层，共计 29 个。新分类用文化产品的生产活动、文化产品生产的辅助生产活动、文化用品的生产活动和文化专用设备的生产活动四个方面来替代原先的三个层次（核心层、外围层和相关层）。其中文化产品的生产活动构成文化及相关产业的主体，其他三个方面是文化及相关产业的补充。科学的统计标准意义重大，缺乏统一的统计口径，不仅造成数据混淆、难以比较，还容易模糊本质，表征文化产业的有行业无产业的事实。以产业形态纳入国家统计体系，有了科学的统一的标准，表征着文化产业的真正成熟和进入发展的快轨道。

经济分类标准更加契合，更加符合我国文化产业的特点和实际发展状况，也增加了统计数据的国际可比性，为进一步加强和改进我国文化产业统计工作提供了科学依据、奠定了坚实基础。这次修订的意义：为规范统计口径，保持政策的稳定性、持续性和发展的协调性、科学性，今后将统一使用文化产业概念，进一步规范文化创意产业、版权产业等概念的使用。

中央政策表述非常清楚：不能把文化产业的发展随意夸大或简单理解为文化产业化或文化市场化，"文化产业化"的提法实际上把文化理解狭隘化了，是在微观的部门文化或者中观的行业文化范围内理解文化，充其量是在宣传文化系统内理解文化，把市场效益最大化、过度商业化、娱乐化，视为文化产业的诉求目标，这样狭隘的文化观念怎么能撑起"文化强国"的战略目标？一定意义上说，文化产业的提出不但是一种制度创新，一种新的财富创造方式，同时也是文化生产方式、文化业态和产业形态的创新，更是思想观念的创新。必须明确：近年来，一定程度上，文化在体制内运行的无效，必须走面向市场的改革，市场是文化产业发展的前提和基础，但不是文化进入（迎合）市场就成了文化产业，更不是面向市场就必然追逐市场效益最大化，这样肤浅的理解助长了文化产业的粗鄙化，使文化失去尊严，以为文化产业就是迎合市场的"三俗"产品，不清楚文化产业是社会化大生产基础上的文化的传承积累创造的当代主要方式，它同样以出文化精品和名家大家为诉求目标，要有人文情怀；我们更要清楚当前文化发展中的空心化现象，不是发展文化产业的结果。可以说是我们误读文化产业、理解偏颇和在实践中跑偏了文化产业，以及被人为扭曲的市场所致。另外，就内容而言，文化产业所负载的内容应该是大众文化，以加工复制等社会化生产为大众提供差异化需求的文化产品。可以说，文化产业是当今时代文化生产的主导方式，其核心是文化价值观的传播——联合国教科文组织通过的《保护文化及其艺术多样性的国际公约》，对文化及其艺术表现形式多样性的保护，这实质上保护的是一种文化产业，并非所谓抽象的文化或者文化的原生态，是说在市场上任何一个国家和民族，哪怕是最小的国家和民族的文化都应该在市场上占有一定的份额。其前提是必须把文化变成文化产品（服务），有了产品才能进入市场，才会有版权，才会受到相关《公约》的保护，如迪斯尼版的《花木兰》和《功夫熊猫》都是配置了中国文化资源和文化符号，不仅在中国市场赚得钵满盆溢，还侵蚀、扭曲了中国传统文化和价值诉求（这不就是话语权的争夺吗？）；此外，文化产业也有别于文化活动（尤其是一系列节庆、庆典、晚会活动），它不是"文化"加"产业"。无论如何区分，文化事业和文化产业的发展都要尊重文化的发展规律。文化产业发展尤其不能模糊了文化和产业的边界，文化产业发展按照产业运作，但灵魂是文化。没有文化，何谈文化产业？随着实践的发展，我们对文化和文化产业的认知会越来越深刻。

二 从文化自觉到"文化战略"

文化自觉是费孝通先生在20世纪90年代提出的命题，所谓"文化自觉"，"其意义在于生活在一定文化中的人对其文化要有'自知之明'，明白它的来历、形成过程，所具有的特色和它的发展趋向，自知之明是为了加强对文化转型的自主能力，取得适应新环境、新时代文化选择的自主地位"①。费先生的文化自觉，不单是为中国社会文化未来的发展立说，更是对建立未来世界的和平秩序立说。对于如何在中西文化交往中对待异质文化，费先生有一个著名的观点：各美其美，美人之美，美美与共，天下大同。回顾党的发展史，可以看到中国共产党历来高度重视文化。从党的几代领导核心对国家建设的战略定位来看，呈现出从一元化到"五位一体"的发展演变逻辑。这种执政理念的变化，既是发展观的变化，也是文化观的变化。事实上，一个社会的稳定和谐发展要系统性地形成政治、经济、文化的轴心同构原则，这需要一个过程，新中国成立以来的历史是如此；美国成为世界大国、强国也是如此。最终都要在文化上形成高度自觉和自信，在世界范围内增强文化的感召力。

改革开放以来，可以看出中央历次党代会对文化的功能和地位的认识不断深化，文化发展战略不断丰富和成熟。从十二大到十四大的历次党代会召开的十五年间，中央反复重申社会主义精神文明建设的重要意义和重要内容，将文化建设视作精神文明建设的一个重要方面来抓，但实际上仍是在意识形态框架中来理解文化。十四届六中全会提出，要积极发展社会主义文化事业，满足人民群众日益增长的精神文化需求；积极培育和完善文化市场，一手抓繁荣，一手抓管理；深化文化体制改革，增强文化事业的活力。这表明党逐渐认识到文化的多重属性和多维功能，文化开始以独立的形态进入党的工作视野。到了十五大则明确提出，文化是综合国力的重要标志，文化的地位开始凸显。这一时期，中央对文化与综合国力的关系，文化与政治、经济的相对独立关系，有了更深刻的认识。十六大不仅提出了"三个代表"的重要思想，还确立了小康社会的文化发展目标，

---

① 费教通：《反思、对话、文化自觉》，《北京大学学报》1997年第3期。

阐明了"文化建设和文化体制改革"的具体任务，明确区分了文化事业和文化产业。十六大以来，中国文化体制改革部署启动、全面展开、深化攻坚。经过8年的探索实践，全党全社会已经形成共识：文化体制改革，是解放和发展文化生产力的根本途径，是促进社会主义文化大发展大繁荣的强大动力，是推动经济社会发展的新引擎。十七大报告第一次做出了"提高国家文化软实力"的战略部署，表明中央开始从战略高度深刻认识文化的重要地位和作用。十七届六中全会通过的《决定》中提出：培养高度的文化自觉和文化自信，提高全民族文明素质，增强国家文化软实力，弘扬中华文化，努力建设社会主义文化强国。十八大报告中以专章的形式提出：要扎实推进社会主义文化强国建设。十八届三中全会提出要以激发全社会的文化创造活力作为深化文化体制改革的中心环节。

在党的文化自觉中，可以充分感觉到党中央对文化的理解越来越全面、越来越深刻。文化不仅是推动社会发展的重要手段，更是社会文明进步的重要目标。这种文化认知不但把文化建设置于"五位一体"的现代化事业总体布局中，提到"文化强国"战略的高度，更是把文化发展上升到引领文明进步的世界高度。文化发展旨在激发全民族的文化活力、文化创造力和想象力，焕发全民族的文化激情，文化建设需要各领域、各民族和每个人的广泛参与，以全民族文化素质和文化意识的提升释放实现伟大复兴的能量，这样的文化观念才能支撑起建设文化强国的重任！这表明中央不单纯认为文化是一种工具性手段、一种支撑力量，不仅要在转变经济发展方式中发挥引擎功能，成为国民经济支柱性产业，而且它自身就是发展的目的。文化产业作为文化经济化和经济文化化的融合，是拉动经济发展的新引擎，经济社会发展的新的驱动力，它使经济发展有了文化的品格和追求，在追求经济利益时，也传播了社会主流价值与道德情怀。没有文化的积极引领，没有人民精神世界的极大丰富，没有全民族精神力量的充分发挥，一个国家、一个民族不可能屹立于世界民族之林。一个民族，只有文化体现出比物质和资本更强大的力量，才能造就更大的文明进步；一个国家，只有经济发展体现出文化的品格，才能进入更高的发展阶段。这契合了世界性的经济文化化、文化经济化、经济政治文化一体化的发展态势，以及产业越来越下游化，人的需求越来越上游化的发展趋势。

在国家战略体系中，文化战略占据着特殊的地位，对于大国或未来的大国而言具有举足轻重的意义。文化战略是一个国家在全球化语境下，对本国文化发展与世界战略的一种长远考虑和谋划，集中反映了一个国家的文化意志和对于世界的文化意图；是一个国家和民族在文化竞争、博弈日益激烈的语境下，为强化民族文化认同、增强凝聚力，有效价值传播及其文化形象建构，所主动采取或实施的一种战略性意义的文化立场或者国家行为。文化战略成为一种国家战略需求，表明文化本身不再是手段，而是一种目的，从而全球性的文化竞争被赋予了更高的目的。在表现形式上，文化竞争越发不能脱离文化产业这种主导方式和形态，因此，文化产业的竞争和博弈就成为文化战略的重要内容和领域。一定意义上，文化产业的发达程度就成为衡量大国文化地位和国际文化影响力的重要标志。如日本1996年提出"文化立国"战略，该战略已成为日本的国家发展战略，成为日本的立国与强国之本。而中国共产党在十七届六中全会上提出的"文化强国"战略，也是把文化发展提升到国家战略和引领文明跃升的高度，是在"五位一体"的现代化事业总体布局的框架下定位的。

在国家的文化战略视野中，文化是一个关乎民族发展、身份认同的主权概念，也就是说文化主权概念被赋予了新的含义。文化主权意识的前提是"文化自觉"，"文化自觉"落实到个人层面就是公民的文化权利的充分表达，或者说文化权益的充分保障和实现；落实到国家层面就显现为国家文化主权。可以说，文化主权是一个国家和民族文化自觉的产物。有了国家文化主权的意识，才能确立国家转型的文化自主能力和文化选择的自主地位。一个大国，倘若没有自己的文化主体地位，没有自己的文化主权，尽管有可能是一个经济发达国家，但绝不可能是一个文明国家，不可能得到文明世界的尊重，其经济发展不可能持续增长，其政权也不可能持续稳定，其在价值诉求上必然无所适从。因此，文化主权关乎一个民族的安危和尊严，捍卫国家的文化主权，对于我们来讲就是在全球张扬中华文明的"文化自觉"，就是明确中华文明的主体性地位。就此我们可以体会到"文化主权"是一个历史的概念，它与一个国家的发展处境相关联，其实质是一个现代性内涵的政治性概念。它显现于中国融入世界史的近代转型中，及其"亡国（朝廷政权）"与"亡天下（文化）"的论争中，中国文化遭遇了从传统社会向现代社会转型的深层危机，先是器物层面的探索，后是制度层面的借鉴，再后是文化上的苦苦追寻，滋生文化挫败的自卑感，这是晚清以来给中国知识分子提出的"世纪难题"。及至新中国政权建立奠定政治基础，改革开放后奠定经济基础，由此生成文化自强、自信、自觉的社会基础，经由文化转型实现了为中国社会主义现代化建设的正当性辩护。其中，五四运动是一个结点，它"是中国的一次关于文化主权的政治性行动。它背后是社会主义和自由主义两种政治文化争夺对五四运动领导权的斗争"①。正是遮蔽在历史深处的政治性含义托起了中国文化主权的基础。否则，中国文化就可能在转型中成为失魄的"游魂"。所谓"文化主权"不能是简单地从分类学意义上认定的国家主权内容的一部分，而是有其特定所指，它不是一种刚性的行政权力的文化领域显现，其最高表现形式不是国家实力的支配，而是一种心理屈从、志愿认同意义上的"文化领导权"。因此，作为特定所指的"文化主权"概念不仅仅是一个外交词汇，也不只是国家领土完整、领事裁判权等国际法意义上的主权，而且是政治哲学和文化认同意义上的主权，即主体性的最高自我认识和自我确证。② 甚至在最高意义上，它与文明概念相关联，是施展文明力量的最重要载体。在民族国家，文化领导权首先表现在对文化主权的坚持上，通过文化自觉形成全民族的文化主权意识。"主权是最高权威"，"依照最严格和最狭隘的意义，主权含有全面独立的意思，无论在国土以内还是在国土以外都是独立的"③，它以独立的民族国家为基础，和民族国家直接统一，是民族国家不可或缺的属性。有着政治维度的文化主权不单指现代民族国家将本民族文化的习惯、信仰和价值观上升为国家意志，从而对本民族文化拥有最高和独立的权力和权威，它还在文化主权意识的养成中有着政治关怀。文化主权认同的文化观念来自民族文化传统，但不排斥外来文明，只是要求对外来文化观念的吸收借鉴要立足民族国家的现实，以及有利于推进民族文化独立自主地发展。中国文化主权概念的有效性不能自闭于世界体系之外，而是在国际主流社会的文化共同体之间和之中发挥作用。这样的主权概念才能在全球文化秩序中相互交流对话，而不是自说自话。坚持文化领导权，就是在独立自主的对外文化交往中维护文化主权，捍卫文化安全，反对"文化霸权主义"。

中国的现代化最终是文化的现代化，没有社会主义文化繁荣发展，就没有社会主义现代化。文化主权是以凸显其国家和民族文化的政治意识而进入文化战略视野的，正如有学者指出："大国的外交博弈从表面看是军事经济利益的争夺，其实说到底是文化主权的争夺，这才是大国最大的政治。"④ 就此不难理解韦伯当年为何忧心忡忡地忧虑经济加速发展的德意志民族会因"政治不成熟"，而走向危险境地。他担忧这种经济快速发展

① 艺衡：《文化主权与国家文化软实力》，社会科学文献出版社 2009 年版，第 21 页。
② 张旭东：《全球化时代的文化认同——西方普遍主义话语的历史批判》，北京大学出版社 2005 年版，第 92 页。
③ 《奥本海姆国际法》第 1 卷第 1 分册，中国大百科全书出版社 1995 年版，第 92 页。
④ 艺衡：《文化主权与国家文化软实力》，社会科学文献出版社 2009 年版，第 15 页。

与政治难以成熟之间的强烈反差不但最终将使民族振兴的愿望付诸东流，甚至还会造成灾难性的后果即民族本身的解体。① 韦伯的这一担忧不幸为历史所证实：韦伯去世后数年，因魏玛共和国的"政治不成熟"导致希特勒上台、德国战败、国家分裂为二。可见，政治意识关联着深层次的民族文化的自觉，文化自觉又关乎文化主权意识。因此，文化主权的概念并非国家实力在文化领域的自然延伸，它有其超越性的所指，文化自觉的前提是"政治成熟"，正是自觉担当的"政治意识"赋予了文化主权概念的底色和灵魂。说到底，主流文化价值往往和政治理想及其诉求相交织，这就是社会核心价值既是文化主题，又是政治主题的内在逻辑的原因。那么，什么是文化主权呢？"说到底，它是指一个国家和民族的文化自觉，就是从主权角度来考察一个民族国家的文化自觉意识之构成。"② 只有真正拥有文化主权的国家，才能广泛动员民众激发国民的爱国主义精神，才能使一个国家有根有灵魂。处于新的历史语境中的当代中国人应该具备怎样的文化政治意识？诚如斯言："传统是希腊的鬼魂，要靠活的血来喂养，才能说话。否则海伦的美也不过是沉默的幻影。而中国思想的任务，就是用我们的血气，滋养我们的传统，让他们重新讲出我们生活的道理。"③ 这就是说要回到民族文化的根荄，以民族光荣的历史和先烈的热血，锻造出民族复兴的精气神，以文化战略托举"中国梦"实现的地平线。张旭东指出："中国文化如何在当代西方各种强势文化的影响下进行自我定位和自我构想，这实际上也就是一个争取自主性，并由此参与界定世界文化和世界历史的问题。这反映出一个民族的根本性的抱负和自我期待。"④ 而绵延不绝、生生不息的中华民族值得如此期许！

全球化语境下，对于国家文化主权和国家利益的维护，不能消极地防御，而是要积极主动地参与。要从民族的文化心理结构和个体的文化心性出发，培育民族文化的自豪感和认同感，只有有了独立的民族意识的觉醒，才会生成与之相匹配的文化主权感。从不自觉到自觉的文化主权感的生成过程，同时也是一个民族整体的心理成熟的历程。从根本上说，国家文化主权的维护，尽管可以从外交、教育、政府与民间的文化交流和商贸等诸多方面着手，但最关键的还是要靠国家文化本身的整体强大。就是

---

① ［德］马克斯·韦伯：《民族国家与经济政策》，生活·读书·新知三联书店 1997 年版，第 80 页。
② 艺衡：《文化主权与国家文化软实力》，社会科学文献出版社 2009 年版，第 23 页。
③ 同上书，第 37 页。
④ 张旭东：《全球化时代的文化认同》，北京大学出版社 2005 年版，第 98 页。

说，只有具有强大的文化实力，其文化主权才会得到根本性的维护和拓展。当今时代，一个国家的文化实力、文化影响力往往与其文化贸易数字相关联。相较而言没有多少本土的传统文化资源的美国占全球文化市场份额的43%，作为世界文化资源大国的中国占世界市场份额尚不足3%，这表明中国文化没有足够的市场影响力和吸引力，还不是真正的世界文化强国，其根本原因就是中国文化产业能力的弱小。当今时代文化产业成为文化传承、创新与发展的主导形态，文化的影响力拓展离不开文化产业的支撑，文化产业成为世界文化资源和文化主导权争夺的主战场，竞争的结果往往影响一个国家的文化在全球化时代的地位和命运，因此发展文化产业就成了民族国家维护国家文化主权的重点，成为一个国家维护文化主权的必然的战略性选择。可见，文化主权与文化产业有着内在性关联，发展文化产业不仅具有经济和文化意义，还有其深远的国家政治意义。从国家战略高度规划和促进文化产业发展，形成与中国全面崛起相匹配的文化实力及其伟大复兴所要求的文化高度，才能从根本上维护国家的文化主权。所以，回到战略本身，文化主权概念的提出不仅是中国和平发展战略中的文化战略理论的重要构想，还关乎全球化时代中华文明的命运。

第二节　21世纪以来的文化战略研究现状梳理

文化发展战略是指中央政府在一定时空条件下，实施国家文化发展的对内对外战略，它通常具有整体性、前沿性和全局性。最早把"文化"与"战略"关联起来研究的，应是荷兰哲学家皮尔森出版于1970年的《文化战略——对我们的思维和生活方式今天正在发生的变化所持的一种观点》，作者在书中认为文化概念的变革主要来自于时代语境的变化，也就是说文化问题并不是理论思考的目的本身，对它的分析应当有助于形成一个指向并着眼于未来的文化政策，这一见解对文化战略研究产生了深刻影响。自此，文化战略通常和文化政策相关联而逐渐进入学者的研究视野，21世纪以来这一研究领域成为学界的热点之一。

一　国外文化战略和文化政策研究现状述评

沿着皮尔森的文化观念，"任何一个既定文化形式所奉行的总规则体系，都可以被理解为是一种政策。它是关于固有性和超越性之间关系的一种具体战略"①。只不过文化战略调节的是由政治集团推出的民族、国家、世界之间的文化关系，尤其是竞争关系，它具有全局性、规模化的特点，由此形成今天的全球文化现状，并经由特定文化集团或文化有机体之间反复竞争博弈而造就了当今时代的文化格局。21 世纪以来国际上文化热战日益凸显，文化战略研究不断深入。尤其值得重视的是约瑟夫·奈的"软实力"研究和亨廷顿的"文明冲突论"，还有法国的阿芒·马特拉的《世界传播与文化霸权——思想与战略的历史》（陈卫星译，中央编译出版社 2001 年版）；德国的乌尔里希·贝克的《全球化时代的权力与反权力》（蒋仁祥等译，广西师范大学出版社 2004 年版）；新加坡的阿努拉·古纳锡克拉等著的《全球化背景下的文化权利》（张毓强等译，中国传媒大学出版社 2005 年版）；等等。此外，从《国际文化发展报告》、《世界文化产业发展前沿报告》等对发达国家文化产业发展战略的介绍和分析看，还可以洞察其文化战略，以及实现战略的路径和模式。从国外学者的研究成果来看，比较偏重文化传播、文化霸权、文化政策研究，通常是在大视野中展开对文化战略和文化政策的研究，其学理性色彩较浓，战略性价值更强，不仅视野宏阔，而且见解深刻，自觉地融入一种长远的战略意识，从而在世界文化格局和国际文化战略竞争中占据主导地位。即使某些学者从小处着眼，也能"见微知著"，显示出学术功力和独到的眼光。如法国思想家马特拉对于"传播"的历史考察和描摹，就把"传播"背后包含的文化霸权企图揭露无遗，从而打破了人们日常生活中对传播现象不言自明的正当性理解。他另一本简短平易的小册子《传播的世界化》（朱振明译，中国传媒大学出版社 2007 年版）使我们洞悉了传播与权力的共谋关系，告诉我们今日的世界乃是传播的结果，今日之传播也来自这个世界的吁求。作者以普及、同质化、信息、技术、工业和全球化为主题，审视了启蒙运动以来人类对于文化传播技术的不断创新，以及技术背后蕴含的政治学和外交学战略意义。将"传播"不正自明的合法性与西方国家的文化霸权关联起来，认为全球化是全球西化的扩张，从"乐观主义情绪"视角解读了西方学者福山等人提出的"意识形态终结"和"历史终结"神话的心理学根源。马特拉在该书中进一步指出，亨廷顿的耸人听闻之言在于"善恶二元论"，其实"在地方与国家现实受到的国际压力加剧的时代，威胁更多是来自一种文化内部的对抗（全球化/碎片化辩证博弈的结点），而不是文明间的世俗战争"。作

---

① ［荷］C. A. 冯·皮尔森：《文化战略——对我们的思维和生活方式今天正在发生的变化所持的一种观点》，刘利圭等译，中国社会科学出版社 1992 年版，第 18 页。

者的这些观点对于我们理解世界文化冲突现象的本质和文化霸权理论极富启发性。可以说，相当部分的西方学者的研究成果确实有学术价值和思想含量，还在其中融入了一种关乎文化命运的战略意识。与之相比较，显示出我们在理论探索和实践应对上的较大差距。国外研究无论在战略高度和还是在理论深度上都对我们有很多启发，尤其是关于文化产业发展战略的思考，非常扎实严谨细致，令人不能小觑。

二 国内文化战略研究资料梳理

国内的文化战略研究可以追溯到 20 世纪 80 年代的"文化热"思潮，在这一过程中一些学者开始呼吁开展文化战略研究，并在文化现象的研究中呈现出战略意识。这一时期的研究成果不多，且较为空疏，如《大力开展文化发展战略的研究》（《光明日报》1985 年 11 月 10 日）、李军的《关于文化发展战略几个问题的探讨》（《文化管理》1986 年第 2 期）、冯惠明的《浅谈我国的文化发展战略》（《宏观经济研究》1987 年第 12 期）等。这一时期由文化热所波及的文化战略研究要解决的问题是：确立文化发展在社会发展中的应有地位，调整不适应文化发展的政策、措施等。90 年代以后，文化发展战略研究取得了一些成果。如康世昭的《关于文化发展战略的思考》（1992）、方延明的《我国文化发展战略的思考与设计》（1996）、施雪华等人的《"文化发展战略"笔谈》（1996）、张仁寿等人的《经济学视野中的文化发展战略》（1996）、胡惠林的《世纪之交的中国文化发展战略》（1998）、吴庆俊的《跨世纪的课题：当代文化发展战略的思考》（1998）等。这一时期的研究主要基于文化观念的变革，及其改革开放环境中对国家文化主权、文化安全的关注，虽然对某些文化现象作出了深刻性的思考，但仍不够系统化、学理化。

进入 21 世纪以来，随着中央对文化的高度重视，学者的研究愈加深入。2003 年《中国文化报》在七八月间发表了一系列文章，从不同角度对文化发展战略进行阐述，主要站在全面建设小康社会的高度对文化发展战略的历史坐标、时代坐标、方向选择以及文化发展战略体系进行探讨。2004 年、2005 年在深圳还举办了"文化发展战略"论坛，会后出版了《文化发展战略论坛文集》。2005 年毛少莹的《全球化与文化战略时代的来临》（《南方论丛》2005 年第 1 期），2006 年发改委的齐勇峰主持了国家社科基金项目《公共财政与中国文化发展战略研究》，中央党校的李道中主持了《新的文化发展观研究》。2006 年 8 月 1 日，经全国艺术科学规划小组正式批准，《中国文化发展战略研究》（由中国艺术研究院王文章、贾磊磊等主持）作为特别委托课题获得立项。直到近年，胡惠林、王岳川、王烈生等人的研究都很深入。其中，张玉国的《国家利益与文化政策》（广东人民出版社 2005 年版）很有特色：该书详细勾勒了全球化时代的文化热战图景；把文化与对外政策明确关联起来，分析了世界各国文化政策的制定和执行机构的设置和运作流程；把文化与全球化时代的国家权力问题关联起来，呼吁重视文化"软权力"；把文化问题与国际关系问题联系起来，提出培养"民族文化创造力"的相关对策，维护中国的文化利益。王才勇的《中西语境中的文化述微》（上海人民出版社 2004 年版）从"东学西渐"谈起，由中西文化交流史上的某些具体案例引发开来，详细阐释了中西文化的某些细微处，分析中西文化局部特征和在全球化时代面临的问题，将立足点放在"经济全球化时代的文化选择"的时代境遇下，显示出一定的现实关怀。而王岳川的《文化战略》（复旦大学出版社 2010 年版）则有着人文学科知识分子的精神焦虑和忧患意识，以及一种基于现代性立场的宏阔视野，作者在书中指出：21 世纪中国文化战略的根本含义在于——发现东方、文化输出、守正创新、正大气象！旨在国内学术界和国际文化领域寻求双重对话，提出建立"中西互体互用"的理论体系，并随时注重调整文化立场，厘定自我文化身份——既不是民族主义，也不是全盘西化的拿来主义。力求做到从人性视角高度，考察生命体验和文明变迁中的文化艺术本体，从困扰人类生命心性的共同话题出发，去研究西方思想并反思中国文化的 21 世纪地位。此外，还有曹世潮的《文化竞争战略》（中国人民大学出版社 2006 年版），朱威烈的《国际文化战略研究》（上海外语教育出版社 2002 年版），周宁的《天朝遥远》（北京大学出版社 2006 年版），吴祚来的《发展网络文化与国家文化战略》，贾磊磊的《中国文化软实力提升的策略与路径》（《东岳论丛》2012 年第 1 期）等研究有一定的影响。从以上研究现状的梳理来看，可见研究越来越深入，出现了一些政策理解颇为到位，又富有文化底蕴和学术参考价值的成果，有一定的现实针对性、前瞻性和整体性。一些学者试图在与西方国家的对话中发出声音，体现了明确的理论建构意图和价值诉求意味，如王岳川在《文化战略》中指出：新时代的中国文化需要明确自己的当代身份，主动塑造并输出自我形象，从而减少文化战争中被误读的危险，为中国的和平崛起创造良好的外部条件，也让世界文化地图中多一些东方和中国的新鲜思想。这些成果显现出某种大国文化气象！像胡惠林的系列"文化战略研究"都是颇为坚实的思考之作，他在《当前中国文化发展战略的几个问题》中，试图通过文化产业回归文化视野来主张文化战略，颇有思想见识。遗憾的是，这类有学理支撑又有思想见识的力作不多。此外，在文化战略研究中还有一些成果偏重文化外交领域的软实力发挥、国家文化安全、文化产业竞争力提升等，研究的现实性、针对性、前瞻性更强了，既出现了一些理论建构的研究力作，也有一些颇有应用性价值的策论。可以说，文化战略研究的视野更加开阔、气魄更加宏大、现实关怀更加强烈，学理支撑上也有很大的提升，一定意义上，文化研究的"中国学派"的某种气象正在形成中。总体上看，21世纪以来文化战略研究更具全球化色彩、世界眼光，尤其关注到了文化外交及其软实力发挥和文化产业在其中的重要作用和价值。

梳理这些年的文化战略研究和文化政策研究，可以发现一条较为清晰的演变逻辑。尽管在文化研究中仍有一些沉溺于一己悲欢和历史故纸堆的知识分子的梦呓，和一些津津乐道于某些缺乏时代感的旧材料，论证一些已经无须论证的重言式命题之作，但逐渐显示出一种新气象，那就是继承了中国文化优秀传统，即把国家命运、民族文化和学术振兴作为思考的动力。一些学者在注重学术研究的同时，开始凸显"思想"和批判意识，并对文化政治、文化外交方面的研究投入较多精力。在时代精神的感召下，知识分子"家国命运"和"个人情怀"的统一，为中国文化战略的实施奠定了学理支撑的基础。大体上说，尽管文化战略研究著述不断涌现，但有相当多的研究对"战略"的理解、定位还不够高，主动性不够强，应对性的策略较多，论"道"的较少。虽然用意清晰、用力精深，但长效性缺失。一些有思想含量的文化战略研究很难突破意识形态的桎梏，一些注重实践和应用价值的文化产业战略研究，则过于注重经济效益、市场价值而多沦为一些企业、行业的战略，功利性色彩浓厚、人文关怀不够，缺乏国家、全球战略意识。

三   文化战略问题凸显中的文化产业发展研究

因为本书主要关注文化产业发展研究，在此多花些笔墨稍微把研究领域拓展一下。当前，文化和经济日益融合的趋势，尤其是文化产业在全球的迅速崛起，是触动各国政府和学界广泛研究文化产业发展战略的动力之一。随着中央把文化产业发展提到国家战略高度，如《文化产业振兴规划》和《国家"十二五"时期文化发展规划纲要》的发布，各级政府、学界、业界普遍重视对文化产业发展战略的研究。十七届六中全会以来，可以说"文化产业发展战略"已成为当前文化建设的一个"关键词"。有关"文化产业发展战略研究"的论文数量不断上升，成为学界研究的一个热点。出现了北京大学叶朗教授的研究团队（承担了国家社科基金的重大项目"中国文化产业发展战略研究"）、上海胡惠林教授的研究团队（承担了教育部"我国文化产业发展战略研究"重大课题）、北京祁述裕教授的研究团队（国家社科基金项目），以及金元浦教授、张晓明教授、魏鹏举、皇甫晓涛等的学术研究。如张晓明等在《中国文化产业发展报告》，祁述裕在《中国文化产业国际竞争力报告》、《中国文化产业发展战略研究》，胡惠林在《中国国家文化安全论》、《文化产业发展的中国道路》、《中国国家文化安全战略研究》，花建在《产业界面上的文化之舞》，丹增在《文化产业发展论》，刘早在《中国文化产业战略发展》，陈少锋在《文化产业战略与商业模式》，熊澄宇在《文化产业战略研究与对策》，朱建刚在《文化产业发展战略研究》，向勇等在《区域文化产业研究》中都有较深入研究，从中可见国家和区域文化产业发展战略研究已成为文化产业研究的重要组成部分。另外，尤为值得关注的还有年度报告《中国文化产业发展报告》（社会科学文献出版社），这套蓝皮书是关于文化产业发展形势的跟踪动态研究，该书对文化产业发展趋势的预测与政策建议，受到政府决策层和产业界的较高关注，对我国文化产业发展具有重要影响。此外，还有多篇相关学术论文，如胡惠林的《论文化冷战与大国文化战略博弈》和《当前中国文化战略发展的几个问题》、董光璧的《信息化时代的中国文化战略问题》、王岳川的《太空文明时代的中国文化身份》等，都是一些值得重视的有深度的学术论文。根据学术检索的不完全统计，21世纪以来与本课题相关的国内论文有300多篇，著作20多部，研究报告10多部。其内容基本涵盖了文化产业竞争力战略、文化产业结构调整战略、区域文化产业发展战略、文化产业"走出去"战略、文化产业集群战略、文化产业"三跨"战略、文化产业管理体制完善与创新研究、文化产业可持续发展战略、新兴文化产业发展战略等，几乎涉及我国文化产业发展战略的所有方面；研究范畴涉及文化产业发展战略的概念、内涵和目标以及路径等，广泛涉及政治、经济、社会、文化艺术、传播学等各大学科领域。虽然这些研究触及了我国文化产业发展战略的诸多本质方面和重要领域，提出了不少有针对性的观点和理论见解，在我国文化产业应对中国加入世贸组织后的挑战中发挥了重要作用，对产业发展实践具有较强的指导意义，其后的许多重要命题也是在此基础上推进的。但因文化传统、现实国情和国际境遇，当前的中国文化产业发展战略研究多偏于对策研究和政策建议，大多将重心落在现实经济利益诉求的疲于应对上，或者偏于意识形态及其国家文化安全上，有着强烈的功利性冲动，从而弱化了价值本体论的人文关怀，缺乏一个人文学者和文化大国所应当的基本立场和价值本位意识。这种研究范式的不足制约了中国文化产业发展战略的系统性、整体性、前瞻性，使得学术界面对紧迫的现实总是显得仓促，难以从容对"中国文化产业发展战略"进行全方位的深入研究，在深度和高度上都亟待加强。这种研究范式因把重心落在"产业"上，其在"文化"和"价值诉求"上略显单薄，过分强调操作性导致文化产业发展战略研究的理论性不足。特别是缺乏马克思主义哲学、文化学、文艺学等方面的学理支撑，显得操作性较强，而人文关怀不足。因此，从基础理论方面提出系统完整的中国文化产业发展战略思想、理论体系和战略体系，具有重大的学术和现实意义。

在对相关文献的梳理中，尽管文化战略和文化产业战略研究受到学界重视，尤其文化政策研究引起学界相当的关注，但审视当前学术界的中国文化产业战略研究现状，较多的是现象描述、资料堆积、政策解释、案例分析和实地调研，以及介绍国际文化产业发达国家的经验，往往缺乏针对文化产业发展现实的主动性、前瞻性和学理性研究，缺乏对文化产业发展规律的整体性、宏观性以及微观运行机制研究，大多数研究的理论性和学术性不强。虽然有些研究注重整体性、系统性，气魄相对宏大，具有前沿性和针对性，但往往流于当前政策的解读，意识形态色彩较浓，内容比较空洞，缺乏文化、哲学、美学和艺术的深刻阐释，对民族文化创造力和文化价值的研究不够深入，对人文价值底蕴注重不够。相对于国外文化战略和文化政策研究的蔚然成风，国内的研究还很薄弱。投入的学术力量和有分量的学术成果有待进一步提高，研究的功利性较强，基础性和学术性较弱。文化产业战略研究离不开文化战略的基础，离不开经济学、政治学、文化学、哲学、美学、文艺学、历史学、传播学的合力推进，更离不开对文化和文化价值的深入思考。战略研究既要有横向和纵向的坐标系，更要有现实的文化主张和基于自身实力的话语权的建构意识。需要有一种"大文化观"的理念和"文化间性"的研究视角，在多重视阈和杂糅状态中整体观照中国文化产业发展实际，既有现实数据和个案的定量分析，也有马克思主义思想史框架下的价值祈向和人文关怀的学理思考。可以说，重视整体的国家文化战略，特别是中国文化产业战略研究是中华民族伟大复兴的必然，只有提高中华文化在全球化舞台中的位态，成为世界文化竞争中有影响力的主导文化的一元，中国才能实现真正意义上的崛起。当下，面对美国文化霸权的日益凸显，欧洲文化的整体复兴，英国、法国、德国和俄罗斯文化的扩张，以及东亚文化圈内部的领导权争夺，特别是日、韩"文化立国"战略指导下的文化产业的强势发展，中国文化产业发展战略研究刻不容缓。

通过对国内外研究现状的梳理，不难看出无论是文化战略研究，还是文化产业发展研究，在历史深度上、中西比较的视野上，以及现实针对性上，均需进一步开掘。可以说，本书研究既有形而上的关乎文化价值的本体论分析，也有形而下的文化产业发展的实践论分析，可谓"道、术"并重，理论与实证相结合。在本体论的价值分析层面，注重人文视野与"问道"意识，特别是在马克思主义思想史框架中进行理论思辨；在实践论的分析中，注重现实关怀的可操作性，提出相关的战术及其对策性建议。并尝试在深化文化产业发展研究中融入国家战略意识和人文情怀，因力有不逮，仅仅是一隅之见。

第三节　全球化语境下中国文化战略问题的凸显

> 盖并世列强，虽新而不古；希腊、罗马，有古而无今。惟我国家，亘古亘今，亦新亦旧，斯所谓"周虽旧邦，其命维新"者也。
>
> ——冯友兰：《西南联合大学纪念碑文》

当今世界，文化的地位和作用日益凸显，不仅经济社会发展越来越依赖于文化的支撑，文化产品和服务还直接成为国际贸易和国际竞争的重要内容，而且文化领域已成为国际政治斗争和意识形态较量的聚焦点，文化的传承与创新、国家文化安全、全球文化霸权、国家文化形象以及"工业文明的高墙"等问题愈加突出，使得文化发展战略的实施愈加紧迫。事实上，文化已从边缘和幕后走向国家政策的中心和历史台前，成为综合国力的重要标志，成为一个国家发展战略的重要内容。事实上，我国的文化"软实力"发展处于相对滞后的状况，不仅与我国当前的政治、经济地位不匹配，也与伟大的文明古国的地位不相符。中国科学院中国现代化研究中心发布的《中国现代化报告2009：文化现代化研究》指出，中国的文化影响力指数在世界排名第7，居于美国、德国、英国、法国、意大利、西班牙之后，而中国文化竞争力仅居世界第24位。文化"软实力"是国家"软实力"最重要的组成部分，对于文化产业的开发和市场争夺，已成为当今世界文化发展和"软实力"竞争的重要内容和主要领域。为此，党的十八大报告明确提出把"激发全民族文化创造活力，提高国家文化软实力"作为重要的文化发展战略。

一 "文化战略"凸显的问题域分析

文化，究其始源含义是生成性的，它显现为"以文化人"的动态过程中，而全然不会僵化在某种现成性的程式中。"文化的一个方面是传统，即所有物和规则的传递，然而这种传统是包含在人的活动的变化之中的，是包含在现有文化形式所体现的无数变化和发展的可能性之中的。"①但文化如何"化人"却非盲目的，其传播也是有着某种明确意识的。有学者指出："通过历史考察，我们会发现从古希腊、罗马、中华帝国到西方传教团，从民族国家到跨国公司，所有的'文化'传播与输出必须秉承某种'战略'才得以进行——任何一个文化集团必然有论证自身合法性、争取其他文化集团认同的一整套策略，正是这种策略使得文化成为一种动态的集体行为，也造成了我们今天全球化时代的文化权力对比，形成今天的全球文化现状。"② 对于一个曾经创造了生生不息五千年辉煌历史的大国而言，在全球化语境下必须要有自己明确的文化发展战略。

文化发展战略是一个国家根据自己的社会发展状况，通过对自己国家发展和国际社会未来的预测所作出的关于文化发展的总体规划和设计，它主要指一个国家和地区发展文化的指导思想、根本目标、战略重点和基本方法及策略，它建立在一个国家的综合国力基础上，同时又是综合国力的重要组成部分，并为综合国力进一步发展提供智力和精神支持。每一个国家都会根据自己在全球化中的地位和不同的历史传统制定独具特色的文化战略。"国家文化战略是国家为了文化利益，从国际文化关系、国内文化发展全局和文化国情的实际出发，运用政治和经济对文化发展建设的筹划、规划和决策。它包括对国家文化所处时代和基本文化矛盾、文化发展规律的认识，对国际文化关系和本国文化演变规律的判断以及对内、对外关系的原则和方针、政策的制定，目的是实现国家文化利益，其特点是具有长期性、全局性和可延续性，是对一个较长时期的国家的政治、经济、文化全局发展和演变规律的认识和运用，是对文化环境和文化地位的分析和判断，是对实现国家文化利益和文化运动路线、原则和途径的谋划和规定。"③文化发展战略是一个系统，它内含了相互作用、相互影响、相互制约的各

---

① ［荷］C.A. 冯·皮尔森：《文化战略——对我们的思维和生活方式今天正在发生的变化所持的一种观点》，刘利圭等译，中国社会科学出版社1992年版，第2页。

② 王岳川、胡淼森：《文化战略》，复旦大学出版社2010年版，第9页。

③ 胡惠林：《文化政策学》，书海出版社2006年版，第7页。

种不同要素，其中每一个要素都对系统本身的发展产生影响。当下，文化产业已经成为影响一个国家文化战略意图实现的重要力量和表现形态。

放眼世界，尽管中国的发展道路获得越来越多的关注和赞誉，赢得了一些发展中国家的认同。但"中国道路"背后的文化价值在世界范围内的认知度和认可度不断增加的同时，因文化产业能力不强和有竞争力的文化品牌的缺失，仍面临提升国际话语权的问题。据 2010 年国际机构的调查数据显示，全球 100 个最有价值、最有全球影响力的文化品牌（如美国的迪斯尼、德国的贝塔斯曼、日本的索尼等），其中美国有 68 个，欧盟有 25 个，日本有 6 个，中国 1 个没有。西强我弱的国际舆论格局和文化竞争态势不仅抑制了中国软实力的发挥，还导致在世界格局重组及其文化领导权的争夺中，中国面临多重危机：美国的商业娱乐文化导致文化消费的娱乐化、功利化，以及消费主义意识形态的蔓延，美国借势在全球倾销其文化产品，并输出其价值观和生活方式，以其强势碾压民族文化的生长空间；欧洲文化的整体复兴，并通过欧盟的一体化进程及其文化政策不断扩张其文化诉求，德国、法国文化的传播更具主动性和有效性；在东亚文化圈内部，不仅日本以其"文化立国"的主张和强势的动漫产业成为世界文化产业大国，并伸张其文化主权意识；"韩流"的背后也有着鲜明的文化战略意图，《大长今》传播的背后透露了韩国政府为自己文化正名和争夺文化领导权的意图。文化市场上"哈日"、"哈韩"的流行，严重侵蚀了中华文化的影响力。可以说，在文化战略层面我们面临着在东亚与日、韩的"文化（文明）领导权"之争；在世界舞台上不仅与美国文化存在竞争和博弈，还与欧洲文化语境中不断"被妖魔化"和"威胁论"的话语体系相抗衡。在此境遇下，只有提升文化影响力，我们才能实现借助文化输出形成文化的包容和共享以减少贸易摩擦、冲突的可能性。当前，中国对外文化贸易的逆差和思想落差，折射出当代中国文化在"走出去"中的短板，并已影响到中国软实力的提升。面对新一轮的发展周期，全球化语境下国际文化新秩序的诸多挑战和机遇，中国文化产业要担当中国文化价值观在全球的有效传播，全方位提升中国文化的话语权，提升国家软实力和国际影响力，在全球文化竞争的舞台上传播中国经验、中国观念和中国价值。

中国的文化命运不仅仅是学术话语问题，更是关乎中华民族的伟大历史复兴，关乎世界文化秩序和文化发展格局重组。何谓今天的"中国文化战略问题"？它特殊的指涉是什么？通常，国家的发展理念和文化观决定了对于文化的认识、评价与运用。世界究竟是平的还是曲的，是线性进化还是永恒回归？这一切取决于看待世界的视野。文化的复兴不仅是大国崛起的先声和表征，还是国家对外的宣示和自我阐释以及形象建构。伴随中国经济的崛起，文化软实力提升问题开始浮出历史的地表，我们面临着由"西方镜像"转型为"中国形象"的历史契机，必须在历史和世界的坐标系中找准自己的定位，在文化创新中走向世界，积极向全球传播"美丽中国"、"和谐世界"的大雅之声！我们的文化主张必须能够主动输出，依托文化产业的发展积极参与构建世界文化的秩序。历史经验显示：文化形象的建构和输出从来都不是自然而然或者被动的，而是完全主动的，唯其如此才能产生实际效果。另外，历史上的文化问题往往与政治问题相交织，形成某种"知识—权力"的共生关系。所谓的"世界图景"、普世价值观，都是某些西方学者的观念化阐释，有其特定的知识立场，绝非普世的真理。现代以来的文化混杂性和杂糅特征，不仅证明历史深处所谓原初文化的不可复原，还证明开放的文明有能力整合任何外来文化因子，通过融合成为自己文化生命体的有机部分，也证明了西学东渐的西方现代知识谱系，并非全然的真理本身，在习以为常的世界观背后往往隐藏着西方文化传播中的思维劣根性，并造成了分析世界文化版图时的谬见、套话和层出不穷的偏见。

21世纪以来，中国经济实力的增强有目共睹，但软实力的短板制约了国家综合实力的提升，影响了中华民族的伟大复兴。一个现代化的强国，离不开文化的强力支撑！洞察中央提出"文化强国"战略的用意，对内旨在弥合社会矛盾、增强民族凝聚力、强化民族文化认同感，对外强化自我身份识别（在融入国际主流社会中增强互信）、提高话语权（价值观的交锋、赢得更大程度的世界认同）、赢得舆论道德优势（感召力）。可以说，"两个百年"梦想的实现，离不开中国特色社会主义的理论自信、制度自信、道路自信，而这些都需要强有力的文化支撑和引领方向。开放视野中的文化传承、价值弘扬和文化创新作为中国文化战略的主要内涵，指向的是社会主流文化如何对内增强凝聚力，对外提升传播力和民族文化的高位态。这必须在历史的深处寻找回响，而不是在当下鼓盆而歌。自西方启蒙运动以来，文化领域一直在扮演某种对社会传统进行批判和反叛的角色，形成了一股浓郁悲情色彩的审美文化（审美现代性）思潮。二战以后情形日甚，现代科学技术的发展所致的全球现代经济状况给人类带来的生存危机与价值危机日益剧烈，与之相应，人类对现代性的反思和批判也不断深入。现代化的过程"是一种对时间与空间、自我与他人、生活的可能性与危难的体验。恰如波曼所言：成为现代的就是发现自己身处这样的境况下，它允诺我们自己和这个世界去经历冒险、强大、欢乐和变化，但同时又可能摧毁我们所拥有、所知道和所是的一切。它把我们卷入这样一个巨大的旋涡中，那儿有永恒的分裂和革新，抗争和矛盾，含混和痛楚，成为现代就是成为这个世界的一部分，如马克思所说的，在那里，'一切坚实的东西都烟消云散了'，现代化把人变成为现代化的主体的同时，也在把他们变成现代化的对象，换言之，现代性赋予人们改变世界力量的同时也在改变人自身"①。然而在时间的流变中，文化逻辑不断发生改写，文化成了现代性的重要现象之一，文化领域成了现代性的合法性明证之一，甚至成了现代性的捍卫者。这一转变是伴随着美国式大众文化通过对文化观念及其逻辑改写而篡夺了文化领导权实现的，其间经历了一系列复杂的过程，特别是依托其经济财力和现代技术首先掌握了"当代艺术"的领导权。因此，通过历史的深处可以洞悉，作为一个国家的文化战略不仅关乎发展，更关乎文化的传承和创新。

　　中国融入世界史以来的现代化进程就显现出现代化的这种内在矛盾。百余年来的现代化进程使中国文化发生了两次转型（独特现代化道路的不同探索阶段，也可以说是现代性框架内的两次调整），第一次发生于19世纪后半叶至20世纪初期。它始于洋务运动，经过戊戌变法和"五四"新文化运动。这次文化转型及其文化论争，使中国人对传统文化的现代化、西方化等概念有了较多认识，开始将文化转型视作从一种文化模式向另一种文化模式的整体变革，而不仅是文化内部某一文化特质的转变。20世纪80年代，在中共十一届三中全会精神的指引下，中国文化开始第二次转型，驱使中国现代化发展建立在推进经济建设的基础之上，提出了三个文明协调发展及其科学发展观，最终在党的十八大上形成"五位一体"的现代化总体布局的文化观。两次文化转型都对中国现代化进程产生重要作用。随着经济全球化打破地域空间的界限，世界格局日益走向开放，现代科学技术的发展已经突破了传统的理论视阈和实践，而渗透到人类社会的各个方面，极大地改变着人类的生存方式和思维方式，扩大着文化的内涵和外延。从根本意义上说，人的自由与全面发展是衡量社会现代化乃至整个人类进步的最根本的发展尺度。但这一理想目标既不会一蹴而就，也不会在终极意义上彻底完成，它是我们祈向的远方的地平线，是一个复杂的历史进程。当前，文化转型的核心任务就是最大可能地促进经过批判濡化的现代性因素的生成与发育，契合可持续发展的知识经济的新要求，结合中国国情去选择、转化现代文明的种种规范，有效地建构起具有中国特色社会主义的

---

① 马歇尔·伯曼：《一切坚固的东西都烟消云散了》，徐大健等译，商务印书馆2003年版，"总序"第3—4页。

现代文化形态，这意味着我们将要对中国传统文化和西方现代文化的双重传承与超越。背弃了自身文化传统的现代化可能导致本民族文化的无根化；而拒绝文化现代化、固守传统则可能被历史发展所抛弃。中国社会在传统向现代化转型过程中，既要从传统文化中寻求合理性成分，又要借鉴吸收他国现代化的文化经验，把文化的时代性和世界性作为振兴自身的坚实的选择。当下处于伟大民族复兴的历史拐点，执政党提出"文化强国"战略自有其深刻的用意和用心，我们必须在深刻的领会中予以阐发。

当今时代文化战略处于时代的制高点。美国在"二战"后不仅通过改写文化观念，从一个没有"文化"的国家到获得全球的文化领导权，从而在全球市场竞争中以"文化教父"自居。调查美国的文化运行体制，可以发现其战略集团更是谙熟文化之道。美国文化动作体制的背后，不仅有中情局在幕后实施全球文化颠覆活动，还早在二战结束前就制定了影响深远的国际文化战略——《科学：没有止境的前沿——关于战后科学研究计划提交给总统的报告》（1945）①。其国家战略意图的清晰和国家战略目标的明确，使美国成为全球战略竞争中的主导者和战略红利的最大赢家。冷战结束后美国政府发布的历次《国家安全战略报告》中，有关"民主"和"价值"的文化战略内容始终未变，这使得《国家安全战略报告》本身具有国家文化战略的性质和意义。如今，美国的自由话语体系有封闭的迹象，并遭遇全球多元文化的挑战，这对我们在全球化舞台上张扬社会主义文化价值观有重要意义。

一个有着丰富文化资源和一定文化产业能力的国家如何实施文化战略？有学者指出：一个已经积累了相对丰裕的权力资源的国家如果想增加自身硬权力和软权力，应当按照以下原则行事：第一，根据各国对既有霸权国的资产专用性投资的情况，分析既有霸权国的软权力范围，从而避免在这一范围内徒劳地投入公共产品。第二，与既有霸权国权力范围之外的潜在成员交往时，应当长期保持诚信，并且注意其他成员的福利能够按照中性帕累托改进的标准不断提升。第三，在提供公共产品时，要注意提供那些兼具较强公益性与公害性的产品。第四，在软全力提升议题上应当有更持久的耐性。多数情况下，新兴霸权软权力的获得不是它自身努力争取到的，而是旧霸权自我败坏而流失掉的，由于霸权惯性的存在，这个过程可能历时长久。② 当下，无

---

① V. 布什：《科学：没有止境的前沿——关于战后科学研究计划提交给总统的报告》，商务印书馆 2004 年版。

② 冯维江、余法雅：《论霸权的权力根源》，《世界经济与政治》2012 年第 12 期。

论是国际话语权的建构还是文化霸权的解构，都把焦点指向文化产业。

　　尽管不同国家对文化产业的内涵和范围的理解存在争议，但都越来越主张"文化产业"的复数形式，并制定相应的文化政策推动文化产业的发展。美国不仅不动声色地把文化战略融入国家战略中，还以其"文明的冲突"、"软实力"等文化理论主导国际文化议题；英国在全社会倡导"创意"并提出了"创意英国"的主张；澳大利亚、丹麦、加拿大都提出了相应的文化主张，把文化视作重要的"工业出口品牌"，并制定了相应的文化政策；亚洲的日本、韩国都提出"文化立国"的主张和相应的文化产业发展战略，新加坡也高调提出"创意新加坡"战略，力图占领全球华语世界创意枢纽的地位。实际上，只有在文化产业战略竞争中掌握主导权，才能为本国文化产业发展赢得最大的国家利益。通过制定、运用和实施国家文化战略去获得国家利益的最大化，已成为当下国际社会普遍的国家行为和发达国家竞争的主要特征。即使俄罗斯在国家发展中也凸显了文化的作用，学者指出：俄罗斯的社会转型证明，重视文化建构，树立文化信仰，拥有道德精神，以及促进现代文化发展关乎民族存亡，国家盛衰。而积极进行文化革新，不断吸收先进文化的养分，以保持自身文化的强大生命力，是国家发展战略任何时候都不容忽视的目标。[①]

　　文化产业在中国现代化进程中作为传播和弘扬社会主义核心价值的有效路径和载体，它不但以文化的现代价值体系重构和推进了整个社会的现代化进程，促进科技文明与民主文明的同步发展，还促进了中华传统文化精神的复兴与道德体系的重构，从而使中华文化在新的历史语境下，重新实现"说法"与"活法"的统一。就价值诉求而言，文化产业发展的重心是问道文化发展，而非单纯的产业——经济效益的追逐。因此，不能狭隘地把文化产业的发展集中在一般经济学意义上的投入产出上，以 GDP 为衡量标准，以经济发展的指标要求制定文化产业发展战略，而是必须赋予投入和产出新的内涵和价值，以多元价值诉求为导向，以复合的文明发展为衡量标准，明白文化产业是当代文化发展的主导形态，以市场运作的方式发展文化产业，来满足人们多元化的精神文化消费需求。因此，应确立以文化消费品的有效供给特别是文化精品的生产为主导，来发展作为中国文化产业市场的发展方向这一基本战略准则，并以此来选择和制定中国文化产业发展战略的方向和道路。正是文化产业具有改变现存文化秩序与建构精神世界的价值与功能，因此，当文化产业现代发展的成熟度及其在

―――――――――――

① 刘英：《俄罗斯文化政策的转轨与启示》，《探索与争鸣》2012 年第 2 期。

一个国家的国民经济和社会发展所处的地位以及所发挥的文化作用与影响的程度，将直接构成一个国家国民文化精神和国家文化形象关键要素时，文化产业的现代发展就具有了战略意义和战略价值，从而在全球化语境下就具有了战略资源价值。开发这种战略资源、控制这种战略资源并且在全球垄断这种战略资源，就成为发达国家国际战略竞争的重要内容。

就文明价值而言，文化产业发展的经济效益和经济目标只有和文化资源的积累和文化生态系统的有机结合才符合人类自身发展的目的。文化资源和文化生态系统的可再生性和有机性是一切人类共同体赖以生存的必要条件。因此，必须在文化可持续发展与文化产业经济增长之间保持以文化优先为价值导向的战略定位，在文化产业的价值传播和社会政治稳定与文化产业的经济增长目标之间，实现以人类社会可持续发展为价值导向的文化战略规划目标。在国家战略高度推动文化产业大发展，不单是一种经济利益目标的诉求，更是一种文化积累、传承和文明价值的追求。

二 国家文化安全新特点：传统文化安全观和非传统文化安全观相交织

通常，一个国家的安全度与其综合国力有着必然的联系。综合国力强的国家，其国家安全系数就高。因为国家之间的竞争其实是综合国力的博弈，任何国家实力的较量，都是为了最大限度地降低国家不安全系数，以求得国家最大限度的安全保障。在此前的国际战略理论中，总是把经济和军事作为评估一个国家力量强大的指标，这一理论直至20世纪中后期尤其是21世纪以来出现了重要变化。随着文化的地位和作用的凸显，文化成为决定性的变量因素发挥了越来越重要的作用，一个国家文化力的强弱具有双重的安全意义（经济上创造财富的新形态；文化安全的保障）。文化是一种无形的软实力因素，可以通过影响和改变对方的观念和价值取向来获取对方对自己的理解和认同，相比硬实力的发挥，文化的作用更持久，可供选择的手段更灵活。文化产品具有精神价值和思想意识传播的载体功能，文化产业发达的国家通过其文化产品在全球被消费者所接受，不断在思想观念、生活方式上影响国外消费者，促使消费者在某种程度上厌倦本土文化，从而使本国文化发展失去承继性，由此带来文化观念错乱和社会的不稳定。正是在这种意义上，一些发达国家把向发展中国家输出文化价值观视作实现其外部利益的一种国家战略，以一种强势文化为主导制定全球化进程的游戏规则，造成对弱势文化国家主权的侵害。20世纪90年代以来的美国历届政府，都把文化问题纳入国家安全战略框架内，半个世纪以来始终实施以"捍卫美国人的生活方式和价值观"为核心的国家安全战略，甚至将其作为全球利益扩张的尺度，从推行美国的价值观和文化贸易自由化两个层面实施其全球文化战略。美国的文化霸权是其主导世界格局的一个重要资本，其文化战略已融入国家发展战略。可以说，文化成为一支重要的世界性力量，引发了全球性的文化竞争，文化战略成为国际社会重要的国家战略需求，出现了对世界发展格局产生重大影响的"文明冲突论"和"软实力理论"，直接表现就是文化产业的开发和市场争夺，成为当今世界文化发展变化和软实力竞争的重要内容和领域。文化不仅成为影响国家安全的一个变量，还使国家文化安全走到历史的台前。

国家文化安全是就国家主权意识而言的，对外是指文化主权神圣不可侵犯，一个国家的文化传统和文化发展选择必须得到尊重，包括国家的文化立法权、文化管理权、文化制度和意识形态选择权、文化传播和文化交流的独立自主权等；对内是指文化在国家稳定、民族认同、身份识别等意识的建构中所起的不可替代的凝聚力作用。这揭示出文化在国家发展中的核心地位：文化是维系一个国家和民族团结与国家稳定的重要基础，是国家综合国力的重要组成部分。当代语境下国家文化安全命题具有特别的意义，其与经济全球化和文明视野中的文化冲突背景相关联，应该说它是一种非传统意义上的安全观。所谓非传统国家文化安全观主要是一种基于文明视角的安全形态，而非传统意义上的以颠覆"意识形态"为唯一内容的狭隘安全观，是一种包含了意识形态在内的，广泛涉及一个国家文明传承、文化发展和文化认同为主要内容的安全观。严格地讲，意识形态安全与网络文化为主导引发的安全并非同一性质的安全问题，分别属于传统安全观和非传统安全观范畴。一定意义上，意识形态安全属于"文化冷战"，而基于价值观和生活方式之争，以及受到产业发展支撑的以网络文化安全为主要显现形态的非传统安全观则属于"文化热战"。

中国的发展正进入一个以民族的伟大复兴、国家的全面崛起为目标指向的战略新阶段，这种崛起势必影响世界战略格局的重组。"文化的强盛、安全不仅可以形成一个民族巨大的民族凝聚力和文化认同感，而且由这种认同感和凝聚力所形成的安全屏障可以极大地提高国家整体安全度，由此而赢得良好的国际安全环境，将成为国家稳定发展的重要力量。"[①]影响国家文化安全的因素很多，不仅有外部因素，还有内部因素。作为一个内容丰富的意义系统，国家文化安全关乎主权，还包含很多非主权的意义项，可以说主权和非主权相互交叉。中国文化安全的外部威胁源于全球

----

① 胡惠林：《文化产业学》，高等教育出版社 2006 年版，第 149 页。

化带来的文化交融与冲突及其对民族文化的冲击，表现在对"中国的"文化性质的消解，解构文化传统及其大众对本土文化的价值诉求，以及扭曲文化传承；西方文化霸权主义对社会主义意识形态的挑战，表现为对"中国特色社会主义"性质的颠覆，妄图驱使中国"改旗易帜"，走上邪路和歪道；以及由高科技裹挟而来的变动不居的网络文化安全问题。内部安全威胁来自于一体性话语体系解体后的多元文化发展格局的重构，及其社会转型期的矛盾凸显，和主流文化价值观影响力衰微等各种"叠加效应"的挑战。党的十八大报告清醒地指出：党面临着执政、改革开放、市场经济、外部环境"四大考验"；面临着精神懈怠、能力不足、脱离群众、消极腐败"四大危险"；在党内相当一个范围和时期，还面临着"本领恐慌"的考验。这固然是针对提高党的建设科学化水平而言，但也是我们思考国家文化安全问题的背景。在国家经济发展和政治安定的情形下，文化安全的构成是国家文化主权与国家文化生态平衡，这是规定一个国家合法性与合理化存在的全部文化基础和依据，其中任何一个方面发生危机，都会构成国家文化安全问题。

当下，美国和西方控制了现代世界以来几乎所有的软实力资源，如对自由、平等、民主、人权等的阐释权。不仅如此，它们还以此为手段攻击中国的社会发展，诋毁中国的软实力发挥，对中国形象进行"妖魔化"，进而打压中国的生存和发展空间，消解中国国家发展潜力的增长，实现其永久称霸世界的目的。文化的相互激荡、冲突和侵蚀，可能的结果是民族精神价值（民族性）的被冲击、遮蔽直至在挤压下的逐渐萎缩和消解。国家的文化安全，其实质是民族性的安全，是民族传统文化价值在现代文明条件下实施全面、深入的转换与重构的安全，是在全球化、信息化语境下国际关系的文化交流、冲突的安全。2005 年联合国教科文组织通过的《保护和促进文化表现形式多样性公约》，固然旨在保护积极的文化产业和文化产品的最低市场份额，但它表明大多数国家承认民族文化安全的重要性与不容被替代性，不接受以文化的种种形式来无限制地传播其他国家和民族的价值观。同时，一些国家和民族的强势文化，亦会不遗余力地进行全球性的扩张与渗透。对此，并不能一味地通过阻挡的方法来解决，因为文化之间的冲突没有"真空地带"，文化问题必须以文化的方式解决。文化产品与服务所具有的经济属性和意识形态性，使得一个国家的对外文化贸易，不仅具有经济价值，而且具有传播国家意识形态和价值观、树立国际良好形象的价值。从当下国家文化安全形势来看，呈现出安全主体的多元性、安全威胁的多样性、威胁来源的不确定性和防范手段的综合性等主要特征，国家文化安全问题出现新特点。

其一，国家文化安全问题越来越具有隐蔽性，不仅国内国际因素相呼应，还常常在文明视野中披着文化交流的伪装，以网络新媒体等新兴文化业态为主导形态的大众娱乐文化形式出现，愈发强化了文化与政治融合发展的趋势。

互联网及其新媒体的强势发展给文化安全带来严峻挑战，成为威胁国家文化安全的新形态。就前瞻性而言，新媒体不是传统媒体的延伸，而是带来了一个新时代，传统媒体的定位须在新时代的视野中才能获得真正的理解。网络新媒体改变了文化生态环境，出现了若干文化症候及其视觉文化奇观，我们必须关注时代的"变化"。它在改写传统媒体发展格局的同时，既凸显了新视野新境域，也强化了新媒体技术与传统媒体结合后某些旧媒体的特性。虚拟的网络世界正在侵蚀人的日常生活并形成非虚拟的社会，新媒体时代引发的网络文化事件的极端化、激进化倾向，所造成的后果远远超出了此前的社会学、政治学、文化学的界定，由此带来的文化安全问题形成了一种典型的非传统国家文化安全观。国际上，无论"茉莉花革命"还是"阿拉伯之春"，以及"伦敦骚乱"和"占领华尔街"，无不是网络新媒体推手的兴风作浪，被推手"有意"引向政治化诉求——成为颠覆国家政权、制造社会骚乱的有效工具。国内，各种网络谣言的幕后推手——无论是虚拟社会的精神领袖，还是网络大V们为着制造"眼球效应"，不断去挑战大众的视听感觉和社会主流价值观，严重冲击了正当的文化秩序。当前，网络新媒体上一些社会的舆情焦点的燃点越来越低，传播速度越来越快，煽动大众的能量越来越大。

网络舆情危机引发的国家文化安全问题主要由网络文化主导，它完全超出了传统国家文化安全观的域限，因其具有隐蔽性、广泛性、草根性而带来更大的危害性和破坏性，它对国家和社会的危害更大、波及的范围更广、传播的速度更快、动员能力更强，进而对党的执政能力形成极大的挑战。据相关信息显示，美国借助强大的互联网力量，在对其他国家的网络渗透中常常采取"里应外合"的策略。首先在这些国家培植、拉拢中产阶级，然后打着"网络自由"的旗号向该国政府施压。从发展趋势来看，未来这样的网络交手可能成为常态。2010年的谷歌事件就绝非单纯的经济事件和网络自由问题，而是有着特定的目的和图谋，背后有其"战略"诉求。因此，我们必须警惕境外势力的网络助推！

由网络虚拟空间到虚拟社会再到当下的现实社会，网络文化裹挟了无数的网民围观、参与所导致的广场效应及其后果表明，新媒体文化已经演变为一种新型的政治文化形态，并日益影响着国家的政治安全和文化安全，它已不是传统文化政治的补充，或者后现代碎片化意义上的微观政治诉求，已然成为一种新的政治传播（运动）方式，甚至发展成为一种全新的政治形态萌芽。在以推特、微博、微信为代表的时时互动交流的网络文化环境中，一些碎片化、异质化的观点，能够在很短的时间内变得有序、均质化，形成短时性的"共识"，并开始大规模传播，这种"运动"可能是一种无须领袖的非中心化、网络化、随机性的新形态。从中显示出一度退居历史幕后的"革命"有与"新媒体文化"结盟或借势的可能性。在性质的界定上，它极大地模糊了社会运动、群体性事件、街头骚乱的界限，并出现极端的民族主义、有着草根基础的民粹主义、政治激进主义交织的倾向，借助这种形式，极端势力有复苏的迹象。表明无国界的网络已成为新的国际政治、国际霸权斗争的场域和形式。斯诺登的"棱镜"事件就深刻地揭示了网络现象的复杂性，同时显示出就网络新媒体技术政治而言，即使如"帝国"的美国也无力完全操控它。对网络与政治结合的深长意味，"网络总统"奥巴马可能有深刻的体会。在此，我们看到网络新媒体引发的舆情危机已成为非传统文化安全观的主要形态。因此，如何控制、引导网络舆情事件的解决，关乎国家的文化安全。

其二，文化安全问题的强势扩张越来越依赖文化产业的支撑，文化产业竞争成为国家文化安全问题凸显的新领域新形态，文化产业发展日益被倚重，反过来愈发强化了文化与经济融合发展的趋势。

作为先进生产力表征的文化产业成为一种新的国力形态的显现，其发达程度直接影响了一个国家的文化安全度，从而备受各国政府的倚重。这些国家政要普遍认识到：发展文化产业并不是一般地满足经济社会发展的需要，而是对一种战略资源的掌握，对一种新的历史语境下文化存在主导权的控制，由于这种控制的结果将直接影响一种文化在全球化语境中的命运，因而成了维护国家文化安全的核心内容。也就是说，文化产业已经发展成为一个国家特殊的文化主权形态，其直接表现就是，当不发展文化产业就不能有效地维护国家文化安全时，发展文化产业就成为一个国家维护文化主权应有战略选择。在此境遇下，中国的文化产业必须发展出维护国家文化安全的能力和实力，才能有效配合国家经济、政治、军事战略的实施，进而成为中华民族伟大复兴的有效支撑力量。从一般意义上来讲，文化力量是中国冲破其他大国围堵的最强大有效的力量，思想文化交流是任何强力都压制不住的，只要中国文化经济、文化产业融入国际分工体系中，就没有任何国家能够遏制。所以，发展文化产业不仅不会形成对国家文化安全的威胁，相反，只有大力发展文化产业，国家文化安全才能得到有效的保障。文化"走出去"不仅是为了参与国际文化产业的分工，和国际贸易体系的重构，也是为了增加海外华人对文化母国的亲近感和认同感，以及增进国际社会对中国的了解和理解。

当前，文化产业及其数字化已使得人类在把握世界上拥有了一种全新的形式和力量，它不仅使得时间和空间作为阻隔文化传播的自然力量失去意义（原有的文化存在方式失去效力），而且使零时空跨越成为现代文化传播的重要战略资源性力量。对这种战略资源配置得最好方式就是文化产业，其竞争将直接决定一种文化在经济全球化背景下的前途和命运，因为构成对当下民族国家文化安全威胁的主要方面，是通过和借助于文化产业这样具体的现代文化传媒形态和系统来实现的。因而，只有大力发展文化产业，通过扩大文化外贸，积极参与国际文化市场竞争，才能有效地维护国家文化安全和捍卫国家文化主权。全球化语境下，文化产业大发展是硬道理，做大做强是全球文化战略格局重组进程中最为实质性的内容。因此，我们要明白文化是国家的重要战略资源，对这种资源的资本配置要有一定的限度，就是说多元化资本的投入在国家文化核心利益上应该有"壁垒"存在——不论形式如何多样化，其内核部分都应该由国家主导、主控，正如当下国际社会对能源的国家控制一样。文化安全问题不可掉以轻心，同样来不得半点马虎。

其三，国家文化安全问题愈发呈现出传统文化安全观与非传统文化安全观相交织的特点，它往往打着"文化"的旗号诉求"意识形态"的战略目的；同时，文化产业与意识形态之间还存在"错位"的复杂性。我们必须对此有所洞察，并洞悉其图谋。

当前，国家文化安全的另一特点是新旧安全观的相交织。随着21世纪以来文化的地位和作用的凸显，在中国融入国际主流社会的进程中，当人们逐渐淡化意识形态之争后，某些顽固的西化、分化中国战略意图的国家集团并没有放弃其图谋，仍然秉承冷战思维以国家制度和意识形态来界定国家利益，只不过方式、手段都发生了变化。对此，一些后殖民研究者早就揭示了其伪装："帝国主义像过去一样，在具体的政治、意识形态、经济和社会活动中，也在一般的文化领域里继续存在。"① 全球化更加强化了这一点，只是今日更加隐蔽而已。因此，有学者指出："就文化领域来说，未来世界的文化战也许既不是冷战时期的意识形态之战，也不是亨廷顿所预言的那种'文明的冲突'，而是发生在世界文化经济体之间的文化经济

① ［美］萨义德：《文化帝国主义》，生活·读书·新知三联书店2003年版，第10页。

战……在这样一场全新的文化战争中，通过制度攻击、跨媒体衍生攻击、网络攻击、生态攻击等来制造文化市场危机和文化恐怖，摧毁国家文化体将成为新文化战的最主要的方式，而新的非传统国家文化安全问题就在其中。"① 对于这种可能的发展态势，我们必须保持警醒意识，并对未来的文化经济战有所准备，对发展文化产业之于国家文化安全的意义有充分的认知。

同时，我们还要意识到文化产业发展与意识形态管理方式之间的矛盾，使国家文化安全面临复杂的挑战。文化产业作为一种资本形态对于资本追求的内在特殊性和意识形态作为一种精神思想的价值追求的内在特殊性，在社会实践中存在某种"错位"（边界的差异性）。一方面，资本对于利润追求的内在渴望促其诉求市场效益最大化，而资本的扩张具有先天的贪婪性，这与意识形态主体对于价值的追求形成了冲突；另一方面，文化产业作为一种工具形态具有公共性特征，任何一种社会力量都可以假借其负载意识形态内容，而意识形态本身则有着鲜明的非兼容性和对抗性，不同的社会主体之间有着差异化的意识形态取向。当二者形成价值的同构性时，文化产业发展就会强化意识形态的价值诉求，当出现价值冲突时则会弱化甚至戕害意识形态的教化功能，从而带来国家文化安全问题。

此外，就国家文化安全威胁而言，文化生态安全、文化资源安全不断凸显。所谓文化生态安全，是指以某种外来强势文化或者以非主流的低俗的文化形态破坏文化生态，其表现之一就是以轻浅的商业娱乐文化冲击严肃的社会主流价值观及其生活方式，而不是直接通过意识形态内核置换和挑战制度政策来造成国家文化安全问题。这主要以"三俗"文化的流行为主体，它所带来的多重影响实是复杂的文化环境所致，其负面效应主要是价值的平面化及其对主流价值观的解构。西方学者安德鲁·基恩在其所著的《网民的狂欢：关于互联网弊端的反思》中揭示了这种现状：伴随着网络的繁盛，愚昧和低品位，个人主义和集权统治也大量涌现。很多网民虽然能力平平，却毫不谦虚地生产出不计其数的数字产品。如今，很多"业余者"用他们的电脑在网络上发布各种各样的东西：漫无边际的政治评论，不得体的家庭录像，令人尴尬的业余音乐，隐晦难懂的诗词、评论、散文和小说。久而久之，没有任何门槛和"把关人"的文化产品的泛滥，就会影响社会的文化生态，破坏文化健康的肌体，板结文化的土壤，从而给国家文化安全带来冲击。

所谓文化资源安全，是指一个国家和民族可以持续稳定及时足量地获

---

① 胡惠林：《非传统安全与中国国家文化安全研究新范式》，《新疆师范大学学报》2012 年第 4 期。

取所需文化资源的状态和能力，它关系到国家文化安全的保障和主流文化传统的维护。通常，文化资源安全与文化可持续发展战略、文化创新体系建设密切相关。我国正处在重要的社会转型期，同时也是实现经济增长方式和社会价值取向根本转变的关键期，必须牢牢掌握对自己文化资源意义阐释的权力，应适时建立国家文化生态质量评估体系。通过战略考量，正确区分战略性文化资源和非战略性文化资源，实现由对文化资源的过度消耗向文化资源可持续利用的转变，把文化资源安全纳入国家文化安全战略。建立国家文化资源属性划分和评估指标体系，对于那些涉及中华民族根本文化认同的文化资源属性，国家应通过学术和制度的程序建立起相应的标准。不允许随意改变已经积淀为国家文化资源，作为一个时代标志性文化的文化资源属性，尤其警惕过度的商业性开发。否则，随意地改变文化资源属性，将使我们失去文化之根和返乡回家的路。坚决遏制破坏性掠夺文化资源，随意改变文化资源属性，歪曲文化资源审美和伦理意义的开发和使用造成的文化资源的安全危机。在全面推动国家文化创新战略的同时，大力实施国家文化资源储备工程，对那些濒危灭绝的民族、民间文化艺术进行抢救性保护，由国家设立专项基金，在推动少数民族现代化进程和提高少数民族生活水平的同时，对那些原生态的文化存在实施建设国家文化生态保护区政策。

国家文化安全是 21 世纪最重要的国家文化发展战略，其成败得失检验着党的执政能力，尤其关乎国家文化治理能力。如何在国家文化安全的较量中处于主动、自觉的状态，既取决于我们对问题的理解，还取决于民族文化的创新能力。当前，中央提出"文化强国"战略，这对一个要长期执政的党来说，就是在战略层面做好了应对挑战的准备。对此党的十八大报告清醒地提出：牢牢掌握意识形态工作的领导权和主导权，坚持正确导向，提高引导能力，壮大主流思想舆论。加强和改进网络内容建设，唱响网上主旋律。基于现实，可以采取如下一些应对之策。

其一，以开放自信的态度、大格局大视野的观念，在积极的发展而不是围堵和遏制中进行应对，要基于世界文明视野坚守文化立场和民族文化特色，不封闭不保守，在文化的发展和交流中维护国家文化安全。当下文化安全的内涵已从文化主权延伸到文化发展与文化交流中。中国文化应当而且完全有能力走向世界，在让世界尊重中国悠久的历史和文化的同时，也了解、理解并认可当代中国的经济、政治、文化、社会和生态文明建设的成就。

深化文化体制改革，建立大部制的文化管理体制，创新文化管理方式，加强内容监管和特定的市场规制。在文化理念上要有一种大文化观，正如习近平同志在 2013 年 8 月 19 日讲话①中所阐述的宣传工作要创新理念一样。只有壮大主流文化的影响力，以主流文化的审美价值、高雅情趣和理想追求引导大众娱乐文化的发展，才能以"文化"的方式掌握文化领导权。同时，开拓更多网下的民意诉求表达渠道，尽最大可能消化网络舆情危机压力可能造成的国家文化安全问题，确保网络信息传播秩序合法有序。

其二，积极推动文化创新和文化产业发展，使之成为国家文化安全的坚实保障。一个国家的文化创新能力是国家文化力量构成的核心要素，文化创新形成的需求优势决定并主导着国家文化战略力量的优势。当前这种优势的发挥和巩固离不开网络技术和文化产业的支撑。正如文化产业是当代文化生产、传播、消费的主导形态一样，国家文化安全也显现于文化产业这样具体的现代文化传媒形态。即使那些新媒体的发展也离不开强势产业庞大经济力量的支撑，可以说，新媒体公司都是创造巨额经济效益的文化产业集团。发展文化产业作为国家战略，在经济利益的背后关乎国家文化安全和文化主权。发展文化产业的价值，在于它不仅构成了国家文化战略的重要内容支撑，还为国家"软实力"的提升提供有效路径和载体，以及由此在全球化舞台上形成民族生活方式和价值观传播的竞争体系。

当下，国家文化安全威胁多来自于内部创新不足。如在青少年喜爱的 20 个卡通动漫形象调查中，有 19 个是欧美、日、韩的形象，本土形象仅有一个孙悟空。再有，2012 年中国艺术研究院对北京 10 个城区 25 所中小学的问卷调查显示，孩子们对国产电影中的国家形象和华人形象的认可率不到 40%，而对美国电影中西方观念和美国形象的认同度高达 73%。②因创新能力弱，中国文化产品的国际认知度较低，国际知名文化品牌缺失（前一百名几乎没有中国品牌）。这表明面对丰厚的传统文化资源，我们的文化内容及其艺术表现形式创新严重不足，事实上，只有开拓创新才能把文化资源转化为文化精品力作，才能焕发文化魅力，才能在市场上有号召力和感召力，在受众中产生影响力，才能增强大众维护文化安全的信心和民族文化的自豪感。

其三，建立国家文化安全预警机制，时刻掌握国家文化安全舆情动态，及时作出警示性反应，并启动相应的国家危机应对机制。强化国家文化主权意识，善于运用文化市场规制与自由发展的博弈技巧，防患于未

① 指 2013 年 8 月 19 日，习近平总书记在全国宣传思想工作会议上的讲话，重点谈了"三个创新"。
② 艾斐：《文化安全：最有力的维护是创新》，《人民日报》2013 年 3 月 15 日。

然。国家文化安全问题一定程度上源自国家文化主权意识的缺失，这导致民族文化的衰落与民族精神的丧失，甚至产生危及国家兴衰存亡的后果。因此，必须强化国民的文化主权意识，培养公民的文化自觉，以社会合力保障社会主流文化在多元文化发展中的主导地位。

中国文化战略的形而上目标是建立现代文明及其文化秩序，形而下目标是有效捍卫国家文化主权、维护国家文化安全，满足人民大众日益增长的文化消费需求，保障人民群众的基本文化权益，增强文化对内的凝聚力和对外的影响力。其中，国家文化安全的内部目标是确保主流文化意识形态的指导地位和绝对的合法性地位，实现个人的充分发展和公民文化权益的保障；外部目标是提高文化产业的竞争力和文化"走出去"的水平，抵御外来强势的文化冲击和挑战文化秩序、侵蚀中国文化价值观的"文化渗透"图谋，提高中国文化的安全系数。

三　文化霸权的内涵、特征及其全球扩张

文化霸权源自西方语词，"霸权"英文是"hegemony"。据考证，hegemony 一词的希腊文和拉丁文形式是 egemon 和 egemonia，本义指一个国家的统治者或领导人，但在传统上这个词主要用来表示国与国之间的政治统治关系。① 该词根透露出 hegemony 的领导权含义，与汉语中"霸权"不尽相同。汉语语境中的"霸权"更多地指一种外在性力量，即霸主、霸王、霸道。文化霸权中的"霸权"不是中文意义上的霸权——直接的强制统治，而应是非暴力的领导权，即以自愿服从和同意为基础的统治，弄清这一点对领会"文化霸权"或"文化领导权"思想具有重要意义。葛兰西最早把这个词引入阶级斗争实践，他在《狱中札记》反思意大利共产党领导无产阶级运动失败教训时，提出了著名的"文化霸权"（cultural hegemony）理论。所谓"文化霸权"实质就是意识形态领导权，也就是文化领导权，它不是意识形态的强制推行，也不是对某种政治文化的被迫忠于，其理论意图旨在发达资本主义国家探寻一条进行社会主义革命的道路和策略，即在市民社会建立关于社会主义的道路和文化领导权。按照他的理解："一个社会集团通过两条途径来表现他自己的至高无上的权力：作为'统治者'和作为'文化和道德的领导者'。一个社会集团统治敌对集团，它总想'清除'他们，或者有时甚至动用武力对他们进行镇压；它领导着与它亲近的和它结成联盟的集团。一个社会集团能够、的

---

① 陈燕谷：《Hegemony（霸权/领导权）》，《读书》1995 年第 2 期。

确也必须在取得政府权力之前已经在行使'领导权力'（这的确是赢得这种权力的基本条件之一）；当它行使权力的时候，接着它就变成统治力量，但是即使它牢牢掌握权力，也仍然继续'领导'。"① 也就是说，社会主义在取得革命成功之前，必须取得文化领导权；在革命成功之后，并不意味着"领导权"永远掌握在自己手中，它仍处在被认同过程中，甚至仍有"领导权"旁落的危险。就资产阶级革命历程而言，其政权取得是经由工业革命赢得经济领导权，继而通过法国大革命夺取政治权力，还在延宕多年之后经文化革命最终掌握文化领导权。有学者通过对 20 世纪 60 年代西方新左派学生运动及其形形色色反文化实践的研究，认为这是"以反叛资产阶级的名义来完成资产阶级的一场革命"，实乃资产阶级政治革命与经济革命在文化思想领域的历史延续。通过这场斗争"最终被埋葬的，并非资产阶级，而是资产阶级的非资产阶级意识"，这场斗争使"资产阶级夺回旁落于贵族和左派之手长达一个半世纪之久的文化领导权"②。资产阶级如何在文化上夺得领导权是一个复杂的过程③，就国际风

---

① 转引自李青宜《"西方马克思主义"的当代资本主义理论》，重庆出版社 1990 年版，第 137 页。

② 具体论述和阐释参阅程巍《中产阶级的孩子们——60 年代与文化领导权》，生活·读书·新知三联书店 2006 年版，第 398、33 页。

③ 事实上，资产阶级真正掌握文化领导权不仅经历那场 20 世纪 60 年代的"文化革命"，更需要一系列话语权与学术研究制高点的掌控，那是一个复杂的既要凸显某些层面又要忽略某些细节的过程。在社会发展历程中，一个政治激进派可能同时也是一个文化保守派，正如丹尼·贝尔的自我描绘：在经济上我是一个社会主义者，在政治上我是一个自由主义者，在文化上我是一个保守主义者。老左派欧文·豪也是一个文化保守主义者。老左派的革命通常是一种不涉及文化和生活方式的政治——经济革命，他们使用的是资产阶级的文化遗产，而资产阶级当初并没有创造出真正属于自己的文化，不过继承了贵族时代的高级文化。与贵族时代的社会等级制一样，这种文化也是等级制的，不仅与大众文化和先锋派艺术格格不入，而且排斥和贬低大众文化和先锋派艺术，因为它建立在好与坏、高级与低级、崇高与庸俗等一系列二元对立的价值评判基础上，而在 60 年代反文化激进派看来，这一基础本身就成问题。桑塔格提出的"新感受力"就是颇具颠覆意义的重大发现之一，她批判了二元对立的价值评判的内在意识形态性，即它实质上不过是某一特定的社会阶层的文化理想，表达的是这个阶级特定的伦理模式、审美旨趣和权力意志，却偏偏要以普世主义的神话出现。（程巍：《译者卷首语》，载苏珊·桑塔格《反对阐释》，程巍译，上海译文出版社 2003 年版，第 6—7 页。）处于社会主导层面的文化往往要以普遍性话语方式出现，而它的内涵和表现方式一旦受到质疑，就表征着它的地位和权力的动摇。从这种意义上说，"新感受力"的提出，意味着大众文化和先锋派艺术开始明确地与高级文化争夺文化领导权的斗争。它所采取的策略不再是对既定的二元对立价值评判标准的逆转（如以大众文化取代高级文化），而是"反对阐释"（20 世纪 60 年代夺取文化领导权的一个策略），即搁置一切价值评判，或者说保持"价值中立"。而实质上，搁置一切价值评判，就意味着对一切价值评判同等对待。（这不是后现代的解构策略吗？）先锋派艺术、同性恋以及其他种种不见容于高级文化和传统生活方式的价值和行为，就这样合法地进入了文化和生活方式领域，并从最深处瓦解了等级秩序所依赖的基础。桑塔格不反（转下页）

云而言，就在这些资产阶级新富执掌经济、政治领导权之后，他们并未完全得到没落贵族和左派的认同，在文化上显然还处于弱势，时常成为被嘲讽揶揄的对象，其形象是漫画化的。一方面他们凭借雄厚的财力狂热地搜购艺术品，美国许多著名博物馆都是以某些工业大王的个人收藏为基础建立起来的，如纽约现代艺术馆、惠特尼美国艺术馆、费城巴内斯艺术馆、华盛顿弗瑞尔博物馆等，一方面作为一个整体的资产阶级对怪异的现代艺术采取了一种较宽容的态度，正是凭借科技优势和经济强势地位，通过对现代艺术的态度他们改写了艺术的观念。在学术研究上，他们通过提出文化的"新感受力"和反对阐释等策略[①]，逐渐取得文化研究的话语权，开始占据学术研究的制高点。经由 20 世纪 60 年代那场"文化革命"和其后的一系列话语权、学术研究制高点的复杂的博弈过程，资产阶级终于在夺取文化领导权后开始向全球大量输出、倾销大众文化产品，使原本没有文化底蕴的美国在全球化平台上取得"文化教父"的地位。这就是沃霍尔的波普艺术何以畅销全球，并进入艺术品经典的原因所在。由于作为新富的大资产阶级与作为先锋派的现代艺术产生于大致相同的历史时期，在二者之间存在着某种内在的亲和性，而现代艺术以及后现代艺术自然担当其文化代言者的职能。资产阶级掌握文化领导权为其在全球形构文化霸权奠定了基础，正是通过改写文化内涵和文化显现形态，使大众文化居于文化正宗地位，并借助经济、科技的强势地位制定文化输出标准，使其文化霸权在全球文化互动中获得了合法性。

现代文化语境中的"霸权"主要是领导权，也就是一种自愿意义上的领导、服从方式。它不同于意识形态的强制性，但必然带有一定的意识形态色彩。在葛兰西那里"领导权"主要指通过社会主要团体积极同意而取得的道德和哲学的领导权。它可分为两个方面：一是指统治阶级说服

（接上页）对阐释本身，而是反对唯一的一种阐释，即那种通过把世界纳入既定的意义系统，从而一方面导致意义的影子世界日益膨胀，另一方面却导致真实世界日益贫瘠的阐释行为。也就是说她只反对那种一元论的"神圣传统"的阐释（拥有文化权力的政治压迫的一种象征化形式），试图以多元来瓦解一元论的阐释。因此，"新感受力"被认为充满了民主精神和怀疑的智慧，它解构了"高级文化"与大众文化之间的界限，坚持一种多元的评判立场，它既致力于一种令人苦恼的严肃性，又致力于乐趣、机智和怀旧。"从这种新感受力的观点看，一部机器的美、解决一个数学难题的美、雅斯贝·约翰斯的某幅画作的美、让-吕克·戈达尔的某部影片的美以及披头士的个性和音乐的美，全都可以同等接纳。"（苏珊·桑塔格：《反对阐释》，第 352 页。）经过一系列复杂的过程和"文化革命"，资产阶级最终夺回旁落已久的"文化领导权"，不仅掌握了文化研究的学术话语权，还在文化产品的输出中建构了"文化霸权"。

[①]　参阅苏珊·桑塔格《反对阐释》，程巍译，上海译文出版社 2003 年版。

从属阶级接受、适应和"内在化"统治阶级的价值观和道德行为准则；二是指说服从属阶级相信，不论他们对现行社会秩序有何种看法，不论他们与这种秩序格格不入到何种程度，任何替代选择可能都是更坏的灾难性选择，也就是说别无选择，只能接受。说到底，霸权的形成在于领导权的取得是通过"赢取积极的认可与信任"，而不单单是领导者以权力为前提，甚至以暴力和强制手段迫使被领导者接受。从中可以见出它与政治霸权、经济霸权、军事霸权的差异，这是一种更隐蔽的方式，它的渗透扩张恰恰起到其他霸权不能达到的效果。这与我国古代思想中的"王道"有相近之处，"王道"意味着以仁义治天下，也即孔子所谓"远人不服，则修文德以来之"。

葛兰西作为意大利无产阶级革命家和理论家，作为西方马克思主义的早期创始人，正是看到市民社会的新特点提出这一斗争策略。在20世纪的西方国家，市民社会是整个国家政治社会的基础，受政治社会的保护。政治社会对市民社会意识形态上的统治，就是建立在市民社会的同意基础上的，国家政权机关通过制定与传播统治阶级意识形态，对市民社会进行"精神和道德的领导"，构筑起统治阶级对从属阶级的领导权。葛兰西认为，在当代资本主义社会，随着资产阶级统治地位的巩固，资产阶级意识形态对政治领域、市民社会、私人领域和日常生活领域以及精神领域实施的全面控制，达到了前所未有的状况，形成了资产阶级意识形态在文化领域的极端霸权局面。其中知识分子和领导集团在文化领导权中起着重要作用，他们是整个社会结构和上层建筑的中介。一方面他们在市民社会中行使文化领导权的重要职责，在普通民众自觉自愿的基础上传播统治阶级的世界观，维护统治集团对全社会的统治；另一方面又在政治社会中执行强制性的直接文化统治职能，并通过合法政府对对立或消极服从集团予以合法制裁。资本主义知识分子以难以洞察其隐含动机的方式，把资产阶级意识形态以虚假形式展现在文化领域，使资本主义制度和资产阶级统治至少从表面上看是理性的、人道主义的、进步的。于是，知识分子就成为资本主义社会的"合法性专家"，而文化则发挥了"国家意识形态机器"的作用，成为维护资产阶级统治地位合法性的重要工具。文化控制的结果是无产阶级意识的弱化乃至消失，他们在资产阶级文化影响渗透下，不自觉地、习惯性地在资本主义框架内活动，成为贯彻资产阶级意识形态的自发性工具。这种有机知识分子其实就是伴随政党政治出现的党内知识分子，他们通过制定与传播执政党的意识形态来整合其他阶级、阶层的知识分子，保证市民社会各种组织与群众"同意"统治阶级的社会秩序与规则，从而维护社会稳定和有序化。在葛兰西思想中，意识形态并非只是一个脱离日常生活的抽象思想领域，作为一种媒介物，它通过不同社会形式掌握着道德和哲学的领导权。这种领导权会产生像物质力量那样大的能量，如果与不同阶级的政治、经济斗争相结合，就能够形成强大的革命力量并发挥作用。因而无产阶级在进行革命运动过程中首先要夺取道德、文化和知识的领导权，使自己的思想观念和道德为市民社会接受，动摇资产阶级文化领导权，摧毁资产阶级统治合法性的文化堡垒，从而最终夺取政治权力。

在葛兰西看来，霸权是一个过程，通过这个过程处于霸权地位的阶级将各社会集团的利益协调到主动对其从属地位表示"同意"，其中使诸社会集团甘愿居于从属地位的手段就是意识形态。在此，意识形态被锻造成一种"共识"即"一致舆论"或"普遍赞同"。新马克思主义者埃内斯托·拉克劳就此作了进一步理论阐发：获得统治地位的阶级都能够将非阶级矛盾整合进它自己的话语，能够吸纳被统治阶级的话语内容。因此，他说"一个阶级行使霸权，不在于它能够将一种统一的世界观念强加于社会中的其他阶级，而在于它能够将各种不同的世界观念如此地结合起来，以至于它们之间的潜在对抗被中立化"①。所谓中立化也就是社会的"无害化"处理。在葛兰西那里，"霸权"的获得表现为两方面的妥协和调停。一方面，统治阶级不得不对从属阶级的利益和需要做出让步；另一方面，从属阶级不会被动地承认和接受霸权，而是经过谈判和修改使统治阶级的观念适合自己的日常生活经验。于是，从属阶级经由改造对霸权产生一种"自由的赞同"，由此产生一种"共识"或"普遍的赞同"。所以说，从属阶级对政治和经济统治是主动予以回应和抵抗，不再是统治阶级及其意识形态被动的愚弄对象。在文化研究的"葛兰西转向"中，霸权不能简单地归结为"共识"的产生或阶级间调和。霸权旨在争得一种领导地位，它要求"暂停"，但并非不允许不同声音存在；它需要遏制对立面，但并非要消除对立面。因此，霸权的获得是多层面的，表现方式是多样化的，并非单纯意识形态意义上或经济意义上的领导权。一个霸权集团需要获得民众对其地位的赞同，而非对意识形态具体表达形式的赞同，即霸权在推行意识形态时允许差异性和多元性存在。此外，为争夺霸权而进行的斗争绝不是简单或单一的，它是不同机构和力量都参与、涉及多层面和多种问题的过程。从某种意义上说，文化霸权不是统治而是创造和维护一致舆论即共识的过程。

---

① Ernesto Laclau, *Politics and Ideology in Maxist Theory*, London: New Left Books, 1977, p. 162.

文化霸权有三个基本特征：权威、服从与合法性。所谓权威一般是指某个主体比其他主体拥有优越地位和社会承认的威望而形成支配力量。服从是指某一主体在群体规范和他人意志的压力下，被迫产生与权威人物或社会规范的期待相符的行为。权威与权力的前提虽然都是服从，但权威是通过令人信服的信誉、影响、价值观等精神力量让人产生心理与行为上的服从，表现为自觉认可与赞同，而权力则主要是一种强制性力量。意识形态的职能与其合法性密不可分，占主导地位的意识形态发挥作用的过程，就是合法性建立的过程。在此要说明的是，"文化霸权"不同于"文化霸权主义"（文化帝国主义），文化霸权是一种文化统治手段、方式或形式，而文化霸权主义则是使用文化手段进行文化殖民、文化控制的思维方式和权力话语方式。这也是当前西方发达国家借助全球化平台，对广大发展中国家惯用的一种策略。国家理念关乎国家的核心价值及其形象建构，往往是国家文化战略的核心内容。如美国历来都把自由、民主、人权、宪政、法制等作为其国家理念的核心内容，通过悄无声息的文化战略传播美国的价值观和生活方式，维护其在世界的文化霸权地位，这成为美国一贯奉行的基本国策之一。美国国家利益委员会提供的 2000 年度研究报告，就明确地把维护国际信息传递能力，以确保美国价值观能够持续地对外国文化产生积极影响看成美国的重要国家利益。① 对此我们要给予足够的了解和深刻认识。当下不论理论研究还是文化实践，文化霸权都是在中性意义上使用，它既可以作为西方殖民东方的一种文化控制手段，也可以是社会主义国家的文化策略，关键是怎样认识与利用它。

四　文化形象转变的契机及其建构策略

作为与国家理念紧密相关的文化战略视野下的国家形象问题，近年来引发了越来越多的关注。目前，中国面临的最大战略挑战可以说是国家形象的模糊不清。从中国"崩溃论"到"威胁论"，从中国"责任论"到走向"不确定论"，或棒杀，或捧杀，中国的国家形象在西方舆论中被有意无意地歪曲、误读甚至丑化。关于国家形象的研究有不同视角和领域的切入，最为常见的研究是从政治外交和国际关系与传媒视角。如有学者认为，国家形象是"国际社会公众对一国相对稳定的总体评价"②；国家形

① 美国国家利益委员会：《美国的国家利益》，载胡鞍钢、门洪华主编《解读美国大战略》，浙江人民出版社 2003 年版，第 85 页。
② 杨伟芬主编：《渗透与互动——广播电视与国际关系》，北京广播学院出版社 2000 年版，第 25 页。

象是"一个主权国家和民族在世界舞台上所展示的形状相貌及国际环境中的舆论反映"①；"国家形象是一个综合体，它是国家的外部公众和内部公众对国家本身、国家行为、国家的各项活动及其成果所给予的总体评价和认定，国家形象具有极大的影响力、凝聚力，是一个国家整体实力的体现。"② 本书主要从文化和文化产业视角来阐释和建构国家形象，在笔者看来，国家文化和国民心理素质等是国家形象的精神内核，是一国实施对外政策和相应的行为方式的文化依据。有学者认为："一国的传统文化以及国民对于本国文化的认同等心理要素是构成国家形象的一个核心要素。"③ 可见，国家形象的构成离不开一个国家的民族心理、文化、价值观念、制度形态以及在此基础上形成的外交特点，通常软实力强的国家，其国家形象也好，所以国家形象和各种文化力量构成了国家的软实力。美国前国务卿奥尔布赖特曾强调说，一个国家在国际舞台上的权力很大一部分源于国家自身形象设计的能力，因为它能够卓有成效地表达自身的军事、经济、政治和文化水平。④ 而设计自然离不开文化视野，可以说，国家形象建构是一个复杂的体系，它通过文化的书写和张扬进行展示和建构，其核心因素应是体现在思想和价值观中的诉求。价值观是任何社会或文化中民族性格的基石，不同的文化价值取向，决定了彼此的差异。在对外文化交往中，仅用自身的价值观念去评判对方的思想与行为，必然会造成对方的误解而导致事与愿违。在处理文化开放与文化保护关系时，应尊重对方的利益关切和现实选择，在处理文化引进与文化输出关系时，应尽可能地理解对方的文化价值体系，尊重彼此的选择权力。总之，良好的国家形象是一种无形的力量，是吸引力、感召力和影响力，对国家软实力具有巨大的提升作用，是一个国家最大的无形资产和最重要的战略资源。

在国家形象建构中，一个国家的核心价值理念及其诉求至为关键。就全球化舞台上的中国形象建构而言，社会主义核心价值体系不仅是当代中国最重要的文化表述，还集中体现了国家的文化利益，以及发展道路和国家形象建构的对外宣示。实际上，国家发展理念的诉求直接反映了该国的核心价值观，反映了该国通过什么方式和途径来实现国家目标。作为社会主义国家，中国始终坚持"和平崛起"，中国给世界带来的不是威胁，也

① 李寿源主编：《国际关系与中国外交——大众传播的独特风景线》，北京广播学院出版社1999年版，第305页。
② 管文虎主编：《国家形象论》，成都科技大学出版社1999年版，第23页。
③ 胡晓明：《国家形象》，人民出版社2011年版，第24页。
④ 同上书，第27页。

不是自身的崩溃，而是相互发展中的共赢，是世界命运共同体的强有力维护者。随着中国对世界影响力的提升，这一国家理念会越来越多地得到国际社会的理解和认同。中华民族的复兴仅有经济崛起不够，还要塑造和建构与国家经济实力和国际地位相适应的文化形象，以增进国家在国际上的"象征资本"。目前，在世界战略格局重组的过程中，中国形象问题面临众多挑战甚至危机。有西方学者认为，中国自己如何看待自己，以及其他国家如何看待中国，将在很大程度上决定中国改革和发展的未来。① 作为有着文化自觉的中央政府而言，早在《国家"十一五"文化发展规划纲要》中，就把塑造国家文化形象列为文化发展战略的重要内容。作为一项系统工程，建构良好的国家形象需要多方面的工作，需要社会的合力推进，需要政府与民间、国家与个人的上下互动与联动。作为政府要有明确的国家发展理念和稳定清晰的价值诉求，个人——作为国家文化形象的主要承载者，要有自觉的建构意识。正如有学者指出的，塑造良好的国家文化形象是公民应尽的责任。第一，要有海纳百川的开放精神和宽容态度；第二，要有健康的心态；第三，公民个人应有良好的道德素质和礼仪修养，真正体现中国崇尚谦谦君子和作为礼仪之邦的道德风范；第四，在企业的经营活动中，应遵守国际法律法规和惯例，尊重所在国的习惯和风俗，讲诚信，拼质量，守信誉，既要讲利润，也要乐于承担企业经营者应尽的社会责任。②

中国的传统文化背景和所处的国际环境都要求中国重视提升软实力，经由软实力提升综合国力和竞争力，进而实现国家目标。现在软实力的理论在中国已经拓展到区域发展、企业经营等方面和领域中。也有学者注意到中国软实力的发展已经在改变着世界，卡内基和平基金会中国项目访问学者、资深记者约书亚·科兰滋克在近著《魅力攻势：中国的软实力是如何改变世界的？》中，审视了中国最近对软实力依赖的主要表现——外交、贸易动机、文化与教育交流机会以及其他的技术，打造良好的国家形象，将自身定位为社会和经济成功的模范，发展强有力的国际盟友。通过接触发展中国家，主动融入当地经济、贸易。并系统梳理了中国软实力在亚洲以及整个世界发展的思路，专门研究了中国如何运用软实力（文化、投资、援助以及外交手段）来改变世界，影响其他发展中国家，提醒美

---

① 乔舒亚·库珀·雷默：《淡色中国》，《中国形象——外国学者眼里的中国》，社会科学文献出版社 2006 年版。

② 祁述裕：《如何塑造我国的国家文化形象》，《解放日报》2006 年 11 月 6 日。

国正视中国影响力提升的现实。① "中国道路"向世界的贡献不仅是经济价值，还有"和谐社会"、"和谐世界"的理念，这些都是基于自身的文化传统对软实力理论的实践。

从文化竞争力来看，国家文化形象是一个国家文化传统、文化行为、文化实力和文化价值诉求的集中显现，它折射了一个国家的国民素质和精神状态，反映了一个国家的文化态度和文化创新能力，及其该国文化在世界上的感召力和影响的深度。塑造国家文化形象需要构筑软实力传播的硬实力平台，有了经济实力和技术平台支撑的文化才有展示和弘扬的机会，才有可能上升为各民族文化博弈中的高位态文化，而只有全球化舞台上高位态的文化或唯有占据制高点的文化，才有可能从容应对众多挑战。发展文化产业是提升文化软实力的基本路径，文化产业是内容产业，文化内容直接关乎文化形象的塑造。特别是大众文化，这一时尚艺术形式对建构良好的国家形象很有帮助，那些青春偶像剧、大片、流行音乐、富于民族文化特色的通俗小说和创新的故事及其动漫卡通形象，其内容都是友好型的具有强大文化渗透力和打动人心的亲和力的展示，这些具有亲和力的文化产品的"走出去"会极大地改善国家的文化形象。文化产业具有经济和文化的双重属性，在本质上应是追求经济效益和社会效益的统一。电影的票房收入和电视剧的收视率从来不是单纯的经济指标所能衡量的，它还包含着特定的文化价值的有效传播，显现了国家软实力的实现程度。可见，经济的硬指标是显现文化软实力的重要标志。尽管文化走向了历史的前台，但经济依然是文化繁荣与发展的基础，文化战略的意图和国家形象的建构都有赖于经济可持续发展才能真正实现。

从现实性来看，国家形象的建构一定要有"当代性"——当代内容和当代视角。中国的对外传播及其形象建构要传播当代社会的主流价值观和现代文化符号，中国不仅拥有悠久的历史和文化传统，更有引以为豪的现代成就和追求幸福感的当代生活方式，即使是辉煌历史的展示也要有当代视角和现代形式。因此，必须以当代文化的构成元素来配置中国文化产品的内容，来搭建中国文化产业的展示、传播、交易平台，塑造当代性质的国家形象。国家文化形象的建构主要是通过话语性的"内在本文"及其叙事性的"互文性"关系呈现的。正如有学者指出的：作为外在于电影叙事体系的国家理念，正是通过电影的叙事完成了公众对于国家形象的

①　Joshua Kurlantzick, *Charm Offensive*: *How China's Soft Power Is Transforming the World*, Yale University Press, 2007.

认同、对文化理念的首肯。中西不同的社会体制，决定了中国电影、电视中的国家形象，不是好莱坞电影中的那种世界霸主的权力象征，而是我们社会力量的现实反映，它是与作品的叙事情节相互镶嵌的意义载体。作为一种体现爱国主义和民族精神的表意符号，国家形象不仅通过具体的、标志性符号表现出来，而且也通过电影的叙事方式和现实的互映方式呈现出来。① 主流文化是国家形象塑造的载体，其叙事及其表意符号离不开文化修辞和审美价值传达，这要求文化产业发展要有对国家形象的独特的"美学追求"，及其普遍可传达和全球可通约的话语修辞，也就是说既用西方文化策略讲好"中国故事"，也要用中国文化的美学修辞讲好"外国故事"。

在国际风云的复杂境遇中，中国文化发展战略被推到了全球各种精神文化力量相互激荡的旋涡中心，必然会遭遇一场各种文化与文明的相互冲突。这要求我们在全球化平台上亮出我们的旗帜——中国特色社会主义道路。"渊源于中华民族五千年文明史，又植根于有中国特色社会主义的实践"，"博采各国文化之长"，"创造出更加绚丽多彩的有中国特色社会主义的文化"，② 这自然成为 21 世纪中国文化战略的选择。特别是"和合"价值观及其"和谐世界"、"和谐社会"、"和谐文化"观念的提出，为我们在世界赢得了文化优势。宏阔的文化视野和博大的文化胸襟，要求 21 世纪的文化发展选择及其生命形态的兼容互补：由一元的国家主体文化发展为多元并存、多枝同根、多态同源、共生互动的中华文化共同体。在文化观念和文化意识上，培养全民的"大文化"意识，使大众意识到文化的进步体现了文明的进步，文化的发展推动人的全面发展，提升了整个国民素质和有利于正面的国家形象建构。在具体的中国形象建构上，不能使西方世界割裂和肢解中国形象，人为地制造"两个中国"形象，即经济上世界第二大的现代中国，和文化上有悠久历史和底蕴的传统中国，而是形成和塑造统一的既古老又现代，既在经济上率先崛起又在文化上实现伟大民族复兴的中国新形象。这个新的形象，既要在传统文化的传承和创新中实现现代转换和指向现代性价值诉求，又在当代文化创新中葆有传统文化底色和文化神韵，是一个有着世界影响力的经济大国、文化强国。然而现阶段中国文化整体发展上的杂糅、混杂状态，尤其是核心价值显得不甚突出，不只是外国人无法明确理解什么是中国文化的核心，就连中国人自己也未必能解释清楚。这是一种悲哀，也是一种无奈。这表明中国文化世

---

① 贾磊磊：《中国文化软实力提升的策略与路径》，《东岳论丛》2012 年第 1 期。
② 江泽民：《在中国共产党第十五次全国代表大会上的讲话》，《人民日报》1997 年 9 月 22 日。

界影响力和文化产业能力的弱小，显现出提高文化产业竞争力的任务愈发迫切。但文化产业发展需要夯实基础，需要务实、耐心与持久地努力，急功近利是文化产业发展的大忌，因为人才、市场运作、资源整合都需要时间与投入。英国努力了十年才成为世界创意之都，改写了"老大帝国"的形象，韩国努力了七年才使"韩流"风靡亚洲走向了世界。对此，我们必须尊重文化产业的发展规律，在文化战略视野中规划文化产业的发展。

五　"文明高墙"的挤车效应使文化战略问题愈加凸显

所谓"文明高墙"的挤车效应是指现有的工业化发展模式，使占世界人口 11.2% 的西方发达国家进入了工业化的行列，这种以高能耗为代价的西方式工业化只能满足和容纳少数国家的工业化。这些已经实现工业化的国家，消耗了地球 60% 的资源，人类文明足迹已超出地球承载力 25%。从地球环境和能源的容量看，在"工业文明列车"已满载的情况下，有着两倍于西方发达国家人口的中国，要登上工业化的列车，势必出现"挤车效应"。而早先登上工业化列车的发达国家，出于先入为主和既得利益的考虑，对中国开始登上工业化列车感到不满和恐惧，他们正在以低碳经济和环境压力为由，提高中国进入工业化的门槛，甚至设置障碍。虽然通过阻止发展中国家的发展，保证先入为主的西方独享工业化好处，违背了人类文明进化的公理和规律。但环境与能源的容量，确实没有给中国登上工业化的列车留下空间。在世界资源与环境的危机加剧的时代背景下，中国的发展，面临着地球承载零空间的挑战。

中国 30 多年的高速持续发展走过了发达国家上百年的历程，这种压缩式增长也带来了高密度污染等诸多挑战。据环保专家评估，"十二五"期间是中国污染事件的频繁爆发期。环境污染成为影响中国社会安全、生活安全与经济安全的巨大障碍。世界银行的研究报告显示，在全球 20 个污染最严重的城市中，中国占了 16 个。依靠传统的能源、有形资源发展的模式到了转型的关口，如果中国继续走传统工业文明之路，将是一条在国际、国内都会遭遇高成本、高摩擦，甚至搁浅的道路。因此，中央提出转变经济发展方式有着深远的国际视野和战略考虑。如何契合世界文明发展从工业文明向生态文明转型，离不开日渐凸显的文化战略的有效支撑。"挤车效应"虽使我们面临文明高门槛的挑战，但也可能变成文明创新的动力。尤其是中国文化、历史与生态文明价值有高度的契合性。中国汉语文化的特质与作为新兴产业的文化产业特性相契合，有可能成为中华民族伟大复兴最佳的战略突破点。这要求要以大文化观破解"文明高墙"的壁垒：为应对国家间新兴文化表达力和创造力竞争，许多发达国家不断调整政策，加大公共财政投入，保护文化遗产，强化文化认同，改善文化多样性状况，抢占文化发展的制高点。在国家之间竞争加剧下，我们要明白：第一，GDP 总量大与国家强盛不能画等号。1895 年以前很长一段时期，清王朝 GDP 总量一直是世界第一。1895 年以后才被美国超越，列世界第二。但从 1840 年开始，中国就逐步沦为半封建、半殖民国家。1895 年清朝与日本签订的马关条约更使清王朝坠入万劫不复的深渊。第二，经济影响力与文化影响力常常不同步。19 世纪末美国经济是世界第一。但其后约 70 年时间，世界文化中心一直是在欧洲。直到 20 世纪 60 年代以后，世界文化中心才逐步转到了美国，欧洲也承认美国在文化上的主导地位。第三，文化创造力决定文化影响力。美国文化影响力从哪里来？靠的是文化战略指导下的文化创造性。

当前，许多发达国家提出数字化发展战略，以物联网、云计算、大数据库建设等重大科技项目为依托，把文化与科技融合形成的新兴产业作为战略性支柱产业予以重点培育。随着"大数据时代"的来临①，它将在诸多层面影响我们的社会生活。数字化时代的竞争就是带宽的竞争，宽带投资成

---

① 所谓"大数据"是指人们用来描述、定义信息爆炸时代产生的海量数据，并命名与之相关的技术发展与创新，其关键在于应用。随着云计算、移动互联网和物联网等新一代数据信息技术的创新和应用普及，海量数据正在生成。种类广泛、数量庞大、产生和更新速度不断加快的大数据蕴藏着前所未有的商业价值。最早提出"大数据"时代的是管理咨询公司麦肯锡："数据，已经渗透到当今每一个行业和业务职能领域，成为重要的生产因素。人们对于海量数据的挖掘和运用，预示着新一波生产率增长和消费者盈余浪潮的到来。"按照维基百科的定义，"大数据"是指没有办法在允许的事件利用常规的软件工具对内容进行抓取、管理和处理的数据集合。大数据被誉为第三次工业革命的标志，它虽然孕育于信息通信技术的日渐普遍和成熟，但它对社会经济文化生活的影响早已溢出技术层面。其影响不限于信息通信产业，还在覆盖、重构一些传统行业——广泛运用数据分析手段管理和优化运营的公司实质上都是一个数据公司。大数据在电网运营、交通管控、医疗服务、文化产业等领域有着巨大的发展空间，中国文化产业的跨越式发展不能缺失"大数据"发展的国际视野。2012 年 3 月 29 日，美国政府宣布投资两亿美元拉动大数据相关产业发展，将"大数据战略"上升为国家意志。IBM 提出，继上一个十年抛弃私人电脑业务成功转向软件和服务后，将更多地专注于大数据分析软件带来的全新业务增长点。此外，有关"大数据"主题的并购案层出不穷，数量和规模都逐步上升。其中，Oracle 对 Sun、惠普对 Autonomy 两大并购案金额高达 176 亿美元。相对于美国企业的积极作为，中国企业还未能跻身大数据开发的领先行列，虽然有一些研究项目，但在开发利用方面还缺乏企业公司的有力支撑。据预测，到 2020 年，我国数据产业市场将形成 2 万亿元以上的规模。大数据产业的商业模式形成：首先是存储，特别是行业核心数据的存储优势；其次是应用，推动跨行业、跨部门数据的分析整合，创新大数据产业发展模式；最后是力量之强，拉长产业链、提升价值链，实现信息产业的集群化和品牌化经营。

为未来经济新动力。目前世界上许多国家都已瞄准宽带网络建设，将其作为未来信息社会发展的重要基础设施加大战略投入。"大数据"本身并不是一种新的技术，也不是一种新的产品，说白了，"大数据"是一个体量特别大，需要高速实时处理，价值含量高但高价值数据占全部数据较少的数据集合。在大数据科技浪潮背景下，数据已成为这个社会最重要的一种资源。

从世界史上看，几乎每一个大国的崛起和强盛，都与产业革命和新兴产业的发展相伴生。以蒸汽机为标志的第一次工业革命，使英国成为世界上第一个工业化国家，从而成就了"英国的世纪"（19 世纪）；发生在 19 世纪 70 年代的第二次工业革命，则使美国和德国取代了英国的霸主地位，推动人类跨入了"电气时代"和"钢铁时代"。搭上这趟车的还有日本，正是借助完备的工业体系，日本成了工业强国。进入 21 世纪以来，在某些重要科技领域突破的端倪逐渐显现，新能源、新材料、生物技术、信息技术等为代表的高新技术，正酝酿着新一轮的科技革命和产业革命。美国未来学家杰里米·里夫金和保罗·麦基里等预测"第三次工业革命"的到来。他们认为全球经济正面临一次深刻的产业变革，变革的核心主要是智能制造、绿色能源和数字服务等相关领域，这三者的相互融合将导致人类社会的生产方式和生活方式发生革命性变化，世界经济将迎来一个新的产业发展周期。

中国作为现代后发型国家，在中国史融入世界史的进程中错失了前两次机会，能否抓住第三次机遇，关乎中华民族的伟大复兴！中国以什么实现"弯道超车"或突破"文明高墙"？关键取决于能否实现从"中国制造"向"中国创造"的华丽转身。过去 30 年中国制造业取得巨大成功靠的是"勤劳的双手"，而未来 30 年继续成为世界制造业巨头必须依靠"智慧的大脑"，未来的产业竞争是一场实实在在的"技术竞争"和"文化创意"之争。因此，产业部门和企业家对此必须有清醒的认识，加快技术创新和技术储备，国家必须加大对文化产业发展的扶持力度。虽然中国是"世界工厂"，但很多关键部件、研发设计、品牌营销都在国外，只有中间低附加值的劳动密集型的加工环节在国内，高利润都转移给国外专利持有者。据统计：我国 90% 左右的出口商品，都属于代工生产或者贴牌生产，可以说中国企业有着强烈的生产意识，却缺乏品牌意识。这种产业发展局面的突破，有赖于抢占产业技术的制高点和产业链的高端拓展，在关键技术领域实现重点跨越，才能在产业国际竞争中取得先发优势。

2008 年金融危机之后，美国反思近 10 年来的"去工业化"之路，意识到新的经济增长必须回归实体经济，因此将"再工业化"作为重塑竞争优势的重要战略。它宣称，未来 20 年将以"指数倍"的速度发展人工智能、机器人和数字制造技术——3D 打印机，重构美国的制造业，击败中国的制造业。这一论调并非"危言耸听"，也非"空穴来风"。美国由"去工业化"到"再工业化"的快速转身，绝不是回归"美国制造"，而是为了抢占新一轮科技和产业竞争的制高点，确保自己"世界经济发动机"的领先地位。可以说，美国的"再工业化"是在新的信息化（大数据库）的基础上抢占产业发展的制高点，其对中国新兴产业的遏制主要着眼于前瞻性的未来。掌握人类文明跃升的主导权，无形中就为我们树立了一道"文明高墙"的壁垒。美国、欧盟对华光伏产业反倾销案，美国对中兴、华为的遏制，除了经济贸易层面的原因，主要是对未来信息高速路（如大数据库）及其以光伏产业为代表的新的资源及其主导权的竞争——更高文明和发展层面的博弈。美国总统奥巴马在国会演讲中明确提出：引领美国发展的下一个引擎是信息科技与美国主流文化价值观的结合！正是看到了文化产业作为知识经济的核心所具有的前瞻性战略价值。当年，面对海洋文明的崛起，中国的明王朝实行闭关锁国的政策，使中华民族丧失了融入世界共同发展的机遇，导致清王朝晚期逐步沦为半殖民地半封建社会的丧权辱国境地；今天，面对数字化、网络化发展的世界大潮，面对新一轮的生态信息文明的崛起，我们不能丧失参与、引领文明跃升的机会！对于网络发展及其网络自由不能采取简单化的封堵，不能仅仅着眼于一些应对之策，要有一种大文明观、大情怀、大视野做大主流文化，以主流价值观去引领网络信息文化的发展！面对新的文明形态的跃升，如果再次政策失误（闭关锁国），不仅会迟滞中华民族的复兴步伐，更将带来无穷的灾难！中国共产党执政的合法性必须要过网络治理这一关——网络上的闭关锁国、不思进取，或者遭遇网络变革的挫折，都会使我们丧失中华民族伟大复兴的机会。随着现代社会文明语境不断升级、置换，包括网络文化产业等新兴产业在内的文化产业将成为或必然成为全球性社会经济发展的支柱产业。文化产品和文化服务，必将在现代社会语境中进行再定位，以往那些对传统文化艺术以及电视、电影、歌舞剧、设计、旅游等的理解——特别是数字化技术引领下的文化新业态，将要获得重新界定，在不可逆转的现时的社会文明进程中，文化创意成为新价值生成的关键点——其诉求重心落在了对人的基本问题的解决上。物质经过人们的提升和转化，成为精神性的存在，这是人不可逾越也不能逾越的"生存天花板"。历史经验告诉我们：经济的崛起可能需要 30 年时间，而文化的复兴（崛起）30 年是不够的，至少要 50 年。但只有文化的复兴才是全面的，中国崛起的意义才是完整的，中国才能成为世界强国。

六 中国文化战略问题凸显的语境及其启示

文化就其本质性力量而言可以共享，文化是多样化的，有其地域性特征。有学者指出：文化有着与科学不同的发展脉络，与文化相比，科学显然更加具有"普世性"，但至少到目前，还没有哪一种文化能够充分地证明它的"普世性"，文化的"有限性"决定了文化在空间中的有序分布是理所当然的事情，任何一种文化都适应着它特殊的历史、地理等环境，"文化边疆"也就成了客观存在。① 一方面，因为文化的隔阂、差异而出现"文明的冲突"，直接影响着世界的文化格局；一方面，随着全球化进程的深入，文化之间出现了相互融合的趋势，文化的包容和沟通逐渐成为共识。尽管全球化日益深入，但不能认为一种强势文化对其他文化的覆盖具有合理性，而应是人类对有差异的文化的共享。"世界主义往往容易被强势文化所利用，来说明我这个东西是有世界性的，而你那个东西只有民族性，其实他的这个世界性，也是要通过学习才能得到的。"② 可以说，全球化语境下的文化交流愈发呈现出斑斓的色彩。

事实上，这种色彩可能过于沉重。"当中国不断增加权力时，中国的邻国和美国谁也不会袖手旁观，而会采取行动遏制它，很可能组建一个均势联盟的方式达到此目的。结果是中国与对手进行激烈的安全竞争，大国战争的危险常常环绕在它们头上。简单地说，当中国的权力增长后，美国与中国势必成为对手。"③ 这是中国实现全面崛起和伟大民族复兴的时代背景，中国经济的崛起已是不争的事实。在经贸领域中国的话语权不断提升，在世界银行和国际货币基金组织等国际合作机制中的重要性与日俱增，亚投行的筹建和运行就见证了中国经济的强势影响力。中国对世界经济和金融体系的影响力越来越大，在经济领域已跻身世界事务的核心决策层。但仅有经济的崛起，中国崛起的意义还是不完全的。

现时代中国的基本现实是在经济上实行中国特色社会主义市场经济，在政治上实行民主政治，在社会理想和目标上是建设中国特色社会主义国家，现时代的中国是历史中国的一个发展，又处于现代世界文明发展的大潮中。④ 这是对当下中国发展的一种定位。就文化发展现实而言，不仅要

---

① 林谷芳、孙小宁：《十年去来》，台海出版社2003年版，第155页。
② 同上书，第157页。
③ ［美］约翰·米尔斯海默：《大国政治的悲剧》，上海人民出版社2003年版，第94页。
④ 李道中：《市场经济、民主政治与先进文化》，《理论动态》2003年第1609期。

看到当前文化建设中的三个不同步现象，还要正视文化发展中的不平衡现象①，尤其要正视中国文化安全面临的严峻形势。某种意义上讲，中国的文化发展正在经历"内忧外患"，所谓"内忧"是指：人们越来越多地感叹社会正义的脆弱，生活因虚空而缺失幸福感和方向感，"伦理底线"的不断降低，社会因屡禁不止的制假造假而陷入信任危机，等等；所谓"外患"是指：强势文化对社会主义价值观的侵蚀，海外文化产品的大肆倾销，以及"文明领导权"的挑战，等等。正是当下内忧的茫然失据和外患的步步紧逼，使得中国主流文化突围困难重重。这既与中国"经济奇迹"形成巨大反差，也折射了中国发展遭遇的"瓶颈"。国际间"文化热战"不断，"文明冲突论"甚嚣尘上，文化帝国主义全面倾销其文化产品并把价值观和生活方式传播到全球每一个角落。国内国际形势和与时俱进的文化自觉，促使中国共产党提出"文化强国"战略，要诚心正意地发展文化、建设文化。全球化语境下，国内的文化发展遭遇文化安全、文化霸权、"工业文明高墙"和文化形象建构的挑战，其倚重的是文化市场的号召力，如何引领文化市场的消费取向，把拉升文化产业的硬性经济指标与提升国家文化软实力作为一项并行不悖的文化策略，进而积极推动文化产业发展，显得尤为迫切。契合正在来临的文化时代及其产业结构和经济发展方式的变化，各个国家都在试图抢占产业和文化发展的制高点，文化产业作为新兴战略产业不仅成为发达国家的支柱性产业和驱动新经济的引擎，还成为一个国家对选择发展道路和国家形象建构的自我宣示。

回望世界史，可以发现任何世界大国崛起的背后都有着一套文化战略的支撑，借此向世界推广自己的价值观和传播意识形态。有学者指出：英国在成为日不落帝国的同时，也将英国文化、语言、价值观念、生活方式甚至文学艺术渗透到了帝国势力所能达到的每一个角落。在殖民地，英国用殖民教育培养了一批本土的英语精英阶层，时至今日，英语还是许多国家的官方语言。文化扩张成为英国政治扩张的重要支柱。法国则从路易十三时代起，就将文化称霸与政治称霸等量齐观，法兰西优雅的礼仪与文质彬彬的气质成为欧洲风尚的准则。1635年，路易十三时期的首相黎塞留创立法兰西学院，其目的就是保卫和弘扬法兰西语言和文化。法国对于自身文化控制和推广工作的高度重视，使法语在18世纪成为欧洲上层社会的通用语言，无形中又强化了法国作为"文明标准"的国家文化形象。②

---

① 范玉刚：《道可 道非：关于文化价值的祈想》，人民日报出版社2010年版，第10页。
② 艺衡：《文化主权与国家文化软实力》，社会科学文献出版社2009年版，第130—131页。

在不同国家民族文化博弈空前激烈的时代，文化发展上升到国家战略高度，文化战略已成为一个国家发展最具有活力和决定意义的主题词。具体表现有以下四点。

一是文化建设日益受到各国政府和国家政要的高度重视，文化战略成为国家稳定团结发展繁荣的关键。二是随着全球化进程的加快，文化越来越成为国家提升国际影响力、竞争力的核心要素。三是进入后工业化时代，文化与社会相互渗透，文化与经济高度融合，使经济文化化、文化经济化和经济政治文化一体化的特征愈发显著。四是在城市发展转型过程中，文化发展与城市社会经济发展逐渐形成深刻的良性互动，文化产业不仅提升城市的美誉度和良好形象，还助推向品牌城市迈进。

文化发展战略是国家战略的重要组成部分，它不仅总结历史、关乎文化传承，是坚持现代立场对现实的思考，更是对未来的前瞻和追求，从而关乎文化的创新。文化发展战略需要大视野和大文化观的支撑，要积极运用各种类型的国家资源、动员各种社会和民间的力量，形成和国家政策协调一致的战略。全球化语境下，中国文化战略问题的凸显给我们诸多启示。

启示之一，在文化发展上，我们必须在基于自身立场上坚持全球对话主义。发展文化捍卫国家文化安全不能自闭于世界文化发展主流，维护国家文化主权也不能采取完全的文化孤立主义，关起门来搞建设。在捍卫基本的民族尊严的同时，要以开放的视野和广阔的胸襟来接纳外来文化，在平等交流对话中相互融合。越要维护文化主权和捍卫文化安全，就越要打开国门发展自己，推动文化产业向价值链高端跃升，否则不仅会丧失市场份额，还会导致主流文化萎缩，捍卫文化主权就无从谈起，国家形象就不会提升，文化安全问题就依然是一道横亘在软实力境域中远方的地平线。

一定意义上，一个国家文化战略的规划和执行水平，不仅决定该国的文化命运，也决定该国在世界的文化位态和文化形象，决定该国的国际地位和影响力。就此而言，当下语境中的"中国文化战略问题"凸显，既面临严峻挑战，也是一次机遇，关键是中国能否顺势而为、乘势而上，从世界文化资源大国发展成为真正意义上的世界文化强国！就战略的价值指向而言，它是整体性和前瞻性的，关乎一个国家和民族长远的文化命运，虽然它在当前更多的指向文化之间的竞争和博弈，但提出"文化强国"战略并非鼓吹文化对抗和强化"文明的冲突"。其实质是明确自身的文化立场、厘定自身的文化身份、建构清晰的文化形象，以文化自信的态度积极参与世界文化格局的重组。尽管我们不再盲目相信晚年梁启超所谓的用东方的"国有文明'来'拯救世界"之说，但自信中国文化的传承和创新一定会对世界的和平发展做出贡献。在全球化时代，文化并非必然要走向同质化，也不存在所谓的"世界文化"，文化多元化是民族文化发展的常态。一方面，世界存在"文明的冲突"的冲动，一方面又存在文化的对话、沟通和相互包容的渴望，处于复杂境遇下的中国需要以软实力的发挥赢得世界的理解、信任和价值观的认同。也就是说，中国文化发展要有自己的战略，不仅要有明确的文化立场，还要有清晰的价值理念。

启示之二，文化战略要以人为本，尤其是要团结广大知识分子和青年群体，只有切实地依靠依托他们，文化战略的实施才有了坚实的保障。尤其是具有忧国情怀的人文知识分子的参与和支撑，要把为天地立心、为往圣续绝学、为万世开太平的薪火相传的文化信仰，与国家的文化振兴及其强国战略关联起来。有了知识分子和青年群体这两种实实在在的现实力量的支撑，国家的文化战略就有了现实的根基，通过团结知识分子（精英文化）和青年群体（大众文化及其青年亚文化）使其与主流文化结成文化共同体，就能使主流文化获得强有力的现实支撑，就能够在学界和大众的日常生活中发挥主导性作用。同时，民族文化的守正创新也离不开知识分子和青年，当今时代的文化传承与创新发展的主导方式和形态就是文化产业，新型文化媒介人尤其是富有朝气和生机的"创意阶层"，他们正是国家文化产业发展的人才支撑。

在即将来临的文化时代，一个国家的文化创新创意能力，即文化产业发达程度，一定意义上，成为衡量一个国家现代化发展水平的尺度。在驱动国家发展的所有要素中，创造力是一个国家竞争力最重要的禀赋，是一个国家最核心的战略资源，是一个国家核心的文化产业能力，发展文化产业要凸显文化创新创意。中国文化产业大发展带来的深刻变动，不仅促使文化生产关系进一步适应文化生产力，催生文化生产力的解放，带来生产关系的深刻调整，也对国内文化发展格局及其文化秩序产生革命性影响，这其中会带来文化权力的博弈及其文化领导权的变化（主要表现在公民文化权益和权利的全面保障和全面落实，以及新兴阶层及其文化媒介人的文化审美的合法性以及微观政治上的诉求），还会以文化"软实力"的提升改写中国与世界的经济关系、中国与世界的文化关系，从而以中国文化竞争力的提升影响到全球经济、政治、文化格局的战略重组。党中央与时俱进地把文化发展提升到强国战略的高度，提出建立城乡一体化的公共文化服务体系和把文化产业培育成国民经济支柱产业的要求。在政策上进一步推动文化的对外开放和各项公民权利的彰显，降低非公有制资本进入文化产业的门槛，这标志着文化产业进入了一个全新的发展时代：那就是公民文化权益和权利的全面保障和全面落实的新时代，这极大地释放了文化产能和解放了文化生产力。究其实质，一个国家的社会能力主要体现为该国的文化进步能力和民众的整体素质与水平，社会凝聚力的组织动员能力，以及社会制度化水平和社会秩序，而所有这些均取决于该国整体的文化创造力及其文化活力，促其不断超越自身文化局限的能力。在全球化时代，一个国家的实力只有通过提高本国民众（尤其是知识分子和青年）的社会文化创新能力体现出来，才有可能获得可持续发展。

启示之三，全球化语境下，中国文化发展战略必须坚持文化现代化立场，要有国际视野和世界眼光，提升文化竞争力要以文化产业的大发展为支撑。

在本书的问题域中，"文化现代化是现代文化的形成、发展、转型和国际互动的复合过程"[①]。世界上没有任何一个伟大民族没有自己的独特文化，没有一个发达国家没有吸纳外来文化。"在 18 世纪以前，中华文化无疑是当时的一种世界先进文化；在 19—20 世纪，中华文化成为世界工业文化的落伍者。在农业文明时代，中华民族是农业文化的创造者；在工业文明时代，中华民族是工业文化的学习者；在知识文明时代，中华民族将成为先进文明的开拓者。21 世纪是中华文化全面振兴的世纪，是中华民族伟大复兴的世纪。"[②] 据相关课题组研究表明，三百年的世界文化现代化史为我们提供了丰富的经验：文化现代化既是一种历史必然，也是一种文化选择；文化现代化既有国家利益，又有市场竞争；文化现代化既有高度的多样性，又有部分的趋同性；文化现代化具有一定的先导作用；文化创新是文化现代化的根本来源；文化现代化不是单一的，而是多姿多彩的；文化现代化研究应该避免线性思维；文化现代化不能闭门造车；文化现代化没有现成模式可以照搬，但成功经验可以借鉴；文化现代化不能简单地进行水平比较；文化现代化不是对传统文化的全面否定；文化现代化不是破坏文化遗产，而是合理保护和利用文化遗产；文化现代化包括五种变化；文化竞争力逐步成为国家的核心竞争力。[③] 从历史经验可以看到，文化产业是文化现代化的显现和结果之一。文化产业是当今时代财富增长的一种重要方式，作为发展经济的一种手段，文化产业是驱动经济发

---

① 中国现代化战略研究课题组等：《中国现代化报告 2009》，北京大学出版社 2009 年版，第 i 页。

② 同上书，第 xxiv 页。

③ 同上书，第 iii—v 页。

展方式转型的一条路经。发展文化产业需要夯实产业发展的根基，不可指望短期的非常规的"井喷"效应；发展文化产业要树立品牌意识、推出文化精品，尤其要培育主流文化精神，强化内容的本土化；发展文化产业要遵循产业发展规律，打造全产业链条，既包括纵向的产业链的延伸和拓展，也包括横向的产业同心圆效应的发挥，不同部门和业态的相互融合。就文化产业发展的现阶段而言，应该由主要依赖政府力量和政策的推动，逐渐转向立法促进，积极发挥市场机制和依靠内需拉动形成内生动力，以改革和科技创新催生产业发展的内在驱动力，把文化产业发展置于文化战略视野中。

第四节　中国文化产业发展战略研究

　　为什么要发展文化产业？中国究竟应以什么样的理念和价值导向来发展文化产业？这个问题不仅关乎发展文化产业的目的与国家需求之间的战略关系，还是中国文化产业发展战略最重要的理论基础和出发点。明确提出文化战略是一个国家在文化建设上成熟和自觉的表征，世界上任何一个国家的文化战略，可以说在理念上都确立了以国家利益为最高利益的文化发展观。只是基于不同的国情、文化传统、现代化发达程度以及文化产业发展实际，而有着不同的文化战略。当前国际上主要有三种比较典型的文化战略观，分别是美国的自由发展战略、法国和加拿大的文化保护战略、日本和韩国的文化"新赶超"战略。美国的自由发展战略与其文化产业在全球的强势地位和绝对优势布局密不可分，它占据全球文化市场的制高点，主导着国际文化产业分工体系。与美国不同，无论英、法、加，还是日、韩、澳，基本上都主张文化产业具有特殊性，为保障本国的文化主权和捍卫文化安全，政府必须采取一定措施保护本国文化产业的发展。以法国和加拿大为代表的基于"文化例外"采取文化保护战略的国家，一定程度上为本国文化产业发展赢得了时间，保护了文化的传承和高雅文化的发展，但难以从根本上抵御美国文化的入侵。日、韩主要基于"国家竞争优势"实行文化产业的赶超发展战略，它通过政府主导型的文化产业政策，以政策和资金来培育本国优势文化产业，通过设立海外文化中心，实施奖励措施来激励文化出口，在国际文化市场取得竞争优势，有效地提升了本国文化产品在国际市场的竞争力以及国家的文化软实力。

　　中国作为正在崛起的新兴发展中国家，虽然是文化资源大国，但因创意和创新不足，资源转化能力较弱，文化产业发展水平不高，亟须在战略上明确文化产业发展的理念和方式，尽快落实中央提出的"文化强国"战略目标。相应于国家发展战略，21 世纪以来中央政府通过调整文化政策，试图建立一种新的文化价值体系，经由计划经济时期一体化的文化发展观转向市场经济条件下"五位一体"的现代化事业总体布局，以多元和谐的文化发展观引领现代化强国建设。通过政策调整旨在解决两大问题：一是如何适应建立市场经济体制的要求和文化转型，不断完善文化政策体系；二是如何适应转变经济发展方式的要求，通过政策导向把文化产业培育为经济支柱产业，以文化促进社会融合，实现文化的经济价值。这种调整契合了新的历史语境下文化发展的新趋势新特点，保证了中央政府始终掌握国家文化安全和产业发展的主动权；同时，把对国家文化安全的维护纳入一种广阔的、充满活力和竞争的文化产业体系中，在积极的文化竞争中实现国家的战略诉求。

一　战略与文化战略辨析

当今时代，战略已成为一个国家发展中最有活力和决定意义的主题词。处于伟大历史复兴进程拐点的中国正处在这样一个战略时代，这是一个全球化语境中文化思潮空前激荡的时代，也是一个国家文化战略博弈不断加剧的时代。面对复杂的国际国内形势的纷纭变换，中国的崛起不能缺失国家文化战略的支撑。

所谓国家战略是指一个国家总体性的根本战略，它广泛涉及一个国家的政治、经济、军事、外交、文化、科技、教育等诸多领域，是一定时期内国家战略利益的现实反映，是一个国家根据当前国内外形势与发展格局变化做出的一种战略选择，在不同的发展阶段，国家战略会以某种具体形态方式来凸显战略利益诉求。国家战略，不仅事关全局，还具有整体性和前瞻性。随着文化的地位和作用的全球凸显，文化发展进入国家战略视野，文化战略成为国家战略系统中的一个重要构成部分。在全球化时代，"文化战略"更多地指涉着文化间的竞争策略。所谓文化战略是一个国家在全球化语境下，从文化视角对本国发展与世界战略的一种长远考虑和谋划，集中反映了一个国家的文化意志和对于世界的文化意图；是国家和民族在文化竞争、博弈日益激烈的语境下，为强化民族文化认同、增强凝聚力和有效价值传播及其文化形象建构，所主动采取或实施的一种具有战略性意义的立场或者国家行为。文化战略的制定要有效协调国家硬实力和软实力的均衡发展，"一个国家的国家潜力取决于该国现有的政治、经济和军事能力的总量、相关性、效果、不可抵抗性和持久性，取决于可用于加强和扩大这些能力的人力、自然资源的数量和质量"①，更取决于该国的文化能力。中国文化战略的实质是提升国家的"软实力"，旨在形成与中国经济崛起相当的影响世界文化增长的力量，在使世界尊重五千年中华文化的同时，更要尊重当代中国文化发展的态度，倾听其声音，建构当代中国的国家形象。当下，发展文化产业成为全球化时代日益凸显的国家文化战略命题。美国战略学家约翰·柯林斯在《大战略》中指出：所谓大战略"是在各种情况下运用国家力量的一门艺术和科学，以便通过威胁、物力、间接压力、外交、诡计以及其他可以想到的手段，对敌方实施所需要的各种程度和各种样式的控制，以实现国家安全的利益和目标"②。因文化战略融入国家战略体系，使文化发展被赋予更多的内涵和价值，从而引发全球性文化竞争下的秩序重构。而文化竞争越发不能脱离文化产业这种主导方式和形态，因此，文化产业的竞争和博弈就成为文化战略的重要内容和领域。一定意义上，文化产业发展的现代化程度成为衡量大国文化地位和国际文化影响力的重要标志。

从国际视野看，无论是"文化例外"的提出，还是《保护文化及其艺术表现形式多样化的国际公约》的宣言，都离不开文化产业的背景。正是基于保护文化产业发展和最低市场份额，使文化保护的国际公约有了实质性内容，而不再空洞和抽象。后冷战时代，一些西方国家把向发展中国家输出文化价值观视作实现其外部利益的一种国家战略，向全球倾销文化产品，成为国家战略利益的延伸，"文化热战"开始升温。文化产业发展作为一种国家战略形态和国家意志的体现，在其经济利益背后关乎着国家文化安全和文化主权。20世纪90年代以来的美国历届政府都把文化问题纳入《美国国家安全战略》框架中，在全球范围内，从推行美国的价值观和文化贸易自由化两个层面实施其文化战略。全球化语境下，文化产业不仅体现国家的文化利益，还包含重大的国家政治和经济利益与国家安全利益，文化产业的竞争，说到底是一国文化实力的竞争，文化产业之间的竞争本质上是不同于文化体系的博弈。因此，制定和实施怎样的文化产业战略与文化产业的空间布局，就不单是战略取舍问题，还关涉国家战略的价值诉求，以及核心竞争力的培育。

在国家"五位一体"的现代化事业总体布局中，发展文化产业的价

---

① 傅立民：《论实力——治国方略与外交艺术》，清华大学出版社2004年版，第15页。

② ［美］约翰·柯林斯：《大战略》，中国人民解放军军事科学院1978年版，第412页。

值，在于它不仅构成国家文化战略的重要内容，还为国家"软实力"的提升提供有效路径和载体，以及由此在全球化舞台上形成民族生活方式和价值观传播的竞争体系。在此进程中，中国文化产业要发展出维护国家文化安全的能力和实力，能有效地配合国家经济、政治、军事战略的实施，成为中华民族伟大复兴的积极支撑力量。文化发展不仅在民族凝聚力和国家认同上关乎国家安全，在价值观的建构上是民族的血脉和精神家园，还是综合国力的重要标志；就经济价值而言，发展文化产业之于当下的中国，不仅是克服和消除"经济结构战略性调整中的结构性矛盾和体制性障碍"的重要政策选择，还是拉动内需、落实大众文化权益和转变经济发展方式的生力军。文化产业发展战略是国家战略的核心内容之一，是国家文化战略的落地生根和操作性实践。随着社会文明程度的提高，人们越来越认识到，物质财富的增加、GDP 的增长，并不是社会发展的终极目标，文化发展才是人类社会更深层次、更高境界的追求。说到底，发展最终要以文化、文明来定义，发展竞争的背后是文化的竞争，文化的繁荣是发展的最高目标。文化价值在国家战略层面被重新估量，文化繁荣被理解为社会全面均衡发展的重要基础。文化的繁荣是一个国家在世界上真正崛起的标志，是一个国家融入国际主流社会，其文化和价值观被普遍认可的标志，是一个国家已经形成并具有核心竞争力的标志。

二　文化产业发展战略出场的历史语境

伴随全球化进程的日益深入，文化及文化产业成为理解全球化的一个基本维度。一些发达国家如美国率先提出"文化走向国家发展政策的中心"，发展应放在人类整个文明/文化框架内来考虑，发展最终可以用文化来解释或用文化概念来界定的观点逐渐获得广泛共识。就当下历史语境而言，发展文化产业已经成为各级政府、社会舆论的普遍共识，文化产业成为吸引人才、技术、资金等经济要素的最具活力的领域，民间对文化产业投资有着强烈的冲动，可以说文化产业迎来了大发展的重要机遇期。

从全球视野来看，发展文化产业是 21 世纪的时代命题。未来世界的竞争将是文化生产力的竞争，随着文化的地位和作用的全球凸显，文化领域的扩张和反扩张、渗透和反渗透作为国际政治经济竞争的内容之一，大多是经由文化产业实现的。文化产业越来越成为全球政治、经济、文化战略格局重组、各种力量博弈的一条中轴线。特别是金融危机期间文化产业的逆势飘红，深化了人们对文化产业特殊性的认知，文化产业发展日益受到发达国家及其政要的倚重，纷纷出台政策，甚至提出"文化立国"战略，引导和推动文化产业发展。可以说，文化产业已成为许多发达国家的支柱产业。当前，美国、英国、德国、日本、韩国等文化产业发达国家，正引领国际经济贸易、产业结构升级以及文化思潮的全球流动，占据国际经济、文化、政治等重要而有利的位置，制约着发展中国家国际地位与作用的提升。

从国内来看，随着社会主义市场经济体制的不断完善，中央赋予文化产业越来越重要的地位和使命，文化产业发展被纳入经济社会发展总体规划，纳入科学发展考核评价体系，摆在党和政府全局工作重要位置，加快发展文化产业已成为各级党委政府的广泛共识，文化产业发展的组织保障和政策措施都很给力。党的十八大报告指出：以科学发展为主题，以加快转变经济发展方式为主线，是关系我国发展全局的战略抉择。文化产业代表先进生产力，承担着参与经济结构调整和转变发展方式的历史性使命，必须保持快速增长的基本态势。从理论上讲，加快转变经济发展方式要解决三个问题：一是推动产业升级解决我国在全球产业分工处于中低端的困境。中国作为世界加工厂处于全球产业链和价值链的中低端，根本原因在于原创能力不强、文化创意创新不足，许多基础性、原理性问题没有解决。只有通过科技创新、文化创新和创意，解决关键共性重大技术问题和开发重大技术装备，形成新的技术体系，推动创新链和产业链互动，提升产业附加值，形成优势产业集群，才能实现从"中国制造"走向"中国创造"。二是发展战略性新兴产业，包括新能源、大数据库及其人工智能机器人，以及数字化技术引领下的新兴文化产业，通过创新驱动深度融入国际产业分工体系，向中高端产业链趋近。三是解决可持续发展的瓶颈问题。当前我国正处于加快工业化、城镇化进程的阶段，资源环境的压力巨大，必须走新型文明发展道路，避免坠入高投入、高能耗、高污染的陷阱，通过文化价值的融入、新兴产业的发展来实现"美丽中国"的诉求。在此过程中，拉动有效消费需求，是促使经济转型的必由之路。

我国之所以在相当长一个时期没有把文化产业发展放在国家战略视野中，主要是对文化的理解局限在意识形态功能上，对于文化内涵的丰富性和多重属性以及发展方式的多样性缺乏科学完整的认识，狭隘的文化观制约了人的观念。文化产业发展水平的不平衡，一方面是各种现实力量和历史运动的结果，一方面是思想观念在文化产业发展问题上先进程度的差异。当前文化产业规划中存在的突出问题是，不能在一个开放的视野和宽领域思考文化产业与本地区国民经济和社会发展的关系，而局限于本地区和本系统范围内的既得利益，这是制约文化体制改革深化的最大障碍。视野的开阔取决于观念的更新和思想解放的程度，取决于开放性的胸襟，否则指导思想的封闭狭隘就会导致地方和部门保护主义，会对文化产业的认知流于肤浅，从而错失发展机遇。"当文化产业的出现以一种全新的文化方式打破了原有的生产力所构成的社会生产力结构，并且日益表现出它在这个变化过程中的不可抗拒的作用的时候，即没有它现代社会生产力的进步就会失去它的前进动力的时候，文化产业的发展就成为社会生产力进步的一种动力项和现代国力形态的重要存在，被置于社会发展的重要位置，列入国家的发展战略。"① 可以说，文化生产力作为社会生产力结构的重要组成部分，表现了文化产业以全新的文化方式打破原有的生产力所构成的社会生产力结构，日益呈现出不可抗拒的发展趋势，文化产业成为社会生产力进步的一种驱动力和现代国力形态的重要存在，从而由边缘化的社会存在走向社会发展中心，进入国家战略视野。就此而言，我们需要不断缩小与国际上对文化产业认知的差距，在文化观念上进一步解放思想。

文化产业是文化发展到现代工业文明阶段涌现的一种全新的文化生产方式和发展形态，是契合文化社会化大生产与消费产生的新的业态和生成方式。文化，作为日益强大的产业，已成为发达国家国民经济的重要支柱性产业。文化产业作为世界经济中最具活力的经济部门，具有创造财富、扩大就业和增加出口收益的潜力，同时有利于促进社会包容、文化多样性和人类社会的良性发展，有利于提升城市形象和知名度，是发展中国家新的选择路径，有利于经济发展模式的调整和增长方式朝着内生驱动型转变。今天，发展文化产业已不仅是满足经济文化建设的需要，更是对一种新的战略资源的掌握，是对战略市场的一种争夺，对一种新的文化存在的主导权的争夺，发展文化产业已成为培育和形成新的国家力量的战略需求。这在发展文化产业和国家整体利益之间建立了一种逻辑关系：文化产业的发展将影响国家战略利益全局。在发展中不能缺失全球视野的世界参照系，否则就无法选择自己在世界文化产业发展格局中的战略定位和在本国国民经济和社会发展中的战略定位。因此，必须全面领会中央提出的积极推动文化产业成为国民经济的支柱性产业的多维意义，充分发挥文化产业的多重溢出效应。对文化产业的深刻理解和定位，必须放在"文化强国"战略视野中进行。

三　中国文化产业发展战略定位的思考

当前中国文化产业已步入初级发展阶段，正处于新的战略性成长周

---

① 胡惠林：《中国国家文化安全论》，上海人民出版社 2011 年版，第 159 页。

期，如何把握历史机遇，根据文化产业发展实际和建立创新型国家的总体战略要求，基于文化产业发展的态势和国内外环境，制定恰当的文化产业发展战略，对于深度参与全球文化产业竞争的中国文化产业具有特别重要的意义和价值。

对文化产业上升到国家战略的前理解：当今社会，人类文明和文化的发展与传播，已经到了不能脱离文化产业这样具体的文化存在方式去抽象地谈论文化繁荣与发展的历史新阶段。文化产业作为现代文化生产和传播的载体，不仅一般地改变了人类社会的生产力结构，还深刻地改变了人们的精神存在方式，改变了整个现代社会精神世界的空间结构，具有物质创造所不具有的一种深刻结构和建构人与社会一切文化关系的无形力量。正是这种力量悄然改变了国家间文化和精神空间的原有格局，影响和改变了人、社会与国家发展的走向与秩序建构。一定意义上，文化产业不仅成为当前国家现代化发达程度的重要尺度，还是理解社会文化结构变迁的重要视角。它不仅使时间和空间作为阻隔文化传播的因素失去意义，而且使零时空跨越成为现代文化传播的战略性资源力量，这就决定了发展文化产业不是一般地满足社会的文化消费需求，也不是单纯地成为文化经济的新形态和驱动经济发展的新引擎，而是一种对新的战略资源的掌握，和迈向更高文明程度的驱动力。这在发展理念上是一种突破，即文化是社会经济发展的一种重要资源，文化产业正是对这种资源的主要掌握方式。

文化的地位和作用的全球凸显愈发显现出，文化产业发展战略和国家发展道路、国家战略密切关联，某种程度上说，一个国家和地区选择什么样的政策和战略发展文化产业，往往关乎国家发展道路和发展模式的战略选择（这是中央一再强调社会主义核心价值观的贯彻和弘扬的原因），这不难理解文化产业为何已成为国际政治博弈的"焦点"。因为文化产业日益作为一种重要的国家战略力量，被推到了世界经济、政治、文化竞争的前沿，成为国家"软实力"提升的核心载体。在全球化背景下，任何精神文化力量的传播不借助文化产业都难以达到目的。不仅如此，文化产业在全球化时代成为意识形态传播的基础，而且还进一步强化了意识形态的时效性和影响的广延性（如美国的电视剧《豪门恩怨》在非洲热播，以及近年来中国电视剧《媳妇的美好时代》对于沟通增进中非文化互信都是最好的生动例证），同时，文化产业的发展还加强了意识形态传播的隐蔽性，在一种悄无声息中输入了价值观和生活方式。从文化产业发展的宏观视野看：文化观念和发展逻辑变化的背后体现了文化领导权的变更。从文化逻辑上讲，马克思的艺术生产理论深刻阐释了资本主义条件下（市场经济）文化生产的特征和趋势；法兰克福学派对大众文化（文化工业）的批判，作为美学政治批判，预示着文化逻辑的变更和文化领导权转变的可能。作为美国本土的地道的大众文化随着资产阶级经济领导权、政治领导权的相继获得，不断觊觎并最终掌握文化领导权，特别是以经济搭桥和作为后盾（建立当代艺术博物馆和参与策划世界艺术展、进入大学校园和文化理论阐释等）率先掌握了"当代艺术"的领导权。这些作为文化产业发展的理论基础，丰富了其作为一个门类的产业群概念，其现实性基础是，随着资本主义的崛起和民族国家的建立，文化在分化中随着市场经济逐渐发展起来，并不存在"天命性"的事业与产业之分，只是有着现实考量的营利与非营利之别。只有当人们深刻认识到文化的经济价值和创造财富的能力与冲动，改善区域性经济发展状况，并带动就业和激发城市发展活力时，文化产业才会作为一门产业，受到国家经济政策的鼓励。伴随资本主义国家步入消费社会，在文化发展上呈现出诸多后现代特点，尤其在金融危机中逆势上扬的"反经济周期"特点，使人们对文化产业有了新的认知，在走出危机阴影和实现产业升级中，文化产业发挥了特殊作用，使人们意识到文化产业作为拉动新经济可能发挥的引擎功能，而纷纷通过政策调整使之上升为新兴战略产业。文化观念和文化逻辑变更的直接后果——使美国从一个没有"文化"（高雅文化）的国家，成为国际文化市场上的"教父"（大众文化）。所谓美国文化、美国精神以及由此形成的文化霸权，正是美国以版权产业为核心的文化产业以无可比拟的竞争力在全球市场的胜出，并以其强势的霸权实力重构了国际文化秩序。美国战略学家约瑟夫·奈在《软实力：世界政治成功之道》中指出：大众文化不乏浅薄和追求时髦的因素，但一个支配着大众交往渠道的国家有着更多的机会传递自己的信息，影响其他国家的倾向，却是不争的事实。在全球化舞台上，只有提升中华民族文化的位态，使之成为影响全球化进程的几种文化主导形态中的一元时，中国才能成为名副其实的文化大国。有学者指出："中国文化输出将使得中国现代经验逐渐成为世界经验，中国文化的世界化将使得东西方共同形成'世界新秩序'，不仅能优化全球性的资源配置，而且还将取代以前的民族国家体制中的话语运作结构。"[1] 中国要成为一个对国际事务负责任的大国，不仅在经济、政治上，而且在文化上，都要担负起相应的责任，积极有效地参与世界战略格局的重组。"文化大国战略的目标，是实现与经济增长同步的发展，拥有与经济增长同样的影响世界文化增长的力量。在让世界尊

---

[1]　王岳川：《在文化创新中建立强国文化战略》，《探索与争鸣》2012 年第 6 期。

重五千年中华文化的同时，也要尊重并倾听当今中国文化发展的态度和声音，使文化成为中国和平崛起为一个负责任大国进程中的重要力量和重要标志。"① 可见，中国要实现和平崛起的战略目标，就不能缺失文化产业在国内和国际市场上的战略崛起，否则就难以发挥中国文化在世界的影响力和渗透力和辐射力。所谓话语权的增强和提升就更无从谈起。就中国而言，实现民族复兴的伟大目标，最大的可能是经由基于国家"硬实力"基础上的"软实力"提升的方式实现。因此，"文化强国"战略的目标是多向度的，战略价值是多维的，只有"软实力"与"硬实力"相匹配，才能真正发挥作为世界大国的影响力！

因此，对"中国文化产业发展战略"定位的理解：仅仅放在国家经济战略（新兴战略性产业）层面、文化战略（文化强国）层面和政策调整中心去理解，这些还不够，还要在视野上往后退，以便获得一个可以回望的历史基点。基于当前全球化日益深化的视野，在全球几大文明愈发交融和相互跃升并趋向太空文明的语境下，文化和文化产业发展必须放在文明之间的竞争博弈的高度来理解和领悟。在党的文化自觉中，文化不仅是推动社会发展的重要手段，更是社会文明进步的重要目标。这种文化认知把文化建设置于"五位一体"的现代化事业格局中，提到"文化强国"的战略高度，更是把文化发展上升到引领文明进步的世界高度。文化发展旨在激发全民族的文化活力、文化创造力和想象力，焕发全民族的文化激情，文化建设需要各领域、各民族和每个人都要参与其中，以全民族文化素质和文化意识的提升释放实现伟大复兴的能量，这样的文化观念才能担负起建设文化强国的使命！处于伟大历史复兴中的中国，应站在人类思想的制高点上思考人类的未来，文化创新和超越应成为正在来临的文化时代的人类精神坐标。同时，对文化产业发展战略定位的理解还要往前移，以便使其获得现实操作的基点，能够有效落地，实实在在地担负起全面提升国家文化整体实力和综合竞争力的责任。聚焦一点，就是文化产业要支撑起大幅度提升中国文化软实力，建构中国国际话语权的重任！

当下，需要合力打造提升大国文化影响力和国际话语权的基础和平台，作为世界大国崛起和实现伟大民族复兴的前提。就此而言，中国文化产业发展战略必然是国家战略的核心内容之一。无疑，作为遥遥领先的美国文化产业是我们强有力的竞争者，以"新赶超战略"后来居上的日、韩是我们的参照系。如何与美国的霸权话语进行沟通和对话？如何借助国

---

① 胡惠林：《中国国家文化安全论》，上海人民出版社 2011 年版，第 12 页。

际经验依托后发优势实现"弯道超车"？使文化产业发展方式的跨越性与文化内容的积累和价值的传承与弘扬相协调？可以说，中国的经济崛起改写了"现代性"的原初内涵，使之成为复数结构。当前，中国文化复兴引领的中国的崛起正在改写人类历史。中国式现代性证明：在经济发展方式、文化观、价值观、道德观和体制性等方面，中国都植根于自己悠久的历史文化和现代性的创新文化。大国形象需要文化建构、阐释、传播和展示，并在全球战略格局和秩序重构中发挥文化影响力和涵摄力。遗憾的是，中国经济的崛起并未带来与之相匹配的文化复兴，民族文化还不是居于全球的高位态，国家的文化形象还模糊不清。日本的动漫、韩国的"韩流"都是文化产业支撑下的国家文化形象输出的载体，在其背后都有国家战略意义上的有意为之！日本、韩国、新加坡的"文化立国"战略是以文化创意产业为核心的国家战略，是整合国家与全民族力量的合力推动。中国文化产业发展在战略层面势必关乎：中国文化产业"走出去"的真正使命和价值是什么？什么是当代中国在全球的文化身份和地位？中国文化可以为世界文明做什么贡献？作为最具中国文化精神的"和谐"文化理念如何成为世界发展的主导词之一？何为中国文化"走出去"的价值祈向？什么是我们普遍认同的核心价值观——文化自强的标志，文化强国必然有自己的核心价值观——对内广泛民族认同，对外普遍认可和展示清晰的国家形象。如何摆脱时代的文化困境（在西化思潮强势压境下成功突围）走向文化发展的盛景？首先是对内增强民族文化的凝聚力；其次是拓展文化的传播力和辐射性。其前提是警惕中国文化核心价值虚无化，以及文化发展的空心化现象。正如有学者指出的："如果中国没有找出一种代表性的文化编码，西方就会丧失对中国文化身份的识别和差异性文化价值区分。""内部的虚空与外部的游移不定是中国最大的文化安全问题。"① 一定意义上，在中国的文化发展甚至文化产业发展中都弥漫着一种焦虑感和紧迫感。政府正在通过政策创新和理论突破进行文化价值重构，试图突破西方强势文化的合围。其实，通过历史的今昔对照，不难发现韩、日自大的"岛国心态"背后是对西方文化的依傍。对此，有学者提出：亟须重建"汉字文化圈"的文化感召力和辐射度②，问题是沉湎于过去显然无效。在历史的螺旋式上升中，我们必须坚定地建设现代化强国，但不是西方化，更不是回到前现代的某个"时空"，而是在文化交汇

---

① 王岳川：《在文化创新中建立强国文化战略》，《探索与争鸣》2012 年第 6 期。

② 同上。

融合中实现文明程度的跃升。中国文化战略的价值祈向应成为对西方单边主义、霸权主义文化的纠偏和启示，是守护自身文化立场和文化自主发展的典范。"中国崛起将不再是中国越来越像西方，而可能是西方世界开始吸收中国经验和智慧。一个明智的领导集团在中国威胁论、中国崩溃论的噪音中，应该有魄力和眼光来参与调整世界文明进程。"① 有着五千年文明史的中国，应自觉担当起文明跃升的领跑者的角色。文化产业竞争的结果表明，产业链的高端不仅是经济效益的高利润区，同时也占据了主导文化影响力的制高点。只要中国的文化产业能够融入世界文化经济体系中，成为国际文化产业分工体系的有效组成部分，并不断向中高端产业趋近，就没有国家能够封堵和阻遏中国文化力量的增长，就能够有效提升中国的国际话语权。

四 文化产业发展战略的理念、原则和目标

各种历史机缘使发展文化产业上升到国家战略高度，在国家战略视野中规划产业布局，不能为了眼前利益牺牲质量和效益。要在国家层面做到胸有全局、全国一盘棋，不断提升宏观调控的能力和政策引导的水平，不断建立健全现代文化市场体系，不能固守地方和行业利益，分割市场、各自为政、恶性竞争。因此，文化产业发展战略在指导思想上必须明确国家的战略主体地位，中央政府不能缺位，要体现鲜明的国家意志和政策主导方向，还要充分调动战略实施主体的积极性，发挥地方政府、企业和民间以及个人的主动性、创造性，尊重其首创精神和创造成果。在产业发展的政策导向上，不能单纯考虑经济效益，还要考虑其对意识形态、社会思潮、风俗习惯、道德水平、价值观念以及艺术卓越性追求等方面的影响，在推动文化产业发展的同时，确保文化产品内容的健康积极——符合主流价值观和社会道德标准；同时，在产业布局上要形成社会合力、凸显不同省市的主导行业优势，通过差异化竞争重构文化产业地形图，在统一的广阔的国内市场化程度提高的基础上形成"拳头"产品；在文化市场的结构布局上，文化产品的生产和服务要兼顾大众需求和小众趣味，谨防为了小众丢了大众，甚至有损害大多数人消费权益事件的发生，既考虑消费者当前的感受和产品生产者眼前的利益，更要考虑文化产品长期的社会影响。因此，文化产业战略的制定要符合长远利益，融入前瞻性的综合判断，也要提出现实可行的量化目标，通过科学评估激励文化产业发展。

---

① 王岳川：《在文化创新中建立强国文化战略》，《探索与争鸣》2012 年第 6 期。

说到底，文化产业是一个产业群的概念，不仅是文化现象和经济现象，还是政治现象和社会现象，对文化产业的研究必须要有"学科群"的支持。文化产业发展战略的制定必须服从并服务于所处的制度环境，必须与所处的制度环境相吻合。文化产业战略规划必须遵循文化生产力主导原则、差别化发展原则、产业结构优化原则和与社会发展相协调原则，不断完善文化产业发展体系，夯实产业根基，筑牢支撑体系。只有建立在充分发挥自己的文化比较优势上，才能实现文化软实力的提升。在深度融入现代世界国际产业分工体系的过程中，积极参与现代国际文化秩序的重组，并在这个过程中实现中国文化产业体系的全面创新，这是中国文化产业发展的价值取向。此外，相对于一般产业的发展战略，它还要遵循一些特殊原则。

第一，体现正确导向的原则，不能逾越主流价值和社会道德底线。

第二，社会效益优先，社会效益和经济效益相统一的原则。对国家倡导的具有较好社会效益和较高文化内涵的产品进行奖励；完善内容监管细则，对文化产品的内容进行审查，对不良文化产品及其市场乱象进行规制；不断完善企业违法行为处罚、退出机制。

第三，民族优秀文化遗产及其少数民族文化生态保护的原则，通过政策调节，鼓励和引导文化企业深入挖掘、积极弘扬、自觉传承优秀的民族文化。

第四，维护国家文化安全的原则，牢牢掌握文化领导权，把握社会舆论导向。

第五，扩大本国文化影响力的原则，建构积极有为、刚健清新、包容和谐的中华民族的国际形象，提升中华文化的国际话语权。

从文化战略诉求来看，文化产业发展战略要有利于推进文化产业结构调整，这对于提高文化产业发展质量和效益，促进文化产业又好又快发展具有决定性意义；要有利于转变文化产业自身的发展方式，通过鼓励文化产业的集约化发展，通过加快培育骨干文化企业，发挥辐射、带动、示范作用，以及通过文化产业园区内的知识和技术共享，发挥孵化功能，促使中小企业的产业集聚，形成具有影响力的特色产业集群；要有利于推动文化产业管理体制机制创新——大部门制的管理方式，新的管理体制的建构和完善具有解放文化生产力和重建文化生产关系的重要价值；要有利于发挥政策的引导作用，文化产业政策的制定既要遵循产业发展的一般规律，也要考虑产业自身的特殊性，既要立足于本国经济与社会发展的客观实际，又要符合世界文化产业的发展趋势。在文化产业政策目标的制定上，要协调好文化产业政策主体、文化产业政策客体、文化产业政策实施手段三者之间的关系，形成有效的文化产业政策实施机制。因此，为实现文化产业发展战略的价值诉求，必须在文化产业发展战略中融入必要的文化理念：应确立文化发展是社会政治经济发展的最终目的的理念，用文化去评价整个社会的进步；应确立文化竞争力是国家核心竞争力的理念，把文化的大发展大繁荣上升为国家战略；应确立文化可以创造永久性财富的理念，推动我国的文化积淀、文化资源和文化创意转化为更多财富；确立文化是重要的无形资产的理念，使文化和文化创意发挥比货币资本更大的渗透力；确立文化具有独特规律的理念，不能像搞运动和发展制造业那样去发展文化产业；确立大力发展文化贸易是优化贸易结构战略的理念，加快转变文化的贸易增长方式；确立文化发展是推动产业升级的理念，用文化产业的大发展带动现代服务业的发展；明确文化产业的发展必须是开放的、国际性的，需要不断提高开放度；明确文化产业是一个产业群的概念，需要大部门制的管理体制；更要明白文化产业是当今时代文化传承、发展、生成的主导方式的理念，其核心是价值观的传播和弘扬。文化建设不只是因推动文化产业跨越式发展而成为我国新的经济增长点，更在于构建现代文化生产方式并实现文化内容生产的现代化。

发展文化产业不但是传播和弘扬社会主义核心价值有效路径和载体，还是以文化的现代价值体系重构推进整个社会的现代化进程，促进科技文明与民主文明的同步发展，促进中华传统文化精神的复兴与道德体系的重构，使中华文化在新的历史语境下，重新实现说法与活法的统一。文化产业发展的逻辑起点是经济活动，是经济事件，其最终的归宿点则是文化价值，是文化事件。文化产业发展的重心是问道文化发展，提升全民族的文化素养，而非单纯的产业——经济效益的追逐。因此，不能狭隘地把文化产业的发展集中在一般经济学意义上的投入产出上，以 GDP 为衡量标准，以经济发展的指标要求制定文化产业发展战略，而是必须赋予投入和产出新的内涵和价值，以多维价值建设为导向，以复合的文明发展指标为衡量标准，明白文化产业是当代文化发展的主导形态，以契合市场经济的方式发展文化产业，旨在利用市场的活力解放文化生产力，来满足人们多样性的精神文化消费需求。应确立以文化消费为主导来驱动文化产业发展这一基本战略准则，并以此来选择和制定中国文化产业发展战略的方向和道路。文化产业具有改变现存文化秩序与建构精神世界的价值与功能，因此，当文化产业发展的成熟度及其在国家国民经济和社会发展所处地位以及所发挥的作用与影响的程度，将直接构成一个国家国民文化精神和国家文化形象关键要素时，文化产业的现代发展就具有了战略意义和战略价值，从而具有战略资源价值。开发这种战略资源、控制这种战略资源并且在全球垄断这种战略资源就成为国际战略竞争的重要内容。

党的十八大报告首次提出了提高文化产业的规模化、集约化、专业化的要求，表明文化产业发展不能走粗放式追求 GDP 的老路，体现了中央政府对文化产业发展趋势和模式的新认识。规模化指在规模上做大，重在"强身健骨"即文化产业要有一些跨区域、跨行业、跨所有制、跨国界、以多种技术手段为支撑的大型骨干企业，鼓励通过兼并重组形成核心竞争力；集约化是指做强，重在"强筋活血"即通过提高发展质量与效率，增加科技含量、自主创新能力、知识产权含量来提高产业的集中度和生产效率；专业化意味着在专业上做专做特做精，通过政策扶持和资金支持使中小文化企业活力四射，提高专业化水平，进而推动产品和服务创新，在细节上见精神。就近期目标而言，文化产业发展战略的目标是清晰的，那就是在"十三五"末把文化产业培育成为国民经济支柱性产业。文化产业成为国民经济支柱性产业有多项指标，既有定量的数据支撑，也要有定性的人文尺度的评估。文化产业增加值占 GDP 5% 仅是作为支柱产业的一项经济指标，成为支柱产业不单是量的增长，而且是质量和效益的提升，它具有多重意义和价值。[①] 支柱产业不单是规模和数量的扩张，更是质量和效益的提升，以及经济发展水平和现代化程度的提高，是文化影响力和国家软实力的提升。

当前文化产业发展进入拐点和新的发展周期，即从"政策红利期（政策效应开始减退）"走向"制度红利期（制度建构文化立法愈发迫切）"，必须把握当前产业发展所面临的内外部机遇。基于中国现实，文化产业应采取在先进理念引导、夯实产业发展根基、保护文化传统基础上实现"弯道超车"的跨越式发展战略。具体说，只有在国家战略高度上对内容产业发展实施强力推动和政策引导，才能抓住文化产业发展的实质；文化产业走出去的核心问题是文化价值的传播和相互沟通，由对中国文化的了解到认可及至认同；所谓"文化强国"不仅指通过发展文化产业强经济，更是强文化，使经济发展融入文化品格，推动经济的可持续发展，以文化和经济的相互融合促进社会主义现代化强国建设。

---

① 范玉刚：《文化产业价值新论》，《探索与争鸣》2013 年第 3 期。

第二章 文化产业发展的时代特征及其价值论分析

21世纪以来，国际文化贸易在服务贸易中的比重不断提升，已经影响到了国际贸易结构和世界文化产业力量的重组。特别是金融危机后全球经济结构的战略性调整中文化产业的比重日益增大，文化产业大国正向文化产业强国迈进，美国的文化霸权正在影响世界文化力量结构的变动，主导着世界文化的发展和国际文化秩序的重组。在文化产业的国际竞争中，关于文化市场准入和国际贸易规则与自由化问题，越来越成为竞争的焦点，在美国新自由主义全球化的碾压下，各民族文化产业不断受到挤压，世界文化市场将出现被少数文化产业强国垄断的格局，文化资源、市场、标准、人才都成为重要的战略资源。这是中国文化产业发展面临的国际形势及其时代特征，而就国内而言，随着全社会对文化产业认知的深化，文化产业发展已进入国家战略视野。

第一节 中国文化产业发展现状及其特征分析

文化产业是新兴产业、朝阳产业。各级政府发展文化产业的自觉性和主动性出现爆发式高涨，各类企业和个人投资文化产业的冲动出现集中性增长。但理念上的重视和现实的政策激励并不代表文化产业就能自觉进入理性健康有序的发展阶段。虽然文化产业发展不断壮大，开始融入国民经济的大循环，近年来还有许多可圈可点的事件，如文化体制改革的阶段性完满收官、文化企业30强、中国文化产业年度人物等①，某些贺岁电影如

---

① 2012年11月6日，由光明日报和中国建行联合主办的2012年"中国文化产业年度人物"推选活动启动，其标准既注重人物的影响力、创新力和推动力，也凸显了文化产业的特殊性——社会效益放在首位、社会效益和经济效益相统一。其标准：在中国文化产业发展中，具有引领作用的标志性人物，具有广泛的影响力和关注度；传承中华民族优秀文（转下页）

《人再囧途之泰囧》（票房 13 亿）的火爆，并购潮的风起云涌，等等。但与相关媒体的报道和大众的社会期待不同，在经济新常态背景下文化产业发展仍有一些隐忧，有值得反思与警醒的地方！

一　经济新常态背景下的文化产业发展现状分析

在长达十年之久的政策驱动和激励下，文化产业已取得长足的发展，但不论是文化产业发展形态，还是产业规模与效益，都严重滞后于国际文化产业发展实际，尤其是集约化程度不高、低水平的供求关系、制度运行的高成本和低效率，以及长期路径依赖的束缚，导致传统文化产业结构比重过大，组织结构、产业发展布局不合理，非对称性的结构性矛盾相当突出。伴随政策积极效应（红利）的减退，文化产业发展与期望成为国民经济支柱性产业尚有较大距离。

1. 经济新常态的时代语境

2014 年年末，中央经济工作会议提出："认识新常态，适应新常态，引领新常态，是当前和今后一个时期我国经济发展的大逻辑。"[1]中央经济会议定位的"新常态"是指：经济正向形态更高级、分工更复杂、结构更合理的阶段演化，从高速增长转向中高速增长，从规模速度型粗放增长转向质量效率型集约增长，从产业低中端走向中高端。就是说，我国经济发展正从高速增长转向中高速增长，经济发展方式正从规模速度型的粗放增长转向质量效率型的集约增长，经济结构正从增量扩能为主转向调节存量、做优增量并存的深度调整，经济发展动力正从传统增长点转向新的增长点。可见，经济新常态是相对旧常态而言——高投资、高增长的发展模式，在海量资源投入支撑下实现 10% 左右的高速增长。新常态作为中国经济未来一段时间的基本态势，有两个基本点：一是由原先的高速增长变为中高速甚至中速增长；二是在产业结构调整中逐步实现优化，伴随传统产业下滑新兴产业会高速增长，从而迈向产业链的中高端使中国经济运行处于更加合理健康的区间。当下，刺激经济增长的方式不灵了，支持经济增长的驱动力发生了变化。劳动力、资本、生产率三个驱动要素，支撑了

（接上页）化，努力弘扬主流价值观，具有显著的社会效益和经济效益；勇于创新，在资本运作、商业模式、管理理念等方面大胆探索，具有一定的前瞻性；富有社会责任感，积极推动社会文明和进步，努力推动中华文化"走出去"；积极推进文化与科技、文化与金融的融合，对中国文化产业具有良好的示范效应。

[1] 《中央经济工作会议：认识、适应、引领新常态是我国经济发展大逻辑》，《新华网》2014年 12 月 11 日。

中国经济 30 多年的高增长已经乏力，不再可能支撑高速增长。问题是面临经济下滑趋势，如何实现经济的中高速或中速增长？高效率的中高速增长需要努力才能争取，并非无所作为就会实现。当传统支柱产业开始大幅下滑时，经济要保持新常态就要有一些新兴产业在转型升级中成为战略性产业，才能确保经济实现中高度增长。也就是说，新常态之下应有升有降，经济发展速度下降了，但经济结构和形态要升级，民生问题要得到保障，文化消费和文化产业发展恰处于上升板块，也是新的增长点。另外，文化产业大多是中小微企业，新常态下新兴产业、服务业、小微企业作用更凸显，生产小型化、智能化、专业化将成为产业组织的新特征，按需组合和按需供给的"订单式"生产是文化产业发展的新趋势，小微文化企业将助力大众创业、万众创新。创新是关键，新兴战略产业的提速唯有通过全面深化改革建立有利于创新和创业的体制，才能保障从粗放增长到集约增长的实现。其核心是建立一个能使市场起决定性作用的、统一开放竞争有序的市场体系，在微观运行领域尽量减少政府的行政干预，那种在政府主导下靠政府扶持让企业成长壮大的日子远去了，企业必须靠市场竞争才能存活。只有实现经济发展方式的转变，才能确立我们所期望的新常态。十八届三中全会要求国有资产管理办法向以管资本为主转变，实现所有者和经营者分离，来提高生产经营效率。虽然文化企业在规模和体量上还不够大，但在理论上也适用于文化企业，它使政府多了一种以管资产的方式管理国有文化企业的路径。文化产业发展离不开经济新常态，如何在经济结构的战略性调整中以自身发展方式的转变契合新常态？从多年来快速增长（23% 以上），到 2012 年降到 16.5% 的增速，2013 年文化产业增速回落到 11.1%，2014 年文化产业增速则是 12.1%，这表明文化产业确实迎来了发展的"拐点"，进入平稳运行的发展周期，保持文化产业有质量的内涵式增长，是文化产业新常态的表征。洞察文化产业发展的新常态特征，就要洞悉现阶段的文化产业发展现状。

2. 文化产业发展现状分析

其一，无论是国有文化企业还是民营文化企业，在数量上增长较快，尤其在新兴产业领域发展势头甚猛。但文化产业结构整体上不合理，大多数地方的文化产业发展模式属于依托资源的粗放式经营，大多处于产业链的中低端，尚未形成真正意义上的形象授权、品牌拓展和价值链延伸的集约式发展，特色文化产业集群化发展正处于培育中，生态科技型文化产业的示范效应开始显现，这与当前各地社会经济发展水平基本吻合。

　　单纯从数量上看，这些年取得了长足的进步。2014 年随着工商注册制度的改革，文化企业实际注册数超过 168 万，当年增加超过 39 万，同比增幅超过 69%。文化产业在整体经济面临下行压力、经济结构调整面临巨大挑战的背景下，依然充满生机和活力。国家统计局依据第三次全国经济普查资料测算，2013 年我国文化及相关产业（文化产业）① 增加值为 21351 亿元人民币，占当年国内生产总值（GDP）的 3.63%。据测算，2013 年文化产业法人单位增加值为 20081 亿元，比上年增加 2010 亿元，增长 11.1%，比同期 GDP 现价增速高 1 个百分点。按行业分，文化制造业增加值 9166 亿元，占总量的 42.9%；文化批发零售业增加值 2146 亿元，占 10.1%；文化服务业增加值 10039 亿元，占 47%。按活动性质分，"文化产品的生产"创造的增加值为 12695 亿元，占 59.5%；"文化相关产品的生产"创造的增加值为 8656 亿元，占 40.5%。在 2013 年的文化产业增加值中，"文化创意和设计服务"创造的增加值为 3495 亿元，占 16.4%。之所以单独"拈出""文化创意和设计服务"门类，是因为"文化创意和设计服务"对提升各行各业的产品和服务品质，增加附加值、塑造品牌、提升市场竞争力有重要意义。2014 年文化产业增加值为 23940 亿元，占 GDP 的比重为 3.76%。从 3.63% 到 3.76%，尽管文化产业占 GDP 的比重的增幅不是太大，但对经济的贡献度还是很大的。经济新常态下，经济下行压力加大，文化产业的增速仍达到 12.1%，比同期 GDP 7.4% 的增长高出 4.7%。目前，已有北京、上海、广东、浙江等 7 个省市的文化产业增加值占 GDP 的比重超过 5%。2013 年北京市文化创意企业法人单位实现收入 1.2 万亿元，连续多年成为仅次于金融业的第二大支柱产业。文化创意产业发展处于蓬勃态势。以演艺业为例，2014 年北京 130 家演出场所共演出 24595 场，票房收入 14.96 亿元，观众 1012.68 万人次。2013 年上海文化产业实现增加值 1387.99 亿元，同比增长 8.1%，增幅高于同期地区生产总值 0.4 个百分点；占地区生产总值的比重达到 6.43%。文化产业已成为上海的支柱性产业，成为"创新驱动发展、经济转型升级"的重要力量。其中，新兴文化产业占比大、增长快。以文化软件服务、广告服务、设计服务为主的文化创意和设计服务实现增加值 521.48 亿元，占文化产业增加值的 37.6%，同比增长 11.6%。

　　截至 2013 年年末，全国国有文化企业共计 12159 家，同比增长

_____

① 指为社会公众提供文化产品和文化相关产品的生产活动的集合。

12%；资产总额22420.2亿元，同比增长23.1%；利润总额1081.2亿元，同比增长23.2%，表明国有文化企业保持了稳健发展态势。在2014年第六届全国"文化企业30强"中，国有或国有控股企业21家，占总数的70%，主营收入和净资产均占入选企业主营收入总和的80%，反映了国有文化企业作为文化产业的主力军，发展活力和市场竞争力进一步增强。

以市场化程度较高的影视剧制作来讲，2012年电影票房达到170.73亿元，中国内地超越日本成为全球第二大电影市场，2013年电影票房达到217.69亿元，2014年电影票房达到296.39亿元，同比增长36.15%，连续十年电影票房增速超过30%，其中国产片票房161.55亿元，占总票房54.51%。2014年票房过亿元影片共计66部，国产片36部；国产片海外收入18.7亿元，同比增长32.25%；观影人次8.3亿，同比增长34.52%。涌现出《智取威虎山》、《归来》、《亲爱的》等优秀影片。2012年电影总产量893部，2013年638部，2014年故事片618部，中国仍是世界第三大电影生产国。电影市场的高票房与增量拓展有很大关系，2014年新增影院1015家，新增银幕5397块，目前总数已达2.36万块。虽然票房不能完全反映电影文化的整体实力和水准，但繁荣电影市场，吸引更多观众观影，提高国产电影份额，在日趋开放的市场竞争中，对提升中国电影的话语主导权和文化软实力有重要意义。2012年电视剧产量506部17703集，国产电视动画395部，22.29万分钟（日本是9万分钟，下降了15%），2013年，全国生产电视剧441部15570集，生产电视动画片358部204732分钟，生产纪录片11000多小时。电视剧生产和图书出版总量稳居世界第一。2012年全国广播影视总收入（含财政补助）3268.79亿元（首次突破3000亿大关），2013年全国广播电视行业总收入达到3737.88亿元。作为文化产业主力军的新闻出版行业2013年的总产值超过2万亿元。

就艺术品市场而言，2012年3月16日，欧洲艺术基金会编写的年度报告《2011年国际艺术市场：艺术品交易25年之观察》指出，2011年中国在全球艺术品市场所占份额达到30%，首次超过多年位居冠军的美国，成为世界最大的艺术品市场。

尽管从数量增长上看成绩斐然，但通过产业和产品结构分析就会发现问题所在，主要是文化品牌影响力和文化贸易方面不尽如人意。

近年来的数量增长主要是缘自增量领域新兴产业发展迅猛，新兴技术对现代文化产业带动的示范效应明显，出版业发展主要以电子出版物的大幅提高为主，数字出版增长很快；影视制作业及其动画产品的产出规模在结构调整中数量有所下降，质量和效益有所提升，开始从"外生性的粗放"增长转向"内生性的内涵"增长，但各行业的结构或对外文化影响力未能显著提升。如国产片的国外销售收入从 2006 年的 26.2 亿元，增长到 2010 年最高的 35.2 亿元，但占电影票房的收入却由 2006 年的 72.9% 降到 34.6%；伴随国内电影市场的一路飙升，国产影片的海外收入却一路下滑，2011 年、2012 年、2013 年中国电影海外票房每年以 50% 左右的速度逐年递减，直到 2014 年止跌，海外票房收入 18.7 亿元。事实上，文化产业作为内容产业，看一个国家的文化影响力高低主要看其在国际市场上的份额，美国电影之所以雄霸全球，就是因其海外票房占到总票房的 70% 以上，正是海外票房带来的文化影响力使其衍生品倾销全球，在赚得钵满盆溢时也有效传播了美国的价值观。而创下中国大陆本土票房奇迹的《泰囧》登陆美国院线，票房表现真的很囧。首日票房只有 9098 美元，总票房不超过 10 万美元。《心花路放》国内票房 12.6 亿，而在美国仅有 77 万美元。2015 年纽约书展，中国作为主宾国，有着庞大的出访团队，在现场举办的作家签赠活动中却门可罗雀，可以说中国作家囧在纽约。相关数据显示，2014 年中国电影文化国际影响力依然较弱，但在观影数量、观影意愿等方面较 2011 年的低点有所提升，表明中国电影文化国际影响力在缓慢增长；同样，在出版业，伴随图书出版数量的扩张，有文化影响力和市场占有率高的图书品种不多，可以说销售与库存图书同等趋势增长，甚至库存增速还高于图书销量增长，增幅较大的一块主要是数字出版。广告经营单位和经营逐年扩张，但广告业的平均经营规模却逐年下降，特别是纸质媒体的报纸、期刊广告下滑幅度很大，电视、广播等的广告增幅也很小，新媒体广告增幅明显。纵览国际文化产业，其发展趋势不是以数量取胜，而以高附加值和文化影响力论英雄，中国文化产业的特点是中间环节大而不强，很多文化企业以资源消耗来博取利润，在劳动力成本拉升的情形下，这种加工复制环节开始转移到产业链低端国家。事实上，产业链的高端不仅是经济效益的高利润区，同时也占据主导文化影响力的文化制高点，国际传媒业巨头往往处于国际分工体系的价值链高端，已超越传统意义上的传媒集团而成为更有影响力和控制力的资本集团，而数字化新媒体技术愈加强化了这一趋势。

从文化贸易来看，中国文化产业出口取得新突破，但文化进出口贸易占总体贸易额的比重仍很低。2013 年我国文化产品进出口达到 274.1

亿美元，其中出口达到 251.3 亿美元，主要以视觉艺术品、新型媒介、印刷品、乐器等为主；文化服务进出口达到 95.6 亿美元，其中出口达到 51.3 亿美元，主要以广告宣传为主。而 2013 年同期货物进出口总额为 4.16 万亿美元，文化产品进出口总额不足总量的 1%；服务进出口总额 5396.4 亿美元，文化服务进出口总额不足总量的 2%。问题的关键是我国出口主要集中在文化制造业和非核心文化服务上，因而文化影响力不强。

近年来，文化"走出去"的质量有所提高，对外影响力不断增大，尤其是内容产业"走出去"的步伐加快。2012 年全国电视节目和服务出口约 4.95 亿美元，其中电视剧、动画片、纪录片、综艺专题等电视节目出口 7455 万美元，影视服务出口 4.2 亿美元。广电产业作为内容生产商，其发展壮大意义非凡。2011 年全年出口文化产品 186.9 亿美元，2012 年文化产品出口呈现快速增长态势，全年文化产品出口额为 217.3 亿美元，同比增长 16.3%。尽管整体文化产品贸易出现顺差，但表征文化产业核心竞争力的版权贸易一直处于逆差状态。2012 年版权贸易比例是 3.3：1，据《2013 年全国新闻出版业基本情况》显示，2013 年全国共引进版权 18167 种，输出版权 10401 种，其中引进图书版权 16625 种，输出图书版权 7305 种，图书版权贸易引进和输出比例为 2.3：1；2014 年输出版权 8733 种，输出与引进比提高至 1：1.6，逆差不断缩小。

从贸易产品结构上看，同质化的产品和表演很普遍，文化出口重点企业主要集中于图书出版、演艺企业和工艺品制造企业，个别动漫企业、视觉艺术品成为新的亮点。其中图书出版所承载的内容主要集中于汉语学习、中医和历史题材，演艺企业的出口产品主要集中于杂技和中国传统故事的歌舞剧、功夫剧，以及历史题材的纪录片。中华传统文化、民族特色文化等文化资源成为吸引国外民众了解和消费中国文化产品的主要因素，现代文化"走出去"不多、影响力不强，尤其是缺少知名的文化品牌，难以形成规模化的授权产业。在文化产品（服务）出口方式中，2011 年以一般贸易方式出口核心文化产品 101 亿美元，比上年增长 40.5%，占我国核心文化产品出口总额的 54.1%。以加工贸易方式出口 71.3 亿美元，占我国核心产品出口总额的 38.1%，其他贸易方式出口占比为 7.8%。以一般贸易方式出口的核心文化产品中，增幅较大的是视听媒介和声像制品；以其他贸易方式出口的核心文化产品中，声像制品、绘画和新型媒介等产品增势明显。大体上看，即使处于顺差的文化服务贸易中，出口也多为初级文化产品，技术含量低；视觉艺术品出口所占文化产品出口比例高，平均超过 70%。由此可见，我国文化对外贸易依然是"制造大国"的角色，离真正实现"创造大国"还有相当的差距。虽然文化产业的规模有了很大提升，但其中文化制造业的比重一直高于内容和传媒产业，导致在文化制造业上是国际出口的顺差国，在版权和品牌收入方面却是逆差国。这种情况直到 2012 年和 2013 年随着文化内容产业所占比重开始超过文化制造业，才开始有所改观。尽管处于文化贸易逆差状态，但也有一些亮点。如 2012 年，中国文化产业最大的一起海外并购案——万达集团以 26 亿美元收购美国第二大院线 AMC 影院公司（被誉为"内地神片"的《泰囧》就在该院线所属的 29 家影院上映），跃升为国际第一大院线，占有全球近 10% 的市场份额，此举成为中国文化企业"走出去"的里程碑。另外，水晶石数字科技公司在伦敦奥运会上的创意视觉表现征服了世界观众，作为 2012 年伦敦奥运会官方数字图像服务供应商，水晶石为伦敦奥运会提供的服务包括场馆设计可视化模拟、宣传推广数字影像制作、体育演示等科普教育传播、开幕式及所有意识的数字内容等。此外，还有完美世界网游公司多年来一直占据网游出口第一的位置，已拓展到全世界 100 多个国家，其海外营业收入占销售总收入的 1/4。近年来，一些国产动画片开始"走出去"，这是我国文化走出去的新突破。文化产业的文化影响力有限的主要原因是没有对外形成一批有影响力的文化品牌，随着内容产业比重的提升，人们越来越认识到文化卖出去比送出去效果好得多，认识到文化影响力是通过文化产品在市场上被实实在在消费实现的，是靠文化贸易数字说话。2014 年 3 月 17 日，国务院发布了《关于加快发展对外文化贸易的意见》，表明文化产业愈加融入国民经济发展的中枢和核心地位，成为转变经济发展方式和提升产品附加值以及改变对外贸易结构的重要支撑，以及提升国家软实力的重要力量。

总体上看，现阶段文化产业发展面临自身转方式即实现产业转型，要逐步提升内容产业的比重，塑造有影响力的文化品牌。首先，政策扶持要从当前的文化产业数量和资源导向，特别是从注重文化制造业的有形思维中转向重视质量和品牌效应。不仅国家政策导向要鲜明，而且政策目标要清晰，通常，一个政策的出台不能有多个目标，目标越有针对性效果就越好。如《功夫传奇》、《时空之旅》都是因为内容的吸引力与技术创新的融合，及其适宜的市场目标定位，才产生了可观的经济效益和广泛的文化影响力。《时空之旅》创造了就地出口（在地文化贸易）创汇新业态，2011 年累计演出 2479 场，票房收入达 2.6 亿，其中 70% 为外汇收入，观众人数 249 万，70% 为外国观众。

其次，政策扶持要有国际视野和世界眼光。以广电产业为例，现在已经进入了一个"多屏竞争"的新时代——产业升级的拐点——具有健全产业链的视听业已经浮出历史的地表。广电传媒已由平台竞争发展到产业的竞争，越来越呈现出产业集团化的特征，特别是电视和互联网，我们在观念中不能仅仅停留在平台、渠道的竞争，要在新旧媒体的融合发展中有产业升级完善和拓展产业链的战略意识，这才能建设一个强大的主流媒体产业。如湖南电视台创办的"快乐购"业务不仅成为电视产业的新增长点，作为电视与网络相交融的新业态，还带动了相关产业如物流、交通、速递等产业的发展，对解决就业问题也产生积极效应。从广播电视收入构成来看，广告和有线网络收入仍是主要来源，但广告收入增幅连续两年下降，视听新媒体正在快速抢占广告市场。相对于传统广播电视媒体，网络、手机等视听新媒体拥有明显的点播、互动、回看和海量存储的优势。面对发展趋势，传统广电媒体应尽快放弃垄断、独享、寡占等心态，尽快布局谋势，涉足视听新媒体，使其成为传统广电媒体平台的延伸地和市场扩张的助推器。对此，不少传统广电媒体已积极回应融合的趋势，探索与视听新媒体合作的路径。在内容制作上电视台与网络已经实现深度融合，并进行精细化运营。针对逐渐兴起的多屏消费市场，传统广电媒体纷纷推出支持智能手机和平板电脑等移动终端的客户端，抢滩移动视听市场，台网间的合作更加广泛和普遍，但因思想不够解放而缺乏体制创新力度，二者之间的运营机制尚不成熟，在自我束缚中未能实现业务流程再造和机构重组，缺少贯通整个产业链的深度资源整合，系统效应有限，产业链不完善，融合效率有待提高。其实，由传统广播影视到现代视听传媒转型是一个世界性潮流，只有树立"大视听传媒业"的理念，推进台网融合的深度、力度和广度，减少体制性障碍，才能实现市场的交互渗透和利益的双赢。

再次，要增强文化品牌意识。文化资源的合理保护和有效利用，是关乎文化产业可持续发展的重要因素，品牌化战略正是丰富文化资源的重要路径。文化品牌作为先进科技水平、高超制造技术、精湛管理能力和出色营销策略有机统一的重要载体，对发展文化产业有集聚资本、引导消费、延伸链条、倍增利润等多重功能，以文化品牌带动文化产业发展已成为国内外文化产业发展的一个基本规律。当前，全球文化产业发展已进入品牌竞争的时代，催生了管理内容的品牌化，以文化品牌为核心进行文化资源合理配置和文化企业战略重组，是发展文化产业面临的现实问题。很多著名的文化公司都是品牌等无形资产高于有形资产，如迪斯尼公司等。品牌成为市场开发的核心，艺术授权业、卡通形象授权业、影视剧的衍生品开发已经形成庞大的文化产业价值链，其市场价值甚至超过艺术品和卡通作品本身。像我们熟知的迪斯尼的唐老鸭、日本的凯蒂猫，还有《泰坦尼克号》、《哈利·波特》等都以其品牌影响力和完善的产业链在全球市场赚得钵满盆溢。当下，中国文化产业整体上处于产业链的中低端，产品的附加值不高，在调结构和转方式中增速开始放缓。尚未形成真正意义上的形象授权、品牌拓展和价值链延伸的集约式发展，虽然在规模上有很大提升，在文化制造业上是出口顺差国，但在版权和品牌收入上却是逆差国。表明文化产业的发展质量和竞争力有待提高。

其二，大型骨干文化企业少且弱，中小企业的集约化发展程度不高，且创新能力普遍不足，随着"文化强国"战略的实施，文化产业的整体实力和竞争力逐渐提升。

骨干企业是一个行业中经济规模、生产效率、技术含量、发展势头、社会影响力等方面均具有重要影响和地位的企业。文化产业发展的规模、方向以及整体实力取决于骨干文化企业的发展质量和水平。所谓少体现在数量上，所谓弱体现在规模和质量上。文化产业发展需要一批骨干文化企业，以形成文化市场的主流价值影响力和国际竞争力。我国现有文化及相关产业法人单位 69.8 万家（其中公益性事业法人 9.1 万家），数量和规模增加很快，但小、散、弱的问题依旧突出，目前我国文化企业法人单位的平均年增加值仅为 218 万元/家，上市公司数量仅为全部上市企业的1.8%，在国内没有一家文化企业进入全球 500 强名单。就文化产业组织结构而言，国有控股文化企业单位仍是文化产业发展的主要力量，其规模优势明显，随着非公资本参与程度逐步提高，尤其在市场化程度较高的娱乐业、数字内容和动漫产业其文化实力开始显现。虽然大多数文化企业主要依靠传统人文资源和自然资源以及加工复制博取文化利益，处于产业链中低端，但有一些亮点企业：如北京的"水晶石"公司[①]、上海文广集团

---

① 对于水晶石来说，扩展的是业务和规模，坚守的是价值观和梦想。其目标是把中国数字视觉创意推向世界，成为这一行业全球最具规模和竞争力的企业，成就全球数字可视化服务第一品牌。其发展模式的核心是：坚守产业链的中坚端口，强化自己服务提供者的角色，将自己的核心竞争力——视觉创意和展示做到极致。提供真正个性化而又标准化的服务产品。选择高端客户和顶级平台作为自己企业形象和拓展业务的空间，是水晶石重要的发展方式。其核心竞争力——创意的生产、管理与品牌的优势。

的"时空之旅"、深圳的"华强集团"①、华侨城集团等产生国际影响力的领军企业。特别是江苏凤凰出版传媒集团有限公司，连续四届入选全国文化企业30强，经济规模位居行业第一；入选亚洲品牌500强企业，入选世界出版业50强。2012年营业收入达到176亿元，同比增长10%，主营业务占比84.95%，总利润达到16.9亿元，同比增长47%，总资产超过350亿元。湖南出版投资控股集团有限公司，下辖国内首家全产业链整体上市的出版龙头股——中南传媒，形成了全媒介多介质精准覆盖、编印发供一体化经营的现代文化产业体系。2012年营业收入130亿元，利润9.20亿元，总资产达到158亿元，净资产110.7亿元，出版传媒主营业务利润位居全国第一，跻身《财富》2011年中国企业500强。中国教育出版传媒集团有限公司总资产144亿元，是全国综合实力最强的出版集团。值得庆贺的是2014年中国有4家出版集团（凤凰出版传媒集团有限公司、中南出版传媒集团公司、中国出版集团公司、中国教育出版集团公司）入选世界出版行业50强。此外，上海盛大网络发展有限公司是民营企业20强，其占有文学类网站市场份额的80%，而完美世界网络技术公司连续五年位居中国网游海外营业收入第一。2012年万达集团在北京成立了万达文化产业集团，资产311亿元，注册资本50亿元，是中国最大的文化企业，进入全球文化产业50强（第38位）。

我国文化企业规模仍然偏小，无论对国内市场还是国际市场均未形成一定的影响力。据亚太总裁协会2012年9月发布的国际文化产业领军企业30强名单显示。公认的世界城市中纽约有15家文化企业，涉及文化产业领域中的唱片、娱乐、报业、传媒、教育类图书出版、互联网服务、印

---

① 华强集团由高科技企业华丽转身成为文化企业，形成了主题公园、数字动漫、特种电影、网络游戏、影视制作等多样化的产品结构，取得国内外专利和版权两百多项，打造出了集"创、研、产、销"于一身的一体化产业链。集团公司首次从市场角度把文化、旅游、科技三大产业整合为一体，形成了以文化为核心、以旅游为市场、以科技为支撑的文化科技产业发展的"三驾马车"，逐步形成了以自有品牌、自主知识产权为核心，以动漫、特种电影、游戏、主题公园为产品，以旅游、电视网络、互联网、休闲娱乐等为多元化市场格局的具有国际竞争力的商业运营模式。从完善产业链出发，把"创、研、产、销"4个环节关联起来，较好地解决了文化科技产业创新与创意、开发与研究、规模化生产级市场营销等一系列问题，建构了一个合理的文化产业发展格局。同时，长期困扰文化产业公司发展的创意、规模、资金等问题，也得到了很好的解决，为集团文化产业的迅速扩张起到了强大的引擎作用。通过这一模式，使企业内部的资源得到共享，从而降低运营成本，提升了公司的竞争力，在世界范围内树立起自主创新的品牌，使公司发展驶入快车道。"华强"作为中国文化科技产业的领军品牌，利用自身的技术优势和品牌优势在国内国际市场上不断地扩大其影响力，成就了今天文化产业的华强。

刷出版、新闻、财经、投资管理、杂志、工业书刊出版等，在世界城市中遥遥领先，可谓世界上真正的文化产业领军企业集聚之都，可见其文化产业实力和文化创意能力之强！巴黎有两家文化企业位居前 30 强，涉及广告传媒和财经新闻与分析；伦敦有 2 家文化企业入围，涉及医学与其他科学文献出版、娱乐等；东京有 3 家文化企业进入 30 强，设计综合出版、文学书刊出版、综合性图书出版，体现了日本的"出版立国"战略的效果。中国没有一家文化企业进入前 30 强，在 50 强中仅有中国出版集团排名第 40，中国电影集团排名 44，中国凤凰出版传媒集团排名第 47。这表明中国的文化产业开始崛起并跻身世界 50 强，但仍然缺乏有强势竞争力的文化领军企业。通过比较中外大型文化企业的规模，可知中国文化企业的整体实力和市场竞争力之弱。如企鹅兰登书屋在全球拥有近 250 家出版社，雇佣逾 10000 名员工，年收入大约达到 30 亿欧元（约合 25 亿英镑或 39 亿美元），市场份额占英美出版市场的 1/4。国际传媒巨头新闻集团资产 470 亿美元，2011 年，该集团的营业额达到 334 亿美元，总资产达 620 亿美元。维亚康姆公司市值 477 亿美元，而 2001 年 4 月成立的国内文化企业巨头上海文广集团，虽下设上海文广新闻传媒集团、上海电影（集团）公司、上海东方明珠（集团）股份有限公司、上海大剧院总公司、上海文广科技发展有限公司、上海文广实业有限公司、上海文广集团大型活动办公室、STR 国际（集团）公司等 9 个单位，总资产仅 148 亿人民币，不足前两者的 4%（3.8%）。截至 2010 年年底，文广集团总资产 322 亿元，归属于母公司所有者权益 144 亿元，共有从业人员 14900 多人。虽然文广集团旗下的东方明珠股份有限公司是中国第一家文化类上市公司，名列中国最具发展潜力上市公司 50 强，下属的上海大剧院总公司是集剧场管理、演出经营等综合功能的演出领域龙头企业，而且文广集团还全方位介入公众文化生活，每年举办上海电视节、上海国际电影节、上海之春国际音乐节等，在海内外享有一定盛誉，但与海外文化巨头竞争，实力还是偏弱。值得大书特书的是，2014 年 11 月，上海东方传媒集团有限公司的百视通以新增股份换股方式合并东方明珠，重组后的上市公司市值超过 1000 亿元，成为中国 A 股文化传媒行业第一家千亿市值上市企业，跻身全球传媒娱乐行业上市公司 15 强。2013 年第五届"文化企业 30 强"总的主营收入首次超过 2000 亿元大关，达到 2047 亿元；2014 年第六届文化产业"30 强"企业主营收入 2451 亿元，净资产 2076 亿元、净利润 316 亿元，均创历史新高，分别比上届增长 20%、16% 和 38%。其中，净资产首次突破 2000 亿元，净利润首次突破 300 亿元。就质量而言，与同类世界文化企业集团相比，无论是与全球八大影视传媒集团还是全球知名出版集团，我国文化企业均在规模与经营业绩（赢利能力）上相差甚远。在世界500强中，有数十家跨国文化公司，如贝塔斯曼、新闻集团、迪斯尼等；在美国400强企业中，就有72家文化企业。

中国文化企业不仅规模实力较弱，而且创新能力普遍较低。在"2011中国版权年会"上，新闻出版总署署长、国家版权局局长柳斌杰表示，目前国内很多文化艺术作品创造力不够，90%的作品属于模仿和复制。伦敦政治经济学院的研究结果表明，在全球文化产业发展中，原创的部分中国只占2.5%左右，而西方国家总体占70%以上，可见在创新能力上存在巨大差距。不论是传统产业门类还是新兴产业门类在自主品牌塑造上都存在很大欠缺。国产电影尽管市场竞争力不断提升，但在品牌塑造和衍生品开发上和好莱坞等国际知名文化品牌相比仍处于竞争弱势。所谓文化创新，不单指内容创新、创意创新，还包括技术和制作上的创新，此外还有商业模式创新——这一点对提升文化产业竞争力迈向产业链高端尤为重要。有媒体人表示：如果国内的制作水平跟不上，就算把《阿凡达》的顶级剧本给国内团队，也很难做出卡梅隆那样的电影，就是说如果国内的制作水平还不能和国际一流水平相接轨的话，即使是有再好的创意，等到在现实中做出来，也会是不伦不类。事实上，中国电影之所以产业链不长，最大的软肋就是中国电影工业体系不健全，现代高科技工业能力支撑不足，导致电影资本多在票房上角逐。由此可以想象我国文化企业竞争力之弱，需要有针对性地进行特别扶持。当前，我国文化消费进入快速增长期，面对大众迅猛增长的精神文化需求，文化市场上的"结构性矛盾"依旧突出，需要增加文化产品和服务的有效供给能力，应着重培育内容生产的骨干文化企业做强，这就需要一批文化产业的骨干企业和战略投资者，在尊重文化发展规律的前提下提高生产文化精品的能力，这是文化产业发展的重中之重。

提升文化企业的规模和创新能力，一定要把握现阶段的特点。当下，国际文化产业的竞争已经由渠道为王转向内容和创意为王。在中国应是内容创意与渠道整合畅通及其高新技术的应用并重，在理念上高度重视内容产业的发展，在产业结构上提升内容产业的比重。须知，中国"软实力"的提升主要靠内容和文化价值观的传播，而不是靠文化制造业出口顺差，以及依赖政策性保护等。由于理念认知不到位，造成虽然我国内容产业资源很丰富，也有技术支撑的比较优势，却没有形成强大的文化企业集团。因此，不能用传统思路来解决内容产业发展中的问题，政府的政策扶持要清晰、细化和有效落地，要建立以完整和拓展产业链的思路来支持文化产业的发展，研究制定支持产业链纵向贯通或横向整合的政策，合理调整利益分配。大量文化内容产品出口的基本前提是强大的国内文化产品的生产能力，这种能力不是体现在一般的文化的技术装备上，而是体现在内容生产的能力上。由于文化产品的生产和出口水平与相对较低的文化产品的进口水平之间存在着密切的联系，一个国家的文化产业安全与这个国家的文化产品的生产与进口数量比之间存在着对应性关系，因此，一个国家的文化产业水平的高低与一个国家的文化产业安全、进而一个国家的文化安全度之间成正比例关系。可以说，没有一个强大的文化产业，就没有中国和平崛起所需要的文化力量的支撑。从全球视野看，中国文化产业发展的结构性矛盾的现实不仅与中国市场经济体制改革的方向存在着较大的背离，而且与国际文化产业优化升级的发展趋势形成鲜明的对立和冲突。要形成中国文化产业的国际竞争力，就必须从根本上调整中国文化产业的生产力结构，通过对文化产业结构全面的优化升级，来实现文化产业结构的战略性调整。

文化产业结构的战略性调整，首先是指文化产业生产力结构的调整，生产力是影响文化产业发展的决定性因素。制度结构调整是为了解放文化产业的生产力，但不能代替文化产业生产力结构的调整。制度结构的调整，只是消除了文化产业发展的体制障碍，制约文化产业发展的结构性矛盾只有通过文化产业的生产力结构调整，进而实现产业形态的调整，以及产业结构的优化升级，才能有效地克服和解决。制度创新不会自然导致文化产业绩效的增长，有效的制度创新只有在文化产业生产力结构同步创新性变革下，才能导致文化产业的绩效增长，也只有在技术等要素资源并不发生重大变化的情况下，才能导致文化产业的绩效增长。在此，科学技术作为要素对于文化产业的快速增长具有特殊的意义。当前，美国以其技术优势居于国际文化产业的中心地位，在文化产业的技术领域控制着全球的文化经济。如何突破核心技术壁垒，使文化产业发展趋向高端，成为中国文化产业战略的目标之一。既然文化市场的保护能力已受到信息技术的全面挑战，那么，迅速提高数字化技术的创新和应用能力，打破传统的文化产业的分工方式，以获得在国际文化竞争中的领先地位，就成为当下许多国家进行文化产业结构调整的战略选择。因此，中国文化产业结构的战略性调整的路径选择与目标定位，不能只有国内市场一个向度，必须要有对于国际文化产业结构变动趋势的观照，要把中国文化产业结构的战略性调整置于经济全球化语境下。缺失国际市场和全球化的向度，就可能使中国文化产业结构的战略性调整失去其应有的内涵和水准，缺乏宏大的视野就不可能实现对于自我的超越。因此，中国文化产业结构的战略性调整，应当在多元多重结构的路径选择和制度变迁中实现。

从国际经验看，通过资本重组并购整合不断优化产业结构和完善产业链，是文化企业做大做强的重要路径。在国际上排名前十的国外知名文化企业都是跨地区、跨行业、跨媒体的综合性文化集团。美国的迪斯尼集团、新闻集团、时代华纳集团，德国的贝塔斯曼公司，英国的培生集团等文化集团围绕主业实现了多行业、多品种、多模式的混合经营和服务，业务范围覆盖4个以上的主要文化行业，涉及音乐、出版、多媒体、电视广播、报纸杂志、主题公园、印刷工业等各个生产和服务领域，成为影响全球的综合性文化集团。比如迪斯尼开展了从影视娱乐到电视网络到主题公园，再到服饰、玩具和食品等迪斯尼品牌的全产业链开发，拓展综合实力，进入了"世界500强"。

就中国现实而言，在国家政策推动和市场力量驱动下，文化产业领域近年来通过并购重组不断提升企业实力。2013年文化传媒产业内企业并购频繁，资本整合案例高密度出现，并购潮风起云涌，共发生55起并购事件，涉及电影、电视剧、出版、广告、游戏等子行业，累计资金近400亿元。在并购潮中，影视行业显得更为活跃，如乐视网15.98亿元同时收购花儿影视文化有限公司和乐视新媒体文化（天津）有限公司，光线传媒8.3亿元入股新丽传媒股份有限公司，华谊兄弟6.7亿元并购广州银汉科技，华策影视收购克顿传媒的全部股份，交易金额超过16亿元。大连万达的并购则最引人关注，其并购全球排名第二的美国AMC影院公司，总交易金额高达26亿美元，成为迄今为止中国在美国娱乐业中最大的一起并购案，这也使得大连万达成为全球规模最大的电影院线运营商。文化品牌企业的并购，造就了其经营的多元化，一些文化品牌企业把影视、动漫、游戏、互联网、视频整合经营。如光线传媒此前一直将业务集中在电视娱乐节目、电影上面，2013年并购了主打电视剧的新丽传媒。"电视剧第一股"华策影视收购了郭敬明创办的影业公司，上映了《小时代》和《小时代2》这两部票房较好的电影。华谊兄弟2013年的并购涉及范围最广，包括游戏、电视剧以及一些影院服务公司等。一系列多元化的并购意味着传媒、娱乐、互联网、游戏以及动画等业务越来越多地进行融合，品牌企业通过内容渠道整合，实现了多元化发展。2014年是移动互联网成为各行业特别是视频内容行业核心关键词的一年，以BAT（Baidu、Alibcba and Tencent）为代表的互联网公司纷纷进军影视产业，仅影视并购案就63起，涉及的金额高达550亿元。互联网与影视融合催生的新业态初露峥嵘，互联网影视领域的竞争开始从平台转向内容产业，互联网渠道与内容制作商的相互融合成为发展趋势，这是成为大型骨干文化企业的基本功和战略框架，既有渠道又有内容，才能实现多环节盈利。

国有文化企业的并购始终是社会的关注点。2014 年国有文化企业在破除地区封锁、行业壁垒和所有制界限方面积极探索，推动了跨地区、跨行业、跨所有制以及跨境的兼并重组，努力壮大企业规模，提高集约化经营水平。在跨国并购方面，凤凰传媒投资 8000 万美元收购境外童书生产商，是中国出版业有史以来最大的一次跨国并购，是内容产业的一次突破。凤凰传媒全资子公司江苏凤凰教育以现金收购卖方拥有的全部童书业务资产，及其位于德国、法国、墨西哥的海外子公司 100% 的股权和权益。在跨地区发展方面，华闻传媒以 24.5 亿元收购陕西华商传媒及其附属公司，粤传媒以 4.5 亿元收购上海香榭丽传媒，博瑞传播收购杭州瑞奥和深圳盛世之光，加快了其在长三角和珠三角的业务拓展；在跨行业发展方面，中国国际广播电台旗下的国广控股整体收购门户网站中华网，中南出版传媒集团与湖南教育电视台合资成立的公司作为湖南教育电视台市场营运主体，华文出版社和合肥报业传媒集团以资本为纽带加强合作，通过跨介质运营发挥资源集聚效应；在跨所有制发展方面，中国航天科技集团下属公司中国四维与腾讯签署的《关于四维图新股份转让协议》，已获国务院国有资产监督管理委员会的批准。标志着四维图新 11.28% 股权交易正式生效，腾讯成为四维图新第二大股东，拉开了央企混合所有制改革首单的序幕。此外，浙报传媒以 32 亿元收购边锋网络和浩方在线，博瑞传播以 10.36 亿元收购漫游谷，人民网收购古羌科技，它们在跨所有制的同时，向网络游戏、网络文学、手机游戏等新兴行业拓展。

其三，从文化产业综合发展水平上看，呈现出产业集中度低，产业链不完整，主导行业和区域发展不平衡的特点。而且区域之间的差距进一步拉大，竞争愈加激烈，进入强者愈强、弱者将遭淘汰的格局。

新闻出版、广播影视、动漫卡通在数字化技术引领下出现了迅猛发展，尤其是数字出版增幅很快，但产业集中度依旧较低——表现在两个方面：一是文化企业规模小、实力弱，尤其是大型骨干文化企业少；二是市场占有率低，如在一般图书领域，中国出版集团的市场占有率最高，也只有 6% 左右，排在第二位的只有 3% 左右，致使重版率和印数都不高。再如影视制作公司市场占有率不足。[①] 在电视剧制作方面，以市场占有率来

_____

① 参阅高书生《感悟文化改革发展》，中信出版社 2014 年版，第 99 页。

看，华策影视旗下的北京合润德堂文化传媒有限公司，是国内品牌内容创制领域的领军者，在中国电视剧植入广告行业的市场份额高达70%，在100多部影视剧中成功为众多品牌进行价值推广，参与品牌营销的好莱坞大片有《复仇者联盟》、《饥饿游戏》、《特种部队》、《钢铁侠3》、《蓝精灵2》等。国内影视剧广告植入包括《后宫甄嬛传》、《非诚勿扰2》、《龙门客栈》等。根据艺恩最新数据，在2014年上半年卫视频道播出的电视剧中，排名前十的民营公司共播出4487集，占总播出量的38%，而华策影视以1176集雄踞卫视频道播出量的榜首，被称为"中国电视剧一哥"。并在2014年并购克顿传媒后，华策影视以高达15%的市场份额占据行业绝对优势。

在行业布局上虽然主导核心产业逐年提高，但整体质量不高，尚未形成范围经济和规模经济，未能实现价值链的有效延伸，更谈不上向势力经济的跃升。作为文化产业发展主力军的国有文化企业，最大的问题是企业活力不够，市场竞争不充分。尽管国有文化企业已转企但大多数尚未改制，更没有完善现代企业法人治理结构和建构现代企业制度，可以说还不是一个合格的有竞争力的市场主体，尤其是创新力不强。一定程度上还依靠行政力量配置资源，未能实现价值链的有效延伸——最主要表现就是产业链短和不健全。有三种状态：一是有企业没产业，最典型的就是动漫业——动而不漫（专注于播出环节的博弈，而在衍生品开发和产业链拓展方面能力不足），国家和社会的大量投入换来的只是制作节目、动画数量的增加，至今没有找到清晰的盈利模式；二是有产业没链条，最典型的就是有线电视网，收入来源单一、规模小；三是有链条但不健全，最典型的就是电影产业，大多处于制作、发行和放映环节，高度依赖票房，周边产品和相关衍生品开发不足，而出版业只局限在编、印、发环节上，上下游拓展得不理想。结果，资本因进入全产业链受阻，而形成局部梗阻现象，造成文化产业投融资泡沫。因此，虽然影视制作业及其动画产品的产出规模逐年增大，尤其是新媒体及网络文化产业发展很快，但文化影响力未能显著提升——文化内容"走出去"还不成系统，而没有文化贸易数字的提升谈何影响力？

就现实来讲，建立在市场化基础上的集约化而不是垄断基础上的集团化，应该是中国文化产业发展的主要方向。在国家战略视野中规划文化产业发展，要充分考虑发展的不平衡现状，着重以推动产业集约化发展为总体布局的价值取向。在中小文化企业的特色文化产业集群和骨干文化企业集团培育两个方面都要下功夫。文化产业发展的集约化与集团化的关系是：集团化重在提高文化产业发展的高度，显现为体量扩张上对外的强身健骨（亮肌肉）；集约化是夯实文化产业发展的基础（形成一定的门槛）和质量，显现为内涵提炼上对内的强筋活血（有活力）。二者相互支撑和结合才能促进文化产业的成熟，只有在此基础上提高产业的集中度，提升市场竞争力，国家软实力的发展才有了强力支撑。从几届文化企业30强来看，集团化企业数量约占入选企业总数的2/3以上，各项经济指标都占据绝对优势。同时，这些企业大多将"全产业链"作为主流发展模式，既在产业链上下游实现纵向一体化，又在与其他行业构成的不同产业链环节之间形成同心圆效应，有效推动了产业集聚，提升了规模效益和整体实力。问题是当前尚未充分发挥市场在资源配置中的决定性作用，行政主导的集团化发展的集约化受到很多政策限制，尤其是缺少与中小企业的产业链交融，制约了文化产业整体的集约化程度，影响了产业发展的市场集中度。据统计，截至2013年4月，文化产业法人单位69.8万家，其中90%以上为中小企业。可以说，中小企业的发展水平直接影响文化产业的集约化程度。因此，提升文化产业的整体竞争力和发展水平，一方面取决于文化产业自身的市场开放度，吸引行业外资本尤其是国有资本和社会资本的投入，建立现代企业制度和公司治理结构；另一方面发挥园区的集聚功能实现中小企业的集约化发展，鼓励园区内中小企业的知识、技术共享，实现业态交融和产业链渗透，形成规模效益。通过集约化发展整体上提升文化生产力水平，使之成为名副其实的先进生产力表征（当前文化产业生产力结构中传统文化产业、现代文化产业仍占据大部分比重，从30强评选看，三年来新兴业态类文化企业累计入选数量为13家，总体数量上与传统文化企业相比没有突出优势，真正掌握关键技术和自主品牌的企业数量不多）。妥善协调好大型骨干企业与中小企业的关系，也就是处理好集团的规模化与中小企业的集约化发展。既要促进文化资源和要素向有优势的企业适度集中，提高产业集中度；又要大力扶持机制灵活、市场反应快、适应力强的中小企业，不断拓展文化产业的广度和深度，旨在完善文化产业分工协作体系。因此，既要在市场化程度不断提升的基础上培育骨干文化企业，又要发挥政府的引导功能扶持中小企业通过集约化发展形成特色产业集群，从根本上解决当前文化市场中产品"战略性短缺"的矛盾，为消费者提供丰富的个性化的产品和服务。

从区域文化产业发展现状来看，尽管各地文化产业发展迅猛，但很多省市文化产业结构不合理，区域发展格局和行业发展态势极不均衡，尤其是区域间协作机制不健全，低层次同质化竞争现象较为突出，"资源依赖型"的传统文化产业形态仍占据着主要地位，而新兴的知识性、技术性、创意型产业发展明显滞后。各省区市之间文化产业竞争愈加激烈，发展不平衡格局愈加凸显，形成了文化产业发展的三大梯队格局，东部省份较发达，占据绝对优势，中部崛起发展迅猛，西部产业发展水平较低但追赶效果明显，这种趋势一方面有望推动统一开放的文化大市场的形成，另一方面使地方保护主义及其区域壁垒愈加顽固，使文化产业发展中的深层次问题愈加暴露。根据中国人民大学文化产业研究院发布的 2014 年 "中国省市文化产业发展指数"报告①，在体现整体实力的综合指数方面，北京、江苏、浙江排在三强；体现生产要素能力的生产力指数方面，广东、江苏、山东排在前三名；在体现其产业发展影响力的影响力指数方面，上海、江苏、北京则占据前三甲；在体现产业发展外部环境的驱动力指数方面，北京、辽宁、青海分居冠、亚、季军。2014 年福建跌出十强，成为东部沿海省份唯一落选的省份，与其文化产业基础不成正比；青海、宁夏、西藏等省份在政府的重视下发展迅速，追赶效果明显。结果表明我国区域文化产业综合发展格局基本未变，综合指数排序与往年相比有小幅度变动，东部沿海省份具有压倒性优势，除福建外，都进入十强，河北、湖南、江西等省份首次挤进全国前十名；在表征文化产业外部环境的驱动力指数方面，前十中有将近一半出自中西部地区，可见在产业发展环境方面，中西部地区由于政府重视与支持，在迅速优化。一定意义上说，文化产业发展的不平衡是一种常态，或者是一种规律。国际如此，国内也是如此。

从近年来的国际文化贸易可以看到我们与发达国家存在的差距及其不平衡特征，尤其在文化产业的国际分工、产业结构方面。文化贸易主要集中在资源消耗性的文化制造业，如电视、录像机、电子游戏机、雕塑品及装饰品等，以及贴牌生产的加工贸易上，如为苹果手机、罗技鼠标等知名品牌的代工及其玩具用品等，中国出口的文化商品很少进入国际文化贸易的核心产品市场。而发达国家的文化产业则趋向于有自主知识产权的附加值高的核心文化产业，并在国际文化贸易中占据着压倒一切的绝对优势。如图书出口的前几位国家依次是美国、英国、德国、西班牙、法国，它们的出口额占全球出口总量的 67.1%；期刊和报纸出口前几位的国家依次是美国、英国、德国、法国和西班牙，它们的出口额占全球出口总量的 66.9%；版权出口前几位的国家是美国、德国、英国、加拿大和意大利，它们占全球出口量的 57.1%；录制媒介前几

---

① 参阅 "中国文化传媒网"：2014 年中国省市文化产业发展指数。

位的出口国是美国、德国、爱尔兰、英国和新加坡，它们占全球出口量的 57.7%；视觉艺术前五位的出口国是英国、中国、美国、瑞士和德国，它们出口占全球出口总量的 59.9%。而文化产品的进口也基本如此，前几位国家占绝对优势。国际货币基金组织、世贸组织、联合国教科文组织以及世界银行的数据显示，美国向世界各地出口的内容产品约占世界出口总额的 50%。再加上加拿大和墨西哥的统计在内，北美在整个文化贸易中占据了统治地位（60%），因此没有任何可以与之竞争的对手。其后是欧盟、日本、韩国、中国、俄罗斯、澳大利亚等逐渐成长起来的内容出口国。通常，出口文化产品、服务以及信息的国家通常也是这些文化内容的进口国。美国保持着巨大的贸易顺差（第一大出口国，第五大进口国）。欧盟是第一进口国，却是第二出口国。在欧盟，其内部的进出口总额要高于与欧盟之外国家的进出口总额。可见，全球化不仅加速了文化的美国化以及新兴国家的涌现，还刺激了信息与地区文化的交流，这种交流不仅是全球性的，也在国与国之间展开。[①] 结果愈发加剧了全球文化产业发展的区域性不平衡，而强化了区域性的产业高度集中，占据产业高端的国家不但控制产品市场、标准，还在进一步利用国际产业分工、格局重组主导产业布局。

二 文化产业的现阶段特征及其"超常态"发展

通过对现阶段文化产业运行的分析，可以发现：文化产业的市场化程度普遍提高，但发展不平衡的态势愈发凸显，一定范围内的行业控制及其准入限制与普遍的市场竞争并存，市场开始在文化产业领域的资源配置中发挥积极作用，政府的宏观调控和市场监管作用更是不可缺失。相比市场经济体制的不断完善，文化产业发展尚未进入成熟的市场驱动阶段，从整体上尚未形成以市场消费和文化创意为驱动力的高端产业形态，现代文化产业发展体系正处于不断完善中。在经济进入新常态的语境下，文化产业要实现"超常"发展需要一系列支撑条件，尤其需要立法促进和宏观管理制度创新。

1. 现阶段特征分析

综上所述发展现状，可见我国文化产业发展有了一定的规模和基础，文化产业发展水平正处于较快提升中，整体竞争力开始增强。虽然我国起

---

① ［法］弗雷德里克·马特尔：《主流——谁将打赢全球文化战争》，刘成富等译，商务印书馆 2012 年版，第 366—367 页。

步于全球文化产业发展的第三阶段①，但在政府强力的战略规划推动和政策激励下，文化产业发展增速很快，2012年文化产业实现增加值18071亿元，占当年国内生产总值（GDP）比重为3.48%，对国民经济的贡献率为5.5%。2013年我国文化及相关产业（文化产业）增加值为21351亿元人民币，占当年GDP的3.63%。其中，文化产业法人单位增加值为20081亿元，比上年增加2010亿元，增长11.1%，比同期GDP现价增速高1个百分点。从2004年直到2011年平均增速均超过20%，对国民经济增长的贡献率不断上升，高于同期GDP现价年均增速约6.6个百分点。这些数据反映的仅是经济数量上的增长，对处于"调结构、转方式"关键期的中国经济新常态来说，文化创意产业的发展成就及其价值而言远超过数字本身。北京、上海、广东、湖南、云南等省市的文化产业已成长为国民经济的支柱产业，产业的关联带动效用越来越强，成功地实现了产业的转型升级，北京还提出建设全国文化中心城市的目标。一些重点城市在积极发展文化产业，中西部地区对文化产业表现出浓厚的兴趣和热情。通过实施文化产业发展战略，有力地促使文化产业进入提速期，极大地丰富了国内文化市场，繁荣了社会主义文化。应该说，我国文化产业的快速发展与政策效应和红利的释放分不开，体现出鲜明的政府主导型特征。

据有的学者研究：我国狭义文化产业处于外延扩张型快速发展阶段，对第二产业和第三产业（除狭义文化产业）的依赖性大，对第三产业的直接贡献相对较大，且随着经济发展水平的提升而增强。因其对国民经济发展的推动力大，故而促进狭义文化产业快速发展对经济增长可以起到事半功倍的效果。在通过与文化产业发达的日本的国际比较后认为：中国的广义文化业中间需求率小于50%，而中间投入率大于50%，中国的广义文化业属于最终需求型产业，就是说广义文化业在中国是生活服务业，而在日本是生产服务业。日本广义文化业较为发达，作为生产资料投入到其他产品的生产较多，对企业生产的支撑作用大。综合考察中国和日本各产业的影响力和感应度，发现中国广义文化业的影响力明显高于日本等发达国家水平，但感应度则低于日本等发达国家水平，即广义文化业对国民经济发展的推动作用远远大于所受到的国民经济发展的拉动作用。文化产业正成为促进经济发展的主要力量，主要表现为文化产业贡献率百分比数值

---

① 从全球视野看，文化产业发展的第一阶段起步于20世纪30年代，以第一次世界经济大萧条为背景，其代表性国家是美国，被称为"文化工业"；第二阶段起步于亚洲金融危机，以日、韩为代表，被称作"内容产业"；第三阶段起步于2008年的全球金融危机，主要以中国为代表，被称作"文化产业"。

一直高于文化产业占当地 GDP 比重的数值。因此，中国广义文化业适合采取主动发展模式，即通过主动发展广义文化业来推动国民经济的发展，而不是等国民经济发展后来拉动广义文化业的发展。[①] 这启示我们：发展文化产业需要政府积极有为，但不能越位；需要政策的积极引导，但不能僭越市场灵验机制的发挥。出台优惠政策、设立文化产业园区、成立各种文化产业扶持基金、发展引导基金等，都成为政府推动文化产业发展的有力举措。当前，我国的文化消费正处于起步较晚、发展空间巨大的成长阶段，要更加重视发挥文化消费在经济发展中的作用，考虑如何将其作为新的经济增长点加以引导。可以说中国文化产业发展的主导方式是自上而下的由行政领导推动促进的，政府的力量主要体现在政策引导和投资拉动，这方面的效应很明显，不同于西方文化产业自下而上的市场化驱动之路，因而消费不足、有效供给不足始终是困扰中国文化产业发展的瓶颈。这个问题已引起各级政府的重视，正在通过引导和培育消费来提高大众的文化消费能力，如北京市的文化消费季活动的效果逐渐显现，有力地支持了北京市文化创意产业的发展。

制约文化内容产业发展的恰是倚重文化制造业和文化产业发展中的有形思维（如注重文化地产项目等）始终处于强势地位，随着文化产业开始融入国民经济大循环，在达到一定规模和阶段后政策的红利效用开始衰退，累积的问题愈加凸显，这造成了现阶段文化产品的过剩与短缺并存现象。虽有内容产品的海量供应，甚至产能过剩，但与受众对内容产品的高要求不完全匹配，文化市场上出现结构性过剩，有效供给能力不足。我们必须清醒地看到文化制造业和初级低端的文化服务所占比重较大，差异化的高端的文化精品生产供应不足，虽然文化贸易赤字有所减少，但核心内容贸易逆差依旧很大。相关数据显示：在世界文化市场份额中，美国占 43%，欧盟占 34%，亚太地区占 19%；在亚太地区中，日本占 10%，韩国占 3.5%，中国文化产业大约占世界文化市场份额的 3%。这表明当前我国文化的市场竞争力和产品的有效供给能力不足，导致对内的文化凝聚力不够强，对外的文化影响力较弱，在全球化舞台上中国的文化形象较模糊。

从根本上说，文化产业是内容产业，随着市场开放度的提高和政策的引导，内容产业的重要性凸显。根据国家统计局的数据分析，近年来内容

---

① 杨玉英等：《文化业的产业关联程度与产业波及效应分析》，载《2009 年中国文化产业发展报告》，第 100—110 页。

产业的比重开始上升，体现了文化产业"内容为王"的特点和发展趋势，特别是数字出版的增幅越来越大，也越来越需要文化内容的支撑。2012年文化服务业实现增加值9631亿元，增长16.7%，占文化产业法人单位增加值的比重为53.3%，首次超过文化制造业占据"半壁江山"；2013年，"文化产品的生产"创造的增加值为12695亿元，占59.5%；2014年文化及相关产业在稳增长、调结构中发挥了积极作用。按行业分，2014年文化制造业增加值9913亿元，比上年增长8.2%，占文化及相关产业增加值的比重为41.4%；文化批发零售业增加值2386亿元，增长11.2%，占10.0%；文化服务业增加值11641亿元，增长15.9%，占48.6%。按活动性质分，文化产品的生产业创造的增加值为14671亿元，占61.3%；文化相关产品的生产业创造的增加值为9269亿元，占38.7%，文化产业结构优化的效果开始显现。相应地，文化制造业和文化批发零售业比重有所下降，这表明文化产业结构开始趋向合理，这符合文化产业是文化的存在和发展的主导方式，其核心是价值观的传播的发展规律。因此，文化产业要成为支柱产业，不仅要看经济数据，更要看这些经济数据是如何创造的，看其为社会提供了什么样的精神文化产品，这些精神文化产品在满足大众差异化的文化消费需求中的效果如何，产生了什么样的文化影响力。也就是说，文化产业发展越来越以其经济实力深刻地显现出其内容属性的特点。说到底，文化产业是一个全新的产业，尤其是其中的文化创意和设计服务及相关产业的发展，从商业模式到运行理念都还在摸索中，这方面的发展潜力非常大，文化创意和设计服务正加速与相关产业融合。在融合发展、创新驱动中，文化与科技的融合是以文化为主导，科技为文化需求和展示提供支撑，融合过程的操作性是设计服务。文化创意和设计服务与相关产业的融合发展还蕴含着人文和民生的价值，有利于营造激发创意和设计的社会氛围，以及培育大众保护和开发创意的意识，随着其所占比重的提高才能真正成就文化产业的辉煌。

2012年、2013年、2014年中国文化产业发展增速虽仍是两位数，但都降到20%以下，文化产业在经历高速增长后，出现增长乏力的局面。高位增速趋缓的迹象表明：文化产业在发展中遇到内在梗阻现象，文化产业的政策时效递减性效应已开始显现，必须通过政策刺激和制度创新实现突破。"梗阻"现象表明当下的文化市场还带有一定的"人为性"特点，需要充分发挥市场在资源配置中的决定性作用，发挥市场机制的灵验功能，需要提高政府的宏观调控和市场监管的文化治理能力。在市场驱动下，文化产业通过调整结构，如影视剧及动画产量的下降，但产值却在不断上升，开始由注重数量开始向注重质量、效益提升。一定意义上，能否发挥市场在资源配置中的决定性作用，提高内生驱动的创新力，是我国文化产业可持续发展的关键。特别是对内容产业来讲，市场条件下意识形态工作方式的创新以及内容监管的科学性至关重要。如何解放文化生产力的上游——文化的自主表达和艺术创作的独立性，成为制约文化生产力水平和文化精品生产的关键。当前，文化产业治理应把着力点放在法律法规的促进上，来规范文化产业健康理性有序发展。加强文化产业立法是保障文化产业科学发展的前提，这也是国际经验。法制化管理同时也是激发文化原创、保护市场活力的优化机制。法制管理能够为个人、企业、社会团体的文化权利公平实现提供保障，使文化表达的多样性、创造性受到法律保护，从而在根本上保护文化产业发展的根基。因此，以立法来规范和保障文化产业发展是顶层设计的内容之一。立法保障首先是全国人大层面的高位阶法律（上位法方面）的文化立法。其次是建构法制化的文化内容监管机制，加强影视、动漫、网络游戏等领域的内容研究，适时出台相关制度，实现内容监管的分层化和底线管理。再次是大力培育文化中介组织和行业协会，推进行业自律，形成以文化法律为基本规范，以行业自律为主导，以行政干预为补充手段，以事后监管为主，以事前监管为辅，以全面监管为特例的市场管理体系。同时，加强对政策实施效果的监督和评估，以确保政策发挥应有的效用，为政策调整提供依据。尤其要健全第三方评价体系，委托专门机构出具整体效果评估报告和专项资金使用效率报告，及时对外公布并主动自觉接受群众监督。

这种发展趋势表征着文化产业发展进入（高位趋缓）实质性拐点和新的发展周期，即迎来升级版的文化产业发展周期。所谓实质性拐点是指从"政策红利期（政策效应开始减退）"走向"制度红利期（制度建构和文化立法促进）"。判断"进入拐点"的依据有三：一是文化产业的发展速度仍然很快，但增幅开始回落；二是文化产业的发展方式正在转变（由主要靠政策推动到开始发挥文化消费拉动作用，社会资本和民间投资开始青睐文化产业，固定资产投资和股权投资增幅很快。随着文化产业融合作用的凸显，文化产业正从文化宣传领域的"小圈子"，融入国民经济的"大循环"中）；三是文化产业的管理模式正在变革而处于不断完善过程中（由分业式行政监管体制转向尊重和完善产业链为主的综合性宏观管理体制）。所谓新的发展周期是指文化产业发展仍处于上行通道的平稳整理期，即健康理性有序的科学发展阶段，其依据有三：一是内容产业的比重开始提升（2013 年达到 59.5%），在新兴产业发展带动下内生驱动力开始增强；二是文化产业的市场集中度开始提高，文化市场的结构性矛盾愈加凸显，"短缺"与"过剩"并存；三是文化贸易的价值受到中央政府的高度关注，文化产业"走出去"开始变得有序、亮点频出，涌现越来越多文化"走进去"的成功案例，文化贸易受到重视，中国和世界文化产业的差距越来越小。

我国文化产业发展实践体现出循序渐进的阶段式政策推动特点，呈现从外在政策推动逐渐向注重内在市场消费与创意驱动的转变。一是注重资源整合。如十八届三中全会提出：促进文化资源在全国范围内流动，以及文化企业跨地区、跨行业、跨所有制兼并重组，推动文化资源向优势企业适度集中。二是注重新兴文化业态培育，促进文化创新与高新技术的融合，发挥文化创意对相关产业的关联效应。三是强化重点示范，引导建设区域性特色文化创意产业集群，体现在推动产业基地建设、重大项目带动战略、骨干企业培育，这是确保短期内实现文化创意产业突破性发展的有效手段。四是财政资金支持力度大，中央财政增加了专项资金的规模，主要方式有贷款贴息、项目补贴、资本金注入等，试图通过财政的杠杆作用来促进文化产业发展。五是注重立法促进，市场经济是法制经济，国家治理的基础是依法治理，文化产业发展更需要立法促进和制度保障。当前，《公共文化服务保障法》和《文化产业促进法》、《电影产业促进法》等正处于立法进程中，这些法律的出台将会极大地促进文化产业的健康理性发展。

总体上看，文化产业发展在党的十八大之前主要受政策推动和政府主导，追求一种高速度和数量上的扩张，这在特定历史阶段有其合理性，就是必须首先把数量做起来，以满足文化市场大众消费的"短缺"和奠定发展基础。而在十八大之后，尤其是三中全会提出发挥市场在资源配置中的决定性作用的论断后，文化产业发展进入了一个新的发展周期，即调结构转方式的提质增效阶段，开始注重文化创造活力和内生驱动力的培育。尽管中央政府在政策推动和财政扶持上的力度不减反增，甚至在2014年、2015年密集出台多项文化经济政策促动文化产业大发展。但政府和学界、产业界乃至全社会越来越认识到，"十二五"期间是国家对文化投入最多的时期，也是全社会最关注和期盼最高的时期，但文化发展却不尽如人意。在对文化乱象反思中，人们形成共识，文化产业自身发展要转方式，在文化与产业发展的互动中形成自律和自为的发展模式。人们越来越认识到，随着市场经济的不断完善，政策红利的效应越来越弱，越来越需要法治条件下的市场灵验的发挥，就是说文化产业发展到了必须立法促进和制度建构与创新的阶段。随着文化产业增幅的放缓和规模的扩大与文化企业的不断壮大，文化产业发展迎来了自身的"新常态"，亟须在降速中进行结构性调整，在立规矩中走上理性健康有序的发展之路。

2. 文化产业如何实现"超常"发展

基于文化产业自身的逆势增长特性和新兴战略产业的优势特点，文化产业以自身的实力作为新兴战略性产业的一支力量，要在经济新常态中实现"超常"的发展，并助推中国经济新常态的实现。

当下对于中国文化产业发展处于新的发展周期——高速平稳运行期，学界已基本形成共识。相较此前的高速增长，2012 年增速虽然还是两位数增长，但已明显开始放缓。在 2014 年的两会的政府总理报告上，首次明确要确保文化产业实现两位数的增速，更进一步佐证了文化产业发展"拐点"时刻的来临。为此，2014 年、2015 年中央政府及其各部委密集出台了多项文化产业政策，可以说是政策集中出台的爆发式增长年份，显示了中央政府对文化产业寄予的厚望，期望借助政策红利促使新兴产业实现关联带动效应，产生带动经济往上走的力量。当下，要在深化文化体制改革中健全和完善现代文化市场体系，逐步改变政府支持文化产业发展的补助方式和减少对政策红利的期望，促使文化产业自身能够健康理性独立自主地成为有竞争力的市场主体。因此，文化产业要实现"超常"发展，一方面要由政策推动转变为立法促进，继续加大政府的投入力度，但在政府扶持补助的方式上要改变，由特惠政策转向普惠政策；另一方面文化产业自身要转方式、调结构，充分发挥市场作用，也就是要通过练内功、增实力成为国家期望的战略性新兴产业。

2014 年被称为"改革元年"，文化产业已不自觉地呈现出一种不确定性的新常态的端倪，在 2015 年已呈现出清晰的征象或逻辑嬗变。党的十八大以来的政策红利刺激着文化产业的发展，但"红利效应"正逐渐减弱。正如学界期待的：深化文化体制改革不再是一种文本修辞而要有新的突破；文化产品的生产不再唯资本马首是瞻，而更符合艺术生产规律；文化产业发展更加符合经济和文化的双重要求；文化走出去的战略会有更多的实绩等，文化产业在契合经济新常态中，要创造条件以高效优质的包容性的品质实现"超常"的高速发展。

首先，文化产业要通过文化消费引导文化产业升级。国家统计局数据表明，我国居民人均文化消费近年来逐年增长，文化消费占消费支出的比重整体呈现逐年提高的趋势，但绝对水平依然较低，远低于发达国家10%—12%的一般水平。只有基于消费拉动实现经济发展的新常态，中国经济形态的转型才有保障和内生动力。随着市场机制的灵验和法治的不断完善，文化产业总体增长完全有可能继续保持 10% 左右的增长率，如电影票房在 2014 年达到 296 亿元，虽主要由外生性的增量创造的票房，在数量扩张中电影银幕达到 2.36 万块，但在规模达到一定程度后可持续发展的动力要来自内容的吸引力——也就是电影自身的质量和衍生品的品牌开发。2014 年，无论是在党中央和国务院层面还是部委层面，文化产业政策均密集出台，以及文化立法步伐加快，为 2015 年文化产业新的发展创造了条件；考虑到文化发展滞后于经济发展的现实，巨大的消费潜力和空间，使得文化产业完全有条件实现"超常"发展。面对中国经济新常态的大背景，文化产业如何找寻和明确其内生性包容性的增长动力机制是关键。因此，通过创意创新驱动，实现文化企业和文化产品转型升级，提高投资收益率，不仅是文化产业自身发展的内在需要，也是创造有效需求、引导文化消费、满足人民群众多样化文化需求的必然选择。

其次，充分发挥文化产业跨界融合带动相关产业发展的特点，中央文件明确提出以文化创意来优化经济升级，就是基于国际经济发展的趋势，因而总理的政府工作报告是在"经济结构优化升级"，而不是在"文化建设"部分提出的。也就是说，把促进文化创意和设计服务与相关产业的融合发展，作为支撑和引领经济结构优化升级的重要抓手，体现了中央在新形势背景下对文化产业战略地位和重大作用的准确把握，既对推动国民经济转型升级具有重要指导意义，也给文化产业带来新的重要发展机遇，提供了更广阔的发展空间。文化创意的跨界融合将助推中国制造转型升级，文化创意是其中的润滑剂和助推器。文化创意的根本是通过"越界"促成不同行业、不同领域的重组与合作。通过越界寻找新的增长点，推动文化发展与经济发展，并且通过在全社会推动创造性发展，来促进社会机制的改革创新。其中，数字化高端融合是文化产业集聚区的高级形态和未来发展趋势。通过文化创意的设计服务，从单纯的外观造型向高端综合设计转化，以此来提升中国制造的附加值。文化与科技的双轮驱动主要通过自主设计品牌来实现，其连接点是版权。当前中国版权贸易呈现不合理的"哑铃型"结构：一头的文化创意公司，文化和设计能力比较强；另一头的加工制造能力强到堪称"世界工厂"，但弱在中间版权交易环节的对接不畅。版权是文化创意企业的基本战略资产，积极探索对创意作品版权的保护和价值开发的策略，对于实现文化创意企业资产增值、延伸产业价值链、推动"中国制造"向"中国创造"转型具有重要意义。

再次，实现文化产业的"超常"发展，要树立科学技术是文化生产力的观念，在实践中充分发挥科学技术尤其是网络数字化技术对文化创意产业的多层次促进作用。作为世界第二大经济体，中国强大的经济和科技实力为文化创意产业发展奠定了基础，必须以高起点跨越式发展思路，广泛运用科技手段创新文化业态，加强数字技术、数字内容、网络技术等核心技术的研发，加快关键技术设备改造更新。在广泛的技术应用中，研发制定文化创意产业的技术标准，提高文化创意产业的技术装备水平，以网络数字化等高新技术推动文化创意产业自身升级和产业结构优化。文化与科技的深度融合给文化创意产业形态、发展方式、产业模式的升级带来历史机遇。目前我国文化创意产业多以加工制造为主，中间生产环节大而不强，而高附加值拥有版权的以内容创造为核心的产业总量不大。根据文化创意产业"微笑曲线"的特点，要把着力点用在两端的研发、创意和品牌、营销上，以技术进步推动文化创新，不断提升文化产品的技术含量和文化含量，发展以内容为核心的文化创意产业，增强其带动能力和竞争力，实现"中国制造"向"中国创造"的转型。同时，针对当前在文化创意产业国际分工中处于产业低端的现状，利用后发优势，以创意、创新及其高渗透的融合特性，用高新技术改造低端产业，依托文化科技创新，推动文化创意产业从产业链低端向高端转型，使文化创意产业在结构布局和整体层次上迅速提升。在文化、科技、经济的相互交融中，以高新技术为支撑的文化创意产业，不仅提升自身的文化含量和科技含量，还以科技和创意的融合延伸和完善产业链，必将对经济创新产生强大的驱动作用，从而极大地提升区域经济的竞争力、创新力以及形象建构。

最后，实现文化产业的"超常"发展，还要在提高文化资源配置效率的同时，实现向提高文化生产效率转变。过去大量资金投入消耗在生产者与生产者之间的交易上，文化产业整合就是要调整文化生产者之间的关系，即供应链的关系，通过形成全新的文化产业链，最大限度地降低成本，最大限度地提高效益。近年来，受益于国家战略支持和多重政策利好，文化产业在资本市场长袖善舞，以并购重组为主的产业融合互动成为最显著的发展趋势，从整体上促使文化产业不断做大做强，但能否形成"超常"的发展态势还有待观察。此轮并购不同于此前国有文化企业之间合并同类项式的行政捏合，而是市场驱动下的产业内龙头企业的资本扩张，呈现出全产业链化、互联网化和国际化的特点，主要集中在市场化程度比较高的高成长性领域，如影视、动漫、游戏、传媒等，其并购主力是民营企业，如以华谊兄弟、光线传媒两大影视龙头企业为代表，包括乐视影视、华策影视等传媒类企业。这一轮并购的特点是基于一定战略意图的全产业链扩张，通过进军新媒体的互联网化布局，抢占优质动漫游戏公司的 IP（版权内容）。通过市场化的扩张既推动了传统内容提供商以产业链延伸为主的传媒娱乐产业的转型升级，逐渐形成更加稳定的商业模式；又为中国文化企业通过海外资本扩张（国有与民营的海外并购），在提升自身竞争力的同时拓展了海外发展空间，优化了产业发展的国际布局。这些企业的并购行为体现了当下中国文化产业发展的战略意识、国际视野及其内在整体质量与效益提升的发展诉求，这种发展势头恰与整体下滑的中国经济形成鲜明对照，从而在与国际文化产业发展缩小差距中呈现出内在的关联与互动，国际化的资本组合与战略定位体现了中国文化产业崛起的势态，这正是中国软实力提升的平台与路径。互联网与文化产业的深度融合形成庞大的互联网文化产业群，不仅引领文化产业发展方向，还成为文化产业的主导存在形态和消费场域，并以其泛在性特征和边际效应在急剧扩散中成为国民经济中的战略性产业。在当下的中国就是以"BAT"（百度、阿里巴巴、腾讯）为核心的广义的文化航母舰队群，它们从传统的平台越发聚焦在手游、视频、网络文学以及影视制作等优质 IP 上，体现了鲜明的文化产业的创意创新特征，这种巨大体量级的介入已在某种程度上改变甚至颠覆了文化产业的行业模式和游戏规则，随着文化产业链的健全，在互联网平台上会发生越来越多的交易、消费与生产，它正以其实力和优势在引领中国文化创意产业的升级换代。北京大学陈少峰教授预言2015 年是中国互联网文化企业的市场价值超越传统企业的转折之年，也是移动互联网文化产业发展的关键一年。一定程度上，互联网巨大无形的运营平台与优质内容和传播渠道的产业化整合，其实质性影响是在产业链拓展上，在超常规跨越式发展中迈入国际产业分工的中高端，这种气势、视野与商业运作模式的升级决定了文化产业在经济新常态下能够突围而获得"超常"发展。

十八大以来，本着对内和对外双向开放的战略，党中央提出一系列新的发展战略，包括新型城镇化战略、"一路一带"战略、长江经济带和京津冀一体化协同发展战略，不仅为推动区域经济社会发展提供新的路径，也为未来区域文化产业空间布局、特色文化产业发展和文化走出去战略实施提供了想象和实践的空间以及新的重要支点，这就是文化企业实现"超常"发展的机遇。抓住机遇，就要打破行政壁垒、地区分割，实现"产业接起来、要素流起来、市场通起来"，使管理更加科学化。在国家战略视野中，根据区位优势、资源禀赋和生产要素聚集程度，基于互联网数字化技术支撑和内容创新支持的文化产业的带状布局，将逐渐改写我国东部、中部、西部差序化发展的梯次文化产业格局，这是今后一个时期文化产业发展的重大问题之一。从调整产业结构的角度看，文化产业作为现代服务业重要的组成部分，其发达繁荣是城市现代化的重要标志，也是推动城市产业结构优化升级的动力，特别是基于互联网的现代服务业正深刻地改变着世界，网络信息服务业、电子商务、互联网金融等新业态、新模式不断催生新的增长点。因此，借力文化与科技融合以及互联网经济快速发展的潮流，推动整个文化产业升级转型，是文化产业能否实现"超常"发展的关键。

第二节　文化产业发展中的八大乱象

文化产业在国家政策扶持和政府力量支持下发展得很快，但因对文化产业自身的基础结构和产业链及其发展规律认识得不够、研究得不透，真正把投入用在产品开发、扶持原创和"内容文化"发展上的不多，基础性的文化环境、政策环境和服务意识比较淡薄或弱化，经济上的速成思想和"经济至上"思维模式盛行，把依托人力资本、人的创意、长时间积累才能发展的文化产业搞成急功近利的短视行为，结果在实践中乱象丛生。

一　偏离文化规律和文化产业发展规律导致乱象滋生

在知识经济中，文化创意应是社会经济发展的核心动力，并与其他产业相互交融和衍生形成良性互动，成为拉动经济增长的新引擎。就文化发展而言，文化创意产业不仅是一种新的文化形态的生成、传播，还是一种重要的文化经济资源的累积方式，这种以文化产业为轴心的大发展必然改写整个文化发展格局，从而影响文化的发展走向和显现形态。因此，只有在思想上转变观念，发展文化产业的思路科学可行，文化生产力才能获得解放，才能迸发出巨大能量。才会在顺应时代的潮流中引领文化的前进方向，使文化体制改革接应经济体制改革带来的放大效应，让先进的生产关系为生产力发展提供动力机制。目前，虽然文化产业在国家政策扶持和政府力量主导下发展很快，地方政府积极性很高，争相出台优惠政策，建设各种形式的文化产业园，却在发展思路上大多习惯于搞项目、搞有形的东西、搞看得见的东西，以运动式抓文化建设。虽然投入不少，包括设立各种扶持基金，可惜政府投入真正用在产品开发、扶持原创内容上的不多，结果打造出很多"文化奇观"，如很多并无文化含量和粗制滥造的仿古景观、古董赝品，很多粗糙的卡通动漫和根本无播出可能的影视剧等，这种"虚热"导致乱象纷呈。

乱象一，文化发展领域有行业无产业。虽然党的文件提出文化产业概念有十多年之久，但文化建设领域仍然受计划经济思维方式的惯性制约，行政配置资源仍占据着相当大的比例，市场配置资源的积极作用大多限于增量领域，导致文化产业发展不均衡，市场化、规模化、集约化程度低，总量小，尤其是能够参与国际市场竞争的大型国有骨干文化企业或文化企业集团少。就全国文化领域而言，近年来虽有很大发展，有政府的扶持、学界力量的推动、媒体的热炒，但文化产业运行的质量和效益不高。固然有些文化企业做得不错，涌现一些知名的文化品牌，尽管文化产业门类齐全，但其作为产业整体上尚不成熟，即使在文化的产业核心领域里仍然存在产业发展体系不健全的乱象，表现为缺乏发展文化生产力的抓手和平台，缺乏真正有竞争力的市场主体，缺乏完善的产业发展体系。即使受到政府大力支持和媒体热捧且发展势头很好的动漫产业依旧缺乏产业化意识，缺乏现代工业体系支撑下的衍生品开发意识，虽然动漫产量增长很快，但很多动漫企业尚未找到盈利模式，在营销理念上不明白中国的动漫消费市场在哪里，需求在哪里，自然难以打造完备的产业链。从产业规模看，表现为文化消费的总体需求不旺盛、有效供给不足、消费吸纳力不强，大众消费需求未能充分释放，文化市场有待规范、健全和提升，尤其是要素市场、中介市场发育不完善。虽有金融危机下文化产业的逆势飘红，但除了娱乐性大众性产业外，那些关乎国家、民族文化发展走向的主导性文化的产业化程度偏低，市场占有率不高，文化产品和服务"战略性短缺"的现状依旧严峻，主流文化的市场导向不强（诉求价值不明确），这种现状与经济发展水平和人均 GDP 占有量不匹配。其次，文化产业的资本运作能力较差，得不到金融业应有的实质性支持，未能实现金融资本与优势文化资源的有效对接。此外，产业不成熟还表现为文化产业的统计标准不健全不统一、统计数据不科学，虽然国家统计局公布了统计标准，但很多省市都有自己的统计数据，就是某些行业如电影票房、图书码洋的监测、统计体系也不完善，如被诟病的动画电影《阿童木》票房"注水"事件，就暴露出电影票房数据统计的虚假性和随意性，首周票房1700 万被报成 4000 万，其因虚报票房数字引来一片指责声。与之相关的电影档分期问题，电影的艺术属性与产业属性平衡问题，都与分类和统计标准相关。更重要的是，因缺乏意识形态创新和建立现代企业法人治理结构，导致国有文化资产归口由党委宣传部而不是政府的国资委管理，也是产业不成熟的表现之一。目前，中国文化产业中只有影视、网络游戏、主题公园等旅游业产业化程度较高，特别是在数字化技术引领下有望实现产业崛起。2009年7月国家出台的《文化产业振兴规划》表明，政府有意扶持一批重点标杆企业带动行业发展，旨在从根本上改变文化产业发展有行业无产业的乱象。其后的一系列政策引导，特别是十七届六中全会提出"文化强国"战略以来，已经有了明显改变。

乱象二，运动式发展文化产业。文化产业热使全国很多地方既缺乏对文化产业调研和产业基础结构分析，也不顾区域发展的现实条件，一哄而上发展文化产业，像搞政治"运动"或发展加工制造业式的发展文化产业，甚至一些企业和投资方在不十分了解文化产业内涵和规律的情况下，盲目参与投资建设，一定程度上出现文化产业发展的"大跃进"乱象。表现之一就是到处圈地建文化创意产业园区，文化创意产业园如雨后春笋般伴随着"轰隆"的搅拌机声生长出来，因为对所在区域和城市发展文化创意产业条件缺乏理性思考，对区域经济发展水平、科技创新意识以及创意产业发展的全球容量、全国容量与区域容量缺乏科学考量，发展什么不清楚，导致一些产业园因缺乏"软件"内容的支撑，出现空壳化、同质化现象，有的动漫公司多地注册，有的基地或园区相互挖墙脚。在文化产业热潮中，全国约2/3的省市提出建文化大省的目标，为此各省市纷纷制定激励区域文化产业发展的相关政策和优惠条件，一大批文化产业基地（园区）迅速覆盖全国。这种无根的发展，在产业结构调整和企业重新"洗牌"中将有大批被淘汰，不仅造成有限资源（资金、土地、文化资源、人才等）的极大浪费，还会污染破坏环境和文化生态。"运动式乱象"表明有些地方发展文化产业喜欢赶潮流、一哄而上，不顾自身的区域特色。如何建设与区域经济、文化发展水平相吻合的有特色和根基的文化产业值得研究，事实上只有能够扎根有本土内容的文化产业园才会产生带动和辐射效应。国外和我国发达地区的经验表明，建设文化创意产业园仅是发展文化产业的一个抓手，不能由此形成文化产业发展的路径依赖。

表现之二是为促进文化产业发展和吸引注意力，各地政府纷纷搭建各种平台，因平台泛滥和缺乏市场化运作很多成了娱乐"嘉年华"。文博会、动漫节等展示、交易、信息平台的建立，为文化产业发展提供了强大动力。像中国深圳国际文化产业博览会为文化产业发展搭建起一个高起点、高规格的展示、交易、信息平台，使资金、项目、信息、技术、人才在此汇聚，从而推动了区域文化产业的发展。现已成功举办十一届，无论是展会规模、展出内容、观众数量、国际化程度还是实际交易成果以及生产商和参展商与买家的满意度都逐步提升，论坛会议的权威性、各类活动数量和内容、展会的综合素质和档次不断提高，吸引力、影响力、辐射力不断增强，文博会已成为深圳乃至中国重要的文化名片。在此效应下，有些省、地级市甚至县域都搞起了文化产业博览会，出现乱搭平台现象，更是出现了假借文博会乱搭车的现象。文化产业平台要真正发挥信息发布、传播、展示、交易等功能，而不能沦落为娱乐秀、凑热闹。另外，以政府名义举办的各类节庆会展活动，还要处理好专业展会与嘉年华式的节庆活动之间的关系，使平台真正发挥专业性与产业性的双重功能。当前现状是"多而杂"，亟须规范，要由国家统筹建设区域性的高质量有影响力的平台，譬如中国深圳国际文化产业博览会、中国国际广播影视博览会、北京国际图书博览会、北京文化创意产业博览会就很有意义，也很有声色。此外，还要考虑平台本身如何运作和经营。目前，网络博览会平台逐渐受关注，它以低成本、空间无限的潜力和可时时更新而受到重视，可望成为文化产业发展的重要资讯平台。

乱象三，文化产业园区建设乱象。建文化产业园是各级政府借鉴高科技产业发展思路推动文化产业发展的重要举措，作为资本和产业对接的平台，文化产业园成为地方政府发展文化产业的主要抓手。为此，各地政府纷纷设立文化产业园。但当下政府主导的产业园区多囿于概念而缺乏自觉的产业升级和有效的发展运营模式，井喷式出现的园区为了急于完成招商引资任务，不断降低门槛，致使园区运营缺乏统一意识，主导产业个性模糊，多数产业园因缺乏系统性发展规划，使引进的优势企业发展受到制约，减缓了企业做大做强的速度，难以发挥园区的品牌效应和带动作用。更重要的是，园区内产业间关联度较低的"散化"状态，使其难以发挥产业集聚的优势，没有产生应有的规模化、集群化的效应，对区域经济发展的辐射效应和拉动作用不理想，一些发展势头较好的产业园也存在这一乱象。如中关村文化创意产业先导基地60%的企业是计算机软件、互联网服务、动漫、数字出版等网络与信息技术服务的创意企业，其中有全国乃至全球影响力的文化创意企业，像新浪、雅虎中国、百度、腾讯等大品牌企业，但对地域经济发展的辐射和带动作用不是很显著，空间聚集下的业态交融及其集聚效应不是非常突出。如何在品牌影响力建设方面进一步放大或扩散这类企业的效能，提升文化创意产业的发展分量和产业比重，需要各方力量的积极推动。究其原因，主要是园区管理主体不明晰，园区内公共服务体系、技术服务体系不完善，政府主管部门的整体规划和产业布局引导力不强，在发展战略上缺乏明晰的方向。

其次，入驻园区的产业门类虽然不少，但在运营上需要园区引导产业与主导产业间实现融合，使其通过从业性质聚集出现 $1+1>2$ 的效果，进而在园区内完善产业链，在每个环节上都能盈利，才能实现真正意义上的产业聚集，否则就难以发挥创意产业园的优势。以中关村创意产业先导基地来说，基地内的企业基本上各自为政，没有形成良好的上下游关系，企业间难以形成有机的产业关联，绝大部分企业的上游供应商不在创意产业先导基地内，从而无法形成产业供应链，也就难以形成产业集群，自然影响了园区产业生态的良性互动。当前，产业园的设立仅仅做到企业间的空间聚集，而非产业要素及其从业聚集，自然难以形成完善的产业链。从文化产业园区/基地现状来看，虽然大部分园区设立了入驻门槛，但各产业要素之间的关联度不高，仅是空间聚集无法发挥产业链或同心圆效应。通常，一方面单个企业因处于起步或初期阶段，无法形成较完整的产业链；另一方面园区/基地企业之间未能形成紧密的上下游合作，无法实现产业要素的从业聚集。因此，园区管理一定要抓产业链的完善、品牌塑造和推广，只有以品牌为中心完善产业链才能发挥园区的集群效应。通常，一个完整的创意产业园应形成创意、生产、销售、反馈等在内的完整产业链，但目前大多数园区胶着在产业链中的一个或几个环节，即使"一哄而上"也难形成规模效应。

事实上，本土形态自发生长聚集起来的园区通常发展得好，而政府"善意的干预"往往使其失去文化创新活力，如北京 798、上海 M50 等，一旦失去文化的生成和累积，剩下的只是商业。当前大大小小的创意产业园，多数由旧工厂区或旧商业区改造建成，基本上都是"装修炒作——提高人气——吸引企业入园——收取高额租金"的发展模式。实际上，当园区真正建成，随着名气加大，房租不断看涨，最后有能力入驻的是商人，真正有创意的艺术人才和文化企业，在高成本压力下很难在园区内生存。这启示我们不能以发展工业园的方式来建设和管理文化创意产业园，必须遵循文化创意活动自身的生成发展规律，给民族文化、各种亚文化和城市大众文化以自我生长的空间和集聚能量的机会，这样的路径才可能接近文化创意产业有机发展的理念。今后政府应注意对自发文化创意产业园的引导，并跳出设立园区这样的思维，不是只有设立园区这样一种发展文化创意产业的方式。只有把握和遵循文化产业发展规律，才能领会文化产业园对产业集聚的意义！

乱象四，文化产业的同质化竞争。同质化竞争乱象在文化产业园设立中最突出，为了发展文化创意产业一些地方把老厂房、都市工业园都挂上创意的牌子，不管是否有内容，先挂号，再观察调整，或者将"创意××"随意安置在"科技兴市"、"文化立市"等系列口号中。在不切实际的"虚热"中，同一区域内许多产业园的战略规划和运营模式以及内容产品雷同。究其原因，一方面因没有深入调研导致规划缺乏地方特色，规划方案相互复制导致园区管理模式雷同；另一方面园区经营范围和功能定位雷同，缺乏差异化的内容支撑导致同质化竞争。同质化乱象不仅难以带来预期的经济效益和溢出效果，而且因恶性竞争和资源的不合理配置，难以发挥差异化竞争优势。以动漫产业园为例，目前已初步形成上海、杭州、深圳、成都、长沙等五大动漫基地，还有很多城市（如无锡、常州、南京、合肥、长春、天津等）都建了动漫产业园，甚至有些后来居上规模颇为可观，在缺乏差异的同质化竞争中，出现文化失序等违背经济和文化规律的乱象。结果，很多动漫企业依靠为品牌企业代工、外包、培训等业务生存，同质、低价竞争的后果是"动漫不动"的乱象，几乎85%的动漫企业亏损。无序竞争，相互压价，加上对市场需求定位不清晰，生产出来的动漫产品故事情节雷同、平淡无味，内容粗编滥造，造成产品与观众脱节、与市场脱节。一些企业为了生存而"候鸟"式的游走，导致很多老的产业园区/基地逐渐"空壳化"或名实不符，园区空置率增加。这些乱象表明：一方面，一些起步较早的文化产业园自身面临结构调整和产业升级问题，就要思考如何实现产业升级，如何继续维持竞争优势，如何借助高科技和新产业形态的培育及其规模化，推动传统产业转型，使传统内容产业与高新技术融合完成产业升级；另一方面，园区管理运营要从低端和粗放型模式，特别是相互拼优惠政策的行政思维中走出来，作为政府派出机构的园区管理者（管委会）应有市场思维，不能用行政思维管理园区。既要充分发挥政府的公共服务职能，着力改善市场环境，加强市场监管（质量监管和维护秩序、制定园区发展规划、搭建"走出去"的交易平台、协助企业整合与盘活资源、以整体方式推广品牌、发挥沟通与协调功能），营造公平竞争的市场环境，遏制无序的恶性竞争，帮助企业在市场和产业层面拓展运作渠道；又要发挥市场机制的灵验功能，充分调动市场力量推动园区企业的产业运作，鼓励企业推出切合市场的产品，使企业真正从产品/服务上获利，帮助企业依靠市场运作做大做强，而不是靠政府补贴生存（不是靠政府养企业，而是靠市场强企业）。政府应激励园区在市场运作中形成成熟的运营管理模式，而不是做一些花拳绣腿的表面文章。现实中，政府主导的产业园一旦失去政府的推力，产业园区/基地还能走多远？事实上，一些中小企业普遍迷失方向。就政府而言，自认为播下的是龙种，收获的却是跳蚤；用尽了办法，付出很多辛劳，但效果不令人满意。

乱象五，文化产业发展中的圈地。在各地政府优惠政策推动下，一时间各种文化产业基地林立，一些不了解和熟悉文化产业的商人试水文化产业，纷纷打着建文化产业基地的旗号，希望地方政府批出多少平方公里的土地。一旦拿到土地，建了大片厂房和高楼后，却没有多少实质性的文化内容，管理者、经营者、开发商停留在"创意"的概念上，或者对"创意"理解有偏差，一味地"炒概念"，根本不懂什么是文化创意产业，因此找不到商业模式和赢利点，在资本逐利的逻辑下，文化产业园变成了房地产开发。即使那些由旧厂房和旧城区改造的文化产业基地，也因找不到商业模式而成了二房东。开发商圈了很多地，但是文化精品、文化品牌并没有创造出来，即使有个别不错的文化产品，也没有形成高附加值的产业链，文化队伍建设也不理想。逐利式的主观冒进，根本不是以文化方式发展文化产业，往往只见"产业"不见"文化"。结果，文化产业基地变成了偷换概念的房地产项目，出现了商人以发展文化创意产业为名实施的"低价圈地"乱象，一些商人借机变相敛财。这种以"文化产业"、"创意产业"之名搞"圈地运动"，通过所谓文化项目抬高地价或以文化为卖点获利的房地产开发，使创意产业园区最终变成房地产小区的现象不少见。只有回归文化产业发展之路，才能制止借发展文化创意产业之名行圈地之实的乱象。文化创意产业有"聚集"的特征，但形成文化创意产业的"聚集区"不是盖厂房和写字楼，而是建设富有文化味的"社区"，即建立合乎创意产业发展的产、学、研新型合作开发模式，形成适合创意人才生活、工作和消费娱乐的文化氛围，打造规范有序的商业环境，完善多样的公共文化服务设施，通过新的文化社区的塑造来提升城市的生活品质。可见即使建文化产业园也不一定要圈地，而是把文化生产和文化消费融入社区中，提高周边居民的参与度，形成一种有特色的文化氛围。文化的生产与消费不是简单的物的制造与消耗，而是都市生活品位的培育。园区或基地建设避免"圈地乱象"就要回到核心"创意"上做文章，要转变观念，不要一提园区就非得"圈地、盖楼"。唯此，才能防止一些地方产业园有名无实，最后变成房地产开发。当前，在凸显文化产业做大做强的经济维度下，圈地乱象是一个警示，过于重视产业维度可能会忽视文化的持续发展，久之就会丧失民族文化之根，失去民族的审美情趣，失去文化安心铸魂的本位，从而使社会主义文化领导权（文化发展的话语权、主导权）旁落。文化产业的大发展归根结底是文化的发展，其目标之一就是提高民众生活用品与活动的文化质感，建立文化产业园旨在把产业形态的文化与社区大众的日常生活融合起来，用文化来引领生活品位，是"以人为本"的科学发展观在文化上的实践。

乱象六，文化产业发展中规划高、执行力低。在中央政府的政策鼓励和重视下，文化产业发展进入提速期，不仅国家出台了宏观的《文化产业振兴规划》和"文化发展的十二五规划"，地方政府也纷纷制定本地区的文化产业规划，许多地区的文化产业发展已成为党政"一把手"工程，为此，不惜高价面向海内外学术团队招标规划。但就现实性而言，大多数规划多停留于纸上的"豪华"而难以落地，导致规划高、执行力低，现实效果与目标设定之间有较大落差，致使规划期限内很多项目和愿景难以实现。这一方面源自规划前对现状调研和产业结构分析不足，造成对本地区文化产业资源、市场以及优劣势等背景和产业发展前景分析较肤浅，自然会影响规划的落实和执行效果；另一方面因为规划内容多偏于文化产业的基本原则、指导思想和发展目标的宏大论述，对切合本地区域经济实情的文化产业结构、布局、发展路径等决定规划可行性的内容相对较少，规划操作性不强，多限于抽象布局。再者，现在普遍缺乏对实施效果反馈与有效评估（跟踪调研和后续规划跟进）。最后，规划完全落实势必关涉深层次体制机制问题，这些障碍、行业壁垒和行政界线制约了规划的执行力，深层次障碍的破解还有待文化体制改革的深化，诸多制约因素导致文化产业发展中出现规划高、执行力低的乱象。

乱象七，文化产业发展中误读文化市场。面向市场，健全现代文化市场体系是发展文化产业的基本前提。面向市场，不等于市场效益最大化，不等于过度商业化、过度娱乐化。这种乱象可分为两个层面：一是对文化市场消费需求的误读，主观上想象我们有一个非常庞大广阔的文化市场。就消费观念、消费市场的培育而言，所谓的中国文化大市场仅是潜在的，尚未成为现实（业界人士普遍感叹中国市场其实很小），主要是大众的文化消费能力和水平较低。此外，市场越来越细分，尤要关注分类分型市场，这需要提升专业化水平。国内大市场还处于"潜力"状态，如何使"潜力"变为现实，需要条件和前提。最基本的一条是培养民众的文化消费习惯，如果没有民众的消费需求，文化产业不可能大发展。只有启动国民的文化消费才能带来真正的文化繁荣，目前，文化需求很大，需求的冲动真实存在，但文化消费需求尚未真正形成大市场（有权、有钱的很少去消费，无钱的消费不起；存在喜欢文艺的市民难以欣赏到高雅艺术，高雅艺术家的作品又缺少消费者的"怪圈"）。一旦误读国内消费市场需求，特别是无视地方有效的消费需求，包括购买欲和支付能力，就会导致文化产业发展的盲目性。政府要担负起文化消费市场的培育责任，培养大众消费文化产品的习惯，针对不同的大众需求提供差异化的服务。这种培育可以通过全民性活动如文化消费季、读书月、广场文化、社区文化等公共文化服务体系来引导，也可以通过建立健全现代市场体系来实现，使大众在观念上树立文化消费的理念，以及在社会观念上要树立真正有文化的人有市场号召力，进而其产品才有市场的意识；在全民中普及只有成熟的国内市场（消费吸纳力），才会有国际市场竞争力（有效供应力）意识。在操作上可从日常生活的文化活动做起，甚至参照拉动旅游的做法，为市民发放文化消费券，为弱势群体提供文化低保来培养大众的文化消费习惯。动漫产业之所以成为日本战略性支柱产业，就缘自日本国内除 6000 多亿日元主市场外，还存在着将近 20 倍的衍生品市场。基于日本的经验，我们需要转换观念跳出误区：卡通动漫的受众不仅是少儿，还要开发成人市场，也就是说全民都是动漫的消费者；卡通动漫的类型不限于动画片和电视片，还要拓宽其消费领域开发衍生品市场，更要与教育、旅游、广告、会展业、餐饮业等融合；对卡通动漫的理解要跳出娱乐，走向更广阔的生活领域，与科普、教辅相结合。也就是说，发展动漫产业要全民、全社会和多领域上下互动、政府与民间联动，在全社会营造消费卡通动漫的氛围，把潜在的消费市场变为庞大的有影响力的现实市场，文化产业才会发展得如火如荼！文化消费市场是文化创意产业发展的源头活水，没有水再强的"鱼"也难存活！我们衡量一条鱼的生命力不是看它在岸上活多久，而是要考察它在水里的生命强度。只有把潜在的市场消费需求释放出来，文化产业才能赢来辉煌。

二是文化市场上的消费趣味低俗化。现实中大众文化消费水平远远滞后于社会、经济的发展，现有的消费主要以流行的大众文化为主，对文化的消费多停留于感官、身心的娱乐上，致使当下文化市场上尤其是大众传媒上低俗的东西在流行、蔓延！有些人认为娱乐就是文化，就是产业，导致庸俗化、低俗化趣味泛滥。主要表现在某些商业性娱乐文化过于注重娱乐，注重吸引眼球，缺乏社会责任感，过分追逐娱乐而"恶搞"中国传统文化、主流文化，不顾文化艺术自身对卓越性追求的发展规律，唯市场取向马首是瞻！甚至个别地方还出现把文化垃圾当"卖点"的现象。这些低俗化乱象导致文化的断裂和空壳化，文化内容的断裂使大众迷失了文化身份，身份认同的迷失使大众搞不清自己是谁，忘却文艺除了娱乐还有引导、教化和提升功能。消费趣味乱象导致文化赝品流行，盗版横行，严重扰乱了文化市场秩序，亟须文化打假，也带来文化资源的浪费和过度开发。一定意义上，消费促进生产，消费趣味的提升才能推动整个民族素质不断提高。只有大力发展文化产业，有效供给丰富的、高质量的文化产品为全民所消费，才能实现对每一个消费者自身的教化，全民族的文化素质和审美趣味才能提升，进而增强文化凝聚力。只有引导消费趣味，培育大众的"绿色文化消费"才会提升文艺素养，最终才能健全、完善文化市场。当前，要加强对大众文化消费趣味的引导，采取有效措施促进文化消费，引导文化消费趣味与公民素养的提升相结合，促使文化消费成为扩大内需的重要渠道，在全社会形成可持续发展的文化消费引力，国内的文化大市场才是现实的。

乱象八，文化产业发展理论研究的薄弱。虽然学界对文化产业概念认识的不晚，对国外发展现状和经验介绍的也较多，但具体到对文化产业发展规律的研究则较薄弱，研究领域和研究力量也不均衡。近年来，各重点院校、科研院所纷纷成立文化（创意）产业研究院（所）、研究中心，投入大量的人力、物力加强研究，包括国家立项和各部委立项，但理论研究、政策研究及其创新仍落后于产业发展实际，在某些关节点上不能对文化产业发展实现有效指导，不仅力量薄弱，还缺乏现实针对性和区域特色化，很多规划（包括园区建设）相互复制和拷贝。从而难以为政府制定创意产业政策提供学术支持，影响了政府产业政策的有效性、连贯性和一致性。此外，对文化产业特性认识不足，尤其是对文化产业的人才支撑理解不到位，往往导致忽视人的创意及其成果保护，以及经营管理人才的特殊性，致使对文化产业发展理解得较肤浅。只有加强学术研究，利用信息平台实行信息资源共享，才能对文化产业实行全方位、全行业、多环节的产业辅导。在本土化研究方面，尽管很多学者呼吁建立文化研究的"中国学派"，但就学术成果而言，不仅研究范式、方法等方面相对落后，更缺乏理论的原创性，不能有效地针对本土实际。有些研究机构，缺乏社会责任感和超越意识，堕落为某些利益集团或阶层的代言人！唯市场利益而把眼球从底层民众身上移开！换句话说，在文化产业园区的规划中唯资本马首是瞻，缺失了人民性视角。所谓胸怀学术胸怀民族，成了学术的包装！此外，文化产业发展中的评价机制有待进一步完善，以便在实践中引导和矫正文化产业发展方向。研究滞后还表现在政策创新滞后，尤其是文化立法滞后，《文化产业促进法》迟迟难以出台，作为基础性和前瞻性的学术研究，首先要正视自身的这些乱象！

二 对文化产业乱象的冷思考

2014 年随着中国人均收入超过 7800 美元，在国家政策导向、现实需求和地方政府的强势推动下，文化创意产业呈现提速发展姿态，在全国出现文化创意产业发展热。"热"固然催生了促进文化创意产业发展的舆论氛围和社会环境，但也出现一些盲目乐观、不切实际的主观臆测和发展乱象。

最突出的现象就是名称的泛化和混乱（文化创意产业、创意产业、文化产业、版权产业、内容产业），甚至同一城市的不同主管部门发文件所用名称都不统一、不规范，表明从观念到管理对文化创意产业的认知并非十分清晰；在实践中还常常混淆文化活动与文化创意产业之别，把举办某些"烧钱"的吸引眼球的文化活动视作发展文化创意产业，出现片面追求轰动效应的短期行为，不注重或忽视文化创意产业的民族文化根基的长期培育，表明对文化创意产业特性认识不足。此外，在一哄而上的运动式发展中出现文化创意产业园区"翻牌"乱象，和规划"豪华"而落地难、执行力弱的乱象，以及城区"奢华"的文化地标建筑与西部和基层文化基础设施衰败的不协调现象；一些地方不顾区域特点和经济发展现状，盲目上马一些时髦的文化产业项目，出现过分追求文化创意产业的数量和规模，忽视质量和效益的乱象；有的地方因崇拜 GDP 盲目统计文化创意产业的产值和比重，而忽视其涵盖和延伸范围，出现什么都往文化产业的"筐里"装的乱象；面对盗版肆虐的乱象，版权保护需要制度化，从立法、执法、监督等各环节推动保护常态化，严厉打击各类侵权盗版行为，切实维护著作权人的合法权益。这些乱象表明文化产业管理体制亟待建构和完善。

文化产业以"创意"和"创新"为内核，创意是文化产业的灵魂，国家积极倡导文化产业创新，但如何创意存在适度的问题。在文化创意产业热中，一些地方、一些文化领域已出现"创意过度"的乱象，而且这种盲目性及在其裹挟下大众的盲从还有蔓延之势。无论如何"创意、创新"，其着眼点和归宿都要落在"文化"上，而不能偏离文化发展航向以纯粹赚钱为鹄的。更不能假借创新之名，行投机之事，盲目的"创意"和超越发展阶段的"创新"都有可能给文化创意产业带来戕害，而危及新兴产业的可持续发展。在文化创意产业发展的初级阶段，任何另有目的的"表演"和"作秀"以及单纯追求 GDP，都可能给这个"弱势产业"带来风险，当前尤要谨防文化创意产业被功利化。

在文化创意产业热中，要注重内容质量的提升和对娱乐合理化的引导。发展文化创意产业要坚持本土化的内容、民族文化价值取向、普适性的价值诉求、世界眼光和现代性立场。文化创意产业虽然依托大规模复制和产业化运作，但作为具体的文化产品，既要体现感性的"个性化"需求以抚慰大众，又要显现普遍的"社会化"诉求以践行社会核心价值观。在实现从"产品"到"商品"的"惊险一跳"中要有文化自觉意识，既追求经济效益，也要兼顾社会效益，自觉克服单纯追逐利润的倾向。首先要有足够数量的主流文化产品占据市场份额，主流意识形态的感召力和影响力是靠主流文化产品在市场上被广大消费者实实在在的消费实现的。其次要充分培育和激活市场，规范、健全、完善的市场是文化创意产业发展的基础。谨防文化企业为迎合市场而忽视对市场的引导，以炒作和"另类"、"越位"的方式吸引眼球，而缺乏耐心用真功夫和慢功夫打基础、建渠道、强内容。发展文化产业，既要尊重文化发展规律，即文化及其艺术表现形式的多样化和大众消费层次的多元化；又要遵循市场和产业发展规律，充分发挥市场灵验功能。通过宏观调控和政策导向，使文化发展真正贴近人民的需求、满足社会的诉求、符合党的要求。

文化产业在金融危机中的强势发展使人们看到了文化创意的价值，只有把握机遇，在结构、策略和政策上做出相应调整，正视文化产业发展中的误区和乱象，真正按照文化产业自身发展规律去推动，相信随着文化体制改革的深入和经济的复苏，有着扎实根基和深厚底蕴的文化产业将迎来大发展的春天！

第三节　以科学发展观引导文化产业发展

文化产业作为当今人类社会新的财富创造形态及其所产生的巨大的乘数效应，日益引起国际社会的普遍关注，被视为各国尤其是发达国家强力争夺的战略高地，而世界格局的变化、新的国际文化秩序的建立和文化力量格局的重组，也正沿着文化产业这条中轴线展开，因而，文化产业领域成为世界强国在经济、政治、文化展开全力竞争的焦点，文化产业战略自然成为国家战略的重要组成部分。为构建有利于竞争优势的对抗体系，各发达国家高度关注对各种文化力量、各种文化生产要素和文化产业战略资源的系统整合和优化，并确保在新一轮的国际分工体系重构中占据有利环节。面对西方文化资本、技术和市场的巨大优势，我国文化企业发展差距非常明显，文化产品进出口贸易存在巨大逆差。因此，提高文化产业运行的质量和效益，就必须坚持以科学发展观来引领文化产业发展。

1. 要以科学发展观作为制定文化政策的基本指导思想

一定的文化政策总是一定历史时期文化政策主体实现对国家文化统治的一种存在样式。就普遍性而言，以一定的文化价值观为核心的这种文化治理方式，只有建立在一定的文化政策的对象性基础上，它才能真正获得它的生命存在的形态。换言之，有什么样的客体存在，就会有与之相适应的文化治理方式。选择什么样的文化政策来实现对文化的有效治理，实质上是文化政策主体基于文化传统、现实国情关于文化发展道路、文化发展方向的选择，是在历史的进程中关于文化现代化的选择，也是一种文化理想的追求。科学发展观作为党和国家发展的基本指导思想，其以发展为第一要义，以人为本，以全面协调可持续为基本要求，实际上呈现出一种文化理性的发展观，是当代视野中的马克思主义理论的中国化。

在"五位一体"的现代化事业的总体布局中，尤其在"四个全面"战略整体推进中，文化领域的全面深化改革不能单兵突进，文化内部各行业以及产业之间也要均衡发展，要实现从边缘的外生性增长转向内涵式包容性增长。在迈向国家文化治理现代化的过程中，文化政策选择的合理性取向，应该是国家文化意志与社会大众文化满足的一致。因此，在文化政策的实施过程中，就既实现了政策主体关于国家文化的价值关怀，同时又满足了社会公众对于不同文化消费自由选择、自主表达的需要。唯此，才能形成一个国家乃至地区文化建设和发展的良好文化生态环境。选择什么样的文化政策来规范和引导文化建设和文化发展，综合体现国家文化意志实现与社会公众文化需求满足的一致性，不仅是文化资源配置方向选择的合理性问题，也是这种文化治理方向选择在具体实践中的可操作性问题。

处于当代社会转型期和复杂的历史境遇中，文化发展必须以科学发展观为指导思想和原则，才能正确处理文化发展过程中的各种矛盾和问题，进而有效促进文化事业和文化产业的双轮驱动、共同发展。东西方现代化的理论和实践已经揭示，文化统治方式选择和文化秩序重建与文化价值取向之间存在密切关联，只有当新的文化秩序（作为文化治理方式选择的结果）与经过扬弃的文化传统（作为原有文化秩序的合理性成分）的取向相一致时，也就是只有当把现代性的文化新秩序要素纳入已扬弃的传统文化框架时，它才能为在这种文化环境中成长的社会成员所理解、接受，从而形成概念化、规范化和制度化。因此，文化治理方式和文化秩序重建，无论是作为政策主体选择的手段还是目的，都只有通过对旧方式、旧秩序中非合理成分的彻底否定，同时给予那些合理性部分以充分理解和尊重，并且以此建立起主体重建文化治理方式的合理性尺度，才能使主体的文化治理方式和文化秩序的重建拥有一种相互制衡机制，从文化冲突走向文化整合。如何把握其中的"度"和达到理想的效果，离不开科学发展观的指导。

从新中国成立以来，虽然党和政府高度重视文化建设，但文化增长方式一直处于依附性状态而缺少与政治、经济、社会的协调发展，从 20 世纪 50 年代的"文化大跃进"，到 90 年代盛行的"大策划、大制作"，一直延续到 21 世纪初，都在追求一种现代性的宏大叙事；从文化发展向苏联的"一边倒"，到走马灯似地操练西方学说，都可以看到文化发展中的依附性和独立品格的缺失。结果是文化学说不断花样翻新，却很少有文化内在资源存量的递进和文化价值的积累，从而造成泡沫文化的虚假繁荣和文化负值的增长。因此，从"三个代表"到"四位一体"再到"五位一体"，科学发展观的内涵不断丰富，并成为 21 世纪文化发展战略的指导思想。在文化领域，通过民族文化质的提高和国家文化力的增强，依托文化内源式发展作为增长方式，通过满足人民群众对文化的多样化需求和文化的终极关怀，增大国家和民族的文化资产存量。促使中国从文化资源大国向文化强国迈进，把文化的可持续"绿色"发展作为文化政策的选择，充分调适文化事业与文化产业之间的关系，最大限度地调动和发挥各种精神文化力量的积极因素和创造因素，从而把全面进步、充满生机和活力的当代中国新文化——以新的姿态和形象——展示于全球化舞台。

2. 在科学发展观指导下，不断明晰文化产业发展的目标和思路

随着我国文化产业迅猛发展，中央赋予文化产业越来越重要的地位和使命。紧紧围绕科学发展主题和加快转变发展方式为主线，以改革创新和科技进步为动力，以壮大实力、提高竞争力为核心，以满足人民群众多样化、多层次、多方面的文化消费为目标，加快推动文化产业成为国民经济支柱性产业。可以说，中央关于文化产业发展的目标任务和思路非常清晰，不仅将其纳入经济社会发展总体规划，纳入科学发展考核评价体系，还将其摆在党和政府全局工作重要位置，可以说加快发展文化产业已成为各级党委政府的广泛共识，文化产业发展的组织保障和政策措施都很给力。党的十七届六中全会通过的《中共中央关于深化文化体制改革推动社会主义文化大发展大繁荣若干重大问题的决定》，作为我国文化发展的"顶层设计"，不仅提出了建设社会主义文化强国的战略目标，还提出了一系列具体举措和实施步骤，明确提出把文化产业培育成国民经济的支柱产业。在党的十八大报告中，把文化产业发展置于"五位一体"的现代化事业格局中，

提出推动文化产业的跨越式发展：促进文化和科技融合，发展新兴文化业态，提高文化产业的规模化、集约化、专业化水平。十八届三中全会不仅明确了发展的"人民性"诉求，还提出了激发全民族文化发展活力的要求。

十八大报告首次提出，"提高文化产业的规模化、集约化、专业化"。这意味着文化产业发展不能走粗放式地追求 GDP 的老路，这"三化"有助于挤掉文化产业发展中的泡沫，体现了中央政府对文化产业发展态势和发展模式的新认识。规模化指规模上做大，文化产业要有一些跨区域、跨行业、跨所有制、跨国界、以多种技术应用为支撑的大公司，鼓励通过兼并重组形成核心竞争力；集约化是做强，重在提高质量与效率，增加科技含量、自主创新能力、知识产权含量；专业化意味着在专业上做专做特做精，通过政策扶持和资金支持使中小文化企业活力四射，使其能够深耕某一领域，进而推动文化产品和文化服务的创新。

具体地说，就是明确一大目标、激活三大动力、优化提升三大生产力形态、构建协同发展的四大体系。

首先，明确推动文化产业在 2020 年成为国民经济支柱性产业的目标。

根据 2004 年文化产业统计分类口径，2010 年我国文化及相关产业法人单位增加值为 11052 亿元，占 GDP 比重为 2.75%；2011 年文化产业法人单位增加值达 13479 亿元，占 GDP 比重达 2.85%；文化产业法人单位增加值占 GDP 比重从 2004 年的 1.94% 增至 2011 年的 2.85%，年均增长 23.35%。2012 年 7 月份，国家统计局印发《文化及相关产业分类（2012）》，增加了文化创意和设计、文化信息传输等新兴产业门类，按照新修订的统计标准，2012 年文化产业实现增加值 18071 亿元，占当年 GDP 比重为 3.48%，同比增幅为 16.5%，对国民经济的贡献率为 5.5%。2013 年我国文化及相关产业（文化产业）增加值为 21351 亿元人民币，占当年 GDP 的 3.63%。2014 年文化产业增加值为 23940 亿元，占 GDP 的比重为 3.76%。尽管增速有所回落，但仍远高于同期 GDP 增幅。关键是如何通过实现包容性增长达到有质量的 5%，不能单纯以数字论英雄，而是看质量和效益，即 5% 是如何创造的，通过什么方式由什么来创造的，不能仅仅是增量领域的发展和业态创新，还必须通过存量领域的结构性改革，提高其效率，激发其活力，提升其有效供给能力。仅从增加值上来讲，所占比重达到 5% 虽有一定难度（增速放缓），但还是可能的。关键是看文化产业的质量、效益、产业结构、文化影响力的提升、文化精品的数量、拉动就业、文化消费水平等。明确目标不单看占比 5% 这一个参照系，这当然是一个硬指标，但不是唯一。作为支柱产业更要看到其对整个国民经济的引领和推动作用；更要看文化产业自身运行的质量和效益，而不是单纯的数量增加和规模扩张；不仅要看文化产业对经济发展的贡献率，更要看文化产业在激发社会文化活力和促进文化繁荣中的作用；就其对经济发展的贡献来讲，不仅要看文化产业增加值占 GDP 的比重，还要看投入产出比，看文化产业就业人数在整体就业中的比重，看其是否对人才有足够的吸引力，文化消费在整体消费中的比重，文化贸易在全部出口中的比重等；就其促进文化繁荣来讲，要看是否满足了不同层次、不同类别人群的文化消费需求，是否提升了公民文化素养，是否提高了大众的生活品质、审美品位，改善了大众的生活环境等。可见，推动文化产业成为国民经济支柱性产业的要求是多维度的，其意义是深刻而广泛的。

有了现实基础，但在产业发展中还要转思维换思路，要有战略意识，找准症结点，抓住机遇，如新旧媒体的融合发展机遇（如与腾讯、阿里巴巴、百度等互联网企业进军文化产业并与之融合发展）。既要看到产业发展现状的大而不强，又要看到其无限广阔的发展空间，尤其需要政策突破（兼并、重组的破壁、市场准入等）和制度保障与立法促进。

其次，激活文化产业发展的三大动力机制，即文化体制改革、科技创新、创意驱动等。

第一是全面深化文化体制改革动力。加快文化体制改革和机制创新（如在管理体制上组建国家新闻出版广电总局，在省级层面加快新闻出版与广电的合并等）——主要针对文化发展的存量领域进行结构性改革，从而极大地释放文化产能。要继续深化国有文化单位改革（由转企到改制、建立现代企业的法人治理结构），创新文化宏观管理体制和微观生产经营机制，着力破除制约文化产业科学发展的体制机制障碍；同时在存量领域进行结构改革，充分释放活力和提高效率，以增量领域的发展带动存量领域的改革。在增量领域——进一步增强文化发展活力，增量领域的突飞猛进主要靠民间资本和民营企业，因此要切实抓好《国务院关于鼓励和引导民间投资健康发展若干意见》的贯彻实施，加强和改进对非公有制文化企业的服务和管理，营造公平参与市场竞争、同等受法律保护的体制和法制环境。

随着十八大前收官阶段文化体制改革任务的完成，核销 7000 家事业单位、注销 30 多万人事业身份，培育了大量市场主体，这些市场主体的竞争力如何，还有待市场检验。关键是建立现代企业法人治理结构，实行现代企业制度，健全现代文化市场体系。现代企业制度为文化企业突破行政区划限制、实现跨地区发展（资源的全国流动）提供了体制条件，只要把改制重组的范围从一省扩大到全国，就会极大地理顺文化产业发展中的市场关系。当前，"市场准入壁垒"与微观主体不合理的"二元结构"严重阻碍了中央提出的投资主体多元化、推动以公有制为主体的通过投资主体相互参股控股实施兼并重组混合所有制经济的做大做强。只有真正建构和完善现代企业制度、建立和健全现代市场体系，所谓的市场导向和舆论导向的矛盾就很好解决了。其实很多问题是人为扭曲的，正因市场被扭曲导致的一个现象：思想性强的文化内容产品因开放度低而供应不足，低俗搞笑的产品因开放度高而大量同质化泛滥。文化体制改革作为文化产业发展的驱动力之一，旨在通过制度创新为文化产业发展护航，建构符合文化产业发展规律和文化企业运营的体制机制，也就是说建构现代企业产权制度。

如何继续深化改革？当前把全面深化文化改革的中心环节，由培育合格市场主体转变为激发全民族文化创造活力，意味着在"改革"的同时更要重视"发展"，处理好存量释放与增量发展的关系——协同推进，在"发展"中还要完善"管理"，从而在逻辑上遵循"改革"、"发展"、"管理"相统一的原则。所谓支持文化企业发展是针对所有文化企业的，对民营企业和外资一视同仁，未来的现代文化市场是开放的、公平的。一定意义上，改革推进到什么深度，文化产业管理和运行就能发展到什么高度。

第二是加快文化科技创新，尤其是"互联网＋"和数字化技术的应用。充分利用高新技术改造传统文化产业，大力发展新兴文化业态，着力建设现代文化传播体系，构建以企业为主体、市场为导向，产学研相结合的文化技术创新体系，抢占文化产业发展新的制高点。文化与科技的交融愈发凸显文化市场的结构性矛盾——战略性产品短缺，不仅是技术应用的缺乏，更是内容原创（图书馆、博物馆、文化馆等内容集成性高端平台的重要性愈发凸显）的缺乏，尤其是要在大视听产业（"多屏竞争"）中看待电视和广播的发展，包括报纸、期刊业的发展。也就是说，文化产业发展要对技术应用和时代变化特别敏感。从世界范围来看，科技创新是当今文化产业发展的最强劲动力，技术应用不单纯是一种工具，它本身还是文化的载体和显现。如今，世界主流产品都可以说是文化与科技有机结合的产物。如智能型的苹果手机、平板电脑等系列产品。在发达国家，文化产业的发展不再是量的叠加，而是质的飞跃，其中的助推力就是科技。正是科技的力量使没有多少传统文化底蕴和传统文化资源的美国成为文化产业强国，百老汇音乐剧的科技含量之高，使其他国家许多传统表演艺术根本无法与之抗衡；好莱坞影城和迪斯尼乐园各种艺术和科技融会贯通的表演，在世界各地有着庞大的粉丝。当下，"互联网＋"是创新 2.0 下的互联网发展的新形态、新业态，是知识经济社会创新 2.0 推动下的互联网形态的演进，其动力机制是文化与科技的融合发展。它带来的产业形态的直接变化是：小（企业）、微（方式）、新（业态）、酷（特色）、融（思维），与之相对应的外在环境是：大（大数据）、智（智慧城市）、云（云计算）、移（移动互联网）、自（自媒体），这些变化都极大地改变了人类社会的生活方式。可以说，在文化产业发展中科技创新态势强势凸显，文化业态创新就是技术驱动的结果。基于此，国家启动了文化科技创新工程，2012 年通过的《国家文化科技创新工程纲要》明确了"到 2020年，文化与科技深度融合，文化产业科技创新体系得到完善，文化和科技融合示范基地成为文化产业的重要载体，形成完善的文化科技支撑体系，文化产业成为国民经济支柱性产业"的目标。

就科技创新驱动而言：几乎每一次科技创新都会引起文化生产方式的深度变革，从而提高文化生产力水平。可以说"互联网＋"和"文化＋"的广泛应用，已成为当前"大众创业、万众创新"的重要推手。一定意义上，"互联网＋"的时代也是"文化＋"的时代，比互联网更广阔的是文化思维。具体地说，一是催生了文化新业态、新载体，如网游、智能手机应用[1]。二是创造了文化传播新渠道，如新媒体的传播应用。三是改造传统文化产业，如多媒体印刷读物、电子书等。四是推动了文化产业升级，如数字出版和数字化传播，由看电视到用电视——电视互联网、电视报刊等。数字技术应用带来了传播方式的变化，解放了人的时间和空间（实现了在任何时间地点看电视节目等的愿望），催生了文化的新业态。如中国当下娱乐业的领潮者——爱奇艺就给予我们诸多启示，只有更适应当下的消费者、捕捉到主流消费群体的需求，才能获得大发展。传播方式带来了传播内容的变化，新的内容随着技术应用呼之欲出。在提升创新路径上，只有通过加强科技与文化的结合，促进创意和设计产品服务的生产、交易和成果转化，才能创造具有中国特色的现代新产品，实现文化价值与实用价值的有机统一。因而，必须建立健全文化创意和设计服务与相关产业融合发展的技术标准体系，加快制定、修订一批相关领域的重要国家标准。事实上，从当前文化产业所有类别企业的发展情况看，文化科技类企业利润

---

[1] 如乐视新开发了一种"生态电视"：它不再是一款简单的电视，而是一套通过产业链垂直整合和跨产业价值链重构所打造的开放性闭环大屏互联网生态系统，它通过跨界创新、生态运营，不断创造出独一无二的产品体验和更高的用户价值，呈现出"内容＋平台＋终端＋"应用的科技创新模式。

率最高、发展势头最好，这就充分反映了科技对文化产业发展的巨大推动作用，体现了各地近年来在促进文化科技融合发展方面取得的积极成效。

第三是充分发挥文化创意的内生驱动作用。从国内经济社会发展现实来看，创新和创意逐渐成为知识经济时代经济社会发展的核心驱动力之一。2014年国务院发布了《关于推进文化创意和设计服务与相关产业融合发展的若干意见》，以及文化部、财政部联合发布的《关于推动特色文化产业发展的指导意见》等，都有力地推动了文化创意在文化产业发展中的驱动作用。一定意义上，文化创意和设计服务与相关产业的融合发展将成为文化产业实现"三化"的重要保障手段。创意是文化产业的灵魂。创意与原创性、新颖性、想象力、独创性、灵感汲取等相关，以产品/服务的形式显现，又关联于市场，现在又演化为一种资本——创意资本，日益成为财富创造的重要方式之一。对文化产品来说，创意无处不在，它代表了文化、艺术、哲学、思想与科学技术，甚至制造业之间的融合。其实，中华民族从来不缺少文化（拥有丰富的文化资源），真正缺少的是将文化与科技融合的创意。只有以创意来驱动文化与科技、艺术、资本、制造业等的结合，跨越边界，才能提升文化行业的运行质量。如对工业遗产的开发可增加工业项目体验内涵，对农业观光、采摘的艺术品位的提升，创意授权延长了基础制造业的产业链，更重要的是只有以创意驱动才能有效支撑文化品牌建设。文化产业在创作生产最终消费品时，还在创意和设计服务驱动下，既可以把卡通形象植入文具、服装、玩具中，也可以把文化元素、符号植入建筑装饰材料中，以提升品牌价值和附加值。从而实现了创意和设计服务驱动促使文化产业与国民经济的深度交融。

如文化、科技、旅游等的融合发展就可以产生 1+1>2 的效果。深圳华强科技集团以文化为核心的高科技融合、华侨城集团的文化与旅游的融合，都极大地放大了文化的"溢出"效应，提升了文化的附加值，提升了品牌的忠诚度。正是创意融合驱动，华侨城集团连续 6 年进入"全球旅游景区集团八强"，是亚洲唯一跻身其中的同类企业。

创意可以融入不同的环节而成为生产力。在文化生产环节，网络购物平台电商巨头之一的京东商城，在 2014 年 4 月份开始涉足出版领域，推出了"京东出版"系列图书，出版第一本自有品牌图书《大卫·贝克汉姆》；阿里巴巴在 2014 年 3 月份收购了在港上市公司"文化中国"60%的股权，随后"文化中国"更名为阿里影业；腾讯在 2014 年上海电影节期间宣布，将推出六部大片。在票务销售环节，在线票务公司格瓦拉成立不到五年，电影票销售额近 10 亿元，已超过绝大多数院线。在销售推广环节，视频网站、移动新媒体等推广渠道以及百度指数、视频点击量等大数据分析成为拉高票房的新动力和预测市场的新指标。随着互联网时代的到来，文化产业正在涌动新的融合发展浪潮。这两家网络巨头试水文化产业其意义和影响是深远的，昭示着文化产业无限的"钱景"。当前，在经济增长乏力的新常态下，文化创意的融合驱动作用愈发凸显。以传统出版业为例，在产业本体增长难的情况下，不仅依托创意驱动下数字出版增长，更要依靠文化创意衍生品开发实现增长。

　　文化创意驱动下的融合是一种多元融合，既有与科技的融合、与相关产业的融合，也有与金融资本的融合。文化产业要想成为真正的支柱产业，就必须紧紧抓住产业关联性强的特性，充分发挥创意驱动下的产业融合效应。说到底，文化是无形的，它必须借助有形的载体和渠道进行传播和消费。在文化资源的挖掘、保存、开发和利用以及文化产品和服务从生产到传播再到消费的各环节，前端连着各类装备制造业（如广播电视、电影、演艺、考古、印刷等设备生产），后端对接各类电子设备制造业（如电视机、CD机、电脑、阅读器等终端设备生产），文化内容（如新闻、资讯、影视剧、动漫、游戏、演艺）已成为信息业、旅游业的"内容"，以设计服务为核心的文化创意正在提升相关的建筑、装饰、包装等传统产业。可见，融合发展已成为推动文化产业转型升级、提质增效的主要方向。文化产业在"文化+"的引领下，通过与其他产业门类的融合，带动自身的发展，从而促进整个国民经济的转型升级。

　　三是提升文化生产力的三大产业形态，推动文化产业不断趋向产业链高端，向生态科技型文化产业发展模式跃升。

　　就文化生产力现状而言，有学者通过对各地文化产业增加值总量中各产业门类的贡献比的实地调研，得出一个基本结论——我国文化产业发展存在三种基本形态：传统文化产业形态、现代文化产业形态、新兴文化产业形态。[①] 也就是说，当前中国存在以农耕文明为基础，以手工业为主要生产方式的"传统型文化产业形态"；以工业文明为基础，以大规模机器复制为主要生产方式的"现代型文化产业形态"；以信息文明为基础，以数字技术和互联网平台为主要生产方式的"生态型文化产业形态"。三大文化生产力形态各有其存在特点和价值实现方式，下面以图表的形式进行区分：

---

① 胡德林：《从"十一五"看"十二五"：推动中国文化产业的升级转型》，《光明日报》2012年3月1日第16版。

文化生产力结构、产业形态及其特点

产业形态	生产方式	特点	载体	文化行业	关键要素	价值实现特点	动力机制
传统型文化产业	在地生产	以城市和乡村特有的、不可移易的文化景观、文化资源为依托进行的文化生产和消费	物质文化遗产、自然景观、传统工艺、民俗活动、文化娱乐、设施	文化旅游、节庆活动、特色文化产业工艺品	物质文化遗产资源、非物质文化遗产资源及其传承人自然资源	收益较稳定，风险系数低，容易受季节、气候影响；对人员素质要求不高	资源驱动
现代型文化产业	在场生产	能突破地域限制、同时需要借助特定场合进行的文化生产和消费	场馆、影院、演艺场所、公共空间	演艺活动、电影放映、艺术品巡展、印刷业、影视基地、会展业	硬件设施、现代物流、人流	收益较为稳定、风险系数较低、受自然条件影响不大、受城市人流影响较大	投资驱动
生态型文化产业	在线生产	以影视制作技术、通信技术、网络技术、数字技术为平台进行的生产和消费	影视制作技术、广播电视网络、通信技术网络、数字技术	影视制作业、图书出版业、新闻报刊业、广播电视内容产业、动漫产业、网络视频、手机报	创意及其内容、创新、高科集成应用水平及技术创新人才	市场不确定因素多，风险系数最高，收益最高，对人员素质要求高，需要相关产业配合	内生驱动、消费拉动

我们主要从生产特点和价值实现方式的差异，区分了三种文化生产力形态，但在实践中三种文化生产力形态通常相互交融，而且呈现日益融合的发展趋势。从现实来看，尽管我国文化产业发展如火如荼、势头迅猛，但传统型文化产业形态仍占有很大比重，特别是一些为人所津津乐道的地域性特色文化产业，大多属于传统型文化产业形态。如全国闻名的福建莆田的工艺美术行业，形成了以石雕、木雕、民族民间工艺品等为核心的产业链；浙江龙泉的青瓷、宝剑行业；山东潍坊以国际风筝节为展示平台形成的特色文化产业；河北以"天下杂技第一乡"著称的吴桥形成了以杂技为核心品牌的产业链；河南宝丰形成了以说书为核心的产业链；四川的自贡灯会品牌等。可以说，这些地域特色的文化产业在整个文化产业中占有很大比重，更遑论及文化旅游行业了。这些传统文化产业形态面临以创意、设计和技术含量的融入来进行产业升级和结构调整的压力，只有创新商业模式和营销模式才能提升附加值和市场竞争力，从而改善当前的粗放式发展现状。党的十八大和2013年"两会"提出的"新型城镇化"，应该是一个很好的提升契机。国务院2012年12月发布的《服务业发展"十二五"规划》提出：支持文化产业公共服务平台建设，建设一批产业特色鲜明、创新能力强、产业链完整、规模效应明显的特色文化产业基

地，加快特色文化城市建设。现代型文化产业形态是我国当前文化产业发展的主力军和中坚力量，而生态型文化产业形态尽管所占比重不高，却是当前我国文化产业发展的亮点和趋势。从理论上讲，当下并存的三大文化生产力形态基本对应了我国当前社会发展的前现代、现代、后现代相互叠加的形态，是同一空间下不同发展形态的共时呈现。从经济发展视角看，对应了我国经济发展的三大板块：一线大都市及其东南沿海经济发达地区；中部城市群及其东北老工业振兴基地；西部及其广大农村地区。从总体上来看，三大文化产业发展形态是现阶段我国文化生产力构成的主要形态，与当前处于社会主义初级阶段的总体特征相一致。可以说，这种发展现状与当前中国的经济发达程度以及文化发展现状相吻合，是现阶段文化产业处于转型与提速期的表征。反映出来的问题是产业结构不合理：传统型文化产业的比重过大，面临以创意、设计和技术含量的融入来实现产业升级和结构调整的压力，只有基于人才支撑创新商业模式才能提升附加值和市场竞争力，从而改变当前的粗放式发展现状；现代型文化产业是大而不强，附加值不高，却是我国当前文化产业发展的主力军和中坚力量，也是有效供给公共文化服务产品的主力；新兴的生态型文化产业发展不充分，数量不够，尽管其在文化产业发展中占比不高，却是我国文化产业的亮点和发展趋势。正是当前文化生产力的基本结构决定了文化市场中，文化产品的科技含量低、竞争力差，难以满足消费者对文化产品高科技化与时尚化的需求。虽然在某些领域和部门，文化产业的三大形态可能会出现此消彼长的情况，一些个别地方的文化产业会出现跨越式发展和单兵突进，但是，未来一个时期内"文化生产力的三种基本形态"仍将存在，只不过所占比重会随着时代和社会经济形态的变化而发生相应的变化。当前，整个经济产业的发展趋势呈现出：

产品形态的转变：由体力劳动为主向智力劳动占比重提升、资本劳动占比更高的方向转变。

产业结构的转变：由粗加工向深加工、精加工的方向转变，由产品价值向产业链价值转变。

生产内容的转变：由生产产品向创造品牌（特别是国际品牌）转变、提升。

技术状态由执行标准努力向创造标准转变，企业组织形态由工厂经济向公司经济发展方向转变，由规模经济向势力经济转变。

区域经济发展战略转变：由东中西的梯度发展向网络化及其带状发展格局的协调方向转变，形成以中心城市为主导的网络及其带状发展格局，即特区西进。

开放程度的转变：在"互联网＋"的引领下，由沿海为龙头的东中西纵深发展格局向全面开放的西、中、东纵深格局展开。

由索取自然的掠夺方式向亲近自然和谐相处的方式转变，转变生产生活方式，建设生态文明的"美丽中国"。

资源结构转变：由开发自有资源向整合利用全球资源转变。

管理方式的转变：由习惯于运动式方式管理经济（发展文化产业）转变为长期稳定的战略目标控制方式来管理经济和社会（规划和引导文化产业）。

契合整个经济发展理念的转变，以及"十二五"期间，随着文化产业升级及其自身转变发展方式和"美丽中国"概念的普遍被认同，建立在以信息文明和生态文明相融合基础上的、以文明转型为特征的"生态型文化产业"将成为文化发展的主流，也是提升文化生产力不断迈向高端形态的目标方向。

第四节　文化产业价值论分析

党的十八大报告提出扎实推进社会主义文化强国建设。在中央政策的激励下，各地发展文化产业的热情高涨，人们对文化的认知越来越深刻。处在世界大发展大变革大调整的时期，文化越来越成为民族凝聚力和创造力的重要源泉、越来越成为综合国力竞争的重要因素、越来越成为经济社会发展的重要支撑；综合国力竞争的一个显著特点是文化的地位和作用日益凸显，许多发达国家把提升"软实力"作为增强国家核心竞争力的重要战略，而"软实力"的提升是以技术支撑下的创意经济的核心即文化产业为轴心展开的。

1. 不断深化对文化产业的认知

从生产力发展视角看，文化产业的出现有历史的必然，是生产力发展到一定程度和历史阶段的产物。它在当今时代已成为人类文化传承与发展的主导方式和存在形态，作为支柱产业已成为发达国家驱动经济发展的新引擎。可以说，人类文明和文化的当代发展与传播，已很难脱离文化产业这样具体的文化存在方式。文化产业作为现代文化生产和传播的载体，不仅一般地改变了人类社会的生产力结构，还深刻地变革了人的精神存在方式，改写了整个现代社会精神世界的空间结构，在经济、政治和文化的相互交融中形成一种深刻的本质性力量。正是这种力量改变了国家间文化和原有精神空间的格局，影响着人、社会与国家发展的走向与秩序。一定意义上，文化产业不仅成为衡量国家现代化发达程度的重要尺度，还是理解社会文化结构变迁的重要视角。

虽然文化产业在学理上有法兰克福学派对"文化工业"的批判和马克思关于艺术生产理论的基础，始终有着人文主义的价值导向和现实批判视野。但现实中，它作为一种契合时代精神和代表先进生产力水平的积极力量，已被扭曲为发达国家进行对外扩张的新形式和新形态；成为发展中国家摆脱落后局面、自主融入现代化进程的新路径。不同国家因经济结构和对文化理解的重心不同，而对文化产业的称谓有所不同，美国使用版权产业的概念，德国使用文化经济的概念，英国使用创意产业的概念，中国香港和台湾地区使用文化创意产业的概念，日本、韩国主要使用内容产业的称谓，但其基本的内涵和外延大体一致。

我国对文化产业概念的界定是随着社会主义市场经济不断发展完善和文化市场日益活跃而逐渐明晰、确定的。2000年，党的十五届五中全会第一次在中央文件中使用"文化产业"概念，提出推动文化产业发展。2002年党的十六大首次明确把文化区分为文化事业和文化产业，强调一手抓公益性文化事业，一手抓经营性文化产业，把文化产业作为文化建设的一个重要方面鲜明地提出来，这在理论上是一个重大突破，在思想和意识形态层面明确了文化的经济属性和确立了文化产业的地位，对文化产业发展具有里程碑意义。实际上，"文化产业"进入中央文件，有一种制度建构的意味，是一种文化制度的创新，由传统的福利型文化到明确文化产业的市场地位，表征着意识形态管理方式的创新，这是对文化多重性内涵和发展方式的深刻认知。

在党的文化自觉中，可以充分感觉到中央对文化理解的全面、深刻。文化不仅是推动社会发展的重要手段，更是社会文明进步的重要目标。这种文化认知不但把文化建设置于"五位一体"的现代化事业总体布局中，提升到"文化立国"的战略高度，更是把文化发展上升到引领文明进步的世界高度。文化发展旨在激发全民族的文化活力、文化创造力和想象力，焕发全民族的文化激情，文化建设需要各领域、各民族和每个人的广泛参与，以全民族文化素质和文化意识的提升释放实现伟大复兴的能量，这样的文化观念才能支撑起建设文化强国的重任！这表明中央不单纯认为文化是一种工具性手段、一种支撑力量，不仅要在转变经济发展方式中发挥其引擎功能，使其成为国民经济支柱性产业，而且它自身就是发展的目的。文化产业作为文化经济化和经济文化化的融合，是拉动经济发展的新引擎，经济社会发展的新的驱动力，它使经济发展有了文化的品格和灵魂，在追求经济利益时，也传播了社会主流价值并弘扬了道德情怀。改革开放三十多年来，国际视野、世界眼光和市场经济的观念虽已深入人心，但在文化领域仍存在一些僵化陈腐的观念和体制性弊端，解放思想观念包括深刻理解文化产业的任务仍很艰巨。需要在实践发展和文化体制改革的深入中深化对文化产业的认知，不可把文化产业僵化、窄化、空洞化、泛化，当然更不能超越历史发展阶段做规划。文化产业的竞争，说到底是一国文化实力的竞争，其实质是不同文化体系之间的博弈。正是基于全球发展趋势，中央把发展文化产业提升到国家战略高度，在《国家"十二五"时期文化改革发展规划纲要》中作出全面部署，合力推动文化产业跨越式发展。

深刻理解文化产业，必须回到两个根本——文化的根本、产业的根本，其实质是回到"人"的根本。回到两个根本，说到底是经过螺旋式上升，再回到一种大文化观上，实现两个重心（文化、产业）的合一，在此过程中，文化（产业）的内涵获得了充实，使其具有坚实的内容基础和市场支撑；同时，文化产业的外延得到了拓展，呈现高度的产业渗透性、融合性和关联性，以此形成具有时代意味的文化经济理论。文化产业的核心资源是创意、创造和创新，前者代表新的原创内容和思想的生成，后者是对新的原创思想的应用，三者构成文化产业的内核。这种理解就在深刻性上回应了中央发展文化产业的目的——外在形态上成为支柱产业，内涵上提高民族文化的全球位态和丰富文化的价值。同时，还须在文化观念和发展格局的拓展中，领会文化产业具有的支撑国家战略的前瞻性价值。这种深刻认知表明对文化产业的理解不能庸俗化、单一化、浅表化、空洞化、虚无化，尤其不能恶意扭曲和功利化，简化为以经济维度（GDP）为主导或唯一评价指标。文化产业的特殊属性，主要指文化产业首先是一种文化形态，其次才是一种现代经济形态，就此必须重视文化产品的文化价值。尤其不能忘记，文化是文化产业的根本，没有了文化，何来文化产业？

2. 文化产业价值论分析

文化产业作为文化生产力的结构形态，不仅体现了人类的文化发展水平，还显现了一个国家现代化的发达程度。因此，文化产业价值论分析关乎文化的硬实力：文化经济力和文化技术力，也包括文化的"软实力"：文化价值的凝聚力和感召力。作为现代社会的组织骨骼，文化产业不仅以文化、精神、思想和灵魂的形态重构了社会发展的柔性结构，还以创造财富的崭新形态和本质性力量支撑起社会的刚性结构。文化产业的经济力、技术力和文化力是文化产业价值的三个维度，分别对应文化产业的经济价值、创新价值和社会价值，三者相互交融相互促进，相互依托共同支撑文化产业的竞争力。文化在当今时代作为国家综合国力的标志主要显现为文化产业竞争力，文化产业作为国民经济支柱产业，直接关乎一个国家的经济结构、文化传播效力和生产力发展水平。从全球来看，一个缺乏文化产业支撑的国家，是一个"软实力"萎缩的没有国际话语权的国家。

有学者指出："文化产业的出现，实际上意味着人类存在方式的变革与政治经济关系的转移。传统的、经典式的、属于少数人的精英文化对话语权的垄断和对大众文化的一种霸权，在当代国际关系中，已经演变成一种少数文化产业大国对其他国家的文化霸权。为了实现对这种霸权的消解和获得自我存在方式的肯定，在满足和肯定国家不分大小都发展自己的文化的同时，实现对于发展文化产业的愿望，从被边缘化了的文化地位回归主体，就成为一种当下社会进步和人类社会存在方式的一次重要革命。因此，作为一种文化现象和文化存在，文化产业在经历了如同一切新生事物的成长所必然要遭遇到的命运过程之后，便获得了它的全部合法性存在。"① 文化产业的合法性，要落实到促进文化生产力的发展上。在文化产业成为驱动经济、社会发展新引擎的语境下，传统意义上的文化形态、文化生态和文化存在都面临着契合时代特征的转型，人类社会关于发展的价值观及其价值系统都要在此语境中被改写。中央提出的"五位一体"总体布局因文化产业而有了对文化的深刻认知，特别是它对于生态文明及"美丽中国"建设的意义空前凸显。

就文化产业的经济力而言，一个国家的文化力量取决于文化经济力量，文化产业的综合竞争力与核心竞争力，是一个国家文化经济的集中体现和命脉所在。因此，文化产业成为美国对外贸易的主导产业和经济发展的国家战略，20世纪90年代以来的美国历届政府都把文化问题纳入《美国国家安全战略》，在全球范围内，从推行美国的价值观和文化贸易自由化两个层面实施全球文化战略。对于中国而言，首先把文化产业培育成国民经济支柱产业，并作为转变经济增长方式的战略选择之一，纳入国家发展战略。增长方式是人类社会发展的一种基本动力形态，所谓经济增长方式，是指推动经济增长的各种生产要素投入及其组合方式，既包括传统的粗放式经济增长，也包括现代的集约化经济增长。中国经济的产业升级和转变发展方式的一个重要方向，是大力发展服务业，特别是生产性服务

---

① 胡惠林：《中国国家文化安全论》，上海人民出版社2011年版，第159页。

业。从发展模式上促进制造业和服务业的融合，对加工制造业占很大比重的中国来说，加大研究、创意设计、品牌销售、渠道管理、售后服务、金融服务等服务活动的分量，使制造业的产业链融入更多的科技、文化含量，推动制造业的产业链插上科技和文化的双翼，向"微笑曲线"附加值高的两端延伸具有重要意义。生产性服务业日益成为文化产业增长所必要的中间投入，它投入的数量、质量和方式，越来越影响文化产业发展的方向。文化产业结构的战略性调整，不仅推动了文化经济的增长，还带动了文化的增长与发展方式的转型。"经济增长只有最终表现为文化增长的时候，经济增长才能转化为人类社会进步与发展的文明基因，经济增长方式也才能成为社会进步的动力形态。"[1]　文化产业虽然其逻辑起点始于经济活动，但其最终目的和归宿要落到文化和文明的价值上。

从生产力发展水平来看，文化产业是一种集约化的生产方式。文化产业不同于一般制造业，在成熟阶段只剩下几家大企业即可，而是市场的集中度和产业的成熟由大量中小企业支撑，因此，文化产业发展的方向是集约化基础上形成集群化，而不是当前市场分割和垄断基础上政府行政主导的集团化，只有扶持和推动大量中小企业的集约化发展，才能有效提升文化产业的竞争力。文化产业发展的规模化、集约化、专业化，只有建立在资源配置的市场机制灵验和市场交易充分的基础上才是有效的。只有大力发展文化产业提高知识密集型产业在经济结构中的比重，才能最大限度地发挥人的智慧和创意在社会财富创造中的作用，最大限度地提高资源的利用价值和减少对环境的破坏。当前，文化产业自身面临从粗放型增长方式向集约型增长方式的转变，决定转变的核心是市场的健全及其产品交易的充分市场化，以及在文化产业发展的技术和内容两方面都拥有自主知识产权，随着文化产业集中度的提高，文化产业发展模式才能从外推型转到内生驱动型，才能在文化资本形态的层面上完成文化产业增长方式的革命性转变，从而作为先进生产力不断契合人类社会发展的内在历史性吁求。

优化文化产业生产力结构，既是经济现代化的一个结果，又是推动现代产业升级和转变发展方式的推动力。其一，通过文化创意含量的融入提高产业附加值，形成产品的高利润区和自主创新的基础。作为先进生产力的表征，发育良好成熟的文化产业不是劳动力密集型产业，也不是资本密集型产业，而是技术创新支撑下的创意密集型产业，因此，人才是文化产

---

①　胡惠林：《文化产业学》，高等教育出版社 2006 年版，第 35 页。

业发展的决定性因素；其二，提高产业的技术化和专业化水平，在产业发展中普遍应用高新技术手段和成果，以专业化能力深耕文化领域，创造和形成新的文化再生产能力；其三，提升产业的集约化程度，发挥关联性效应。借助市场和中介机构的力量，实现对各种文化生产要素和文化资源的合理配置，充分发挥市场机制的积极作用，提高文化产业运行的质量和效益；同时，催生业态交融和相互渗透，形成产业之间的高度关联化，即通过衍生产品拓展产业链，发展授权产业，提高文化资本的增值能力，形成产业的集群效应和外部性的溢出效应。当前，文化给其他产业带来的附加值，不仅改变了一般产业的增长结构与盈利模式，还带动了新的工业革命。如以版权为核心的文化产业，成了美国经济增长的主要模式，而美国的"再工业化"依旧凸显"版权"的地位，这表明文化产业是以自主知识产权的建立和保护为核心确立对经济增长的价值和意义。从全球来看，文化产业作为经济发展的驱动力，正显现出经由产品—标准—版权的掌控，向主导国际产业分工体系的产业链最高端格局的趋近，并由规模经济向势力经济转变。

从文化产业的技术力来看，其构成主要源自文化与科技的交融。从世界范围来看，科技创新是当今文化产业发展的最强劲动力。然而，我国文化产业创新能力普遍较低，尤其是内容创新乏力。在"2011中国版权年会"上，时任新闻出版总署署长、国家版权局局长的柳斌杰表示，目前国内很多文化艺术作品创造力不够，90%的作品属于模仿和复制。在文化技术方面，我国拥有自主知识产权的技术和产品很少，尤其是核心技术的命脉基本上都掌握在他人手中，除了在汉字编码字符集和VCD等少量标准被纳入国际标准外，至今尚未在文化技术的核心领域和关键部位拥有自己的标准系统，导致中国文化产品在国际市场上多受制于人。"由于产业技术标准是产业发展的制高点，处于整个价值链的最高端，因此掌握相关标准已经成为国家主权在文化经济范畴上的延伸，这就是技术标准本身具有极大的国家安全意义。"[1] 现实情形是，庞大的数字化视听市场主要是国外的技术标准一统天下，我们只有靠低附加值的产品的量去博弈，缺乏文化技术创新能力导致了我国"大国市场、小国文化"的产业发展现状。以美国为首的西方发达国家，凭借这些技术标准，不仅把自己的产品（文化内容）大肆倾销到发展中国家，在占领市场的同时，还传播了美国的文化价值，影响了所在国民众价值观的形塑，扩张了美国的文化利益，

---

[1] 胡惠林：《文化产业学》，高等教育出版社2006年版，第252页。

反过来又用这些标准保护本国企业的经济利益。这种技术壁垒在保障国家利益方面，发挥了关税壁垒难以起到的作用。在文化产业领域，内容力量的实现常常取决于自主的技术标准，技术应用本身就是文化生产力，技术标准体系的建立，成为衡量一个国家创新能力、经济实力和科技水平的重要尺度之一。可以说，每一次科技创新都会引起文化生产方式的深度变革，从而提高文化生产力水平。基于此，2012 年国家启动了文化科技创新工程，旨在以文化和科技融合助力文化产业成为国民经济支柱性产业。数字化技术支撑下的"互联网＋"的广泛应用，将成为我国文化产业发展的内生动力——基于现代数字信息技术平台的文化与其他行业的融合发展。"十三五"时期，以移动互联网和大数据为核心的现代数字信息技术的迅猛发展，将对文化产业领域形成全面冲击，迫使文化产业进行整体性回应，从而在客观上形成深化文化体制改革的最大推动力。如何在大文化观的引导下，统筹协调整合各方力量联动形成合力，依托云计算、大数据库、专业技术平台建设，建立自己的文化技术标准体系，成为提升中国文化产业技术力的重要保障。

作为内容产业，文化产业要蕴含文化见识，其灵魂是文化价值，文化产业的强大主要表现在内容的感召力和传播的有效性。提升文化产业竞争力，需要优化内容产业结构，即民族文化价值含量和人文情怀的融入，以及普适性的价值诉求。只有在文化产业结构中提升内容产业的比重，借助市场力量和产业竞争力弘扬主流文化价值观，在全球化舞台上传播、建构现代中国形象，深化与国际主流社会的沟通和交流，从而消除摩擦、减少误解，才能赢得最大范围的文化认同。文化产业实践表明，只有金融资本而缺乏文化资本的深入开掘，根本无法同发达国家的文化产业竞争，而盲目跟风和专注于技术或风格模仿则注定要在长期的文化战略角逐中败北。在全球化时代，文化产业不但是意识形态传播的经济基础，而且还能强化意识形态传播的时效性和影响的广延性，同时，文化产业的发展进一步强化了意识形态传播的隐蔽性。文化输出的着力点在于提高内容产业的影响力，通过生活方式与价值理念等跨文化传播，提高与国际主流社会的共识、建构信任关系，就此而言，文化"走出去工程"依然没有实现文化输出的初衷，尽管文化赤字状况有所缓和，但思想落差仍旧突出。

3. 文化产业功能论分析

当前，文化消费并未随着生活水平的提高得到释放，在居民消费逐步提高的情况下，文化消费增幅低于非文化消费增幅的现象日益突出，这暴露出人们对文化产业功能认知的偏颇。这种偏颇表现在文化产业的诉求重心落在经济功能上，而忽略更为基本的文化功能，以及社会功能、政治功能、生态功能的均衡发展。面对国内文化市场的战略性短缺和产品供需的结构性矛盾，过于执着诉求文化产业的经济功能，无疑是舍本逐末。然而，在地方政府的文化产业发展规划中，仅有不多的省份提出文化产业就业人员和城镇人均文化娱乐消费占消费性支出比重的指标，恰恰这两个指标与社会大众的文化生活息息相关。就业人数与文化产品的有效供给及其消费吸纳力和文化产业密切相关，直接关涉文化产业的文化功能和社会功能。虽然经济价值是文化产业的基本价值，但其根本价值和更高目标则是文化价值，无论是通过有形文化产品，还是无形版权产品及文化服务，均建立在对其文化价值的认同上。因此，政府应当把从 GDP 导向的投资驱动转向服务社会导向的需求驱动，也就是把从推动制造业发展的思维转向对内容产业的引导上，只有把职能转向服务和市场环境的改善上，才能有效破解拉动文化消费内需的难题。有了文化氛围和消费基础，才会有"市场灵验"功能的发挥。

一个时期以来，在文化产业发展实践中滋生了一个地区文化产业发展好不好，只看文化产业占 GDP 的比重高不高；一个地区文化产业发展快不快，只看文化产业在 GDP 中比重是否大幅度提升的倾向。而对如何提高文化产业的质量，提升文化产品的文化内涵重视不够。事实上，过分倚重文化产业占 GDP 的比重，作为评判文化产业发展好坏、快慢的标准，背离了文化产业的特点和规律，是只注重数量、规模不重质量和效益的表现，在实践中就很难把准文化产业乱象的脉。就文化产业特性而言，与其说文化产业占 GDP 的比重高低，与文化产业发展水平、经济发展水平高低有决定性关系，不如说其与一个国家经济结构和产业结构特别是服务业发达程度关系密切。把文化产业的经济功能与文化功能割裂开来，忽视综合效益，忽视其带动和引领作用，以及为相关产业提供创意，赋予其他产业、产品文化内涵而间接创造价值，提升附加值的作用，就很难对文化产业发展作出科学评估。其实，文化产业不以数量取胜，而是以质量分高下。创造性的文化产品是文化产业的核心价值，是一个国家文化产业的核心竞争力。发展文化产业的要义，是尽可能多地生产具有创造性的文化产品，有创造性的文化产品，才有良好的经济效益，才能促进文化产业可持续发展。

在"十二五"发展规划中，各地几乎都提出把文化产业培育成支柱性产业，却很少讲如何通过发展文化产业提升国民文化素质和审美品位。这既反映了浮夸、跟风的心理，也说明对文化产业功能认知的偏颇。实际上，文化产业占 GDP 的比重，是衡量文化产业发展状况的重要指标，但非决定性指标。由于产业结构不同，统计方式不同，不同文化产业发达国家占 GDP 比例高低不同。文化产业不仅有经济功能，更有提升国民文化素质的文化功能与弥合社会裂痕的社会功能。很大程度上，后者比前者更为根本。严格地说，考察一个国家和地区文化产业发展状况，不仅要看文化产业对经济发展的贡献率，而且要看文化产业在促进区域文化发展和社会进步的作用。就对经济发展的贡献来讲，不仅要看文化产业占 GDP 的比重，而且要看投入与产出比的文化导向，看文化产业就业人数占整体就业人数的比重，文化消费占整体消费的比重，文化产品的出口结构等。就对文化发展的贡献来讲，看其是否有利于促进文化生态建设，看其是否尊重大众的文化消费权益，是否创造出反映时代精神、具有深刻思想内涵、可以传诸后世的作品，是否提升公民文化素养、提高生活品质、美化生活环境等，即在大众追求幸福的过程中是否发挥积极作用。其实，诚心正意地发展文化，全面评估文化产业创造的文化价值、经济价值、社会价值与生态价值，对相关产业的促进作用，对城乡发展的带动作用，是党中央在十七届六中全会对发展文化产业寄予厚望的用意！

　　文化产业发展蕴含着某种社会目的——使一个地区、城市或者乡村、社区重新焕发活力。20 世纪 70 年代以来，针对西方社会的一些城市像伦敦、旧金山等因产业结构调整和转移而出现衰落的迹象，掀起老工业城市复兴浪潮的背后推手就是文化产业。西方城市复兴运动与文化产业的结合，表现在运用传统历史文化建筑、街区、闲置厂房，推动地区经济的重新崛起。伦敦南岸区的泰特美术馆、西班牙毕尔巴鄂市的古根汉姆博物馆、北京的 798、上海的石库门的创意仓库等都是文化产业促进旧城区复兴的范例。如今英国创意产业在规模上与其支柱产业——金融服务业旗鼓相当，吸纳就业人口总量为 180 万。其溢出效果明显（不同于制度经济学的"搭便车"现象）：组织知识溢出、经验知识溢出、跨学科知识溢出、企业家知识溢出、工作流动性溢出及需求溢出。以电影业为例，英国电影业每年为英国旅游业贡献大约 8 亿英镑的收入。除了经济上的溢出，创意产业对提升和改善城市形象发挥了积极作用。投资银行家之所以愿意选择伦敦而不是欧洲其他城市作为工作地点，就是因为伦敦有繁荣的创意产业。文化产业作为世界经济中最具活力的经济部门，具有创造财富、扩大就业和增加出口收益的潜力，有助于社会利益冲突的缓解，同时有利于促进社会包容、文化多样性和人类社会的良性发展，有利于提升城市形象和知名度，是发展中国家新的现代化路径选择，有利于经济发展模式的调整和增长方式的集约化发展。现阶段，发展文化产业是克服和消除"经济结构战略性调整中的结构性矛盾和体制性障碍"的重要政策选择，是拉动内需、落实大众文化权益和培育良好公共文化环境的生力军，也是挑战文化霸权推行的文化单边主义，对抗强势文化的侵蚀，坚持文化多样性的国际立场的重要手段和力量。文化产业不仅是现代财富增长的重要形式，其发展形态的多样性还使整个社会文化表达呈现多元化特征，而成为民主政治参与的方式。因此，各种社会的、经济的和政治的利益要求都会在文化产业发展中表现出来，从而使文化产业成为社会结构变动的一个重要力量领域和社会调节器。作为一种文明形态，文化产业是人类文明的一种存在方式和表现形式。一定意义上，什么样的文化产业形态标志着什么样的文明形态，什么样的文化产业结构标志着一个国家和民族的社会生活发展到怎样的文明水平。就此而言，加快发展文化产业是不断提高社会文明程度，引领人类文明进步的一项重要举措。

4. 文化产业发展的市场取向与国家利益导向

2014 年，我国人均 GDP 已超过 7800 美元，少数地方突破 1.4 万美元。据有关方面测算，与经济发展水平相对应，每年文化消费可达 5 万亿以上，但 2013 年实际消费刚过 2 万亿，文化领域成为我国少数几个总供给难以满足总需求的领域之一。毋庸置疑，尽管我国文化产业步入初级发展阶段，但仍徘徊于难以满足需求的产品"稀缺"和"效率"不高的现状，并且愈加呈现产品"过制"与"短缺"并存的结构性矛盾。所谓"稀缺是指这样一个状态：相对于需求，物品总是有限的"，而"效率是指最有效地使用社会资源以满足人类的愿望和需要"。① 面对稀缺这一无可否认的事实，一个经济体系必须决定如何利用其有限的资源。它必须在物品的各种可能的组合之间进行选择（生产什么），在不同的生产技术之间进行选择（如何生产），最后还必须决定谁消费这些物品（为谁生产）。可以说，"市场体系既不是混乱也不是奇迹。它是一个具有自身的内在逻辑的体系。这个逻辑体系在发挥着作用"②。现实告诉我们，是利润在奖励或惩罚企业并引导市场机制。正是当前文化市场上存在着产品供需的"结构性短缺"和企业追求利润的愿望，才生成了文化产业发展的内驱动力，因此，政府的简政放权、适当让权和针对性的政策引导，对推动文化产业

---

① ［美］保罗·萨缪尔森、威廉·诺德豪斯：《经济学》（第十七版），萧琛主译，人民邮电出版社 2004 年版，第 2 页。

② 同上书，第 21 页。

发展至关重要。发展经济学表明：经济开放程度对经济增长有着显著的影响。发展文化产业要有全球视野，在借助科技和市场的力量提升文化产业整体生产力水平的基础上，要自觉地把文化产业发展融入国际分工体系，把提升文化产业竞争力和向产业高端趋近作为当下文化产业发展的重心。

作为朝阳产业，文化产业离不开一系列有生命力和可持续发展的文化企业的支撑，企业的生存之道就是坚持市场效益优先和追求利润最大化，因此，追逐利润成为企业发展的"王道"。但文化企业既要遵循一般企业的发展规律，又要兼顾其特殊性，也就是说它应不止于或者不能单纯追逐利润，而置文化价值传播于不顾。对文化企业来说，就是在社会效益和经济效益之间如何保持足够的张力，既要尊重一般性规律，又要考虑经营内容的特殊性。中央对文化发展的事业与产业的二分，就在理论和制度上明确了文化产业的市场属性，同时也创新了意识形态的管理方式。鼓励企业在市场中兼并重组、做大做强，不再是依靠政府投入和过多干预企业运作，政府明白扶持是特定时期的、暂时的，否则企业发展就是不可持续的。文化企业要想有生命力、活力和竞争力，就必须尊重文化产业的经济价值，肯定文化产业的经济功能和市场属性，这是文化产业能够发展的前提。只有基于市场逻辑发展壮大的文化产业，才能在实现经济效益的同时，最大限度地体现文化产业的文化价值、社会价值，包括意识形态教化的"阵地"功能，因为文化影响力是通过文化产品被大众实实在在的消费实现的。可以说，文化企业实现经济效益是"皮"，追求社会效益的最大化是"毛"，没有经济效益的支撑，文化企业就很难在市场上生存。"皮"之不存，"毛"将焉附？既然把国有文化企业推向市场，就要建立合格的具有独立法人治理结构的市场主体，放手让企业在市场中做大做强。相应地就要创新意识形态管理方式，在对国有文化企业的考核评价方式，及其对担负国家利益和承载主流价值观的产品进行支持，同时，通过市场监管和法律的底线管理实现国家意志。文化企业对利润的追求带来的是经济效益的最大化及其经济强势，经济强势有利于催生文化的自豪感和"高地"效应。文化的高地效应，不同于一般制造业追求做大的目标形成的经济扩张，文化企业更应该在做强上下功夫，提升集约化、专业化水平，最终形成文化特色的凸显和文化辐射力的增强。因此，作为政府要不断提高立法、执法水平，和市场监管与宏观调控能力；同时，政府在期望企业承担社会责任、追求国家文化利益时，首先要维护市场秩序，保护知识产权，理顺国家、社会、企业之间的关系，厘清文化企业的社会效益与经济效益的分层。2015年9月，中央深改组通过了《关于推动国有文化企业把社会效益放在首位实现社会效益和经济效益相统一的指导意见》，表明对文化企业不仅要发挥政府调节和市场调节的作用，还要充分发挥道德调节功能，而且三者是相互协调的。尊重文化企业的特殊性（文化内容的有效供给与消费），不等于遏制企业追求利润的愿望，而是基于特殊性，使文化经济政策能有效地促进文化企业在市场中做强。尊重文化产业的发展规律，还要在对文化产业的意识形态功能定位上有突破，既包括在文化生产源头上的开放、松绑和对"原创内容"的保护，也包括激活下游市场的充分交易，这样才能提高文化产品和产业的竞争力。国家文化安全的程度取决于市场上主流文化产品占市场份额的多少，从而有别于公益性文化产品的均等化供给及其主流价值观的灌输式教化，它主要通过文化消费实现。

全球化语境下，文化产业不仅体现国家经济利益，还包含国家的文化利益和国家安全利益，因此，制定和实施怎样的文化产业战略与文化产业的空间布局，就不单是战略取舍问题，还关涉国家战略的制定和调整。在文化产业的价值运动中，无论是经济的还是政治的、社会的功能，都是通过文化产品的生产和传播，作用于人的精神世界，满足人的精神消费需求，从而影响人的价值观和生活方式、认知模式和行为。在全球化语境下，发展文化产业不仅是满足经济文化建设的需要，在转变经济发展方式中发挥引擎功能，更是对一种新的战略资源的掌握，一种战略市场的争夺，一种对于新的文化存在及其运行的主导权的争夺。因此，一个国家的文化产业战略往往是一个国家的文化战略。文化生产力作为社会生产力结构的组成部分，是以全新的文化方式打破了原有的社会生产力结构，并日益显现出不可抗拒的发展趋势，作为社会生产力进步的驱动力和现代国力形态的重要存在，日益由边缘存在走向社会发展中心，进入国家战略视野。发展文化产业不仅是现代文化建设的需要，更是培育和形成新的国家力量的战略需求。这在发展文化产业和国家整体利益之间建立了一种逻辑关系：文化产业的发展将影响国家战略利益全局，影响国家时"利益"的界定及其文化安全，因此必须在全球文化产业发展格局和本国国民经济和社会发展中定位文化产业。文化产业的发达和强大不仅为形成民族凝聚力和文化认同感奠定基础，还可以以实力提升国家文化安全系数，有效捍卫国家文化主权，成为维护国家稳定发展的重要力量。这里有两个根本点，一是必须清楚在市场中做大做强的文化产业才是真正的强大，只有实现了文化产业的经济价值才能实现其文化价值和社会价值，因此意识形态管理方式的创新要朝着有利于文化企业"轻装上阵"和解放思想来突破，只有解除意识形态观念上的掣肘，才能激发市场活力和企业竞争力，才能最大限度地实现公民差异化的文化权益，维护国家文化安全才能在文化产业发展中落实。二是在全球文化思潮的相互激荡和博弈中，文化产业的竞争表现为产品、版权、品牌、企业和商业模式的竞争，产业特色及其优势表现为对中华民族的文化传统、文化特性和文化精神的弘扬，因此文化产业发展的目标取向是不断提升民族的文明程度和民族文化在全球的位态，为国家"软实力"的提升提供有效路径和载体，以及在全球化舞台上形成民族生活方式和价值观传播的竞争体系。

　　我国在相当长一个时期之所以没有把文化产业发展放在国家战略视野中，主要是对文化的理解局限在狭隘的意识形态功能上，对文化表现形态的丰富性和实现方式与途径的丰富性缺乏科学完整的认识，没有充分发挥市场在文化发展中的积极作用，反倒以行政配置资源的方式把大部分国有文化企业"保护"起来，同时在把国有文化企业"推向"市场的同时，使其负载了诸多的"附加功能"，既导致了国有文化企业及其行政管理部门的"利益板结化"，又抑制了企业的活力和竞争力。迄今这种局限性及其思维僵化还在制约着国有文化企业的发展，使其难以在市场中有大作为，所谓的文化企业集团多是小舢板的集合，而非真正的"文化航母"。现实中文化产业发展布局的不平衡，一方面是各种力量和历史运动的结果，另一方面是思想观念在文化产业发展问题上开放程度的差异，尤其是市场分割与资源垄断抑制了市场集中度和产品、版权的充分交易，以及创意人才的流动，导致我国是"大国市场、小国经济现实"，文化"走出去"更是竞争乏力。可以说，不能在一个开阔的视野和宽领域上思考文化产业与本地区国民经济和社会发展的关系，思维观念僵化，是制约文化产业发展的突出问题，这极大地妨碍了文化企业"四跨"式的兼并重组。视野的开阔取决于观念的更新和思想的解放，取决于思维的战略前瞻性，否则指导思想的狭隘就会导致地方保护主义和部门保护主义。有学者认为："文化产业在制度上的缺失，导致了长期以来我国社会主义文化建设途径和工具的单一性。片面的意识形态理解和管理，造成了我国文化产业长期以来不能作为制度范式获得建设与发展。"① 通过发展文化产业，建立文化产业制度，实现在市场经济条件下意识形态管理方式的转变，建立符合社会主义市场经济的意识形态管理新机制，不仅实现意识形态管理制度的创新，还为创新提供了全新的意识形态理论。文化产业已经客观地

---

① 胡惠林：《文化产业学》，高等教育出版社 2006 年版，第 401 页。

成为意识形态的重要存在形态、传播路径和国际竞争的重要载体，党管意识形态的理论和制度与发展有中国特色社会主义文化之间必须建立起新的逻辑关系。发展文化产业不是弱化党对文化的领导，而是从根本上为党的文化领导权夯实基础，以实实在在的市场力量为党的文化领导权培基固本。

中华民族的伟大复兴必然引发世界力量的变化，及其战略格局的重组，以美国为首的一些大国围堵中国的声音不断，包括美国"重返亚太"的战略布局，无不具有针对中国的意味，试图阻遏中国的全面崛起。文化力量是中国冲破阻遏力量的最强大、最有效的力量，文化以柔性的、和平的方式激发他国仿效、钦佩其成就，易于形成文化的吸引力、影响力、辐射力，在文化产品被实实在在消费的过程中自然走入大众的内心，从而获得一种同情、理解和认同甚至形成某种感召力，进而形成一种增强国家政治、经济、军事分量的力量。可以说，思想文化的弥漫任何力量都阻挡不了，难怪文化产业越来越成为意识形态隐蔽传播的基础，而越来越受到国家政要的倚重。在全球化进程中，只要中国的文化产业进入国际产业的分工体系并不断趋近产业价值链高端，成为世界文化经济中有影响力的一部分，就没有任何国家能够阻挡中国文化力量的增长。此外，发展文化产业还是应对国际上"文明高墙"挤压中国现代化发展空间，建设"美丽中国"的有效举措。当前的文明冲突不但有着宗教和文化差异的背景，更有着新工业文明与旧的工业文明之间的冲突。美国由"去工业化"到"再工业化"的华丽转身，绝非回归"美国制造"的旧的工业文明体系，而是为了抢占新一轮科技和产业竞争的制高点，确保自己"世界经济发动机"的领先地位。可以说，美国的"再工业化"是在信息化（大数据库）基础上的产业升级，其对中国新兴产业的遏制主要着眼于前瞻性的未来，试图掌握人类文明跃升的主导权，为中国崛起树立一道"文明高墙"的壁垒。美国、欧盟对华光伏产业的反倾销案，美国对中兴、华为的遏制，除了经济利益，更是对未来信息高速路及以光伏产业为代表的新资源及其主导权的竞争——更高文明和发展层面的较量和博弈。

第三章　文化体制改革与文化产业发展

按照党的十八大关于全面深化改革开放的目标任务和扎实推进社会主义文化强国建设的总体要求，十八届三中全会提出了以人民为中心的工作导向，以激发全民族文化创造活力为深化改革的中心环节，解放和发展文化生产力，使文化体制更好地适应中国特色社会主义制度，推动文化事业全面繁荣和文化产业快速发展，不断满足人民群众日益增长的物质文化需求，减少文化体制对其他领域改革的摩擦系数，为全面深化改革提供源源不断的创造活力和创新能量，为中华民族伟大复兴提供思想引航和精神支撑。战略的高远离不开现实的支撑，若使实现中华民族的伟大复兴不成为一句口号和单纯的愿望，就要脚踏实地，这个"地"在文化上就是全面创新和转变文化的发展方式，全面提升文化竞争力，尤其是文化产业的国际竞争力，推动我国从文化资源大国迈向文化强国。而积极有效地推进文化体制改革，既是文化强国实现的有效路径，也是解放文化生产力、实现中华民族伟大复兴不能绕过的必然过程。这一切都指向了加快建构公共文化服务体系和积极推动文化产业成为经济支柱性产业的战略目标。

通过改革基本形成与经济基础发展相适应、有利于文化科学发展的文化体制机制。推动文化管理体制和运营机制创新，积极促进文化发展方式转变。在管理体制上尝试探索文化管理的大部门制改革方向，尊重文化发展规律，以文化的方式掌握文化领导权，坚持文化发展的现代立场、民族特色和社会主义方向，把中国文化培育成有影响的世界主导文化之一。必须壮大主流文化，坚持文化传承创新，形成与中国国际地位相对称的文化软实力，提高中华文化国际影响力，文化的发展繁荣不仅体现在文化发展的良好环境和社会氛围，文化发展出人才出精品，最终还要体现在民众的文化产品消费数量增加，质量提升，内容充实，形式多样。

第一节 在新的历史语境下领会文化和文化体制改革

通常，文化被看作一个民族的精神记忆，一个民族的灵魂和血脉，是一个民族区别于其他民族的遗传密码，也是该民族自我确认、自我阐释、自我表达的符号系统，它表征着该民族共有的归属感、认同感和凝聚力。就此而言，文化不仅有其内在的非对象性的虚灵的人文价值向度，更有其外在的可以量化的产业维度和经济维度等外向度价值，在不同的发展阶段，文化两个向度的价值追求及其显现形态并非一致的。这既有文化自身的变迁原因，也取决于人们对文化的认知。从理想的视角看，在时代语境中发展起来的文化，应该与经济、政治在影响力和作用力上相互匹配，这样整个社会才会处于一种和谐状态，文化才能呈现一种繁荣的发展势头，文化才能在多元竞争中处于高位态。

随着文化的地位和作用的凸显，文化已渗透到经济发展的全过程，文化资源日益成为经济发展的基础资源，文化创意日益成为价值创造的重要支点，品牌、形象、美誉度等文化形态的无形资产日益成为市场竞争的质点。但我们必须清醒地认识到，作为文化资源丰厚的大国，经济崛起没有带来相应匹配的文化复兴，中国不仅不是文化产业大国，更谈不上文化强国。因文化创新和文化创意不足，致使资源向产业转化能力匮乏，文化精品缺失，文化大师不多，文化市场不健全。就现实境遇而言，随着文化体制改革步入深水区，一系列文化困境和文化矛盾不期而至，追逐收视率、点击率、上座率、票房和发行码洋，而忽视文化产品的思想含量和艺术品位，尤其是价值导向，以至于娱乐至死、创意过度等文化乱象迭出，主流文化的认同感和文化凝聚力正在遭遇挑战。虽然文化景观盛行，但文化里子却空洞粗鄙；虽说每年长篇小说过千部，但文学精品寥寥；虽说电影产量数百部，但打动人心赢得票房和口碑的仅十数部；虽然频道越来越多，但放眼望去大多是晚会、小品、真人秀、快乐营，或者是相亲类、谈话类节目，再就是几乎雷同的电视剧。无论是电影、电视剧、电视栏目、广播栏目、图书出版、戏剧小品、网络游戏、手机游戏、才艺大赛等现代文化产业，大多为了票房奇观、收视率、资本效益、投资回报而目光向下，以营造哗众取宠为能事，让现代都市文化消费的负面效应夸大性地侵入文化产品，伤害了文化产业发展的根基和人文品格，降低了文化产品的质量和人文价值追求。

当前文化产品中价值导向的混乱、粗鄙、低俗、空疏，古装戏中帝王思想的滥俗，现代都市剧中无厘头的空洞无聊和钩心斗角的阴暗心理的展示的蔓延，以及一种奴化、矮化公民意识的粗糙戏谑，无不缺少正面阳光、积极清新、奋发有为的大国形象的自我感觉和诉求，使得五千年生生不息的优秀文化传承和民族精神在文化产品中变得如此低劣、弱智！大众怎么会有文化自信？在价值导向上，当下流行的某些文化产品，既对自己的历史缺乏自信和深刻理解，又把时代精神和意识肤浅化，甚至贬损、亵渎、消解主流价值观念，误导和扭曲是非标准、美丑尺度；在文化布局上，城乡之间、区域之间、门类之间发展不平衡，各类文化设施、文化服务在大中城市相对集中，在农村、基层相当薄弱、相当缺乏；在文化结构上，文化产业结构、文化产品结构、文化技术结构、文化进出口结构还不合理，与发达国家相比较，文化产业某些领域散、小、滥的问题依然存在，规模实力、抗风险能力不足，竞争力不强。一系列问题和乱象要求我们必须直面文化困境，进一步落实加快建构公共文化服务体系和积极推动文化产业成为经济支柱性产业的战略目标。

由于文化体制改革的特殊性和复杂性，现正步入问题丛的深水区，有学者喻之为处于文化体制改革的窗口期。相对于经济领域的观念更新和体制的不断完善，文化领域的改革遭遇诸多困境，不仅行政性配置资源的方式依然存在，转企后仍是事业化管理的政绩考核方式，更显现为文化观念远远滞后于文化发展的现实，特别是在文化发展的增量领域，观念与实践脱节严重，愈益丧失文化发展的话语权，也难以应对日益凸显的文化产品的"战略性短缺"。文化体制改革虽在微观层面取得了很大进展，产能得到进一步释放，但宏观层面的配套改革尚显迟缓，未能从根本上完善有利于文化大发展大繁荣的体制机制。在文化生产源头上存在较多束缚，消费市场上存在监管不到位现象。文化生产与消费中缺失一定程度的文化自觉和文化自信，面对丰富的文化资源，文化发展却缺乏纵横捭阖的气势，特别是文化价值观的弘扬与诉求不明晰。在文化发展上出现三个不同步现象，即文化发展与经济发展的不同步，文化发展的现状与中央政策要求的不同步，文化发展的格局与社会公众期待的不同步，三个不同步现象构成了文化发展的时代难题。

时代难题的破解有赖于文化体制改革的深化，此前将重点放在"事转企"，即微观领域的市场主体培育上，下一步应多关注宏观市场环境的改革，以及文化存量领域的结构性改革，重在激发全民族的文化创造活力，从加快推进文化管理体制改革，走向以保障人民群众文化权利为核心的，符合社会主义市场经济体制的基本文化制度建设。从加快推进文化体制改革创新走向关注与文化体制改革相关的社会建设和社会体制的协同改革和创新，及其与文化体制改革相关的配套改革和政策创新，所说配套改革是指"五位一体"统筹发展的政策细化，通过改革的深化和完善实现文化治理能力和治理体系的现代化。社会转型期，我们固然取得了一系列举世瞩目的文化成就，但一系列文化乱象，尤其是文化发展的三个不同步现象，表征着文化建设上仍缺乏一定程度的文化自主和文化自信，尽管文化体制改革焕发了文化活力，释放了产能，解放了文化生产力，但文化发展还处于某种程度上根基不稳的无序状态。特别是下游文化市场和文化竞争中出现的一些难题，一方面要求政府层面服务意识和监管职能的加强；另一方面要求文化生产源头的体制性松绑——意识形态层面的自我调适和创新。要求我们必须从体制机制上激活文化发展的动力，使文化发展充满活力。

文化发展通常包含两个层面：一是消费性文化发展，二是生产性文化发展，其中关乎国家和民族文化原创力的生产性文化是核心，它处于文化体系的枢纽地位。文化发展的三个不同步现象表征生产性文化与消费性文化发展的失衡，导致文化市场的部分畸形化和乱象迭出。处理好生产性文化与消费性文化之间的均衡发展，对内是健全文化市场应对文化产品"战略性短缺"的内在吁求；对外是提升中华文化的全球影响力和话语权的必要举措，是以实力参与国际游戏规则的修改与制定，建构与中国经济相匹配的高位态中华文化的战略选择。深层次难题和困境的破解，需要在发展中来解决，通过发展推动改革、化解矛盾。从根本上讲，生产性文化是化解时代文化难题即三个"不同步"现象的真正动力源，只有生产性文化发达，才能在多元文化的相互激荡中形成具有鲜明价值观的高位态的主流文化。正是上游文化生产内容的缺乏、文化价值导向的模糊、文化想象力的匮乏，使主流文化感召力弱化，导致下游文化市场的畸形化、单一化、同质化、价格血拼，助长了文艺界"三俗"之风的盛行，文化失序现象即使在市场化程度较高的影视剧生产传播领域，也广泛存在。

在社会主义市场经济条件下，满足了公民的基本文化权益和大众多样化的文化消费的自由选择的权利，还要有公民的文化自主表达的权利，文化自主表达也是文化生产力，并且是根本性的动力机制。正是这一源头生产性文化内容的缺失和文化价值观的迷失，不仅滋生一系列乱象，也影响着文化产品的竞争力和文化产业链的完善与拓展。实际上，党中央已经意识到这种文化困境，因此，多次强调坚持用社会主义核心价值观引领社会思潮，并贯穿于精神文化产品创作生产传播的各方面。这其实已经为文化发展和文化产业价值的融入指明了发展方向。强调在文化内容与价值导向上发挥社会主义核心价值观的引领作用，国家就要相应地在引导与扶持上作出一定的制度性安排。实践表明，文化自主表达是解决当前文化体系中消费性文化与生产性文化结构失衡的关键。只有源头上的自由表达才能为文化繁荣奠定基础，而一切改革归根结底都是为文化繁荣提供体制机制保障。"问渠哪得清如许，为有源头活水来。"只有生产源头体制的松绑推动文化自主表达和文化创作数量的充裕，才有文化市场的丰盈、饱满，进而有可能使消费性文化与生产性文化保持均衡发展，才会形成健全和谐的文化生态。良好的、健全的文化生态并非真空和纯净水，而是有大树，有鲜花，有绿草，还会有荆棘，有稗草，但绝不会出现稗草围剿良苗的情形，而是健康积极向上的格调占据主导，自由舒展的氛围成为主流，有着安心铸魂的使命担当。现实是，因生产性文化运作机制的僵化和体制不畅并未从根本上革除，致使能够经得起时代检验的好作品、大作品依然乏善可陈，文化市场的"战略性短缺"问题依然存在，呼唤时代精品和丰富多样的文化产品越来越成为大众关心的问题。这种深层次的弊端不但制约当前市场"灵验"功能的发挥，也深刻影响主流文化对多元文化的有效引导。破解问题的思路越来越指向文化体制的枢纽点，越来越聚焦上游的文化生产，如何开启生产源头的文化自主表达和加强价值观的引导是改革面临的最大困境。说到底，文化体制改革不是在技术性和操作性层面扶持几个大项目，搞几个文化园区，成立一些大型文化集团，甚至建几个豪华却冷漠地把底层民众拒之门外的文化地标，而是生产出与之相匹配的内容产品，营造出温暖人心的文化情怀，使文化发展真正焕发出活力，自发形成文化繁荣的盛景。只有一个宽松自由表达的舆论空间，才能催生人的创意和创造性，复调的音乐之所以是动听的，就在于它由不同的声部组成，只有文化多样性才能形成一种文化繁荣的高地。

文化理念决定着文化发展的高度，文化发展的核心是观念的转变。只有不断丰富文化产品和服务的内容与形式，摒除文化发展的思维障碍和体制瓶颈，融入国际文化产业的分工体系和流通方式，推动文化产业的多元嫁接和广泛融合，才能明确文化产业可持续发展的市场逻辑。在文化产业领域，因为产业链断裂和不完善，附加值低，加工环节及其低端市场的大而不强，导致文化产业发展不仅极易遭受外部环境变化的影响（如金融危机、国家政策调整、劳动力成本提升等），还缺乏有效的市场竞争力。如何有效协调粗放式博取文化利益与自主创新发挥引擎功能之间的关系？

通过健全产业链和完善发展体系来趋近产业链高端和培育核心竞争力，成为文化产业发展面临的突破口。

直面文化发展困境，必须深化改革，用改革的方法破解发展难题，用发展的成果化解改革矛盾。说到底改革是利益关系的调整，调整利益还须用利益的手段来实现，这就要求激发出更大的文化利益。当前，最基本的文化困境表现在：如何在文化发展格局中处理好生产性文化与消费性文化之间的平衡？如何在保障公民的基本文化权益中处理好消费选择的自由与文化自主表达之间的关系？如何在文化产业大发展中坚持社会主义文化方向即在内容生产的价值引导上处理好主流文化与大众文化之间的关系？如何培育文化产业发展的根基（文化价值观的培育）与产业结构的优化和升级？如何把文化强国的战略目标落到实处？无论是加快公共文化服务体系建设，还是推动文化产业的发展，都是为了落实大众的基本文化权益和满足市场的多样化需求。

一系列文化困境表明，我们对文化观念的认知有待进一步提升，需要解放思想，进一步尊重文化的发展规律。从"事业人"到"企业人"，改变的不仅是身份，更是观念。对文化的理解要有全球视野和世界眼光，要突破狭隘的文化部落主义和小圈子的自说自话，要把民族文化融入世界海洋中并凸显自身特色；在文化传播上，不仅要学会国际表达，还要在文化产品中融入普适性的价值观，并实现现代文化形态的转换；对文化事业和文化产业的区分有待进一步深化，尤其要着重思考二者内在的关联，在最基本层面区分公共文化服务体系由政府主导，文化产业由市场主导，但不可机械僵化地理解，要做到市场灵验与政府作为的统一，不仅在学理层面，更要在实践中领会其相互依托、相互交融的辩证关系；对文化产业发展规律的认识有待进一步提高，要清楚文化产业发展不是"文化搭台、经济唱戏"，而是反之，"唱戏"原本就是文化的功能，"经济搭台、文化唱戏"是文化产业发展的国际惯例，要力戒轻视文化发展的唯GDP和急功近利的倾向，以及"跑马占山"图利个别人的"圈地"乱象；对文化发展的国家战略意识要不断到位，在"五位一体"的现代化格局中，在世界经济、政治、文化战略格局的重组中领会文化的意义和价值。要充分认识文化是经济之魂，文化是制度之母，经济发展不是终极目的，发展要靠文化来界定，文化繁荣才是现代文明的最高目标。可见在文化观念和文化发展规律的认知上我们还任重道远！

第二节　有效破解文化产业发展难题

当前，诸多国家都把文化产业放在提高国家竞争力的战略高度，努力提高文化产业的国际竞争力，在一些发达国家，文化产业已经成为国民经济的支柱产业。文化产业具有资源消耗低、环境污染小、科技含量高的特点，是典型的"低碳经济"、"绿色经济"、"朝阳产业"。大力发展文化产业，有利于优化产业结构和经济转型，拉动居民消费结构升级，扩大就业和创业，推动经济欠发达地区实现跨越式发展。当下，推动经济发展方式的转变对文化创意产业的需求越来越大。"十二五"规划中提出积极推动文化产业成为国民经济的支柱产业，这一目标的实现必须有效破解阻碍文化产业大发展的难题，使之朝着"优结构、促增长、可持续"的发展之路迈进。要树立以文化新理念为引导，以科技创新为支撑，以创意设计为驱动，以品牌竞争力为核心的观念，提升文化产业内涵，推动文化产业成为经济发展的新引擎。深化文化体制改革的目的，就是解放文化生产力和提高文化产业竞争力。

同时，借助现代科技在文化创意生产、服务、营销、管理、消费等环节的广泛运用，以创意、科技和文化的交融催生集聚效应，尤其是数字化信息技术在文化领域的运用，创新文化的业态，催生手机电视、数字出版、网络游戏、动漫等新兴产业门类，数字出版、互动电视、文化物联网不仅是产业功能的拓展，更是文化产业的高端形态和内生驱动力，以此推动文化产业从产业链低端向高端转型、低附加值向高附加值转移、从加工制造向营销和品牌两端转移，促使传统文化产业实现"华丽转身"。其中，云媒体电视的诞生，标志着单纯"看电视"时代的结束，"用电视"时代的到来。其次，以科技创新和创意设计为驱动，为文化产业自身结构升级和优化的跨越式发展提供强有力的科技支撑，培育文化产业的核心竞争力，形成高成长性的文化创意产业。产业结构决定着产业发展的质量与水准，单纯依赖投资拉动和传统文化资源简单开发的方式已无法实现文化产业的可持续发展，只有不断创新、创意、创造才能为文化产业提供无限潜力和市场空间。经由创意经济模式、创造性发展思路、创新数字文化主题旅游，让市场跟着创意跑，成了文化产业转型发展的真经。完善产业链、拓展市场、提升产品的附加值、占据市场高端，从资源依赖性的粗放型发展，向内生性的包容性增长的跨越式发展转变，是文化产业下一步发展的主攻方向。再次，以产权制度改革为重点，加快构建现代企业制度，推动文化产业由分散、规模小、低水平经营向规模化、集聚化、专业化、产业化方向发展。文化产业发展要以大型文化企业、文化集团为龙头，以大项目带动资源整合，通过跨行业、跨区域形成集群优势，打造强有力的文化品牌，发挥市场配置资源的积极作用，做大做强一批企业，培育一批具有核心品牌的跨地区、跨行业、跨所有制文化企业集团，建设一批要素集聚、功能完备的文化产业园，提升文化产业的结构布局和整体层次，从而强壮文化产业发展的骨骼。其中产权制度改革，是现代企业制度完善的核心。要把产权制度改革作为今后全面深化文化体制改革的重点，推进产权多元化、资本社会化改造，健全法人治理结构，建立现代企业制度，促进文化产业发展方式转变。促使文化产业借助经济产业要素、产业平台和流通手段，借鉴经济产业模式、依托经济产业优势、利用经济产业营销方式，实现自身跨越式发展，真正成为国民经济支柱性产业。

破解文化产业难题还要突破两个观念：一是在思想上弄清楚是靠政府补贴"活"企业还是靠市场强企业？这其实是在观念上厘清政府管理的事业职能和企业的市场功能之间的关系，做到政府有为和市场灵验的统一。这是走过文化产业发展起步阶段而进入初级阶段必须面对的现实问题。在起步阶段，作为弱质的新兴产业，政府的扶持和保护是必要的，但不能形成依赖，必须在市场中大浪淘沙才能做强企业。如国内动漫业在政府扶持下突飞猛进，不到十年时间改写了国外动漫一统天下的产业格局，但面对市场上激烈竞争的发展格局，仅仅靠政府有限度的保护，靠"挡"和"防"是不够的，由于产业链不完善甚至出现断裂，动漫企业盈利模式不清晰，大多数动漫企业要依赖各地政府的补贴政策维持生存，滋生不少到处找政策补贴的"候鸟"型动漫企业，也出现不少"空壳化"的动漫产业园。由于自身盈利模式不健全，靠政策扶持之路终究会走到尽头。如果产品质量不高，就算限制进口大片，同样留不住观众。实践表明，保护不是万能的，补贴不是长久之计，必须从政策、体制等方面为动漫产业的市场发育固本培基，否则越补越弱、难成气候。参与市场竞争关键在于提升自身实力，只有下功夫、下力气把产品做好，扎实有效地推进播出通道建设、形象授权及其衍生品的开发，海外市场的拓展，让消费者真正认可、接受，在市场中强大的企业才会有竞争力和市场前景，才会以实力占据价值链高端，这需要政府从税收、流动资金、人才等多方面给予支持，逐渐培育和做强企业。政府要发挥积极的引导作用，从单纯资助补贴的扶持过渡到使创意产业自身形成投入产出模式（可盈利的商业模式）。事实上，政府"遍地开花"式的扶持很容易流于表面化、效率低下、资源浪费。政府要在企业和金融机构之间架设"桥梁"，改善投融资环境，变"输血"为"造血"，帮助企业在市场和产业层面拓展运作渠道，发挥市场灵验的功能，推出切合市场的产品，帮助企业推广品牌（以整体的方式），使企业真正从产品/服务上获利。其实，"发展是硬道理"同样适合文化产业领域，只不过发展重心要落到文化上，落到文化价值的弘扬和消费上。

其次，初级阶段的文化产业发展要有市场意识和产业思维，但不能缺失文化眼光和文化关怀，要坚持内容为王和价值引导。文化产业的核心是内容产业，其灵魂是创意和文化价值。审视走过十年之久的中国文化产业历程，一个普遍性问题是某些文化产品中思想含量的缺失和价值观的混乱。人们越来越认识到，在影视产业发展中，只有用丰富的影视手段、成熟的影视语言和清晰的价值诉求，才能赢得消费者对影视剧的认可，才能在收获票房的同时赢得观众的口碑，从而实现影视的价值观和观众的价值观之间的呼应。作为对文化产业发展规律的认知，中央一再强调的社会效益优先绝不是文化产业发展中可有可无的一句"空话"和"套话"，所谓社会效益优先就是要在文化发展中弘扬和践行社会核心价值，一定意义上它是检验文化体制改革成败的"试金石"。市场经济条件下，文化产业的意识形态性（导向性）、经济性（商业性、娱乐性）应统一于文化性（新闻性、艺术性即欣赏性）的实现，三者统一的程度影响到文化建设、文化产业发展和文化宏观管理（总量和结构的调控）的成效，只有深化这种认知，才能有助于对文化和文化产业特殊性的深刻理解，从而在实践中尊重文化的发展规律和遵循市场经济规律。实践表明，并不是只有"三俗"才会有经济效益。如上海东方卫视的《中国达人秀》节目以"发现普通人健康向上的追求和品性，传递真善美"为诉求，展示"人性的光明"，体现了对平民梦想的尊重和鼓励，摆脱了国内选秀类节目在遭受收视率压力下陷入爆料隐私和庸俗恶炒的风气。在2011年7月10日第二次达人秀年度盛典，当天全国29个城市该节目的收视率均排第一，每条15秒广告招标价高达33万元，创下省级卫视新纪录，实现了收视率、观众口碑和主流价值观弘扬上的多赢。

再以当下文化产业中的翘楚——动漫业为例，尽管出现了《喜羊羊》系列动画表现不错、票房不菲的产品（不能在中国动画市场只有羊和猫），要看到作为一个产业整体上缺乏对民族文化的自觉意识，缺乏对民族文化的理解和尊重，一味在技术上追新，执着于技巧，结果有不少技术过硬和制作上大投入的动漫产品因缺少"灵魂"，在市场竞争中惨败。一组令人五味杂陈的票房数据启人深思：2012 年暑期档五部国产动画电影的票房加起来不足 9000 万，而进口动画电影票房火爆。《功夫熊猫 2》5 亿元，《蓝精灵》4 亿元，《变形金刚 3》超过 10 亿元。文化内容的缺失表明中国文化人自信不足，没有文化自信，在创作中就不可能有文化敏感。国内动漫企业跟风模仿欧美、韩日风格，在实践中既没有赢得国外认可，也失去了中国观众。而海外强势动漫企业配置中国文化资源，传播的是美国的价值观，却在中国市场赚得钵满盆溢。中国动画缺的不是 3D、4D 技术，关键是内容及其文化表达，以及故事在市场上被接受的认可度。文化不是靠"砸钱"、"烧钱"就能出成功产品，而是要有真正文化眼光和文化情感、价值的融入，文化产品的消费是情感之间的互动与传递，而不是"被观看"。在对动漫的认知上不能为 3D 而 3D，也不是每部作品都要用 3D 技术去制造感官刺激，动漫的定位并非仅仅是低幼儿，而是老少皆宜，其门槛更高，相比技术创新，观众更期待打动人心的故事情节和人物形象。事实上，我们不仅在终端产品营销上欠缺，还忽视了前端的产品研发。暑期档中外动漫电影的较量显示：在讲故事和创意能力上，完全不是一个重量级，我们最大的软肋是守着丰厚的文化资源却暴露出产品的无文化、伪文化，从中也折射出中国文化产业发展与发达国家相比根本不在一个形态上，我们对文化产业发展规律的理解和把握上还有一定的距离。不少人把文化产业的转型简单理解为技术上的升级和产业上的转型，把创意理解为出点子，甚至误读创意经济为"空手套白狼"。殊不知文化创意的财富增值靠的是深厚的人文素养和专业知识储备，是文化符号与产业经济的融合。我们羡慕《哈利·波特》已形成 2000 亿美元的产业链，而无知于背后的凯尔特文化复兴底蕴的力量，仅仅从直觉上欣赏魔法的热闹场景；可能很多人不明白最成功品牌之一的"耐克"，背后潜伏着古希腊神话的耐克女神；更不会理解风靡全球的"苹果"手机品牌背后的"伊甸园神话"的营销助推；而开辟电影史上新神话时代的《星球大战》编导者当年如饥似渴地恶补文学史知识的佳话，足以令当下中国那些沾沾自喜于技术模仿者们汗颜！文化产业实践表明，只有金融资本而缺乏文化资本的深入开掘，根本无法同发达国家的文化产业竞争，而盲目跟风和专注于技术或风格模仿注定要在长期文化战略角逐中败北。

中国文化中有很多优秀的具有普适性品质，如勤劳、勇敢、善良、亲和、节俭、宽容、包容、忍让、克制、助人为乐、担当、守诺、奉献，这些价值却在我们的文化产品中传播得不够。往往在细微和细节中见出文化的品质与品位，展示出文化的底蕴，以及文化的温度和温情。把社会主流价值观生动地融入文化产品中，离不开社会核心价值对文化生产的引导。当前的文化困境显示，有不少文化生产者处于价值迷失状态，因为在作品中缺乏明晰的价值诉求，导致文化产品中价值观的模糊和混乱。价值迷失的泛滥加之"三俗"之风的盛行，已经影响到整个民族的文化生态。坚守和弘扬社会核心价值观，不但是文化人的事，也是全社会的事。有着辉煌成就和文化底蕴的中国文化应该自信地和任何一种世界文化交流对话，其文化成果和审美情趣可以为全世界共享，会赢得全世界尊重。因此，一定要坚定信念和文化理想，要有一种执着的精神追求，而不是跟风、模仿做某种强势文化的注脚和爬虫，要在现今时代生产出与中国历史文化和现代经济成就相匹配的文化产品，勇于和世界文化交流对话。要充分认识到文化产业不仅关乎经济利益，还关乎一个民族、一个国家的文化身份和文化安全，关乎一个民族的原创力。迪斯尼的《米老鼠和唐老鸭》、《狮子王》、《风中奇缘》以及《玩具总动员》等卡通片不仅在电影史上创下一个又一个票房奇迹，同时把道德感、美丽的梦幻也嵌入儿童的脑海中，使之对美国的价值观留下深刻的烙印。《功夫熊猫》、《花木兰》配置的是中国文化元素，传播的却是美国的价值观。可见，文化产品在获取经济效益的同时，还输出了价值观和生活梦想。因此，必须用社会主义核心价值体系引领文化生产，注重挖掘文化资源、提升文化创意、打造文化品牌，推出更多高品位、高水准的文化精品，以内容优势赢得产业发展优势。

另外，有效破解文化产业发展难题还要处理好以下几方面关系。

其一，处理好文化资源与文化产业、文化市场的关系，由资源依赖型的粗放式发展向自主创新的品牌化方向转变，由靠投资驱动向文化内生驱动转变；其二，处理好存量领域市场主体的培育与增量领域作大扩张的关系，形成文化产业发展的多元化格局，通过国有骨干文化企业的战略重组和资源整合，实现跨行业、跨区域经营，通过民营企业的专业化提升等实现高成长和国际竞争力的提升；其三，处理好文化产业发展中本土化与全球化的关系，坚持鲜明的民族文化特色与全球普适性的文化可沟通形式和依托现代技术的文化形态的统一，从而在全球文化激荡和文化产业竞争中建构有国际影响力的高位态的中华文化。

第三节 深化文化体制改革的突破点

随着党的十八届三中全会提出全面深化改革若干重大任务后，文化体制改革进入攻坚克难的新阶段，中央明确提出文化体制改革要以激发全民族文化创造活力为中心环节。如何打消文化工作者的疑虑、找准深化改革的突破点，是中央政府及相关职能部门和学界研究的重点。十八大之后人们对文化体制改革是否深入出现了徘徊、犹疑的态度，甚至在某些领域、行业和部门一定程度上出现倒退（向体制内回转）的现象。

经过多年来对文化体制改革和文化产业发展问题的调研和思考，笔者认为解放思想、转变观念仍是文化体制改革的重中之重。具体说，就是以文化产业为轴心重构文化体制改革的思路，以市场机制下事业与产业的渗透与融合作为深化文化体制改革的突破点。通过对党的文化政策的梳理，我们可以发现2003年启动的文化体制改革是在"两分法"基础上的"分类改革"，党的十八大之前的成绩就是在此基础上取得的。2000年，党的十五届五中全会第一次在中央文件中使用"文化产业"概念，提出要推动有关文化产业发展。2002年，党的十六大首次明确把文化区分为文化事业和文化产业，强调一手抓公益性文化事业，一手抓经营性文化产业，把文化产业作为文化建设发展的一个重要方面鲜明地提出来，这在理论上是一个重大突破，尤其在文化制度建构上具有里程碑意义。这些思想理论创新使我们清楚了文化的多重属性，特别是在政策层面肯定了文化的经济属性，因而具有思想解放的性质。经过十年的文化体制改革和文化事业的发展，我们党对文化建设规律的认识越来越全面。文化不仅是推动社会发展的重要手段，更是社会文明进步的重要目标。

虽然十多年的文化体制改革取得巨大成绩，但也积累了一些深层次问题，一些困境和矛盾使改革举步维艰，亟须理论突破和思想观念认知的深化。事实上，正是一些认知上的偏差导致文化体制改革走了不少弯路，也曾因理论准备不足导致改革难以突破。面对新的改革瓶颈，我们必须寻求适当的突破点。笔者认为深化对文化产业观念的认知，在市场机制下注重文化事业与文化产业的渗透与融合，探寻二者的内在关联性，是一条可行的深化文化体制改革的思路。如果说前十年的改革功绩主要建立在事业与产业相区别的"分"的基础上，那么深化改革的突破点就要在事业与产业内在关联的"合"上做文章。所谓在分的基础上着重内在关联的"合"上做文章，就是肯定此前的成绩及其市场机制作用的发挥，通过改革思路重心的调整，积极完善改革配套政策（如公共资金的使用、税收减免、版权保护、投融资体系的完善等），使文化发展一方面朝着完善现代公共文化服务体系，以保障公民的基本文化权益；另一方面建构现代文化市场体系，完善文化管理体制，使市场在资源配置中发挥决定性作用，以激发全民族的文化创造活力。这里面的一个关键点是以文化产业为轴心重构事业与产业的关系，注重事业与产业的相互渗透与融合。提出着眼于内在关联的"合"的理论构想及其政策配套，并非主观臆想，而是基于实践中文化事业与文化产业在某些部门、领域的相互交融和相互促进的实际。这种理论思考的前提是肯定前期已普遍达成共识的文化体制改革的市场化价值取向与维护文化的独立性与公共性，在此基础上来思考公益性的文化事业与经营性的文化产业的分与合；因而，着眼于内在关联的"合"不是退回此前的事业单位框架中，也不是此前曾有人提出的设立"准公益组织"，因为一旦认同"准公益组织"的合法性，很多担负改革任务的文化单位就会一股脑地选择"准公益组织"，改革就会在原地打转转。此前厘清事业与产业的界限主要是在文化投入环节上，区分出政府财政投入（公益性事业）和市场驱动（经营性文化产业）；当下提出"合"的理论基础是基于分配环节上的赢利与非赢利之分，其理论上的突破是肯定文化非营利组织的合法性和积极性，进而大力培育和扶持文化非营利组织，从而夯实文化发展之基和激发文化创造力之源。其中的难点是对非营利机构的理解和定位，确切地说是"非营利组织"的合法性与可行性问题。此前我们普遍认同就社会主义文化发展目标而言，文化事业、文化产业只是文化运行方式的差别，其承载的精神内容是一致的。无论是文化事业单位还是文化企业，都要始终把社会效益摆在首位，重视文化产品的内容质量和文化内涵，努力实现社会效益与经济效益的统一。文化事业也要讲成本预算和效率，并注重投入与产出；文化产业也要追求文化产品的公共价值及其对主流文化价值观的传播。

　　基于对内在关联的"合"的理解，继而从企业利润视角做出营利性与非营利性机构的区分，目的是涵养文化生态和培育文化创造力与市场活力的基础。十多年的文化体制改革经验和当前遭遇的困境表明，兼顾在生产投入和利润分配环节上的公平与效率，既要公益性事业单位激发效率，也要经营性文化企业追求社会价值，这就要求不能止步于单纯的鸿沟式的"分"。事实上，不仅一些文化机构早在实践中打破了事业单位不能经营的"束缚"，如台北故宫博物院生产的一些创意产品市场效益很红火；而且中央的一些政策已经体现出这样的导向，如在公共文化服务供给中引入市场机制和社会力量，在新出台的《博物馆条例》中注重创意产品的开发等。因此，我们需要在理论上和改革思路上更加清晰化，通过政策配套来完善它，使改革真正突破困境进入新境界。以此思路来看，就现有文化机构而言，可以说只有极少数单位要真正保护起来（10%左右），大量的文化单位可划入非营利组织（50%左右），担负起文化价值传承、文化创造力培育、艺术实验创新、企业孵化等使命，而那些发育成熟、有一定市场基础的文化单位要真正成为文化企业（40%左右），实行现代企业制度和治理结构，作为有竞争力的市场主体成为引领文化产业发展的主力军。就预期效果来看，以激活市场机制作为共同的价值取向，以发展文化产业为主导，在各自有所偏重的基础上形成中国文化产业发展的梯次结构和分类布局，从而有利于健全文化生态，激发全民族文化创造活力，真正解放和培育文化生产力，从而推动文化大发展大繁荣。

因此，以文化产业为轴心重构文化体制改革思路，旨在充分发挥市场在资源配置中的决定性作用，促进文化资源的全国流动，使文化机构从功能上科学地划分为：非营利组织（含部分事业单位）、营利性文化企业，二者之间相互支撑、相互促进，既有利于构建现代公共文化服务体系，又有利于健全现代文化市场体系，从而为文化发展繁荣夯实生产力之基。在实践中，为了应对改革的"一刀切"政策和鸿沟式的"分类改革"，很多省市文艺院团（包括一些研究所、杂志社等）为完成改革任务，不得已以"非遗保护"的名义成立非遗传承院，重新纳入事业单位，这是院团改革中的尴尬和无奈。因为在既没有积累（原有的事业体制仅有办公经费）、面临人才断档（老人出不去、新人进不来）、场地和办公设备老化（缺乏好剧本和设备更新技术升级），尤其在没有培育市场的情形下，把它们全部推向市场，只能是死路一条。如果以非营利机构来登记，既可以享受政府补贴（公共资金的扶持、国家艺术基金会），又可以享受社会机构、个人的捐赠与企业的赞助，还可以获得减免税政策扶持（这一点对非营利组织发展太重要了），版权保护的法律支撑和投融资政策的支持，从而使其走上良性发展之路。非营利不是不要市场，而是不能谋私利（用来私人分配），其收益用于文化单位的积累和发展。这样，文艺院团就有一定的预算经费保障，可以安心生产（打磨剧本、排新戏、实验新剧目、开发周边和衍生产品等），而不是为生存奔波，甚至为迎合市场上演低俗剧。没有生存之忧，就可以创作生产一些高品质或者高雅文艺产品，去追求文艺的卓越性，在产品成熟有一定的受众认可度后，再完全转化为商品，由精英文化演变为流行的商业性大众文化，作为文化产业体系中的商品在市场上赚钱，并在市场上提升大众的消费品位；同样，一些市场化的大众文化商品，经过市场不断检验和修改提升，也会成为文化精品甚至积淀为文化经典，如《大河之舞》、《猫》等，作为公共产品进入公共文化服务体系为全民所共享。因此，文化企业不仅可以在经济上反哺文化事业，还可以通过政府购买服务以公共产品服务大众。可见，以文化产业为轴心、以文化非营利组织为基础深化文化体制改革，不但激活了文化发展的创造力源泉，即文化非营利组织以其艺术创作、创意创新意识以及消费者的培育，为文化产业提供可持续发展的支撑性基础；还可以把流行的大众文化积淀为公共性的文化资源，使之成为当今时代文化积累和传承的一种主导方式，从而进一步夯实了文化发展的根基，使文化体制改革进入新境界。

可见，以营利与非营利划分文化机构，更多是着眼于事业与产业之间的内在关联，及其对文化生产力的解放。其实，政府主要在建构公共文化服务体系中发挥引导作用，真正需要被政府保护起来的应是极少一部分单位；大部分要面向市场，以激发文化创造活力，但面向市场并不都是商业性文化机构，并非追求市场最大化，而是承担了更多的文化传承、文化实验和文化创意创新的社会功能；其余部分则是为市场提供主流文化产品的文化企业，充分发挥资源配置的市场机制作用，从而有利于企业做大做强，有利于主流价值观的传播，进而有利于遏制"三俗"产品的市场泛滥。由于遵循了文化产业发展的市场逻辑，理顺了阻碍文化产业发展的一些梗阻，打通了一些人为的壁垒，也使一些"玻璃门"自动消解。进而使文化发展和文化机构各归其位，从而在市场上真正培育出有市场竞争力的大型骨干文化企业，这样的企业才经得起市场搏击，其产品才能真正满足个性化和多样化的大众差异化需求，从而提高市场占有率；同样，可以围绕产业链和上下游带动大量相关中小企业的集约化发展，从而提高产业的集中度，进而抬高了海外文化产品进入中国市场的门槛，有效地捍卫了国家文化安全。因此，事业、产业的分与合，不仅是理论的创新，更是制度的创新，同时需要深化认知来完善其配套政策措施，这是一项系统性工程，而不是简单地向市场一推了之，或者期望一蹴而就就可完成的事情（如某些传统媒体的网络化）。所以说，文化产业不是文化市场化和文化产业化。说到底，它是当下阶段的一种文化的生产、传播和消费方式，是一种文化甚至文明的积累，同样是价值观的传承和弘扬。因此，文化产业虽然表现为市场化运行的商业文化，并取决于市场灵验功能的发挥，但它的根却扎在整个民族的文化土壤和健全的文化生态中，需要全社会全民族都来关心关注，担负文化创新实验和孵化，它不仅有经济价值，更有文化和社会价值。文化体制改革凸显"分"看重的是文化产业的经济价值，有其当下的现实价值与思想解放的意味；注重"合"则看重的是文化产业的社会和文化价值，有其历史的合理性与回归文化的本位。文化产业说到底是文明视野中的一种文化积累和传承方式。只有夯实民族文化的根基，用文化创意来激活其灵魂，文化产业才能大发展。从这个意义上讲，文化产业不就是文化吗？它根本不是文化的"另类"。所谓事业与产业之分是文化的运行方式不同，营利与非营利之别是利润的分配不同而已，它们共同构成国家文化的软实力。因此，中国文化产业竞争力不强，说到底是文化软实力弱，是中国文化发展体系缺乏竞争力！当前存在的诸多文化产业乱象，多是不懂或对文化产业理解不到位，乃至扭曲文化产业、误读市场所致！

就此而言，是一个国家的文化体系，决定了文化产业根基的培育和产业链的延伸。（好莱坞电影的强势不是有美国国内每年14亿张电影票的支撑吗？）从生产力视角看，文化产业绝不单是显现于市场上的商业文化，而是扎根于广阔深厚的民族文化根基中的创新创意。它与"文化例外"（以高雅艺术为核心）和文化多样性有着密切的关联，也仅是在商业文化生产的意义上，才可以说市场在资源配置中起决定性作用。因为理念不清晰、关系不顺、管理失当，实践中我们即使有好的创意和好的产品，可是文化产业链依旧做不长。只有以文化产业为轴心重构文化体制改革思路，才能推动转企单位建立现代企业法人治理结构，实行现代企业制度。一旦建构和完善现代企业制度、建立和健全现代市场体系，则有利于文化企业突破行政区划限制、实现跨地区发展（资源的全国流动）、跨行业以及跨所有制发展，甚至通过上市培育战略投资者，推动文化企业从产业集团跨越式发展到价值链高端的财团。一旦打通了市场环节，不再自我捆绑而着眼于大产业视野和全产业链结构，则所谓市场导向（企业生死线）和舆论导向（宣传红线）相冲突的问题，就是一个误读市场或者说是一个人为制造的伪问题。文化体制改革作为文化产业发展的驱动力之一，就是要通过制度创新为文化产业发展护航！它要求建构符合文化产业发展规律和文化企业运营的体制机制，即建构现代企业产权制度是文化产业发展的制度基础。由此深入就可以破解"市场准入壁垒"与微观主体不合理的"二元结构"，正是它严重阻碍了中央提出的投资主体多元化、推动以公有制为主体的通过多元投资主体相互参股控股实施兼并重组促使混合所有制经济发展壮大。当前，中央把全面深化文化体制改革的中心环节，由培育合格市场主体转变为激发全民族文化创造活力，就意味着在"改革"的同时更要重视"发展"，旨在处理好存量释放与增量发展的关系，即国有企业和民营企业以资产为纽带的协同交融发展，而不是各自为战的单兵突进，并在发展中提高文化管理水平。支持文化企业发展是针对所有文化企业的，对民营企业和外资一视同仁，未来的现代文化市场是开放的、公平的。在此意义上，我们说改革推进到什么深度，文化产业发展就能达到什么高度！

　　美国文化产业之所以能独霸全球，其大致原因可归结为：在各所大学推广原创性研究；将公共资金的权力下放；向传统文化价值挑战；让人才流动以发挥其能量；美国社会根深蒂固秉持的"发展驱动"理念；对艺术家的高度信任；对少数民族独特而灿烂文化的包容，以及用美国的方式对多元文化的捍卫。教育、革新、冒险、创意和胆量，只有美国的大学、社会团体以及非营利组织才具备这些素质，但他们并不参与市场活动，而是分散于各自所在的领域。[1] 正是得益于其独特的高效的文化运行体制，即密布全国的毛细血管般的文化非营利机构，和具有强势竞争力的营利性大型跨国文化企业，才成就了美国的文化霸权。在国际上，美国打着"文化自由化"的旗号与文化输入国谈判，其实美国文化体制最行之有效和加以批评的就是其商业化，在其背后则充分利用了非营利的文化系统，其中包含公共资金的间接资助。有学者指出：在这种整体活力中，同样应该考虑到数量效应、大众、听众与票房赋予市场以强大的合理性，这些因素在某种程度上用"民主效应"肯定了大众文化。还应该看看 20 世纪 60 年代以来，美国文化市场是如何从美国的文化多元和各社区中得到滋养的，其受益程度远超人们的想象。最后还有学术界从 20 世纪 70 年代在观念上对大众文化的接受，同样出于一种深层次的民主的理由，文化批评赋予流行文化以合理性。[2] 美国的商业文化远比它显示给人们的复杂得多，作为其主流产品——大众文化的生产完全建构了一套"合理化"的策略：其强大的文化产业不断运用所谓的民主论据来树立或者加强一些经济和商业的思想路线，旨在混淆大众文化和商业文化。这种通过伪饰的战略性的

---

[1] 〔法〕弗雷德里克·马特尔：《主流——谁将打赢全球文化战争》，刘成富等译，商务印书馆 2012 年版，第 369 页。

[2] 〔法〕弗雷德里克·马特尔：《论美国的文化》，周莽译，商务印书馆 2013 年版，第 459 页。

刻意的混淆，其结果就是生产出著名的"流行文化"，让人们可以把一种纯粹商业的文化作为民众的选择来加以合理化，从而使其在市场上所向披靡。

随着理论的深入思考愈加使我们认识到文化产业是当代文化发展与文化积累和传承的一种主导方式，是新的文化业态生成和传播的主导方式，其核心是文化价值的传承和高扬。文化产业的迅猛发展使其不再局限于文化宣传系统内的"自我循环"，而是融入国民经济和社会发展的"大循环"，成为社会主义现代化事业"五位一体"总布局中的"一位"。文化建设和经济发展不再是"两张皮"：一方面，文化建设离不开国民经济体系的支撑；另一方面，文化产业作为战略性新兴产业已成为国民经济新的增长点，正与国民经济、国民教育、城乡建设、科技和旅游等相融合，并渗透于国民经济各行业，在提升品牌价值、增加物质产品和现代服务业的附加值和文化含量，以及加快转变经济发展方式方面发挥着不可替代的作用。可以说，文化体制和文化价值观的重构，有效激发了文化发展的生机与活力。

第四节　在全面深化改革中实现文化治理现代化

党的十八届三中全会通过的《中共中央关于全面深化改革若干重大问题的决定》（以下简称《决定》），明确了全面深化改革的总目标是"完善和发展中国特色社会主义制度，推进国家治理体系和治理能力现代化"。其中，文化改革发展要坚持以人民为中心的工作导向，以激发全民族文化创造活力为中心环节，实现国家文化治理现代化。

一　在深化改革中祈向文化治理

随着全球文化战略的兴起，利用文化政策加强文化治理，是当今许多国家和地区的普遍选择。从文化领域来说，推动体制机制创新的关键是完善文化管理制度，推动由文化管理体系的科学化向文化治理能力现代化转变，在完善文化管理制度中祈向文化治理，这种价值取向与全面深化改革"推动国家治理体系和治理能力的现代化"的总目标一致。激发全民族的文化创造力，不仅要突出文化服务人民群众的宗旨，还要充分调动政府、社会和个人及其各种非营利组织的力量投身文化建设。

20世纪90年代以来，随着现代政治文明的成熟和公民社会的兴起，西方政治学家、公共管理学家和经济学家赋予"治理"新的含义。"治理"不同于统治，治理指向的是一种由共同目标支持的活动，这些管理活动的主体未必是政府，也无须依靠国家的强制力量来实现。① 现代政治学视野中的治理是指各利益相关方对公共事务的"共同治理"，治理强调权威的多元性，简政放权、让渡更多的权力，有更多的主体如非营利组织、私营机构和个人，更强调沟通协商基础上的一致，以及"共同意愿"的达成，以满足多样化的需求。在国家治理理念的主导下，政府将加强宏观调控，减少对微观领域的直接干预。就是说，公共生活不再是政府的"独角戏"，政府将由"独舞"变为"领舞"，引导和充分激发社会各阶层各主体迸发活力。治理要求政府在法治的轨道内规范运行，转变职能，放松管制，变"管理"为"服务"，其目标是趋向"善治"，而不是威压下的"统治"。从"管理"到"治理"的转变意味着各社会主体将在党的领导下，以平等的身份参与国家和区域建设，建构公正合理的利益表达、利益协商、利益保障和利益协调机制。

21 世纪以来，随着文化的地位和作用的全球凸显，文化产业日益成为全球战略格局重组的一条中轴线，有学者指出："国际社会不约而同地把发展文化产业作为国家发展战略，标志着在国家治理问题上认知的共同性。"② 伴随社会主义市场经济体制的完善，社会结构的变化和社会组织的不断发育，以市场经济方式实现文化的政治、经济、社会、技术的价值性转换，在社会合力互动中改变和重塑国家文化治理模式，成为文化体制改革的目标，这实质是一种价值重构和理念更新。在价值取向上，文化治理有别于文化管理，文化治理意在通过主动寻求一种创造性文化增长的范式，实现文化的包容性发展，其重心落在发展上；而文化管理是国家通过建立一系列规章制度对人、社会和国家的文化行为进行规范，其重心落在规范上。随着社会建设的不断完善，尤其是"五位一体"现代化事业总体布局的和谐共进，文化治理的色彩愈加明显。文化治理的主体是政府和社会，主要通过一系列政策措施和制度安排，利用和借助文化的功能来解决国家发展问题，涵括政治、经济、社会和文化以及个人的发展，突出人、社会与国家的能动性和自主性，具有一定的协商和沟通互动特征，在治理结构中政府发挥主导作用；文化管理的权力和责任主体都是政府，主要通过对文化行为及其整个生态系统的强制性约束，基于一定的价值尺度对人的社会行为进行规范，以实现国家的文化意志，具有很强的惩戒刚

---

① 参见罗西瑙《没有政府统治的治理》，剑桥大学出版社 1995 年版，第 5 页。
② 胡惠林：《国家文化治理——发展文化产业的新维度》，《学术月刊》2012 年第 5 期。

性。从人类和社会发展趋势上看，由单一主体的文化管理迈向多元主体协同推进的文化治理，就是全方位多领域推动公民和社会有效参与文化发展进程，发挥文化在人的自由全面发展中的积极作用，这不仅是视角和机制的变化，更是价值重心的转移，是国家治理能力现代化的重要标志。

在文化管理制度创新上，《决定》提出健全坚持正确舆论导向的体制机制。通过健全基础管理、内容管理、行业管理以及网络违法犯罪防范和打击等工作联动机制，推动新闻发布制度化，严格新闻工作者职业资格制度，重视新型媒介运用和管理，规范传播秩序，这些制度规范体现了文化管理体制的不断完善，并随着文化开放水平的提高趋向国家文化治理。面对文化发展中的症结，《决定》提出：按照政企分开、政事分开，推动党政部门与其所属的文化企事业单位进一步理顺关系，为实现由办文化转向管文化提供了制度基础。而建立党委和政府监管国有文化资产的管理机构，实行管人、管事、管资产、管导向相统一，是对过去改革实践中探索的肯定，明确提出建立党委和政府监管国有文化资产的管理机构，这不仅是完善文化宏观管理体制的重大举措，也是文化体制改革推进方式的重要变化。

近年来，随着数字化技术的广泛应用和不断普及，新媒体发展迅猛，并日益影响甚至开始主导媒体舆论格局。在此语境下，《决定》提出：整合新闻媒体资源，推动传统媒体和新兴媒体融合发展，推动新闻发布制度化，以制度创新规范传播秩序。伴随媒体舆论格局的重组，做大做强国有传媒企业亟须突破文化政策瓶颈。《决定》提出的"特殊管理股制度"和"特许经营"，是媒体产业管理制度的创新，这种创新既健全了坚持正确舆论导向的体制机制，形成正面引导和依法管理相结合的网络舆论工作格局；又兼顾了企业对市场效益的诉求，有利于整合媒体资源，推动传统媒体和新兴媒体的融合发展，在尊重市场规律的基础上，通过市场竞争壮大主流媒体的传播力，为文化产业发展夯实根基。

当前，文化管理滞后于文化发展实践，导致文化理念和管理体制与文化实际运行之间存在脱节。一方面，在文化观念上出现把文化矮化、窄化、庸俗化的倾向；一方面在运行中出现把文化泛化、空心化的倾向。观念、运行机制和市场的不健全及其人为扭曲市场，导致文化乱象迭出。其实，就文化内涵而言，它比经济深刻、比政治广泛，关乎深刻长远的国家战略利益。文化改革发展中最应解放的是把文化固化、僵化、板结化、机械化的观念，和把文化理念同活生生现实割裂开来的抽象静态的思维。文化管理处于文化生产力解放的枢纽点，文化管理理念和制度的变革将深刻影响文化的发展。文化的核心是价值观，文化建设的根本是形成具有高度共识、为大众普遍认同和具有强大感召力的社会核心价值观。社会主义文化发展的终极目标是致力于让每一个公民的人格更健全、生活更充实、更幸福，借助文化的渗透力和感染力，使人获得精神上的愉悦、道德感的升华，从而提升人的精神境界，促进人的全面发展，这就是文化治理祈向的目标。

二　建立健全现代文化市场体系是实现文化治理的基石

作为配置资源的手段，由于市场机制缺位，政府长期行使管理者的角色，对投资审批、市场准入许可及价格管制等拥有过多的决定权，从而形成以不受约束的权力为背景的行政垄断、机会不平等，导致很多文化企业创造力、竞争力不足。建章立制和发挥市场在资源配置中的决定性作用，有利于遏制政府追逐"文化政绩工程"的冲动。新一轮的文化体制改革已经走过十多个年头，改革的成绩不菲，但问题和困境依旧阻碍文化的繁荣发展。实践中，许多国有大型文化企业集团由当地党委宣传部门管理，尚未按照"产权清晰、权责明确、政企分开、管理科学"的原则完善现代企业制度，董事会、监事会形同虚设，监事会成员多是兼职，党、企不分，以党务手段管理企业现象十分突出，虽有转制之名但无改企之实。造成文化企业市场竞争力弱、经营不规范、主业不突出、结构不合理、产业链断裂、靠垄断某些资源博取利润，市场竞争不充分，产业集中度低，企业缺乏活力，难以形成产业的集群化发展，难以顺应文化生产力发展的内在要求，破解弊端的关键越来越聚焦市场的定位，只有促进文化资源和生产要素自由流动，推动资源与资本的结合，才能在市场驱动下实现文化产业结构和企业组织结构的优化。

市场在资源配置中起决定作用和更好发挥政府作用，是《决定》的一个重大理论创新。随着社会主义市场经济体制的逐步完善，市场在文化发展中的积极作用不断凸显。只有建立健全现代文化市场体系，才能理顺党委、政府、企业和消费者的关系。建构的标准是产权主体关系明晰、生产要素配置合理、完善知识产权保护、产品服务流通顺畅，信息、技术、法律、保险、咨询、人力等中介服务组织活跃，充分尊重企业的市场主体地位，保障市场在资源配置中起决定作用，以法律制度与市场规律作为产业发展的准则和动力。当前，我国文化市场体系基本形成框架，文化产品流通组织初具规模，文化生产各层次要素市场表现活跃，因政府"有形的手"过多调配了文化资源，"国家队"在行政力量主导下成为市场主力，虽然短时间内扩大了文化市场规模，但创新及效率不高，文化产品和服务的"结构性矛盾"突出。同时，因行政配置资源、国有文化企业唱独角戏，还滋生了一系列文化乱象。建立健全现代文化市场体系，正是为了解决当前文化市场体系的诸多问题：一是文化产业市场化程度不高，在知识产权、人才、资本等方面，还未充分市场化；二是文化消费市场被抑制，不能充分满足潜在的巨大文化消费需求；三是在一些领域并未形成真正的全国统一市场，存在着部门和地方壁垒及其资源垄断；四是市场中介和社会化分工不发达，导致文化产业链断裂；五是市场不规范，价格竞争无序、侵权盗版等现象较突出，这些问题制约了文化产业竞争力的提升和发展质量效益的提高。虽然民间资本进入文化领域的热情很高、动力很足，但缺乏现代市场体系保障，很多社会资源不敢、不易进来。正是意识到文化生产力的本源是文化创造力，以及文化创意创新不足，进而抑制了我国文化产业的发展。《决定》提出以激发全民族文化创造活力为中心环节，充分发挥市场在资源配置中的积极作用。

《决定》提出"完善文化市场准入和退出机制，鼓励各类市场主体公平竞争、优胜劣汰，促进文化资源在全国范围内流动"，既有利于巩固文化体制改革的阶段性成果，破除深层次潜在的行政资源配置方式的顽疾，促使市场发挥灵验功能。同时，又意识到文化企业的市场退出不单是经济问题，而是关乎意识形态阵地建设。因此，文化市场的准入和退出要发挥政府的监管和调控引导功能。《决定》提出推动文化资源的高效流动和整合，抓住了解放文化生产力的"牛鼻子"。事实上，我国文化企业难以在集约化基础上做大做强，根本性障碍就是没有一个真正的大市场概念——文化资源未能实现全国范围内流动，尤其要素市场的不健全不完善，迟滞了文化生产力的解放。十多年的改革催生了我国众多的"文化航母"，但这些航母多是行政主导下小舢板的捆绑，大多靠着"双轨制"和资源垄断生存，其市场竞争力和"走出去"能力很弱，难以抵御强势海外文化集团的文化侵蚀。通过建立健全现代文化市场体系，在文化发展中使市场的决定作用与政府作用有机结合，理顺文化企业发展的市场逻辑与文化逻辑的关联，既把政府职能从办文化转向管文化落到实处，又在尊重市场规律基础上做大做强文化产业。

除了在存量领域释放国有文化企业的产能，还要激发增量领域的文化活力。《决定》提出"鼓励非公有制文化企业发展，降低社会资本进入门槛"，强调"建立多层次文化产品和要素市场，鼓励金融资本、社会资本、文化资源相结合"，这有利于解除制约文化产业发展的外在束缚，清除市场壁垒，使资金、人才等源源不断地进入文化领域，以市场驱动各生产要素的全国性流动，形成企业自主经营、公平竞争，消费者自由选择、自主消费，商品和要素自由流动、平等交换的现代市场体系，从而提高资源配置效率和公平性。《决定》提出"允许参与对外出版、网络出版，允许以控股形式参与国有影视制作机构、文艺院团改制经营"，从制度上激发了民间资本投资文化产业的激情，为市场注入了活力，有利于改善文化产业的组织结构，在文化产权交易、资本市场运作、信息消费网络设施建设等方面给民营企业更多的发展机会。尤其小微企业这个文化市场中最积极、最有创造性的活跃因子，只有充分调动其积极性和创造力，才能激发文化创造活力。支持各种形式小微文化企业发展，加强版权保护，有利于形成多种所有制企业共存，进而提升文化产业集约化发展水平。在市场主导下，才能真正实现文化企业跨地区、跨行业、跨所有制兼并重组，提高文化产业的规模化、集约化、专业化水平。

从文化市场视角提高国家文化治理能力，就是以市场力量破除事实上存在的"行政文化市场"、权贵文化市场，最大限度提供文化生产要素和文化商品流通的便利性，减少政府对文化生产经营的刚性干预，突破利益集团对文化市场不公平的"定价权"，激活文化市场的公平与正义能量，建设一个统一开放、竞争有序的现代文化市场体系。发挥市场在资源配置中的决定性作用，就是尊重市场规律及其竞争秩序。市场自主的发现功能决定在市场灵验条件下，其资源配置最有效率。而优化资源配置，正是解决当前文化市场"结构性矛盾"的关键。一旦形成市场决定的价格机制，和政府科学的监管体系，不仅有利于提高资源尤其是稀缺资源的配置效率，以尽可能少的资源投入生产尽可能多的文化产品，还会在竞争中实现文化的价值导向与市场效益的统一。这不是降低政府的作用，而是对管理能力科学化和文化治理水平的高要求，体现了政府监管市场能力的增强。通过建立健全现代市场体系提高国家文化治理能力，就是明确文化发展中政府与市场的各自定位，简政放权，发挥市场在资源配置中的决定性作用，解放蕴藏在人民群众巨大的文化生产力和创造力。发挥市场在资源配置中的决定性作用，充分尊重企业发展的自主权，如何在文化发展中体现国家意志？《决定》提出：完善文化经济政策，扩大政府文化资助和文化采购。同时，健全文化产品评价体系，改革评奖制度。今后政府的文化扶持多会通过市场采取制度化的经济手段，以"资助"代替"投资"，以"采购"代替"生产"，借此体现文化发展的国家意志，在内容上对企业生产进行引导和扶持，通过市场手段和方式做大做强主流文化，从而推出更多文化精品，占据文化市场的制高点。

三 构建现代公共文化服务体系是实现文化治理的支撑

《决定》提出"建立公共文化服务体系建设协调机制，统筹服务设施网络建设，促进基本公共文化服务标准化、均等化。建立群众评价和反馈机制，推动文化惠民项目与群众文化需求有效对接。整合基层宣传文化、党员教育、科学普及、体育健身等设施，建设综合性文化服务中心"，旨在建立有效的协调机制，对建构现代公共文化服务体系做出制度安排。现代公共文化服务体系的特点是：以政府主导和人民为主体的服务理念；实现城乡一体化的发展目标；提供公共文化服务的方式有市场化手段；构建现代传播体系。在产品和服务提供方式上，政府主导不等于政府包办，应以政府采购、项目补贴、定向资助、贷款贴息、税收减免等政策措施吸引和鼓励社会参与，发挥市场在现代公共文化服务资源配置的积极作用。当前的工作重心是消除城乡二元体制下的文化差距和知识鸿沟，一是增加农村文化资源和服务总量，做大农村文化蛋糕；二是尽快把农民工纳入城市公共文化服务体系，以文化融入推动农民工的城市融入和社会融入。

建构现代公共文化服务体系是国家文化治理的重要体现。其中，建立和完善事业单位法人治理结构，以及培育文化非营利组织，是建构公共文化服务体系的重点。《决定》提出"明确不同文化事业单位功能定位，建立法人治理结构，完善绩效考核机制。推动公共图书馆、博物馆、文化馆、科技馆等组建理事会，吸纳有关方面代表、专业人士、各界群众参与管理"，这些体制机制创新，着重解决政事不分、公益性文化单位活力缺失的顽疾。通过建立法人治理结构，一是明确文化事业单位的自主权，把行政主管部门对事业单位的具体管理职责交给决策层，以激发文化事业单位活力；二是扩大社会参与，通过吸收文化事业单位外部人员进入决策层，扩大参与文化事业单位决策和监督的人员范围；三是规范运行机制，明确决策层和管理层的职责权限和运行规则，完善文化事业单位的激励约束机制，提高运行效率，确保公益文化目标的实现。建立和完善法人治理结构既要下放政府对文化事业单位的管理权限，减少对文化事业单位具体事务的干预，明确文化事业单位独立法人地位，使事业单位自主管理微观运营事务；也要强化对文化事业单位的宏观管理，加强绩效管理和目标考核，不断提高文化事业单位服务质量和效率，实现文化事业单位的公益目标。此外，在构建现代公共文化服务体系中，还要鼓励社会力量、社会资本参与公共文化服务体系建设，培育文化非营利组织。

在构建现代公共文化服务体系中实现国家文化治理，需要用现代意识和观念引领，破除条条框框，大胆探索实践，不断创新解放文化生产力的文化制度条件，引导各种社会力量投身公共文化事业，引入竞争机制，推动公共文化服务社会化发展。发展公共文化服务不仅能满足人民群众的文化消费需求，还能培育公民的文化消费习惯。激发文化创造活力不仅要通过现代市场体系建设，还要通过建构现代公共文化服务体系来支撑，其根本点是公民文化自主表达权的落实和保障，这是文化创造力之源，也是文化生产力之本。其深层意味是对文化事业和文化产业区分的再认识，是在市场基础上重新聚焦文化改革发展的中心环节，通过文化体制机制创新实现文化发展繁荣。在国家文化治理体系中，文化事业、文化产业、公共文化服务三者密不可分。如果没有文化产业的发展，文化产品和服务就不会丰富，就不会有更多产品和服务用于公共文化体系，就难以满足人民群众的精神文化需求；如果没有公共文化服务体系的全覆盖，就不会激发公民和社会共同参与国家文化治理的热情。在完善文化生产经营能力，完善公共文化服务体系与转变政府文化职能的同时，积极建构企业法人治理、社团法人治理和国家治理相统一的"三位一体"文化治理结构，从根本上提高国家文化治理水平。

四　提高文化开放水平是实现文化治理的驱动力

全球化语境下，文化交流交锋愈加剧烈。事实上，只有开放，文化的力量才能更强大；只有开放，文化的影响才能更广泛；只有开放，才能增强民族的自豪感和文化自信心。文化发展的规律是水往高处流，越是开放越能形成文化发展的高地，越能在全球文化博弈中占据制高点。提高国家文化治理能力，需要以开放、自信与包容的文化治理观，积极吸收、借鉴世界上一切优秀的文化成果，提高中华文化融入现代世界文明的能力，在人类文明转型中实现中华文明的创造性转型。

提高文化开放水平，首要做强现代民族文化，弘扬主流文化价值观。在信息技术高度发达的今天，信息传递和获取越来越快捷，谁的传播手段先进、传播能力强大，谁的文化理念和价值观念就能广为流传。遵循文化发展规律和国际传播规律，支持重点媒体面向国内国际发展，培育外向型文化企业，支持文化企业到境外开拓市场，推动文化产业融入国际分工体系并迈向价值链高端，以实实在在的文化贸易支撑版权输出。此外，《决定》还提出鼓励社会组织、中资机构等参与孔子学院和海外文化中心建设，承担人文交流项目。在渠道建设上，要善于利用对象国的传播条件、人才资源和游戏规则，通过市场化、商业化等方式，以灵活多样的手段实现海外广泛覆盖、有效传播，提升文化对外开放的广度和高度。

提高文化开放水平，还要增强内容产业竞争力。文化开放的重点是内容交流，必须坚持内容为王，大力推进国际传播本土化，以喜闻乐见的中国话语、普适性的价值诉求，借助现代科技手段和大众文化的运作机制讲好中国故事，传播好中国声音，阐释好中国特色。文化竞争力，既要靠内容的吸引力、感染力，也要靠品牌的知名度、美誉度。要深入挖掘民族文化资源，充分运用符合时代特点的文化表现形式，使传统元素与时尚元素相结合，民族特色与世界潮流相结合，打造一批具有自主知识产权和核心竞争力的国际知名品牌，形成文化出口竞争新优势，着力推动文化产品和服务进入国外主流社会和主流人群，推动中华文化走向世界。

提高文化开放水平，要有效维护国家文化安全。随着对外开放的不断扩大，国内舆论与国际舆论相互影响的程度越来越深，内外宣传的界限越来越模糊，做好对内宣传，还要积极改进对外宣传，统筹国内、国际两个大局，构建大外宣格局，为改革发展营造良好的国际舆论环境。现在，世界各国在谋求增强自身文化对外影响力的同时，越来越重视维护本国文化安全。尤其是"网络自由"掩盖下的文化安全，形成了一种非对称的新安全观，迫切需要在提高文化开放水平中，增强维护国家文化安全的能力。加强网络违法犯罪防范和打击等工作联动机制，健全网络突发事件处置机制，形成正面引导和依法管理相结合的网络舆论工作格局，以新思维、新观念应对网络发展，牢牢把握网络文化发展主导权。国际经验表明：越是提高文化开放水平，就越能切实维护国家文化安全。

第四章　文化产业竞争力研究

文化是综合国力的重要组成部分，并日益成为国家发展的软力量，在文化传播过程中，它往往通过知识体系、价值观念和行为规范影响全社会的行为，增强社会的认同感，凝聚公民的共识，彰显社会发展的方向。文化竞争力作为一种软实力，在综合国力竞争中的地位日益重要。文化竞争力有两层含义：一是指文化创意产业的竞争力，指一个国家文化创意产品在国际和国内文化市场中占有的份额。因此，文化创意产业自身就是文化"软实力"的硬指标，是综合国力的重要组成部分。二是指精神影响力和辐射力，指一国的文化思想（尤其是文化创意创新能力）对他国文化的影响力。通常，一国文化创意产品在他国文化市场的占有率，与对他国的文化影响程度成正比。就此而言，谁掌握了国际文化创意创新思想的主动权，谁就控制了世界的文化秩序及其文化力量格局重组的主导权，谁就掌握了世界的价值观传播和主导舆论流动的格局。

一定意义上，文化产业是衡量一个国家现代化发达程度的指标（尺度）。这不仅仅是说它作为先进生产力的表征所体现的技术力和经济力，更是作为软实力发挥的内在价值的文化影响力即文化力。因此，文化产业在理论上是一个学科群的概念，在实践中是一个产业群的概念，它有多维价值和意义。所以发展文化产业不但有经济价值，还要有社会价值。也就是说，文化产业不但要"强身健体"，更要有"灵魂"，这样的文化产业才有市场竞争力！人们通常对文化产业对国民经济的贡献率、占 GDP 的比重关注较多，而对文化产业在人类文明进程中的贡献、文化产业与文化权利的实现、文化产业与价值传播、文化消费的拉动作用和文化创意的内生驱动作用等问题讨论不够。因而，以"文明形态的文化产业"取代"经济形态的文化产业"，就为理解反思定位文化产业提供了一个更宏大的文明视野。有利于在当下历史语境中全面深化文化体制改革，解放文化生产力释放产能，提升文化产业发展水平和竞争力。一句话，以机制创新激活事业，以体制改革激活产业，以文化创新激活人才，成为当前文化发展建设的中心议题。从单纯的文化事业到公共文化服务体系建设以及文化产业发展，都是对文化观念认知和发展规律认识的不断深化，作为引导者角色的政府着力搭建的是公共服务平台，进一步增强服务意识和转换职能，转换的是文化观念和工作思路，结果呈现的是文化发展的新气象、新境界。

第一节　文化要素及其产业竞争力分析

在文化生产力构成中，文化要素是文化产品和文化服务的基本要素，不同要素之间的相互整合、融合形成了文化产业竞争力。在经济新常态语境下，文化产业的助力作用愈益凸显，尤其是文化创意和服务设计助推产业迈向中高端，以提升整个产业运行的质量和效益。在 2015 年的政府工作报告中，明确提出把大众创业、万众创新作为国民经济"双引擎"之一，极其给力地契合了文化创意产业的特性和状态。文化创意产业已成为大众创业的一个新领域，很多城市新注册的公司多是文化类企业，设计、广告、创意策划、动漫制作、戏剧戏曲、图书影视等成为年轻人创业的优选。随着文化产业发展环境的进一步优化，大文化的观念逐渐形成社会共识，在传统的制造业领域，通过设计和创意，提高附加值，推动产业结构迈向中高端，加快从制造大国华丽转身；在新兴领域，充分利用互联网、云计算和大数据，将文化与科技融合，形成新兴产业；通过扩大文化消费和政府购买公共文化服务，促进文化产业自身的提质增效。因此，如何激活文化要素，提升文化产业竞争力，就成为文化产业"超常"发展的关键。文化产业竞争力的提升要坚持内容为王，把内容建设放在突出位置，把提高文化产品的内涵和质量作为产业竞争力提升的着力点，推出更多高品位、高水准的文化精品，适应文化消费结构升级的趋势，满足消费者享受多样化的文化福利、追求品味生活的精神需求，以内容优势赢得产业发展优势。

一　文化要素及其产业竞争力研究

文化产业竞争力是指一国或一地文化企业形成产业形态，通过生产和销售文化产品、提供各种文化服务，占有国内外文化市场，为国民经济创造价值并获得企业集合利润的能力。在自由公正的市场环境下，文化产业竞争力支撑本国或本地区的文化企业获取有利的生产条件和市场效益，并在竞争中赢得最佳利益从而保持竞争优势。另外，文化产业竞争力还体现在对拉动社会就业、改善城市形象（美誉度、美化环境）、提高人口素质、转变经济发展方式等方面的促进作用上。文化产业竞争力是动态的，既反映文化产业现实发展能力，也体现文化产业发展的可持续能力。文化产业竞争力是以产业化形态体现的各种要素形成的综合力量，是生产要素状况、需求状况、企业战略和治理结构、产业关联度、政府作用的发挥等多种因素综合动态作用的结果，它体现在产品以市场份额—文化贸易方式的价值实现上，是一个能力多边形。它包括文化内容竞争力和文化产业活动竞争力，其核心是文化创意创新能力。

　　文化产业竞争力的理论基础是波特的"国家竞争优势"理论。按照迈克尔·波特的"国家竞争优势"理论①，一个国家的整体竞争优势取决于四个基本要素和两个辅助因素的综合作用。所谓四个基本要素是指：1. 生产要素，包含物质资源、人力资源、知识资源等。这些要素有些属于天然禀赋，有些属于后天创造，一国的产业要在国际竞争中保持优势地位，不仅要发挥天然禀赋，更要进行后天创造，创造出动态竞争优势。2. 需求条件，尤其是国内市场的需求状况。波特认为国内市场需求大，有助于本国企业迅速达到规模经济；而本国买主如果挑剔，必然提升国内企业的产品质量和服务水平，促进企业的技术升级和创新。3. 相关性和支持性产业。一个国家的产业链越健全，企业相互之间的沟通越频繁，越能促进企业的技术升级。4. 企业战略、结构和竞争：良好的管理体制、公平竞争的外部环境有助于企业发展，强大的本国竞争对手是企业竞争优势产生并得以长久保持的最强有力的刺激。两个辅助因素是指：机会和政府作用。前者指由新发明、重大技术变化、投资成本巨变等带来的机遇，一国能否抓住这样的机遇，还取决于四个基本要素；后者指政府可以通过四个基本要素而对产业发展施加影响，但不是直接参与。正是基于这样的经济学理论，形成了文化产业竞争力理论。日韩据此经济学原理在20世纪90年代末确立了"文化立国"战略，通过实施文化贸易的"新赶超战略"，奉行战略性贸易政策，在不完全竞争条件下，通过完善各种政策法规、配额和补贴等措施保护本国文化企业的发展，凭借生产补贴、出口补贴或保护国内市场等政策手段，扶持本国文化产业的成长，增强其在国际市场上的竞争力，抢占市场份额，从而达到规模经济，获得超额利润；通过设立海外文化中心，实施奖励措施来激励文化出口，以此提升本国文化产业竞争力以

---

① 参阅［美］迈克尔·波特《国家竞争优势》，李明轩、邱如美译，华夏出版社2002年版。

及国家的文化软实力，从而使日韩很快崛起为世界文化产业强国。

文化产业竞争力理论可以从影响竞争力提升的多个要素的相互促进来做出有效阐释。就一个城市（国家）而言，其文化生产要素包括：城市人口比率、世界文化和自然遗产数量（文化资源的积累）、直接投资、互联网普及率、市场化程度、人文发展指数（大众的受教育程度、创意活动的参与度）等。

文化需求要素包括：人均 GDP 和收入（消费能力）、第三产业占GDP 的比重（产业结构及其服务业的发达程度）、居民消费率、文化消费者的成熟度（关乎市场的完善）等。文化素质和文化消费能力与水平、文化产品的创新意识（特别是旅游纪念品的开发）都是制约着文化产业的发展的要素。当下中国文化产业竞争力不强的一个主要原因是文化消费不足，尽管整体经济水平较高，但因贫富差距的加大，出现贫富分化下的被消费现象，导致有效文化消费不足，降低了文化产业发展的内生驱动作用，抑制了文化产业对国民经济发展的拉动作用。

相关产业关联度包括：公共文化服务体系建设水平、公共教育支出、旅游收入、制造业水平、龙头企业或总部经济等，文化产业发展不是单兵突进，它需要一系列支撑体系的协同推进，正是这些要素体系的支撑有利于文化产业的产业链的延伸和拓展及其同心圆效应的发挥。

企业策略包括：文化产业竞争力要落实到企业的竞争力上，取决于企业的策划能力，其主要包括：公司研发能力、品牌营销能力、生产效率、创意创造创新能力、文化企业价值链宽度和营销网络的建构、海外输出能力等。

政府力量是影响文化产业竞争力的一个要素，政府作用的发挥包括：财政收入、电子政务、管理和服务能力、知识产权保护程度、财税政策（投融资体系和税收政策）的配套完善程度等。政府不直接创造产业竞争力，其作用主要在于提供一个有竞争力的政策环境和效率！

以上诸多要素在相互整合和融合过程中，就形成了文化产业竞争力体系，根据竞争力作用的发挥可以分解为七个指标。

1. 产业实力

作为竞争力的最直接显现，它是市场拓展能力的基础，市场竞争首先是实力的较量。它可以通过主要的经济总量指标来反映，最核心的是文化产业增加值的增长率、文化产业占当地经济总量的比率以及对经济的贡献率；其次体现在文化产业万元资产的利税额、文化产品和服务的进出口总量等指标上。

2. 产业效益

作为产业竞争力的可持续基础，它是成本控制能力的直接体现，可以通过投入产出比和动态的指标来反映。文化产业的投入产出比越高，表明其产业效益越高，它的文化产品和文化劳务在文化市场上的竞争力就越强。因此，美国《财富》杂志在评选世界 500 强企业时，不单单列出其年度产值的指标，而且列出了利润、资本和股东权益的指标，评选最有增长潜力的企业，说明产业效益与产业规模在体现产业竞争力方面有着重要意义。在产业效益指标中，最核心的是文化产业的全员劳动生产率、资本利税率及本地文化产品在国际市场上的占有率和品牌影响力。

3. 产业关联带动效应

作为文化产业显现的特性之一，它是成本控制能力的间接体现，也是文化产业竞争力的重要指标。文化产业的特点之一就是通过上下游联动的产业链，利用文化资源的投入，对文化产业的内容进行深入开发，使其可以达到反复产出，包括为相关产业提供丰富的市场附加值，而显现出极强的带动效应。文化产业的高渗透性和融合性使其在带动关联产业发展以及延伸和拓展产业链方面具有重要价值，如动漫业、电影的衍生品开发、文化节庆和会展业的关联带动性等。在研究文化产业关联度时，可以选择本地人均教育文化娱乐服务支出占家庭总支出的比重，文化产业对相关产业如旅游业、交通运输业、文教体育用品制造业、广告业等的带动率，海外游客与本地人口的比率等来测算。

4. 产业资源

作为整体创新能力的基础，它包括发展文化产业所需的人力、装备、资本、技术、信息等方面的条件。通常可以选择资源的存量和强度指标来反映。由于文化产业不但需要资本、自然资源等硬资源，还需要人类自然遗产、文化遗产、受过良好教育并有较高支付能力的消费人口等要素支撑，因此，在文化产业的资源配置中，人文发展指数、本地拥有世界遗产数量、本地万人中艺术家、科学家和工程师数量，文化产业投入的科学研究与实验开发及其产业园区中项目孵化的比重等，都成为衡量产业竞争力的资源指标。

5. 产业化能力

这是文化产业竞争力中的核心能力，也是文化产业的成长性因素，包括科技创新能力、文化创意能力、产品研发能力、资源汇聚能力等。其核心要素的是本地文化产业的技术进步贡献率、获得专利的数量、版权的保护、文化奖项的获得、举办国际展览的数量等。凡是强势的文化产业，无不在新产品和新服务开发中表现出源源不断的活力，以其创意创新能力处于全球文化市场的中心位置。而弱势的文化产业，首先在于创新活力的缺失、创意的不足，甚至原创性的缺失，多是停留在模仿和跟风的阶段，在竞争中逐渐处于全球文化市场的边缘。

6. 产业结构

它直接影响文化产业的效益和利润，是产业可持续发展能力的基础。产业结构优化是产业发展到一定程度的必然吁求，产业结构是否合理直接影响到产业竞争力的提升。产业结构的高度化可以从产业、人员、资本、技术、贸易等方面的结构要素显示出来，如本地上市公司总市值占文化产业 GDP 的比重、本地文化产业的外贸依存度、生态科技型文化企业占本地文化企业总数的比重、外国直接投资占本地文化产业年投资总额的比重等。

7. 产业环境

它是产业可持续发展能力的重要基础。产业发展是在一定的体制机制框架下进行的，文化体制和经营机制是文化产业得以运行的法律性、制度性的逻辑框架，是发展和培育文化生产力的规则性平台。文化体制包括文化产业的总体制和运作的分类体制，如文化投融资体制、文化市场体制、文化管理体制等，具有刚性的特点；文化经营机制则是指由政策、措施等构成的运作性模式，具有弹性的特点，是在人为实施过程中形成的一套规则和办法。两者相互依托，对产业竞争力产生持久性和根本性影响。产业环境主要取决于政府作用的发挥，往往可以通过一个地区实施的促进文化产业发展的政策文件、法律法规的数量、本地当年人均创业投资额、本地互联网及其宽带建设、上网时间和网民数、本地人均公共文化服务设施、市场发育程度等来衡量。

在文化产业竞争力构成中，文化要素是形成竞争力的基础，其中特色文化资源的产业开发，有利于实现文化产业竞争力的突破。所谓特色文化产业是指依托各地独特的文化资源，通过创意转化、科技提升和市场运作，提供具有鲜明区域特点和民族特色的文化产品和服务的产业形态。[①]特色文化资源的开发要与创意能力的提升、管理体制的完善关联起来，在产业结构上优化传统文化产业形态，提升其附加值从而提升文化产业竞争力。特色产业主要以社会化小生产方式为主，经过创意的融入与设计的推动，可以提高传统文化产业的市场竞争力。以工艺美术行业为例，据统

---

① 参阅文化部、财政部联合发布的《关于推动特色文化产业发展的指导意见》。

计，"十二五"期间，按年均增长 22% 计算，工艺美术行业规模以上企业将达 8000 家，规模以上、以下企业工业总产值将达 15000 亿元，同时农村加工队伍将达 2000 万人。通过竞争力的提升，如景德镇的陶瓷、宜兴的紫砂器具、潍坊的风筝年画、自贡的灯会、三门峡的蛋雕、东阳的木雕以及鹤庆的银铜器等都成为地方经济发展的重要支撑。因此，国家文化部出台专门文件促进特色文化产业发展。通过加强创意设计，打破行业和地区壁垒，促进特色文化资源与现代消费需求有效对接，加快特色文化产业与旅游等相关产业融合，提升产品品质，丰富产品形态，延伸产业链条，拓展特色文化产业发展空间。鼓励各地发展工艺品、演艺娱乐、文化旅游、特色节庆、特色展览等特色文化产业。工艺品业要在保护多样性和独特性的基础上，坚持继承和创新相结合，促进特色文化元素、传统工艺技艺与创意设计、现代科技、时代元素相结合。演艺娱乐业要鼓励内容和形式创新，创作文化内涵丰富、适应市场需求的地域和民族特色演艺精品，支持发展集演艺、休闲、旅游、餐饮、购物等于一体的综合娱乐设施。文化旅游业要开发具有地域特色和民族风情的旅游产品，促进由单纯观光型向参与式、体验式等新型业态转变。特色节庆业要发掘各地传统节庆文化内涵，提升新兴节庆文化品质，形成一批参与度高、影响力大、社会效益和经济效益好的节庆品牌。特色展览业要依托各地文化资源，突出本地特色，实现市场化、专业化、品牌化发展。引导特色文化产业与建筑、园林、农业、体育、餐饮、服装、生活日用品等领域融合发展，培育新的产品类型和新兴业态。通过建设特色文化产业示范区，提升传统文化产业竞争力。加强规划引导、典型示范，鼓励各地结合当地文化特色不断推出优秀文化产品和服务，形成各具特色的文化产业发展格局，建设一批文化特色鲜明、产业优势突出的特色文化产业示范区。打造特色文化城镇和乡村。将特色文化产业发展纳入新型城镇化建设规划，延续城市历史文脉，承载文化记忆和乡愁，建设有历史记忆、地域特色、民族特点的特色文化城镇和乡村。

尽管影响文化产业竞争力的要素很多，但最主要的动力机制是市场驱动，而不是政府的外力推动，必须充分发挥市场灵验功能，才能形成产业可持续发展的内生动力。重在提升文化产业的活力，增强个体创作者和中小企业的创造力和竞争力，这是理顺文化产业组织结构不可或缺的重大文化产业发展议题。

就政府作用的发挥而言，在特定历史阶段和时期，为扶持文化产业发展通常会采取一定的补贴政策，这在一定的限度内有其合理性，世界上很多国家都是这样做的。但要谨防出现"保护过度"的现象：过度保护会加剧产业的不公平，因为不是市场竞争的结果，拿到政府补贴的企业也许并不是最需要补贴的，这就为决定发放补贴的部门或个人提供了寻租的机会；同时，产业因长期处于关税壁垒和配额补贴的保护下，企业会产生对政府补贴的依赖，反而会形成惰性，丧失竞争力，不利于文化企业竞争力的提升。对此，政府应转换思路，在政策扶持、版权保护、人才培养、激励创新等方面为企业营造良好的产业环境，通过发挥企业的主体性和能动性来提升产业竞争力。

其一，适度保护，参与竞争。积极利用国际规则，为本国产业尤其是内容产业的发展赢得时间，而对成熟度较高的产业，则放开保护，公平竞争。

其二，搭建平台，鼓励出口。政府通过设立的海外文化中心以及诸多传媒机构进行大规模海外市场调研，搭建和鼓励企业借助国际平台，逐步掌握渠道资源，打开国际通道；实施积极的文化贸易政策，对于某些遭遇文化折扣较高的产业，适度给予补贴，可以全额资助产品的翻译，提高文化产品的国际市场认可度。

其三，兼顾原创和外包并重的原则。当前中国企业以其劳动力资源和技术优势，承接了不少国际订单，这为企业扩张和发展提供了可能，也为提升水平创造了机会。但文化贸易不能靠"代工"，而是自有文化品牌和自主创新，政府要引导企业兼顾发展与创新的平衡，实现由"中国制造"向"中国创造"的提升。

在产业环境的营造中，除了政府的扶持，社会力量的支持也是文化产业竞争力提升的基础。文化产业发展和社会与文化环境息息相关。文化产业量的增长和质的提高应取决于创造力的提升。社会对文化事业的支持同样为文化产业发展提供了有利条件。在欧美国家，民间资本对激发当地的文化活力起着重要作用。2004 年，商业赞助和个人捐献占到美国文化艺术资助总额的 43%，比重远高于政府的扶持，成为支持美国文化发展最有力的文化资本，既促进了不同门类文化活动的发展，又避免出现文化过度依赖市场而牺牲原创性和非营利性的弊端。尤其是对艺术院团等表演艺术的支持，主要是靠拓展公益文化资源，引导社会资源投放表演艺术创作，形成多元化的资金筹措机制，促进文化多样化的发展。西方很多院团并非完全靠票房，而是靠地方政府、企业赞助、基金会资助和私人捐助的共同支持，公益性文化资源同样是支持百老汇歌剧可持续发展的重要力量。在文化产业门类众多的语境下，文化政策应侧重不同行业，不同产业制定不同的政策，将会更精确地理顺文化产业内部的脉络，以适应文化产业的特殊性。因此，如何在体制改革中建立有关吸纳民间资本的相应制度（如接受赞助和捐献的文化非营利机构），需要制度和政策创新。在文化体制改革面向市场的价值取向下，需要确保公民的文化权利、培育文化创造力、传承民族文化，必须建构市场条件下对位性的保护机制，保护了文化创造力，就是解放文化生产力，从而夯实了提升文化产业竞争力的基础。

二　文化产业竞争力态势

日益雄厚的经济基础为中国文化产业腾飞准备了物质条件，日新月异的科技进步和创新为文化产业发展提供了平台和技术支撑，大众日益增长的精神文化需求为文化产业发展提供了广阔的消费市场。在经济新常态下，发展文化产业增强竞争力必须着眼于现代文化市场体系的构建。一是创造大量的文化产品和服务，满足日益扩大的文化市场需求，提高文化产业自身的整体实力，为制造业和服务业增加可观的文化附加值，提高其他相关产业的竞争力，进而提高国家的综合国力，既为社会创造可观的经济财富，又为实现经济新常态发挥引擎的功能；二是在文化产品、文化资源、文化消费、文化市场的全球化过程中，不断提高中华民族文化的渗透力和影响力，提升文化"软实力"，在不断提高文化开放水平过程中，捍卫国家文化安全。在文化产业竞争力提升过程中，品牌化和集群化是重要路径，正是在品牌影响下，文化产业不断向下游延伸和实现产业链的拓展，实现多环节盈利，从而提高了文化产业发展的规模化、集约化和专业化水平。不仅在国内文化市场占据主导地位，不断满足大众日益增长的多样化文化消费需求，还在国际文化贸易中不断提高份额，积极传播中华文化价值观。

全球化语境下，文化资源和文化产业发展成为国家新的战略资源和竞争力，通常一国的文化资源不再为本国文化产业所独有，而成为全球共同的精神财富，国际化的生产方式加剧了对文化资源的争夺和文化产品的出口。提高在国际市场的文化贸易优势，不仅仅是技术和资本的竞争，还是发展模式和文化价值观之争。作为文化产业竞争力的体现，既要发挥大型骨干文化企业集团的优势，突破一批关键技术、共用技术，又要发挥中小企业的市场敏感性和集约化发展的优势，在提升专业化能力中开发新的文化贸易模式。文化贸易是国家文化产业竞争力的重要体现，实践表明文化产品和服务"卖出去"比"送出去"效果好得多。一定程度上，文化贸易数字才能代表实实在在的文化影响力。事实上，国家这些年花大力气实施的文化"走出去"战略效果不理想，包括"孔子学院"数量的急剧扩张，引发了很多的本土文化抵制，文化交流的预期效果没有达到。文化"走出去"虽有不少成功个案，但还不是普遍现象。其中重要原因是仅仅注重"走"，对效果如何注重不够，忽略了"走出去"的目的是"走进去"。如何"走进去"？文化贸易是一条重要路径和渠道。事实上，因为文化产业竞争力不强使文化贸易一直处于逆差状态，反映出国家软实力不强，文化影响力较弱，国家形象模糊，对中华文化价值与文化好感度总体不足。

作为文化产业竞争力不强的体现，文化企业本身创造能力较弱，文化产品质量和专业化水平有待提升，市场上缺乏让消费者普遍认可的产品和服务。文化中介服务体系不健全、服务层次较低，相对于迪斯尼、梦工厂等大公司，在艺术授权方面的推广机制还不足，文化资本走出去渠道还较窄。为此要加强战略层面的顶层设计——整合资源形成合力，明晰主体、政策扶持（财政补贴、金融支持），以国家之力在"语言转译"上采取全额补贴——不要因语言翻译而增加文化折扣，提高语言转译的水平；提高企业自身的文化创造力，培育文化责任感和使命感（不要把目光盯在代工上，要有文化传承和创新的使命）；大力发展服务文化的中介机构，逐步完善文化产权的代理和推广机制（随着文化产业的集约化发展，这些机构本身就会产生冲动）；金融机构要保驾护航、政府要落实财税支持政策，对以中国元素为背景和内容的文化创造给予支持，特别是核心文化要素以及文化价值认同感的产品与服务，还要注重文化内容本身的形式创新、传播渠道创新。市场竞争的主体是企业，是否拥有面对全球市场进行文化生产的文化航母，是一个国家在国际文化市场是否拥有核心竞争力的关键。它意味着要超越单个产品走出去，积极推动有全产业链整合能力的大型企业走出去，只有全产业链走出去才可以使文化生根、发芽、开花、结果。依托中国经济实力，企业通过资金优势进行国际并购，并购对象包括内容创作公司、渠道建设公司和平台运营公司；可以通过多国的产品联合制作（如影视剧、娱乐节目等），打入国际目标市场。无论是向世界展示"中国记忆"，还是讲述"中国故事"，关键在于从根本上提升中国文化产业竞争力，提高中国文化的吸引力和影响力，通过文化贸易的方式实现文化认同的强度、广度和深度。因此，2014年3月17日《国务院关于加快发展对外文化贸易的意见》提出：加快发展传统文化产业和新兴文化产业，扩大文化产品和服务出口，加大文化领域的对外投资，力争到

2020 年，培育一批具有国际竞争力的外向型文化企业，形成一批具有核心竞争力的文化产品，打造一批具有国际影响力的文化品牌，搭建若干具有较强辐射力的国际文化交易平台。

三 文化经济政策对文化产业竞争力提升的促进作用

当前，文化产业被视为转方式、调结构、促消费的重要方式，必须从战略性新兴产业的整体布局和宏观思路出发，通过政策引导使其趋向产业链高端。因此，以政策促进文化产业竞争力提升，通过提高文化产业创新投入，规范统计口径，制定行业标准，优化人才机制，注重城乡统筹，形成合理的文化产业布局，是政策设计的一个着力点。

文化产业政策是指中央或地方政府根据特定的文化产业发展问题，及其对发展规律的把握，从而对文化产业行为进行规范、引导、激励、约束的规定。主要通过影响产业发展环境和市场信息，直接或间接激励和约束微观主体活动，使之与国家或地区的调控目标相吻合。文化产业政策是我国产业政策的重要组成部分，是以文化产业这一具体的产业为作用对象的一种特殊的产业政策，它在政策目标诉求上要体现"文化创意"的特殊要求。为了促进文化产业发展，国家往往还要出台产业政策（文化经济政策——产业政策在文化领域的实施）。产业政策是国家或地方政府系统设计的有关产业发展和产业结构演变的政策目标和政策措施的总和，是国家干预或参与经济的一种较高级形式，是从产业发展全局着眼而系统设计的较完整的政策体系，它关乎产业结构、布局及其发展模式等。

文化产业政策通常分为产业政策、行业政策、集聚区政策等。产业政策是把文化产业作为整体制定的政策，通过鼓励、规范、限制等方式对产业的发展方式予以指导，明确重点鼓励行业与限制行业。行业政策主要针对文化产业内部的各个子行业的发展予以鼓励、规范或限制，对行业的发展方式予以指导，为行业发展营造良好的环境。集聚区政策主要针对文化产业发展过程中出现的集聚现象（如示范区、保护区、实验区、园区、基地等）予以鼓励、规范或限制，以期从集聚发展或文化生态保护等视角促进文化产业的健康理性成长。

文化产业政策工具按照功能性质可分为：奖励工具与限制工具两种。奖励工具分为直接援助政策和间接援助政策，直接援助政策包括拨款、优惠贷款和税收减免，间接援助政策包括基础设施政策和园区政策。限制工具可分为直接控制和间接控制，直接控制主要指禁止政策，间接控制包括许可制度和课税，在当前的文化产业发展阶段，文化产业政策以奖励工具为主，较少运用限制工具。

直接援助是英国、日本、韩国、澳大利亚等文化产业强国常用的政策工具，旨在针对直接经营活动的微观主体实施奖励，以激励企业发展壮大，保证文化产业进入良性发展轨道。与此同时，这类政策还旨在解决外部性问题，对公共文化产品和准公共文化产品的提供者给予一定的补偿，以保障此类产品的持续供应。直接援助政策中的拨款是指上级政府向下级政府转移资金，是对文化产业项目实施的成本补助。拨款的对象通常是缺少资金的中小企业，因为中小企业有高度的动态性，自有资金不足，风险资本不愿介入，在缺乏资金援助时运行艰难。优惠贷款是政府向文化企业提供的低于市场利率的贷款，通过贷款推动项目的启动，因优惠贷款能够降低企业运营成本，由此可以帮助企业在项目建成后获得一定的竞争地位。税收减免是常用的文化经济政策，主要针对小企业或个体工作室应缴纳的税金予以减少或全部免征，以鼓励小微企业的发展。

间接援助是把文化产业作为整体来施加政策影响，通过创造良好的投资与经营环境从而间接地援助文化企业。基础设施和文化产业园建设是当前两种被广泛应用的解决文化产业发展问题的间接援助工具，随着文化产业管理体制的建构和完善，政府的政策取向会越来越趋向于间接援助。

随着文化创意产业向纵深发展并逐渐迈向产业链的中高端，产业发展过程中的各种问题会逐渐暴露，需要用具有前瞻性的文化政策去纠正产业发展中的各种问题，如产业布局的无序、无关联的集聚和分散、同质竞争、企业规模偏小、缺乏国际竞争力、企业融资难、某些大企业的垄断、产品外部性等，这一系列问题的解决需要政策调整，以此促进产业的健康发展。当前文化经济政策的设计应重点关切和解决三个问题：一是如何在产业发展中更好地体现国家意志和精神，弥补文化市场失灵，解决现阶段文化市场自身不能解决的一些问题；二是如何更好地推动文化经济政策的落地和效果的评价，尤其是对政策执行效果的评估，立足和把握当前文化产业发展的现状、规律和特殊性，明确具体的扶持标准体现市场公平；三是如何更好地总结地方文化经济政策实践的经验，尊重其首创精神，把经过试点、相对成熟的地方政策在更大范围内推广，将比较稳定的政策上升为法律法规的重要内容，发挥立法在文化产业发展中的促进作用。

政策的主要功能在于弥补市场机制失灵和强化国家的文化意志。产业政策作为体现国家意志的有很强计划性的政府行为，实际上是从更高层次纵向深入市场机制，促进市场机制和市场结构的完善与优化，是一种主要通过市场机制起作用的事先规划和组织。

其一，引导文化产业发展方向，促进提升产业竞争力，维护国家和民族文化利益。文化产业的特殊性即双重属性及其本质上是内容产业的定位，决定了文化产业的发展不能单纯以市场为导向来追求利润的最大化，而要在文化生产中肩负起传播符合时代特点和社会主流文化价值观的使命，树立正确的价值观念和行为规范，抵御不良文化的侵蚀等社会责任，从而确保社会效益与经济效益的统一。文化产业的发展要首先满足国内文化市场的需求，满足人民大众日益增长的文化精神需要，以其亲和性、贴近时代性和民族性赢得消费者的认同，有效防止外来文化的侵蚀，确保国家文化安全；其次要在市场竞争中以其产品质量的高端和价值诉求的普适性及其表达的时尚化，进入国家主流文化市场和主流消费群体，弘扬"中国气派"，讲好"中国故事"，建构中国文化形象。这些目标都需要依靠政策来引导和规范，做到政策干预和市场灵验的有机协调。其实，这也符合国际惯例。1950年欧美国家制定的《佛罗伦萨协议》，就对文化专门设定了一条"保留条款"，即允许各国不进口那些"可能对本国文化产业发展构成损害的文化商品"。许多国家包括欧盟，为保护本国的电影产业，防止美国电影的冲击，实行了对本国电影产业的补贴，还有一些发展中国家为防止美国等西方强势文化的大量入侵，制定了对电视节目实行时间限额的规定。法国、加拿大等国按照"文化例外"的原则，制定了限制不适合本国价值观的文化产品进口的政策条款。

此外，尽管市场机制可以较好地实现资源的有效配置，但某些特殊领域存在市场失灵的现象，带来大量的资源浪费。文化产业政策作为政府行为，能够科学地做出调节，避免资源闲置和浪费。通过实施文化产业政策，可以有效地推动文化产业发展朝着主导产业和支柱产业方向成长，充分发挥后发优势，实现资源配置的优化，尽快提高文化产业的国际竞争力。国际竞争力是建立在本国资源的比较优势、骨干企业的生产力水平、技术的创新力和国际市场的开拓能力基础上的。国际经验表明：政策可以提高本国文化创意产业的产品竞争力，改善进出口结构，更好地发挥本国比较优势，参与国际竞争。

其二，优化文化产业发展布局和推动产业的集群化发展。在产业发展初期"政策红利"的效用非常大。以政策扶持中小文化企业发展，营造公平竞争的市场环境，对形成特色产业集群有重要作用。如税收政策的调整就对文化产业发展有重要的引导功能，很多文化产业发展国家都是通过税收政策引导和调控产业布局。此外，对知识产权的保护和严格执法，对规范文化市场秩序、鼓励文化创意创新，推动文化产业可持续发展有重要价值。

其三，保护高雅艺术和促进文化资源的有效合理开发。高雅艺术不仅是社会文明进步的标志，还是一个民族艺术创新的源泉和动力，担负着引领民族文化发展和保持艺术多样性的价值。而文化资源则是文化产业生存发展的根基，保护本国文化资源不会因追逐市场效益招致损毁、歪曲和流失，从而成为推动文化产业可持续发展的保障。如果单纯依靠企业自律和市场调节难以做到，必须依靠政府政策的严格规范，才能使文化资源得到有效保护与合理开发，同时也使公共文化资源不被垄断，实现共享。

其四，产业政策可以解决外部性问题及其公共文化品的有效供给。文化产品主要是精神性产品，有突出的外部性特征。文化产业在生产上的正外部性特征，主要是指文化创意企业本身是思想的创新者、内容的创造者和技术的研发者的集成，它可以为其他企业输送生产理念、内容和技术效益，文化创意产业还有促进经济发展方式转变的功能。文化创意产业在消费上的正外部性是指文化创意产品在提供休闲、娱乐等功能的同时，还有文化科普教育、提高道德素养、促进社会和谐的额外功效。如在欣赏优秀影片时，不仅身心愉悦，还达成了政府通过影片来引导大众建构主流价值观和形成信仰的效果。对于这些有正外部性的文化产品来说，完全交由市场运作将无法达到社会理想的供需平衡状态，为使整个社会的文化产品供给与需求达到帕累托最优，政府应采取激励措施鼓励其企业生产和社会消费，以提高社会的总福利。故而，对造成外部不经济（负外部性）的企业，国家可通过税收政策弥补社会损失；反之，对造成外部经济的企业，国家可采取补贴的办法，补助企业，使企业的私人成本、利益与相应的社会成本、利益相匹配。

文化产品具有公共品属性，按相应的生产供给方式通常可分为四类。一是政府生产、政府提供。主要是公益性文化产品，如宣传片、公共广播、公共电视、免费博物馆、图书馆等，由公共部门生产，经政府部门向社会免费提供。二是政府生产、市场提供。主要是准公共文化产品，如大型遗址、体育馆、美术馆、大剧院等，需要由财政投资生产，但为了提高运行效率，需要市场化经营管理。三是市场生产、政府提供。分两种情况：其一是尚处于文化体制改革过程中的过渡期，存在事业单位的企业化管理，如电视台等；其二是某些文化产品的外包服务，如政府购买服务、农村的数字化电影放映等。四是完全市场化的竞争性私人产品。市场经济条件下，大多数文化产品属于第四类，具有竞争性和排他性，其生产和提供需要按照市场机制进行，才能达到帕累托最佳状态。政策在其中发挥着维护市场秩序以及必要的产业引导作用。企业是文化创意产业的载体，文化创意产业竞争力的强弱主要通过企业体现。文化产业政策一方面通过提高企业集中度实现企业规模效益，另一方面通过鼓励竞争、支持研发等方式构建并提高文化企业的能力。文化产业政策通过鼓励企业的某种特定行为（如技术创新、自主研发）等推动企业提高产业竞争力。政策对促进文化产业竞争力提升有诸多举措，如提出"健全品牌价值体系，形成一批综合实力强的自主品牌，提高整体效益和国际竞争力"，以及国有文化企业的新媒体转型，进一步推动"三网融合"等，对文化企业是重大利好。从产业政策的促进作用来看，不同国家和地区在发展文化产业时有明显的侧重，在政策的作用发挥上有一定的差异性。

美国作为弱调节的国家，其政策特点是规范和营造促进产业发展的宽松环境，推崇市场自由竞争，政府干预程度很低；另外，美国非常重视知识产权的保护和立法，版权保护法律体系非常健全，体现出促进文化发展的积极政策；最后，美国非常注重文化外交，坚持积极的文化扩张战略，为文化企业海外扩张保驾护航，形成了一系列具有全球影响力的文化产品和品牌。

英国文化政策的取向主要是通过知识产权的开发和运用，帮助文化企业充分发掘自身的经济潜力，通过各地方政府与企业间的合作，以伙伴关系来推动创意产业发展。在宏观政策上，英国重点支持创意出口推广、教育及技能培训，协助企业融资，强化税务和规章监管，保护知识产权，加大地方推动文化创意产业发展的自主权等。

韩国的政策导向主要是偏重外向型发展，体现了文化产业发展的外向型经济的特点，积极开拓海外市场，全额补贴出口产品的翻译，提高其国际竞争力，具体表现为协助建设一批文化产业园，形成集约化、规模化的产业经营模式。另外，韩国政府成立专项基金，建立激励机制，促进企业自主研发，提高企业创新能力，鼓励企业把全球化意识融入自身发展战略中，促进文化产业政策细化到企业经营模式及具体项目运作模式的规划中。

通过比较分析可以看出，西方国家高度重视文化产业发展环境的营造，关注创意本身、创意人才、创意企业的个体发展，尤其注重知识产权保护，所有政策的基调都是创造宽松良好的产业环境，强调政策的协同效应，努力促进文化产业以产品、品牌的方式在全球传播。亚洲国家的政策促进则体现了鲜明的政府规制特点，特别是在资金支持方式、集聚发展方式等方面，强调发挥政府的主导作用。发展初期政策效用较大，在步入正轨后应转向市场环境的改善，如知识产权保护、促进对外文化贸易等，激发文化产业自身的内生驱动力。基于此，2014年3月14日，国务院发布《推进文化创意和设计服务与相关产业融合发展的若干意见》，3月17日，再次发布《国务院关于加快发展对外文化贸易的意见》，密集出台政策表明国家对文化产业战略地位和重大作用的认识上升到新的高度，标志着文化创意和设计服务的融合带动作用对推动中国产业转型升级的认知越来越到位，认识到文化贸易对提升贸易结构的经济价值和国家软实力的重要性，以及文化产业自身的科学发展和竞争力提升的重要价值。中国作为世界加工厂，不能止步于价值链分工的低端，只有转型升级，提高文化附加值和科技含量，才能跻身制造业强国，"中国制造"才有世界竞争力。

第二节 文化产业发展的规模化、集约化和专业化

全球范围内，衡量一个国家文化产业发展水平的往往是大型文化企业的竞争力及其品牌影响力。因此，积极推进国有文化企业改革，全面建立国有文化企业的现代企业制度及其法人治理制度，以产权清晰、权责明确、政企分开、管理科学来壮大国有文化企业，使之成为大型骨干企业或企业集团。同时，在充分市场竞争基础上，打破市场的垄断分割，促进国有文化资本自由流通，推动社会资本进入文化生产的核心领域，鼓励各种所有制的文化企业进行跨所有制、跨地域、跨行业的资产兼并重组，打造具有全球竞争力的文化企业和品牌。最终实现党的十八大提出的目标：推动文化产业发展的规模化、集约化和专业化。

一 规模化

在当前经济发展方式转型的关键期，文化产业是其中的重要推动力之一，对促进产业结构调整和经济发展方式转变具有重要作用。在此过程中，作为掌握国家优质文化资源的国有文化企业要发挥主力军作用，在民营文化企业越来越成为生力军，甚至成为增量领域事实上的主力军（就业、税收、利润）的情形下，整个国家文化产业发展要转变思路，在发展方向上从单纯强调做大做强国有文化企业向做大做强公有制文化经济转变，使高附加值的文化经济成为中国经济形态升级的重要支撑。在当前的文化产业并购案中，民营文化企业并购很活跃，国有文化企业因体制性障碍则相对落后。如2012年文化产业领域共有96起并购案，涉及国有企业

的只有15起。这与国有文化企业在产业发展中的规模和地位很不相称。对于如何使国有文化企业实现规模扩张,党的十八届三中全会提出管理体制创新,以及实施特殊股管理和出版权、播出权特许经营等制度安排,国有文化企业的发展不应再以文化特殊性为借口,游离于市场经济之外,拿意识形态作为不开放、不发展、不改革的挡箭牌。事实上,论意识形态化的思想倾向极大地阻碍了文化体制改革的深化,束缚了国有文化企业的发展壮大。其实,在市场经济条件下,文化内容和价值观的坚守与市场要求并不冲突,"叫好"与"叫座"在根本上不矛盾。事实上,只有做大做强以公有制为主体的国有文化企业,特别是主流媒体企业集团(所谓主流不仅是"政治正确意义上的",更是经济意义上和文化消费意义上的大众性。国外的主流媒体都是由产业集团或者财团控制),才能真正把握好意识形态工作的主动权。市场效益并非成功的唯一标准,但肯定是重要标准,只有产品被大众所消费,才能产生真实的文化影响,因此,一定程度上,文化的话语权和主导权取决于市场份额的多寡。一方面,按照三中全会的改革要求,从中央层面加快建立党委和政府监管国有文化资产的管理机构,实行管人、管事、管资产、管导向相统一,理顺机制,解放生产力。另一方面,打破体制和行业壁垒,实现跨行业、跨地域、跨所有制,以及跨媒介的资源组合,培育全媒体多介质的龙头企业,增强国有媒体企业在市场中的话语权。即使在经济新常态的语境下,文化产业发展也要契合经济尤其是全球经济发展趋势,从规模经济向势力经济转变,从工厂向公司转变,从产业集团向财团转变,从而控制价值链高端和文化信息流的制高点!

以市场化程度较高的电影产业为例,在中国电影体量不断膨胀的同时,同质化严重、粗制滥造、票房依赖度高、热钱泛滥等问题始终困扰着电影产业的健康发展。电影产业以电影制作为核心,但就产业而言不局限于电影的生产、发行和放映,而是涵盖了衍生品、电影院线、拍摄外景地场所建设等多种经济形态。随着电影市场的扩张,越来越细的市场业态开始涌现,如在放映环节,电影书籍、原声带等后产品开发以及与影院相关的周边卖品热销,拥有万达院线的万达集团2013年度仅爆米花一项销售就高达3.9亿元(在美国可口可乐、百事可乐、爆米花都是重要的影院售卖品,占据收益很大的一块,而且还拉动农业、饮品业产业的发展)。作为最具有创意的电影产品,最主要的收入通常来自衍生品,但国产电影的收入还主要靠票房,链条很短。目前,美国、日本等电影市场的票房收入仅占总收入的30%左右,国内电影票房占总收入却高达90%。过度依赖票房成为影响国产电影质量的重要因素,为了追求高票房,影片容易陷入过度娱乐化，迎合世俗的口味，导致不少影片赢了票房输了口碑，也使国产影片盲目跟风，同质化严重。使上下游产业更难以盈利，如各地影视基地85%以上亏损，设备闲置、资源浪费、利用效率低。每年院线公映的影片不足1/3，大量影片被电影频道和网络视频公司低价收购，或者无声无息地被市场淹没。因此，中国电影看似红火，却仍处在外生式的粗放发展阶段。阻碍电影产业发展的最大症结在于产业链不完善，导致进入电影产业的资本大多急功近利，主要集中在电影的制作和播放环节，从而催生了电影的同质化、过度娱乐化。需要政府利用财税政策引导行业资源向精品集中，注重内涵式发展和内生性增长，不断健全产业链，通过引导吸引社会资金投入，使政府通过与社会资本合作以激发社会资本的活力，以竞争推动市场走向理性，从而引导电影产业走上理性健康之路。好莱坞的电影生产不仅产业链长，多在海外市场盈利，在获得经济效益的同时还积极传播了美国的价值观，其电影生产集团（制片公司）的发展越来越契合世界经济趋势，在全球配置资源和主导产业分工布局，越来越从产业集团转向世界财团（商业银行和版权银行），进而占据全球价值链的高端，谋取更大的利润和全球影响力。

产业是企业的集合体，在文化产业的规模化发展中，文化产业发展既需要中小企业激发活力，更需要骨干企业引领方向和提升竞争力。尤其要着力培育代表国家水平、能参与国际市场竞争的中央文化企业集团。截至2013年年末，全国国有文化企业户均资产1.8亿元，户均年营业收入0.9亿元，无论与其他领域的国有企业相比，还是与国际文化企业相比，国有文化企业依然处于"小、散、弱"的状态。即使就2014第六届文化产业30强企业来讲，其主营收入2451亿元，净资产2076亿元，净利润316亿元，虽均创历史新高，分别比上届增长20%、16%和38%。其中，净资产首次突破2000亿元，净利润首次突破300亿元，仍然可见产业整体规模之弱小。虽然文化产业做大做强的目标诉求是面向所有文化企业，但国有文化企业掌握大量优质资源，以及优先获得国家政策扶持，因此要加快国有文化企业发展，从国家文化发展的整体利益出发，充分借鉴国外文化企业及我国中央企业的成功经验，遵循战略协同、资源优化配置的原则，采取市场化整合、行政划拨等多种手段，发挥市场机制的灵验功能，通过文化企业之间的多元重组，培育一批产业链完整、市场控制力强的大型文化企业集团，使之成为推动文化产业布局和结构战略性调整的主导力量。在企业做强做大的过程中，并购重组是最有效率的途径。并购可分为横向并购、纵向并购和混合并购。纵观国际文化产业发展史，迪斯尼、威望迪等全球领先的文化产业集团都是通过一系列的混合并购逐步发展成为业务覆盖各大洲、产品涵盖各领域的"文化航母"。2014 年国有文化企业在破除地区封锁、行业壁垒和所有制界限方面探索了跨地区、跨行业、跨所有制兼并重组，既壮大了企业规模，又提高了集约化经营水平。在跨地区发展方面，华闻传媒以 24.5 亿元收购陕西华商传媒及其附属公司，粤传媒以 4.5 亿元收购上海香榭丽传媒，博瑞传播收购杭州瑞奥和深圳盛世之光，加快了在长三角和珠三角的业务拓展；在跨行业发展方面，中国国际广播电台旗下的国广控股整体收购门户网站中华网，中南出版传媒集团与湖南教育电视台合资成立公司作为湖南教育电视台市场营运主体，华文出版社和合肥报业传媒集团以资本为纽带加强合作，通过跨介质运营发挥资源集聚效应；在跨所有制发展方面，浙报传媒以 32 亿元收购边锋网络和浩方在线，博瑞传播以 10.36 亿元收购漫游谷，人民网收购古羌科技，在跨所有制的同时，向网络游戏、网络文学、手机游戏等新兴行业拓展。虽然国有文化企业并购重组取得一定的进展，但相比民营文化企业此起彼伏的活跃并购，国有企业在各行业各领域之间的并购还面临诸多限制，这与通过联合重组实现做强做大的发展目标不相适应，必须从顶层设计上打破分业管理模式，以适应文化产业的发展趋势。文化产业的规模化发展呼求，亟须促进中央和地方间文化企业的融合，中央企业可通过控股或参股的形式实现对地方国有企业的整合，培育在全国范围内具有领先优势的大型企业集团。

从国际看，排名前十的国外知名文化企业都是跨地区、跨行业、跨媒体的综合性文化集团。美国的迪斯尼集团、新闻集团、时代华纳集团；德国的贝塔斯曼公司；英国的培生集团等文化集团围绕主业实现了多行业、多品种、多模式的混合经营和服务，业务范围覆盖 4 个以上的主要文化行业，涉及音乐、出版、多媒体、电视广播、报纸杂志、主题公园、印刷工业等各个生产和服务领域，成为影响全球的综合性文化集团。比如迪斯尼开展了从影视娱乐到电视网络到主题公园，再到服饰、玩具和食品等迪斯尼品牌的全产业链开发，拓展综合实力，进入了世界 500 强。

科技创新是文化产业发展的重要引擎，可以不断丰富文化发展的内涵、加快文化演进的步伐、延伸文化传播的领域。其中，"互联网 +"的推力和产业升级为文化产业发展带来广阔的前景，互联网等高新技术与文化融合衍生的新兴文化业态，代表了文化产业发展的方向，推动着文化产业结构不断升级，互联网文化产业所占比重已超过"半壁江山"，通过互联网实现的文化消费已超过 60%。然而，国有文化企业脱胎于传统事业单位，缺少"互联网基因"，对互联网思维不够敏感，应对网络化和数字化浪潮反应较慢，在文化科技创新日新月异的背景下面临着迫切的技术改造和转型升级任务。只有依托原有资源、品牌优势及时转型，依托先进技术驱动升级，成为应对全球文化产业变局、提升整体实力和核心竞争力的必由之路。当前，国外知名文化企业已有50%以上的业务集中在新兴文化产业和文化传播渠道上，投入了大量的科研资源，成立研发部门，改变原有传统文化产业运行模式、传输方式和渠道，产生了以数字化、网络化、信息化、大数据、云计算为主要特点的双向互动的文化产品市场和发展平台，通过占领新技术的"制高点"，进一步增强自己的市场竞争力。

从战略上，要把培育国家优势主导文化产业与大型骨干文化企业统一起来，对优势主导行业的培育要与民族文化性质、文化气质相契合，使主导行业获得民族文化的强有力支撑，从中定位主导文化行业和大型骨干文化企业。在战术上，强大的文化企业是内容、渠道、创新创意并重；全产业链多跨骨干企业，妥善协调好大型骨干企业与中小企业的关系，也就是处理好集团的规模化与中小企业的集约化发展。既要促进文化资源和要素向有优势的企业适度集中，提高产业集中度；又要大力扶持机制灵活、市场反应快、适应力强的中小企业，不断拓展文化产业的广度和深度，旨在完善文化产业分工协作体系。文化产业发展是内容为王、创意为王、渠道为王。目前，中国文化产业的内容生产体系较完备，从文学创作到艺术生产，从舞台表演到影视剧制作，从音乐、广告制作到书报、期刊出版等，但原创性和想象力还有较大提升空间。相对于较完备的内容生产体系，文化传播渠道显得"支离破碎"、有系无统、不够完整。此前在图书发行渠道上完整的新华书店已被肢解得零碎化，有线电视网尽管由中央投资光缆干线，但用户网由地方运营，即使实现"一省一网"的目标，依然是以省为单位的封闭运行，而难以实现市场化基础上的互联互通。从文化产业发展体系的完整性看，文化产业往往受制于渠道"短板"而产生"梗阻"现象。因此，在市场化基础上由国家统筹战略资源整合势在必行，使内容生产与渠道传播相互借势壮大。目前，活跃于国际文化市场的文化企业，都是实力雄厚、竞争力强的"巨无霸"，从维护国家文化安全的视角看，也需要培育一批大型骨干文化企业和战略投资者，但从现有条件看，即使掌控稀缺资源的国有文化企业也不够强大，其文化市场竞争的骨骼不够强壮，难以成为混业经营的文化产业旗舰或航母。

按照十八届三中全会的要求，培育大型骨干文化企业要打破地区封锁、行业壁垒，促进文化资源和文化资本对接，实现文化要素全国流动、降低准入门槛，激励文化企业集成应用新技术。以产业链的完善和延伸为核心实施并购重组，推动文化资源和资本适度向优势企业集中，从而做大做强文化创意产业，成为国家战略性支柱产业。推动国有骨干文化企业在深化改革中完善法人治理结构，形成符合现代企业制度要求、体现文化企业特点的资产组织形式和经营管理模式，不断提高国有骨干文化企业自主经营、自我创新水平，增强面向市场、参与场竞争的能力。形成在全球配置创意、生产、运营、人才的能力，嵌入全球文化产业价值链战略环节和高端位置的实力，培育成熟的商业模式和难以模仿的核心竞争力。以文化产业 30 强为例，有竞争力的大型骨干企业，往往在各自领域已经形成全产业链贯通的格局，形成复合业态发展模式，其竞争核心已从单一的产品、业务，转变为集中化的产品生产体系、跨领域综合经营，甚至健全了超越产业链形态的平台化系统。经验表明，做大文化企业不再是简单地拼数量、规模，而是以自身的资源优势和品牌优势整合产业链，拓展业态范围，通过商业模式的完善和盈利能力的提升，增强企业的核心竞争力和市场控制力。当前，中国文化企业正处于最大限度地追逐规模经济和范围经济效应，以及培育文化产业的战略投资者和有竞争力的市场主体的态势。而世界文化产业发展正在势力经济引领下，通过输出商业模式，主导国际分工体系的产业链布局。事实上，国际上大型文化企业越来越不止于是生产中心和产品销售集团，而越来越是占据价值链高端的财团（文化资本银行）和战略投资者。国内，中南传媒集团在出版系统率先成立国内第一家财务公司，迈出了从生产集团向金融化过渡的第一步；江西出版集团率先组建投资公司，直接向资本市场融资 13 亿元，开始在转型中确立战略投资者的地位。

二　集约化

文化产业是资源消耗低、环境污染小，受资源、能源、环境瓶颈制约不大的新兴产业之一，是典型的低碳经济。从加快经济发展方式转变的全局和战略高度，推动文化产业集群化发展，必须将其纳入经济社会发展总体规划，加强文化产业与旅游、休闲、制造、电信、交通等产业相融合，尽快使其成为国民经济新的增长点和现代服务业的支柱产业。

中国文化产业竞争力的提升应注重实现集约化基础上的集群化发展而不是基于市场分割基础上的集团垄断，这样才能有效进入国际产业分工体系。当前的制约瓶颈和障碍是 GDP 考核机制。对地方政府和官员的政绩考核（文化产业已纳入地方政绩考核体系，各地都追求 GDP 势必形成某种程度的垄断，行政壁垒和区域分割的局面很难突破），加剧了各地的同质化竞争，只有制定科学合理的考核标准，建构多维度的文化产业考核评估体系，才能发挥文化产业中小微企业多的特点，提高文化产业的集约化水平，增强产业的集中度，形成特色产业集群。一定意义上，如果说大型骨干企业是一个行业或者产业成熟与规模化体量（竞争力与市场集中度）的表征，中小企业则是创新与专业化水平的衡量尺度。文化产业固然要培育大型骨干企业以壮国威，但更需中小企业滋养文化产业发展的生态环境。文化产业的发展趋势越来越趋向于不再是由像黄金时代的好莱坞电影公司那样的大型制片厂构成，而是通过成千上万家小型制片厂和创业型小工作室形成生产网络；创意产业不再是大型企业，而是成千上万个不同商标或字号的各自独立的专业公司，独立公司逐渐形成企业联合，这些企业联合多是通过独立公司运营并由此成为主流模式。文化创意产业在本质上"是一种分散化经营的体制，或者说是大企业与独立公司紧密联系、相互依存而不再进行相互竞争的体制。这种体制充满活力、不会停滞，实际上，往往颇具优势，同类产品中被复制了同样的创意、嬉皮的特质以及酷的风格，为复制而对原创进行的实验不断地处在变化中"①。目前，美国对这一体制驾轻就熟，无可匹敌。文化产业的集约化发展不仅要关注文化业态的创新和消费文化化——符号、象征、联系的新趋势，还要关注文化企业的集聚性。文化产业作为全球发展最快的经济门类，往往会在某一区域自发积聚或在政府主导下实现集聚，从而向集群化发展迈进。当下，中国文化产业发展呈现跨领域、跨行业、跨体制的趋势，如何引导这种趋势，在转变经济发展方式的要求下，实现文化产业的集群化，是文化产业能否实现"超常态"发展的关键。

文化产业的集群化，是指一定时间内特定区域或环境内各种文化产业实体形成的空间聚合体。其空间集聚主要依托高端龙头企业发挥带动效应，辅之大量中小企业的配套和公共服务与中介机构的完善，旨在实现产业要素和产业业态的交融，降低成本和实现知识信息共享，使中小企业从中获益。集群化发展对文化产业意义重大，有利于企业彼此间协调竞争，在向高端形态的趋近中，带来集聚效应、共生效应、协同效应、区位效应、结构效应等诸多有利于产业发展的因素。现阶段，文化产业发展既不能局限于以地理文化资源划分的自然区，也不能局限于纯粹的行政区，而

---

① ［法］弗雷德里克·马特尔：《主流——谁将打赢全球文化战争》，刘成富等译，商务印书馆2012年版，第370页。

是遵循文化自身的"超时空"特性、"互联网＋"重构机遇的和文化产业发展的内在地理维度的统一,通过"三跨"整合使文化产业的上下游在一定区域内高度集聚,形成区域文化产业的"增长极",通过"增长极"实现集群效应,从而保持竞争优势。

实现文化产业集群化发展的路径之一,是建立文化产权交易市场,以明晰的产权形式实现企业间的有效整合和资源配置。从而走出当前孤立、封闭或在低端产品市场的恶性竞争,以打内耗战、价格战博取利润的弊端。文化产业发展要遵循市场逻辑,产业集聚、产业链、产业人才、企业规模、税收和效益等是优先考虑的问题,这些问题都可以聚焦到产权上。在文化产业运作中,鼓励大企业兼并小企业,避免资源、设备、人才的浪费和对环境的破坏,既有利于产品价值链的拓展以及市场的扩张和产品质量的提升,也有利于通过技术创新和文化创新来提升附加值,从而形成核心竞争力。就文化产业发展实际和可能性来讲,政府既要推动产业集约化发展,也要保护中小企业的生存和发展。中小企业有其存在的合理性和价值,往往在产品创新和引领时尚上凸显优势,中小企业的扎堆和空间集聚是产业集群化发展的一种方式。

文化产业集群化发展的路径之二,是完善文化产业园建设。文化产业园是各地政府推动文化产业发展的有效抓手,实现文化产业集聚化发展的有效路径。所以,全国各地文化产业园遍地开花,以产业园方式推动文化产业集群化发展,有其现实性和可能性,但要走出认为产业集聚就是建园区、盖高楼的误区,更不能形成"路径依赖"。评价一个园区发展好坏,不仅要看产业规模大小、收益高低,更要看产业链完善度,以及集约化程度,还有对作为核心价值的知识产权的保护程度,园区的平台建设和服务功能的完善度,及其良好的政策环境和市场环境。

文化产业集群化发展的路径之三,是通过公共文化服务体系建设和文化活动,实现全民参与,立足本地文化资源,形成文化生产和文化消费高地,以此提升居民的文化素质,强化对区域文化的认同感,以特色文化内核打造文化集散地。以地域特色文化的高位态强化文化的辐射力和影响力,自发或借助市场力量形成文化形态和业态的空间集聚,以文化价值的实现引领文化产业的集群化发展。目前,我国文化产业发展过于注重经济效益和追求 GDP,很少关注文化产业在强化区域身份认同中的作用,把文化产业园融入城区甚至和居民区打通,营造区域性的文化集散地,才能最终为文化产业的本土化以及集群化发展提供不竭动力。

同时,要积极正视文化产业集群化过程中出现的问题。

第一，把设立文化产业园作为集群发展的唯一模式。产业园是文化产业集群化模式之一，限于国内其他集群发展模式尚未形成规模，园区式发展模式成为各地普遍采取的方式，但这种模式在文化产业运营中因文化的复杂性而有一定的缺陷。虽然它易于促进园区内部企业之间产生集群效应，但与园区外部及其他行业的互动性较差，未能充分发挥文化的溢出效应，很难与周围社区居民产生交互作用。文化产业包含丰富的内容，产业内各行业发展模式各不相同，单一的产业园模式很难适应文化产业的整体需要，多种模式共存才是文化产业集约化发展的良性状态。

第二，文化产业集群化发展不平衡。国内文化产业集群主要集中在经济发达地区。经济发达地区经过早期发展阶段，文化产业已具备一定的规模，正成长为支柱产业。而一些经济欠发达地区尽管有着深厚的历史文化资源，但发展文化产业的意识淡薄，不仅民间对文化产业认知不足，政府相关部门也未能认识到发展文化产业的重要性，尤其是复合型人才缺乏，政策及配套措施不到位，市场发育不健全。从产业集群规模看，城市与农村、东部与中西部发展不均衡的趋势明显。

第三，产业集群的功能和定位不清晰，重复建设问题严重。大多数产业集聚区由政府主导，盲目跟风，园区内缺乏主导产业和特色产业。当下全国各地各类文化产业园，产业形态相似，势必造成集群的资源分散和产业的恶性竞争，不利于文化产业健康发展。特别是动漫和数字娱乐产业园因政绩冲动急于上马，结果大多数动漫企业是"动而不漫"，因产业链不健全而难以真正形成产业，园区集群效应不明显，离开政府的扶持很难运行。

三 专业化

发展文化产业的决定性因素是人才，只有加快完善文化产业发展的人才支撑体系，才能从根本上提升其专业化水平。发展文化产业不仅依赖文化资源，更需要文化人才这一决定性因素，以及公共文化环境和市场体系的完善。缺乏创意人才，特别是将内容通过产业化方式转化为市场需求的创意人才严重不足，制约着文化创意产业专业化水平的提升。把丰富的文化资源转化为公众可以接近的公共资源，以及对当地文化资源的保护、传承和合理开发，都需要人才。发展文化产业的基础，要从教育抓起。要完善中小学艺术教育体系，培养高素质的文化消费者；培育创意阶层集聚人才群。突破文化人才培养体制机制难点，探索建立文化人才培养政策、体制机制先行先试的人才特区，造就文化科技创新高素质队伍。尊重人才，就要重视知识产权的保护，注重相应的回报与奖励制度的完善（高管和创新人才的持股是解决人才流失的重要措施之一）。此外，所谓国际视野和世界眼光也要落实到人才上，特别是兼具文化、产业、贸易知识的复合型国际化运营人才。这样的人才既了解中国文化的精髓和魅力，又懂西方观众的审美偏好；既独具慧眼，能够识别具有独特文化内涵的作品，又能理性地从产业和国际贸易视角判断该产品在国际市场的前景。

文化产业说到底是人才、资本、创意密集型产业，人才及其创意的高度决定着文化产业发展的程度。文化产业的特性决定了文化产业的健康发展需要人才支撑，因此政府要重新认识高等教育与文化产业二者间的关系。既要重视高校培养人才的主渠道作用，又要营造社会激发创意培育的文化氛围。说到底，是人才的"创意"决定着文化产业的成功，而"创意"不是培养的，它需要灵感悟性的激发、需要想象力的自由翱翔，需要文化自主表达，也就是说需要一个体制宽松、宽容与包容性强的环境（这就是为何在多元文化和多样化的文化氛围中才能形成创意阶层，为何在创意城市中要有"波西米亚族"的群体——对于北京798、上海田子坊的文化与商业结合的成功，很多省会城市都想复制却不成功，最关键在于创意群体及其氛围的缺失，这是政策和资金解决不了的）。在市场经济条件下，人才的流动是合理的、积极的，但无序化的乱象，只是加剧了人才的不均衡，出现了很多人既在市场中（民营企业）赚大钱，又保留事业身份的现象。尤其在广电娱乐领域很突出，不仅有中央电视台的"掐尖"工程，还有个电视台的相互"挖墙脚"。如湖南卫视台的人才流失很严重，很多具有市场号召力的名制片、名导、名演员，都是在国有体制中培养出来而在体制外施展拳脚的。国有文化单位如何留住人才、使用人才、发挥人才的积极作用值得思考。此外，高校的人才竞争，特别是西部人才的流失现象严重，都需要国家整体上作出政策引导和宏观调节。

文化产业作为先进生产力的表征和产业发展的高端形态，依托文化创意和创新作为主要驱动力。正是文化创意驱动着不断创新创造的经济，催生了大众对物质与精神产品的更新换代。可以说，当前世界主流产品大多是文化与科技相融合的产物，一个明显的趋势是产品中审美的心理的艺术的比重越来越高。文化的竞争不仅显现于文化产品和文化资本，而且不断延伸拓展到国际产业链的分工体系中，进入品牌主导竞争的时代。在文化产业发展中，文化资源不是核心要素。因此，发展文化产业要从依赖物质资源和历史文化遗存，向历史文化价值开发趋近。这样才能摆脱发展文化产业，要么搞制造业，要么搞复古、讲祭祖、嫁接旅游的粗放式经营模式。实践中，很多地方政府文化产业的特性和发展规律把握不当，以至于出现当下很多地方不择手段地争夺所谓"名人故里"（不仅争历史人物、文学人物，甚至反面人物西门庆也成了抢手货）的乱象，这是对文化产业的肤浅理解，亟须从制造业思维向高端服务业的文化思维转型。在本质上，文化产业是以人力资源创造高附加值的现代服务业，是人脑与电脑的融合，无形的资产高于有形的资产。如果不转换思维，发展文化产业，动辄圈地搞园区、建大楼、修广场，徘徊于低端制造业，只能博取廉价的低端利润。在文化产业的核心要素中，人才、创意以及技术支撑下的文化创新至关重要，它决定着产业发展的专业化水平。无论是物质文化遗产还是非物质文化遗产的保护和传承及其商业开发，从根本上讲，都离不开人的创意和创新，离不开文化的产业化能力、专业化水平和创新意识。只有把文化符号转化为文化生产力，创造经济价值，文化资源的价值才得以凸显。正是人才重新赋予文化资源与时俱进的内涵和时尚价值，及其具有时代特征的表现形式，使其成为社会主流的文化消费产品，如《印象·刘三姐》、《功夫传奇》等，是创意兑现了文化的经济价值和人文价值。

我国是多民族且拥有丰富文化资源和文化特色的国家，但悠久历史与民族特色所形成的重要文化资源正在被同质化和粗放式的发展模式侵蚀，这已影响了我国文化产业的可持续发展。发展模式的粗放主要体现在文化资源转化为无形资产和经济效能上均缺乏有效途径，其制约瓶颈就是人才，尤其是复合型高端人才。我国中西部地区具有相对丰富的文化资源，就文化资源而言，中西部地区相对于经济劣势明显具有非遗文化资源优势，却未能转化为文化产业强势，文化产业发展滞后的制约因素是人才，人才的缺乏使文化产业发展处于低端，因专业化能力低导致产品缺乏市场。这表明文化资源的丰富程度与文化产业发展繁荣程度并非呈正相向关系，人才及其技术创新、内容创新，才能使传统文化和民族文化资源焕发生命力，推动文化产业向价值链高端迈进。因此，发展文化产业离不开文化资源，但更取决于文化人才及其创意创新这一决定性因素。纵观世界文化和国内文化产业发达城市，皆因有着丰富的人才甚至创意阶层的存在。人才的培养离不开教育，特别是基础性教育。现实是在文化产业热的背景下，各级政府和企业讲产业发展多，讲完善教育支撑体系少。众所周知，美国是世界文化产业第一强国，殊不知支撑美国文化竞争力的是激发人们创造热情的教育体制，层出不穷的创造性人才，有吸引力的文化产品。目前，全球排名前100的大学美国占了一半；全球获诺贝尔奖的人数美国占70%；国际文化市场中美国提供的产品和服务占43%。

在知识经济时代，人才的拥有比资金的拥有、市场的占有更为重要。人才是未来经济竞争的制高点，是新一轮经济竞争的焦点。培养高层次文化人才，首先要培育创新文化环境，有了支持创新的文化氛围，技术创新和政策创新、文化创新才能得到有力支撑。如香港城市大学原校长张信刚教授在演讲中所言，人才培育环境至关重要：第一，有创造力和创新能力的人应受到社会的重视；第二，对科学和艺术的评价要基于互相比较和公开讨论；第三，需要有鼓励创新的法律和经济激励制度。这种论点契合了十八大报告提出的，营造有利于高素质文化人才大量涌现、健康成长的良好环境，造就一批名家大师和民族文化代表人物，表彰有杰出贡献的文化工作者的要求。其次，要进行制度创新，激发艺术家的创造力，在文化内容管理上做到精细化和法制化，以制度固化创新成果。十八大报告指出，要深化文化体制改革，解放和发展文化生产力，发扬学术民主、艺术民主，为人民提供广阔文化舞台，让一切文化创造源泉充分涌流。

四　积极培育大型骨干文化企业

大型骨干企业是一个行业中经济规模、生产效率、技术含量、发展势头、社会影响力等方面均有重要影响和地位的大型企业。一定程度上，文化产业发展的规模、方向以及整体实力取决于大型骨干文化企业的发展质量和水平。就此而言，培育一批代表国家水平、能参与国际市场竞争的大型骨干文化企业，成为文化产业当下发展阶段的重要任务。

相比国际上大型文化企业集团的实力、规模和影响力，已有数十家文化企业集团进入世界500强，而我国大型骨干文化企业少且弱；相比我国经济高速增长大型企业集团的崛起和扩张，2014年已有102家中国企业进入世界500强，却没有一家文化企业进入世界500强；相对于国际大型文化企业集团每年动辄产值数百亿美元的规模，我国在经营资产和产业过百亿人民币的企业不过数家。据亚太总裁协会2012年9月发布的国际文化产业领军企业30强名单显示。公认的世界城市中纽约有15家文化企业，涉及文化产业领域中的唱片、娱乐、报业、传媒、教育类图书出版、互联网服务、印刷出版、新闻、财经、投资管理、杂志、工业书刊出版等，在世界城市中遥遥领先，可谓世界上真正的文化产业领军企业集聚之都，可见其文化产业实力和文化创意能力之强！巴黎有两家文化企业位居前30强，涉及广告传媒和财经新闻与分析领域；伦敦有2家文化企业入围，涉及医学与其他科学文献出版、娱乐等领域；东京有3家文化企业进入30强，设计综合出版、文学书刊出版、综合性图书出版，体现了日本的"出版立国"战略的效果。中国文化企业没有进入前30强,在50强中仅有中国出版集团排名40,中国电影集团排名44,中国凤凰出版传媒集团排名47。这表明中国的文化产业开始崛起并跻身世界50强,北京有2家文化企业进入50强,但仍然缺乏有强势竞争力的文化领军企业,表明中国文化产业最发达的北京在世界城市格局中竞争力不强。而文化产业发展实力和潜力最能体现出一个城市的文化创意培育的实力和水平。产业是企业的集合体,文化产业因其创作个性的缘故,往往给中小企业以极大的发展空间,以激励创新和专业化水平的提升,这是大型骨干文化企业不可替代的发展优势。国际经验表明,文化产业的发展既需要中小企业激发活力,更需要骨干企业引领方向和提升竞争力。

培育大型骨干文化企业是提升文化产业竞争力的必然,也是建设文化强国的重要举措,是提高中国软实力的重要路径。

其一,相比较中国的文化资源大国地位,骨干文化企业的数量偏少偏弱,严重影响文化产业的国际竞争力。

其二,大型骨干文化企业的弱小导致产业集中度较低——市场占有率低,如在一般图书领域,中国出版集团的市场占有率最高,也只有6%左右,排在第二位的只有3%左右,因市场集中度低致使重版率和印数都不高。再如影视制作公司市场占有率不足2%——因内容产品缺乏充分的国内市场竞争,导致中国电影"走出去"竞争力都不强。

其三,我国文化消费进入快速增长期,面对大众迅猛增长的精神文化需求,要增加文化产品和服务的有效供给能力,尤其是培育和弘扬社会主义核心价值观,需要一批在市场上有广泛影响力的文化产业的骨干企业和战略投资者。

培育大型骨干文化企业要着眼世界发展趋势坚持如下原则:

1. 要有利于建成完整的文化生态系统、健全和完善产业链。

2. 要有互联网思维、跨界思维和文化思维。

3. 要以市场而非行政来主导,充分发挥市场灵验机制。

市场是发展文化产业的基础,通过建立健全文化产权市场体系,推动国有文化企业通过联合、兼并、重组等形成多跨的文化企业集团,培育一批主业突出、产业链完整、市场控制力强的大型文化企业集团,促进金融资本、社会资本与文化资源对接,推动文化产业结构升级和优化。同时,组建国有文化资产运营公司,提高国有文化资本的控制力,使之成为文化战略投资者。目前,活跃于国际文化市场的文化企业,都是实力雄厚、竞争力强的"巨无霸",从维护国家文化安全的视角看,需要培育一批大型骨干文化企业和战略投资者，但从现有条件看，即使掌控稀缺资源的国有文化企业也不够强大，难以成为混业经营的文化产业旗舰或航母。在国外，一些新媒体如 Facebook、Google 等都是企业，都有很强的产业化能力，有很强的经济实力，这样才能经得起市场的风浪和拥有抗风险能力，从而在市场上发挥舆论主导作用。作为大型骨干企业必须面对两个市场、配置两种资源，要有在全球配置创意、生产、运营、人才的能力，以及嵌入全球文化产业价值链战略环节和高端位置的实力，有成熟的商业模式和难以模仿的核心竞争力。

路径：1. 通过战略性并购重组来提升规模化、集约化和专业化水平。如作为"中国电视剧第一股"的浙江华策影视股份有限公司，2013 年试水大数据平台与传统影视业务相结合的新型产业模式，并购影视行业大数据开发和应用的领军企业上海克顿传媒，成为"大文化、大数据"模式下影视产业专业化、智能化、工业化的典型案例和华语影视第一开放平台。其以互联网化电影为定位，以电影投资、制作、宣发和院线建设为主业的电影公司，依托丰富优质的内容资源、互联网、大数据技术和专业人才团队优势，充分整合策划、制作、发行、院线等综合性资源优势，发展互联网时代的电影运营机制，建立完善的"制作—营销—影院—市场"一体化的产业体系。根据艺恩最新数据，在 2014 年上半年卫视频道播出的电视剧中，排名前十的民营公司共播出 4487 集，占总播出量的 38%，而华策影视以 1176 集雄踞卫视频道播出量的榜首，被称为"中国电视剧一哥"。并在 2014 年并购克顿传媒后，华策影视以高达 15% 的市场份额占据了行业绝对优势。据悉，在经过对克顿传媒、华凡星之、合润传媒、高格影视、最世文化等一系列的投资并购后，华策影视目前的业务已经涵盖了电视剧、电影、综艺节目、艺人经纪、游戏、新媒体、品牌营销等多个领域，完成了影视娱乐全产业链的布局。华策影视将凭借强大的内容制作、发行能力以及产业链布局，紧紧抓住"新媒体"、"新市场（电影）"、"新平台"（渠道）三大新机遇，实现由领先的电视剧内容制作向全产业链娱乐传媒集团的转型。华策影视旗下的西安佳韵社数字娱乐发行有限公司，成立于 2007 年，是中国最早从事网络视频内容管理和营销的专业机构，主要参与影视节目的策划、制作和发行，代理国内外影视制作单位的节目内容在网络新媒体的渠道销售，拥有 6 大产品系列（电影、电视剧、动漫、综艺、百科、纪录片）近 3 万小时影视节目的独家网络版权，和 3 个主要渠道（广域网、局域网、无线网）的 100 家以上多媒体终端平台建立了战略合作，并与海内外 300 家以上的影视制作方实现了版权引进合作。华策与知名互联网公司的合作表明其向网络互动娱乐领域的进军，表征其向全媒体传媒集团转型。华策影视的互联网转型是在业务线上全面融合互联网，并从公司组织架构、运转方式、人员招聘、激励机制上进行全方位支持。以互联网思维做全产业链整合，打造"互联网时代的综合娱乐传媒集团"。

2014 年是移动互联网成为各行业特别是视频内容行业核心关键词的一年，以 BAT 为代表的互联网公司纷纷进军影视产业，发生影视并购案63 起，涉及的金额高达 550 亿元。互联网与影视融合催生的新业态初露峥嵘，互联网影视领域的竞争开始从平台转向内容（产业），互联网渠道与内容制作商的相互融合成为发展趋势，这是成为大型骨干文化企业的基本功和战略框架，既有渠道又有内容，才能实现多环节盈利。互联网影视公司与传统影视公司的受众不同，更加年轻化（可谓网络原住民），更需在内容制作上贴近需求，需要多元、探索、实验和创新，可谓文化上的"另类"。这直接影响到项目寻找、题材选择、传播宣发与新媒体的结合等。互联网思维最核心的内容是以用户为中心，从影视观众到互联网用户，作品要始终围绕用户，而用户是变化的。据统计，网民中 20—29 岁人群占 31.2%，10—19 岁人群占 24.1%。"80 后"、"90 后"是网民的中坚和原生代，是未来影视剧最核心的观众群，同时掌握了网络舆论的话语权。华策在类型上选择那些商业化程度高、制作精良、周期短、适宜游戏开发、音乐数字化和实物衍生品的题材运作。华策未来的目标是满足年轻化的互联网用户的需求。首先把内容产业做得足够强大，再去建立产业链的生态系统。经过一系列海内外投资并购，华策完成了影视娱乐全产业链的布局，且在涉足新内容时立足互联网变革契机，重塑其传统商业模式，与新媒体在内容开发、制作、发行、付费点播、宣传、数据应用、广告、整合营销、游戏、音乐、文学、粉丝经济、消费品衍生品、互联网金融、电子商务等领域进行全方位深度业务合作，抓住"新媒体"、"新市场（电影）"、"新平台（渠道）"三大新机遇，实现公司自身商业模式的创新，由领先的电视剧内容制作商向全产业链娱乐传媒集团转型。

这启示我们只有在细分市场领域形成专业化布局，才能以专业化能力提升企业竞争力。兼并重组和海外并购旨在纵向完善产业链，横向实现战略布局，由追求协同效应和规模效应向势力经济提升。溢出效应促使企业不断扩张，企业追求内生增长的缓慢和压缩成本费用的空间有限，而并购对报表收入利润的增速则简单明显。上市公司和非上市公司股份巨大价差而导致并购。国内上市公司股价即使低的也是净资产的 15—20 倍，而非上市公司转让的股份通常是其净资产的 5 倍。简单并购就能使股东资产大幅提升（虽非唯一判断指标，还有净资产、收益率等指标，但这一指标是重要尺度）。

2. 以自主知识产权和数字化战略为技术创新突破点实现企业转型升级，来做大做强文化骨干企业。中国电影股份有限公司自主研发的"中国巨幕"系统，不仅在核心技术方面拥有自主知识产权，而且在巨幕母版制作方面填补国内空白，标志着我国数字电影放映技术进入世界先进的高格式、全景声效行列，打破了发达国家在电影高端放映技术的垄断。深圳华强科技集团以文化为核心，实施"文化＋科技"的发展模式，以文化内容产品、服务和文化科技主题公园为两大主营业务，涵盖特种电影、动漫产品、主题演艺、影视出品、影视后期制作、文化衍生品、文化科技主题公园等多个专业板块，形成立体多元化的业务布局。迄今该公司已将 70 多套完全自有知识产权的环幕 4D 影院系统以及主题公园成套设备输出到美国、加拿大、意大利等 40 多个国家和地区。

3. 促使企业由产品竞争转向平台竞争，以平台建设为依托，通过创新商业模式实现产业升级。如完美世界公司在"抱团出海"理念支撑下，公司推出完美世界海外进出口平台（PWIE），为全球游戏运营商寻找优质网络游戏产品提供了开放性平台。创造了从授权合作伙伴到海外自主运营，再到整合全球资源，为用户提供优质互联网文化娱乐服务，成功实践了"全球文化整合创新再输出"的发展模式。连续六年位居中国网络游戏出口第一名，占据中国网络游戏 40％ 左右的出口份额，旗下产品已经成功出口到 100 多个国家和地区，海外用户已超过 5000 万人，并且还在不断增长。而上海百视通新媒体有限公司则与微软合作，共同打造"新一代家庭游戏娱乐产品"和具备世界领先水平的"家庭娱乐中心服务"，以此平台建设为突破点做大做强。

4. 通过与金融业合作，使文化企业由产业集团转化为财务集团，成为具有优势竞争力和市场主导力的战略投资者，从而成为旗舰型和航母级骨干文化企业。文化金融创新实验为此提供动力，骨干文化企业主动运用金融手段，创新金融合作模式。通过结构调整和优化配置，引导文化资源要素向优势文化企业适度集中。以财务公司为支撑培育一批主业突出、产业链完整、市场控制力强大的骨干企业，引领我国文化产业结构战略性调整和转型升级，保持和发挥其产业控制力、影响力和带动力。如湖南出版投资控股集团有限公司，获批筹建中国文化行业首家财务公司，为集团推进产融结合、搭建全新金融平台奠定了先发优势。并与湖南教育电视台合资成立湘教传媒,成功介入电视节目制作和广告运营。

5. 通过与相关产业领域多向交融,延伸产业链条,发挥同心圆效应,提升骨干企业的辐射力、带动力和竞争力,做大做强文化企业。以文化创意融合为驱动力,与信息业、建筑业、旅游业、制造业等相关领域实现多向交互、融合发展,拓展产业链条,积极推动文化产业向高附加值、高增长潜力和高产业关联度的新型高端文化服务业转型,与实体经济深度融合。支持交叉领域文化企业向专、精、特、新方向发展,打造跨界融合的产业集团和产业联盟。鼓励不同所有制骨干文化企业引进战略资本,通过股份制改造,全面提升骨干文化企业的市场竞争力。

基于现实语境和政策引导,建议在兼并重组中首先向非文化宣传系统的国有企业开放,尤其是引入战略投资者;其次要重资源轻资本,优先关注投资者的专业背景,尤其是能够带来战略资源的投资者,切实改变既不注重引入专业化经营团队,也不注重引入有助于未来发展的战略资源,而紧盯住货币形态不放的思维。

第三节　文化创意在提高文化产业竞争力中的渗透融合作用

创意经济,被视作 21 世纪国家战略、区域发展与城市活力的新增长极。创意与创新作为文化产业发展的核心与灵魂,日益成为现代财富的源泉。当前,发达国家经济发展所依赖的资源中,物质性要素的驱动作用逐渐弱化,文化创意要素的驱动作用日益增强。随着产业结构调整和经济转方式,文化产业自身的发展方式越发凸显,特别是进入新的发展周期,相比外力的推动作用,内生驱动要素尤其是创意的融合渗透作用凸显。正是基于此,我们在诸多影响文化产业竞争力的要素中拈出创意进行阐释。在中高速平稳运行的新阶段,通过创新和创意创造出新的产业形态和内容产品,不断创造一种新的需求,将文化产业从传统产业发展模式中解放出来,发挥其关联度高的优势,将创意、文化、技术、市场融为一体,融合带动一大批相关产业发展,促进产业升级和效益提升,在商业模式创新中实现文化产业与相关产业融合发展。在业态融合中推动文化产业与经济各行业、各领域的联动发展,不断拓展新型文化产品和服务。在 2008 年全球金融危机、2010 年欧债危机的冲击和全球经济持续低迷和复苏乏力的态势下,文化产业的反周期特性使其成为重要的引擎产业,成为区域与城市经济转型和产业升级的重要驱动力。在此境遇下,文化产业竞争力的提升要以国际视野引领产业发展方向，提升文化创意在开发原创作品和打造文化品牌中的作用，增强文化创意对各产业领域的渗透，使最新的创意和设计理念延伸到文化产品和服务生产、制作、传播、营销的全过程，进一步提升文化创意产业在国民经济中的比重。借助"互联网＋"平台，重点支持文化产品和服务的生产、传播、消费的数字化、网络化进程，强化文化对信息产业的内容支撑、创意和设计提升；支持利用数字技术、互联网、软件等高新技术支撑文化内容、装备、材料、工艺、系统的开发和利用；深入挖掘优秀文化资源，推动动漫、广告等产业优化升级。

一　深刻理解文化创意

关于创意，迄今没有一种普遍接受的定义可以涵盖这一现象的多个维度。一种简洁的说法是，创意指产生想法并把这种想法转化为有价值的事物的过程；或是指利用现有想法产生新的想法，这种想法或观念能够创造财富和价值。创意的内涵非常丰富。贺寿昌先生认为，创意是"美的或艺术的创造"，从宏观看创意是文化，从个体看创意是审美，从应用看创意是产业。[1] 还有人认为："首先，创意是一种主观创新能力，创意既是思维的过程，又是思维的结果，带有明显的精神生产性质。创意不是模仿或复制，而是在现有基础上的发展和突破；其次，创意是一种资本性要素，在传统产品和服务的生产中加入创意的要素，能够使产品、服务实现价值增值；再次，创意是文化的创新或科技对文化的再创造，创意行为的一个重要特点是利用现代科技手段，对文化生产方式的创新；文化既是创意的结果，又是创意的源泉。"[2] 在当下的历史语境下，创意不再作为一种元素局限于某个部门或产业门类，而是通过培育或者各种要素的集聚产生化学反应。其能量之大，可以作为一种朝阳产业，成为社会创造财富和文化生产与积累的新方式。早在 1986 年，著名经济学家罗默（P. Romer）就曾撰文指出，新创意会衍生出无穷的新产品、新市场和财富创造的新机会，所以新创意才是推动一国经济成长的原动力。但作为一种国家产业政策和战略的创意产业理念的明确提出者是英国创意产业特别工作小组。1997 年 5 月，英国首相布莱尔为振兴英国经济，提议并推动成立了创意产业特别工作小组。这个小组于 1998 年和 2001 年分别两次发布研究报告，分析英国创意产业的现状并提出发展战略。文化经济理论家凯夫斯

---

[1]　贺寿昌：《创意学概论》，上海人民出版社 2006 年版，第 18—20 页。
[2]　尹宏：《现代城市创意经济发展研究》，中国经济出版社 2009 年版，第 5 页。

(Caves) 力图描述和总结当代文化创意产业的特征。在他看来，文化创意产业中的经济活动会全面影响当代文化商品的供求关系及产品价格。无疑，创意产业的提出了建立一条在新的全球经济、技术与文化背景下，适应新的发展格局，把握新的核心要素，建构新的产业构成的通道。另一位经济学家霍金斯在《创意经济》（*The Creative Economy*）一书中，把创意产业界定为其产品都在知识产权法的保护范围内的经济部门。可以说，创意之于我们当下生活的重要性似乎怎么评说也不为过！对于传播而言，没有什么比创意更为重要的了。广告的效果就取决于传播，一次传播活动成功的关键，就在于广告宣传背后的创意是不是具有关联性和戏剧性。"知识，仅仅是激发优秀的创意性思考的基础，它们必须被消化吸收，才能形成新的组合或者新的关系，以新鲜的方式问世，从而，才能产生出真正让人惊叹的创意。"[1] 通过创意，可以为产品建立"主观性"、"非实质"的附加值，制造感性的分别。实践表明，创意经济和文化产业的核心是文化创意，文化创意的核心是创意人才，文化创意人才的数量和质量决定文化创意产业的高度。文化是创意和创新的源泉，创意是创新的开始，创新始于创意。创意有两个属性：新颖性和原创性。富有创意才富有创新，缺乏创意就缺乏创新，创意度与创新度成正比，轻视创意就等于放弃创新。而创意和创新的一切精神和实践活动都源于人类文化的积淀。创意能力就是抓住事物的关键和本质从而创造出新的作品的能力。创意的激情不是让人去体验的，它更多的是促使人行动，为了某种目标而克服困难努力前行，它是一种推动创造的正能量。创意不仅仅是策划，其本质是商业模式的创新和产业链跨界的整合。

美国创意专家汤普森说：如果所有人都说你错了，说明你领先他一步；如果每个人都嘲笑你，说明你领先他们两步。

中国台湾创意专家李欣频说：你想什么、你感觉什么，和你得到什么总是相配的。无论你想什么，宇宙都有能力提供，任何事物都不例外。所以你就是思想的魔术师，让事情发生并不是你的工作，梦想它并让它发生才是你的工作，吸引法则会让它发生。

需要指出的是，作为产业或价值创造意义上的创意虽是个人的想法和行为，但需要社会环境的激发，和各种服务体系的支撑。就此它又是可以培育的。所谓文化创意就是与文化相关联的创意，是指通过理念和思维对

---

[1] ［美］詹姆斯·韦伯·扬：《创意的生成》，祝士伟译，中国人民大学出版社 2014 年版，第 8 页。

文化资源进行创造与提升。一个城市或地区文化创意水平的高低，表征着该城市或区域经济发展的现代化程度，也是一个城市文化繁荣程度的标志。它虽非新鲜事物，却在文化产业崛起的语境下凸显。文化创意应当包括这样一些元素：个人的想象力、创造性、技能和才干；文化的基础；科技的支撑；知识产权的开发和运用；文字、声音或图像的表达；创造财富和就业潜力。通常，文化创意有广义和狭义之分。狭义上的"文化创意"是指一种观念性的存在，这种观念能够形成产品延伸市场和开发新的市场，以设计、理念，或者心理享受等来实现增值服务。联合国贸发会议将"文化创意"定义为：包括想象力在内，一种产生原创概念的能力，以及能用新的方式诠释世界，并用文字、声音与图像加以表达。在文化产业发展中，文化创意具有使用的多次性特征，越是使用得多，其价值就越高，增值速度就越快。自20世纪七八十年代以来，西方主要发达国家已完成了原有产业的转型、改造与升级，大都把文化创意作为产业结构调整的黏合剂和驱动力。如英国是第一个从国家政策角度扶持文化创意的国家，1998年，英国将创意产业定义为：源于个人创造性、技能与才干，通过开发和运用知识产权，具有创造财富和就业潜力的行业。强调创意产业有别于传统产业，具体包括广告、建筑、艺术品与古董市场、工艺、设计、流行设计与时尚、电影及录像带、休闲软件与游戏、音乐、表演艺术、出版、软件及计算机服务、广播电视等行业。英国不仅通过发展创意产业提升了经济竞争力，还通过"创意英国"等活动改变了其在世界舞台上"衰落的老大帝国"的形象。在中国，作为一种狭义上的使用，文化创意主要指国家统计标准《文化及相关产业分类（2012）》中的一个分类，即第五类："文化创意和设计服务"。具体包括4项：（1）广告服务。广告业。（2）文化软件服务。软件开发：多媒体、动漫游戏软件开发；数字内容服务：数字动漫游戏设计制作。（3）建筑设计服务。工程勘察设计：房屋建筑工程设计、室内装饰设计、风景园林工程专项设计服务。（4）专业设计服务。专业化设计服务：工业设计、时装设计、包装装潢设计、多媒体设计、动漫及衍生产品设计、饰物装饰设计、美术图案设计、展台设计、模型设计和其他专业设计等服务。这是体现文化创意含量最多最充分的产业门类，也是以文化创意为主要附加值的产业形态，是我国当前大力倡导的新兴文化产业。文化创意作为新兴文化产业的核心，具有空前强劲的活力和巨大潜力，直接催生了当前在社会生活中越来越重要的产业，如动漫游戏、互联网经济、数字设计、电子（数字）商务、网络电视、手机电影、手机音乐、手机报刊、手机阅读、手机娱乐等。同时，文化创意对于传统文化产业的改造、升级，也具有至关重要的推动作用。可以说，大力发展新兴文化创意产业，推动以数字技术、网络技术等高新技术为基础的文化产业不断变革、提升，是加快转变文化产业发展方式的重要着力点。

广义上的文化创意是指创意在文化及相关领域的实践运用及其成果。当前，文化创意契合文化时代的来临，作为经济和社会发展的驱动要素，以其先进生产力的理念突破行业壁垒，促成不同行业、不同领域的重组、提升、合作，推动第二产业的升级调整、第三产业的细分及其向价值链高端迈进，从而通过"跨界"打破第二、第三产业的原有界限，寻找提升第二产业的支点，成为融合第一、第二、第三产业的新的增长点。在以创意为驱动力的产业"跨界"融合中，推进文化创意与装备制造业、终端消费品工业、建筑业、信息业、旅游业、体育产业和农业等融合发展，旨在更好地为经济结构调整、产业转型升级服务，扩大国内消费需求，为满足人民群众日益增长的物质文化需要服务，是转变经济发展方式的主要着力点。这正是看似虚灵的文化创意的价值兑现和发挥作用的场域，也是"五位一体"的科学发展观的最佳实践。其实，早在《国家"十一五"时期文化发展规划纲要》中，我国就明确提出要"培育文化创意群体"、"文化创意产业园区"、"文化创意中心城市"等概念。

就始源性意义而言，创意与原创性、新颖性、想象力、独创性、灵感汲取等相关，以产品/服务的形式呈现，当前条件下既关联于市场，又演化为一种资本——创意资本，愈益成为财富创造的重要方式之一。对文化产品来说，创意无处不在，它代表了文化、艺术、哲学、思想与科学技术，甚至制造业之间的融合。以创意来驱动文化与科技、艺术的跨界融合，是文化产业的发展趋势。如对工业遗产的开发可增加工业项目体验内涵，对农业观光、采摘，创意授权延长产业链，以创意支撑文化品牌建设。文化产业在创作生产最终消费品时，还在创意和设计服务驱动下，既可以把卡通形象植入文具、服装、玩具中，也可以把文化元素、符号植入建筑装饰材料中，以提升品牌价值和附加值。创意和设计服务驱动促使文化产业与国民经济产生深度交融。创意驱动下的文化＋科技＋旅游的融合发展，往往产生 1＋1＞2 的效果。如深圳华强科技集团以文化为核心的高科技融合、华侨城的文化与旅游的融合，都极大地放大了文化创意的溢出效应，提升了文化的附加值，提高了品牌的忠诚度。正是在创意融合驱动下，华侨城连续 6 年进入"全球旅游景区集团八强"，是亚洲唯一跻身其中的同类企业。

广义的文化创意之所以受到各国政要的倚重，与文化在全球化背景下的可持续发展中的作用日益受到关注的形势有关。有报告①指出：创意可以被定义为在变化着的互动进程中的"创新能力"，这种创新能力不仅是个体的，而且是集体地实现的。进而，这些逐渐复杂的进程为整个社会及今天所谓的新经济创造了资源。艺术创意不再单纯被视为个别人的能力或天赋，而被视为一种集体性无形资产的贮存。它既在个体身上积蓄，也在相关文化创造和"创意氛围"中表现。创意观念和创新对于艺术和文化创造不是一次性的资源。通过中间商的活动和创造过程，它们逐渐成为集体性无形资产贮存的一个不可缺少的部分。在版权法的框架内，它们不断被其他艺术家、文化生产或销售组织的管理者"再利用"或"再创造"；长期地看，甚至被"创意公众"所普遍调用。因此，它们逐渐变成全社会的财产，这种认知有助于将对当前活动的解释与历史连接起来，提供种种元素构建它们的认同。随着数码新技术的发展，这种无形资产贮存的重要性连同其经济价值大大增加。这一资源贮存来自促成地区与地方文化多样性的创意过程，它塑造了独特又融洽的文化氛围。在这个意义上，创意的"热点"不仅是个体创造者的产物，也是该地区与地方的文化氛围所促成与影响的产物。这份报告着眼的是广义"文化创意"在整个社会经济文化发展中的价值和意义。可见，广义的文化创意散见于全社会的各领域，在社会和大众生活中的作用和效果日益凸显，这要求我们用一种新的观念和视野来理解文化创意，特别需要我们用一种动态的思维来把握它。推动对"文化创意"的理解，从单纯的文化管理向文化治理的转变，不仅是文化的制度性建构，更是一种精神领域的扩张和价值提升。

二　创意在文化产业发展中的驱动作用

文化产业既有层次性（不同层次其产业构成不一样）也有阶段性。所谓层次性包含三个层面：微观——企业层面、中观——产业层面、宏观——国家（城市）层面；所谓阶段性是指文化产业本身是动态的，呈现波段式跃升，依其主导模式可分为粗放型、集约型和创新型，相应地其产业型态可分为传统型文化产业形态、现代型文化产业形态和生态科技型文化产业形态。在不同的发展阶段和产业结构层次，创意要素发挥的作用

---

① 丹尼尔·克利谢等：《〈创意欧洲〉项目的"结论和政策建议"》，吴思富译，张晓明等：《中国文化产业发展报告》（2012—2013），社会科学文献出版社2013年版。

不一样，越是趋向产业链高端，创意对产业发展的驱动效应越明显，越是到了较高的理性有序发展阶段，内生驱动的作用愈发重要，创意要素就会愈加凸显，就越会渗透在文化产业发展全过程全领域全环节，最终形成一种支撑产业持续性发展的动力机制。

国家统计局依据第三次全国经济普查资料测算，2013年我国文化及相关产业（文化产业）增加值为21351亿元人民币，占当年国内生产总值（GDP）的3.63%。据测算，2013年文化产业法人单位增加值为20081亿元，比上年增加2010亿元，增长11.1%，比同期GDP现价增速高1个百分点。在文化产业增加值中，"文化创意和设计服务"创造的增加值为3495亿元，占16.4%。文化创意和设计服务加速与相关产业融合，快速融入文化产品与消费中。在融合发展、创新驱动中，文化与科技的融合是以文化为主导，科技为文化需求和展示提供支撑，融合过程的操作方法是设计服务。文化创意和设计服务与相关产业的融合发展还蕴含着人文和民生的价值，有利于营造激发创意和设计的社会氛围，以及培育大众保护和开发创意的意识。

文化产业是经济发展到一定阶段的产物，是先进生产力的表征，其发展需要已有产业的支持和投入，从而使其成为带动相关产业发展的新兴动力。文化产业所涵盖的产业门类和部门众多，不仅包括文化消费类相关产业，还包括创意类生产服务业。随着数字产业的发展，科技与文化融合将强化视频化、语音技术和娱乐产业之间的关联，愈发凸显出文化市场上战略性产品的短缺。创意对文化产业的融合拉动作用主要体现在两个层面：一是通过创意裂变带动服务业升级推动产业结构高度化，借助创意突破原有产业边界，催生和裂变出新的业态与产业群，促使相关产业融合和产业分化，使产业结构日趋合理化。文化产业内部的融合与其他产业之间的重组趋势日渐强烈，从而形成产业融合效应，使整个产业发展产生高度的集聚效应，如经济外部性、技术创新优势、集群式学习和自我发展能力，进一步加深了产业之间的关联效应，从而促使产业发展形成良性互动。在文化产业发展的数字化时代，数字化技术推动文化产业不断由生产链转向价值链，由生产导向转向消费导向，由资源的一次性利用转向资源多次利用，推动传统文化产业向高附加值的创意产业、内容产业转型，从而推动文化产业的集约化、集团化发展。二是经由创意融入提高传统产业产品的附加值，带动传统产业内涵式升级，促使经济发展方式转变。在传统产业升级与产品创新过程中其对文化创意的需求不断增强，从而使文化创意渗透融合的方式对传统产业施以影响和改造，通过延长产品生命周期来拉长产业的生命周期。在数字化技术引领下，文化创意的渗透与跨界融合功能将破除传统行业壁垒，广泛联合通信、电子、软件、广告等产业，围绕价值链进行系统集成创新，在对传统产业的改造升级中创造出更多赢利模式，催生更多文化新业态，使产业发展将依托而不依赖传统文化资源，不再博取低端效益，而是以文化创意与科技含量的融入迈向产业链的中高端。在创意和设计服务的驱动下，传统产业改造升级使产业出现分化和融合趋势，这种融合的结果就是使各产业的知识、技术集约化程度和趋势加强，产业边界模糊，特别是某些产业如高科技的渗透性和扩散性，把原来的传统产业高级化了，注入了创意要素的新兴产业形态不断迸发，传统产业向价值链高端不断迈进，从而促进了产业结构的升级。尽管文化产业与传统产业之间存在双向的投入产出关系，但它对传统产业的结构优化和产业升级远大于传统产业对它的支撑。文化产业通常占据生产链的高端，以创意产品为主体，如创意设计、广告、生产工艺和销售模式等，它们的价值实现多以相关产业的产品为基础，把文化理念渗透到传统产业的设计、生产、营销、品牌和经营管理等环节，从而改变传统产业的价值链，创造新的增值空间，形成新的商业模式。越是处于产业链高端，创意的融合效应越是明显。创意驱动下的文化与科技融合是政策支持的重点，也是文化品牌企业提升附加值的主要领域。

随着创意时代的来临，非物质经济的比重不断上升。当物质生产获得极大发展其产品极度丰富之后，产业的规模效应逐渐递减，市场竞争重心从产品生产链的竞争转为价值增值环节的竞争，制造业必须通过特殊资源的有效配置，追求创意突进和价值提升，以获取更高的边际效益。以文化产业为核心的创意经济正是在这种市场竞争方式发生深刻转变的过程中逐步形成的。一般来说，产业价值创造能力是随着创意的持续投入不断发展的。创意要素、创意性人力资本越密集的行业，其价值创造能力越高，创意产品投入越多，创意活动越活跃的行业，其价值创造能力越强。创意向社会生活的渗透，促使消费结构发生变化。在消费需求的引导下，生产者必然调整自己的生产工艺流程、产品供给结构以及产品供给方式，这种调整的宏观表现是产业结构的优化升级。创新主要通过激发社会创新需求、引导消费潮流来促进产业结构升级。产业选择、产业结构的变动必须适应消费需求的变化。创意向社会经济生活的渗透，一方面拓展了人们的消费需求，另一方面提高了产品的附加值。对创意的体验激发了人的精神心理需求，大众不再满足于商品的使用功能，而越来越注重消费过程的精神享受和审美快感。从产品导向到消费导向体现了"创意为王"的发展趋势，通过刺激消费、引领消费时尚、形成新的消费市场，同时提升社会品位，带动产业结构优化升级，促进经济的持续增长。创意产品的差异性、新颖性、短暂性使其成为获得市场优势的关键，由于需求是一种激励因素，不仅是意识的领域，还扎根在潜意识里。文化是创意的灵魂，创意在引导消费潮流、拓展自己的发展空间的同时，也从根本上改变了过去固化稳态的产业发展模式。产业发展已不是纯粹的技术导向，而是技术和艺术的融合，消费和享受的融合，创意在促进生产过程和消费过程的融合，技术和艺术的融合，消费和享受的融合中，极大地改变了人的消费心理和消费需求，这会促使产业选择、产业组织等方面的革新，为产业结构的优化调整注入新的活力。

创意驱动在文化产业跨界融合中实现规模化、集约化、专业化。文化产业尤其是市场化程度较高的影视产业（或演艺业），其制作和销售要面向全世界。一部电影从策划开始，就要有两个市场和两种资源的视野，产品要在全球受到追捧。以产业的眼光去运作，电影制作按照流程可以分包给众多独立的制片公司、新技术公司以及那些负责选派角色、后期制作、特效或宣传片打造等方面更专业的中小型企业。以好莱坞为例，除了六大制片公司，还有成千上万家中小公司活跃在其产业链上。据估计，现有11.5万家公司参与到美国影视行业的产业链中，其中大部分是10人以下的中小型企业，直接涉及77万员工，间接更是高达170万人。在好莱坞电影人看来，很多国家的影视剧生产就像手工艺者，谨小慎微、缺乏魄力、质疑大众的虔诚，就是缺乏产业的眼光，缺乏创意思维。制约眼光提升的障碍，一是文化产业的专业化水平不高；二是集约化程度较低；三是规模上的量不足够大。导致我们在产业链低端以资源博取低附加值的利润。文化产业的高投入、高风险、高回报的规律，要求在细节上谨慎精致，在大势上要有眼光。市场化程度越来越高，产业集中度越来越高，才会有越来越好看的电影产品。如好莱坞根据电影生产流程不断将其分解，并将这些职能完全转移给上百个独立制片公司，这些制片公司因其多样性、独创能力以及对资金的需求，在本质上，就会义不容辞地发挥其应有作用，也在不断地创新，对创意的需求不断增强，因此竞争就会被演绎得淋漓尽致。通过让众多的制作公司相互竞争，电影公司可以更好地与时俱进，丰富电影题材。好莱坞电影制片公司出于自身发展的考虑，鼓励电影的多样性，但这些实验的创新的电影往往打着旗下公司的旗号发行。正是旗下这些小公司极具冒险和创新精神，它们是电影公司不可或缺的组成部分。此外，面对更多的选择，他们可以节省开支。现在好莱坞的电影制片公司已升格为商业银行、版权银行、商务律师事务所和全球发行代理商，这样其在产品定位上就越来越有全球眼光！文化创意的培育、保护和产业应用需要中介服务组织和政府提供相关的公共服务，其专业化水平的提高离不开社会中介力量的参与，目前我国文化中介服务机构还不成熟，既缺乏专门的中介服务人才，也很难提供中小企业需要的规范全面的服务。

当今时代，内容产业的繁荣需要发挥以创新创意能力培育为基础的竞争优势（价值链高端），而非基于低廉劳动力模仿复制的低成本优势，不是单纯量的提升，而是品质和品位决定了文化影响力的高低。文化内容产业不仅担负着我国国际贸易竞争优势转型探索的重任，即劳动力成本优势在当前不断被消解的情况下，国际贸易如何从既有的劳动力资源依赖转向核心竞争力的培育；还要实现在文化贸易中获取经济收益的同时输出文化价值观，提升中国的文化软实力。因此，文化产业发展面临的不仅是一个增量扩容问题，更是一个产业结构调整、升级问题，一个产业链重构的问题，尤要防止中国制造的中低端产业粗放式博取文化利益的"路径依赖"的弊病。如何激发全民族的文化创造活力，提高文化创意创新能力至关重要。问题是一些掌握大量国有文化资源的公有制文化单位，游离于社会主义市场经济体制之外，缺乏活力和竞争力，市场主体缺位现象严重。必须进一步深化国有文化企业改革，建构完善的现代企业制度和现代法人治理结构，增强企业的发展活力；同时，在增量领域通过发展和改革扶持民营文化企业做大做强，逐步完善以公有制为主体的文化经济的健康发展，使中国文化企业不断进入文化产业国际分工体系的价值链中高端，方是破解之策。

总体上看，文化创意的光辉往往是强烈和共享的，众多的行业都在享受文化创意的思想光芒，这是文化产业的宏观外部正效应——可能促进生产率的全面提高，形成达到总效果提高的一大途径。文化创意的活跃对全要素生产率是一个极大的促进，并产生内生正向效应，带动技术创新与组织创新的联动，创意通过融入文化产业的各个环节而成为生产力。文化创意驱动下的融合是一种多元融合，既有与科技的融合、与相关产业的融合，也有与金融资本的融合。随着互联网时代的到来，文化创意正在涌动新的融合发展浪潮。文化产业要想成为真正的支柱产业，就必须紧紧抓住产业关联性强的特性，充分发挥创意驱动下的产业融合效应。文化是无形的，它必须借助有形的载体和渠道进行传播和消费。在文化资源的挖掘、保存、开发和利用以及文化产品和服务从生产到传播再到消费的各环节，前端连着各类装备制造业（如广播电视、电影、演艺、考古、印刷等设备生产），后端对接各类电子设备制造业（如电视机、CD机、电脑、阅读器等终端设备生产），文化内容（如新闻、资讯、影视剧、动漫、游戏、演艺）已成为信息业、旅游业的"内容"，以设计服务为核心的文化创意正在提升相关的建筑、装饰、包装等传统产业的价值。文化创意的跨界融合将助推中国制造转型升级，文化创意是其中的润滑剂和助推器。文化创意的根本是通过"越界"促成不同行业、不同领域的重组与合作。通过越界寻找新的增长点，推动文化发展与经济发展，并且通过在全社会推动创造性发展，来促进社会机制的改革创新。其中，数字化高端融合是文化产业集聚区的高级形态和未来发展趋势。通过文化创意的设计服务，从单纯的外观造型向高端综合设计转化，以此来提升中国制造的附加值。文化与科技的双轮驱动主要通过自主设计品牌来实现，其连接点就是作为创意成果的版权。版权是文化创意企业的基本战略资产，积极探索对创意作品版权的保护和价值开发，对于实现文化创意企业资产增值、延伸产业价值链、推动"中国制造"向"中国创造"转型有重要意义。在当前文化创意并不发达的前提下，加强对文化创意的投入，可望产生国民经济增长的乘数效应；文化创意及其渗透融合作用可以形成外部正向效应，为其他产业发展提供良好的创意氛围与基础条件。

三 以政策引导对文化创意的培育

从国家层面来看，英国政府是较早从国家层面出台政策支持创意产业发展的国家，其推出的《创意五年策略（2008—2013）》，旨在打造有创意的英国。该策略以"视创意为英国文化核心，让创意成为英国之国家认同"为愿景，主要目标包括：提升儿童及青少年对文化和体育活动的参与度；营造创意社区；促进个人及社区获得高品质的文化及体育活动，确保赞助经费运用的有效性及品质；促进创意经济及创意产业的经营环境，提升产业附加值。其创意产业包含13个门类，即广告、建筑、艺术和文物交易、工艺品、设计、时尚设计、电影、互动休闲软件、音乐、表演艺术、出版、软件以及电视广播，通过发展创意产业不仅提振了英国的经济，还极大地改善了英国的世界形象；英国经济学家约翰·霍金斯更是将科学、工程和技术领域的开发和研究全部纳入创意产业的范围。在"文化创意大爆炸"的时代，约翰·霍金斯认为，创造性的想象力是人类最大的资源，是一切艺术、科学和知识的基础，是我们了解自身和他人的手段。没有创造性想象力，就难以设想自己的全部潜力，更谈不上实现全部潜力。创造性是私人的和个人的活动，却越来越成为受青睐的获取经济地位的手段，以至于人们越来越认同创造性是成功的基本要素。自 20 世纪 90 年代以来，创意经济的增长是现代服务业的两倍，是传统制造业的四倍，全世界创意经济每天创造 220 亿美元的价值。文化产业作为发展最快的产业，创造了大量的就业机会，从业人员的增加进一步激发了创意的培育。英国前首相布莱尔在 2007 年宣称："伦敦已经成为全世界的创意之都。"不仅如此，创意作为一种产业对英国同样意义非凡。现任首相布朗在给国会的报告中认为："在未来的数年中，创意产业不仅对我们国家的繁荣是重要的，而且对将文化和创意置于国家生活中心的能力也同样重要。"可以说，一个久负盛名的城市，经历了并正经历着向创意城市的华丽转身。不仅如此，创意产业的概念随着时代和技术的变化而与时俱进，特别显现于新媒体领域。2014 年 4 月，英国一家独立的创新基金会发布《创意经济宣言》指出，英国原有的创意产业的定义、相关政策和经营模式已经过时，跟不上互联网时代的发展。建议英国政府重新定义创意产业，将之简化为"专门使用创意才能实现商业目的的部门"，并扩大其分类；还建议开放互联网，并在教育方面加强数字技术的普及，在税收等政策方面鼓励创新。不止英国，那些创意产业起步较早的国家，如澳大利亚、美国等都将更多的力量投入数字化和社交媒体中，以继续保持创意产业在本国国民生产总值的增加值、对外贸易和高收入创意人才数量方面的领先地位。欧盟还于 2011 年启动了"创意欧洲"计划，从 2014 年起支持欧盟的文化创意产业发展，其目的是为了帮助文化与创意部门在"数字时代"和全球化背景下获得更多机会，并且协助欧盟的"欧洲 2020"十年发展计划，实现可持续的经济、就业和社会凝聚力的增长。创意产业发展需要夯实基础，需要务实、耐心与持久地努力，急功近利是产业发展的大忌，因为人才、市场化运作、资源整合都需要时间与投入。英国努力了十年才成为世界创意之都，改写了"老大帝国"的形象，韩国努力了七年才使"韩流"风靡亚洲，走向世界。

正是基于对世界发展趋势的洞察和时代语境的敏感，2014 年 3 月 14 日，国务院发布《推进文化创意和设计服务与相关产业融合发展的若干意见》，3 月 17 日，再次发布《国务院关于加快发展对外文化贸易的意见》。政策的密集出台表明文化产业愈加融入国民经济发展的中枢和核心地位，成为转变经济发展方式和提升产品附加值以及改变对外贸易结构的重要支撑。从发布时点、发布规格，都可见文件的不同寻常，旨在为文化产业发展营造良好的政策环境，作为文化产业发展"拐点"期的加速器和导航器，要以政策之力保障文化产业成为国家战略性支柱产业。国务院常务办公会议指出，文化创意和设计服务具有高知识性、高增值性和低消耗、低污染等特征，要以政策推进文化创意和设计服务与相关产业的融合发展。依靠创新，推进文化创意和设计服务等新型、高端服务业发展，促进与相关产业深度融合，是调整经济结构的重要内容，有利于改善产品和服务品质、满足群众多样化需求，也可以催生新业态、带动就业、推动产业转型升级。其具体举措包括：一是加强创意、设计知识产权保护，健全激励机制，推进产、学、研、用结合，活跃知识产权交易，为保护和鼓励创新、更好地实现创意和设计成果价值营造良好环境。二是实施文化创意和设计服务人才扶持计划，支持学历教育与职业培训并举、创意设计与经营管理结合的人才培养新模式，让更多人才脱颖而出。三是以市场为主导，鼓励创意、设计类中小微企业成长，引导民间资本投资文化创意、设计服务领域，设立创意中心、设计中心，放开建筑设计领域外资准入限制。四是突出绿色和节能环保导向，通过完善标准、加大政府采购力度等方式加强引导，推动更多绿色、节能环保的创意设计转化为产品。五是完善相关扶持政策和金融服务，用好文化产业发展专项资金，促进文化创意和设计服务蓬勃发展。通过推动文化创意产业中的四大子行业——文化软件服务、建筑设计服务、专业设计服务、广告服务，与实体经济中的七大子行业——装备制造业、消费品工业、建筑业、信息业、旅游业、农业和体育产业等融合发展，为经济社会与产业转型提供助推力。其发展目标是：到2020年，文化创意和设计服务的先导产业作用更加强化，与相关产业全方位、深层次、宽领域的融合发展格局基本建立，相关产业文化含量显著提升，培养一批高素质人才，培育一批具有核心竞争力的企业，形成一批拥有自主知识产权的产品，打造一批具有国际影响力的品牌，建设一批特色鲜明的融合发展城市、集聚区和新型城镇。

文化产业的特点是跨界融合带动相关产业发展，以文化创意来优化经济升级是国际经济发展趋势，对此的认知是在2014年政府工作报告中的"经济结构优化升级"部分，而不是在"文化建设"部分提出的。也就是说，把促进文化创意和设计服务与相关产业的融合发展，作为支撑和引领经济结构优化升级的重要抓手，体现了中央在新形势背景下对文化产业战略地位和重大作用的准确把握，既对推动国民经济转型升级具有重要指导意义，也给文化产业带来了新的重要发展机遇，提供了更广阔的发展空间。在中央文件推动下，文化产业的跨界融合发展趋势和效应愈加明显，市场机制配置资源的作用加强，文化创意和设计服务作为核心要素不仅对关联产业升级的带动效应凸显，它还要在文化产业内部实现升级换代，体现文化产业发展自身内生的诉求，为文化创意产业自身内部各部类向高端形态的升级换代发挥驱动作用。有利于促进文化产业越来越跨出文化宣传系统的小圈子，导致文化产业越来越受到社会资本、民间资本的青睐，文化资源和金融资本相交融的投融资体系逐步完善，业界的兼并重组如火如荼，表明文化产业越来越多地融入国民经济的大循环中，文化产业发展开始显露出国民经济支柱性产业的气象和新的增长极的气势！

　　从现实经验借鉴来看，香港研究者认为，培育文化创意是一个社会过程，它因价值观、规范、实践、"社会资本"、"文化资本"的结构以及"人力资本"的发展等因素而发展，并受其制约。这些不同的资本形式的累积效应和相互影响就是可以衡量的"创意成果"。香港创意指数"5C"模型[①]香港创意指数（HKCI）是一个全新的、旨在衡量香港创意情况和决定创意发展因素的统计性框架。这不仅衡量创意的经济产出，而且还衡量有助于创意产业发展的创意活动和其决定性因素。模型如下图：

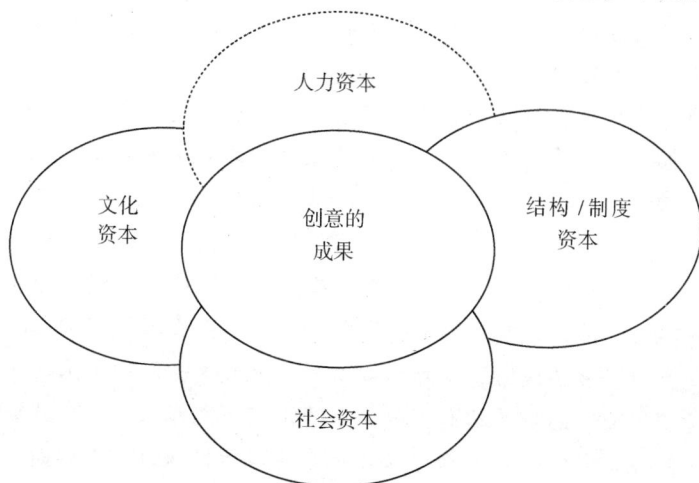

　　这个模型的主要特征是：四种资本形态是创意增长的决定因素，这些决定因素互动的累积影响，就是创意成果的展示，并以效益和产物的形式呈现，创意、经济及社会之间是一种动态关系，对文化创意培育要以此形成聚焦，政策引导要有利于形成合力。

---

① 《香港创意指数研究》，香港特别行政区政府民政事务局，第36页。

四 创意是提升文化产业竞争力的突破点

中国有丰厚的文化资源，但就文化的内容传播与文化消费而言，创新力不足、执行力不强已成为制约文化产业发展的最大隐忧。在文化产业发展起步阶段，通常采用"拿来策略"，参照文化产业发达国家的制度和模式、经验和技术，通过借鉴、消化、吸收，以及在此基础上的微创新，构建文化产业发展布局，靠政策的有效推动实现快速赶超，韩国的文化产业发展经验似乎给我们这种启示。这种模式在推动文化产业快速发展中发挥了巨大作用，但实践证明，其效果并不理想。因为对创意、文化和符号价值的把握，需要有对本土文化语境的敏感性，以便从中获得灵感，并加以利用。只有基于对自身文化深刻理解与运用上的创意创新力，文化产业发展才有竞争力。有学者指出："要提升在创意产业上的国家竞争力，企业家、政策制定者、研究人员和创意人员需要从整体上理解创意产业的概念和发展，而不是去寻找和拷贝已有的成功样式。"[①] 创意和想象力多以个人为出发点，如陈逸飞，他回国后成立了一个包括杂志、设计、模特公司、餐厅、电影制作和纯艺术于一体的商业集团，逸飞集团可谓中国探索创意产业概念的先锋。

中国目前的软实力远不如其传统实力，创意是改变现状的突破点。创意如此重要，以至于创意成为世界文化版图重构的奥秘！在西方经济中，创意产业已成为 GDP、出口和就业的重要组成部分，正在促进传统产业走向现代化模式，引领创意经济的发展。创意产业的价值并不局限于传统的经济活动，而是延伸到新的社会发展模式中，这些新的模式处在国际性发展趋势前沿，体现在文化品牌的竞争力上。一定程度上，国际品牌代表国家文化产业发展的成就和国际影响力，甚至成为衡量一个国家文化创意产业发达的尺度。品牌的塑造需要强大的研发原创能力，只有鼓励企业自主创新、提高研发能力，以创意提升品牌的国际影响力，才能提高中国在国际分工体系中的地位，增加文化产品的附加值。

中国如何调动自己的创意人才，从丰厚的文化遗产中获得经济收益，把文化资源优势转化为产业优势？如何把中国的文化及其符号价值与经济价值连接起来？中国应该怎么做才能使文化贸易兴旺发达，使全世界都渴望购买"中国创造"而非"中国制造"的产品？这取决于创意的激发和

---

① ［澳］约翰·哈特利编著：《创意产业读本》，曹书乐等译，清华大学出版社 2007 年版，"序言"第 5 页。

产业化开发。当前，创意的概念不断拓展到整个经济层面，从产出（如电影）到投入（如设计），并延伸到全体公民，西方一些国家鼓励全民进行创新创意，并在中小学课程中增加相应环节。现实中，无论是基于文化传统的消费产品出口方面，还是当代大众文化产品发展趋势的引领上，包括时尚、视觉设计、媒体、软件、互联网、音乐、游戏、卡通动漫等，中国都是模式和趋势的进口国，都是被动性的模仿而非强势的创意创新引领潮流，不是国际范围内的潮流领导者或趋势设定者。

　　文化产业之所以是创意产业，是因为其生产的每一个产品（如电影）都是独一无二的（不影响规模化的复制和批量），这是区别于其他行业的重要原因，它的风险也源于此。如果说可口可乐的广告兼具短期效果和长期效应，那么每部电影的广告时效只能维持一次。此外，电影等被称为最有创意的产业，是因为它可以开发很多衍生品，拓展很长的产业链，带来丰厚的利润，这是好莱坞电影成为美国版权产业核心的奥秘。一部《哈利·波特》可以发展为高达 2000 多亿美元的庞大产业链，其核心和灵魂就是文化创意。文化创意产业的真正内涵源自"创意"，如何激发创意？思想独立、自由想象才会激发创造性。当下，创意与互联网的结合，借助数字技术和互联网思维，为创意产业插上了翅膀！遗憾的是，很多企业包括文化企业对这一点理解得不够深刻，导致自身的失败和萎缩。把文化创意与产业相关联，不仅拓展了一个新的经济领域，还催生了一种新的思想和生活方式，它将富有想象力的创意看成财富创造和社会进步的中心。由此生成一个新的经济阶层——创意阶层，尽管就其人数来说并不庞大，但创意阶层是新的经济增长和变化的动力，是这个时代的节奏，他们创造了一种新的工作、生活方式。"艺术家、音乐家、教授和科学家总能自己制定工作日程，他们的衣着轻松随便，在充满刺激与挑战的环境中工作。没有人能强迫他们工作，但是，他们却又似乎无时不在工作之中。随着'创意阶层'的兴起，这种工作方式已经从经济的边缘走向主流。"① 在创意阶层的支撑下，创意产业成为知识经济发展的推手，有力地促进其他产业和服务业的发展。

　　"创意产业"（creative industries）这一术语出现在 20 世纪 90 年代，它凸显文化的核心是"创意"，是消费社会的新兴产业。"创意产业"这一概念，"试图以新知识经济中的新媒体技术发展为背景，描述创意艺术

---

① ［澳］约翰·哈特利编著：《创意产业读本》，曹书乐等译，清华大学出版社 2007 年版，第 2 页。

（个人才能）和文化工业（大规模）在概念和实践层面上的融合，供新近才实现互动的'公民—消费者'所用"①。尽管"创意产业"的提法是历史的产物，但它的当代意义离不开文化产业崛起的大视野。在现实中，十几种各不相同但都依赖于个人创造性的产业被聚集在一起，这些产业包括电影、电视、出版、建筑、设计、软件和电脑游戏，以及表演艺术等，并受到国家或地区性政策的影响。在不同的国家和地区因其发展重心不同，而出现并不相同的产业集群，有的地方偏于设计，有的偏于游戏，或者影视制作。创意的投入和融入对提升服务业的高附加值和规模做出了重要贡献，在美国、英国和澳大利亚这样的发达国家，经济中80%由服务业构成，而在中国经济总量中服务业的比重也在不断提升，创意对当前转变经济发展方式的作用凸显，有力地促进了企业向产业链高端迈进，由硬件制造向软件服务转移。文化创意产业在新常态中的"超常"发展，源自创意要素在经济中的引擎功能，有力地促进了城市竞争力的提升。一是创意以其难以模仿和超越成为城市竞争力的关键要素；二是创意创新成为城市经济发展的主要驱动力；三是创意产业的发展创造了大量的就业机会，成为逐渐吸纳就业的"蓄水池"，创意产业还以其巨大的文化附加值，激发城市文化创新的活力，提高城市的文化品位和文化内涵，增强城市的文化凝聚力、文化生产力和文化创造力。

从文化环境营造看，文化创意的培育与城市的创业文化和消费文化有着内在的关联。创业文化是一个城市对于创新失败宽容和接受的程度，以创意个体和中小企业为主体进行文化艺术创新是创意产业的鲜明特点，高风险和不确定性意味着创意的培育和成果转化要经历更多的失败。因此，创意培育、创意人才和创意企业偏爱具有鼓励冒险、包容失败、自由宽松的文化环境的城市。消费文化是城市对创意产品的消费偏好，决定着创意产品的市场需求，从而通过创意产品的消费带动创意培育及其产业发展。创意培育及其产业发展是一种低碳行为，它需要生态环境的支撑。对创意个体和机构来讲，它既是创意培育的主体也是创意产业发展的组织形态。文化资源积累丰厚、生态环境优美、旅游资源丰富的城市环境对创意培育具有较强的吸引力。如艺术家、作家、编剧、动漫主创人员等都喜欢扎堆在这样的城市环境。所谓适宜的城市环境，一是指自然生态良好，适宜人居；二是人工和社会环境包括城市建筑和现代化设施的适宜性。作为创意

① ［澳］约翰·哈特利编著：《创意产业读本》，曹书乐等译，清华大学出版社2007年版，第4页。

培育的主体的创意人才喜欢自然、宽松的创意环境，同时还要寻求价格低廉、适合艺术创作的特殊空间。可见文化创意培育和城市的创意氛围及其市场环境有很高的关联度。

不同于内在诉求的虚灵化，外在效益诉求需要一定的量化指标。有学者指出：不同于传统的制度创新与技术创新，新视野下的全要素生产率应分为无形的技术创意、无形的组织创意和无形的文化创意。在宏观经济的总投入与总产出中，须增加无形的、未纳入统计或不便于统计的文化创意投入与文化创意产出两项，才能解释国家财富增长的秘密。文化创意及其引发的文化产业已经不满足于用经济增长的结果来解释，而要进入经济增长要素的行列，文化创意及其产业不能简单地被理解为国民经济增长的结果，更应作为经济增长的动因。文化创意及其形成的文化产业不仅可以保障国民经济增长的量，更可以改进国民经济增长的质，服务于国民经济的可持续性发展。[①]文化创意作为落实国家文化强国战略的支撑点，构成了文化产业和产业文化的重要组成部分。从世界范围来看，以文化创意来创造价值的经济形态逐渐形成，全球各国家和地区都先后把文化产业作为支柱产业。但文化创意作为内生变量，并没有被提升到影响国民经济增长的高度，缺乏量化的效益分析，仅仅将文化创意看作促进生产率的重要因素。如何利用中国最大的人口资源优势和最丰富的历史文化资源优势，在制度创新、技术创新之外的文化创意价值如何评估，如何将创新进行分解等问题，学界还没有特别指出文化创意通过产业发展对于全要素生产率和经济增长的潜在提升作用与重要意义。

随着文化地位和作用的凸显，人们越来越认识到文化创意的价值。事实上，文化创意早就应进入对国民经济增长的关系研究的矩阵之中，不能因为其难以估算便轻率地搁置它。文化创意激发了技术创新/组织创新，进而产生创意的"乘数效应"，以及在创意乘数效应激发下的总产出的乘数效应，以此填补 GDP 缺口。这就解释了为什么有些 GDP 的来源无法说清，为什么文化创意水平和能力与产业结构特别是服务业发达程度而不是经济发达程度更相关，以及为什么我们是文化资源大国，却不是文化创意及其产业强国的问题。因此，在对政策和国民总投入与总产出的评估中，应该估算文化创意对经济发展的驱动作用，这样才能全面地反映出经济活动的真实全面价值。

---

① 　向勇、喻文益：《基于全要素生产率的文化创意与国民经济增长关系研究》，《福建论坛》2011年第 10 期。

第四节 文化消费对提高文化产业竞争力的内生驱动价值

2015年大年初一至初六全国电影总票房超过17.3亿元,同比增长逾36%。其中正月初一观影人次近1000万,票房总量逾3.6亿元,创下我国电影市场单日票房纪录。与此同时,观众的观影满意度显著提升,国产影片实现了口碑与票房双丰收。可见,随着生活水平的提高和消费能力的增强,文化消费越来越成为大众日常生活中的重要内容。随着广大人民群众对自身文化权益的要求和丰富精神文化生活的期待越来越高,文化消费进入快速增长期,文化发展已成为改善民生、提高群众幸福指数和生活质量的重要衡量指标。伴随经济可持续发展,人均可支配收入水平的提高,传统的物质消费感受已不能满足消费者对新体验的需求,不断开发与居民消费结构变化趋势相适应的新产品和服务,提供优质的内容产品和服务就成为文化产业发展的重心,人们对精神消费需求的日益提升,促使统一开放的文化市场足以支撑起文化产业的迅速扩张,成为文化产业发展的内驱动力,在经济新常态下呈现出一种"超常"的发展趋势。

一 当前文化消费的现状和特点

文化消费是指用文化产品或服务来满足大众精神需求的一种消费。其内容涵盖面十分广泛,不仅包括专门的精神、理论和其他文化产品的消费,也包括文化消费工具和手段的消费;既有对文化产品的直接消费,如影视剧、网游、书刊、报纸等,也包括各种为消费文化产品所必需的装备和设备,如电视机、录像机、照相机、电脑、手机、电子书等。此外,还需要各类文化设施,如图书馆、艺术馆、展览馆、美术馆、大剧院、电影院、博物馆等。从满足供给层面来讲,文化消费包括基本和非基本两个层次,基本消费即公共文化消费,属于人民群众的基本文化权益,主要通过不断完善公共文化服务体系来实现;此外,还存在差异化、多样化的需求,这就是非基本文化消费,主要通过市场经发展文化产业来实现。文化消费作为一种典型的发展型、享受型、精神需求型消费,日益呈现出主流化、高科技化(网络数字化)、大众化和全球化的特征,而且其消费波动易受收入、价格、市场供给、消费预期等因素影响。文化消费不仅标志着大众生活质量的提高,还表征着居民消费结构的升级,是增加幸福感的衡量指标之一。

　　根据发达国家经验，人均 GDP 达到 3000 美元，文化消费将有较大增长，人均 GDP 达到 5000 美元，文化消费将有爆发式增长。2014 年我国人均 GDP 达到 7800 美元，个别地方超过 1.4 万美元，居民消费正由生存型、温饱型向小康型、享受型转变，但文化消费并未出现爆发式增长。根据文化蓝皮书《中国文化消费需求景气测评报告（2014）》，全国城乡文化消费增长滞后于经济增长和居民收入增长，尤其滞后于文化生产增长。2010 年，全国居民消费支出为 13471.45 元，其中教育文化娱乐服务支出占 12.1%。2012 年，全国城乡文化消费增长 12.64%，达到 11405.97 亿元；人均增长 12.09%，达到 844.45 元。城乡文化消费增长明显高于产值增长，低于城乡居民收入增长，略低于总消费增长，显著低于积蓄增长。2012 年文化产业实现增加值 18073 亿元，按照当时发达国家的情形，应该实现 5 万亿的销售增加值。可见我国文化消费潜在市场规模高达 3 万多亿，缺口明显。总供给难以满足总需求，"结构性短缺"愈加突出，满足广大人民群众文化消费多元化需求的压力很大，表征着文化产业已进入产能过剩与有效供给不足的发展新周期，发展文化产业的意义和迫切性格外凸显。

　　随着我国城乡居民对精神文化产品的需求保持着较旺盛的发展势头，文化消费在总消费支出中所占比重显著提高，但在不同收入、不同区域群体之间，文化消费水平、文化消费结构及文化消费层次等方面存在巨大差异。据有关方面统计，2011 年我国城镇和农村居民的文化消费分别为 1102 元和 165 元，相差近 7 倍。这一数据在表明文化消费的不平衡的同时，也体现了巨大的增长潜力。在推动文化产业发展过程中，除了推出鼓励文化生产的政策，更需要在政策上调动文化消费的积极性，针对大众、中西部地区、农村等不同群体进行文化消费市场培育。当下，各地政府都在通过各种方式营造文化消费氛围，如北京文化惠民消费季办得有声有色，通过培育文化消费市场，既有利于扶持文化产业发展，又通过市场来推出大众喜爱的文化精品。大连新华书店把图书摆进加油站，据报道目前摆进加油站的是各类畅销书以及汽车 CD，经过试运行效果非常好。新浪网推出扬帆公益基金，旨在推荐好书重建孩子们的心灵世界。2014 年 4 月 18 日，位于东城区美术馆东街的三联韬奋书店正式成为北京首家真正意义上 24 小时全天候开放的书店。作为北京重要的文化地标，三联韬奋书店此举获得一片赞誉。到台湾的人几乎都会去诚品书店，每天晚上 12 点以后，诚品书店非但人不见少，反而越来越多，那里已成了台北一景。北京作为中国的文化中心，以前一直没有 24 小时书店，与北京悠久厚重的历史传统和文化氛围不匹配，与引导国民养成阅读习惯不相符。三联书店 24 小时营业后，不仅北京的爱书人，就是外地的爱书人肯定也会把到这里看书、读书当作一种文化享受。这对北京来说是一件好事，政府应该鼓励，在租金、税负减免、资金等方面予以扶持，能为钢筋水泥建造的城市留下一缕温馨的书香。

随着人们的经济收入和生活水平的提高，中国的城市人口尤其是经济发达地区的消费已不再满足于物质享受，大众越来越重视消费过程中的精神享受和审美快感，对文化创意产品和服务的有效需求不断扩大。大众的精神文化需求增长迅速，呈现多样化、多层次、多方面的特点。消费者已经超越了"有没有"的消费层次，迈入了消费得"好不好"的阶段，大众更加看重产品背后所蕴含的文化底蕴和文化含量，看重文化产品的品质和文化认同感。特别是伴随网络成长起来的"85 后"、"90 后"逐渐成为社会消费的主力，其消费分化和寻求认同感的特征愈加明显。随着经济社会的发展，人民生活水平的提高，消费能力的增强，大众的思想活动呈现出多元、多样和多变的新特点，文化消费需求的独立性、选择性、多变性、差异性均在不断增强，大众不再满足基本的精神文化需求，对节目品质、内容形式、服务水平等提出更高的要求。同时，新的传播手段和传播技术的出现，为广播影视提供多样化的服务方式、服务内容、服务产品创造了新的发展契机和市场空间。按照经济学原理，在基本的物质生活条件得到满足后，消费者会把更多的资金和精力投入文化创意产品的生产和消费，如何有效刺激消费扩大内需，需要文化产业积极应对，发挥内容资源优势，巩固和提高内容生产能力，才能满足大众多样化、多层次、多方面的精神文化需求，从而为文化产业发展创造机遇。

基于我国内容生产能力的薄弱，需要有针对性的特别扶持。当前，我国文化消费进入快速增长期，面对大众迅猛增长的精神文化需求，文化市场上的"结构性矛盾"依旧，问题已不是尽快增加产量，而是注重产品的质量和内涵，提高有效供给，促进文化市场上精品不断涌现；不是继续加大政府的投资力度，而是引导民间资本的进入和培育居民消费，通过文化产业转型发展以满足人民群众日益增长的多样化文化消费需求。这需要重点培育内容生产的骨干文化企业，需要一批文化产业的骨干企业和战略投资者，在尊重文化发展规律前提下提高文化精品的生产能力，这是文化产业发展的重中之重。

市场经济条件下，一个产品的价值观能否被消费者所认可或者认同，是该产品是否有竞争力的关键。决定文化消费的是大众的文化价值取向，以及这种价值取向主导的审美趣味。这决定文化产业要追求文化精品，大众文化同样有精品意识。所谓精品就是要有灵魂，要有思想的穿透力，这样的作品才能被消费者接受，才能传播久远。以电影为例，一部电影在文化价值观方面的正确与否，对其市场营销的成败非常关键。如何设定一部电影的文化趣味或者文化主题，看其是否契合主流消费者的情感诉求和价值取向，这是影响影片市场盈亏的重要因素。文化产业主要生产大众文化产品，其价值取向如果背离时代精神，在文化心理和情感倾向上偏离社会主流，其市场前景必定暗淡。所以，从文化资源大国到文化产业强国，不单单是一个经济学命题，旨在支撑经济发展的活力和提升经济品格和形态；更是在内容和价值诉求上，通过文化消费显示为一个文化价值观建构与文化传播的命题。

说到底，文化是一种生活方式，是"说法"和"活法"的统一。文化产品的消费有偏好性，大众一般倾向于消费文化内涵、价值观等较熟悉的文化产品，而且有追随主流审美趣味和张扬"另类"的个性特征，消费口味有不确定性。如果一种产品无法融入当地大众的生活中，即使其再历史悠久、底蕴深厚，甚至价格低廉，消费者接受起来都可能困难重重，这就是文化消费和文化贸易中的文化折扣问题。文化折扣是指在国际文化贸易中，因文化产业的"地方性"特征，而根植于某一文化环境中，受当地欢迎和喜爱的特定文化产品，当该产品被输送或销售到其他地区时，由于文化环境不同，消费者无法认同该产品的风格、价值观、信仰、历史以及社会制度等，其吸引力就会大大降低。文化折扣高的产品很难引起其他文化环境中的消费者的兴趣，文化折扣低的产品则易于为人们所接受。对于文化产品来说，各种文化越接近，文化折扣就越小，从而文化贸易就越密切。

二　文化消费对文化产业发展的拉动作用

随着文化自觉意识的增强，人们越来越认识到文化不再是手段、工具性存在，甚至不单纯是转变经济发展方式的引擎（需要发挥和担当转变经济发展方式的引擎功能的支柱性产业），它自身就是目的。发展需要文化来定义，文化是繁荣的最高目的。文化产业是当今时代文化传承、生成、发展的主导性方式，它事关整体全社会，而不是某一个领域。极端地说，现时代文化产业毋宁是文化（动词）的别称。文化产业不是一般的产业，它有广泛的辐射力和感染力。先进文化不仅是一种生产力，也是一种精神、一种资源，具有强大的塑造功能，对国际形象的构建具有重要作用。文化产业已经成为提高产品附加值的战略性产业，而文化产业的意义也不再局限于获得经济方面的利益，它在提高公民素质、增加就业、拉动消费，促进经济社会协调发展，优化产业结构、转变经济增长方式、实现可持续发展，促进中国传统文化的传承与发展，保护生态环境等方面有独特优势。

当下，文化产业不单成为一种新的财富创造形态，改变了财富的创造方式，还深刻地影响了人类的精神生产和文化价值传播方式，及其大众的价值观形塑，从而改变着整个现代社会精神世界的空间结构。中国正处于伟大历史复兴的拐点，这种现代化的文化生产再生产随着文化与科技的交融和文化价值的有效融入，进而形成能够改变中国在国际精神文化秩序结构、建构具有提升中国话语权和维护社会文化秩序的核心战略能力。"在市场经济条件下，要实现文化产品的产业属性和意识形态属性的统一，实现占领市场和占领阵地的统一，实现社会效益和经济效益的统一，最根本的办法是通过管理体制和机制的创新，改革文化产品的组织结构和生产方式，极大地解放和提高文化生产力。"[1] 对一个国家来说，文化产业竞争力状况既反映一个国家经济实力、科技水平和创新能力，也是一种文化影响力，是综合国力的重要内容，文化产业之间的竞争是国家文化价值体系之争。正是基于此，文化产业发展越来越成为国家文化战略的重要组成部分。

20 世纪 90 年代以来，国际文化产业发展迅猛，发达国家凭借雄厚的物质基础和丰富的人才资源，借助先发优势，在国际竞争中占有绝对优势，占据了世界文化产业的大部分市场份额。尤其是进出口文化贸易快速增长，已成为世界经济的一个活跃部门，为文化、社会和经济发展提供了巨大机会。以美国、欧盟、日本、加拿大、澳大利亚等为代表的发达国家和地区的文化产业发展成熟，产业集中度高、贸易活跃，长期主导全球文化产业的分工格局，不仅生产能力强大，在文化产品和服务出口贸易中居于优势地位，而且对文化创意产品和服务的消费非常活跃，主导着全球文化创意产品和服务的进口贸易，是真正的文化创意大国。2008 年，在文化创意商品出口贸易排名前 20 位国家中，发达国家占了 13 个。在文化创意服务出口中，发达国家占据 83% 的份额。在增速潜力大且有更高附加值的行业类别上，发达国家优势更明显。如在音乐和视听产品方面，发达国家的出口贸易额占全球的 90%，出版产品占全球的 80%，视觉艺术占75%，新媒体和设计产品均占 50%。

---

① 韩永进：《新的文化发展观》，文化艺术出版社 2006 年版，第 131 页。

　　国际文化贸易的一个主要特点是产业内贸易。所谓产业内贸易是指一个国家或地区在出口某种产品的同时又进口该种同类产品。按照国际贸易标准分类，同类产品是指至少前三位数相同的产品。它是一国同一产业部门产品既进口又出口的现象。跨国公司的快速发展是产业内贸易相伴生的现象，对产业内贸易的发展有促进作用。文化产品的国际贸易属于较典型的产业内贸易，它高度集中在几个文化产业发达国家，如美国、德国、英国和日本等。在跨国公司推动下，全球文化产品和文化服务的进出口贸易迅速发展，其中全球文化贸易额近50%发生在少数发达国家之间。美国、德国、英国、日本既是文化产业出口大国，也是文化产业进口大国。金融危机令全球经济受挫，但据联合国贸发会议统计，2008年因金融危机影响，在全球贸易额下滑12%的情况下，文化创意产业国际贸易仍继续保持增长势头，从2002年到2008年，文化创意产业国际贸易额年均增速达到14.4%。2008年全球创意产品和服务的世界出口额达到了5920亿美元，是2002年的2670亿美元的两倍还要多，六年中年平均增长率达到14%。发达国家不仅主导文化创意商品和服务出口，而且是文化创意商品和服务进口大国。2008年，由美国、欧盟、日本、加拿大等构成的发达经济体文化创意商品进口额为3171亿美元，占全球文化创意商品进口额的75.3%，体现了文化产业是典型的产业内贸易。就发展中国家而言，从全球南方国家出口到世界其他国家的出口额，平均每年以13.5%的速度增长，2008年达到1760亿美元，占全部创意产业贸易额的43%，在2002年，这一比重为37%。在文化产业具体行业上，发展中国家的手工艺产品行业优势明显，占其文化创意商品出口额的65%（2008年）。此外，发展中国家的设计行业和新媒体行业有很大的发展潜力，设计行业出口额从2002年的534亿美元提高至2008年的1220亿美元，其中中国做了很大贡献。在全球所有发展中国家，亚洲国家文化创意产品和服务进口居于领先地位，2008年文化创意商品进口额为680亿美元，亚洲文化创意产业市场成为仅次于欧盟的一支力量。拉丁美洲的加勒比海地区、非洲和一些最不发达国家的文化创意商品进口贸易增速很快。可见，随着金融危机复苏中全球经济结构的战略调整和对新兴战略支柱产业的扶持，文化产业以不同形态所占比重日益增大，文化产业大国正迈向文化产业强国，美国文化霸权在全球文化力量博弈中，不是被削弱了，而是进一步增强了，随着结构力量的变化愈发主导着国际文化秩序的重组。契合文化消费活跃的世界潮流，文化产业成为更多国家对外贸易的主导产业而融入国家经济发展战略。

发展文化产业成为越来越多城市的战略选择，但文化产业发展需要一定的基础，并非所有的城市都适合把文化产业培育成当地国民经济的支柱性产业，只有当城市具有文化产业发展的市场基础时，文化产业才能真正发展起来。并非文化资源决定一切，经济结构对文化产业发展更重要。当一个城市的服务业达到一定程度，才具备对文化创意产品持续稳定的需求；只有当城市发展到一定阶段后，城市才能形成持续稳定地供给文化创意产品生产与消费所需的各种要素。正是城市经济结构提供的消费市场和群体，使文化创意产业作为一种经济形态更多地依赖城市。同时，基于消费市场的文化产业对城市的经济发展具有带动作用，有学者指出这种作用主要表现为综合经济效应、就业增长、产业结构优化和增强城市竞争力等方面。① 综合经济效应包含三个层次：其一，在微观层面形成企业的规模效应，创意使得企业提高资本产出比和劳动产出比，从而进一步扩大规模，获得递增的规模收益；其二，在中观层面上形成企业间或行业内的空间集聚效应，表现为创意超越企业范围在行业层面形成以范围经济性表达的波及效应和集聚效应；其三，在宏观层面上形成以联结经济性所表达的产业间或产业内的乘数效应，创意的渗透性通过乘数效应演化为城市的经济增长，主要通过消费兑现其价值。创意的融入如同石子入水，无论在什么层面上发生，都会通过各种效应的进一步放大，最终促进城市的经济增长和文化活力的迸发。据联合国教科文组织的统计，美国每 1 美元的创意产品消费将为地方经济带来 1.7 美元的收益（旅游、餐饮、旅馆等）。新加坡每 1 元的创意活动消费可带动 1.8 元的其他收益。以纽约舞蹈业为例，2002 年对纽约经济活动的直接贡献超过了 2.5 亿美元，直接和间接经济影响近 5 亿美元，有力地拉动和维持了城市的经济活力和发展。美国国家艺术基金会发布报告，2012 年艺术和文化产业为美国经济贡献了超过 6980 亿美元，占 GDP 的 4.32%，超过建筑业、交通运输和仓储业。共有 470 万名工人从事艺术和文化产品的生产，创收 3349 亿美元。据韩国文化观光部《2004 年韩国文化产业白皮书》统计，涵盖出版、音乐、游戏、影视剧、广告、互联网和移动信息等领域的创意产业产值，占当年韩国 GDP 的 6%。虽然其出口所占比不高，仅占创意产品销售额的 1.7%，约 6.3 亿美元。但其带动效应明显，包括制造业、服务业的产值、附加值、创造就业岗位在内的间接效果达 41 亿美元，韩国的战略是以"韩流"带动"钱流"，发展外向型经济。2012 年 5 月底，韩国进出口银行海

---

① 尹宏：《现代城市创意经济发展研究》，中国经济出版社 2009 年版，第 53 页。

外经济研究所发表的"韩流出口影响分析与金融支援方案"表明，韩国文化产业出口每增加 100 美元，就能使韩国商品出口增加 412 美元。虽然韩国在制造业失去优势，但在文化产业上的收益比工业产品超出 10 倍。伴随"韩流"席卷全球，各国对韩国产品的好感上升，增加了手机等其他韩国商品的销量，使韩国在转型发展中仍保持高速发展。

文化消费召唤文化创意，文化创意是重要支点，促使文化产业生产出更多有市场的产品和服务。文化的消费具有非消耗性和不丧失性，文化产品供给能力比物质产品的供给能力更有意味，供给的载体是有文化含量和创意能力的人。因此，处于成长期的文化产业亟须政策引导与合理规划，尤其需要文化创意的高度融入，政府只有把职能转向服务和市场环境的改善上，在全社会营造有利于文化创意培育的氛围，才能真正有效破解拉不动文化消费内需的难题。近年来，文化娱乐业、新媒体产业发展迅猛，就与其中文化创意的融入、驱动分不开。创意在数字化技术支持下正在改变大众的文化消费模式。亚马逊平台上的电子书销量已超过纸质书，未来世界范围内电子书将成为图书出版业的主要内容载体，这带来包括版权和盈利模式的极大变化。数字化时代多种媒体、终端巨大的内容需求空间是以巨大的版权交易为基础的，这使得内容产业的知识产权问题凸显。网上书店和电子阅读不仅有其时代性，也有其积极性，可以有效应对当下日益碎片化的现实，数字阅读消费很好地利用了碎片化的时间，这是经典阅读难以做到的，但它也失去了阅读的庄重感和仪式感，以及对阅读本身的亲近感和愉悦性。

文化消费习惯的改变，特别是网络购书和数字阅读极大地冲击了实体书店，有关实体书店不断倒闭的新闻常常让读书人揪心。随着实体书店的逝去，它一并带走了我们一丝温暖的记忆，关于青春、关于浪漫，当然更关于人生成长的历程！书店曾经是最令人心仪的地方。可以说关于书店有着太多的情怀，令人唏嘘的是在租金上涨、网店冲击等因素影响下，体现城市文化底蕴、凝聚城市文化气质的实体书店举步维艰的现实。尽管实体书店的式微看起来似乎不可避免，但公众对书店的文化情怀决定了实体书店不单纯是一个图书买卖的地方，更应是一个充满人文气息的公共空间的建构（有时候逛书店就像是一次心灵之旅）。书店还是一座城市的文化守夜者，甚至是孩子们的精神家园，它会充实孩子们的心灵和擦亮他们的眼睛，点燃心灵之灯。在西方，书店甚至被喻为"上帝建在这个世界上的花房"，这是网络书店等其他形式不能完全取代的。正是基于此，在发展文化产业的大环境下，各地政府（杭州、上海、北京等）出台政策扶持，对单个实体书店的资助有望突破 50 万元，这为书店发展带来了暖意。实体书店的出路在根本上要立足社区，成为文化集散地，向公共空间转型（如中国台湾的诚品书店）。可否借鉴当前在房地产商业开发中的"环评"经验增设"文评"条款？在大型商业住宅小区规划或者大型商业机构运行中，是否强制性为实体书店、图书室留下一脉书香？阅读是点亮国民心灵之灯！通过在其中嵌入书店等可以为全民营造一个读书的氛围，特别是养成孩子们喜欢读书的习惯，以配得上我们是一个有文化的文明古国的民族！就表征城市文化氛围的实体书店而言，"到 2009 年年底，纽约拥有书店 7298 家，巴黎 6662 家，东京 4715 家，伦敦 2904 家，都远远高于北京的 1800 家。从相对指标来看，每万人拥有的书店数分别是：纽约 8.88，巴黎 5.84，伦敦 3.87，东京 3.75，北京仅为 1.06。每平方公里的书店数分别为：纽约 9.30，东京 2.16，伦敦 1.08，巴黎 0.55，北京只有 0.11"①。这一数据表明，实体书店对形成一个城市的文化氛围具有重要价值，也是培育文化消费不可或缺的社会环境。一个不喜欢和热爱读书的民族，是不会形成世界文化创意高地的。好比数字化时代读书人对纸质书的喜爱，相比于虚拟时空，读书人对实体书店更情有独钟，说到逛街，最愿意逛的就是书店，书店留存我们多少美好的记忆，似乎只有沉浸在书店的世界中，才会深刻体验时光如梭。然而，当下曾经被当作精神家园载体的实体书店，像得了流行感冒似的，加速地倒闭；或者华丽转身引进浓香咖啡，变身华丽秀场，被网络购书冲击得七零八落。曾有上海图书界"星巴克"之称的上海思考乐书局停业了，曾经覆盖全国 400 多个城市的席殊书屋已崩盘，曾与新华书店叫板打折的北京第三极书局已黯然倒闭，坐拥北大以学术品位凸显的风入松书店已不复存在。在过去 10 年间，有将近五成的民营书店倒闭，且倒闭趋势还在加剧。就连被很多读者视作"心灵家园"的北京三联韬奋图书中心也华丽转身——引进"雕刻时光"咖啡馆。在网络冲击下，实体书店大多陷入生存困境，纷纷崩溃。网络的冲击改写了图书的销售格局，使得专营书店的生存空间被挤压，不得不寻求突围。也许随着阅读的分化，作为图书传播渠道的书店会转型，形成新的商业模式（一种大文化概念的产业格局）。如杭州蓝狮子时尚书屋的经营理念：这里卖的不是商品，而是让人寻觅一种思想，细细品味单纯属于阅读的快乐。再如上海季风书屋，能快速地反映知识界、思想界的关注点，其新书上架速度及专题组合，皆为文化人推崇，以其独特的气质成为上海的一道

---

① 张贺：《小书店如何支撑》，《人民日报》2011 年 2 月 11 日。

文化地标，打造的是一个"集成"的概念——提供一系列专一而又主题分散的服务——开图书发布会、办讲座、代读者购书等。就在大陆实体书店陷入困境时，台湾诚品书店却进军大陆市场，其经营理念和模式值得玩味：不把诚品当作一个书籍买卖的地方，而是安顿读者、客人的一种心情，同时诚品也不把一般接触诚品的人当作商业思维的顾客，而是将其当作一个人，这个人跟我们有缘，愿意跟我们结缘。凭借独特的定位与经营者对理念的执着，诚品书店不仅成为高品位精英文化的象征与文化地标，而且延伸为"阅读、人文、艺术、创意"的知性生活空间。"用书店攻占人心，让阅读永远不打烊"的敦南总店更是台湾游的必到景点，每年的客流量超过9000万人次。凭借火爆的人气，诚品书店以高利润的副业反哺低利润的图书销售业务，年营业额超过百亿台币。可见，文化消费有其自身的特点和时代特征，只有悉心领会才能找到发展机遇。

文化消费对文化产业的拉动作用与经济发展的引擎功能日益凸显，通过刺激文化消费促使文化产业迅速成为许多发达国家和国际大都市的支柱产业，在产业结构优化升级和国际分工中发挥重要作用，并呈现了集群式、跨越式发展态势。契合这种发展趋势，国家"十二五"发展规划明确提出：推动文化产业成为国民经济支柱产业，增强文化产业整体实力和竞争力。这一战略布局在国家层面指明了文化创意产业的发展方向，关键是如何抓住历史机遇，在国家政策导向下，积极推动文化产业大发展。

三　积极引导和培育文化消费促进文化产业大发展

培育和引导消费必须从市场出发，立足扩大内需这一战略基点，培育新的消费增长点，夯实消费对经济增长的基础作用，发挥好投资对经济增长的关键作用。文化产业在日趋迈向国民经济支柱产业的新常态下，要发挥拉动经济增长的战略性产业的引擎功能。文化产业的健康高效运行离不开市场消费的驱动和拉动作用，消费短板已成为制约我国文化产业科学发展的瓶颈，是文化产业发展必须补足的环节。文化消费是促进整个文化产业良性发展的原动力，文化企业能否做强做大，离不开发达、成熟、规范、统一和需求旺盛的消费市场。文化消费引领要将消费者置于市场主体的位置，从市场的视角关注消费者的文化需求和消费心理与习惯，以文化消费的有效需求来实现文化产业的有效供给。

文化产业发展规律表明，供给创造需求，有供给才能有需求，当文化积淀、文化创意成为可听、可视、可读、可体验的消费产品后，它才会有需求。文化产品的生产是人类知识和精神财富的创造和运用，是人力资本付出的复杂的脑力劳动。对文化产品的消费,是消费的高级阶段,是更高级的精神需求和智力消费。对这一独特规律的体认,要求从创造优质供给入手,积极引导和培育文化消费。创造更多文化精品,使之能成为人民群众喜闻乐见的东西,满足人民群众不断增长的文化需求。与人的物质欲望比起来,人在精神层面的需求更加广阔无垠,供给创造的需求无止境。文化的消费与物质消费的最大不同是,物质消费的终结即是物质使用价值的终结,而文化消费的过程和终结,正是文化积累和积淀的开始。文化消费有非消耗性和不丧失性,文化产品的供给能力比物质产品的供给能力更为重要。而供给的载体是有文化含量和创意能力的人,人是生活在历史长河中承前启后的人,需要传承,需要积累,需要思考,需要创意,甚至需要梦想。

有人把 2014 年称为"文化消费的先导年",是因为这一年中央出台了一系列刺激文化消费的政策。2014 年两办出台《关于加快构建现代公共文化服务体系的意见》中,专门提出"培育和促进文化消费"问题,新政策着意强调在公共文化服务体系建设中,要"统筹考虑群众的基本文化需求,推动公共文化服务向优质服务转变,实现标准化和个性化服务的有机统一"。表明满足群众的多样化消费需求,不仅仅是文化产业的事,公共文化服务要解决低效益和低效率的问题,同样也要在产品对路的供给上下功夫,这是国家文化政策的价值取向。为此,在《国务院关于推进文化创意和设计服务与相关产业融合发展的若干意见》、《关于深入推进文化金融合作的意见》等政策文件中提出:鼓励有条件的地方补贴居民文化消费,扩大文化消费规模,加大金融支持文化消费的力度。

文化消费在中国一直与中国经济规模和增幅不相匹配,始终处于低迷状态,对文化产业发展的内生拉动作用有限。其低迷的原因:一是社会保障体系不健全,在巨大社会负担面前民众不敢消费;二是文化市场中文化产品本身不够丰富多样,不够接地气,同质化、泡沫化现象严重,缺乏有针对性的分众市场,文化产品缺乏创意而存在的"结构性矛盾"依旧没有解决;三是最关键的社会贫富差距加大,很多民众的收入是"被增长",缺乏实际的购买力,因高消费群体而使普通民众处于"被消费"的状态。相应地,实现文化消费增幅目标的条件:第一,通过改革分配制度提高收入,加强民生保障体系建设,努力提高居民文化消费能力,激发大众的文化消费欲望。第二,政府在鼓励和引导居民文化消费方面要有举措(如北京市的文化消费季活动),积极培育居民文化消费意愿,释放居民文化消费潜力。加强对居民文化消费的宣传,引导文化消费观念由低俗向高雅升级，文化消费目的由休闲放松为主向提升自我并重转变，逐步形成乐意文化消费、享受文化消费、得益于文化消费的良好氛围。如降低票价，补贴消费，设立或发放"国民文化消费卡"、文化消费券等，使文化消费成为大众日常生活的一部分，文化才能活起来。第三，提高文化产品质量，加强文化与科技的融合，以催生的文化新业态刺激消费（近年手机游戏、手机动漫等增幅都在 200% 左右），数字娱乐产业借助互联网将会有强势增长，网络文化产业越来越成为主导形态，越来越切合年轻消费群体的特点和习惯。消费不足的产品自身的主要原因是产品缺乏创意，不能激发消费者的购买欲——原创不足，缺乏技术和创意含量，整体水平不高。如各地旅游景区的旅游产品之粗糙和拙劣，想买一件称心的旅游纪念品带回家都很难。第四，营造良好的文化市场环境，社会资本愈发看好文化产业，投资热情很高，极大地推动文化产业发展，发展社会化文化力量尤其是培育文化非营利组织，扩大文化产品供给的渠道。最后，是各级政府对促进文化产业发展的激励政策的推动作用。

因此，从政策引导来讲，培育文化消费市场需要社会整体推动和观念更新。遗憾的是，在地方政府的文化产业发展规划中，仅有不多的省份提出过文化产业就业人员和城镇人均文化娱乐消费占消费性支出比重指标，这两个指标恰恰与社会大众的文化消费相关。就业人数与文化产品的有效供给和消费吸纳力与文化影响力提升密切相关。经济发展规律表明，只有从事该产业就业人员的大规模提升，才可以证明该产业的结构提升，意味着该行业充满活力，能够吸引大量从业人员而不是虚热（装门面）。此外，如果文化主管部门在政府职能部门中成为强势部门，那说明文化是真的"热"了。由此提示我们必须关注文化消费的文化价值和社会影响，必须意识到文化产业的文化价值高于经济价值，无论是通过有形文化产品，还是无形版权产品及文化服务，均建立在对其文化价值的认同上。

随着中国经济步入"新常态"，社会消费进入了"拐点"，个性化、多样化消费成为主流，随着中国经济进入新常态，长期依赖投资的模式将不可持续，扩大国内文化消费成为拉动文化生产和驱动文化产业"超常态"发展的动力。以中国艺术科技研究所牵头的课题组在《中国居民文化消费基础性调研报告》[①] 中指出，2002 年后，中国城镇居民文化消费占可支配收入比重一直处于 5% 左右的水平。从城镇居民的消费和可支配收入之间、城镇居民文化消费和可支配收入之间的关系可以看出，城镇居民

---

① 《国人文化消费心理调研报告出炉》，《光明日报》2015 年 2 月 5 日。

的文化消费水平随着可支配收入的增加而增加，但对文化产品和服务的边际消费倾向仅为 8.286%，意味着当城镇居民可支配收入每增加 100 元时，用于文化消费的支出仅增加 8.286 元。个人的收入水平与文化消费支出大致呈正向关系，收入越低则文化消费也越少，收入越高文化消费也就越多。文化消费习惯不同也影响着文化消费的支出。调查显示，有定期和稳定消费习惯的人在文化消费上的花费远大于无定期消费习惯的人。如何释放消费潜能、提振消费信心直接影响着中国经济能否实现新常态。小康社会的实现不仅仅体现在 GDP、居民收入以及各种经济指标的增长上，还体现在人民精神文化生活水平的提高，尤其是文化服务和文化消费的提升中。文化消费作为大众消费中的重要组成部分，将为国民经济的转型发展发挥相应的牵引作用。如何刺激文化消费？创新文化产品的供给模式、提升文化产品的创意含量、拓宽文化产品的传播与消费渠道、公共支撑环境和保障体系的完善等方面都是其着力点。培养文化消费理念、引领文化消费意愿、激励文化消费行为、丰富文化消费业态、拓展文化消费空间、优化文化消费环境、加大财税支持力度、强化文化消费权益的保护、丰富大众精神文化生活。文化消费是我国文化产业发展的短板，文化消费不畅、有效供给不足与产能过程并存。据统计，我国有 19 个省份每人年均不到 1 次观赏艺术表演或参与公共图书馆的图书借阅。22 个省份的城镇居民家庭每人年均文化娱乐消费支出占家庭可支配收入低于 5%，上海和北京的数值最高也仅为 6.75% 和 6.45%。这表明我国文化市场尚处于培育期，部分文化项目缺乏规模消费人群，使得基本支出成本难以摊薄。由于居民尚未形成长期、持久的文化消费习惯，尚未形成良好的文化消费认知，对于偶尔为之的文化参与和文化消费，往往无法做出正确的价格判断，低估文化产品的价格。这就要求我们必须分区域、分行业制定细分的文化产业和文化消费促进政策。发达国家的经验表明，通过激发人们对文化产品的市场需求，能有效地促进文化产业的发展。在民族文化产品的使用上，政府要率先垂范，在公共场合和大型节庆活动中采用大量的民族文化产品来装扮和设计场馆；把艺术、文化、设计、商业、技术等整合到社区的发展计划中，等等，被证明是行之有效的培育市场、促进文化产品消费的措施和手段。

首先，引导和培育文化消费要与尊重和保障公民的文化权益关联起来。公民文化权益凸显的一个重要原因是知识经济时代对人的知识、创意和思想的尊重，文化创造的价值受到全社会的普遍认可。随着经济条件的保障，人们对文化消费的需求加大，文化权益包括自主享受文化成果、自由参与文化活动、开展文化创造和文化成果受保护等多方面、多层次的权益要求。有了自主选择和自主表达的文化权益，不仅刺激了文化消费，还提升了文化消费的品位和质量，进而从根本上夯实了文化消费的动力机制，推动了文化消费的层级，体现了文化消费的无边界性和广阔的潜力。

其次，引导和培育文化消费，要区分有效文化消费和好的文化消费。有效消费才能支撑起健康理性的文化市场，当前，中国是世界第一出版大国，每年出版图书品种40万种，新闻出版全行业2万亿元的总产值，但据第十次国民阅读调查显示，国民年均阅读4.39本纸质书和2.35本电子书，明显存在人均阅读量不足、库存超过销售量的尴尬。在出版冲动下并非所有出版物都有市场价值，只有被大众消费的出版物才能支撑起文化市场。所谓市场主要指有效的消费需求，包含购买欲求和支付能力。社会学规律表明，随着人们变得富有和教养的提高，个体从满足底端的心理安全需要逐步过渡到高端的以满足认知审美精神方面的需要。战后经济的繁荣和不断增加的安全感使得人们更加渴望参与和自我表达。一个经济持续繁荣对文化创意产品充满期待的国家本身就是促进创意产业发展的巨大动力。特别是随着消费社会的来临，新富阶层的消费潜力不断释放。所谓好的文化消费，不仅是指剔除"扫黄打非"意义上的恶的产品，还指称一个文化产品中文化含量的高低。如打游戏和读书对于提升民族文化素养肯定有价值上的不同。在大型商业活动空间嵌入一个书店还是引入一个游戏厅？在居民小区多一些实体书店还是多几个电玩城、棋牌室？其价值意味迥异。好的文化消费有助于提升公众素养，陶冶情操和塑造民族品格，进而支撑起一个民族的脊梁！

最后，政府对文化产业的扶持要落实到激励文化消费上，落实到对文化消费的引导和培育上，应注重从GDP导向的投资驱动转向为服务社会导向的需求驱动。政府只有把职能转向服务和市场环境改善上才能有效破解拉不动内需的难题。当前社会普遍关注文化产业的经济功能，对其文化价值和社会影响关注不够，影响到对文化消费的培育。结果是文化产业经济贡献率普遍偏低，未成为拉动经济增长的主要力量，引擎功能的效果不明显。市场经济条件下，所谓文化影响力是文化产品在市场上被实实在在的消费实现的，是通过文化贸易数字说话的。理论上中国进入文化消费的"井喷"时代和休闲时代，但文化消费却差强人意，其支出占消费支出比徘徊不前，新富群体购买外国高端奢侈品、赴国外旅游和国外求学的意愿强烈，却对文化消费缺乏应有的热情（高票价、品种少是原因之一）。文化行业工作缺乏吸引力（没得到应有的回报和尊重），难以体现出文化产业发展所需的良性社会影响。我国文化消费并未随着民众生活水平的提高得到释放，在居民消费逐步提高的情况下，文化消费额增幅低于非文化消费额增幅的现象日益突出。党的十八大报告提出，建设小康社会要"使经济发展更多依靠内需特别是消费需求拉动"，采取多种措施进一步"释放居民消费能力"。对于任何一个国家和地区来说，如果社会人群的文化消费需求低下，文化生产就不可能得到发展，文化软实力就无从谈起。一个国家或地区的文化生产发展，当地社会人群的文化素养提升，正是文化软实力的社会基础。

第五节　文化价值观是产业竞争力提升的根基

提升文化产业竞争力需要全社会的合力推动。社会主义核心价值观的弘扬和传播是提升文化产业竞争力的根基。十七届六中全会指出：坚持用社会主义核心价值体系引领社会思潮，并贯穿于精神文化产品创作生产传播的各方面。十八大报告也对此做出部署。具体地说，一是避免片面追求经济利益，为吸引眼球去迎合低级趣味，而是要重在文化底蕴的开发和价值观的引导，鼓励企业增强社会责任感；二是提升文化生产的专业化、类型化能力，生产出"专、精、细"的产品，切合文化市场的分层、分型，满足大众多样性的文化消费需求，做到规模与效益的均衡发展。文化企业不仅要做大，还要做"特"，做"专"，文化的特点是差异性和多元化，中小企业更能做到多元化，其创新力更强，更有创新冲动和创意需求，多元资本的中小企业是文化产业最活跃的主体，应给予更多关注。无论"大"、"特"、"专"，都是文化发展的外在显现形态，其内在的价值诉求是一致的，都应成为人民大众喜闻乐见的、乐于消费的文化价值观的载体，都要以热爱文化和文化认同为诉求目标。三是在文化发展中逐渐明晰中国文化产品的价值体系和主流文化的价值诉求，如中国的影视剧导演和制片应破除"好莱坞情结"，应学习和借鉴但不该以"好莱坞"作为全球唯一的价值标准，要有文化自信并形成本土价值标准与之竞争和博弈，这样在全球文化市场才会看到多元价值观的文化产品，有竞争、有学习、有互动，但决不能在其后面充当爬虫，而是自觉建立中国文化产业走向世界的标准。也就是说，在全球化舞台上，我们要建构一套自己的文化产品评价体系，拥有自己的价值标准，以自身实力参与国际游戏规则的制定；四是加强文化创意创新，学会国际表达，不断提高文化内容的普适性和可接受性，以后发比较优势，借助高科技力量弘扬具有民族内容的中国风格和中国气派，在产品的趣味中融入民族的文化理想和国家形象的建构。重要的是，在全球化舞台上借助经济力量、外交力量和对世界事务的广泛参与，不断提升话语权，在全球文化博弈中把握社会主义文化领导权，促使以社会主义为价值取向的当代中国文化在全球战略格局重组中，能以文化认同感和市场效应获得相应的话语权，抵制资本主义文化的单向全球化。五是基于产业链的完善，在每一个环节都要提升竞争力。产业链主要包括四个环节：研发创作环节、生产制作环节、营销推广环节、版权贸易环节，文化产业竞争力在各环节都有所体现，通过以各环节的局部增强形成整体的竞争优势，产生 $1+1>2$ 的效果。作为直接的竞争力显现，它与产业层面上的文化产业竞争力相通，相互促进和增强，又相互影响和制约。正因外在产业层面上的一些障碍，如人为形成的管理体制的行政分割、资源垄断、市场零散化、流通渠道不畅；中介服务组织的专业化水平不高，不能提供有效的服务和高效运营的支撑；版权保护的不完善和执法成本高、低效率，等等，严重割裂了产业链的健全和延伸，从而抑制了中国文化产业竞争力的提升。

文化产业究其本质是内容产业或创意产业，它有着不同于一般产业的特点和规律，其市场竞争力更取决于文化及其价值观，而文化价值观的有效传播离不开高质量的文化产品和服务。中国不仅有着深厚的传统文化资源，还有着丰富多彩的少数民族和地方民间特色的文化资源，完全可以形成主流娱乐的多元化文化产品。也就是说相对于规模化发展和大型骨干企业的培育，其专业化水平的提升至关重要。中国必须要形成强势的主流文化及其产业化支撑，才能在市场竞争中积累软实力。只有国内市场的充分活跃和创造力迸发，文化才能真正"走出去"，进而真正"走进"国际主流市场。文化产业竞争力归根结底取决于强大的内容产业，在内容产业的发展上，不仅将其视为大众娱乐产品，更要把它看作艺术的泛化（日常生活审美化），及其精神思想的传播。就对外传播而言，首先中国大陆要成为中华文化（汉语文化、儒家文化、华语文化）在全球的生产与消费中心，不断完善其支撑载体和传播渠道建设（中医中药的养生文化、中餐的饮食文化、茶文化等，影视剧图书及其互联网新媒体的传播渠道）。当前与中国大陆竞争这一中心地位的有中国台湾地区、香港地区，以及日韩等，特别是韩国试图成为儒家文化的代表和传承者，新加坡企图成为全球华语创意中心；其次，要以文化实力使中华文化成功地融入国际主流文化圈，在民族文化位态的提升中成为世界多元主导文化中的一元，从而在国际文化竞争中拥有话语权。当前最重要的是面对强势的美国大众文化的侵蚀，不能使其成为中国流行的主导文化（或者中国流行文化的代名词），也就是说我们必须生产出整体的具有中国特征的主流娱乐文化，美国大众文化成为全球主流文化不可怕，关键是我们要有与之抗衡的中国主流娱乐文化，它是地地道道中国的，美国娱乐文化只能是中国主流娱乐文化的补充和多样化存在，而不能使中国主流娱乐文化碎片化。被在全球流通的美国大众文化肢解为地方性的不同区域特征的中国文化，如海派文化、京派文化、中原文化、齐鲁文化以及各少数民族文化等，要形成中华文化主流价值观的优势，否则丧失中国文化的话语权是最可怕的。因此，中国发展文化创意产业一定要有文化的整体性和主体性意识，面对文化的不断分化要自觉重构文化的整体性和主体性！美国尽管有着族裔的文化多样性，但在全球输出中却是统一的"美国文化"，而不是哪个区域城市或者族裔的美国文化。因此世界才有全球统一的"美国文化"，而没有所谓的"拉丁文化"，也没有统一的"欧洲文化"，没有"东南亚文化"，甚至没有"东盟文化"，这是首先是因为语言的边界，其次是政治的文化的边界，而没有形成统一的文化市场。如欧洲由于缺乏统一的语言以及国内市场和经济增长存在着内在关联的 critical mass（指为提供一个可实现充分互动的环境而进行的资源集中），尽管处于一个大陆，有了政治框架的欧盟和欧洲理事会以及统一的欧元货币，但却是一连串的相互之间几乎没有文化互动的国内市场而已。美国通过实施本土化策略，生产标记有全球各地域的文化产品，但其骨子里却是美国文化（体现美国价值观）。美国迪斯尼版的《花木兰》以及好莱坞的《功夫熊猫》，配置的是中国题材，投放的是中国市场，赚的是中国的人民币，可其价值观却是美国的（遵循美国标准——这就是话语权）。这自然会影响到文化的阐释权和版权保护。中国文化产业必须在发展中，通过提高竞争力占据文化制高点重新赢得中国文化的话语权。

当下，文化产业使民族的价值观和意识形态的传播愈发具有隐蔽性，要求文化产业发展要有文化自觉。越是政府支持的国有大企业，在国际竞争中越容易遭遇别国的文化围剿或付出更多的文化折扣，因为有政府行为的文化产品容易被认为带有政治宣传和意识形态色彩。民营的中小企业，特别是内容提供商如果按市场规则在市场中自主发展，更有利于文化产品"走出去"。因此，政府的支持要坚持市场导向，要激励企业坚持文化自信和文化自觉。中央领导多次强调，要加强对文化创作和文化内容生产的引导，在全社会贯彻和传播社会核心价值体系；同时，要不断破除生产性源头的体制性弊端，为文化繁荣注入新的生机和活力。对社会的价值引导要靠主流文化的实力说话，文化影响力靠文化产品在市场上被实实在在消费实现。文化产业发展的目的是中华文化影响力的全球拓展和中华文化位态的提升。国际文化贸易的一个显著特点是文化产品和服务的进出口高度集中于少数几个国家，属于典型的产业内贸易。这意味着某类产品要想进入国际市场并占有一定的份额，必须满足国内大规模需求所带来的相对优势——在长期致力于满足国内需求的过程中，文化企业的市场意识不断增强，产品的市场化程度不断提高，规模不断扩大，成本利润结构趋于合理，产业竞争力不断提升。因此，文化产业竞争力的强弱既关乎国内市场占有率，也影响国际文化贸易的质量和水平，提高内容产业的比重就成为提升文化产业竞争力的关键。政府只有在国家战略高度上对内容产业发展实施强力推动和政策引导，才能抓住问题的实质；文化贸易解决的核心问题是文化价值的传播和沟通，由了解到认可及至认同；所谓"文化强国"不是通过发展文化产业强经济，而是强文化，使经济融入文化品格，增强经济发展的可持续性，以文化和经济的相互促进建设社会主义现代化强国。

在此观念的转变中要充分认识文化产业是当代文化发展与文化积累和传承的一种主导方式，是新的文化业态生成和传播的主导方式，其核心是文化价值的传承和高扬。在经济社会发展进入新常态下，文化发展要有新的思路和导向。在社会主义市场经济条件下，满足了公民的基本文化权益和大众多样化的文化消费的自由选择权，还要有公民的文化自主表达权，文化自主表达也是文化生产力，并且是根本性的动力机制。正是这一源头生产性文化内容的缺失和文化价值的迷失，不仅滋生了一系列乱象，也影响文化产品的竞争力和文化产业链的完善与拓展。党中央实际上已意识到这种文化困境，因此，多次强调坚持用社会主义核心价值体系引领社会思潮，贯穿于精神文化产品创作生产传播各方面。这其实已为文化发展和文化产业价值融入指明了发展方向。强调文化产业发展要有鲜明的价值导向，旨在表明文化"软实力"的提升需要方向——否则会对自身发展形成戕害，甚至危及民族文化的根本。强调在文化内容与价值导向上发挥社会核心价值观的引领作用，国家就要相应地在引导与扶持上做出一定的制度安排。依靠开放市场引进消费性文化部分满足了大众的文化消费需求，依托加强公共文化服务体系建设部分满足了群众的基本文化权益，但国内文化市场的"战略性短缺"困境未能根本改善，当前的文化矛盾依旧突出，"三俗"文化盛行，文化精品，文化大家、大师依旧缺乏，这一切都指向生产性文化体制的弊端。必须明确，文化自主表达是解决当前文化体系中消费性文化与生产性文化结构失衡的关键。只有源头上的自由表达才能为文化繁荣奠定基础，而一切改革归根结底都是为文化繁荣提供体制机制保障。

通过改革基本形成与经济基础发展相适应、有利于文化科学发展的文化体制机制，推动文化管理体制和运营机制创新，在促进文化发展方式转变中提高产业竞争力，以文化的方式掌握文化领导权，坚持文化发展的现代立场、民族特色和社会主义方向，把中国文化培育成有影响的世界主导文化之一，是发展文化产业提升竞争力的诉求。在全党全社会形成"文化自觉"和"文化自信"，就必须在文化体制改革中培育文化之魂，提升文化产业的竞争力。文化产业竞争不是单纯较力、拼实力，文化在本质上可以共享。因此提升文化魅力，增强吸引力和感召力，促使其全球流行才是王道！这要求我们深化对文化产业本质的认知，转换发展思路，不把着力点放在外在的追求上，而是内敛性地增加内容含量，融入社会主流价值观，使之在文化消费中教化人心。能够入心的文化产品才能真正产生影响力，增强文化认同感。否则，人心变了，还谈什么文化治理！国家治理体系和治理能力现代化必须以核心价值观为灵魂和支撑点，要以文化为魂。因此，要在文明视野中深刻理解核心价值观，使之成为文化产业发展的底蕴。

第六节　美国培育文化产业竞争力的经验与启示

作为世界文化产业最发达的美国如何理解文化和文化产业？美国文化的繁荣和充满活力的奥秘是什么？在美国的文化观念中，文化是广义的、杂糅的，文化既是艺术又是娱乐，既"雅"又"俗"。重要的是，他们在国家安全的战略框架下思考文化，对文化采取一种实用而又复杂的态度。表面看来，美国没有文化部，似乎政府"无为"，其文化发展看似在放任的资本主义经济的"看不见的手"里，完全依赖市场的"自由"，其实背后大有深意和非常之用心，只不过其文化体制非常隐蔽，并有着明确的战略意识。美国是世界上为数不多的有着明确以建构全球霸权地位为目标的文化战略的几个国家之一，其浮出水面的显性部分仅是冰山一角，更多内容则是处于水面之下的隐性部分。美国文化成为世界主流文化，与其确立文化战略并不断适时推进分不开，并经过近一个世纪的精心策划和努力才实现的。二战后，美国同时发动了针对苏联的文化冷战和针对法、德等欧洲国家的知识热战，并在这场文化之战中大获全胜，其结果就是美国改写了国际文化版图，夺得了全球文化领导权，美国文化从边缘性地位成为影响世界的主流文化，美国文化价值观在全球广为传播。美国文化以其饕餮的胃口杂糅了商业和"反文化"、前卫和亚文化、数码艺术和各种族裔的"亚文化"，烩成了鲜明美国特色的主流文化——大众娱乐文化，其文化运行体制极其有效而稳定并善于协调同步。

美国文化发展究其战术其实是对内坚持"文化例外"原则，对外坚持"自由贸易"原则作为全球生产产品的策略。对内与非商业文化相互交织，借助大量文化非营利组织，保持了美国文化的活力和不断的思想创新意识；对外主要借助由大公司操控的好莱坞电影、流行音乐、百老汇商业戏剧和文学畅销书，向外输出美国的价值观和生活方式。它在整体上构成了一个有强势竞争力的文化战略体系，有着饕餮的胃口，以科技和经济为支撑，以法律（版权保护）护体的文化霸权。

美国的文化产业竞争力从根本上是服务于美国国家战略的。其文化霸权的真正力量不是浮在水面上的锋利冰川，不是这些所向披靡的大众娱乐产品，而是冰山下面遍布全美的非商业文化体系所孕育的无限活力和创新意识！可以说，文化产业（大型骨干企业）打出去的是一只拳头，它的力量的强弱不在于拳头本身，而在于拥有拳头者的体格本身的健壮，而这就非单纯显性的文化产业所能为的了！因此，在国际上许多国家打着"文化多元化"、"文化例外"的旗号，对抗美国的意识形态传播策略是无效的。因为在美国，"文化多元性"是现实，在对文化多元性的分类上美国居于首位（内部的多元——从族裔的意义上，美国是世界上最多元的国家）；而对于"文化例外"原则，其实美国比世界上任何其他国家实践得都好，有大量的资金、捐助和赞助投入文化领域。美国主流文化的强盛主要得益于文化多元主义的成功，此外还有它越来越强的专业化能力，以满足市场越来越专门化和细化的需求，以及新技术所提供的无数分化与互动的可能性，这些都强化了美国的文化霸权。美国文化通过娱乐产业和大众文化获得了最显著的影响力，主要借助由大公司操控的好莱坞电影、流行音乐、百老汇商业戏剧和文学畅销书，向外输出美国的价值观和生活方式。依靠美国的经济实力，以及好莱坞向世界多数民众讲故事的技巧，依靠电影大片通过特效和"富有传奇色彩"的明星传播的美国梦，依靠好莱坞所承载的美国价值观的吸引力。因此，一方面，美国向外输出同质化的大众文化；另一方面，美国却鼓励、践行和捍卫文化多元性。从世界其他国家的角度看，美国文化是文化霸权的同义语，呈现出全球文化的美国化倾向，以其同质化的大众文化碾压各地的民族文化——这是美国文化的双重性——我们不能只看到美国强势的文化产业的一面，更要看到盘根错节的各方力量培育的非商业文化，否则就无法解释美国的文化活力。可见，文化产业之间的国际竞争其实是国家文化体系的竞争！决定一个国家文化力量强弱的，主要不是生产市场上流行商品的电影、电视、出版、网络等大规模复制和无限复制机构与平台数量的多少，而是一个国家文化体系中内在于所有这些形态之中的文化创新含量的高低及其满足人们新的精神文化消费需求的程度；文化创新满足人们精神文化消费需求的程度成为国家文化力量构成的核心要素，它通过文化产业显现出来，但真正的力量不止于文化产业，从根本上是文化创新所形成的需求优势决定并主导着国家文化战略力量的优势。因此，我们在理念上要树立文化创新是经济社会创新、科技创新和产业升级的前提和基础，没有文化创新，经济转型升级与科技创新也行之不远的理念。其实，孕育这种文化创新力的除了文化产业体系和文化事业单位，更重要的是大量如毛细血管般存在的文化非营利组织，它们从根本上涵润着一个国家健全的文化生态，夯实一个国家文化产业发展的民族文化根基，并在文化运行机制上协调商业文化生产与高雅文艺创作的和谐共处。在理念上的认知决定了文化观的价值取向，进而决定文化产业政策的指向。积极的文化观必定是开放、自信、创新的，消极的文化观则是封闭、自卑和守旧的。消极的文化观不可能实施积极的文化产业政策，但积极的文化观也有可能因过度开放、盲目自信和创新失当而造成文化产业发展决策的失误。习近平总书记在"8·19"讲话中强调：意识形态工作是党的极端重要的工作。基于此，我们在理念上要把文化产业视为意识形态创新的经济基础，和创新意识形态管理方式的驱动力。就文化领域来说，未来世界的文化战也许既不是冷战时期的意识形态之战，也不是亨廷顿所预言的那种"文明的冲突"，而是发生在世界文化经济体之间的文化经济战，其结果取决于文化产业力量的博弈。正如美国总统奥巴马一再强调的，引领美国未来经济社会发展的一个引擎就是建立在信息产业基础上的美国主流文化价值观！

究其根本，美国的文化活力是它强大的商业娱乐文化的生产和消费能力吗？美国是典型的多元文化国家，但却生产出国际市场上主流的大众文化（商业娱乐文化），不但满足国内美国民众的需求，而且为世界生产可供消费的大众文化（如所谓的拉丁美洲文化生产中心在美国的迈阿密）。美国的主流文化是大众文化，但其文化精神却是由文化非营利机构孕育的实验的多元的创新意识。与通常的印象相反，美国的文化活力并非来自于强大的文化产业集团，虽然这些集团掌握美国文化产业的命脉，担负着文化价值观和生活方式输出的使命。美国文化的活力来自于非商业领域的那些特殊机构：尤其是非营利文化组织、大学、社区、工会等。在上游，独特地交织着大学艺术实践的卓越水平、特别活跃的"亚文化"和社区、比欧洲更确定的公共关注。还有几百个基金会对文化的不懈支持、激励性的税收政策、工会的积极支持、非营利机构的核心作用和企业文化赞助等，当然也离不开政府的间接支持，虽然这是微不足道的。美国善于创造强大的商业文化产业，它与非商业的体系既分离又交织。它是分离的，因为在法律上和经济上是以根本不同的方式构成，并服从于不同的逻辑。同时，它又与非营利的创意系统相关联，这些联系远比人们所想的更深。非营利文化及其艺术家和机构与商业文化彼此互动，商业文化从非营利文化中得到启发、滋养和修复，如有必要，商业文化也大规模地传播非营利部门创作的文化产品。强大的文化非营利组织的强有力的创新支撑、一种激励性的税收政策，尽管这些看起来都是"隐蔽的"，但对美国的文化竞争力来讲却是至关重要的，它保障了美国文化的活力。国家干预的最主要手段在于间接性的税收政策，有利的税收政策（减免税）虽然从外部看是隐而不见的，但对文化发展的影响却是结构性的。

当欧盟和一些发展中国家在文化贸易中打着"文化例外"的旗号实施补贴和保护政策时，美国早已在实践中完善了"文化例外"的原则。美国的文化体制并不像人们经常所认为的那样仅仅依靠市场，美国文化并不像人们所认为的那样被抛弃到美国人所说的"放任"的资本主义经济的"看不见的手"里。相反：艺术在美国并不比在别处更多地被当作商品，或者其他任何一种类似商品的东西，而是在公益的逻辑基础上，构想出一个庞大的体系来保护艺术。"文化例外"被理解为艺术应该与市场分开的一种事实，这一点与欧洲和中国（弱势的守护地位）都是一样的。的确，娱乐产业的经济实力和文化帝国主义在很大程度上向外国人掩盖了"文化例外"（强势的进取地位）的这一因素。但是，把美国的文化体制归结为娱乐产业的自由生产是完全错误的。很大程度上，舞蹈、歌剧、古典音乐、有影响力的戏剧、造型艺术，以及爵士乐和少部分艺术电影、出版和流行音乐是存在于市场经济之外的——这一点至关重要，正是这些艺术保证了美国文化的活力和繁荣。事实上，美国人所拥有的商业文化领域不如欧洲的广大，而拥有的非营利文化领域却比欧洲宽广。有学者指出：美国的文化创意产业的高度发达是极其复杂的，有其国家历史发展的原因，国家辽阔的疆域，高度发达的经济和科技创新优势，更是得益于那些来自世界各地、拥有各种语言和文化的移民所创造的多样性文化。美国文化独霸全球的大致原因可归结为：在各所大学推广原创性研究；将公共资金的权力下放；向传统文化价值挑战；让人才流动以发挥其能量；美国社会根深蒂固秉持的"发展驱动"理念；对艺术家的高度信任；对少数民族独特而灿烂文化的包容，以及用美国的方式对多元文化的捍卫。教育、革新、冒险、创意和胆量，只有美国的大学、社会团体以及非营利组织才具备这些素质，但他们并不参与市场活动，而是分散于各自所在的领域。①

除了全球市场的营销策略，美国人在内容生产上也有一套策略：面对不同于国内市场的国际市场，他们首先打着普世性的旗号推广"美国式"产品，期望能被输入国接受；如果不能，就制造出"世界性的"格式化产品来满足世界各地所有人的需求；如果担心产品中留有美国人的痕迹，就根据"焦点小组"（文化企业顾问）的意见重新调整、修改内容以消除顾虑。如果还不行，就出资由香港、孟买、里约热内卢或者巴黎的制片商代替自己来专门制作本土的或者区域性的产品，以此来满足目标市场观众的需要（好莱坞每年都单独拍摄近200部外语版的本土电影，几乎很少在美国发行）。可见美国制造的"全球产品"，既属于文化的主流，又是市场定位与产品内容完全不同的创意产品。美国的电影制片公司与大型企业通过表面上淡化意识形态和国别，凭借国内众多的少数族裔及其文化多样性的文化消费检验，来测度其对全球的吸引力，从而形成一种独特的商业模式。其实在貌似远离意识形态中，他们以文化创意产业这一最为隐蔽的传播载体，向外推行美国价值观和文化霸权战略。

严格意义上讲，美国的文化产品的所谓多样性或者多元化，其实是族裔意义上的文化多样性和"被标准化的多元化"，而不是文化表现形态上的多样化和审美价值观念上的多元化。这种美国化的文化产品因其符合市场逻辑而在全球市场畅通无阻，既是全球的又是本土的，具有典型的"球域化"特征，已经形成了全球垄断特征的美国文化模式。"虽然文字是印地语或者中文，但句法却都是美式的。甚至中国或阿拉伯国家的那些反对美国的人也在模仿美国模式，这就是美国的影响力。"②迄今为止，美国文化创意产业还难有对手，尚未出现多极化的"后美国"时代。尽

---

① ［法］弗雷德里克·马特尔：《主流——谁将打赢全球文化战争》，刘成富等译，商务印书馆2012年版，第369页。

② 同上书，第373页。

管文化创意产业在全球崛起，很多新兴国家都在试图生产能够捍卫本国文化的创意产品，但基于文化的特性（强者愈强，形成文化高地的效应），"他者"的崛起反而会令美国从中受益，因为随着这些国家市场的开放，美国人会拥有更多在当地制作文化产品的机会。所变化的是，美国不再是唯一能使用其软实力输出创意产品的国家。在文化版图的重组过程中，有赢家，有输家，有市场份额减少的国家，有落伍者，有失去机会者，在不对称、不均衡的竞争中，一个占据主导地位的国家愈来愈强大，甚至成为唯一占据制高点的国家，同时伴有新势力的加入，文化创意产业在全球兴起。

令人叹服的是，在美国的文化运作中，随着公共文化政策的失效，艺术并没有任由市场宰制和非理性发展，虽然没有政府对艺术的资助和引导，但却建立起一套独特的资助体系，在文化非营利组织的呵护下，它不断地专业化和理性化，并主导着整个社会的文化行动。"这个大规模的体制依靠的是一套行之有效的税收政策、数以千计的基金会、一类具有特殊法律地位的机构、成百所大学和一些社群，它们共同维系着一个真正的文化社会。"① 这是美国文化体制良性运行的奥秘。

美国的非营利机构是根据税法条款认定的，所有的基金会、博物馆、乐团、芭蕾舞团、剧院（除百老汇），以及大学和图书馆（除了公立的）都是非营利机构，都是独立于国家却为"公众"服务的机构。责任和使命感使它们有可能完成那些市场所不愿承担的教育以及其他具有风险的公益使命，这种公共角色使它们向所有人开放，而税收减免使它们不需要公共补贴，因为它们可以自己获得所需的运营资金和开发资金。文化非营利机构成了美国文化体制的毛细血管，维护着整个体制的供血功能。美国的非营利组织属于"社会经济"范畴，是一种杂糅的分类，在财富与服务的生产阶段和报酬方面实际上结合了某些商业经济的元素，但在所涉及的组织的社会产权和利润分配方面不受市场规律左右，其利润不被股东或业主们分享，这些机构的目的不是追逐商业利润。它其实处在一个半公（公益目的）、半私（其本金、方式和运营）的领域。这便是美国文化体系的力量、局限以及解释其实力的秘诀。这些非营利组织因其符合普遍利益的使命而被承认为公益，因而可以减税和接受捐赠，多数博物馆、剧院、芭蕾舞团、乐团、图书馆、联合广播被认为是公益的非营利组织。在艺术领域大概有 209 万名雇员，对应于 532 亿美元的直接经济实效。作为

---

① ［法］弗雷德里克·马特尔：《论美国的文化》，周莽译，商务印书馆 2013 年版，第 243 页。

金科玉律，一个文化机构可以有一些营利活动，甚至可以获得可观的利润，但在年终时机构必须将利润重新投入不动产或者本金，任何情况下，董事会成员都不得获取利润，不可拥有"超出合理范围"的实物利益，其行为受到联邦税务部门和各种法院的严格监控。此外，它必须坚守使命："慈善"或"教育"，这既象征独立，又是一种限制形式。文化机构通常强调这种使命，用来为自身的存在赋予合理性，其成员依据这种"使命"来安排自己的工作。除了税收上的豁免，非营利机构还可以接受捐赠，可减少捐赠者的缴税额。非营利机构可以有多项收入：一些自营的收入，如票房等；一些捐赠的收入，如个人、基金会的捐款、补贴或企业赞助。自营收入和捐助所得的混合是美国文化组织的特性。

在文化发展上，美国属于依赖市场主导的弱调控国家，政府的干预主要体现在调节性的税收政策与积极的立法促进和版权的法律保护上。一定程度上，美国的文化政策是一种税收政策。这不仅指那些非营利组织所享受的特殊地位和好处，更是指由此提供给捐赠者的巨大减税，这一点是决定性的，通过可减税的捐赠，文化机构拥有了财力，可以自主发展艺术，而不必花心思要求公共补贴。就财力而言，由慈善资助的整个非营利领域大概占美国国民生产总值的 8.5%，即每年 6650 亿美元，雇佣人员达 1100 万人，占美国就业人口的 9.3%。非营利的活动存在于社会的各个方面，在社会救济和健康卫生方面（半数的医院医疗和 45% 的外部医疗）、教育和大学、宗教与文化领域有其具有影响力。在美国的非营利部门，企业的艺术消费收益并不起决定性作用。单单是对艺术与文化的捐赠每年就有 130 亿美元。正是有这么多的好处，很多营利性质的文化机构逐渐成为非营利机构。20 世纪以来的几乎全部的博物馆、乐团和歌剧院以及近年来的多数芭蕾舞团和文化节，几乎所有创作型剧院（百老汇除外）都成了非营利机构。许多大学出版社、某些创新艺术的画廊和大多数文艺和实验电影都是非营利性的，而在欧洲大多是商业性的，在中国大多也是文化产业范畴的。在美国文化运转体制中，有着庞大的文化非营利机构，这是最不为人所熟知的。"19 世纪末确定非营利目的是为了避免国家和市场对艺术的控制，交给公民们一致对于文化的独立的权力，而今美国非营利的文化体制在实践上被证明是这样一个体制，它不仅仅将这种权力重新交还给富裕阶层，而且是交给了 1% 的最富裕的美国人。"① 这一点是深藏不露的，也是鲜为人所知的。

---

① ［法］弗雷德里克·马特尔：《论美国的文化》，周莽译，商务印书馆 2013 年版，第 287 页。

　　对于基金会的运作和使用，政府主要通过税法和监管来介入。美国税法的一大特色就是不仅让本金利息而且让基金会捐赠的使用必须有助于慈善、教育和文化事业的发展，有助于鼓励捐赠。法律规定了最低门槛，即基金会每年使用本金的5%，否则对这些基金及其利息征税。基金会在理论上受到联邦税务部门和各州法官的监察，以免权力滥用。基金会绝不能支持商业文化和娱乐业，但它们培育和孵育的文化创新、文化实验却是商业娱乐文化发展的艺术基础，这一点尤为重要。在文化方面，非营利机构的基金主要体现在对艺术实验和创意孵化的支持上。基金是非营利文化领域中机构生存的核心要素，赖此才能自由操作和鼓励创新和创意。基金使其能够在资金上冒最小的风险，同时让它们可以在艺术上冒更大的风险。比如有了基金的支持可以让一个古典乐团冒险涉足当代音乐，让一个现代艺术博物馆展出一些有争议的作品，让一个剧团的创新而不受市场的压力。基金使非营利组织有了稳定的收益，它可以保障机构自由地冒险和在艺术上创新。如果说一个机构运行的年预算可以让人评价它当前的活力，那么它的基金则朝向未来，让人评价它的发展能力和它在创造力上的操作余地。其数额通常是表明文化机构的风险控制能力和艺术创新能力的一个很好的指数。明尼阿波利斯的沃克尔艺术中心拥有1.85亿美元的基金，其利息已经满足其预算的45%。因此它可以进行一些艺术上的冒险，在当代艺术和前卫戏剧方面进行了探索。克利夫兰美术馆的预算的60%来自基金，这同样为它提供巨大的艺术自由。但多数情况下，文化机构拥有多个基金，并担负不同的使命。但据估计，文化资助平均75%来自个人，9%来自个人遗赠，11%来自基金会，只有5%来自企业赞助。一个明显的现象是：只有最富有的阶层偏重对艺术的捐赠，最富有的那4.2%的美国人进行了93%的支持艺术的捐赠，其中的1.2%的最富有者捐了艺术所接受捐款的60%。这种现象表明文化机构主要依赖富裕阶层，而其他慈善领域却更多依赖中产阶级和民众阶层。这启示我们：尽管文化应人人共享，但文化仍是奢侈品，文化趣味是需要培养的，文化价值观是需要引导和传播的。捐赠对于艺术机构的发展和机构所偏重的文化都不是持中立的立场，这些非营利机构在某种程度上左右了社会主流文化价值观的建构和传播，在文化体制运作中担负了某种使命——某些个人和群体的趣味影响了大众的审美，这种影响力潜在地勾勒出一种文化行动。

　　如果说税收政策体现了美国文化发展中有区别的调节功能，版权保护政策则体现了对文化产业发展的积极促进功能。法律调控看似对文化产业"创意属性"有束缚，实则是在客观上促进了文化产业自身的规模化、企业集团化的形成，特别是对文化产品"版权"的保护①，极大地驱动了产业价值链的提升，使得一些有实力的大型跨国文化企业不仅成为规模经济意义上的，处于国际分工体系价值链高端的产业集团，更成为引领世界发展潮流的表征势力经济的文化财务集团或掌控文化版权的商业银行。美国政府更是打着"贸易自由化"的旗号，以保护版权的名义为文化企业集团保驾护航，不惜以政府的名义与很多文化输入国进行知识产权谈判。

美国文化体制运转的有效性，源自其坚持的一种"去中心化"原则。在美国的文化运转体制中，因政府力量对内的弱势和民主化文化观的普遍被接受，可以说没有任何一种力量在文化发展中起着主导性作用，而是各种力量之间的相互制衡和依赖，由此在文化运行体制上就践行了一种"去中心化"原则，使得各种族裔、社区的文化都获得生存的机会，各种文化形态都有生长空间，从而体现着美国式的文化多样化。"去中心化"鲜明地体现在对国家艺术基金会职能的诟病上。20世纪60年代以后国家艺术基金会遭到了众口一词的反对，对国家艺术基金会的部分肢解，未必是最终的办法，但是对于国家干预文化这个原则本身提出的问题在美国的语境中是恰当的。"文化多元主义的左派与保守的右派因为一些相似的动机而削弱了国家艺术基金会，这些动机都与民主有关：将文化还给'所有人'，避免让一个中央的公权机关来定义'文化'应该是什么，同时拒绝一个有权势的、中央化的并可能成为仲裁者的决策精英阶层出现。""从根本上，我们从中看到对于权力集中的恐惧，集权会阻碍让所有美国人都接触文化；我们看到对官僚化的恐惧，官僚化会产生一种上层建筑，将导致文化部门变成职能机关，取消每个人的责任，限制公民社会的作用，更多地关注自身的职能，而非鼓励文化部门的活力；我们看到对于国家的恐惧，国家会颁布唯一的艺术标准，导致文化的停滞；我们看到对于

---

① 美国政府在1976年《版权法》基础上及时出台了一系列法规，如1998年颁布《版权保护期限延长法》，把自然人的版权期限和公司的版权期限分别延长至70年和95年。同年，美国还颁布了《数字千年版权法》，首次对网络媒体内容的侵权问题作出系统规定，有效维护了软件、音乐作品生产商的利益。2000年，美国政府出台了《防止数字化侵权及强化版权赔偿法》，该法加大了针对侵犯作品版权行为的民事惩罚力度，为包括计算机软件在内的创造性作品的版权筑起了高高的保护墙。2005年颁布家庭《家庭娱乐和版权法》，规定只要共享文件夹中存储了未发行的电影、软件或者音乐文件就可受到罚款和最多三年监禁的惩罚。在国际版权领域，美国的法规有《与贸易有关的知识产权协议》、《世界知识产权组织版权条约》和《世界知识产权组织表演和唱片条约》等。此外，美国还运用贸易法中的特别301条款，与发展中国家和地区签订双边条约，要求这些国家和地区保护其版权，允许其版权进入这些国家和地区的市场。

政治上的任人唯亲的恐惧；我们看到人们深信国家不能保证让每个人都接触文化，因为国家受制于一些当选者、院外游说集团或者艺术家；我们看到政治与文化交织在一起的危险，自从美国人看懂了苏联共产主义，他们就一直担心这种危险。从各个角度来看，国家艺术基金会的衰落就显得更加可以理解了，或许甚至是不可避免的。"① 在美国由国家权力机构定义艺术的想法，或者在国家确定的文化意识形态基础上建立文化政策的想法是行不通的，不仅在联邦一级缺乏中央化的文化政策，即使各州长、市长也没有权力引导文化政策的方向，也不能任命其城市中随便哪个博物馆或者乐团的负责人。国家艺术基金会的衰落和拒绝在联邦、州和城市级别建立任何有影响力的文化行政机构，不仅是理解美国文化体制的关键，而且是美国社会的共识。国家艺术基金会的运作表明，由联邦政府来负责艺术的模式在深层次上与美国精神不兼容，国家在任何情况下都不能决定应该帮助哪些机构和艺术家。虽然没有人颁布文化标准，也没有人去补贴按标准选出来的艺术，但不能说美国没有主流文化或者轻视文化，乃至不存在"文化行动"，恰恰相反，美国有着全球强大的主流文化及其隐蔽的意识形态传播，并建构了全球文化霸权，文化自助的彻底隐身性是美国文化体制的标志。在此，我们可以洞察中美文化观念、传统、国情和文化体制的根本性区别，这是由历史的和现实的原因造成的。

　　美国没有文化部，但可以说整个社会和所有人都参与了美国文化体制的运转，在美国文化的飞机上没有驾驶员，没有权威，没有核心行动者，只有数以千计的独立行动者，为着公益的目的和使命感而行动，他们团结在美国价值观周围，这就是美国公民人文主义的"奇迹"。这套体制依靠数不清的独立行动者来经营，他们按照自由的原则行事，按照自己对文化艺术的理解来行动，因此不应把美国文化体制视为一种政策，而应看作一场运动，它在自发行动中形成"政策"。在深层次上，参与、自主和志愿精神的主要动力源自自觉的"公民文化权利"；而在显性层面，这一体制运行依靠的是隐而不显的激励的税收政策、一些非营利机构、大学、社团、院外游说团体和工会。面对强势的处于社会主流地位的大众娱乐文化，非商业机构组织起来的公民社会可以保护艺术免遭国家和市场的侵害，精英阶层借此捍卫了他们的社会地位。"美国的文化体制并不像人们经常所认为的那样仅仅依靠市场，美国文化并不像人们所认为的那样被抛弃到美国人所说的'放任'的资本主义经济的'看不见的手'里。我们

---

① ［法］弗雷德里克·马特尔：《论美国的文化》，周莽译，商务印书馆 2013 年版，第 433 页。

可以肯定地说事情正好相反：艺术在美国并不比在别处更多地被当作商品，或者其他任何一种类似商品的东西，而是在公益的逻辑基础上，构想出一个庞大的体系来保护艺术。"① 可见，即使在美国也在事实上坚持"文化例外"的原则，认为艺术应该与市场分开，这一点与欧洲和中国（弱势的守护地位）都是一样的。的确，娱乐产业的经济实力和文化帝国主义在很大程度上向外国人掩盖了其"文化例外"（强势的进取地位）的事实真相，而误解为美国的文化体制就是娱乐产业的自由生产。而在很大程度上，舞蹈、歌剧、古典音乐、有影响力的戏剧、造型艺术，以及爵士乐和少部分艺术电影、出版和流行音乐都是存在于市场经济之外的——这一点至关重要，正是这些艺术保证了美国文化的活力和繁荣。事实上，美国人所拥有的商业文化领域不如欧洲的广大，而拥有的非营利文化领域却比欧洲宽广，这是美国文化保持创新活力的奥秘。

其次，或许出于清教徒的信仰传统，在文化发展中还隐秘地存在着一种"使命感"，在文化运行体制中发挥了重要作用。这看起来似乎是矛盾的，一方面是吁求民主化的文化观，另一方面是精英的高贵感使然。在运作机制中，减税使公民与国家在非营利的领域成为合作者，捐赠机制发挥着重要的调节作用，但减税不是造成这一领域活力的唯一因素。其他因素还有：地方的自豪感、社区意识，尤其是捐赠者的使命感。捐赠能让你完全自由地行事，通过税收，你的一部分钱不受你控制；通过捐赠，你保留了对钱的部分的支配使用权。通过税收，你感觉受到强制；通过捐赠，你觉得自己是自由的。在前者你被解除了责任，在后者你却有一种使命感。这些都是独特的，却有着秘而不宣的不可或缺的价值。

不可忘记，美国的非营利组织深深扎根于市场经济，这些文化非营利机构的"商业"性质一目了然：董事会、募捐款项和基金管理这些机构和机制维持着与市场的显著联系。"美国文化机构同样因为其管理而属于市场经济。在保留'公共'目标与一些公益使命的同时，那些大博物馆、乐团、芭蕾舞团以及歌剧院是作为私人企业来管理的，它们服从于市场特有的收益率和效率的法则，虽然我们看到，利润并非像在纯粹资本主义中那样在股东之间分配。"② 尤其是随着"文化经理人"的到来，文化非营利机构的运转机制发生了变化，董事会与执行团队分开了，告别了艺术的时代，走向了管理与务实，虽然还是在非营利领域，但经营意识上升了。

---

① ［法］弗雷德里克·马特尔：《论美国的文化》，周莽译，商务印书馆2013年版，第436页。
② 同上书，第288页。

文化机构的负责人通常是一个高水平的职业管理团队，尤其是金融、市场调研、筹款和教育领域的人才，艺术只是其执行职能中的一个侧面。与之相应，在文化界按照企业的模式，出现了以项目为基础的组织，文化机构越来越像是一个网络性平台，非营利剧院采用了企业和好莱坞的方法：减员和外包。此外，在美国的文化机构志愿者是一个普遍现象，每个文化大机构都有成百上千名志愿者，他们每星期为自己城市的博物馆、芭蕾舞团、歌剧院或乐团提供两三个小时的志愿工作。美国的文化机构越来越倾向于"全能"，不仅可以开展研究工作、供人们查阅研究资料，多数博物馆还开设艺术与实验电影放映厅，这是一些名副其实的电影资料馆。而且国民使命感使其越来越体现公益意识，通过书籍、音乐、电影和戏剧，这些博物馆追寻着同一个目标，即对外开放以及使受众多样化，成为一个活跃的现代场所，和社区文化生活的核心机构，而不再是做一些简单的展览和文化遗产保存。

　　总体上，"非营利目的、雅文化和独立，这三个表述概括了美国的文化大机构的基本特征。通过它们的董事会、基金和募款，它们构成了一个非常独特的体制。它们属于真正的第三类事业，既非市场，又非国家，而是人们所说的'非商业的文化经济'。它们的自主性是至关重要的，它们的非营利属性不仅被人们承认为公益，而且是它们的独特之处。与基金会、社区和大学一道，这些文化机构皆构成了美国文化公民社会的核心"①。

　　再次，美国文化体制运行高效的奥秘是坚持文化多元化原则。文化多元化作为一种绝对价值，经由一系列策略和文化实践来体现。首先是对公共补贴（国家艺术基金会、各州的文化事务处）的使命的改造，明确关注美国的创造力和文化多元性；其次是各基金会和非营利文化机构对待文化态度的转变，扶持黑人和少数族裔文化；以及在各大学和主要文化机构确立的文化多元价值观。结果终结了美国东海岸的精英主义文化领导权，文化多元化成了美国的新信条，而且越来越得到强化。美国是正在运行中的多元文化主义的实验室，可以说文化多元化在美国首先是一种现实，尽管是一种族裔标准意义上，而非审美形态及其风格的多元化；"文化多元性"的理念在美国被发明出来，现在却成为欧洲和联合国教科文组织的武器，试图以文化多元性来与美国抗衡，因批判的靶子不对当然效果不佳。然而吊诡的是，生成于多元化基础上的美国文化，依托其强势的文化

---

① ［法］弗雷德里克·马特尔：《论美国的文化》，周莽译，商务印书馆2013年版，第306页。

创意产业和高科技在世界各地碾压多元化的民族文化。在内部是多元文化的活力四射，可谓生产出世界最多元的文化；在外部却是好莱坞等输出千篇一律的美国主流文化，以其文化的均质化建构全球文化霸权。内部的多元和民主化、外部的帝国主义和文化霸权，这就是美国文化体制的双重面孔，对此的考察缺少任何层面都是片面的。其实美国文化霸权真正可怕的不是其主流文化的均质化和平面化，而是其文化多元化基础。"增强多元性并且将多元性输出，不管欧洲人怎么看，对于美国而言，这符合一种忠实于普世主义的方式，自美国独立以来，这就是美国的特性。更进一步说，文化多元性是这种美国式的新普世主义的发明，与欧洲的传统相抗衡。""美国不仅仅因为拥有一种帝国主义文化而称霸全球，同样因为它随着众多的少数族裔而变成一个微型版的世界。因此，应该担心对欧洲人构成问题的是美国文化多元主义，而非多元性的缺乏。"① 应该说，美国主流文化价值观的建构和传播得益于文化多元主义的成功。此外还受益于两种力量：一是美国文化创意产业发展的高端化，使其从好莱坞黄金时代的大众文化过渡到一些小众文化，市场细分越来越专门化和分离化；二是基于高科技支撑的无数分化与互动的可能性，使专门化和分离化的运动得到加强。可见，"一个能够将产品适应于全球各个文化人群的特殊期待的多元的美国，要比旧时的千篇一律的好莱坞的美国更加具有霸权性，这是正在发生的事情。文化多元性至少是美国人所看重的文化多元性，因为美国人常常维护的是'自己'的多元性，族裔的考虑多于审美，他们不考虑其他人的多元性，这正是美国能够用来加强其在世界文化中的霸权的手段"② 。族裔意义上的文化多元化多是平面化的，而审美意义上的多元化则要追求美学的深度和风格的多样性，前者是美国正在演变的现实，后者是欧洲努力维护的高雅文化的精髓和中国文化的神韵。

　　美国文化霸权的建构当然离不开其经济实力，但更重要的是："在上游，独特地交织着大学艺术实验的卓越水平、特别活跃的'亚文化'和社区、比欧洲更确定的公共关注。此外还有几百个基金会对文化的不懈支持、激励性的税收政策、工会的积极支持、非营利机构的核心作用和更近时期的企业文化赞助。"③ 此外，还有公共政策执行机构即几十个文化事务处和联邦政府、各州和各城市的直接和间接支持，主要是间接支持。正

① ［法］弗雷德里克·马特尔：《论美国的文化》，周莽译，商务印书馆 2013 年版，第 446—447 页。

② 同上。

③ 同上书，第 430 页。

是这种"梯级"概念的多重视角与合力形成了美国文化体制运转的独特模式和文化生态系统。可以说，美国有着全球最强大的文化创意产业，它与非商业的体系既分离又交织。所谓分离是指在法律和经济上，它们遵循着不同的逻辑以根本不同的方式构成；所谓交织是指它与非营利的文化创意系统保持着深层次的内在关联，这些关联远比人们想象的要深。其实，在美国文化整体都面向市场。非营利文化及其艺术家和机构与商业文化彼此互动，商业文化从非营利文化中得到启发、滋养和修复，如有必要，商业文化也大规模传播非营利部门创作的产品。这一切形成了美国去中心化的充满活力的文化体制："在三个既分离又融合的领域，即公共领域、公民社会和市场，这一文化体制结合了：处于弱势地位的国家，但国家以间接方式介入，有极强的规范能力；市场之外的独立机构，但它们受市场经济的影响越来越明显；活跃的基金会和有效的院外游说团体，它们有助于不断纠正这一体制；拓展多元化的社区；产业界，所有的一切都在这个产业里被摧毁同时又被改造，从这里生产并传播了全球商业文化中的绝大部分产品；富有的捐赠者，面对流行文化，他们捍卫产出精英主义文化的文化。总之，这一体制看起来既不完全独立于国家，也不完全受市场的主宰，一切皆出于稳定的平衡之中。"① 这一体制形成美国独特的文化价值观，表面上看，美国的主流文化是契合市场经济的大众商业娱乐文化，美国人以此攫取了欧洲人的"文化领导权"，从此不再仰视或在欧洲人面前感到自卑，而是以创造出世界流行的美国大众文化感到骄傲。在背后这种主流的大众文化也离不开借助慈善和各类基金会庇护的隐蔽的精英主义文化，它只是把在欧洲一直处于前台的高雅文化放在了流行文化的背后和文化结构的潜层，由此孕育出深厚的文化创新和多元化探索意识。可以说，美国主流文化价值观是有着精英主义的身影，尽管是影子，力量却并不虚弱。

理解美国文化体制的关键不在于像世界上大多数国家那样的政府与市场的对立，而在于商业与非商业的划分，即营利与非营利的划分。文化生活被交到公民社会手中，完全地去中心化，没有公共控制，但文化生活却不一定独立于市场，也并非没有高质量的文化产品。相反，这一非营利体制致力于维护多样和多元的文化，并形成诸多大众文化经典。虽然它无法掌控文化的标准和定义，却产生了多种文化行动和独特的艺术计划，尤其经由创新实验和充分竞争在显性层面形成了美国式的主流文化，并向全球

① ［法］弗雷德里克·马特尔：《论美国的文化》，周莽译，商务印书馆 2013 年版，第 431 页。

倾销这种美国式文化产品。这一体制充分调动了社会的力量，通过把文化交给社会激发了全民族的文化活力，不论是大学还是教堂，社区还是商业企业，全部自发地为文化体制做贡献，这启示我们要大量培育文化非营利组织，培植激发文化活力的社会细胞。就文化自身发展而言，文化应该有不同的形态和消费层次，也就是它有不同的使命，不论是卓越水平、文化保留、大众平权、多元性、创新、教育乃至参与，全都由不同的机构和资金来承担。由此形成的是一个高效率的体制，"相对于中央集权的文化政策，它证明了问题不一定在于是否拥有文化的公共预算或者预算增加与否，而可能更多地在于政府应该建立起来哪些能有效地推动有活力的多元文化的机制、哪些间接补贴、怎样的杠杆效应、哪些管制措施，即使政府并不直接补贴文化。一个富有而积极的文化部并不意味着是一个关心文化的政府，同样，一个受到限制而只能间接地、不动声色地资助文化的政府也不一定意味着是一个冷漠的政府"①。这一运作模式很贴合艺术的本性，凸显了艺术的不确定性和复杂多样性，因而有利于激励艺术创新和相互竞争，在运作中那些评价失误或者不良后果都被众多竞争机构予以纠偏，当政府不资助时，基金会就接手；当某个美术馆拒绝当代艺术，就会有新的当代艺术馆诞生，这种去中心化的多元化有利于维护良好的文化生态系统。美国成功建立了一套有效的、比较稳定的协调的文化体制，而且能不断地自我纠偏，这被视为美国文化的一个主要品质，即纠正错误的活力和实效性。虽然资助的多元化不利于选择最具实验性或最前卫的艺术家和项目，但却有助于追求专业品质，尤其有助于追求独创性。

文化多元主义有其积极性的一面，就是他让每个人都有一种认同，而属于一个社群（族群），从而减少孤独感和劣势感，造就一些更坚强的个体的稳定的社会归属感，以及一些对抗歧视的手段。社群重新把权力交给个人，为他提供一些参与和"共同生活"的机会，使其以一种能够体现其价值的"亚文化"活下去；而其负面后果也是显著的，非但没能促进多元，有可能鼓励单一文化主义、分离主义，导致文化的支离破碎。这种文化多元主义把同一社群的个人汇聚起来，却将美国人分化和分散，"去中心化"面临的问题不再仅仅是推崇一些强大的认同和创造多元性，而是创造一个共同世界，即一种"共同文化"。美国文化体制的复杂性使其处于两难境遇：如何在建构一种共同文化的同时，又不会摧毁那些社区身份认同？

----

① ［法］弗雷德里克·马特尔：《论美国的文化》，周莽译，商务印书馆 2013 年版，第 440 页。

有一组数据很能说明问题：在美国就业人口中约有 200 万职业艺术家，占就业人口的 1.5%，其中有大概 0.8% 在非营利艺术领域。尽管美国文化体制缺少公共补贴，但却成功地把众多艺术家推向了就业市场。依靠社区和大学在上游产生或培养创意者，依靠非营利机构和文化产业在下游雇佣他们，美国经济给艺术家提供了成千上万的工作机会。在创意产业领域，美国经济提供了数以万计的职位，美国文化体制的力量在于能够通过其产业界、非营利机构、大学和社区给艺术家提供工作，能够实现大规模就业，正是这些人力资源形成美国文化的世界高地。

可见，显隐两个层面的运行构成了美国的文化体制，正是整体的文化而不是大众文化构成了美国的"软实力"，由此它借助于价值观、生活方式、文化和新技术，使美国在"硬实力"之外，能够更大程度地主宰世界。如果对美国文化体制只见其一不见整体，那么对美国文化霸权的对抗将是脆弱的和无效的。美国把商业文化与"反文化"、前卫和雅文化、数码艺术和全面的无限丰富的族群"亚文化"相交融，由此产生的活力使之越来越难以抗衡。但它同样也面临挑战：商业领域与非商业领域的划分是美国文化体制中的关键，如今这种划分受到市场对非营利领域的影响以及公民社会被削弱的威胁。主要危险不一定来自市场本身，而是商业领域的强势扩张，特别是向非营利机构和大学的扩张，导致其向商业化靠拢，致使那些曾经建构起来的可以纠正市场对文化影响的机制越来越不灵了。当然，这只是一些倾向和苗头，非营利的美国文化体制仍是世界上最高效的文化体制，而非营利机构与市场经济之间的法律和税收上的分别，仍是清晰的，而且不断地被法庭和税务部门重新肯定。但就其旨趣让每一个人都接触文化仍是幻象，事实是只为大部分人提供娱乐文化，只为少部分人提供艺术（高品质的文化），这再次体现了美国文化体制的双面孔。

美国对"文化例外"政策的践行，是通过合法性地掩盖其巨额的间接补贴、鼓励公民参与的那些内在的配额和文化领域存在的许多管制措施，美国人以为能够让人忘记他们同样也建构了一种名副其实的"文化例外"，这可以反驳美国在国际谈判中对文化自由化的要求。可见美国在国际上打着"文化自由化"的旗号与文化输入国谈判，其实它在国内以隐蔽的方式实施了以间接补贴和减税为手段的"文化例外"政策。美国文化体制最行之有效和备受批评的就是其商业化，而在其背后则充分利用了非营利的文化系统，其中就有公共资金的间接资助。有学者指出：在这种整体活力中，同样应该考虑到数量效应、大众、听众与票房赋予市场以强大的合理性，这些因素在某种程度上用"民主效应"肯定了大众文化。

还应该看到 20 世纪 60 年代以来，市场如何从美国的文化多元和各社区中得到滋养，其受益程度远超人们的想象。最后还有学术界从 20 世纪 70 年代在观念上对大众文化的接受，同样出于一种深层次的民主的理由，文化批评赋予流行文化以合理性。① 美国的商业文化远比它显示给人们的复杂得多，作为其主流产品——大众文化的生产完全建构了一套"合理化"的策略：其强大的文化产业不断运用所谓的民主论据来树立或者加强一些经济和商业的思想路线，旨在混淆大众文化和商业文化。这种通过伪饰的战略性的刻意的混淆，其结果就是著名的"流行文化"，让人们可以将一种纯粹商业的文化作为民众的选择来加以合理化，从而使其在市场上所向披靡。

在美国文化体制运行中，国家（政府）在"文化"应该是什么的问题上保持中立这一根本思想，推动了"去中心化"和文化多元化的发展。在美国，没有文化的宗教，更没有关于休闲的说教。很大程度上，美国体制的这些不可估量的核心价值解释了它的成功和普遍的吸引力。艺术是由精英集团捍卫的，娱乐则交给了市场。对于其中的奥秘，有学者指出：一方面，这个国家输出的文化千篇一律；另一方面，这个国家鼓励、践行和捍卫文化多元性。一方面，是对国家的恐惧和对市场力量的信心；另一方面，是公民社会、基金会、非营利机构、大学和社区。一方面，是文化行动的民主理念；另一方面，是国家的脆弱和商业文化帝国主义的现实。②

美国培育文化竞争力的经验启示我们要建立有效地激发文化产业发展活力的体制机制，包括如何实施补贴和以怎样的杠杆进行规制，以怎样的视野和眼光确保在文化产业发展中牢牢掌握文化领导权。在建立和完善文化产业管理体制中，既要依赖市场灵验功能的发挥，发挥市场在资源配置中的积极作用；又要谨防市场机制失灵（扼杀艺术的多样性及其创新冲动），而要充分发挥政府和文化非营利机构的作用，保护高雅艺术、原创艺术、版权。可见，即使在文化产业发展中，也不能局限于商业文化领域，机械地认为市场在资源配置中发挥决定性作用，而是要兼顾文化产业的多重属性和多维价值，关注文化产业的伦理维度。就文化领域来说，未来世界的文化战也许既不是冷战时期的意识形态之战，也不是亨廷顿所预言的那种"文明的冲突"，而是发生在世界文化经济体之间的文化经济

① ［法］弗雷德里克·马特尔：《论美国的文化》，周莽译，商务印书馆 2013 年版，第 459 页。
② 同上书，第 460 页。

战，其结果取决于文化产业力量的博弈。因而，"如何面对和建构在一场可能改变世界文化战略力量间权力平衡的'文化世界大战'所需要的战略资源和手段，以确保不被摧毁。在这样一场全新的文化战争中，通过制度攻击、跨媒体衍生攻击、网络攻击、生态攻击等来制造文化市场危机和文化恐怖，摧毁国家文化体将成为新文化战的最主要的方式"①。

事实表明中国必须要形成强势的主流文化及其产业化支撑，才能在市场竞争中发挥软实力的作用！只有国内市场的充分活跃和创造力迸发，文化才能真正"走出去"。中国不仅有着深厚的传统文化资源，而且还有着丰富多彩的少数民族和地方民间特色的文化资源，完全可以形成主流娱乐的多元化的文化产品。当前文化建设的一个深刻悖论是：中国的主流文化（大众娱乐文化）如何与主体文化（以马克思主义为指导思想的主旋律文化和以儒家为核心内容的传统文化复兴）相互渗透融合，在相互沟通与对话中相互支撑、相互促进。通过完善保护机制激励艺术对卓越性的追求，还要意识到对民族文化最好的保护是发展，而不是放在博物馆里养起来，也就是放开市场鼓励竞争，在某一主导行业上形成比较优势。国际经验表明：当一个文化越是通过配额与审查加以保护，那这个文化的销量就越会减少。因为在全球化和互联网的时代里保护是没有用的，正如中国人和埃及人的例子所证实的那样，通常行业才是抵御市场的最好武器，只有拥有强大的产品和主流流行的行业才能避免进口。只有通过更加强大的国内市场和出口才能有效地抗击外国产业。②

如何打通不同类型文化内涵之间的关联？使精英文化与大众娱乐文化、民间通俗文化都在市场细分中有自己的发展空间，既有各自的界域和运作机制，又要在发展中相互交融和渗透。在本质上文化是共享的，是发展的，不能以僵化的思维看待文化。全球文化博弈中，美国文化的强势与欧洲文化的守势，主要源自欧洲人对文化的定义是历史的、传统的，又是精英的，因而是反主流的，这就与全球化数字时代不相适应。也就是说它与当前全球流行的主流文化是不一样的，不是按照国际标准生产出来的创意产品。因此，从市场视角看，这种文化成了一种小众产品，而不再是一种大众文化。"或许欧洲人仍然引领着视觉艺术、古典音乐、后现代舞蹈以及先锋诗歌的品质，但是与电影大片、畅销书和流行音乐相比，其国际

①　胡惠林：《国家文化安全研究导论》，上海人民出版社2013年版，第422页。
②　[法]弗雷德里克·马特尔：《主流——谁将打赢全球文化战争》，刘成富等译，商务印书馆2012年版，第380页。

贸易量几乎可以忽略不计。"① 像当年一样，今日的欧洲精英一边消费着美国的大众文化，一边嘲笑着美国的没文化。但与当年不一样的是，文化之间的边界被铲除了，文化的等级制被解构了，在全球化的网络时代，文化扁平化了，早就没了历史的深度。创意产业及其产品的国际化并不注重文化等级或者区分：它们既不赞成艺术，也不反对，只是没什么意见。迄今所有对抗美国文化霸权的尝试皆未成功，其结果是几乎所有国家的大众特别是精英阶层一边批评美国文化，又一边消费美国文化。改变的只是文化的观念和评判原则，文化得到尊重，难道必然要"脱离"经济和市场吗？各种艺术作品即使在欧洲也是在市场中被激发和创造的，现在评价创意产业成功与否的是数字（文化贸易量——文化影响力的体现）而不是作品。

---

① ［法］弗雷德里克·马特尔：《主流——谁将打赢全球文化战争》，刘成富等译，商务印书馆2012年版，第384页。

第五章　大文化视野中的文化产业管理体制创新研究

文化实践表明，单一的政府或市场的途径都不能解决文化发展问题，都难以实现文化的大繁荣。因此，文化产业竞争既要遵循产业发展的经济规律，又要尊重艺术卓越性追求的文化发展规律；既要讲经济竞争和技术共享，也要讲文化竞争；既要避免文化的发展缺乏产业支撑和市场支持，又要避免产业发展偏离文化航向及其文化安全问题的出现。发展文化产业在本质上要以市场有效竞争组织机制作为文化繁荣发展的驱动力，充分发挥市场有效竞争在文化发展中的作用。因此，在文化产业领域如何建立健全现代文化市场体系、充分发挥市场灵验功能，发挥市场在资源配置中的决定性作用与政府的宏观调控及其市场监管职能的统一，从而实现深化文化体制改革中的改革、发展与管理的逻辑上的统一，是建构大文化视野中文化产业管理体制创新的方向，也是不断提高国家文化治理能力和现代化水平的重要内容。

在文化产业发展初级阶段，必须在宏观视野和战略高度认识文化的地位，培育文化产业链意识，充分发挥市场在资源配置中的决定性作用，不断完善市场机制，建构与经济新常态相适应、与社会管理和文化繁荣相匹配，由政府引导、企业主导、社会、学界和个人共同参与治理的文化系统，从而推动文化产业大发展。

第一节　文化产业发展理念和管理观念创新

中共中央十七届六中全会在《决定》中指出：文化引领时代风气之先，是最需要创新的领域。必须牢牢把握正确方向，加快推进文化体制改革，建立健全党委领导、政府管理、行业自律、社会监督、企事业单位依法运营的文化管理体制和富有活力的文化产品生产经营机制，发挥市场在文化资源配置中的积极作用，创新文化走出去模式，为文化繁荣发展提供强大动力。党中央的要求为文化体制改革和文化产业发展及其管理体制的建构指明了方向，需要我们在实践中加以领会和贯彻。党的十八届三中全会进一步明确提出：坚持以人民为中心的工作导向，坚持把社会效益放在首位、社会效益和经济效益相统一，以激发全民族文化创造活力为中心环节来深化文化体制改革。这些创新的思想观念启发我们对文化产业发展及其管理体制建构的思考，激励我们试图用一种整体性系统性的动态思维来建构和创新文化产业管理体制。

1. 大文化视野下的理念创新

文化是民族的血脉，是人民的精神家园。随着文化在综合国力竞争中的地位和作用愈加凸显，文化经济化、经济文化化的世界发展潮流日趋明显，在新的历史语境下，文化发展一定要有创新思维和大文化视野，在全社会积极营造创新的文化氛围。对此，2015 年 1 月 28 日的国务院政府常务会议专门研究了"众创空间"问题，提出顺应网络时代推动大众创业、万众创新的形势，构建面向人人的"众创空间"等创业服务平台，对于激发亿万群众创造活力，培育包括大学生在内的各类青年创新人才和创新团队，带动扩大就业，打造经济发展新的"发动机"，具有重要意义。一要在创客空间、创新工厂等孵化模式的基础上，大力发展市场化、专业化、集成化、网络化的"众创空间"，实现创新与创业、线上与线下、孵化与投资相结合，为小微创新企业成长和个人创业提供低成本、便利化、全要素的开放式综合服务平台。二要加大政策扶持。适应"众创空间"等新型孵化机构集中办公等特点，简化登记手续，为创业企业工商注册提供便利。支持有条件的地方对"众创空间"的房租、宽带网络、公共软件等给予适当补贴，或通过盘活闲置厂房等资源提供租金较低的场所。三要完善创业投融资机制。发挥政府创投引导基金和财税政策作用，对种子期、初创期科技型中小企业给予支持，培育发展天使投资。完善互联网股权众筹融资机制，发展区域性股权交易市场，鼓励金融机构开发科技融资担保、知识产权质押等产品和服务。四要打造良好创业创新生态环境。健全创业辅导指导制度，支持举办创业训练营、创业创新大赛等活动，培育创客文化，让创业创新蔚然成风。这种创新意识同样体现在对文化和文化产业观念的理解上，也就是说要有一种大文化视野。从小文化到大文化，从办文化到管文化，新一轮文化体制改革是"五位一体"全方位改革的重要内容。

党的十八大报告提出，在中国共产党建党一百年时全面建成小康社会，在新中国成立一百年时建成富强民主文明和谐的社会主义现代化国家。对此，在两个"百年目标"中，文化产业除了成为国民经济支柱性产业还有何为？支柱产业意味着什么？首当其冲的就是文化影响力和凝聚力的增强，文化是全社会全民族共享的精神家园。深化文化体制改革在文化发展的顶层设计上与"两个百年"目标是一致的，就是要凸显"文化"在全面建成小康社会和建成富强民主文明和谐的社会主义现代化国家中的作用。一个"全面建成"的"小康社会"应是精神文化生活相对富足的社会，实现这一目标即全国城乡居民文化消费需求的有效供给离不开文化产业支撑，满足需求这是一个起码的衡量指标。全面建成小康社会的一个重要指标就是"文化软实力显著增强"。经过一番检视，有必要重新回味什么是文化产业？只有在大文化视野中进一步了解与把握文化产业的内在规律与运行机制，通过提升文化产业内涵，改变文化产业的内在机理，才能有效推动文化产业大发展。遗憾的是，无论对文化产业的认知水平还是对内在规律的理论研究，都不深、不足，理论上的困境也制约着现实的发展。

其一，合理均衡看待文化事业和文化产业，培育大文化观。十多年的文化体制改革成果显示，文化事业与文化产业作为文化发展运行的不同方式，都是为社会大众提供文化产品，都要考虑投入与产出比，也就是说要考虑成本预算、效率与效益。公益性事业单位要有市场意识才会有效率和服务意识，才会有效益的最大化；经营性产业单位要重视公共价值，才会有社会效益，也才能实现经济效益的最大化，二者并不排斥，只有做到两个效益的统一才能实现文化产品效益的最大化。十八届三中全会提出公共文化服务供给要引入竞争机制，引导社会力量和资本的参与以弥补政府投入不足。同时，也为产业主体提供了政府购买服务的平台，从而引导和推动符合整体利益、长远利益的文化企业有效发展，加快产业结构调整，优化文化产业资源配置。事实上，只有涵润和培育文化生产力，才能夯实民族文化发展的根基和实现竞争力的提升，才能优化国家文化体系和整体实力，进而增强国家软实力。因此，文化产业管理体制的建构和完善要着眼于大文化视野，既要看到文化的多重属性及其文化机构的事业与产业二分的合理性，也要看到市场条件下事业与产业的相互关联和相互促进。因此，必须深刻理解文化产业发展的两个根本——文化的根本、产业的根本——实质是回到"人"的根本。回到两个根本，就是经过螺旋式上升，再回到（大）文化上，实现两个重心（文化、产业）的合一，在这个过程中，文化（产业）的内涵获得了丰富，外延得到了拓展，以此来建构文化经济理论。深刻领会中央发展文化产业的目的——外在表征上成为支柱产业，内涵上引领民族文化的位态的提高和文化价值的丰富以及文明的跃升。同时，还要看到文化产业具有的前瞻性的支撑国家战略发展的价值！由此才能实现文化观念和发展格局的拓展以及产业形态的突破！

其二，对文化产业的理解不能泛化、庸俗化、窄化、单一化、浅表化、空洞化、虚无化，尤其不能恶意扭曲和功利化，简化为以经济维度（GDP）为主导或唯一评价指标。尽管在当下的文化产业发展中，有些文化企业出现了文化的空心化现象，以及某些事业单位的体制性空转现象，但这些都不是文化或文化产业的过错，是我们对待文化或文化产业的方式出了问题，忘记了文化产业发展的根本是主流文化价值观的传播。文化原本就具有意识形态属性和商品属性，此前是过于强调意识形态宣传而压抑了文化产品的经济价值，甚至不计投入与产出，导致一些文化企业（包括主流媒体）的不断萎缩和空心化运转。通过事业与产业的二分所开启的新一轮改革，凸显了文化产品的商品属性，极大地释放了文化产业的经济价值，使文化企业在市场上不断做大，形成了一定的文化实力和影响力的提升，有了一定的经济规模和体量，但不能由此忽略它的基础仍是在内容上，更不能简化为经济至上的功利化追逐。文化产业的特殊属性，主要指文化产业是一种文化形态，其次才是一种现代经济形态，因此要重视文化产品的文化价值，要深化对文化产业的认知。如在世界各地走红的舞台剧《功夫传奇》，其核心就是中国文化价值的传达力和穿透力，正是对其内容的消费，它才获得市场效益的成功。因此不能忘记，文化价值是文化产业的根本，没有了文化，一切都会变得庸俗化。说到底，发展文化产业不是简单地把文化（推到）交给市场，追逐市场效益的最大化，而是在市场条件下培育竞争力，通过产业化的方式运行，这样才能够提高市场占有率，才能实现主流价值观的传播。这样的文化产业才能成为有灵魂的产业体系，才能在文化产业国际竞争的舞台上占有一席之地。否则，就会沦为强势文化产业的廉价原材料供应地，和海外高端文化产业在国际分工体系中的低端打工仔。因此，文化产业管理体制的建构和完善要有圆融思维、大文化视野，在理顺关系中明晰重点，解放思想创新观念。

2. 传统管理体制的弊端及其创新吁求

何谓管理？通常，整个社会的管理依据管理目标所涉及的利益关系分为三个层次：当管理目标所涉及的利益关系关乎国家发展时，这种管理属于公共管理，其管理主体是政府；当管理目标所涉及的利益关乎单个企业利益时，这种管理属于企业管理，其管理主体是企业；当管理目标所涉及的利益关乎具有经济和技术同一性的多个企业的共同利益时，这种管理属于行业管理，其管理主体是非营利组织。三个层次的管理各有侧重，政府管理主要体现国家意志，行业管理主要维护行业利益，企业管理是为了实现企业利益最大化。在全面深化改革的语境下，就是通过健全和完善文化产业管理体制，把文化原有的计划管理体制转变为政府、企业和市场三者有机结合的新型的宏观、微观和行业管理体制，变政府对经济和企业传统的直接调控和微观干预为宏观的间接调控管理和市场监管。

很长一段时间，我国一直实行的是计划经济体系，经济运行的方向和过程由政府主导，反映在文化管理体制上，体现为高度的行政依附性，形成了高度集权的中央管理模式，成为一种依靠行政命令实施管理的体制。其特点是从中央到地方，形成了一个庞大而严密的封闭式文化行政管理网络，由部长级的各个文化职能部门统管全国的文化工作，采取"条"、"块"结合，以块为主，双重领导，分级管理的管理形式，在中央层面主要由文化部、新闻出版广电总局和网新办三个部委，在其上还有更高级别的主管思想文化宣传的协调机构——中央宣传部，而在地方上则是属地管理，由地方政府统辖人事、财政，上级业务部门指导；一切行政权力（人事权和财政权）均集中在各级文化机关，依靠行政手段进行调节，从文化发展的整体规划，到各个文化单位的任务、资金及业务指标，均由上级部门制定，人事安排由上级任命，甚至连上演的剧目、电影剧本、出版选题都要由文化机关审定，文化生产单位没有自主权；强调文化是上层建筑，是意识形态，要接受党的领导，强调为政治服务，因此对文化发展有诸多政策限定；文化经费基本上由国家统包，只讲投入不讲产出，生产单位没什么积累，亏损也会由国家补贴，因而缺乏经营机制和独立核算的能力。可以说，在特定历史时期这种高度集中的管理体制具有政令畅通的高度行政性，对文化发展起过积极的推动作用，但其弊端和问题也暴露无遗。因忽视市场的作用，造成资源配置的不合理和低效率，形成各自为政、壁垒林立，妨碍市场主体的公平竞争，及其文化发展活力不足。在市场经济条件下，这种管理体制难以适应文化产业发展的内在要求，严重抑制了广大文化工作者的积极性，忽视了不同文化生产部门的特点，压抑了文化艺术表现形式的多样性和创新性，使文化供需矛盾日趋严重而难以满足大众的文化消费需求，文化市场出现"战略性短缺"，文化发展日益不适应改革开放的社会大环境，导致文化发展严重滞后于经济发展，文化产业发展缺乏市场竞争力，文化开放度不高，在国际竞争舞台上更是缺少话语权。经过 20 世纪 80 年代以来的几轮文化体制改革，特别是 2003 年启动的新一轮文化体制改革，基本上建构了与社会主义市场经济体制相适应的文化管理体制，重构了新时期的国家文化价值观。同时，针对文化领域职能交叉、多头执法和管理缺位等问题。一方面，对新情况新问题加强监管、理顺关系；另一方面，进一步创新管理体制、发挥市场的积极作用。现在各省市基本上在文化市场领域实行了统一综合执法，不断创新监管机制，整合执法资源，建立完善"统一领导、统一协调、统一执法"的综合执法工作机制，建立科学有效的文化市场行政管理体制。但因文化产业的新生特点和复杂性，在文化产业领域尚未建构完善的管理体制。虽然文化体制改革已进入"窗口期"，但在文化管理体制上还存有计划经济的阴影，如对行政权力的过分迷恋、迷信，和对面向市场的误读。其实，不懂市场机制就不懂生产与需求的多样化，误以为文化进市场一切都会乱，相反，健全的市场自身的良性发展就有纠错功能。只有遵循市场经济规律、尊重文化发展规律，文化才会繁荣发展。美国的好莱坞是完全市场化的，但它在意识形态方面坚持宣传美国精神和价值观，张扬得非常充分，并没有搞乱美国社会，反倒能够帮助社会在多样化中寻找情感价值的平衡，其传播的是美国社会的主流价值观。文化面向市场，既是对文化多样性的尊重，也是对群众文化权益的尊重。在经营性的商业文化领域发挥市场在资源配置中的决定性作用，就是把文化生产的权利、选择的权利、评价的权利交给健全的市场机制和人民大众，充分发挥市场主体的作用，使有效满足大众差异化的消费需求成为文化发展的动力。深化文化体制改革的目标是明确的，那就是建构符合文化发展规律的管理体制和文化产品生产经营机制，通过改革基本形成与经济基础发展相适应、有利于文化科学发展的文化体制机制。在管理体制上积极探索文化管理的大部门制改革方向，尊重文化的发展规律，遵循文化产业的发展规律，以文化的方式掌握文化领导权，坚持文化发展的现代立场、民族特色和社会主义方向，旨在把中国文化培育成有影响的世界主导文化之一。

当前，社会发展多元化的现实、文化发展的多元化格局和多样化形态，以及以网络化和数字化为核心的信息技术的日新月异，及其文化与科技的高度融合、文化与社会的广泛交融、文化与经济的相互渗透，解放文化生产力的内在吁求和文化产能释放的"井喷"状态。其结果，一方面，文化产业发展呈现蓬勃生动活泼的态势，甚至出现过热、虚热的现象；另一方面，文化市场上存在文化产品的过剩、"战略性短缺"、供给失衡，及其竞争无序、混乱、缺乏明确价值导向等诸多乱象。面对乱象，头痛医头、脚痛医脚的管理方式和思维难以有效应对日益复杂的文化现实，文化的社会化大生产趋势以及生产性文化与消费性文化非均衡发展现状，都使得现有的文化产业管理体制显得僵化、弱化、迟滞，在管理上日益捉襟见肘，在实践中举步维艰。必须更新文化的观念，转变管理方式，建构整体的系统的前瞻性的管理体制，才能有效发挥政府的管理与服务职能。可以说，完善科学高效的文化产业管理体制迫在眉睫，否则难以应对现实的挑战和产业快速发展的趋势，难以形成积极有效正面的文化力，对提升文化产业的国际竞争力和国家"软实力"，以及全球化舞台上国家形象的建构，都会带来一定的负面影响。现实境遇呼唤大部门制的改革方向，中央层面上条块分割式的管理越来越被动，导致现实中文化产业大发展面临着管理与实践的日益脱节或被动疲于应付。疲于应对的结果，就是有意或无意忽略文化生产、传播和消费领域蕴藏着的某些危险（对主流核心价值观的侵蚀、销蚀和颠覆），更可怕的是对这种危险（危机）视而不见或有意遮蔽，以简单化或退回旧有"一体化"思维方式进行应对，这种"掩耳盗铃"式的管理思维只是愈加遮蔽、掩盖了危机。这表明在深化文化体制改革和在国家战略高度推动文化产业成为支柱性产业上，有关文化及其文化产业管理的顶层设计的思路还缺乏明晰化，党委和政府的职责边界并不明确。这在文化产业发展的深层次上阻碍了文化生产力，多环节申报、审批人为地割裂了完整的产业链，不仅造成高成本、压制了市场灵验，还有了追求部门利益与权力寻租的可能，抑制了文化产业的集群式、跨越式发展。实践证明，开放性、前瞻性、主动性的整体思维而不是被动的、狭隘的"管住"，才能抓住文化产业大发展的战略机遇。只有在产业发展和管理体制的与时俱进中，在尊重文化的发展规律中完善管人管事管资产管导向相结合的国有文化资产管理体制，才能真正落实中央提出的"牢牢把握意识形态工作主导权，掌握文化改革发展领导权"的要求。科学高效前瞻性的管理体制才能激活存量领域的"板结化"状态，真正释放存量领域的产能，使之在市场竞争中做大，通过文化领域的结构性改革，把绝大部分转企单位培育成合格的市场主体。相对于当下国有文艺院团改革的力度和任务的紧迫性，更应该在市场环境发育较好、市场化程度较高、实力规模较强的广电和出版领域进行以资产和产权为核心的全产业链改革，构建完善的现代文化产业发展体系；同时，在增量领域发挥市场配置资源的积极作用和灵验功能，以科技力量为支撑在增量领域培育文化新业态，拓展市场、提升附加值、塑造品牌，鼓励民间资本和民营企业在市场竞争中做强，形成以公有制为主体、多种所有制共同发展的文化产业格局。

　　文化产业发展面临的国际竞争压力和国内的复杂境遇，使各级政府在推动文化产业发展方面多有不适应。现有的管理体制处于政府职能转换和体制改革深化中，在很多监管环节上处于空白和缺位，又在某些利益环节出现越位。文化产业的行政管理在中央层面存在较大的行业交叉和多头管理。从实际运行上看，存在条块分割、各自为政，中央部委和地方政府之间的政策衔接和操作执行存在错位，导致文化产业发展规划高、执行力弱，这从文化产业的数据统计上可见一斑。表明政府在推动文化产业发展方面承担的角色和发挥的作用不够明确，往往交织在公共文化服务职责与文化产业发展职责之间，角色定位不清晰，难以厘清边界，结果既在公共投入方面不足，又在市场环境打造和服务方面缺位，直接影响到政策的价值取向以及政府在社会文化资源分配中的公共性、公正性和公平性，政府管理部门的公共性职能与市场取向都有待强化。当前地方政府扶持文化产业发展的某些乱象，并非都是市场自身的原因，反而大多是不懂市场或缺乏市场视野所致。不仅原有计划经济管理文化的弊端未能彻底根除，还在深化文化体制改革和增量领域快速发展中，形成新的利益分割和资源配置等矛盾，导致行业和部门利益保护色彩较突出。如从存量领域释放出来的市场主体，尽管已转企，但实际因产权结构的单一，还过多地依赖行政配置资源，甚至出现事业化管理方式考核的怪象，究其根本是没有在实质上按市场经济的要求，建立起法人治理结构和现代企业制度。虽然出现国有文化资本和民营文化资本共同占有文化市场的格局，但文化市场主体的相关规范体系以及政策支持方面还存在诸多问题。一方面，文化市场缺乏公平而规范的进入和退出机制，不利于文化资产的兼并和重组，使民营文化企业难以正常发育；另一方面，众多国有或国家控股的文化企业长期游离于文化市场之外，依靠政策支持来获取市场收益的现象依旧，在很大程度上弱化了国有文化企业的市场竞争能力和生存能力。

　　文化产业是综合性的跨多个管理部门的新兴产业，除了要协调党委和政府之间的关系，在政府内部由于领导分工不同也需要协调。文化、科技、教育、体育、旅游等部门通常由不同领导分管，部门之间缺乏协调，文化领域存在行业、部门和地域分割，难以形成整体性合力，这影响了文化生产、传播和功能实现的统合效果。因此，在更高层面实现文化统一协调、文化发展的统一制度安排，建构与之相匹配的管理体制，需要进一步理顺和厘清党委宣传部门和政府文化部门的职能、职责、职权，协调好"管天下"与"管脚下"，文化职能部门与直属事业单位要剥离，政事分开、政企分开。事业单位转为独立的法人实体，政府转换职能，做好规范、引导、监督、评价、信息提供等宏观管理工作。"政府在文化创意产业发展中的主要工作应当放在为各类市场主体服务和创造良好发展环境上。"① 当下，因中央在文化改革发展上缺乏清晰的顶层设计思路，虽然在基层的文化管理和市场综合执法上取得很大成绩，但深层次的弊端依旧，缺乏一种内在的沟通机制和产业管理的畅通体制，造成文化产业高调"造势"（虚热）却低效发展（缺乏有效突破）。虽然不少省市都设立了国有文化资产管理机构，以确保国有文化资产保值增值，实现了管人、管事、管资产有机统一，但因部门设置不统一，在中央层面缺乏对口单位，导致实际运行中成本高、执行力弱。只有完善文化法律制度与健全文化管理体系，才能为文化发展创造一个良好的环境，保证国家文化机构正常发挥功能。

　　长期以来，党对文化工作的领导实施的是全过程、大一统的管理，政府的文化管理职能虚置，造成党政不分、政企政事不分、管办不分，党政部门机构重叠，环节繁多，效率低下，已经极大地束缚了文化产业的大发展。建构和完善文化产业管理体制是文化生产关系变革的历史性要求，新的管理体制的建构和完善具有解放文化生产力和重建文化生产关系的重要价值。它不仅在实践上有利于深化人们对意识形态管理理念的认知，还在理论上为文化体制改革和文化产业政策创新拓展了空间。文化体制改革不是弱化党对文化的领导，而使党对文化的领导更加符合市场经济条件下文化建设的规律，提高党的文化执政能力。在较高层次上实现文化统一协调，文化发展的统一制度安排，建构与之匹配的管理体制，进一步理顺和厘清党委宣传部门和政府文化部门的职能、职责、职权，协调好"管天下"与"管脚下"，完善文化产业管理体制是深化文化体制改革的必然。转变党管意识形态的执政方式和发挥市场在资源配置中的积极作用，涉及党政关系，政府内部管理体制、政府与文化市场、政府与文化企业的关系等，是一场影响深远的文化体制变革。因此，党的十八届三中全会在《中共中央关于全面深化改革若干重大问题的决定》中提出，完善文化管理体制。按照政企分开、政事分开原则，推动政府部门由办文化向管文化转变，推动党政部门与其所属的文化企事业单位进一步理顺关系。建立党委和政府监管国有文化资产的管理机构，实行管人管事管资产管导向相统一。如何落实中央的要求是当前文化产业发展领域的重要课题，文化越来越成为民族凝聚力和创造力的重要源泉、越来越成为综合国力竞争的重要

---

① 刘玉珠：《政府在发展文化创意产业中的作用》，《求是》2008 年第 8 期。

因素、越来越成为经济社会发展的重要支撑，丰富精神文化生活越来越成为我国人民的热切愿望。在此语境下，建构并创新文化产业管理体制愈发显得迫切。对我们而言，就是要着重考虑如何在文化治理语境下，以对文化产业概念认知的深化来重构文化产业管理体制。推动文化产业管理由传统向现代科学高效的方式转变，使文化产业切实担负起自身的使命和社会责任。

3. 文化产业发展的理念和使命

当今世界正处于急剧变化的大发展大变革大调整时期，各种思想文化交流交融交锋更加频繁，文化在综合国力竞争中的地位和作用更加凸显，维护国家文化安全、捍卫国家文化主权的任务更加艰巨，增强国家文化软实力、中华文化国际影响力的要求愈加紧迫。随着 21 世纪以来的全球经济、政治、文化格局的重组越来越以文化产业为轴心展开，对一个国家来讲，培育一个在国际上具有竞争优势地位的主导文化产业，并融入国际分工体系的价值链高端，不单是要攫取经济利益，更是要提升文化势能，进而摆脱弱势文化地位，从而提升国家在国际事务和议题设定的话语权。事实上，在国际文化产业博弈中，只有使民族文化成为强势文化和"公共文化"，才能真正占有战略上的主动，文化产业才能成为国家的战略性产业。尽管中国已是世界第二大经济体，但中国的文化力量对于欧美主流国家的文化辐射是薄弱的，这种现状既与近代中国的衰落有关，也与当今中国对外传播力的弱小有关。事实上，在国际文化交往中，不能有效地阐释自我，就容易被别人阐释，这是一个基本事实。随着中国文化产业的快速发展，规模、体量和影响力的不断扩大，这种格局正在不断被打破。国际经验表明，文化产品（包括服务和版权）卖出去比送出去的效果要好得多。就此而言，文化产业在国家"文化走出去"工程中担负重要使命。

一定程度上，文化产业发展被视为先进生产力的表征和一个国家与城市现代化发达程度的尺度。从根本意义上说，就软实力的提升和国际形象的建构而言，发展文化产业不仅仅是夯实意识形态工作的经济基础，它本身就是当代意识形态传播的隐蔽基础，而且其效果愈发得持久和顽强，在输出文化产品的同时既传播了价值观，也俘获了人心。文化产业可谓软实力中的硬实力，它本身就是文化，就是经济社会发展的目的（可以全世界共享）。因此，我们要明白在文化产业发展中到底追求什么？不能形成文化领域的 GDP 至上倾向，否则就会模糊了文化产业本质的文化内容生产和服务的核心基础，不仅会损害文化产业的实质性增长和可持续发展的基础，还会丧失文化发展的使命感和社会责任。

因此，在文化产业发展理念上，首先，要深刻把握文化产业的特殊性，要树立文化产业是文化传承、创新和文化价值观传播的理念，而且是当今时代的一种主导性发展形式，这就要求发展文化产业必须遵循内容产业的特有规律（水往高处流），建构一套科学的内容产业生产的考核评价及监管机制。可以说，重视内容发展从内容出发是建构和完善文化产业管理体制的学理逻辑起点；其次，要树立文化产业是产业的理念，文化产业的强大要依靠市场而不是依赖政府，市场竞争力的提升和现代企业制度及其法人治理结构的完善是文化产业强大的基础，发展文化产业必须尊重市场逻辑和遵循产业发展规律，这是建构和完善文化产业管理体制的现实逻辑起点。

因此，现阶段文化产业发展要明晰理念和使命担当意识，它需要发展战略的高远与战术的坚实的协调统一。当今时代，文化在经济社会发展中的渗透和融合作用越来越突出，这种关联带动作用使文化力在经济社会发展中的地位空前凸显，文化力在经济社会发展中的地位日益重要。文化与经济、文化与科技的相互融合、相互渗透，形成了具有创新功能的文化生产力，文化生产力成为先进生产力的表征。"文化经济"说到底，其本质在于文化与经济的融合发展中突出一个"人"字。在推进"文化经济"的发展中，要始终坚持以人为本，充分体现科学发展观的要求。遗憾的是，我们既在人化的层面落后，表现为缺少精品及其经典化文化作品；也在产业化运作层面落后，表现为产业实力和竞争力不强，辐射力和影响力有限。这一切都有待于文化创意能力和水平的提高。大道无形，大味必淡，任何优秀的艺术都不是靠所谓重口味和大制作来唬人，来魅人，来取悦人的。它也许会邀宠于市场一时，却离艺术很远，它只是一具徒有其表的衣服架子，一袭有曲线勾勒却没有生命神韵的华丽旗袍。正如习近平总书记在《之江新语》①中所讲：文化即"人化"，文化事业即养人心智、育人情操的事业。人，本质上就是文化的人而不是"物化"的人；是能动的、全面的人，而不是僵化的、"单向度"的人。人类不仅追求物质条件、经济指标，还要追求"幸福指数"；不仅追求自然生态的和谐，还要追求"精神生态"的和谐；不仅追求效率和公平，还要追求人际关系的和谐与精神升华的充实，追求生命的意义。实践表明，激发文化发展中的活力和效率，培育文化的创造力，不仅需要转变观念、解放思想，更要深化体制改革，杜绝官僚化的片面政绩观和唯 GDP 至上的思维模式，自觉

---

① 习近平：《之江新语》，浙江人民出版社 2007 年版。

地按照文化发展规律办事。否则，出现那种原本最应敬畏文化的一些单位，却发生最"没文化"的丑闻就不足为怪了。近年来不时出现三五个地方争名人故里，和多地大拆大建、劳民伤财的"包装""申遗"，时而又出现"申遗"变"毁遗"的事件，其实骨子里只关乎功利"汲汲于营生"，既无文化，也无公益。皆因在心理和出发点上缺乏对文化的敬畏和文化资源的呵护，以商业马首是瞻，熙熙攘攘为利来，带来的只会对遗产的破坏和对文化的践踏。其实，发展过程中的"虚火"和"乱象"并不可怕，关键是要在完善市场机制下建构和创新文化产业管理体制，明确文化产业发展的战略定位。

首先，要在经济建设视野中定位文化产业的发展，文化产业发展要从思想文化宣传系统的"小圈子"融入国民经济发展的大循环中，才能真正成为支柱性产业。落实到战术操作上，发展文化产业要进入国家发改委的领导和各类金融机构尤其是银监会和银行家的法眼，这样才能获得实实在在的金融支持，而不是"纸上谈兵"，从而进入国民经济发展的核心，担当起经济发展转方式、经济形态升级的重任。

其次，要在"文化强国"战略视野中定位文化产业发展，要在市场条件下建立对高雅文化艺术的保护性机制，保护艺术想象力和追求艺术卓越性的独创性，解放和培育文化生产力，真正激发并充分发挥文化创意创新的驱动作用。从一种深刻性上领会文化产业的使命，说到底，从文化资源大国到文化产业强国，不仅是一个经济学命题，更是一个价值观建构和传播的文化命题。

只有从战略高度上为文化产业发展"铸魂"，从战术策略上为文化产业发展强身健体，才能使文化产业发展"魂体合一"，练就抵御外力强势侵蚀的"金刚不坏之身"，才能以其文化实力和影响力突破中国全面崛起所遭遇的"围堵"和困境，为中华民族的伟大复兴迎来和平友好的国际环境。事实上，没有文化的积极引领，没有人民精神世界的极大丰富，没有全民族精神力量的充分发挥，一个国家、一个民族不可能屹立于世界民族之林。一个国家的文化产业链越健全，其文化传播力就越广泛和久远，其国际形象就越清晰。

第二节　建构和完善文化产业管理体制的思考

从 21 世纪以来的文化政策演变中可以看出：中央政府正在试图建立

一种新的文化价值体系框架，主要解决两大问题：一是与不断完善社会主义市场经济体制的要求相适应，调整和完善文化政策体系，在全社会培育和践行社会主义核心价值体系，为"文化强国"战略的实施提供政策支持；二是与转变经济发展方式的要求相适应，通过调整和完善文化政策，使文化建设适应经济新常态，从而以文化促进社会融合，通过推动文化产业成为国民经济的支柱产业实现文化的经济价值。在文化发展的总目标上契合党的十八届三中全会提出的完善和发展中国特色社会主义制度，推进国家治理体系和治理能力现代化，推动文化管理走向国家文化治理并向文化善治转变。建构文化产业管理体制是促进文化产业发展的重要保障，也是体现国家意志的重要手段和方式。文化产业管理体制的完善，要以文化价值及其导向为出发点，要有大文化观与全产业链意识，充分考虑文化产业的双重属性，对政策目标的多重性有足够的认知。科学高效的文化产业管理体制的完善，有利于发挥政府有为和市场灵验功能的均衡，有利于促使文化产业朝着健康、有序、理性的方向发展。

各种社会文化发展迹象表明，文化体制改革正步入问题丛生、矛盾不断暴露的"深水区"。如何在市场条件下建构有利于文化产业发展的管理体制和运行机制，是深化文化体制改革的重要议题，也是贯彻和落实党的十七届六中全会提出推动文化产业成为国民经济支柱性产业要求，以及积极践行党的十八届三中全会提出的"以激发全民族文化创造活力为中心环节"的文化体制深化改革的要求的重要举措。近年来在国家政策引导和政府强势力量推动下，文化产业整体规模和实力快速提升，因国情、文化传统和现实境遇，这种快速发展的动力多来自外部性的国家政策调控和投资推动，而文化产业发展的内驱动力和消费拉动并不强。虽然政府的强势力量和政策导向以及公共资源的支持，促使文化产业发展进入快车道，并在经济新常态中实现"超常态"发展，但这种外推型发展模式的积极效应要有可持续性，就政府而言，必须建构与之匹配的科学高效的管理体制和运行机制；就市场而言，必须建立健全现代文化市场体系，提高文化消费能力和水平，发挥市场灵验功能实现文化产业发展由外推模式转为内驱模式。

一　文化产业的特殊性是建构和完善文化产业管理体制的逻辑起点

自 20 世纪 90 年代以来，全球范围内文化的地位不断上升，文化的作用不断凸显，文化政策日益由边缘走向中心。[①] 可以说，文化问题已深深

---

① 　方彦富：《文化政策研究的兴起》，《福建论坛》2010 年第 6 期。

嵌入发展观之中,人类社会发展显然不能缺乏文化的维度,文化的发展成为社会发展的重要内涵,文化的繁荣成为发展的最高目标。文化在当下越来越以文化产业的形式显现,甚至全球经济、政治、文化战略格局的重组也以文化产业为中轴线展开。文化,作为日益强大的产业,已成为发达国家国民经济的重要支柱产业。文化产业竞争力,说到底是一国文化的竞争力,文化产业之间的博弈是不同文化体系之间的竞争。正是契合全球发展趋势,党中央把发展文化产业提升到国家战略高度,并在《国家"十二五"时期文化改革发展规划纲要》中作了全面部署,用合力推动文化产业集群式、跨越式发展。

文化产业是文化发展到现代工业文明阶段涌现的一种全新的文化生产方式和发展形态,是契合文化社会化大生产与消费产生的新的业态和生成方式。文化产业已成为世界经济中最具活力的经济部门,它具有创造财富、扩大就业和增加出口收益的潜力,同时又有利于促进社会包容、文化多样性和人类社会的良性发展,有利于提升城市形象和知名度,是发展中国家新的选择路径,它标志着国家经济发展模式的调整和增长方式朝着内生型转变。随着文化产业的快速发展和向其他领域的渗透,文化产业越发具有"跨界"特征,产业之间的渗透性和关联度越来越高,随着实践的变化,人的观念和国家的政策导向必然发生变化。现有的管理体制无论是宏观政策调控还是微观机制运行,已很难适应和满足文化生产力发展的要求,一定程度上抑制了文化产业发展的活力。建立一个综合性的宏观协调管理与推动机构,以应对文化产业的跨文化、经济与科技行业,以及跨部门特征,打破条块分割的区域及行政管理壁垒,是大势所趋。

文化和经济日益融合的趋势,尤其是文化产业在全球的迅速崛起,是各国政府和学界开始关注文化产业管理体制改革与重构的动力。文化产业的特性决定了世界上大多数国家都采取政府主导与市场灵验相结合的发展模式,特别是在初级阶段通过采取政策倾斜扶持文化产业发展,以政策导向和管理体制的完善来体现国家意志、文化理念和文化追求,已成为国际文化产业发展的一种主导趋势。我国的现实国情、文化传统、文化制度和文化产业发展的阶段性特点,都亟待政府建立一个协调力强的管理机构实行文化产业的综合性宏观管理,以整合分散于各职能部门的文化资源和行政权力,形成推动文化产业发展的合力和主导方向。总体上,文化产业管理体制建构的价值取向、内容监管和决策过程,既要符合文化发展规律,又要符合基本国情和社会发展方向,要在管理的工具理性中实现中国特色社会主义文化的目的理性,在管理操作中体现价值导向。

建构文化产业管理体制，要明确文化产业的特殊性。也就是说，文化产业的特殊性是建构文化产业管理体制的逻辑起点。因为对文化产业理解的差异化视角而有着不同的命名：文化产业、创意产业、版权产业、内容产业、数字产业、文化创意产业等，不同的命名对应着不同的分析立场和意识形态策略，体现着不同的文化产业价值诉求和特殊意味。随着产业结构的调整和经济发展方式的转变，文化是生产力的观念越来越成为全社会的共识。通常，文化产业由内容、创意、科技、资本、服务多个核心要素构成，其中内容决定社会需求、创意形成版权、科技决定产业形态、资本决定市场规模、服务决定事业成败。经济全球化语境下，文化产业作为文化资源配置的重要方式已成为能够影响世界力量格局重组的变动因子，从而为各国政要所倚重。因此，一个国家的文化产业发展战略就是其国家的文化战略。伴随文化发展进入国家战略视野，通过制定文化产业发展的顶层设计和国家战略规划及其制度安排和政策引导，就成为现代文化产业管理体制建构的重要内容和特征。一般而言，对文化事业的管理，大都采用行政手段，通过行政命令来指导相关工作；而对文化产业的管理，更多依赖于法律、经济、金融等手段，同时通过市场竞争和优胜劣汰进行引导和调节。因此，立法、制度设计、政策调节是最主要的文化产业管理的形态、手段和机制。

文化产业除了具有一般产业属性之外，还具有某些特殊的社会和意识形态属性。由于文化产业在学科上是一个"学科群"的概念，在现实中是一个"产业群"的概念，它奠基于大规模社会化复制技术支撑之上，从而实现最广泛传播的社会功能，并以其经济价值的诉求和产业链的延伸和拓展，迅速向传统文化艺术的原创和保存这两个基本环节渗透：将原创变成资源开发形成不断延伸的产业链，将保存变成展示形成新的文化积累的主导方式，从而将整个过程奠定在作为文化产业核心的现代知识产权之上，形成了文化产业的特殊性。文化产业的特殊性主要指文化的创意创新能力——原创力及其价值传播，它处于文化产业链的上游，位于文化生产力的核心，决定着文化产业链的拓展和延伸及其关联产业的跨界与融合。现实中，我国文化产业竞争力不强的主要根源就是上游文化原创能力弱，文化原创力在产业中是以知识产权的形态实现的。知识产权是能形成和积累为文化资源能力的文化经济力量，是决定和构成文化产业链丰富程度的关键所在。

文化产业就其市场化运作的经营性质而言，它是以文化作为产业进行配置的资源，或作为产业发展的主要驱动要素，或以文化内容作为获取商业价值的手段，其鲜明特点是创意创新性，以服务供给为目标，有多重价值诉求如经济价值、社会价值和文化价值等。多重目标的价值诉求必然使文化产业发展关乎市场"看不见的手"与政府"有形的手"之间的博弈，因此科学有效管理文化产业是一道难题。文化产业的特殊性决定其发展的核心驱动力是文化创意和科技的融合，因缺乏文化思维，当前政府在对待文化产业上依旧注重硬件式的有形思维，而多少忽视创意和人才等在发展中的核心作用。甚至很少从市场层面考虑把文化创意作为真正意义上的独立消费品进行产业推广，进而导致现有的文化产业领域市场运作水平和效率较低，这种对特殊性认知的不足是现有管理体制的盲区。这种特殊性显现为：其一，文化产业的运行在本质上体现了以文化的意义生产和"符号"生产、流通、消费与服务为内容的文化经济生产关系；其二，技术进步特别是数字化网络技术和大数据、云计算等对文化产业的发展有着巨大的推动作用，文化和科技交融度越来越高，文化新业态不断涌现，文化产业链不断延伸；其三，文化创意创新是文化产业发展的灵魂和驱动力，但创意和艺术创新的培育大多需要非市场的力量，看似远离文化产业的文化非营利组织等夯实了产业发展的根基，因而要看到事业与产业之间的内在关联和相互促进的关系；其四，文化产业不仅要遵循市场规律和经济逻辑，也要满足国家、社会和公众意识形态的文化安全属性，积极传播社会主流文化价值观，如果单纯从经济角度考虑文化政策的制定，则通常会忽略文化的公共物品属性及其有利于公共利益的特征（必须整体性、系统性考量文化产业的政策制定）；其五，政策推动和制度（法制）促进是文化产业发展的基础条件和外部环境。

文化产业的特殊性决定了政府和市场在文化产业的发展中都会发挥重要作用，并在不同的历史时期和发展阶段都可能成为决定性的力量。政府在文化产业发展中的作用主要体现在建构科学有效的管理体制和运行机制，文化产业的健康理性发展不仅需要转变发展理念，更新管理观念，还需要政策调节和立法促进。市场机制下，文化产业运行机制是否符合文化产业的发展规律，决定了文化产业的作用和影响力的大小和实现价值的高低，这主要取决于市场调节与政府调控之间的关系、对文化创意及其文化创新的培育和激励、文化产业结构调整与现代企业制度的完善、文化产业投融资体系的建构及其文化消费的内生驱动，尤其是文化体制改革的深度和市场在资源配置中决定性作用的发挥。政策调节是政府进行文化产业管理的重要手段。政府通过文化产业政策的设计、制定与实施，不仅是实现国家文化意志的重要管理手段，而且直接影响到一个国家文化产业的发展程度和增长方式。作为特殊性的显现，文化产业发展还是整个社会文化价值体系的变动与重构，越是超越性的价值理念越是居于文化产业发展的核心。文化产业政策会直接影响文化产品内容及其价值诉求，而往往成为政策变动的重要力量，通过这种调整会进一步促使社会文化价值体系的变动和重构。通过激励、审查、规制、禁止等手段，使产业政策主体体现出强烈的文化价值取向，这种价值取向对于社会文化价值取向的演变有着直接的作用。就文化产业发展现实而言，因由不同的政府部门主管而使文化产业政策政出多门，其行业和部门利益保护色彩较浓重，未能充分体现政策应有的公共性、公正性和公平性。

作为产业群的文化产业包含的门类、行业很多，内部之间差异性很大，这给文化产业的管理带来很大困难。在本质上，文化产业是为了满足人的文化需求，往往在文化产品中内含着一个国家和民族的底蕴情调、价值诉求、文化理想、发展理念等，从而对国民的生活方式产生影响，这是文化产品被消费时产生的"外部利益"。"外部利益"指的是电视或电影产品对于生产者、观看者以外的人产生的利益。其实，"外部利益"就是产品被消费时产生的正面边际效应。如电影纪录片和电视评论等可以提升大众对国家制度、新闻事件、热点问题等的了解。可见，文化产业在社会化、产业化运行中因其文化性，包含特定的价值观，具有意识形态属性，这使它不能完全遵循一般产业的发展规律。文化产业作为文化商品生产、消费和流通体系的一个最大特性体现为它是价值和意义的生产、流通与消费，而价值和意义的生产、流通与消费直接与人的价值观、生活方式相关联，构成其日常生活的重要组成部分，因消费而影响文化认同。一个越发明显的趋势是文化产业的社会化大生产使意识形态的融入越来越具有隐蔽性，作为一种"低代价、高收益"的软资源，约瑟夫·奈称之为"一种无需投入过多，相当有价值的软力量资源"[①]。在全球化时代，文化产业不但是意识形态传播的基础，而且还强化了意识形态的时效性和影响的广延性，文化产业发展的上游化趋势进一步增强了意识形态传播的隐蔽性。可以说，意识形态的自我调适和创新是影响文化产业发展和制度建构最大的内生要素，意识形态理论体系的张力结构与创新是制约文化产业发展的驱动力之一。

建构和完善文化产业管理体制，要明晰文化产业的特殊性，即文化价值是文化产业管理体制建构的出发点和着力点。文化产业在社会化、产业

---

① ［美］约瑟夫·奈：《美国定能领导世界吗？》，军事译文出版社1992年版，第160页。

化运行中因是价值和意义的生产、传播和消费，直接关乎人的价值观形塑和生活方式的养成，从而影响消费者的文化认同。因此对文化产业的内容管理要通过政府杠杆、评价机制、资金导向、园区和产品等各类机制，引导和规范其在内容生产中弘扬什么、反对什么，倡导什么、抵制什么，从中体现鲜明的人民性导向。同时，文化产业又以营利性和对经济效益的诉求不同于文化事业的公益性品格，尤要发挥市场灵验的功能和遵循市场经济规律。从市场机制看，文化产业必然导致文化商品属性的凸显，甚至可能形成商品性独尊的格局，而忽略文化产品的精神特质。同时，文化产业要求大规模生产，只有规模生产才可能产生好的经济效益。因此，它必然依循大工业标准化、模式化的生产方式，追求大批量的投入和产出，导致文化生产中大量复制、模仿、赝品和一次性消费品的涌现，从而无视文化的艺术性及独创性的消亡。从生产方式看，它属于内容产业，要注重创新创意；从资源转化看，具有低碳、低消耗、内容资源可持续开发的特点；从产业收益看，具有高风险、高回报的特点；从生产成本看，具有高研发成本、低复制成本、品牌效应的特点；从与科技的关系看，愈加依赖高科技的支撑而呈现文化与科技的交融，以高科技支撑或基于高新技术平台的文化内容需求的消费，成为文化产业发展的主要驱动力和趋势，其发展形态是新媒体产业或新兴文化业态。因此，建构有效的文化产业管理体制必须洞察其特殊性及其内在结构性矛盾，基于技术创新对产业驱动的发展趋势作前瞻性的回应，在矛盾的动态中完善文化产业管理体制。

因此，基于文化产业特殊性的管理体制建构，首先要注重协调其文化价值、社会价值与经济价值的统一。文化产业的特殊性决定了政府对其实行价值引导和监管与规范的合法性，宏观调控、相应的扶持补贴和内容监管是主要管理手段。当前，对发展文化产业的重要性已形成全社会共识，但对文化产业特殊性的理解尚不到位，对政府在简政放权推动文化产业发展中牢牢把握文化领导权的认识不足。事实上，加强对文化产业管理是保证社会主义文化发展方向，加强党对文化的领导的重要保障。

其次，作为产业，文化产业必凸显"产业"特征，即它所具有的经济性质、市场运作方式和产业管理规范等系列特征，在管理体制、经营方式和经济效益上同市场经济接轨。一方面，文化企业的生产与管理、文化产品的经营与销售、文化市场的开拓与培育、文化经济价值的估算与评定、文化消费的涵养与供给、文化广告的创意与运营等，必须遵循社会主义市场经济的规律。因此，管理体制的建构要从一般性出发，遵循文化产业的发展规律，发挥市场在一定条件下配置资源的决定性作用，其着力点要有利于促使文化产业朝着规模化、集约化、专业化方向发展。也就是说，文化产业管理体制的建构要以市场灵验为前提，以产业链的完善和拓展为核心对象，以主流文化价值观的传播为内容，以推动文化产业融入国际产业分工体系的价值链高端为诉求。就合理布局而言，大型骨干文化企业是文化产业发展的骨骼，中小微企业是文化产业发展的毛细血管和细胞。传统生产方式下的"小而全"的文化生产格局势必随着消费社会的来临，科技力量的交融与支撑，伴随文化产业的分工合作及其市场细分而被打破，那些专业性强、比较优势明显的中小企业会获得更多的发展机遇。因此，作为宏观调控的管理体制要推动产业合理布局。一方面，要培育市场占有率高的大型骨干文化企业，促进文化资源和要素向优势企业适度集中，以提高文化产业的集中度和文化产品的市场占有率；另一方面，要扶持中小微文化企业及其个体工作室的发展，不断拓展文化产业的广度和深度，提升其专业化能力，满足艺术表现形式多样化的追求。

二　政府与市场的关系是建构文化产业管理体制的叙述起点

管理体制的建构必然涉及政府与市场的关系，对文化管理体制及其改革的研究，是近年来学界的一大热点问题。政府在市场经济条件下的角色定位和职能转变是文化体制改革的重要任务，但在实践中因政策惯性和思维定势使这种转变迟迟不到位。在中国特色社会主义制度下，政府应是公益性文化事业的制度设计者，文化政策的制定者和第一责任人。但是，由于文化事业费和文化基础设施的投资严重不足，政府尚未真正承担起公共文化服务的职能。法律法规的欠缺以及部门分割，使政府在配置公共文化资源时缺乏科学性、合理性和有效性。十七届六中全会《决定》提出"基本公共文化服务均等化"、"城乡文化一体化发展"理念，明确了"完善覆盖城乡、结构合理、功能健全、实用高效的公共文化服务体系"的目标，以及"以公共财政为支撑，以公益文化单位为骨干，以全体人民为服务对象，以保障人民群众看电视、听广播、读书看报、进行公共文化鉴赏、参与公共文化活动等基本文化权益为主要内容"的原则。这些观念和原则尚需通过合理的文化制度设计和完善的公共文化政策来实施。具体说，文化管理理念、文化政策、文化管理方式如何适应文化产业结构调整和转变发展方式的要求非常紧迫。如何把握文化产业发展的特点，提高文化产业管理的科学性、合理性和有效性，正确发挥政府在促进文化产业发展中的作用，是当前迫切需要深入研究的问题。

有学者指出："政府与市场是人的经济活动行为建构起来的一种社会生

态系统，其主要功能是调节人的经济活动行为和关系，双方相互依存共在。无论是市场还是政府，都是由人建构起来的，并且为人的发展服务的。"①在文化产业发展过程中，政府与市场处于"管制—放松管制—平衡与再平衡"的动态结构，建构文化产业管理体制关乎政府与市场在文化产业发展中的恰当定位，政府与市场作为推动或驱动文化产业发展的两种力量，都给文化产业发展以深刻影响，在不同的发展阶段分别以不同的力量形态对文化资源配置起着决定性作用。"当不能有效地维护市场秩序的稳定和发展便不能有效地发挥市场在资源配置中的决定性作用时，政府的积极干预对恢复市场功能，健全市场机制就是至关重要的，甚至在某些条件下起决定作用。"② 可见，政府对市场的干预本身就是市场发展的一个重要力量。政府通过管制—放松管制来创造和维护市场的良好竞争秩序，为文化产业发展提供安全运行环境。政府与文化市场的关系不是要不要干预和是否进行文化管制？而是如何干预以及依据什么来干预？说到底，就是要建构一个什么样的管理体制。在全球视野中，政府对文化市场的干预有强调控，也有弱调节，完全自由任性的文化市场是没有的，文化市场的开放是相对的，有条件的保护是绝对的。即使市场自由度最高的美国，在国内文化发展中也是悄然实行着"文化例外"的原则。而一些国家（欧盟、日本、印度等）之所以以立法的形式禁止外资控股文化企业，就是为了掌握舆论引导权。须知，舆论是可以影响甚至左右政治行为和政治力量的。文化产业在市场上收获的不仅是经济效益，经济在舆论导向上也能变成政治，而政治则是经济的集中体现，文化产业的政治属性在市场经济中可生动地表现出来。因此，文化企业的兼并重组，不但较制造业领域更为谨慎，而且还要求采取"金股（特殊股）制"、许可证制度等规制手段，就是为了确保对文化的领导权。

市场经济条件下，政府主要担负经济调节、市场监管、社会管理和公共服务职责，其管理职能主要是统筹规划、掌握政策、信息引导、组织协调、提供服务、检查监督。文化发展不单纯是文化领域的事，需要全社会跨领域和部门的合力推动，尤其面对当前的文化境遇，单数的文化政策（cultural policy）难以有效涵盖复杂的现实。复数的文化政策（cultural policies）可以在文化多样性、文化管理与政治（意识形态）之间建立有效的沟通和互动，通过完善管理体制及其组织运作结构，建构一个文化制

---

① 胡惠林：《论政府与文化市场的关系》，《长白学刊》2014 年第 3 期。
② 同上。

度框架内的统一的自上而下分类分层的文化产业管理体系。其主要着力点放在完善调控体制、服务体制、监管体制上，包括管理机构及职能的设立和定位，规划的制定与落实，法律政策的制定与实施，投融资等财政金融支持体系的建立与产业对接，中介组织（包括行业组织和从业者组织）的管理等。微观运行机制包括：文化产业结构管理、文化产业组织管理、文化产业准入管理、文化产业发展管理、文化产业的国际交流管理、文化产品审查制度、市场准入制度、行业管理等规范的建立。建构文化产业管理体制是政府在"市场灵验"基础上实行公共干预的主要方式，是一种应对文化产业快速发展的政府行为。这种行为对应着文化产业的强势崛起，而崛起不仅成为文化发展、经济增长的重要驱动力，还重在以实力参与国际分工体系的重组。不断完善文化产业管理体制，可以纠偏产业发展方向及其结构的偏差，特别是低端产业布局，有利于促进产业结构调整；培育和支持对国家文化建设和文化经济发展意义重大的项目和园区，促进产业结构优化和引导产业结构升级，在发展中做到对文化资源的保护和文化环境的改善，提高和发展现代文化生产力；缩小文化资源分配差距和促使有效配置，促进社会文化公平，推动社会文化结构的现代变革，营造健全的文化生态环境，为推进经济结构的调整和发展方式的转变提供路径。

在文化产业发展中，政府的角色应是主导性的宏观调控和公共服务及其市场监管，负责制定国家文化产业发展战略和规划，为民族文化产业发展提供制度支撑和完善的产业政策配套，通过产业政策引导产业发展方向和产业结构调整，通过内容管理和基础管理不断构建有序竞争的市场秩序，而不是直接成为文化市场的竞争主体；现阶段，政府更应该通过政策激励和引导资金，为金融资本、产业资本、社会资本投资文化产业提供全方位的政策性保障，而不是由政府大规模直接投入资金。遗憾的是，政府虽然意识到了金融支持文化产业发展的重要性和文化消费对文化产业发展的内生驱动力，但至今尚未出台国家层面上的完备的系统性的文化市场准入和退出政策、文化企业监管政策、文化产业投融资政策、文化消费促进政策以及文化产品和文化服务的定价机制等等，部委层面上的政策的不匹配和内容衔接得不到位，导致文化产业发展的无序化、非理性化，发展不足、过热、虚热等乱象纷呈。如"扫黄打非"式的突击检查，导致对文化市场经常采取阵发性的运动式监管方式。此外，出于某种政绩观的考虑，地方政府往往舍本逐末，直接参与具体的产业经营，大规模地介入文化市场博弈和文化产业利益竞争，而出现政府职能的越位。致使由政府财政支撑的形形色色的文化工程层出不穷，从 20 世纪八九十年代的主题公园热到近年来的文化产业园区、创意产业园区、动漫基地热等，每一项投入都有说法，产出却疏于过问，缺乏对政策、项目实施效果的评估，导致这些项目85%处于亏损状态却乏人问津。如果政府文化行政管理部门不能真正履行好"政策调节、市场监管、社会管理、公共服务"四项基本职能，"推动文化产业成为国民经济支柱性产业"就是一句口号！

政府干预文化市场的正当性——市场失灵，是建构和完善文化产业管理体制的合法性基础。市场失灵是市场自身运动的内在规律显现，是市场自我调节机制发挥作用的暂时"中断"的症候，是一种自我循环系统的调整与改善。在提升国家文化治理能力和水平现代化的过程中，必须重视市场在资源配置中的决定性作用的发挥，进一步解放文化生产力，实现社会资源配置的效益最大化。建构和完善科学有效的文化产业管理体制旨在解决文化管理中"政府缺位"与"政府越位"的弊端。其前提是建立健全现代文化市场体系，完善相关配套政策及其文化立法，充分发挥市场灵验功能。在此基础上政府营造公平透明的市场竞争秩序，使市场机制真正在资源配置中发挥决定性作用。目前，需要弥补和加强的"短板"是：以大文化视野打通文化产业发展的各环节并完善产业链，尤其是培育和完善中介机构与组织如行业协会、版权代理机构、评估鉴定机构等，使其真正发挥行业自律作用；健全和完善市场信用体系建设，对市场主体和公民个人形成有效约束，在有效规范中提高公信力。

健全和完善管理体制的基础是现代文化市场的建构。有学者指出："一般市场反映的是人的一般经济关系，文化市场反映的是人的文化经济关系，以及由这种关系派生出来的其他关系，包括人们的社会政治关系等等。"[①] 正因为文化市场反映的是一定社会条件下人们之间的文化经济关系以及由这种关系建构的社会政治关系，这才有了关于文化商品的市场准入以及关于文化商品的生产与许可服务、审查等一系列制度设计与法律规定。市场准入制度就是一种规制，反映的是对某种非完全发育成熟的市场的"保护"。就其现实性而言，中国文化市场还有一定程度的政策性市场的意味，因其发育的不成熟而由政府主导、并有着明确的政策导向。因此，要建立健全现代文化市场体系，鼓励各类市场主体公平竞争、优胜劣汰，促进文化资源在全国范围内流动。推动文化企业跨地区、跨行业、跨所有制兼并重组，提高文化产业规模化、集约化、专业化水平。要提高市场的开发度和发育水平，制定并落实文化经济政策，支持文化企业在市场

---

①　胡惠林：《作为公共领域的文化市场》，《探索与争鸣》2014 年第 8 期。

竞争中发展壮大。发挥文化产业运行的市场机制的前提是足够多的市场主体，所谓市场主体是指文化市场运行过程中具有自我组织、自我调节、自我约束的机构和个人，它既包括决定市场供求关系的主体，即文化产品的生产者、传播者和消费者，也包括介入文化市场运行的主体，即政府管理机构和文化中介机构。通常文化企业是文化市场中的生产主体，消费者是文化市场中的需求主体，在现代市场体系健全的条件下政府还担负着文化产业的管理职能，同时也是重要的采购者。"政府相关部门作为政府购买公共文化服务的代表，同文化企事业单位或其他社会主体建立契约式管理模式。"① 文化产业管理是在法制框架下的依法管理，由政府行政部门和文化行业组织具体实施。文化市场规则的制定是政府文化产业管理的重要内容，它是一个由文化法规、制度政策和惯例组成的文化市场行为约束力体系，要求每一个参与文化市场活动的主体必须遵守。主要包括文化市场准入和退出规则、文化市场竞争规则和文化市场交易规则。

因此，政府工作的重点不是为具体产业提供资金和其他方面的支持，而是要维护市场的公平竞争。没有良好的市场环境，产业发展无从谈起。政府不是赤膊上阵，去直接干预微观主体发展。从改革开放以来产业发展实践看，就一般产业来说，政府是否扶持并不是产业能否快速发展的决定性因素，甚至不是重要因素。政府扶持的重点产业有些并没有达到预期效果，政府资金支持的重点企业其效果也未必好。相反，一些完全放开市场的行业往往有着很好的发展，显示出很强的国际竞争力。从资金层面来看，目前民间资金十分充裕，民间力量极为活跃。只要产业有发展前景，有盈利空间，民间资金就会很快涌入这个行业，并形成投资热潮。政府是否提供资金支持无关宏旨。政府的主要任务是如何保障市场竞争的公平、公正，如何按照帕累托效率准则，解决使资源配置尽可能合理或有效的问题。做到保障资金、人力、技术能合理地向有潜力的产业集聚，为资金资源、人力资源和技术的流动创造外部环境。政府扶持的重点应放在文化市场失灵的领域。如文化产业中的原创性环节和产品、技术含量高的行业和产品、投资风险较大的行业、具有可预期的良好社会效益的产品，等等。而那些市场自身能解决的，或者已经解决得较好的领域，应尽可能地用市场机制调节。从发展文化产业前景来讲，政府应把工作重点由推动国有文化单位做大做强，转变到扶持中小文化企业等方面来。

---

① 冯颜利等：《中国特色社会主义文化制度研究》，经济科学出版社 2013 年版，第 95 页。

另外，政府要有所不为，有所为。按照国际惯例：社会能自发形成需求并通过市场加以满足的，国家就不用干预；不能自发形成需求并得到满足而需要进行干预的，国家能间接干预就不直接干预；非干预不可时，能委托专业团队操作的，就不要自己直接上手。政府可以通过税收政策、基金会运作以及市场监管等发挥作为，可以通过税收等经济手段扶持文化产业发展。① 作为政府而言，不宜直接干预或参与文化产业发展，而是把职能转到加强监管和服务上来，运用市场手段调动社会力量的积极性，提供更多有效的信息、市场、技术、平台等方面的公共服务，科学制定规划，维护公平的市场竞争秩序；同时，完善无缝对接的支持文化产业发展的投融资体系，为企业发展提供外部服务（如基础性学科研究、公共技术平台、人才引进与培训等），增加科技研发投入，完善信息服务体系，积极为本地产品及品牌开拓市场做好宣传和推介工作等。譬如，香港特区政府在推动文化艺术发展中的角色定位：统筹者及催化者、所需基本设施的供应者及推动者，并于有需要时提供财政或其他资助，以培养艺术新秀或发展新的艺术形式。以香港画廊集聚区发展来说，对于画廊集聚区的分布，特区政府既没有刻意引导，也不过多干预，各个画廊选择在哪里开店，选择多大面积的店面，不是由政府统一规划提供优惠政策决定的，而是市场这只无形的手在发挥调节作用。画廊业遵循市场规律优胜劣汰，只有优秀的画廊才能依靠自身的力量生存和发展下来，并在这一过程中不断寻求最适合自己的积聚区位。经济效益好、实力强的画廊，可以选择中心商业区域，可以租用大的空间；实力有限或正在发展中的画廊，可以根据自身实际情况选择适合自己的场地。由此形成了画廊业不同的积聚形态和区域：城市中心商业区的聚集、文化区的聚集以及旧工业厂房区的聚集等。政府的"干预"只是体现在税收政策和贸易政策，以此来促进和吸引大型艺术机构入驻，加大以政府的名义对艺术活动的支持力度。这启示我们：文化园区的形成最好是市场驱动和自发集聚，市场导向下的政府调控，应该是文化企业和艺术家自主的选择，而不是政府的积极干预的结果。

此外，政府应当完善对文化内容的管理。一是完善艺术管理（开放上游激发创造力、加强底线管理）；二是完善媒体管理。经曲新旧媒体融合发展建设世界性传媒集团，不仅要有资金上的支持，还要有适合媒体成

---

① 向来崇尚市场和立法的美国，为了增强知识经济时代国家的竞争力，联邦政府规定：对出版物不征收商品销售税；对非营利性出版机构，不仅不征税，还给予一定资助；对出口图书免征增值税和营业税（先征后退）；对进口图书免征进口税。此外，美国政府对出版物的邮寄费实行优惠政策，积极鼓励企业和个人捐助文化艺术事业，并可抵税。

长的体制和法律制度环境。现在，文化界的一个突出问题是缺少名家，缺少精品。没有名家、名品，就谈不上文化的大发展、大繁荣。很重要的原因是文化内容管理有缺陷，不利于激发艺术家的创造力。一是管理手段粗疏，二是长官意志的随意性。完善文化内容管理需要做到管理精细化和法制化。比如：准确界定文化内容底线、实行文化艺术消费分级制、对承担不同功能的媒体实行分类管理、善于利用科技手段管理文化等。作为监管的内容，要防止文化产业一哄而上、重复建设，尤其禁止大跃进式、运动式发展文化产业。这些年，新兴产业或新兴项目都曾出现过盲目跟风的重复建设。避免文化产业园区、基地建设成为圈地项目、形象工程。当前文化产业高调登场，在很多地方成为"一把手工程"，虚热、过热、浮夸、乱象迭出，最需要规划引导、产业引导、政策引导、市场引导，包括专家学者的理论引导，新闻舆论引导，突出文化内涵，防止一些项目一哄而上，坚持全面协调可持续发展。

文化产业的意识形态属性与产业属性分别涉及政治、文化、经济领域，因而文化产业管理具有文化的、经济的和政治的特征。虽然发展文化产业需要发挥市场灵验功能，但单纯的市场机制难以解决文化产业发展中的所有问题，文化产业发展关乎国家文化主权和文化安全。只有建立符合现阶段国情和发展特点的管理体制，在理论和实践上明晰政府在文化产业发展中的角色定位，实施理性、有序、有效管理，使政府的作用和市场的作用相协调，才能在文化产业发展中维护社会主义基本文化经济制度，从而实现引领中国先进文化前进的方向。

三　建构和完善文化产业管理体制的原则、方向与思路

我国现行的文化产业管理体制决定了文化产业涉及多个部门，管理较分散。因为文化体制改革尚未完全到位，在政府的管理中存在着管理体制分散，致使政策制定主体分散、政策的权威性不强、政策实施的有效性较差、政策支持产业发展的力度不够等问题，这就使文化产业发展难以得到有效的引导、有力的支持和充分的保障。随着文化体制改革的深化，人们逐渐厘清了何谓文化事业和文化产业及其边界，明白了政府在公共文化服务体系建构中的职责，以及要发挥市场在资源配置中的决定性作用。发展文化产业除了发挥"市场灵验"，政府的责任主要体现在建构文化产业的管理体制上。就现实性而言，文化产业如何管理？"文化产业发展一般要经历三个阶段：转型—发展—成熟。转型是由旧的文化形态和发展模式向新的文化形态和发展模式转变的过渡阶段。这个阶段的特点是前产业形

态、现产业形态与后产业形态并存，新旧文化体制交叉。"① 当前文化产业发展正处于转型与发展并存的阶段，亟须建构适宜的管理体制。

文化管理体制是一个国家关于文化与政治、经济关系的制度性反映，集中体现了执政党对于三者关系的理论主张，并在这种理论主张下建立国家文化体制和政策系统。在文化产业发展中，因管理制度的缺失造成高成本、低效率，建构和完善管理体制对文化产业发展，对文化建设和社会主义市场经济体制的完善都意义非凡。当前正在深化的文化体制改革既要通过破除体制性障碍，调整原有的文化利益格局，也要由文化经济格局重组建构新的国家文化管理体制。作为体现政府管理意志的制度性安排，文化经济格局的重组关乎政府对社会文化资源的权威性分配，以及市场灵验功能的发挥和公民个人想象空间的拓展，涉及国家文化权力和公民权利的位移，只有合理高效配置资源才能从制度上保障文化大发展、大繁荣。"就我国文化管理体制和制度结构的实际效果而言，关于国家文化管理制度的改革才是最关键的改革，关于国家文化制度理论、文化法制理论和文化政策理论的创新在整个文化产业制度创新中具有特别重要的意义。"② 通过意识形态管理创新，为文化产业发展保驾护航，把价值引导机制上升为文化产业管理制度安排。

所谓文化产业管理体制"是指有关政府管理文化产业的职能和组织体系、方式，政府与文化单位（主要是文化企业——引者注）之间的关系，合理规范文化单位之间与社会其他经济组织、团体之间的制度、准则和机制等。管理体制规定着文化产品生产、管理、传播等实践活动的特点，体现着文化产业主体从事实践活动的方式，制约着文化产品的生产效率，也制约着文化创造的状况和文化产品的价值取向。因此，文化产业管理体制是社会文化价值的一种体现和反映。不同的管理体制代表着不同的社会文化价值，文化产业管理体制的改变就意味着社会文化价值的改变，并折射社会文化的创新。"③ 文化产业管理体制是一国或地区政府与其他机构管理和调控文化产业发展的制度、方法与手段的总称。在我国，它是文化体制中的重要组成部分，与文化事业管理体制共同形成文化管理体制的双轮与双翼。

文化体制的深度变革，一方面要实现所有制结构创新，形成有效地激

---

① 胡惠林：《文化产业学》，高等教育出版社 2006 年版，第 75 页。

② 同上书，第 401 页。

③ 冯颜利等：《中国特色社会主义文化制度研究》，经济科学出版社 2013 年版，第 80 页。

励约束机制，建立起实质意义上的法人治理结构和现代企业制度；另一方面进一步完善与社会主义市场经济体系相适应的法律法规体系，实现对文化产权的保护，通过创新文化产业产权制度来完善文化产业管理体制，推动文化产业的可持续发展。在文化市场领域实行统一综合执法，创新监管机制，整合执法资源，建立完善"统一领导、统一协调、统一执法"的综合执法工作机制，建立科学有效的文化市场行政管理体制。深化文化体制改革的目标是建构符合文化发展规律的管理体制和文化产品生产经营机制，通过改革基本形成与经济基础发展相适应、有利于文化科学发展的文化体制机制。在管理体制上尝试探索文化管理的大部门制改革方向，尊重文化的发展规律，遵循文化产业的发展规律，以文化的方式掌握文化领导权，坚持文化发展的现代立场、民族特色和社会主义方向，把中国文化培育成有影响的世界主导文化之一。

1. 建立健全文化产业管理体制要遵循的原则

文化产业与其他产业相比有着特殊性，因此，建立健全文化产业管理体制要遵循一定的原则。它包括：

第一，坚持社会主义的文化性质，在文化产业发展壮大中重构中国文化主体性，积极弘扬主流文化价值观的原则。这是由文化产业是内容产业（"内容为王"）的特性决定的，文化产业说到底是文化价值观的传播和消费，必须坚持文化追求的社会主义性质。

第二，坚持以人民为中心的工作导向，坚持把社会效益放在首位、社会效益和经济效益相统一的原则。这是由文化产业的多重属性和多维价值决定的，发展文化产业不仅作为新的经济增长点和调结构、转方式的引擎，成为国民经济的支柱产业，更是为了满足人民大众多样化差异性的文化消费需求，成为传播社会主义核心价值观的有效载体和路径，以增强社会的凝聚力和主流文化的感召力。

第三，坚持尊重文化艺术发展多样性的原则。文化产业不同于一般产业可以单纯地追求经济价值，作为本质上是文化的发展，它必须在市场上体现文化产品的情趣和审美风格的多样性，这决定了"做大做强"不能作为对文化企业的一般性要求，而是体现管理体制建构的价值取向：旨在繁荣文化艺术，尊重艺术表现形式的多样性和大众文化消费的多层次性，破解文化市场中的"结构性矛盾"，特别是"战略性短缺"问题，以及缺少文化精品和文艺经典缺失问题，在根本上实现"文化为人"的目的。

第四，坚持激发全民族文化创造活力的原则。文化产业发展离不开文化创造力的支撑，激发公民的文化创造力，必须把维护公民的文化权益作为出发点。公民文化权益主要包括以下三方面。（1）保障公民自由选择文化娱乐方式的公民权益，能够自主地享受文化成果。（2）维护公民参与文化创造的权益。公民的文化权益不仅体现在享受文化成果上，还体现在自由参与文化创造上，增强全民族的文化发展活力尤其要维护公民参与文化创造的权利。一个国家文化发展的状况和程度，在根本上取决于公民参与文化创造的程度。可以说，凡是社会力量参与程度较深的文化领域，文化产业均有很好的发展；相反，政策限制多、社会力量涉足少的，因缺乏社会力量有效支撑，恰恰是存在问题比较多的文化领域。因此，进一步开放文化领域，降低文化产业准入门槛，放宽对公民参与文化产品生产和销售的限制，既是保障公民文化权利的基本内容，也是完善我国文化产业管理体制的着重点。（3）保障公民参与文化决策的权益，只有扩大公民参与文化决策的权利，才能实现文化治理现代化从而走向文化善治。

第五，坚持遵循产业发展的市场灵验原则。在现代市场经济条件下，文化也是生产力，文化产业作为先进生产力的表征，已成为衡量一个国家和民族现代化发达程度的尺度，文化产业作为国家战略性支柱产业，其发展必须遵循经济规律和市场灵验原则，充分发挥市场在资源配置中的决定性作用。可以说，市场灵验功能的发挥是建构文化产业管理体制的前提。

第六，在运行机制上坚持区别对待、分类指导的原则。说到底，文化产业在实践中是一个产业群的概念，它不仅包括不同的产业门类，还含有不同的文化形态。国际上一般把文化产业分为两类：一类是满足大众需求的普遍性的商业娱乐文化，一般强调其商业属性和市场效益及其高品质，它属于商业文化范畴；另一类是非营利文化，如古典音乐、严肃戏剧、芭蕾舞、交响乐、戏曲、室内剧、美术创作、诗歌欣赏等高雅艺术，它通常被称作艺术，是由市场条件下的文化非营利组织培育和孵化的，它虽然不直接进入市场营利活动，但却是市场上商业文化的根基，仍然是文化产业发展的重要组成部分。在我国主要从资金投入上做了事业单位和经营性产业的区分，因理念上的纠结导致现实中很多问题相互缠绕。最关键的是高雅艺术的保护不仅是文化产业发展中的薄弱点，也是文化产业管理体制建构中的盲区，是建构和完善文化产业管理体制时要着力关注的部分。

第七，坚持以人为本的科学发展观原则。文化产业在本质上是人才和创意密集型产业，说到底是复合型人才的竞争。英国之所以把文化产业称为创意产业，就是基于个人创意在文化产业发展中的地位及其贡献。可以说，人才的数量和质量及其城市形成的创意阶层和创意群落，决定着城市文化创意产业发展的高度。如何探索有利于"创意资本"的分配激励机制，如技术入股、管理入股、股票期权等人才激励形式，将影响着文化产业的创意创新能力。因此，文化产业管理体制的建构要有利于人才的培养、交流和引进与发展。

第八，坚持依法管理、以立法来促进文化产业发展的原则。市场经济是法治经济。我国已经初步建立了市场经济体制，依法管理社会事务是对政府管理的基本要求，十八届四中全会提出了依法治国的要求。在此背景下，政府文化管理方式也应发生相应的调整，应逐步转向依法管理。总的来说，应该由以往以政策推动的方式来指导文化产业发展，转向以立法促进的方式实现文化产业自身的自律、理性发展。逐步建立政府文化管理体制改革的法律框架，明确改革的目标，既规定文化管理体制改革的基本要求，又为各地因地制宜地进行改革留下足够的空间。要说明的是，强调立法在文化管理体制改革中的重要性，不是要否定文化产业政策发挥的积极作用，尤其是现阶段要实现政策红利和法律制度红利的协调发挥。我国文化产业面临深刻调整，新的文化现象、文化业态层出不穷。文化产业管理体制的完善要体现治理的特征，就必须实现管理主体的多元化，最大限度地发掘民智、吸收民意。同时，随着现代传媒业的发展，公民的政治参与和文化参与的积极性和创造性空前提高，互联网就成为公众参政议政的最大公共平台。互联网的出现，使中国舆论生态环境发生了巨大的变化，指令性文化正在让位于参与性文化，这是建构文化产业管理体制科学性的一个着力点。

2. 建构和完善文化产业管理体制的方向

在社会主义市场经济条件下，政府和市场是推动文化发展的两种主要力量，政府是市场规则的制定者、监管者和服务者，健全的市场则在资源配置中发挥决定性作用，并培育壮大竞争主体，在多方力量和主体的参与中建构和完善管理体制。

其一，坚持宏观管理的改革方向，由此以直接管理转向以间接调控为主。即管理主要运用经济政策杠杆和法律手段，以市场为导向，通过市场机制来引导文化企业的发展，使文化企业的经营活动符合国家的文化理想和产业目标诉求。凡是市场机制能够解决的，都应该由市场主体在市场发展中解决，政府不要干预和介入；由微观管理为主转向宏观管理，尊重文化企业、中介等行业组织和创意个体的市场主体地位，在简政放权中减少对微观领域的干预，通过宏观调控和政策调节来引导企业的发展；管理重点转向规划、服务、协调和监督，也就是从办文化转向管文化。即通过顶层设计实施以产业链健全和完善为中心环节的监管，为提升文化产业附加值提供服务。同时，通过规划一方面体现国家文化意志，张扬国家的文化主张；另一方面引导文化企业行为，培育新的市场增长点，克服市场发展中的盲目性，协调文化主体之间的利益关系，调整利益格局。

其二，坚持突出重点、凸显关键的改革方向。政府的宏观管理不是对文化经济的控制，也不是对国有文化企业发展的限制，更不是对民营文化企业和外资的遏制，而是着重控制那些事关国家文化主权和文化安全的重点文化部门、资源、产业门类和产品，根据各文化部门在国民经济和国家文化安全中的地位和重要性，采取不同的宏观调控政策，采取不同的市场准入和退出政策，并在深化文化体制改革过程中实施"特殊股"和"许可证"制度，对关键环节和产业门类与部门进行掌控，在大文化产业发展格局和全球化视野中提升文化产业的管理水平，提升文化产业在国家文化治理能力结构中的比重。

其三，坚持采取综合性管理方式的改革方向。文化产业在实践中是一个产业群的概念，涉及领域和部门很多，并日益凸显出"跨界"的特性和趋势，而文化市场作为一个综合系统关涉国家的文化政治和文化经济的各领域，因其发育程度和地区性的差异，都要求文化产业管理要采取综合性的差异化的方式分别对待。因此，要求我们必须尊重文化产业发展的阶段性特点和区域性差异，从文化产业实际出发综合运用各种调控手段，谨防政府在文化产业管理中的简单化和片面化。

3. 建构文化产业管理体制的大部门制思路

当前我国文化产业发展已经走过了无序的起步阶段，而步入平稳发展的初级阶段——有序理性发育阶段，在政策制定和管理上，既需要专业具体的指导意见，更需要各管理部门之间的沟通协商。当前的弊端是：一是管理缺位，对于涉及多个管理部门的问题，各部门都不愿意管，从而造成问题的搁置；二是重复管理，因为利益关系，某些领域各个部门都有权管理，出现管理权限交叉，且相互意见不尽相同甚至彼此矛盾，从而使相关政策相互冲突，不仅使政策难以执行，无法发挥政策的积极作用，有时还会产生负面作用；三是权责不清，对于相关部门的管理权限缺乏明确的界定，从而造成政策的权威性不强，执行难度增加。要使管理顺畅有序，必须根据文化产业的特殊性在管理内容上明确统一，在管理机制上具有系统性、权威性和连贯性，避免政出多门，相互抵牾。

仅就国有文化资产而言，虽然文化体制改革极大地解放了文化生产力，培育了大量的文化市场主体，但文化市场中的"结构性矛盾"（战略性短缺）和文化原创性问题依旧未能根本改观，现有的管理体制从根本上制约着文化生产力的发展。政府缺乏面向市场的管理文化产业的经验，以及对文化产业特殊性认识不足所致的管理能力不强，使市场的作用与机制发挥不到位，在某些行业仍存在行政配置资源，导致文化资源不能全国流动。所谓市场不是真正意义上的市场，转企的文化单位不是真正的市场竞争主体，怎能建立现代企业制度和公司法人治理结构？

由于文化产品具有多重属性，文化产业的管理必然涉及不同的部门和领域。文化产业的管理部门不仅涉及各级政府、经济管理部门，还包括宣传文化部门。文化产业内部不同行业也分属于不同的政府部门，而且有的行业还由几个部门共同管理。就政府职能划分而言，存在着党政以及政府部门之间的界限模糊、职责不明、多龙之水、上下衔接不畅导致的行政职权分割与管理交叉重叠的问题。国有文化资产一方面存在着角色的叠加（所有者、管理者、经营者），另一方面就所有权而言又分散在不同的主管部门，造成了产权所有者虚置、缺位，形成多头管理、行业所属、部门所有、条块分割的状态。国有文化企业的资产处置权、人权、事权分散在财政、发改委、组织人事和宣传文化等多部门中，各部门之间权力划分缺乏合理明晰的制度边界，既分割权力，又发号施令，而出现问题担当责任时，则相互推诿，形成了国有文化资产流失和监管失误难以追究责任主体的局面。因产权和导向不明晰，如何协调企业发展的两个效益问题凸显：是重资产保值增值还是重舆论导向？其实在完全市场条件下，二者是不矛盾的。因处于现代文化市场体系的建构和完善中，在政府与市场之间的矛盾体现在国有文化资产的绩效考核中，围绕重大决策、薪酬绩效等，长期延续了弹性大、不规范、不科学的评价导向和激励机制。

就现实政策执行而言出现诸多混乱和复杂，文化产业管制部门众多，实行多头管理，在管理职责分工上不够明确、清晰，导致各主管部门对某些问题相互推诿、踢皮球，甚至出现管理轮空的现象。文化产业发展实践早已溢出文化管理部门，"小文化"式的管理体制难以适应文化产业跨界融合发展的实际。即便列入国家统计标准范围内的十大类别，也已超出了文化部门的管理权限，而互联网文化、特色文化产业、以文化创意和设计服务为驱动的关联产业发展更是跃出了宣传文化系统，这在发展理念上符合文化产业要融入国民经济大循环的趋势，从而真正产生经济、社会、文化影响力，担当"五位一体"中大文化格局的使命，但我们的管理理念和思维及其水平还停留在"小文化"的视野中，在自娱自乐的小循环中固守着文化的"利益边界"。由此导致的管理"落差"，不仅造成文化产业发展链条的"梗阻"，更使文化政策辐射的有效性打了折扣，这种管理体制与实践的脱节抑制了文化生产力的发展，亟须建构科学有效的文化产业管理体制。

同时，因产权不清晰，表现在政企之间，存在管办不分、公司翻牌的改革倒退问题。因对文化资产的性质认识不清，一些文化事业单位转企后，文化企业和文化资产的附属地位没有真正改变，政府部门"管办不分"的现象依旧存在。文化企业虽然换了身份，但"事业单位企业化管理"、"企业属性事业化管理考核"的现象依旧存在，一些转企的单位仅仅是翻牌公司，依旧缺乏活力和市场竞争力。须知，缺乏活力和竞争力的国有文化企业，既难以实现国有资产的保值增值，也难以有效维护国家意识形态安全和捍卫国家文化主权。文化和意识形态安全，源自文化市场上文化产品被消费产生的文化影响力和吸引力。事实上，这种"非事非企"的管理现状导致企业身份困惑和功能混淆，在文化资产监管上滋生了一系列问题。

在文化产业管理的立法促进上，因缺乏统一的法典对有关文化产业问题进行有效规范，很多不同的法律、法规都可以对同一个问题进行规定。由于不同法律、法规的立法初衷和保护重心不同，所维护的利益或立法能力等因素不同，导致不同的法规对同一现象的规定不同，甚至不少地方法规和国家法律相矛盾，各种规定之间缺乏系统性和同一性，不能相互衔接和配合而致乱象滋生。另外，因缺乏文化发展的统一视野和平等意识，在政治任务驱使下重改革不重发展，在文化发展的国企和民企之间划界，在国企和民企之间存在着地位不对等、机会不均的问题。虽然在政策上对所有市场主体一视同仁，但在实践中却把优惠、税收减免、补贴大多给了国有文化企业，但其并未实现政策初衷的"迸发活力"。[①] 这种管理中的"歧视"不利于文化市场的有序竞争、资源优势与市场机制的整合，加重了资源和行业的垄断与市场化开放度提升中的二元化格局，使文化生产力受到抑制。随着改革的深入和市场机制的健全，民营企业在增量领域发展迅猛，在文化金融、互联网文化、数字出版等领域早已占据绝对优势，在税收、拉动就业、促进市场焕发活力和刺激文化消费方面的贡献越来

①　有学者通过对政府补助政策研究表明，政府补助对于增强文化产业上市公司的"自我造血功能"确具有明显改善作用。但不同所有制企业在利用政府补助促进公司绩效改善方面并没有明显差异，国有文化企业获得了比民营企业数额多得多的政府补助（国有企业获得了民营文化企业3.51倍的政府补助金额），但是国有文化企业政府补助的利用效果并没有显著好于民营企业。参阅臧志彭《文化产业政府补助政策评估与优化路径》，载《第五届全国文化产业青年学者论坛论文集》，上海交通大学，2014年。

大。目前，我国民营文化企业数量已经占了全部文化企业总数的七成以上，国有文化企业占比不足三成。但民营文化企业与国有文化企业所获政府财政支出和补贴很不相称。此外，很多行业壁垒仍在束缚民营企业的发展壮大。原本在统一市场机制下，民营文化企业与国有文化企业同台竞技，在集群发展、集约化程度提升、产业链延伸和完善等方面，有助于增强国有文化企业的活力和市场竞争力，但因受出资人制度不健全等因素的影响，一些掌握优质资源禀赋的国有文化企业面对发展机遇却反应迟钝、决策效率低下，往往抓不住或错失良机，而造成国有资产相对流失和资本盈利能力弱化。但国家在政策扶持和财政补贴等方面的补助，大多给了国有文化企业，进一步助长了某些国有文化企业的行业性垄断，这种"锦上添花"式的补贴并没有起到应有的效果，而对民营文化企业的"雪中送炭"式的补贴甚少，使得整体的文化生产力没有得到应有的提高。

事实上，随着全社会愈加注重文化创意与设计服务在文化产业发展中的驱动作用，其对相关联产业的带动效应日益凸显，从而促使文化产业加快了融入国民经济大循环的步伐。现有管理体制仍局限在文化宣传系统，在行使管理职能时只能"望（产业）链兴叹"，而无法协调系统外的政府部门，难以实现文化资源的有效统筹和全国流动，以及文化资源和金融资本、企业经营能力的结合，导致文化产业发展看起来很"火"，却难以从根本上做实做大，从而使中央的要求和业界的期望难以落实。总体上讲，因文化产业发展理念、管理观念和文化视野所致尚未建构和完善科学有效的文化产业管理体制和运行机制，已经束缚了文化生产力的解放和产能的释放。可见，文化产业的多头管理和分业管理不利于文化资源的有效统筹，因此，必须强化大文化视野，稳步推进文化产业管理的大部门制，推动文化产业管理从行业规制到融合规制的转型，从而实现从文化治理走向文化善治。

对于文化管理体制改革而言，组织创新的基本路径是建议国家推动实施"大文化部门制"。主要内容包括：第一，从理念设计上建构面向全社会文化发展的管理体制，并在体制上理顺文化管理中的党委与政府、政府与行业部门、文化行政部门与直属单位之间的关系，分离文化行政部门的"三重角色"（所有者、管理者、经营者）。传统体制下的文化行政部门具有国有单位资产所有者（代理人）、文化行业管理者、行业利益经营者三重身份，扮演着三重角色。这三重角色往往在行业利益最大化的目标之下被交替使用或混合使用，引起文化行业部门组织行为的混乱。深化文化体制改革，就必须要改变现有的制度安排，将三重角色集于一身的制度转变为三角色分立的制度，如将国有文化资产所有权交给政府（如北京市成立"文资办"等机构），将经营职能交给文化产业集团（并进行股份制改造，成为文化市场中有影响力的竞争主体，发挥文化价值观的传播和引领作用），文化行政部门行使监督和管理的职能（面向全社会的大文化发展）。第二，区分文化行业领域的公共性资源与经营性资源，按照大文化管理的要求重组文化业务，健全国家文化事业管理职能体系。立足于公共文化部门和广电传媒等经营性文化行业的非竞争性与竞争性之间的行业性质差异，进行"行业分类管理"，按照党的十八届三中全会的《决定》提出的"特殊管理股"制度，以全产业链的理念推动公共文化部门和广电传媒等部门分别按照公共服务方向和产业化方向分别演进，建构均等化、标准化的公共文化服务体系和以公有制为主体的现代文化产业发展体系。① 所谓大部门制，就是按照市场经济发展的要求，将职能相对接近的部门进行横向合并，从而拓宽管理幅度。其中的关键是转变政府职能，随着政府职能的转变，政府机构的设置必须遵循和体现满足市场与社会需求的基本导向。在大部门体制下，政府机构实行决策、监督、执行分开，着力解决机构重叠、职责交叉、政出多门的弊端，减少行政层次，降低行政成本，提高行政效率，这样才能建立有效的权力约束机制。"大部门体制"的提法源于党的十七大报告。党的十七大在部署行政管理体制改革时指出，要加快行政管理体制改革，加大机构整合力度，探索实行职能有机统一的大部门体制，精简和规范各类议事协调机构及其办事机构。就政府的理念而言，实际上是随着社会主义市场经济的完善，从投资型的经济发展型政府走向公共服务型的经济促进型政府。这符合未来文化产业发展的趋势——理性有序、发育壮大的跨越式发展。

从国家大部制改革的方向和趋势看，文化、广电和新闻出版以及网信办合并管理是大势所趋。此外，文化产业还是一个关联性高的产业，与科技、教育、金融、信息通信，甚至工业、农业等都有密切关联。所谓促进文化产业发展，不仅要促进文化产业本身的发展，而且要打通文化产业与上下游产业的关联，促进文化产业与其他产业融合发展。事实上，文化产业的高度关联性决定了文化产业不可能由一个政府部门统管，即使建成大部门制，还会涉及与教育部、体育总局、国家旅游局、工信部、商务部等多个部门的联系，因此，如何完善政府文化产业各部门彼此间的协调体制

① 参阅傅才武、陈庚《三十年来的中国文化体制改革进程——一个宏观分析框架》，《福建论坛》2009 年第 2 期，此处略有不同。

和机制，旨在有利于形成科学、统一、高效的国家文化产业管理体制。这种产业发展的内在要求和趋势决定了文化产业管理的大部门制，但也不是说只能由一个管理部门进行管理。如北京市在推动文化产业发展的管理体制方面进行了创新，通过加强组织领导，形成部门合力。北京建立了27个部门参与的文化创意产业议事协调机构，全市一盘棋，解决了部门分离、各自为政的问题，一个直接成果是把文化创意产业发展放在国民经济社会发展的整体布局中，以"大文化"的面目出现，有力地推动了北京文化经济的融合发展。这个融合包括文化行业内部的融合，文化与体育、旅游等产业的融合，文化与制造业的融合，文化与农业的融合。从现阶段看，如何加强对产业链的系统性支持是完善文化产业管理体制（发展政策设计）的关键所在。

　　从根本上讲，文化产业管理体制的建构和完善要着眼于充分激发全社会的文化创造活力，为文化发展繁荣创造条件。它不是为了束缚和钳制文化产业的发展，而是营造有利于文化发展的良好环境。一个宽松自由的活动空间，是文化创造、文化发展的必要条件。完善文化产业管理体制，加强文化市场监管不能以文化的自由空间的萎缩和文化自主表达的限制为代价。文化产业作为以知识产权为核心的非物质经济活动，需要发挥文化生产、传播、消费主体的创造精神，这是对文化发展规律的尊重。"历史证明，文化活动空间的大小与文化发展的规模、程度和水平成正比。空间大，意味着发展的规模大，程度、水平高；反之则意味着发展规模小，程度、水平低。从此角度看，'文革'结束后，我国文化领域的各种制度变革和制度创新，目的都是为文化活动、文化创造、文化发展开拓更加广阔的空间。"[1] 有学者认为，文化管理的核心只有一个：全面推动文化事业（文化产业等）广泛、深入地发展繁荣，活跃与满足社会人们的精神文化需求，形成其社会经济组成部分的支柱性跃升，扩大与加强族际间、国际间、不同文化体系间（宗教文化体系间）的交流对话，谋取一定的具体文化的生存空间与全球性地位。[2] 面对国外发达国家文化产业的发展成熟、不断升级的支柱性产业地位，其管理规则和运作经验的丰富与完善，使处于巨大落差的中国文化产业管理体制如何发挥良性、正向的影响？文化管理体制的创新，来源于文化生产与服务的运行实践结果，决定于社会

①　蒯大申、饶先来：《新中国文化管理体制研究》，上海人民出版社 2010 年版，第 15 页。
②　方伟：《文化生产力——一种社会文明驱动源流的个人观》，河北教育出版社 2006 年版，第188 页。

精神文化需求的增长与文化市场消费主体结构的变化，也更加具体、直接地表现为文化管理体制自身——看其是否具有发展的活力以及不断自我更新的特质。

四 建构和完善文化产业管理体制的紧迫性

提高文化产业的运行质量和效益，必须打破政府文化分业管理的格局，尊重文化的发展规律，基于文化产业的全产业链特性，来建构和完善文化产业管理体制。现有的一些行政主导式简单地把同类型企业合并的做法，不是按照产业链在上下游企业之间，或者在相关产业之间的市场化组合，虽然行政捏合能够使国有文化企业的资产总量有所提升，但很难起到优势互补、取长补短的效果，也难以实现降低成本、提高效率、做强企业的目的。充其量是一些"小舢板"的拼凑，背离产业发展规律的行政主导型企业是难以成长为文化航母的。忽视文化产业管理分散、生产和运营复杂等特点，在政策实践过程中没有对政策执行过程给予足够的重视，致使很多政策往往难以执行。在以往的政策制定中，往往没有考虑执行主体的能力和产业生产运营的复杂性，这就导致政策出台后难以落实的问题，从而阻碍了政策效果的发挥。当下，文化产业领域的政策缺位表现在两个方面，一是政策不足，二是有政策难以执行。正是没有考虑文化产业政策执行困难的问题，才导致了文化产业领域内很多"假政策"和"伪政策"的出现，阻碍了文化产业又好又快发展。

就现实而言，制约产业发展的一个重要问题，就是不同领域、不同行业之间缺乏必要的沟通和衔接，因政策嵌合性不足导致不同产业政策之间缺乏呼应，甚至相互抵触。而文化产业是一个渗透性、交融性强，极易产生关联带动效应的产业，只有在政策制定和实际管理中基于这种特性，才能契合文化产业发展中日益凸显的带动作用的发挥，为文化产业功能的实现创造条件，从而使文化产业发展的积极意义得到充分的发挥。文化产业关联作用的发挥，相当大程度上依靠版权和知识产权的转让来实现，只有建立完善的知识产权和版权贸易体系，才能激发文化产业的关联带动作用。只有政策制定和管理上的针对性、有效性、系统性，才能真正推动文化产业走上规模化、集约化、专业化之路。

建构和完善文化产业管理体制是文化生产关系变革的历史性要求，新的管理体制的建构和完善具有解放文化生产力和重建文化生产关系的重要价值。它不仅在实践上有利于深化人们对意识形态管理理念的认知，还在理论上为文化体制改革和文化产业政策创新拓展了空间。文化体制改革不是弱化党对文化的领导，而使党对文化的领导更加符合市场经济条件下文化建设的规律，进而提高党的文化执政能力。"党的文化意志通过法律程序贯彻到政府行为之中。在这个过程中，党应该有足够的文化理论能力为国家关于文化发展与管理的方针政策提供全部的合理性依据和合法性基础。只有这样，党管意识形态的文化原则在我国的文化制度中才能既得到有效地贯彻落实，又可以使政府有足量的空间依法行政。"① 完善文化产业管理体制是深化文化体制改革的必然，转变党管意识形态的执政方式和调整配置文化资源的传统机制，涉及党政关系，政府内部管理体制、政府与文化市场、政府与文化企业的关系等，是一场影响深远的文化体制变革。在深化改革中，既要警惕"去意识形态化"的思想倾向，又要力戒"泛意识形态化"论调的泛滥。文化产业的发展现实已经历史地提出变革文化生产关系的要求，建构文化产业管理体制就是对历史要求的回应。

　　文化产业管理体制的完善不仅可以弥补"市场失灵"的缺陷，还可以显现管理主体对产业发展的追求和国家的文化意志，政府作为管理主体和公共意志的代表，不能听任市场的无政府主义发展导致公平与效率失衡，尤其是政府不能因为其产业属性而忽视文化属性，以及由文化属性所规定的国家文化利益。由于文化产业与国家的文化安全密切相关，是国家文化安全的经济命脉，因此对事关国家文化安全的核心文化产业的保护，是文化产业管理的重要内容。关于文化市场准入和文化产业准入，是关乎国家文化安全的制度设定。面对"市场失灵"，需要发挥政府的宏观调控职能，运用行政的、法律的和经济的手段，对文化市场运行进行直接或间接的调节与干预，以确保文化市场的运行方向和发展趋势有利于文化产业健康发展和大众的精神文化需求。

　　当前文化管理体制改革过于注重外在因素和环境，过分追逐媒体效应。注重"公众形象"是好事，但完善和创新文化产业管理体制，更要凸显文化的特点和内在规律，应在小处和细节上下功夫。科学高效的文化产业管理体制的完善，有利于发挥政府有为和市场灵验功能的均衡，有利于促使文化产业朝着"有序"、"理性"的方向发展。完善管理体制要坚持差异化思维，防止"一刀切"，分类指导、优势互补，使管理既要有宏观体现调控和导向功能，又要在微观运行上有可操作性。在文化产业管理体制建构和完善中，要尊重文化产业特殊性的政策需求，才能不断完善管理体制、提升管理水平。只有协调各政策主体的关系，形成管理合力，在

---

① 　胡惠林：《文化产业学》，高等教育出版社 2006 年版，第 404 页。

政策的内容设计中要考虑：明晰相关部门权责，不越位、不缺位；对涉及多个部门的政策要达成共识；对建立沟通协商机制做出明确的政策要求；要妥善处理各级政策衔接，为地方预留政策空间。鼓励文化产业的集约化发展，通过加快培育骨干文化企业，发挥辐射、带动、示范作用；通过文化产业园区建设，发挥产业集聚、孵化功能。

到底什么是好的文化产业管理体制？应该说没有任何现成模式可供套用。管理体制的好坏主要看它是否适宜，是否有效体现一个历史时期文化经济的发展要求，是否能够促进文化生产力的发展，不断涌现文化精品和力作。建构文化产业管理体制是促进文化产业发展的重要保障，是体现国家意志的重要手段和方式，不断完善管理体制是解放和发展文化生产力的表征和内在吁求。管理体制的建构与完善既是一个国家和地区文化经济发展到一定程度的产物，也与一个国家和地区文化制度以及政治经济制度发展的文明程度密切相关。管理体制不仅反映了不同国家文化的政治经济形态，还体现了该国的发展道路选择和国家发展模式。社会主义市场经济体制的完善和国家文化产业发展战略的提出，必然要改革与之不相适应的管理制度，建构具有中国特色的大部制的文化产业管理体制。

第三节　文化治理结构中的文化产业管理体制创新

完善的文化产业管理体制是促进文化产业健康发展的重要保障，是参与国家文化治理体现国家意志的重要手段和方式，创新管理体制是解放和发展文化生产力的表征和内在吁求。实现中国文化产业全面崛起形构与中国经济相匹配的发展态势，最关键的核心策略和有效路径是制度创新，尤其是管理体制机制创新，文化管理体制机制创新是国家文化治理体系和治理能力现代化建设的重点，是推动文化管理向文化治理和文化善治转变的关键环节。只有不断完善文化产业管理体制，才能在制度红利中提升文化产业的运行质量和市场竞争力。

一　在理念上创新文化产业管理体制

实践证明，理论创新不仅影响人们的观念（认知、规律），还为国家文化产业制度创新和政策变革提供理论支撑。如美国文化产业的发展很大程度上得益于大众文化理论和文化普遍主义的信条，获得对何谓文化的阐释权和定义权，最终为大众文化的流行和成为美国主流文化形态奠定了基础。正是文化产业理论创新体系缺位造成我国文化理论的储备不足和文化创新能力滞后，导致现实中我国文化产业不仅落后于世界文化产业的发展，也难以满足国内大众对文化消费的精神需求。从理论上看，文化产业管理体制的完善要以文化价值及其导向作为出发点，充分考虑文化产业的双重属性，对政策目标的多重性有足够认知，政策目标设定要明确，政策要有延续性和稳定性；重视文化产业政策主体多元的特点，凸显管理对象的宏观性、整体性和系统性；充分考虑全国文化产业发展的不平衡性，以及市场发育的不均衡，全面考察政策客体的诉求，使政策适用具有普惠性；要重视文化产业功能的多样性以及生产运营方面的特点，强化政策的扶持力度；要政策落地、管理到位，警惕政策执行中的"伪政策"。可以说建构和完善文化产业管理体制，不是单由政府主导的线性变化，而是政府与市场的良性互动。说到底，文化产业既是一种文化生产力形态，同时又是一种文化生产关系形态。前者反映了文化产业是人类改造世界的一种力量，后者反映了在这种力量关系的实现与结构背后拥有文化生产力的关系；前者表现为各种文化产业的现代行业类型，后者表现为在这个基础上建立起来的各种政策、法律和制度系统。不同的文化生产关系不仅反映了不同的文化生产力的构成，而且还反映了不同的文化生产关系和文化生产力之间运动状态的力学关系。文化产业的运动及其现代化程度是文化生产力和文化生产关系之间的力学关系的集中反映。正是文化产业与文化生产力和文化生产关系的现代理论，为文化产业管理和国家文化体制的建立、运动和改革提供了合法性基础。① 完善文化产业管理体制就是旨在有效协调政府意图、市场驱动和社会需求并理顺政府、市场和企业的关系，从中体现鲜明的中国特色社会主义文化价值取向，并展现自己的内在特点、价值和规律。

完善和创新管理体制，要以解放思想、更新观念为前提。如在国家层面设立文化市场管理机构，就是在思想观念上了突破文化的意识形态属性认知，承认其商品属性，从而为文化市场的合法存在与发展打开空间。从20世纪80年代提出"文化市场"概念，到现在中央提出推动文化产业成为国民经济的支柱性产业，这其中的意味不仅是经济学的、文化学的，更是政治学的，是一种理论和制度创新，表明党对文化自身发展规律的认识越来越深刻，对文化的发展越来越自觉。观念的更新，不仅为文化体制改革指明了方向，还为创新和完善文化产业管理体制提供了可能。文化产业

---

① 　胡惠林：《文化产业学》，高等教育出版社2006年版，第15页。

管理体制的建构和完善作为文化产业制度创新的体现，不仅能在实践中理顺关系、澄清一些误区，为文化产业发展廓清一些体制性障碍，还促使文化产业进入有序理性发展阶段，拥有全球视野和世界眼光，从而在高起点上与发达国家的文化产业进行对话和交流。在当前世界文化产业发展非均衡的境遇下，并非铁板一块的中国市场早已成为国外文化产品和文化资本觊觎的对象，无数的"小舢板"如何抗衡"文化航母"的入侵？如何在市场中做强而非依靠行政配置资源做大，直接影响中国文化产业竞争力的提升。在现有的管理体制下，真正跨地区、跨行业和跨媒体经营的市场主体有可能是境外文化产业资本，本土文化航母反而受制于种种政策壁垒，导致文化体制改革的预期由于文化产业管理体制的不顺而无法实现。

文化管理体制的完善显现在两个相互作用的层面：科学有效的宏观管理体制和富有效率的文化生产和服务的微观运行机制。没有富有效率的文化生产和文化服务的微观运行机制，宏观文化管理体制科学有效的政策、决定都无法得到有效的实施、贯彻和落实，政策有效性和作用力度也不能得到及时准确地反馈和检验；离开科学有效的宏观文化管理体制，非但微观运行领域自身无法处理的问题不能及时、有序、高效地得到关注和解决，而且党政不分、党企不分、政企不分、职责不明等问题还会严重影响文化企事业的活力和竞争力，解放文化生产力就无从谈起。因此，进行文化管理体制改革与创新必须采用系统论整体性的观念和思维，全盘着眼，既注重以政府文化管理和服务职能强化为主要的科学有效的宏观管理体制的建立，也要激发文化企事业单位的活力和竞争力，形成富有效率的文化生产和文化服务的微观运行机制。

应该说，中央对建构文化产业管理体制的理解是深刻和富有前瞻性的：深化文化行政管理体制，加快政府职能转变，强化政策调节、市场监管、社会管理、公共服务职能，推动政企分开、政事分开，理顺政府和文化企事业单位关系。完善管人管事管资产管导向相结合的国有文化资产管理体制。严格执行文化资本、文化企业、文化产品市场准入和退出政策，综合运用法律、行政、经济、科技等手段提高管理效能。[①] 中央还在政策中进一步明晰了文化建设上的顶层设计思路，基于对中央精神的理解，本书提出创新文化产业管理体制的三点思考：第一，要在国家"五位一体"

---

① 《中共中央关于深化文化体制改革、推动社会主义文化大发展大繁荣若干重大问题的决定》，人民出版社 2011 年版，第 34 页。

的现代化发展格局中理解文化和文化产业的地位和作用，处理好文化事业与文化产业之间的关系，有效维护国家文化安全和捍卫文化主权；第二，要加强文化立法，强化法制意识，坚持底线管理和内容管理的科学性，遵循文化产业的发展规律，发挥市场在资源配置中的决定性作用及其灵验功能。新的管理体制既是对内调整各种文化利益、理顺各种关系，也是对外在开放中完善新的涉外文化体制、强化文化贸易的重要性；第三，重在加强服务，推动社会中介组织尤其是文化非营利组织发挥积极作用，强化内容监管和价值引导相结合，以社会主义核心价值观来引领文化产业的发展，尊重文化的发展规律。

有学者指出，实践中文化产业政策在制定和实施中存在关联性偏差，即历时态文化产业政策存在非连续性，共时态文化产业政策出现离合现象，文化产业上位政策与下位政策不一致。因此，要矫正文化产业政策的非关联性，就要在遵循整体性原则和文化产业内在规律性的前提下，确保历时态文化产业政策的连续性与共时态文化产业政策的融合，以及上位政策与下位政策的动态一致。具体来讲，要使各个不同层级部门之间以及同一部门各个层次之间明确责任、互相牵制、互相监督，确保中央的文化产业政策顺序下达。与各个部门、层次相互对应的文化产业政策执行的信息沟通机制必须予以完善，中央下达文化政策的下行渠道要顺畅，地方制定的文化政策及文化产业发展信息的上行渠道要通顺，文化产业政策需在统计部门中平行顺畅，各政策执行主体之间要对文化产业政策进行及时的沟通和协调，防止政策被曲解或变形。[1] 但就现状而言，文化产业涉及多部门，管理较分散；既有市场竞争机制的灵验，也存在行政性资源配置及一定范围内的垄断经营；发展模式粗放，占据价值链高端的企业不多、实力不强。从发展趋势看，管理体制要体现政策引导与制度规范的结合。如文化企业的退出机制，建立破产退出机制不是惩罚某文化企业，而是要警告所有文化企业不要触及红线和僭越底线；建立优胜劣汰的竞争机制，维护文化发展的有序性。文化产业的破产机制与一般性行业不同，需要从意识形态性和产业发展规律两方面规范。文化企业的破产、兼并，不仅关乎经济利益，还关乎思想文化生产。在这方面，文化产业的管理亟待加强和完善。

经过十多年的发展，文化产业体量不断增大、规模不断扩容，但文化

---

[1]　解学芳：《我国文化产业政策的关联性偏差及矫正》，《中共长春市委党校学报》2008 年第6 期。

产业的管理水平依旧不高，管理体制运行机制依旧不健全。政府的管理理念、管理方式、管理手段、思维方式都滞后于文化产业发展实践，既存在管理缺位现象，又有管理"越位"的现象，甚至依旧存在依靠强制性行政手段执法、"人治"的运动式管理方式，极大地损害了市场经济的公平竞争原则，弱化了市场良性的自我调节功能，加剧了文化市场中的"结构性矛盾"。管理上缺失公平公正的原则还体现在对待市场主体的差异性上，对非公有制经济存在事实上的歧视和实施有差别的扶持政策（大部分扶持资金和补贴都给了国企，但效果却不甚理想），政府对文化市场中产品的质量监管不到位，不仅存在文化赝品，还使文化市场中"三俗"之风蔓延。就国有文化企业改革而言，随着文化产权逐渐明晰化，一些国有文化资产被剥离出来成立若干文化产业集团，但这些产业集团不仅在行政级别上与政府文化行政主管部门同处一个行政级别，而且国有文化产业集团往往隶属于党委宣传部门管理，国有文化产业集团与政府文化行政主管部门之间在一个地方形成两个权力中心，政府文化行政主管部门实际上处于对国有文化资产的监管无力状态。之所以这样，一个重要原因是没有从根本上解决"政府从办文化向管文化转变"这一国家文化治理的重大命题。文化管理中的"暧昧"关系，既阻碍了公共文化服务建设的效率，也束缚了文化产业的大发展。要想充分调动民间参与文化产业发展的热情，提升国有文化企业的市场竞争力，形成以国有文化企业为主导、多种所有制文化企业共同发展的文化产业新格局，就必须建构和完善文化产业宏观管理体制。在文化产业管理架构设计和体制上进行创新，在理念和制度安排上体现文化资产的所有者（出资人）、管理者（行政主管部门）和经营者（文化企业）的分离，以及政府管理职能的相对分权（决策权、执行权、评估权），成立一个超越部门利益的高规格的协调管理机构，在相互制衡和监督中推动文化产业管理走向国家文化治理，通过培育如国家艺术基金类的文化非营利机构，以及行业管理协会等服务中介机构，共同参与国家文化治理。其总体思路是坚持大文化视野、宏观调控、内容分级的底线管理、科学评估（建立健全社会效益考核指标，引入文化消费、价值导向等指标，通过第三方机构确立社会满意度指标），在操作上一是基于文化产业的全产业链意识（产业链的完善和拓展），二是考虑文化产业关联带动作用的发挥，完善文化产业管理机制。

文化管理体制改革，重在转变政府职能，实现国家文化治理的现代化，文化产业管理体制的建构和完善是一条重要路径。建构现代文化产业管理体制要在组织机构、管理原则、管理手段和方式、管理主体以及绩效评估各方面创新，这在根本上是一场深刻的管理变革和文化价值重构，其目标诉求是实现文化产业治理结构和治理能力的现代化。旨在解决文化产业管理体制不顺、职责不清、管理多头等弊端，亟须成立一个超越部门利益的高规格的协调机构（可与中宣部、文改办合署办公），从根本上改善目前碎片化、割裂式的管理现状。在制度设计上，使文化产业发展的决策权、执行权、评估权相对分离，政府偏重于管宏观、定政策、做规划、抓管理，发挥社会力量参与管理的积极性，实现从单一管理主体到管理主体的多元化。通过简政放权体现分权的原则，充分调动地方和基层政府部门在文化治理中的积极性，理顺政府部门与文化企业、文化团体、文化市场中介机构之间的关系，落实政企分开与政事分开，政府职能由直接投资"办文化"，转变为综合运用经济法律和必要的行政手段来"管文化"。在新的管理体制框架内，一是理顺党政关系，坚持党对文化的领导权始终不动摇，完善和创新文化产业管理体制是为了在新的历史语境下更好地掌握文化领导权，但又不能以党代政；二是整合国务院有关文化主管部门，实行大部门制的管理体制，切实解决政府文化管理部门政出多门、职能交叉的问题；三是进一步推动行政审批制度改革，加快文化立法工作，简政放权、简化办事程序，在一定时期内健全负面清单制，加强文化市场监管和行政执法。为便于国际接轨和交流合作，要加强对知识产权的保护与开发，使中国的文化市场与文化产业的管理体制符合国际规则或惯例，为文化产业发展拓展国际空间奠定良好基础。

当下，实践中很多政策效果不理想、导致资源浪费、投资失误等都没有得到及时反馈和纠正，主要是评估环节跟不上或者缺失，从而难以为科学决策和制定政策做出有效参考。决策、执行、评估三项职能的混淆，使文化产业领域出现投资的盲目性、虚热，很多文化和文化产业建设项目（包括园区）缺乏严谨的科学论证，投资计划粗疏，匆忙上马，热衷搞"圈地运动"，靠文化地产来盈利，导致文化产业的"空心化"运转。评估职能的缺失或虚置，还导致文化产业发展注重"有形思维"，忽视无形的"创意"要素驱动与价值实现，文化产业的主营业务不突出或者偏离主业。不见"文化"只见"产业"的思维，使得在旧城区改造、特色文化产业园建设中大拆大建，以发展文化产业为旗号，对文化资源过度开发、破坏城市文脉、损害城市肌理，开发某些迎合"三俗"之风的产品，忽略主流文化价值观的融入与传播。虽然文化企业的产值不小，但与文化创意相关的增加值不多。这种评估的不适当或者缺失导致对文化企业的真正激励不到位，对文化产业的特殊性及其价值实现的特点关注不够。须知，文化产业的运行不仅是金融经济与文化经济并存和交融交汇，更是以文化经济的影响来提升金融经济的效益，其直接表现是文化产品在消费中实现其价值并产生文化影响力，随着文化影响力的提升实现经济效益的扩大和市场竞争力的提高，其产品就越有价值和价值兑现能力。也就是说，创造性、创意性是文化产业发展的灵魂，无魂则体不强！有魂则会创造出既有经济效益又有社会效益的产品。评估不是用简单的 GDP 数字可以衡量的，不仅文化影响力不能与 GDP 直接挂钩，其产生的关联带动作用及其对制造业附加值提升所创造的间接价值，也是 GDP 无法衡量的。因此，科学评估必须立足文化产业的特殊性，这是为何要实行决策权、执行权与评估权的适当分立，不断完善文化产业管理体制的重要原因。

创新文化产业管理体制机制，首先要限制政府的公权运用、明晰政府活动的边界，从行政式审查向依法治理转变，变微观干预为宏观调控和强化服务，使原来的上级约束、行政约束、外部约束变为法律约束、经济约束、内部约束。在市场经济条件下，政策、法治将取代行政指令成为对文化产业进行宏观调控的基本手段。对文化企业而言，要明晰产权，使之成为面向市场的独立主体，在此基础上建立现代文化企业制度，建立健全现代法人治理结构。在此要强调的是，建构和完善文化产业管理体制要明晰的对象不单是国有文化企业或者国有控股文化企业，而是国家整个的文化产业发展及其现代文化市场体系，对存量改革与增量发展在政策上一视同仁，在管理中给予同等对待。因为不论国有企业和民营企业承载的中国文化"走出去"，代表的都是中华民族，必然是一个整体的中华文化的概念和显现形态。在市场经济条件下，随着现代文化市场体系的建立，在文化产业领域里实行市场准入和退出机制，意味着政府要把自己长期拥有的一部分文化权力和文化权益让出来还给全社会。因此，除了涉及国家文化安全的重点领域和关键环节，禁止任何社会资本进入外，要坚持法无禁止即可为的原则——实施文化产业领域的负面清单制，给所有合法的市场主体以国民待遇。通过完善市场准入和退出制度，使符合资格条件的文化活动主体能够依法进入和退出文化市场，充分保障其在文化市场活动中的合法权益，规范和监督其在文化市场中的行为。因此，从文化产业管理内容上，一是要建立并完善文化市场分类准入制度，降低准入门槛，不能人为以行政手段提高门槛，而是通过市场竞争提高文化产业的集约化发展，使多种经济成分有选择的自由和进入的空间。二是优化文化产业发展的外部环境和市场秩序，立足于为投资者服务，实行民办文化产业项目法人责任制，从筹建到建设、运营、还贷等各环节都按照市场经济规律运作，一切由业主自负，责、权、利关系清晰。通过简政放权、政务公开，变审批制为登记制，提高服务质量和办事效率。随着产业发展的相互融合和渗透，经营业态的多元化是文化产业发展的重要趋势，是市场经济在文化产业领域发展成熟的体现。当前，国际文化企业间的竞争，已不是产品之间的竞争，而是产业链之间的竞争。从经济影响力、文化影响力的角度考量，跨行业与区域和所有制的多元化文化企业集团的打造，应成为下一阶段国有文化企业改革发展的重要目标。多元不是"盲目多元"，而是以文化创意为核心的"相关多元"，尤其是国有文化企业多元经营应是在核心产品与产业支撑下的相关多元。一方面，建立在核心产品与产业基础上的核心竞争力是开展多元化经营的基础和前提；另一方面，建立在共同核心内容、市场、生产、技术等方面，相关业务间的价值活动能够共享互相关联的"相关多元"经营战略。只有基于此深化文化体制改革、破除部门利益格局和政策壁垒、抓住核心和突破点，在大文化视野下建构合乎文化发展规律和世界文化产业发展趋势的管理体制机制，才能真正提升国家的软实力。

根据国家统计局联网直报平台 2012 年统计数据，在全国文化企业户数、从业人员数量等指标中，国有文化企业所占比重仅为 12% 左右，绝大部分文化企业是民营企业。因此，要跳出国有、民营的界限，从更开阔的视野思考文化产业管理体制的建构和完善。无论国有还是民营文化企业，政府都有责任予以扶持。实际上，一些民营企业，特别是一些从事新媒体的企业通过在纳斯达克和香港上市融资，已具备了相当的实力。如阿里巴巴已成为全球第二大互联网企业，百度、腾讯、新浪、盛大、北青传媒等都是市值很高的传媒集团。从市值来说，新媒体企业已大大超过剥离了编辑业务上市的传统媒体企业，更超过了国有传统媒体单位，这些新媒体公司已做大做强了。尽管政府每年对三大报和重点国有网站给予巨额财政补贴，但其影响力依旧不如新媒体。因此，要建构覆盖所有文化企业的文化产业管理体制，从整体上提升文化产业的运行质量和效益，尤其是如何管好新媒体产业集团成为重中之重。传媒业的国际发展趋势是已从单纯的传媒集团发展为全产业链的产业集团，甚至发展到占据价值链高端的财务集团。因此，在完善文化产业管理体制框架下，积极发展混合所有制文化经济，不仅具有经济价值和市场效益，更具有意识形态考量和民族文化原创力的激发。在市场机制作用下，按照政企分开、政资分离的原则，逐步强化资本纽带，通过混合所有、混合经营等方式，加大国有文化资产宏观布局和微观渗透，有助于实现掌握重大文化事项的决策权、资产配置的控制权，同时，通过接触、引导和现代企业制度等经营机制，从而有助于实现宣传文化内容的终审权、主要领导干部的任免权，从根本上掌握文化领导权。

因此，建议在中央层面整合中宣部文化体制改革办与中央文资办及其文化宣传系统的产业发展职能，成立一个超脱部门利益的具有较强协调能力的大部门制的部级文化产业管理机构。创新管理体制：一是从主要依靠行政管理向主要依靠依法管理转型。现代化的治理体系和治理方式首先要求依法管理。二是从粗放式管理向分类化、精细化管理转型。如通过实行文化艺术消费分级制，满足不同类型消费者的需求。三是从遵循经济规律为主向更加尊重文化规律与产业发展规律协调并重转型。文化既有意识形态属性，也有经济属性，更有艺术属性。过分强调意识形态属性、内容管理过严是我国文化产品缺少创造性的重要原因，应进一步创新意识形态管理方式，在文化生产上游解放文化生产力。四是从分业管理的行业规制向综合性宏观管理的融合规制转变，建立和完善相应的文化政策绩效考评机制。目前，我国文化领域在中央层面实行的还是分业管理，文化产业由党委宣传部门主抓，文化部门、新闻出版和广电系统等政府文化部门分业管理，其管理的文化产业门类包括文艺演出、新闻报刊出版、广播电影电视和互联网内容等。但国家统计局公布的文化产业十大门类远超出上述范围。这种格局难以适应文化融合发展的潮流，不利于文化发展，不利于文化资源的有效统筹。因此，必须强化大文化的治理理念，稳步推进文化管理大部门制，实现综合性宏观的融合规制体制。把宏观调控体制与中观落实和微观操作机制相结合，真正实现市场经济条件下以资本管理为核心的"管人管事管资产管导向的统一"，从而为有效维护国家意识形态和文化安全，又极大地推动文化产业大发展提供组织制度保障。在国家文化发展的整体规划框架中，明确国有文化企业的职责和使命及其产业布局，与民营企业发展协同推进，壮大以公有制为主体的混合所有制文化经济，共同繁荣文化市场，在提高文化开放水平中推动中华文化"走出去"。

作为文化产业管理体制的建构和完善，其主要内容和对象除了作为市场竞争主体的文化企业外，还需要完善文化产业中介机构，培育文化非营利组织。中介机构的完善不仅有利于提高文化产业发展的专业化水平，还是完善和提高文化产业管理水平的重要支撑力量。因此，需要在市场机制下剥离国有文化中介机构与主管部门的行政隶属关系，培育综合性的文化经纪公司、演出经纪公司、艺术品拍卖公司等中介代理机构，同时加快发展文化经纪人队伍，推广签约制、制作人制等现代文化市场组织形式，建构充满活力的文化中介管理体制。发展文化经纪代理、评估鉴定、信息咨询等中介服务机构。加强执业培训，推行资格认证制度。制定和完善文化中介机构的管理办法，规范中介行为，提高服务质量。制定行业规范，发挥演出行业协会、音像行业协会、娱乐行业协会、网络文化行业协会、艺术品经营行业协会等行业组织在市场协调、行业自律、服务维权等方面的作用。文化非营利机构表面看来与公共文化服务体系关联度更高，似乎与文化产业发展关系较远，其实不然。文化产业不单是指在市场上运行的商业性的大众娱乐文化，它还需要更为基础性的文化创新和企业孵化，特别是艺术创新、实验多元的卓越性目标追求，需要通过文化非营利机构实现对文化创新与文化传承的保护。实质上培育文化非营利组织就是保护和培育文化生产力，是建构和夯实文化产业竞争力的基础，和培育文化产业可持续发展的动力源泉。这往往是传统文化产业管理所忽略而又是文化产业发展极为重要的基础内容，也是完善现代文化产业管理体制应着力加强的部分。因此，建立与社会主义市场经济发展要求相适应的文化管理体制机制，实际上是公共服务型政府的文化职能重构，旨在实现国家文化治理能力的提升。

二　文化产业管理体制的主要职能

在市场经济逐步完善和依法治国语境下，与社会主义市场经济发展相适应，倡导多元化的投资主体，发展壮大以公有制为主体的文化经济，使文化体制朝着与市场经济体制相适应的改革方向，把国有、民营和外资文化企业都纳入文化产业管理范畴，才能形成统一整体的中国文化产业发展观。基于此，各级政府在简政放权和职能转变中对文化创意产业发展的管理，主要职能体现在宏观调控、政策调节和市场监管上。

1. 宏观调控，这是政府最重要的一项职能。所谓宏观调控是指政府运用经济的、法律的和必要的行政手段，对市场经济的运行从总量和结构上进行调节、引导和控制，以实现市场的相对平衡和国民经济持续、快速、健康、理性发展。一方面，政府的调控要基于市场的基础性地位，要逐步建立健全现代文化市场体系，充分发挥市场机制在资源配置中的决定性作用，调控的目的在于弥补文化市场自身运动的不足，而不是取代文化市场自身的调节功能。另一方面，政府对文化市场的调控不是被动的和盲目的，而是基于一定原则的政府作用的积极发挥。

调控的内容包括：其一，在国家层面制定文化产业发展的顶层设计

（国家发展规划和产业政策引导），引导文化生产力的合理布局和文化产业结构的调整及其自身发展方式的转变。通过提高文化产业质量来增加文化产业的存量，扩大和丰富文化资源的积累。文化产业的发展不仅具有重要的经济价值、社会价值，还有重要的文化价值和战略价值，这是文化产业的特殊性决定的。文化产品不仅具有娱乐的功能，还有知识的、审美的功能，更重要的还有人文教化即塑造公众价值观、情感取向和好恶标准的使命。因此，应从国家发展战略的高度认识和评估文化产业发展的重要性，并从顶层设计做出制度安排。另外，对于地方政府而言，还要考虑和研究本地区是否适合发展文化创意产业？根据区域经济发达程度和现有资源可以发展哪些门类和项目？其二，保持文化产业发展和文化产品的市场供应的总量平衡，保持文化市场价格的稳定运行和文化分配的公平性。其三，从国家战略高度直接参与某些重大经济活动，在推动新旧媒体融合发展及其公有制文化经济做大做强的同时，直接掌控某些事关国家文化安全、文化主权及其文化发展的重大项目，充分掌握意识形态的话语权、管理权和领导权。其四，紧紧围绕"中心环节"推动全面深化文化体制改革，从根本上提升文化产业竞争力及其管理水平（很多地方政府往往是改革办与产业办一体办公，即使在中央层面也是如此，只是对国有文化企业的资产管理放在财政部的文资办）。

2. 政策调节，这是体现政府意志和管理水平的最主要职能。主要指政府运用各种行政、法律和经济手段，对文化市场运行进行直接或间接的调节和干预，确保文化市场的运行方向和发展趋势有利于整个社会发展的文化需求和民族与国家的文化意志与目标诉求。政策调节是在依法管理框架下的政策运用，其目的在于维护市场竞争秩序，以及国家和公民的文化权益。其一，通过调节包括完善投融资体系、税率差别化及其税收减免以及优惠补贴的扶持政策，加强以知识产权保护为核心的立法制度建设，使文化产业朝着健康、理性、有序的方向发展，并在价值诉求上体现国家意志。其二，通过政策调节培育文化市场引导和刺激大众文化消费，文化消费是文化产业发展的内驱动力，需要国家通过政策调节培育这一内驱动力，促进文化产业自身发展方式的转变。其三，通过政策调节吸引人才趋向文化产业，因为文化产业是人才和创意密集型产业，有了人才的支撑才能托起文化产业的辉煌，而人才不是所谓的学校和单个企业所能培养或培训的，需要通过国家出台政策来引导和调节。其四，政策调节的可持续性最终以立法的形式得到保障，重点推动《文化产业促进法》和完善以"知识产权保护"为核心的法律体系的完善，从而以法律的形式保护文化产业发展的源头——创意及其版权。

3. 行政监管，是政府相关权能机关，包括宣传、文化、新闻出版、广电部门、文化执法部门、财政、工商、税务、工信部、互联网管理办等相关职能部门，对文化产业发展的行政监管。行政监管是国家使文化产业沿着正确的方向发展的重要手段。政府的简政放权不是放任无为，而是在依法执政的前提下，适度用好行政监管，维护国家的文化安全和文化主权，推动以公有制为主体的文化经济快速健康有序发展。权能机构对文化产业的管理主要体现在政治和经济两方面，政治上的监管主要基于文化产业的意识形态属性，必须坚持"二为"方向，处理好市场导向与舆论导向之间的关系，这就是行政监管的主要内涵。行政监管是一个系统性的工程，需要政府相关部门的统筹协调、相互配合，才能避免出现管理真空，导致监管失效。

4. 市场监管，主要偏于文化产业的经济属性，这是体现政府作用和纠偏市场失灵的最主要的职能运用，主要是为文化市场的健康理性有序发展提供一个良好的政治、经济和公平公正的市场环境。其一，营造和维护安全的文化环境。它包括对内和对外两个方面。对外主要基于国家文化安全的需要，开展积极的国际文化交流和文化贸易，创造一个有利于中国文化发展的和平的国际环境；对内主要满足大众差异化的文化需求及其保障公民文化权益的落实。其二，维护市场秩序，在依法管理的框架下规范文化市场秩序，依法进行市场监管和规制，通过文化立法和执法来规范各类文化市场主体，加强基础管理、内容管理和行业管理，划定文化市场主体的产权边界和利益边界等，规制各种不正当的文化活动，打击各种非法文化行为，切实维护文化市场竞争的公平、公正和有序。其三，建构市场条件下的文化遗产及其高雅文化保护机制，基于文化产业发展的伦理原则，防止和惩戒破坏文化资源包括掠夺性开发文化资源及其非物质文化遗产的行为，通过建立有效的保障体系和文化制度予以遏制；同时还要通过培育文化非营利组织等夯实高雅文化及其文化创新、实验、多样性艺术表现形式的基础，孵化文化生产力。随着对文化产业特性的认知的深化，文化消费者的作用越来越重要，其消费结构及其消费水平都对文化市场以及文化产业发展具有重要影响，因此，消费者越来越成为文化产业管理体制建构中的影响要素和一元主体，成为文化产业参与国家文化治理结构中的重要力量之一。

经由以上管理职能来建构和完善文化产业管理模式：基于文化创意产业的特殊性——个人创意的开发和保护，重构文化创意产业的管理体制及其模式，不仅需要转变政府的角色，使企业成为真正的市场主体，使行业等非营利组织发挥中介作用，还要充分发挥个体创意的效益最大化，在管理框架上建构一个"政府—企业—个体—行业协会—非营利组织—消费者"共同参与的六元互动的管理模式，这是在国家文化治理体系下的文化产业管理体制创新的探索，旨在全方位、多角度地对文化产业进行管理，充分调动文化产业发展主体自身的积极性和创造性，使多元主体力量有效地参与到国家文化治理结构中。

政府在角色转换中，更多地要履行服务和监管职能。文化产品的特殊性及其具有的外部性特征，使其在自由竞争条件下会导致文化公共产品的供给不足，还可能发生偏离社会主流文化价值观，导致"三俗"文化及其伪文化的泛滥。因此，政府对文化发展的引导、扶持、规范和规制是必要的，但政府的干预不意味着政府赤膊上阵，取而代之，而是有一定的限度，过度干预会影响文化市场机制的运行，压抑文化发展的活力。同时，文化产品的个性化与创造性特点要求文化企业和个体生产者有足够的自主空间，要鼓励文化生产的创新和实验意识，激励文化产品的艺术卓越性追求，充分调动企业和个体工作者的积极性，使其在文化产业管理体制建构中拥有话语权。此外，要充分发挥各种行业组织的中介作用，以及各种文化非营利组织的孕育和孵化功能，使其作为国家文化治理的主体力量之一参与文化产业的管理，共同提高中国文化产业的管理水平。诸多文化非营利机构及其文化专业技术人才，可以更有效地成为文化产品生产的基本要素，激励他们以知识产权为股本参与文化企业的经营管理，营造社会创意的氛围，提高文化产业的开放度，使民间文化资源真正转化为与现代社会消费相适应的文化产品，通过加强行业自律，共同参与文化产业的国家治理。

六元互动的文化产业发展管理模式使政府的职能越来越聚焦在宏观的政策调节和市场监管上，避免了政府角色的越位和陷入微观层面而误读或扭曲市场，使政府的文化政策更有科学性，从而使政府在执行中提高了政府工作的有效性，降低了文化管理的行政成本；六元之一的企业是文化产业的主体，企业强则产业兴，企业弱则产业衰，而个人的创意对文化产业的促进作用也越来越凸显，因此，企业和个体工作者作为文化产品的生产者要发挥自身的积极性和能动性，是文化市场最活跃的创造性因素，担负着繁荣文化市场的职责；行业协会等中介机构和各种文化非营利组织对于建构市场条件下的艺术保护机制发挥了重要作用，孕育和孵化了文化产业发展的根基，从而对文化产业发展具有支撑作用；文化消费是文化产业发展的内驱动力，因为文化消费不是单纯的物质性消耗，而是一种意义的传播和再生产，特别是数字化的泛在式存在使得文化经济与金融经济日趋相互交融和渗透，这使得消费者在文化产业管理模式中不再是简单的受众，而成为积极的参与者，因而成为文化产业管理模式中的重要一元。

六元互动以市场为中心，建构了包含文化产业的生产要素、需求要素、产业关联度的跨界融合要素及其消费者等的相互支撑，从而保证了文化市场资源配置作用的发挥，随着现代文化市场体系的健全和完善，市场在资源配置中的决定性作用会越来越凸显，文化产品的商品属性将被极大地激活，文化产业的社会化再生产特性日趋显现，文化企业的现代法人治理结构和现代企业制度会日趋完善，从而使真正的市场主体成长与市场机制作用的发挥日趋契合，使政府对文化产业的管理日趋处于一种间接状态。行业管理主要是通过行业协会和文化中介组织以及其他非文化营利组织来发挥作用，以弥补市场与政府的不足，为文化的发展提供一个较好的文化生态环境。其实，在市场经济条件下，不论是政府还是市场都会有盲区和失灵的时候，恰需要中介组织等各种文化非营利组织发挥作用，以此来涵润健全的文化生态环境，并承担文化市场在技术性、服务性、事务性等微观管理和服务的职能，在这方面文化行业协会和文化中介组织具有政府所没有的比较优势。在当前语境下，既缺乏一系列有效的中介服务组织，也缺失大量的培育文化生产力和创新意识的文化非营利组织，导致现实中文化产业管理体制的不完善。所谓文化非营利组织既包括文化产业交流中心、文化人才资质考级认证和培训中心、文化发展基金会、国家艺术基金会、各种专业服务（评估）机构、文化中介代理服务机构等，还应包括一些不直接面向市场的文化生产机构，如一些艺术院团、文艺期刊社、文艺研究机构等，这些直接关乎文化生产力培育的单位，恰恰从不同侧面为文化生产力提供支持。以此作为整体的六元互动的"政府—企业—个体—行业协会—文化非营利组织—消费者"构成一个相互促进的系统，以文化生产力的培育、解放和激活为核心来开展文化产业运动。经由六方力量协调发展，共同完善，成为促进我国文化产业发展的根本性制度保证。

三　国有文化资产管理体系的探索

建构和完善文化产业管理体制必然涉及国有文化资产的产权变革。文化产权制度变革，一方面要实现所有制结构创新，形成有效地激励约束机制，建立起实质意义上的法人治理结构和现代企业制度；另一方面进一步完善与社会主义市场经济体系相适应的法律法规体系，实现对文化产权的保护，通过创新文化产业产权制度来完善文化产业管理体制，推动文化产业的可持续发展。建构和完善文化产业管理体制虽然面向所有文化企业，但国有文化资产管理体系是文化产业管理体制建构的重点。依据十八届三中全会的要求，对国有文化资产要按照政企分开、政事分开原则，推动党政部门与其所属的文化企事业单位进一步理顺关系。建立党委和政府监管国有文化资产的管理机构，实行管人管事管资产管导向相统一。在企业层面，要按照创新体制、转换机制、面向市场、增强活力的要求，推动国有文化企业进行规范的公司制或股份制改造，健全董事会、监事会和经营管理层，明确所有者、经营者各自职责，建立权力机构、决策机构、监督机构和经营管理者之间的制衡机制，形成符合现代企业制度要求、体现文化企业特点的资产组织形式和经营管理模式。建立健全国有文化企业综合绩效考核体系，加大社会效益考核权重，完善始终把社会效益放在首位、实现社会效益与经济效益有机统一的体制机制，以释放国有文化企业发展活力。

何谓国有文化资产？所谓国有文化资产是关于国有文化单位的资产属性的界定，它包括动产和不动产、有形资产和无形资产等。虽然在改革过程中，一些下属单位转企了，但在某些文化行政部门计划经济思维方式仍在起作用，往往以行政管理权取代国有文化资产所有权，以行政隶属关系取代国有文化企事业单位财产权关系，在他们看来其文化资产仍是供其支配的"资源"，而非具有市场竞争属性的"资产"。实践中，缺乏清晰的"产权"意识不仅束缚了企业的发展，还使现代企业制度难以建立。文化体制改革的目标之一就是对国有文化资产的产权划分和产权归属关系及其所有者、经营者与监管者之间关系的理顺，这将直接关乎中国文化产业现代管理方式（现代企业制度）的建构和文化产业运营机制的创新。因为关系没有理顺，政府既担负着社会管理职能，又担负着国有文化资产管理的职能，导致作为国有文化产权所有者事实上的不到位，国有文化产权管理者作为一种代理人并没有充分的权能去经营国有文化资产，没有建立一套符合市场经济体制运行的文化产权的现代制度，造成国有文化产权长期的低效率和无效率。问题是当政府管理国有文化资产时，由谁来代表国有文化资产行使所有者的权力，并保证国有文化资产的保值增值？其首要前提是必须明确产权。

作为经济所有制关系的法律表现形式，"所谓产权，意指使自己或他人受益或受损的权利"①，即产权是排他性使用某种产品的权利，是建立在物的基础上的人与人的关系，是以财产所有权为主体的一系列权利的总和，包括财产的占有、支配、使用、处分等行为权利。《牛津法律大辞典》②对产权条目的解释是："产权亦称财产所有权，使之存在于任何客体之中或之上的完全权利，包括占有权、使用权、出借权转让权、用尽权、消费权和其他与财产相关的权利。"产权在"百度百科"的解释是：产权是经济所有制关系的法律表现形式。它包括财产的所有权、占有权、支配权、使用权、收益权和处置权。在市场经济条件下，产权的属性主要表现在三个方面：产权具有经济实体性、产权具有可分离性、产权流动具有独立性。产权的功能包括：激励功能、约束功能、资源配置功能、协调功能。以法权形式体现所有制关系的科学合理的产权制度，是用来巩固和规范商品经济中财产关系，约束人的经济行为，维护商品经济秩序，保证商品经济顺利运行的法权工具。根据马克思对政治经济学的论述，资本可以分离为法律上的所有权与经济上的所有权，也就是说在社会主义市场经济条件下，从事生产经营活动的企业要有独立的产权，即经济上的所有权。唯此才能实现经营活动中担当风险、自负盈亏，从而成为真正意义上的市场主体。所以，文化体制改革要把国有文化资产在经济上的所有权分离出来交给企业行使，这样才能使文化企业成为合格的有竞争力的市场主体。

在文化经济时代，民族国家的文化资源可以通过资本化运作把文化价值转为经济价值。于是，文化像知识产品一样有了财产权利的问题。因缺乏文化产权意识，在国际市场上，发展中国家的文化资源在经济价值被掠夺和廉价配置的同时，其文化价值也在传播的过程中被改写，进而给文化资源在本国的持续发掘和利用以及文化产业的发展带来破坏和损害。以往人们对产权的认识主要集中于有形的物质资料或产品身上，基本上没有关注到文化也有产权问题。但是自20世纪后半期开始，尤其是90年代之后，随着文化产业的迅猛发展，文化已经不仅仅被看作是观念或意识形态的东西，其作为社会经济发展的重要资源和动力的作用凸显。因此文化作为一种产业资源以精神内涵重复利用并有很强的再生作用，决定其具有其他资源所没有的强大生命力和巨大开发价值。人们越来越多地意识到开发

---

① ［美］哈罗德·德姆塞茨：《企业经济学》，梁小民译，中国社会科学出版社1999年版，第12页。

② ［英］戴维·M. 沃克：《牛津法律大辞典》，李双元等译，法律出版社2003年版。

和利用文化资源不仅能产生新的人文精神，更能创造经济价值。在新经济条件下，文化资源进入产业链的趋势必然出现，这也使它和其他的资源类型一样拥有了产权问题。文化产权主要指文化资源、版权的归属和所有权问题，这种权利的拥有者能够决定自己对文化资源的使用、改变、保护和放弃，并可以据此获得一定的经济收入。由于文化产权意识不强，我国大量蕴含着巨大社会价值和经济价值的传统文化资源被西方国家无偿或低价开发成现代文化产品，获取高额利润；更令人不可思议的是，作为文化产业核心资产的大量的知识产权得不到保护，导致版权资产流失、文化赝品、造假、盗版猖獗。事实上，不仅文化资源是文化产业发展的基础，版权资产更是文化产业发展的核心竞争力。一定意义上，文化产业正是靠这对版权内容的生产、管理、运营等形成产业链并获取利润的。如德国贝塔斯曼出版集团，在 2010 年的 197 亿欧元的销售收入中，直接来自版权许可销售的有 92 亿欧元，还有 31 亿欧元来自与版权产品有直接依附关系的衍生品开发和广告销售等，版权资产始终是贝塔斯曼集团赖以生存的核心资产。而往往在国有文化企业中得不到重视的版权，恰是国外相关文化、艺术以及出版等大型企业高度重视的核心资源和核心资产。因当前文化产业管理中过于注重"有形思维"，使得大量国有文化企业的版权资源在"沉睡"，其资产价值可能远远超过固定资产。

对于文化资源和产品而言，除了具有公共产品的属性，还具有消费的非排他性、消费的非竞争性、产权的公共性、产权的难以交易性，以及强烈的持久的外部效应。文化资源和产品的产权属性的提出和确认是一个动态的变化过程，一定程度上讲，我国正处在文化资源和产品由公共产品向准公共产品甚至私人产品的转变过程。除了具备文化资源这一基础性条件，知识产权是文化产业发展的核心，它是基于智力活动形成的以版权为内核的权利体系，作为一种无形财产，它与作为有形财产所有权客体的生产资料和生活资料不同，难以直接用数量与金钱来计量其价值。文化产业是人才和创意密集型产业，它与占有一定空间的有形财产不同，是无形的具有非直接物质属性，可以同时被很多人占有和使用，其核心资产和发展质量的高低往往体现在知识产权上。因此，如何保护和评估知识产权是国有资产的关键。

国有文化资产名以上为全国人民所有，国家代表人民履行所有者权利，各级政府代表国家作为文化资产的最终委托人。但因文化改革发展的顶层设计不到位、不清晰，缺乏权威、法定、集权的出资人机构，现有的制度安排使出资人职能被分解在文化、宣传、新闻、广电、互联网办公室、工信部等多部门，各部门均以出资人身份行使职权，其企业决策受制于归口管理部门，其结果是"拿着钥匙不当家"的尴尬。中央文资办的成立试图从体制机上破解这种尴尬，但其顶层设计比较保守、视野比较狭隘、缺乏前瞻性，以至于行政层级低、协调力度弱、出资人角色依旧模糊，对国有文化资产的监管力度不够，对整个国家的文化发展指导和扶持力度不足。在现实的文化发展中主要通过"出资人制度"界定国有文化资产的产权。如在 2007 年出台的《财政部　中宣部　文化部　广电总局　新闻出版总署关于在文化体制改革中加强国有文化资产管理的通知》中指出：财政部门履行国有文化资产的监管职责。在党委宣传部门指导下，文化行政主管部门行使具体管理职责。党委宣传部门负责宣传文化企事业单位主要领导干部的监督管理、文化体制改革的组织协调和宣传业务的指导工作。国有文化企事业单位资产变动事项须经文化行政主管部门审核同意后，报同级财政部门审批，并按有关规定办理；投融资活动必须按照有关规定做好资产评估工作，评估结果须报同级财政或国资部门备案或进行合规性审核；变更国有资产产权、国有股权，改变国有资产使用方向等事项，须报经同级财政或国资部门审批后，按照有关程序办理；凡涉及前述重大国有文化资产变动事项，须经同级党委宣传部门同意；已授权由国有资产监督管理部门负责监管的国有文化企业，其资产监管仍继续由国有资产监管部门负责，资产管理关系是否需要变动，由地方党委、政府决定。

2014 年，在《国务院办公厅关于印发文化体制改革中经营性文化事业单位转制为企业和支持文化企业发展两个规定的通知》之"文化体制改革中经营性文化事业单位转制为企业的规定"中明确：（1）财政部门履行国有文化资产的监管职责。（2）经营性文化事业单位转制为企业，要认真做好资产清查、资产评估等基础工作，资产变动事项经主管部门审核同意后，报同级财政部门审批，并按有关规定办理；其中，涉及重大国有文化资产变动事项的，文化行政部门应当报请党委宣传部门审查把关。（3）经营性文化事业单位转制为企业后与原主管单位脱钩的，其资产财务关系在财政部门单列，由财政部门履行文化企业的国有资产与财务管理职责；转制后与原主管单位国有资产隶属关系不变且符合国家规定的，国有资产监管体制维持不变。

所谓"出资人制度"是指政府以特定机构代表国家行使国有资产股东权利的制度体系。国有资本出资人制度需要确立国有资本的所有者、管理者、支配者、经营者和监督者的独立性与合法性，通过规范国有资本各权利主体的权利、义务和责任，构建科学高效的国有资本管理体制和监督体系，明确国有资本参与经济运营的权利义务。最基本和主要权力包括所有权、资产处置权、收益权和经营权等四种。通过以资本为逻辑起点建构国有资产监管体系，是传统行业主管主办模式发展演化的方向。明确了"出资人制度"，建立现代企业制度和公司治理结构还要辨析所有权、企业法人财产权和经营权。所有权是企业所有者对企业财产的最终所有的权利，表明生产资料由谁所有的归属关系，并在法律上得到确认；出资者向企业投资入股，投入企业的资本，形成企业的法人财产，企业拥有法人财产权，是企业日常经营活动的基础，是自负盈亏的财产保证，所有权与企业法人财产权相分离是现代企业制度的法人制度核心；经营权是所有权若干权能中从使用权独立出来形成的，是经营者能够得以具体实施经济运作的保证。

在以往的计划经济时代，文化生产的所有权与经营权都集中在国家和主管部门，文化主管部门作为资产的所有者和管理者与经营者的角色是混在一起的，没有清晰的产权概念，也就无所谓国有文化资产的概念。进入21世纪以来，随着文化体制改革的深入大量国有文化企业转企成为市场主体，特别是要建立和完善现代企业制度，面临"出资人"的问题，国有文化资产的概念才逐步确立和强化，国有文化资产监管浮出历史地平线，各地纷纷成立相应的管理机构，出现不同类型的管理模式。形成了所谓的"挂靠管理模式"、"国资委委托宣传部主管模式"（深圳市）、"国资委委托宣传部监管"模式（上海市）、"国有资产公司运作模式"（如重庆市）、"文投公司"模式（南京市）、"文资办主管模式"（北京市）等。其中，中央文资办由中宣部和财政部联合设立，挂靠财政部，实施国有文化资产监管。目前按此模式运作的省份有陕西、四川、云南、浙江、吉林、甘肃等；设在宣传部门的分别有上海、湖北、河北、广东等省市；而山东、江苏等地则以财政部门做为国有文化资产管理的主管部门；2012年6月，经中央编办批准，北京正式成立国有文化资产监督管理办公室，统筹规划和实施北京市文化改革发展相关工作，负责文化投资、资本运作、国有文化企事业单位资产管理及文化创意产业园区、重大文化项目、重点文化工程的规划立项和组织实施。在对国有文化资产监管方面，各地都做了不同模式的尝试。中央政府在"加强国有文化资产管理的通知"中一再明确，"坚持政府公共管理职能和国有资产出资人职能分开"。从过去强调全民所有的"国营企业"到"国有企业"再到"国有资产"，标志着政府对企业进行行政干预的淡化，表征着企业作为具有完整独立法人地位的市场主体的真正确立。

　　自 2003 年启动新一轮改革以来，到 2007 年间，全国国有文化企业数量年均增加 300 多家。自 2008 年起，年均增加 500 家以上。2010 年则达到近 600 家；2009 年中央政治局常委会提出，要组建代表国家水平、能有效参与国际市场竞争的中央文化企业集团公司。事实上，中央经营性文化单位规模很小，2008 年末 148 家中央部门所属出版社净资产总额约 150 亿元，其中净资产超过 1 亿元的只有 26 家。经过文化体制改革的存量释放和增量发展，截至 2013 年末，全国国有文化企业共计 12159 家，同比增长 12%；资产总额 22420.2 亿元，同比增长 23.1%；利润总额 1081.2 亿元，同比增长 23.2%，国有文化企业保持了稳健发展态势。在地方国有文化企业中，东部地区国有文化企业资源占用、产出水平占据绝对优势地位。在 2014 年第六届全国"文化企业 30 强"中，国有或国有控股企业 21 家，占总数的 70%，主营收入和净资产均占入选企业主营收入总和的 80%，也反映了国有文化企业作为文化产业的主力军，发展活力和市场竞争力进一步增强。截至 2013 年末，全国国有文化企业户均资产 1.8 亿元，户均年营业收入 0.9 亿元，无论与其他领域的国有企业相比，还是与国际文化企业相比，国有文化企业在总体上依旧未能改变"小、散、弱"的现状，其发展布局和管理体制上的局限性很明显。从国际上看，排名前十位的国外知名文化企业都是跨地区、跨行业、跨媒体的综合性文化集团。如美国的迪斯尼集团、新闻集团、时代华纳集团，德国的贝塔斯曼公司，英国的培生集团等文化集团都围绕主业实现了多行业、多品种、多种模式的混合经营和服务，业务范围通常覆盖 4 个以上的主要文化行业，涉及音乐、出版、多媒体、电视广播、报纸杂志、主题公园、印刷工业等各个生产和服务领域，从而成为影响全球的综合性文化集团。如迪斯尼的产业布局就实现从影视娱乐到电视网络到主题公园，再到服饰、玩具和食品等迪斯尼品牌授权的全产业链开发，以其综合实力进入"世界 500 强"企业名录。

　　国有文化资产管理部门的职能到底是什么？按照党的十八届三中全会的精神，落实"建立党委和政府监管国有文化资产的管理机构，实行管人管事管资产管导向相统一"的战略要求，实现"主管主办制度"向"出资人制度"转变，并以资本为纽带整合资源，充分发挥市场在文化产业领域配置资源的决定性作用，激发国有文化资产活力，使国有文化企业成为有竞争力的市场主体，不断完善现代企业制度和法人治理结构，促使发展文化产业成为实现国家文化治理结构现代化的重要方式和路径。从而在根本点上使党对文化的领导增加一种有效方式，那就是以"管资产的方式"实现党对国有文化企业的领导，确保国有文化企业在市场中发挥引导和领航作用，积极传播社会主义核心价值观，增强社会主义文化的凝聚力和感召力，确保社会主义文化和党的意识形态的安全。

可以说，国有文化企业集聚了最优质的文化品牌和产业资源，在我国文化发展格局中处于战略性地位。因此，要从国家战略高度认识国有文化企业的重要意义，对国有文化企业发展进行整体布局，形成围绕产业发展规律、打造主业核心竞争力的整体规划，助推国有文化企业做强做大。推动国有经营性文化单位转制为企业，只是文化体制改革的第一步，推动已转制文化企业完善法人治理结构，建立现代企业制度，是巩固文化体制改革成果、实现改革向纵深发展的关键。十八届三中全会提出，继续推进国有经营性文化单位转企改制，加快公司制、股份制改造。目前，由财政部代表国务院履行出资人职责的一百余家中央文化企业中，2014年只有13家按照《公司法》登记注册的企业；只有14家企业建立了版权资产管理制度或开展版权运营。把国有文化企业的版权资源纳入管理范围，激活、保护和利用这些版权资产，充分实现其价值，既可以保护国有资产的合法权益及其保值增值，又可以助推企业提升软实力及其赢利能力。

现代企业制度是一种以产权关系清晰，权责明确，政企分开，管理科学为主要特征的经济组织体系。在市场经济条件下，建立以公有制为主体的多种所有制并存的现代文化产业体系是我国文化产业发展的主要方向，公有制文化经济的主导作用主要体现在控制力、影响力、带动力上。在市场经济条件下，国有企业的一个基本职责是弥补市场失灵，主要从事市场不能做、不愿做、也做不好的事情。文化产业领域同样如此。如卫星转播技术、电信网络的拓宽等一些有助于促进文化产业发展的基础性设施，通常是政府委托国有企业投资兴建。这些属于公共信息平台的基础性设施，投资大、建设周期长，如果单纯通过市场力量去完成，往往会因重复建设造成资源的闲置或浪费。因此，由国家委托国有企业承担上述任务是科学合理的。另外，国有文化资本应更多地投向关系国家文化安全和国家文化经济命脉的重要文化产业和领域，培育关乎文化产业格局的战略投资者。掌控关乎国家安全的战略性资源和关键性环节与领域，体现在拥有一批有国际经济整合能力的大公司和大型文化产业集团上，重点要增强其创造活力和市场竞争力。此外，国有文化企业要在市场经济中担当维护文化市场健康合理安全运行的职责，追求一种公平公正的价值理念，并在全社会传播一种主流文化价值观。而当市场的正当性被扭曲而偏离正确航向时，如价格垄断或"三俗"产品泛滥等，要以自身积极的市场行为进行纠偏，以建立文化市场的"良序"，而有效维护文化市场的健康发展。国有文化企业应以其社会主流价值观的传播，担当夯实国家意识形态工作创新的经济基础，在文化市场中成为各种文化思潮相互博弈的定心石和风向标，成为社会主义核心价值观的践行者和文化产业管理体制的模范遵守者。

就国有文化企业的战略定位而言，应当在增量改革与存量发展中成为以公有制为主体的文化经济中的主导力量。国有文化资产管理部门（国家文化产业管理体制建构中的一个重点）应在对国有文化企业的监管中，促其有针对性地做大做强。国有文化企业掌握着更多的文化资源，在人力、资金、政策方面具有许多优势，对于具备条件的国有独资和国有控股文化企业提出做大做强的要求是必要的，也是合理的，但做大做强不是形成垄断和维护垄断地位，而是逐步消解垄断建立公平竞争的文化市场秩序。现实中，鼓励国有文化企业做大做强，可能带来负面效应，其中最大风险是垄断。企业垄断市场造成的结果是抑制竞争，阻碍资源的合理配置，从而在整体上压抑了文化生产力。改革开放以后，不同所有制形式的文化企业开始参与文化产品生产和文化市场的竞争。于是，国有文化单位（企业）垄断文化资源的问题开始突出出来。特别是20世纪90年代以来，政府实施的文化体制改革、促进文化产业发展的政策，一个基本导向就是减少国有文化单位对文化资源的垄断，为不同所有制的文化企业提供尽可能平等竞争的机会。事实上，文化产业之所以能够较快发展，很大程度上得益于这一政策导向。相对于存量领域改革的举步维艰，在增量领域发展迅猛，就源自文化产业政策放开到多大程度，民间资本就跟进到什么程度。政府允许民间资本参与影视剧制作仅十多年时间，目前全国电影业的民营主体参与部分已经占到80%的份额。凡是向民间资本开放的文化产业领域，都得到了较快的发展，前景都比较好。这说明，竞争是文化产业发展的基本动力，鼓励竞争应是文化产业管理体制建构的基本导向。应该看到，我国虽然初步建立了文化市场体系，为不同所有制的文化企业提供尽可能平等竞争的平台。但国有文化单位（企业）对文化资源的垄断问题仍然普遍存在，这种情况在广电出版传媒领域尤甚，严重制约着文化产能的释放，加剧了文化市场的不平等竞争和文化产品的结构性矛盾。

因此，如何加强对国有文化企业的监管，在确保公平竞争的前提下做大做强国有文化企业是当前需要解决的突出问题。否则很可能形成在做大做强国有文化企业的号召下，强化了国有文化企业的垄断地位，形成一家

（或几家）独大，从而抑制了其他企业发展的局面。以广电系统为例，广电总局曾有内部规定，广电系统引资须按照以下顺序：首先，广电系统内部资金；其次，国有企业资金；再次，民间资本；最后，外资。上述规定并无法律依据，实际上是一种垄断行为。目前国有报业集团做大做强的方案总会提出要跨行业经营，如成立自己的广告公司。报业集团跨行业经营、成立广告公司均无可厚非。但国有报业集团在很多方面承担着公共文化服务职能，报业集团下属广告公司利用其媒体平台从事广告业务，对其他广告公司来说就是不正当竞争。实际上，利用公共媒体资源为下属单位和公司服务，这种情况在我国十分普遍。企业以追求利润最大化为经营目的，具有某种垄断特权的企业总会想方设法利用其垄断地位，以取得丰厚的垄断利润，这是垄断企业内在的冲动。只有引入外部监督机制，才有可能减少和避免上述情况的发生。因此，可以实行自然垄断业务与非自然垄断业务相分离的政策。在文化产业中，自然垄断业务主要指对于电视中的频道，网络游戏业务中的有线通信网络传输等。其他领域的业务则属于非自然垄断业务。政府应该以自然垄断业务作为管制的重点，建立模拟竞争机制的管理机制。而对于非自然垄断业务则由多家企业竞争性经营。在总体上，应使整个自然垄断行业处于规模经济与竞争活力相兼容的有效竞争状态。另外，对地区性垄断企业运用区域间比较竞争管制方式。文化产业自身特点决定了文化产业中的一些行业，或文化行业中的一些环节适合于地区性垄断经营。在该地区，这些文化企业具有相当大的，甚至完全的垄断力量，从而使这些文化企业缺乏竞争活力，造成有效竞争不足。如一些省市的电视台和广播电台、报纸等。为改变这种状况，政府管理者可以运用区域间比较竞争管制方式，促使各区域性垄断企业开展间接竞争。如打破地区封锁，实行跨地区的兼并和联合等。此外，建议政府管制实行动态性政策。政府制定管制政策的主要依据是具体自然垄断产业的技术经济特征。随着科学技术的发展，各行业的技术经济特征也在发生变化，这就要求适时地调整管制政策，以保证产业的有效竞争。这在电信业表现最为典型。随着光缆技术的发展，卫星和无线电话技术的广泛使用，电信产业的技术经济特征发生了很大变化，这为新企业进入电信产业，建立新的、比原有通信网络效率更高的新型通信网络提供了可能性。这也要求政策制定者要适度放松进入管制，让更多的新企业进入电信产业提供通信服务，使电信产业成为一个更有竞争活力、又满足规模经济要求的高效率运作的行业。

四　文化产业管理体制创新的诉求目标

文化产业作为国家软实力的显现，主要体现在三个层面：全球视野中的本土化的市场定位——为提高民族凝聚力和国家认同感，增强国民健康向上的精神动力；民族化价值取向的产业内涵——成为国家文化产业体系的精神内涵与文化资本动力；国际化的传播策略与表现形式——面向世界各国、各文明区域，以不同的方式和技巧展示中华文化的魅力，提高中国国家文化品牌。在全球化舞台上，文化产业的竞争早已不在于个别产品，而越来越聚焦于文化品牌的塑造；品牌具有的号召力和认同感使文化产品的价值不在于使用性，而在于文化消费中的精神享受上。说到底，文化产业的特殊性决定了只有实现文化价值，才能产生经济价值（效益），文化价值本身是文化产业能够实现经济价值的母体和源泉。因此，文化产业不仅是当今时代文化积累和文化价值传承的主导性方式，其目的不单纯是追逐经济利益，更是夯实国家软力量发挥的经济基础，而且它本身就是国家软力量中的硬实力，是提升国家软力量的载体和路径。发展文化产业从根本上就是要建立文化自信，提高民族凝聚力，增强国家认同感，建构当代中国形象，增强中国文化传播力。

因此，文化产业管理体制创新的目标是着眼于夯实文化领导权的经济基础。一些国家和地区（欧盟、日本、印度等）之所以以立法的形式禁止外资控股文化企业，其实质是为了掌握舆论引导权。须知，舆论是可以影响和左右政治行为和政治力量的。它在市场上收获的不仅是经济效益，经济在舆论导向上也变成了政治，而政治则是经济的集中体现，文化产业的政治属性在市场经济中便生动地表现了出来。因此，在文化企业的兼并重组中，不但较制造业领域更为谨慎，而且还要求采取"金股（特殊股）制"、许可证制度等规制手段。日本学者日下公人曾说："文化产业就是创造一种符号，然后销售这种符号。"① 就文化产品而言，其中的绝大部分可以说是具有"外部利益"的文化符号，其内容价值观往往影响着消费者的情感认同。在国家政权运用的诸多权力中，其中一种权力就是符号的使用能力，这一点直接关乎文化领导权的建构，说到底，文化产业的国际竞争的实质是国家文化体系之间的博弈，它需要夯实民族文化之基，需要铸魂强身健体。正是这种民族文化根基增强了民众对国家和民族的认同感和向心力，这种主流价值认同反过来有利于形成文化产业链的健全和完

---

① ［日］日下公人：《新文化产业论》，范作申译，东方出版社1989年版，第12页。

善，从而有利于做大做强文化企业。如迪斯尼公司出产的作品可以说都是传播美国主流价值观，因而在国内获得极大认同形成高附加值的品牌，并向世界传播过程中不断延伸拓展产业链，其投资回报结构通常是：发行收入25%，放映收入30%，相关礼品开发收入5%，形象专利转让授权10%，音像制作15%，玩具软件5%，旅游收入10%，可见其是一点投入多环节盈利。文化产业的市场竞争是产业的竞争，也是文化产品的竞争，归根结底是文化的竞争，其核心是文化价值观之争。因此，文化产业发展必须扎根自己民族的"文化母体"，以获得滋养、力量支撑，并形成一系列自主知识产权的文化产业内容体系，可见文化产业"走出去"其实就是向世界传播中国主流文化价值观。

文化产业管理体制创新的目标是通过涵养文化生态系统，培育文化创造力，进而着眼于夯实党的文化领导权的经济基础。因此，文化产业管理体制创新要着眼于夯实意识形态工作的经济基础。习近平总书记在2014年的"8·19讲话"中指出，意识形态是党的极端重要的工作。世界发展趋势表明，越是迈入现代化社会越要清楚：意识形态的内涵及其传播需要文明承载，不能空洞地喊口号。也就是说，如果一种意识形态不能深植于内中文明实体之上，不能与之相映生辉，那么意识形态可能短期内会有效果，久之就会走向崩溃。虽然从现实性上讲，经济扩张会带动文化的输出，增强了文化自信，呈现了经济为文化搭桥铺路；但从逻辑上讲，恰是文化的亲近性使经济发展获得了安全保障，增强了可沟通性。日本文化产业研究的开拓者日下公人以1973年的中东石油危机为例，曾感慨地说道："有无文化亲近感、文化尊敬感直接关系确保资源供应的大问题。过去那种靠金钱买卖确保供应的关税及贸易总协定体制，说有争端均由联合国调节的联合国体制早已不复存在了……先决条件是创造文化、输出文化并使世界人民喜爱它。只有这样才能得到'文化鼻祖'的利益，确保资源和国家安全。所以日本在制定经济立国政策时，首先考虑的应该是文化立国政策。"① 从理论上讲，文化不单使一个国家的经济发展有了一种人文品格，并获得一种清晰的发展方向，还使民族经济有了灵魂。这是一种更深层次上的经济文化的相交融，是文化使经济发展具有了可持续性。

创新文化产业管理体制的目标就是提高党管意识形态的执政水平。市场经济条件下，党管意识形态的内容、生成条件、传播环境、手段、机

---

① ［日］日下公人：《新文化产业论》，范作申译，东方出版社1989年版，第19页。

制、载体都发生了很大变化，当文化产业已经客观地成为意识形态的重要存在形态、传播路径和有效载体，能否建立起对意识形态的全新认知、理顺党管意识形态和发展文化产业、繁荣文化事业的关系，把社会主义核心价值有效地融入文化产业发展中，将直接决定文化体制改革中政策创新程度和制度创新程度。[①] 市场经济条件下，如何处理党管意识形态和政府管文化资产的关系？在文化生产方式和传播方式发生变革、社会主义市场经济与全球化引发社会变迁的历史背景下，如何改善党对文化工作领导的方式，理顺党政关系，明确党委系统与政府系统在文化工作中的职能与分工？文化管理体制改革要转变政府职能，其实就是在新的历史语境下，创新党管意识形态的制度形态和制度系统。但在改革实践中出现了新的问题：国有经营性文化单位转企之后，谁是这部分国有文化资产的出资人，谁来代表出资人对其进行管理等一系列问题，需要进一步探索、研究和规范。2007 年 9 月财政部、国家广播电影电视总局、新闻出版总署和中宣部《关于在文化体制改革中加强国有文化资产管理的通知》中明确要求：国有文化资产由财政部监管、文化行政部门具体管理、党委宣传部门对其变动事项审查把关。在文化体制改革实践中，国有文化资产基本上脱离了原文化行政部门的管理，少数由国资委管理，主要采用工业企业的管理方法。大多数改由党委宣传部门主管监管。其结果是，宣传部属于党委办事机构，由其管理国有文化资产，在法理上尚无依据，容易遭人诟病。似乎在着力解决政事、政企、政资不分之后，又造成了党事、党企、党资的不分。事实上，随着人们对文化多重属性和多维功能有了深刻理解，愈加认识到文化资产也是资产，其中既包括有形资产（场所、设备、投入），也包括无形资产（人才版权、品牌），这些都是从事文化生产的生产资料，其复杂性还在于新的历史语境下文化消费也是文化生产，在文化生产与消费实践中，不仅流通金融经济，还流通文化经济[②]，这些认知远远超越把文化视为宣传渠道的理解，观念的转变并未带来相应的制度创新及其制度安排。目前，国有文化资产是我国文化资产的主体，数量庞大，且大部分属于优质资产。应尽快出台《国有文化资产管理法》，依法建立专门机构和配备专门人才管理文化资产，依法建立健全国有文化资产经营委托代理制度、资产经营责任制度、国有文化资产经营预算制度、企业经营业绩考

---

① 胡惠林：《论文化体制改革》，《中国文化产业评论》第二卷，上海人民出版社 2004 年版；范玉刚：《以社会主义核心价值的有效融入推动文化产业的发展》，《中国党政干部论坛》2011 年第 11 期。

② 参阅费斯克《理解大众文化》，王晓珏、宋伟杰译，中央编译出版社 2001 年版。

核制度、经营者激励约束制度，压缩"人治"空间，以保证国有文化资产的保值增值，并避免党委宣传部门和文化企事业单位的腐败。党对文化工作的领导职能主要有五项：一是制定文化发展的基本方针和基本政策；二是以思想政治工作的方式进行意识形态的教育；三是以党管干部的方式把握文化工作的主动权和控制权；四是以党委会议的方式把握重大文化事业事项的决策权；五是以"党管媒体"的方式进行意识形态管理工作。主要是坚持党管意识形态、党管舆论导向、党管宣传媒体、党管干部不动摇，确保掌握对重大事项的决策权、对宣传业务的审核权、对主要领导干部的任免权。

创新文化产业管理体制有利于提高政府管理文化产业的水平和能力。如培育文化产业集群就是发挥市场作用和政府作用相统一的一种体现。所谓文化产业集群是指产业内分工发展到一定阶段后，某一个或几个产业在一定区域集聚而形成的一种现象。特色文化产业集群要凸显地域文化特色，在分工深化的条件下，大量联系密切的文化企业与相关支撑机构以创意为核心，文化为纽带，产业链为支撑在某个地理空间上的集聚，且不断扩大的一种业态交融互渗的动态的产业组织形式，具有较强的地域性、凝聚力和根植性。它横跨第二、第三产业，具有一般产业集群所依托的地理位置带来的成本节约、产业资源获取便利、业态交融、正式制度和非正式制度安排带来的交易成本降低、知识技术共享的溢出效应等经济信息优势，从而产生一种文化黏性的效应和实现规模效益。同时，它对整合文化市场秩序、引领文化资源配置、带动文化产业的产业内分工和产品内分工，形成文化产业的特色优势竞争力。其关键特征是企业的集聚度和产业的根植性。文化企业的集聚度取决于市场占有率和产业的集中度；文化产业的根植性来源于经济、技术方面的比较优势与地方特色文化融合形成的"文化黏性"及其拓展所积累的社会资本。其中需求因素是一个重要的变量，文化消费大有可为，需要政府与社会合力培育。此外，文化创意活跃程度、关联产业的交融与跨界的支撑、地方性的根植程度都会对文化产业集群发展产生影响。

创意是文化产业的核心（灵魂）与驱动力，文化创意的辐射与共享是文化产业走向集聚与集群化的内在动机，区域特色文化产业群以同类竞争激发创意，地理集聚分享创意与产业链辐射创意，构成了有效的创意共享平台与机制。当前我国文化产业集群度不高的症结不在于各因素影响不显著，而主要在于各因素本身没有被充分激活（活跃度不够，创造性不强）。因此，文化产业发展环境营造凸显，如何优化环境，激活各种要素，吸引文化资本、集聚文化企业、汇聚文化人才，把环境营造放在集群化发展的重要位置。另外，要依托当地主导性的文化产业及其文化特色，要发挥制造业的作用。此外，还要提高当地的市场化程度，尊重资本、人才和企业家精神，营造诚信经营和重视轻资产的文化产业特性，增强人们之间的信任感，和对集群整体的荣誉感，为集群内社会资本的建立提供良好的条件。产业集群的建立不是一蹴而就，而是一个长期的系统的工程，政府要善于引导和扶持，文化企业要善于在细节上下功夫，把产业链做长。区域文化产业集群能否形成的关键在于是否具有影响区域性特色文化产业集群建设的主导因素方面具有比较优势，缺乏比较优势，一方面产业集群难以在市场引导下难以形成，另一方面即使政府的强势推动造成企业的扎堆，内部也难以形成有效的分工协作，集群不可能持续。因此，各地培育主导性的优势特色产业至为重要，同时避免同质化竞争，形成差异化发展思路。文化产业园是形成集群发展的一种方式，但不是绝对方式，更不能由此形成路径依赖。

说到底，创新文化产业管理体制是对文化产业的一项制度安排，目的是为文化产业健康理性发展提供一套秩序和规则。文化产业制度是文化产业发展的重要保障形态。文化产业制度的建构与创新既是一个国家和地区文化经济发展到一定程度的产物，也与一个国家和地区文化制度以及政治和经济制度发展的文明程度密切相关。文化产业制度发展的成熟程度深刻地反映了一个国家和地区社会文明的成熟程度。不同国家的文化产业制度不仅反映了其政治经济诉求，还是其国家发展道路的文化显现。通过改革基本形成与经济基础发展相适应、有利于文化科学发展的文化体制机制。推动文化管理体制和运营机制创新，积极促进文化发展的方式转变。在管理体制上逐步完善文化管理的大部门制，遵循文化产业的发展规律，以文化的方式掌握文化领导权，坚持文化发展的现代立场、民族特色和社会主义价值方向，把中国文化培育成有影响的世界主导文化之一。在全党全社会形成"文化自觉"和"文化自信"，就必须在文化体制改革中培育文化之魂，提升文化产业的国际竞争力。在文化的传承与发展的关系上，既要继承优秀的文化传统，在时代的历史语境下进行现代转换，又要眼光向前，而不是迷恋、贪恋过去的成就，躺在老祖宗的文化遗产上睡大觉；在中外文化关系上，一定要基于生生不息的有五千年历史的文化传统，要有文化自尊和文化自信，要有文化包容乃大的胸怀，站在人类性层面去看待和借鉴人类的文化成果，去思考人性的发展，在各美其美的基础上展示共同美和人类文化的普适性价值，美美与共。

第六章 文化产业的风险特征与完善投融资体系研究

党的十八大报告提出"扎实推进社会主义文化强国建设","提高文化产业规模化、集约化、专业化水平"。要实现这一目标,就离不开金融业的支持,只有完善文化产业的投融资体系,实现二者的有效对接,完成对文化产业发展的"输血"与"换血",在有效的资金和资本支持下,文化产业才有可能发展壮大。实际上,文化产业资本不足,文化企业融资难,是制约我国文化产业发展的瓶颈。尽管当下社会资本很充裕,信用和资本市场很活跃,又有国家政策的倾斜扶持,但文化产业发展仍面临融资难的困境,其中风险高不可控、信息不对称是阻碍文化产业与金融业无缝对接的主因。只有深入分析文化产业独特的高风险特征,加强风险控制,建构信息采集展示平台,推动投融资模式及其产品创新,才能在遵循文化产业发展规律的基础上,推动文化产业又好又快发展。

第一节 文化产业的高风险特征分析

文化产业是一种具有意识形态属性的知识和创意与人才密集型产业,作为成长中的高投入、高风险、高收益的朝阳产业其核心活动是知识创造和文化创意,核心资产是无形资产与价值传播,与制造业和一般性服务业通常所具有的风险特性不同,它在风险来源及其风险的不确定性和不可控上,呈现出文化产业独具的高风险特征。

1. 从文化产业发展的逻辑起点——对文化产品的消费来看,风险来自于消费者审美个性难以把握的消费偏好和极度无常的主观性情。正是文本(产品和服务)消费的极度主观性和非理性冲动,使文化产业的市场充满了不确定性和不稳定性,结果即使当下市场上走红的演员与时尚化的风格也可能马上过时,而其他名不见经传的文本有可能意外获得成功。当代社会随着生产力的发展逐渐步入消费社会，一定意义上，消费成为当下社会发展的主导逻辑。文化产业的崛起就是消费社会的产物和表征。大众对文化的消费主要是内容，文化产业传播的是负载于内容中的价值，其外在显现是审美风格及其价值的传达。而审美价值能否形成市场价值，取决于全社会对该审美情趣的关注度。首先是审美情趣的个性化，决定了文化产业生产的审美价值能否被消费者所接受，以及接受的程度如何。如果是小众群体，是哪一个特定的小众群体，其消费能力如何，能否达到市场化程度？就是说，如何细分市场以及进入哪一个细分市场，对文化企业是一个考验。其次是社会审美存在的羊群效应。文化消费者通常有追随大众（从众）和追随"领袖人物"（如明星等）的心理，通过直接模仿大众和领袖人物的文化消费方式，形成文化消费热点。这种消费上的偏好使文化企业陷入两难困境，如果被动加入羊群行列，必将跌入非理性发展逻辑；如果不加入羊群行列，有可能被逼入一个小众市场，影响发展空间。羊群效应是由个人理性行为导致的集体非理性行为，具有高度的不稳定性和脆弱性，如果把握不好，会导致文化市场泡沫的形成与破灭，对文化产业的可持续发展形成较大冲击。再次是文化消费热点的滚动效应。文化市场上消费热点此起彼伏，甚至是一个热点未退烧，新的热点已形成，如何把握文化市场的消费热点和消费潮流，是文化产业发展的大难题。因此，大众审美情趣多样化带来消费偏好的不确定性，给文化产业投融资带来不确定性风险。

2. 从文化生产角度看，现代文化生产方式和显现方式的特殊性就蕴含着一定的风险。当今，文化产业的主体大都是基于现代技术支撑的社会化大生产，这种现代化的文化生产方式与文艺本性的个性化创作吁求产生内在性冲突，为文化企业的"文本生产"制造了一定的控制难度（质量标准的不易确定性、质量认证体系建设、文化产品的议价权、定价机制），从而为企业在市场中发展壮大带来一定的风险；同时，文化的显现趋于集聚、扎堆和相互依托，不断形成业态交融，使任何特定文化公司的生产都依赖于其他企业的文本生产，只有刺激大众在对其他产品的使用中留意到新产品的存在，或在体验新产品的功能中获得愉悦，该产品才可能进入消费者视野。从文化消费的多层次上看，文化产业发展应该提高产业集中度，使消费者有更多的消费选择。但即便是一家大型文化企业也不能完全控制文化产品的边际效应，因为预测批评界、时尚界与媒体界的完全反应是困难的，从而影响到文本的生产，导致文化企业面临着特殊的风险与市场的不可预测性。像出版业常说的二八法则，即80%的收入来自于

20%的产品。即使电影强国美国好莱坞每年生产的350部左右影片，也仅仅有20部左右能获得高票房；期刊业强国英国也仅是1/3到1/2的杂志保本，1/4能盈利。

3. 从文本（产品与服务）价值实现的流通环节上看，包括传播渠道、载体（核心技术和技术应用）中存在某些不确定性的风险。随着信息业的快速发展和大众对内容消费的强烈需求，文化产业发展呈现出传播渠道和技术应用为王的趋势。传播渠道的控制和技术应用的标准在文化产业发展中的地位越来越重要，这一环节决定了下游衍生品或者授权产品的开发与市场拓展。每年生产的电影能进入主流院线的也就是百部左右，能盈利的不到1/2；每年生产的电视剧产量达1.5万集，而能够播出盈利不亏的仅4000集左右；动漫每年生产20多万分钟，能够在电视台播出的不到1/3，大多因受限于传播渠道无法面世而难以收回投资。从全球来看，文化产业与高新技术的融合趋势越来越明显，可以说世界主流文化产品都是文化与高科技融合的产物，高附加值的实现取决于技术创新与技术应用，但问题随之而来。一是高新技术更新换代频率不断加快，文化产业要跟上高新技术发展的步伐，并找到有效结合点，推出产品或服务，难度很大，往往形成"快鱼吃慢鱼"、"赢者通吃"的局面。二是高新技术发展存在多种技术路线，文化企业在与高新技术融合时，到底选择哪一种技术路线，存在着高风险。如智能手机操作系统的升级就存在多种路线，在技术标准同台竞技下，文化情趣的凸显可能更受到消费者的认可。如苹果手机在竞争中的胜出，就因为其不单纯是通信工具，还是典型的美国式大众文化产品。三是有些高新技术，虽风靡一时，但尚未形成清晰的商业模式。如微博，虽然影响面很广，却没有哪一家盈利；微信，不到一年的时间用户就过2亿，市场潜力巨大，若没有清晰的商业模式，就只是一个烧钱的工具，商业价值受到很大影响。此外，时下的某些娱乐项目和产品之所以缺乏体验性而遭遇冷落，主要是技术含量不足，没有突破或者掌握关键技术。对企业来说，其产品能否进入传播渠道和突破关键技术充满了不确定性，这取决于公平的市场环境、国家的政策扶持，以及与其他相关企业的合作和良好的文化生态。

4. 文化产业的高成本投入与低复制成本特性带来的易盗版风险。文化产业不同于其他产业的特性之一是前期投入往往很高，而后续的加工复制却很便宜，这种价值实现的特点使其容易招致盗版（不同于桌子——前期投入与后续生产几乎一致；不同于汽车——前期投入很高，后续生产成本也高）。此外，文化产品的生产一旦超过盈亏平衡点，其利润就很可观，甚至产生暴利（在走红、流行的情况下）。因企业和个人知识产权意识薄弱，在巨大的利益引诱面前，侵权行为时常发生。而盗版、跟风、模仿都会给企业带来收益下降的风险。首先，随着新技术、新知识的不断涌现，知识产权的新类别相继出现，不断突破知识产权保护相关法律的规定范围，出现立法跟不上实践的情形。其次，我国知识产权法律制度建设不健全，受此影响知识产权本身存在较大的权利不稳定性，以及权利人的权属与权益的不确定性，甚至出现权属争议。再次，在保护知识产权的执法中，存在着追查难、鉴定难、成本高、周期长、执行不到位等问题，有时甚至出现赢了官司赔了钱的尴尬局面。

5. 意识形态审查的不确定性给企业带来一定的风险。无论如何强调市场属性，都不能遮蔽文化产业的意识形态属性，因此，文化产业的发展，不能完全依靠市场自发调节，也不能纯粹追求经济效益和利润最大化，必须坚持经济效益和社会效益的有机统一，并把社会效益放在首位。只有坚持市场调节与意识形态管理的有机统一，把握意识形态管理的底线，才能较快地通过意识形态的审查。现实中某些有争议的文本，可能存在通不过意识形态审查的风险，或因大幅度修改而导致成本上升或文化价值降低。这种风险虽是客观存在的，却是可以规避的。从政府角度来看，需要意识形态管理方式的创新，明确标准和底线，不断完善文化内容管理政策，在文化生产源头解放生产力。

6. 无形资产估值的不确定性。文化企业在资产结构上表现为轻资产性，实物资产通常较少，无形资产占据核心地位。作为文化产业核心资产的无形资产，估值主观性强，波动相对剧烈，有时相差超过几个数量级。加上文化产品大多属于非生存必需品，有较大的需求价格弹性和需求消费弹性，易受宏观经济形势和居民实际收入的影响，因而无法准确预计文化产品的市场消费和可能带来的收入现金流。特别是对于尚未进入市场的版权和创意，未经市场检验之前很难准确估值。有时候重金投入的却不盈利，认为一般的却很火。像湖南卫视"超级女声"节目，其初衷是想推一档低成本的大众参与节目，结果却火遍大江南北，形成了一个庞大的产业链，仅总决赛的短信收益就上千万元。这种无形资产估值的不确定性，是形成文化产业高风险特征的重要因素。同时，轻资产性还导致文化企业因缺乏抵押物而难以融资，且项目投资基本形成沉没成本，一旦项目失败，投资余值所剩无几，无疑增大了投资风险。而投资制造业，即使失败，大量的厂房、机器设备投资仍可变现，投资风险相应减少。

7. 知识（技术与产品）持续创新的不确定性。文化产业的本性要求持续创新，而创新必然存在风险。一家电影公司不可能只拍一部电影，一家游戏公司不可能只推出一款游戏。但是，拍了一部好电影并不意味着下一部电影也是高票房，推出一款好游戏也不意味着下一款游戏还有高人气。创新高度依赖人才，如何汇聚、留住优秀人才，激励其充分发挥智慧，创造更多的文化产品，是大问题。即使做到这些，优秀人才还有创新周期，才思泉涌时创意多，江郎才尽时成绩平平。如盛大曾历经两次转型创新，第一次是核心业务由代理转型为自主研发，转型成功，令盛大获得了迅速发展的资本；第二次是由网游公司转型为网上"迪斯尼"，以失败告终。因此，在知识经济时代，文化企业如何通过组织架构、制度设计、管理机制创新，形成一个有效的可持续的知识创新系统，对文化企业是很大的挑战。

8. 文化产品的准公共品特性。文化原本具有普惠共享的本性，而由市场配置资源的文化产业的文本生产具有准公共品特性。所谓"公共物品"是说其价值不会在消费和使用过程中被消磨损耗，如一个人对一部电影的欣赏不会减少其他人欣赏同一部电影所获得的收益，但去电影院欣赏影片又的确要付出成本，就此而言，它并非完全是"公共"的，故将其视作"准公共物品"。文化产品通常不会因被他人消费而降低价值，反而有助于对其创意价值进行再创造，这种特性决定了文化产品的生产者或拥有者往往不能独得产品效益，恰是收益溢出形成了文化产业的关联性、渗透性及其带动效应，这种特性为文化企业控制文本成本和收益带来的不确定性，由此为企业发展带来一定的风险。

以上分析可见，文化产业存在独特的高风险特征，高投入未必能获得高回报。

第二节　文化产业的资金来源方式及其风险控制

当今时代，任何产业的发展都离不开金融业支持，文化产业更不例外。资金是文化资源与各种生产要素有机结合并创造新价值的"黏合剂"，资金的匮乏必然成为制约文化产业发展的瓶颈。金融业如何有效防范风险，又积极创新服务于文化产业的投融资产品，加大对如饥似渴的文化产业的支持？文化企业又如何创造自己的核心价值，形成富有竞争力的产业链，并与金融业形成良性互动、共同发展的双赢局面？这需要深化对文化产业与金融业对接风险的认知。风险是文化产业与生俱来的，不可消除，它体现在多个环节上，因此应在每一个环节上都下功夫培育抗风险的能力，才能从根本上减少风险、控制风险、分解风险。虽然在投融资过程中风险不可能消灭，但可转移、分担或分散。因此，通过风险转移、分散、增信等多种机制，加强风险管理，使文化产业的高风险控制在各参与方都愿承担的范围内，是投融资模式创新的关键。

通常，政府投入、金融支持、社会融资、外资引进、内源资金是文化产业"五大资金源"。在文化产业发展的起步阶段，政府的引导和培育具有决定性作用。尽管各级政府加大了投入文化产业的力度，但与文化产业发展所需的资金需求相比，仍明显不足。目前政府对文化产业的投入主要采用专项资金的形式，这类资金规模不大，用起来较分散如同撒胡椒面，在使用方向上也有限制，无法满足日趋巨大且多元化的文化产业的实际需求。同时，随着文化强国战略的实施和文化产业步入初级发展阶段，政府应避免直接投资文化产业，而应通过政策引导和规范市场来鼓励金融创新。2010年九部委在《关于金融支持文化产业振兴和发展繁荣的指导意见》中强调，政府职能部门应"鼓励各类担保机构对文化产业提供融资担保，通过再担保、联合担保以及担保与保险相结合等方式多渠道分散风险；研究建立企业信用担保基金和区域性再担保机构，以参股、委托运作和提供风险补偿等方式支持担保机构的设立与发展，服务文化产业融资需求；探索设立文化企业贷款风险补偿基金，合理分散承贷银行的信贷风险等"。以此明确了政府在文化产业投融资中的职能。文化产业是弱势产业，是战略型产业，应该扶持；文化产业关于意识形态的传播，主流价值观的引导和社会公益性是文化产业投融资必然形成的外部性，这种外部性由政府来负担合情合理，其方式有贴息、贷款风险补偿基金、担保补贴、联合担保等，扶持方式不同效果殊异。贴息和担保补贴是政府采取数量固定的资金扶持，其风险可控；贷款风险补偿的特点是政府扶持的资金可以固定，也可以不固定，政府的风险可锁定也可能没锁定；联合担保则是政府承担了担保份额的全部责任和全部风险，可能不用出一分钱，也可能承担全部损失。具体选择何种扶持方式应根据所扶持的文化企业的特点，既促进文化企业的发展，又使政府的扶持资金发挥最大效益。

从社会融资来看，尽管社会资金充裕，但融资渠道不顺畅。西方发达国家十分重视调动社会资本投资文化产业的积极性，如美国各大公司、基金会和个人对特定文化活动的捐助资金是政府拨款的数倍。我国民间资本虽然存量大，但缺乏进入中小微企业的规范"接口"与通道，民间融资成本高、负担重。虽然东部发达省份民间投资文化产业热情很高，如民营经济发达的福建泉州市，民营企业的文化产值已占该市文化产值的 80%以上，其民间资本存量至少在 4000 亿元。受金融机构准入门槛限制、投资渠道少、实体经济回报率低等影响，民间资本进入中小微企业的"接口"不规范。除小部分民营企业作为发起人成立小额贷款公司外，不少民间资本只能转入地下金融活动，既增加了中小微企业的融资成本，也增加了民间投资和金融运行的风险。以民间借贷方式融资的中小微企业，其融资成本比银行基准利率高出 2 倍以上。按有关规定，允许民间借贷利息在人民银行规定的利率基准 4 倍以内，但目前的规定只允许企业在所得税前列支相当于银行基准利率再加 30%—50% 上浮部分的利息，超出的利息必须计入所得税税基征收企业所得税，导致中小微企业承受双重负担。

在外资引进和使用上，目前受一定的政策和地域限制。由于文化产业的特殊性，国家在一些领域的行业准入上有所限制，如 2005 年文化部等五部委出台《关于文化领域引进外资的若干意见》，对外资进入国内文化产业做了种种规定。尽管外国文化企业进入中国市场会带来部分资金，但更多是输入技术和市场经验，并大肆倾销产品，实现其以技术换市场和利润最大化的诉求。考察美国、韩国、印度、日本、新加坡等国，以及中国香港等地对文化产业投资的竞争，不难发现依赖外资并不能拯救患"资金饥渴症"的中国文化产业。

从文化企业自身来看，企业自身资金积累是产业持续发展的主要资金来源，但我国产业发展的弊端之一是内源资金积累严重不足，文化产业尤其如此。长期依赖国家财政投入办文化的方式使国有文化企业底子薄，积累少，抗风险能力弱。在市场经济发展国家，内源资金一般在 50% 左右，欧美发达国家企业自有资金高达 70%。我国文化产业组织结构是中小企业比重大、技术含量低、产业意识不强，大型国有文化企业体制老化，改革迟缓，长期背负人员多、亏损大的包袱，内源资金普遍不足，企业发展的持续动力不够。

因此，突破文化产业资金不足、文化企业融资难的瓶颈，必须把目光放在市场上，充分发挥市场灵验功能，在尊重市场规律的基础上，探寻投融资模式创新的突破点。从文化产业投融资的视角看，风险控制主要有三种模式。

1. 联合投资

多方联合投资是在不增加融资成本的前提下，使各投资方的风险控制在可承受的范围之内，是投资风险控制的有效手段，但由于投资方增加，协调成本将会随之增大，投资收益也会随投资风险的分散而相应分配。例如，电影业的"联合摄制模式"，就是通过吸引各方参与，并以投资协议确定各方承担的资金风险和影片版权收益分配方式与比例，《集结号》、《非诚勿扰》等都采用联合摄制模式获得了成功。

2. 风险隔离

所谓风险隔离是指发起人和发行人用以保证融资的特定资产与发起人和发行人的其他资产从法律上进行分离，确保隔离担保资产不受发起人或发行人经营恶化及其他债权人追偿的影响，并且在发起人和发行人破产的情况下不被列入破产资产。把它借用到文化产业中，是指当文化企业同时运行多个项目时，把其中的某一个或几个项目独立出来进行融资，并封闭运营，使项目包的投入—产出与文化企业的其他项目及企业整体运行区别开来，从而避免企业其他项目的风险与企业的整体风险殃及项目包。它在本质上是用投资者看好的项目的信用代替企业整体的信用，防止企业整体的风险影响到投资者看好的项目上。可以说，这是以封闭型项目为融资主体而不是以企业法人为融资主体，或者说是一种项目融资。在操作方式上，主要由文化企业和投资者共同成立新的项目公司专门运作，在周期不长、预期风险不大的情况下，可由文化企业采用资金封闭运行的方式操作。这种方式较好地规避了文化企业知识持续创新和高新技术应用的风险。

3. 信用增级

信用增级分为内部信用增级和外部信用增级。担保和保险是较典型的外部信用增级，其优点是专业、快捷，缺点是增加融资成本；区别是保险一般只针对投资级的（即本身信用等级在 BBB/Bbb 级以上）交易，而担保则不受此限制。因此，保险对大型文化企业可能适用，对中小型文化企业不太适合，担保则对所有文化企业都适用，而成本会有高低。内部信用增级方式分优先/次级结构、超额抵押和利差账户等。内部信用增级方式原本是资产证券化的常用工具，现移植到文化产业投融资的风险控制上。如建立优先/次级结构，将投融资产品分为不同偿还或受益优先级、不同信用品质的档级，将受益先分配给优先档，将损失先分配给次级档，从而使优先档的信用高于整个产品的信用，便于融资；而次级档可以向风险偏好型投资者融资，或由融资方自己承担。内部信用增级方式比较专业、复杂，操作起来需要专业人士参与，这种方式国内很少采用。信用增级的特点是让熟悉文化产业、风险偏好型的投资者来承担更大的风险，从而使其他投资者承担较小的风险。

从文化企业运营的视角看，风险控制的策略有：

1. 通过引入战略投资者，使文化企业趋向大型化、集团化，从而以文化企业的实力，开展多项目、多环节开发（鸡蛋不放在一个篮子里），或者以其影响力提高市场认可度，从而降低市场不确定性带来的风险。通常，发行 5 种唱片的公司比起发行 50 种唱片的公司，生存的机会要小得多。此外，在流通运营环节兴起的"文化产品超市"，也是降低经营风险的策略之一。

2. 通过整合与拓展产业链来降低风险。所谓整合主要指收购同行的其他公司以减少对受众和受众时间的竞争；而拓展产业链主要指收购处于不同产业链环节上的公司，可以买下游企业，如电影制作公司买音像分销商，也可以买上游企业，如销售与传输公司买节目制作机构等。此外，还可以通过"三跨"式兼并重组等进入其他文化产业门类，通过产业交叉和多环节开发实现盈利，这也是企业做大做强的主要手段。

3. 走国际化道路，通过收购或者与外国公司合作，使其产品进入国际市场从而拓展盈利空间。这是业界通常所说内市场收回投资，在国际市场上盈利。

4. 通过贴近市场的类型化与风格的格式化操作，来降低企业风险。文化产业发展越是成熟，文化市场越是趋向多元化和市场细分的类型化，文化产业的集约化程度越高。如"贺岁片"、"畅销小说"、"摇滚乐"等，通过类型化标签指示受众通过体验产品获得愉悦感，只要契合市场细分和时尚化的类型，都有可能获得消费者的认同，从而降低推出新产品的风险。"格式化"作为一种发展策略，主要方式有明星制：著名导演、编剧、演员，通过其市场号召力降低新产品的风险，通常"格式化"策略被视为文化企业赢利的"制胜法宝"。总是那么几个导演的作品或是那么几个演员具有票房号召力，如 007 系列等，以及某些成功影片接二连三地拍续集。通过"明星制"可以形成品牌效应进而降低风险，如"布老虎"、"新概念"等一度红极图书市场的出版系列，其品牌本身就是市场收益的保障。

5. 文化产业是一个产业群的概念，除了通常的"跨界"特性，还存在行业之间异质分割的特性，其产业内部特性异质化使不同门类或类型的行业（尤其是企业）面临不同的投融资风险。因而，在化解风险上存在不同的应对策略。

第三节　文化产业融资难的外部性分析

中国文化产业巨大的发展空间和潜力与中国金融业对文化产业认知的落后形成鲜明对照，金融业对文化产业的支持远远滞后于文化产业的发展实践及其对国民经济的贡献率。形成这种反差有文化管理体制的不顺畅、不健全等制度性因素，有社会认识水平问题（难以形成高度共识），有经济发展阶段问题（越是经济发展落后地区，文化企业的融资难问题越突出），有文化产业自身风险特性不可控问题，也有金融业内在的安全性、流动性与赢利性及风险规避的行业心理因素，更与信息不对称、认知以及自身专业知识不足的局限性有关，特别是金融产品的抵押要求、货款通则及其信用考核方式相关。

首先是信息不对称（相互不了解、业务不熟悉）。金融机构对新兴的文化产业不了解，对文化企业的业务开展不全面，信贷人员对文化企业的业务不熟悉，影响了文化产业的信贷效率和效益。因我国尚未建立起全社会统一的企业与个人诚信系统，金融法规和金融监管相对滞后，银行、投资者与民营企业之间信息严重不对称，导致金融市场上存在违约收益大于违约成本的心理预期，形成一些企业缺乏诚信的内动力和守信的经营行为。同时，文化企业规模较小，多是个人甚至是一个创意，即使有知识产权和品牌价值却难以估价，通常没有大量的不动产和机器设备，在缺乏应有的抵押品情况下，金融机构在目前的社会信用环境下很难放贷支持。

其次是金融业缺乏针对文化产业的风险特征的金融服务创新冲动。文化产业的风险特征与传统产业不同，传统的融资工具不太适合文化产业的融资需求。如银行信贷是传统产业的主要融资方式，但文化企业多为轻资产的中小企业，抵押物不足；无形资产较难评估其价值和风险，质押政策不明晰，因此很难获得银行信贷支持。尽管文化产业的发展如火如荼，但其尚未形成相对成熟的运营模式和持续盈利能力，市场风险较高；同时，服务文化产业发展的融资担保、项目评估、产权界定、权益转让等中介服务不健全，相关法律法规需进一步明确和完善，缺乏专门针对文化产业、文化企业和文化项目的信贷管理办法和金融产品，如针对版权、著作权等无形资产的金融产品。面对全新的业务领域，缺乏可依据的经验和必须的风险评估体系，金融机构难免畏首畏尾。

再次是推动金融业支持文化产业的专门政策不完善。金融机构的行业要求是风险可控，文化企业不像工商企业有持续的生产能力和现金流，文化产品生产很多是项目性、一次性的，不能产生稳定持续的经营效益和现金回报，加上文化产品生产过程全亏损的特点，使得依据财务报表判断资金回报情况进行决策的银行，在为文化企业或项目贷款借贷时缺乏政策支持。同时，贷款审批手续多、程序复杂、周期长，很难满足文化企业对融资的时效性要求。

综上可见，实现金融业与文化产业的无缝对接不单纯是金融界和文化产业界的事情，还必须深化全社会对文化产业的认知，提高整个社会的共识，这是能够创新的思想观念基础。实践中，因为认识的不到位、缺乏高度共识，导致文化产业政策的空疏，缺乏现实针对性和执行力，致使文化金融产品创新动力不足。银行更愿意把钱投向地产、汽车等行业，文化产业难以发展出汽车贷款、购房贷款一类的成熟金融产品，导致文化产业的发展规模受限。针对文化产业发展现状，应着力推进政银企的会商制度建设，建立中小企业融资联席会议制度、企业资金链应急保障机制、中小企业融资担保风险补偿机制，努力缓解中小（微）企业的融资困难。此外，应尽快提高文化产业的对外开放度。尽管文化体制改革很有成效，极大地释放了文化产能，但国有文化企业之间的兼并重组主要局限在宣传文化系统内，其他行业的国有文化资产进入尚有一定的难度，更遑论民间资本和外资的进入。因政策性瓶颈，使强势国有企业投资文化产业的冲动和可能性降低，急需资金与产业管理经验的文化资源开发得不到强有力的支持，文化产业发展难以形成规模优势，更谈不上向国际分工体系中的产业链高端和势力经济迈进了。尽管文化产业领域向民间资本和外资敞开大门，但实践中还是遭遇到无形障碍和玻璃门，导致国际大型文化财团和专项基金尚在门外徘徊，其结果是文化产业的外援不足，导致文化产业经营管理滞后和规模弱小、散乱。

基于文化产业发展的现阶段特点，首先应改变政府的投入、扶持方式。政府投资不仅要充分发挥公共财政对文化产业发展的引导和扶持功能，而且要不断提高公共财政的资金利用效率和效益，形成公共财政可持续支持文化产业发展的局面。其次，应通过设立的文化产业发展专项资金，用于对中小文化创意企业进行启动扶持和低息贷款；提高区域文化产业资本运作水平，逐渐形成一批专业化的文化产业资本运作公司，加强专业化水平较高、产业基础较好的文化企业与金融业和投资机构的结合，通过资本运作手段增加大型文化企业的抗风险能力；鼓励大型国有文化企业向文化财团发展，走跨区域发展之路；在社会融资方面，政府尽快编制社会资本投资文化产业的指导目录，完善文化产业市场分类准入政策，逐步开放并充分调动社会资本进入文化产业。政府的文化经济政策应着力于以下几方面。

1. 将文化产业发展的基础性、共性投入部分，纳入公共文化服务体系建设，以降低文化企业的重复投入。如游戏引擎、集群渲染、音效制作、图形工作站等动漫游戏制作企业都需要，且投入大的设备与软件，将其应纳入公共技术服务平台建设，以免费或低价租赁的方式提供给相关企业使用，减少动漫游戏企业的一次性投资，又提高公共技术服务平台的使用效率。

2. 对文化产业普惠性的扶持，宜采用税收减免政策。与其在公共财政中拿出一部分钱对文化企业进行撒胡椒面式资助，不如对文化企业采取减免税政策。这样既可以节约税收征收、公共财政资金运作的成本，又能避免其中的寻租和腐败行为，而且文化企业的预期更明、见效更快。

3. 根据文化产品与服务的公益性程度、市场化程度进行分类投资管理。对高公益性、低市场化产品，主要以政府无偿投入为主，市场主体参与为辅；对低公益性、高市场化产品，以市场主体投资为主，政府有偿投入为辅；对高公益性、高市场化产品，以市场主体投资为主，政府风险投资和适度无偿投入为辅；对低公益性、低市场化产品，以民间组织投入与运作为主，政府适度补助为辅。根据文化产业的市场属性，政府无偿投入比例要下降，有偿投入比重要逐步提高，以实现政府投入的滚动发展。有偿投入的方式有低息贷款、担保、参股、股转债和债转股等方式。参股方式一般不干预运营，甚至可以在项目未结束前或企业上市、并购之前不参与分红，在项目结束利润分配时或企业上市、并购时参与分配并退出，收回政府投资收益；股转债是先以参股形式进入企业，以降低企业融资成本，退出时带有一个债权的选择权，可以债权形式退出，收回政府投资。参股与股转债的共同点是企业清算时同样计算股权损失，区别是企业赢利退出时，参股的收益是按股权比例分配的，而股转债是可以选择按股权比例分配或按本金加利息回报且退出股权。债转股的形式对中小型文化企业是可行的。

通常，政府部门对资金的投入，主要集中在四个方面：一是建设大型文化基础设施；二是赞助公益性文化单位（包括非营利文化组织）；三是保护文化遗产和扶持高雅艺术；四是支持文化产业，特别是补贴内容产业，鼓励国际文化贸易。在不断加大对文化投入的同时，改变政府职能部门管理资金的模式，借鉴国际经验，交由专业理事会或者基金会去具体运作。既可以成立政府独资或控股的文化产业投资基金，投资那些意识形态色彩较浓、体现国家文化意志、代表民族文化利益、社会公益属性较强、风险较大的战略性项目；也可以 LP 身份参与一些市场资金牵头的风险投资基金，使政府资金在产业发展中的引导作用与市场在资源配置中的基础性作用有机结合起来，提高政府投资效率，推动产业发展。同时，要加强投资绩效评估和监督。聘请第三方独立机构对每年的公共财政投资绩效进行评估，并提出改进意见。加强监督、审计、财政等部门的监督，防止寻租与腐败行为的发生。

第四节　文化资本运营的一般方式

文化资本经营可划分为存量资本经营和增量资本经营。文化存量资本经营是指对文化企业现有资产进行以增值为目标的经济活动。并通过兼并、联合、股份制、租赁、破产等产权转移的方式，以此促进资本存量的合理流动和优化配置；而文化增量的资本经营其实就是文化企业的投资行为，旨在对企业的投资活动进行筹划和管理，包括投资方向的选择、投资结构的优化、筹资与投资决策、投资管理等。

文化企业虽然运营的内容是蕴含价值观的文化，但在资本运作的方式上仍然是一种金融经济。可采取金融形态的资本经营，如股票上市和证券经营等；也可采取资产形态的资本运营，如厂房、设备、信誉、品牌、专利等资源的资本经营；还可以采取把金融形态和资产形态的资本经营结合起来的资本经营方式，通过投资融资，结合盘活国有文化资产存量和增量，进行文化资本聚集、扩张，以及资本的收缩和裂变，最大幅度地实现资本增值。当前，因外在条件的限制和不成熟，很多文化企业都把上市作为资本经营的方向。其实把资本经营与上市等同起来是片面的，文化企业除了发行股票融资外，还可以综合运用多种手段进行资本运作。

一般意义上的资本运作有五种方式：（1）使企业的经营资产规模扩大的资本运营活动，被称为扩张型资本运作，如兼并、收购、联营等；（2）使企业的经营资产规模缩小的资本运营活动，被称作收缩型资本运营，如剥离、分立等；（3）加强对公司内部企业控制方面的资本运作，被称为公司控制型资本运营，如溢价回购等；（4）对企业内部产权结构实现变动的资本运营，如股票回购、上市等；（5）企业破产一般被称为消亡式资本运营（只是对文化企业而言，退出市场还有一些政策法律的规定)。在我国目前常用的资本运作方式是扩张型资本(即资本集中)和收缩型资本运营(即资本裂变),如用兼并、收购、股份制、租赁等手段实现资本扩张,运用剥离、分立、解散等手段实现资本收缩。

文化资本运营主要采取如下方式。

1. 兼并(收购)

兼并被称作资本间接运作。所谓兼并是指企业通过出资购买资产或股票、用股票换取资产或股票等有偿方式取得目标公司产权,使其失去法人资格或虽保留法人地位,变更了投资主体的一种行为。收购是一家公司对目标公司资产或股份的购买行为,收购的目的一般是为了取得对方公司的控制权,兼并需要经由收购实现。现实中,文化企业的兼并和收购的动机颇为复杂,有时会受到一定的规制。党的十八届三中全会提出建立健全现代文化市场体系,鼓励文化企业跨地区、跨行业、跨所有制兼并重组,为文化企业的资本扩张提供了政策保障。

文化产业的资本运作即可以采取同行业的兼并,也可以实行产业链的纵向兼并和收购,还可以实行跨行业的混合型兼并收购。兼并过程中,会出现自愿型兼并(又称合作型兼并)和强制型兼并两种情况。文化企业兼并可以是优势文化企业兼并弱势文化企业和其他弱势企业,可以是优势文化企业兼并亏损的文化企业和其他亏损企业,也可以是优势文化企业兼并优势文化企业和其他优势企业等。要转变一种观念认知偏颇,即被兼并收购的企业都是经营失败者的角色。在西方国家,被收购的对象往往是优秀企业,有价值的企业才会被收购。只有转变观念和舆论导向,才会有利于当下文化企业之间的兼并重组,有利于文化企业通过资本运作扩大企业规模。

第一,优势文化企业兼并弱势(亏损)企业。目的是通过优势兼并弱势的方式谋求协同效应,即产生 $1+1>2$ 的效应,兼并后的两家文化公司的总体效益要大于两家独立公司的效益之和。如文化企业可以根据税法中有关亏损递延条款的政策,通过兼并亏损企业来达到合理避税的目的,以减少文化企业的支出;还可以利用这种兼并,获得对方特殊资产等。

第二,优势文化企业兼并优势企业。一方面可以通过兼并,吞并对手文化企业(即纵横向文化企业,包括本地非国有文化企业和跨省市、跨国界的文化企业),提高市场占有率,以达到操纵市场价格,获取垄断利润的目的。另一方面通过兼并,扩大自身规模,以达到加速文化资本集中运作的目的。这类兼并实质上是文化产业实现扩张的一种有效方式,它可以利用被兼并文化企业原有的专业人员、技术设备、销售渠道和市场占有率，节约新建企业所花费的时间，减少文化产业发展和扩张的风险成本。另外还可以通过这类兼并，实现产品的多元化经营，以避免文化企业单一经营的风险。

2. 剥离

剥离是指把公司的非经营性闲置资产、不良资产等从文化企业的资产中分离出来，出售给其他公司，并取得现金或有价证券的一种方式。剥离出来的资产可以是某些子公司、部门、产品生产线等。剥离包括退减资本、置换资产、出售资产等多种形式：退减资本是把部分资本从注册资本中退出去；置换资本是出于某种目的，把本公司资产与其他公司资产进行调换；出售资产是把某些或者部分资产卖掉。剥离与兼并和收购之间有着内在关联，当文化机构或为取得所需资金，或为纠正某些收购业务的错误，或为剔除将影响本文化企业未来发展方向的"部件"等，都可以采取剥离的方式，即出售部分的或出售被收购的全部目标公司资产。有时还可以采取这种方式，剥离掉文化企业最关键的部分，以抵制收购方兼并本文化企业的意图。剥离也有两种情况，即自愿剥离和非自愿剥离。当剥离能达到提高文化单位竞争力和资本最大增值等目标时，文化企业通常采取自愿剥离的形式；如果企业是迫不得已采取剥离时，就是非自愿剥离。采取资产剥离通常出于以下几方面原因：

一是企业形象差，股票跌幅大，为改变自身形象，可采取剥离形式改善企业形象，并保证企业股票的市场价值。

二是为实现公司整体战略目标，解决资金短缺或资金需求问题，改善公司经营环境等，采取剥离形式，以推进公司的快速发展。

三是为甩掉经营亏损的包袱，消除负协同效应，推进企业发展等。对提高文化企业的整体市场信誉而言，剥离也是一种非常有效的形式。

3. 分立

分离是指通过将文化母公司在子公司中拥有的股份，按比例分配给现有的文化母公司的股东，在组织上把子公司的经营从母公司中分离出去，形成与文化母公司有着相同股东的新的文化公司。分立是一种特殊的剥离形式，方式多样，包括并股和拆股。

并股是一个文化企业把在子公司中占有的股份分配给其中的一些股东（非全部股东），交换其在母公司中的股份，使两个公司的所有权比例发生变化。并股能够达到文化母公司股东失去对子公司的控制权。并股一般不能强制，它的前提是需要一部分文化母公司的股东愿意放弃其在文化母公司中的股权。

拆股与纯粹的分立比较相似，是文化母公司把其子公司的控制权移交他的股东，把母公司所拥有的全部子公司从母公司中分立出来，使原文化母公司不复存在。拆股能使管理队伍对原有的管理内容、管理重点发生变化，使资产的所有权比例发生变化。故而可以通过拆股，调整文化公司内部的管理队伍和管理模式，在文化资本运作中，文化企业可以根据经营环境变化调整策略。如在技术进步和文化产业发展时，需要细化文化集团内部分工，以便于文化产业经营管理等，可以采取分立的形式；为合理避免国家或地方有关法规和税收条例的制约，给文化企业带来经营上的不利因素或税收上的负担时，也可以采取分立的方式；文化资本运作中，负协同效应带来的各种不利情况以及兼并带来的问题，也可以适当运用分立的方式进行排除。分立还是文化企业在激烈的市场竞争中进行反兼并与反收购的一项重要策略。

4. 股票回收和分割

股票回收和分割是文化产业股份公司常运用的一种方式。股票回收是指企业收回发行在外的股票，文化产业性质的股份公司的文化资本运作少不了运用股票的回收和分割。回收已发行的普通股一般不予废除，当文化企业需要资金时，可以把回收的普通股重新出售。当前，在国内的 A 股市场上，上市公司可以根据政策采取股票回收办法，以防止股票继续下跌。股票回收可以通过市场收购、委托金融机构收购、与大股东交涉回收三种形式，股票回收时要特别注意选择适当的途径合理避税。

股票分割是把一张面额较大的股票分割成几张面额较小的股票，分割后的企业股票数量增加，但总额度与分割前股票额度相等。股票分割对文化企业的资产、股东效益等不受任何影响。要注意的是，股票市场中，有时企业出于某种需要会采取反分割的有关方式，以减少企业在外的股票数量。

第五节　高风险特征下的投融资模式创新

根据文化产业的高风险特征，有以下几种投融资创新模式。

1. 文化产业风险投资

文化产业的轻资产、高风险、高收益特征，可谓天然符合风险投资的要求。因此，随着近年来风险投资在中国的快速发展，风险投资对文化产

业特别青睐。据不完全统计，2011 年全国文化产业风险投资案例有 62
起，投资金额达 8.4 亿元，同比增长 94%。但仔细考察这些案例，不难
发现，文化产业风险投资依然存在一些问题：一是主要关注大中型文化企
业，特别是 Pre-IPO 项目，对中小型文化企业却少人问津；二是政府独资
或控股的文化产业风险投资基金，存在对业务不熟悉、运作不规范、部门
干预过多等问题；三是对 Pre-IPO 项目一哄而上，挤破门槛，导致投资价
格过高，甚至形成投资泡沫，造成局部"梗阻"现象；对其他项目又往
往增加对赌条款或回购条款，给文化企业运营者增加无形的压力，甚至导
致其不敢接受风险投资。要解决这些问题，核心是要建立符合文化产业发
展规律的风险投资体系。首先，大力发展文化产业天使投资基金。[①] 因为
文化产业以中小企业为多，一次需要的资金量不大，但大多都是具有创新
力的早期项目，最需要天使基金扶持。应以政府牵头成立为主，独资或引
导其他风险投资基金参与；或者由政府主投，熟悉文化产业、有实力的风
险投资基金参股并负责基金管理运营，后者更有优势。其次，政府可以通
过文化产业发展引导基金联合投资、文化产业风险补偿金等方式，引导现
有风险投资基金由以 Pre-IPO、成长后期项目为主，逐步向快速成长前期、
快速成长期项目转移，即按企业生命周期逐步前移，真正扶持文化产业发
展，而不是等到桃子熟了再来摘桃子。再次，把 Pre-IPO、成长后期项目
真正交给市场，政府予以规范，防止形成泡沫。从而构筑一个天使基金、
政府文化产业发展引导基金、风险投资基金既有分工又相互配合、覆盖文
化企业发展全程的文化产业风险投资体系。

　　2. 知识产权质押贷款

　　知识产权质押贷款是指企业或个人以合法拥有的专利权、商标权、著
作权中的财产权经评估后作为质押物，向银行申请贷款。它主要解决文化
企业以无形资产为主、抵押物不够的问题。知识产权质押融资在欧美发达
国家已十分普遍，我国从 2006 年才成步，各地进行了一些有益的摸索，
初步形成了北京、浦东、武汉三种具有代表性的模式。北京模式是"银
行 + 企业专利权/商标专用权质押"的直接质押融资模式，是一种以银行
创新为主导的、市场化的知识产权质押贷款模式，优点是市场化运作、效
率高，缺点是门槛高、小企业难以受益。浦东模式是"银行 + 政府基金

---

①　值得重视的是风险投资中的"天使基金"（投资人），应在扶持中小微文化企业中加大引进
　　和培育力度。这类投资人作为第一批投资人，通常投资于刚起步、初创或者刚启动的项目，
　　天使投资人一般对被投资对象的能力和创意尤其是未来的赢利能力深信不疑，因投资规模不
　　大，故愿意在业务未开展之前就投入资金。

担保 + 专利权反担保"的间接质押模式，是以政府推动为主导的一种知识产权质押贷款模式，特点是银行风险小、政府风险大。武汉模式则是在借鉴北京和上海浦东两种模式基础上推出的"银行 + 科技担保公司 + 专利权反担保"混合模式，特点是政府风险小，但融资成本高，且银行动力不足。如工商银行探索开发了"影视通"供应链融资、"集合放款 + 版权质押 + 实际控制人连带保证"等金融服务模式。从各地实施情况看，知识产权质押贷款主要是专利权和商标权质押，著作权用得很少，这不能不说是一种遗憾。在调研中我们发现采用"银行 + （政府基金担保 + 市场化担保） + 知识产权反担保"或"银行 + 市场化担保 + 知识产权反担保 + 政府贴息或担保补贴"的方式，较适合文化产业的产权质押。政府基金参与担保或政府贴息、担保补贴，不仅能有效降低银行与市场化担保公司的风险，调动他们参与的积极性，又能发挥政府资金的引导作用，并使政府风险可控，是一种银行、担保公司和政府都能接受的知识产权质押贷款模式。

3. 文化资产信托

我国《信托法》规定，所谓信托是指委托人基于对受托人的信任，将其财产权委托给受托人，由受托人按委托人的意愿以自己的名义，为受益人的利益或者特定目的进行管理或者处置的行为。该法和《信托投资公司管理办法》明确规定版权等知识产权可以作为信托财产，这使得版权等文化资产信托有了法律依据。近几年，文化资产信托首先在艺术品信托产品方面取得突破，据不完全统计，2010 年有 7 个产品，2011 年发展到 43 个产品。文化资产信托的一般模式是：发行时约定明确的发行规模、信托期限和预期年收益率，并通过结构化设计、文化资产质押担保或抵押担保以及第三方机构担保来进行风险控制，并附有到期回购条款。通常情况下信托资金的具体用途不做限定，信托公司也不参与公司运营。对于一些比较熟悉文化产业的信托公司，可采用管理型信托的形式。这要求信托公司搭建文化产业价值链上各机构的整体协作平台，依靠自身的资源整合能力和管理能力去进行价值提升，获得更大的收益。这种方式对信托公司的能力是最大的考验。文化资产信托的发展趋势是建立文化资产信托基金。信托基金可以是混合权益型的，既持有知识产权质押贷款、文化场馆与设施贷款、文化企业债权等债权，又可持有艺术品、文化设施等物权、文化企业股份、文化产业基金份额等股权，以及子信托的受益权；也可以是持有 LP 股权份额的有限合伙制，通过股权分红或回购来分享文化投资的收益。为合理控制运营风险，信托公司通常要求派员参与信托基金管理公司的管理团队，股东或投资公司通常也会认购信托基金的次级部分，以提供信用增级并获取高收益。为了有限合伙制下股东进出的便利，信托公司可以分期滚动发行。

4. 文化资产证券化

所谓文化资产证券化①，是指发起人将具有未来可预期现金流的文化资产，通过一定的结构安排对其风险与收益要素进行分离与重组，转移给一个特设载体，由后者发行一种基于该基础资产所产生的现金流的可以出售和流通的权利凭证，据以融资的过程。资产证券化区别于传统融资方式之处在于其以独立的资产信用而非企业信用作为发行证券的基础，因此保持资产的独立性，使其与发起人实现风险隔离。只要能满足"未来现金流稳定"、"真实出售"与"破产隔离"三个基本要件，艺术品、知识产权、广播电视频道播出权等有形和无形文化资产都可以通过这一新的方式来交易和融资。通过资产证券化，可以加强文化资产的流动性，吸引更多的社会资金投入文化市场；可以盘活企业非流动资产，解决缺乏可抵押资产的文化企业尤其是中小企业融资难的问题；可以降低投资门槛，鼓励民间文化投资。文化资产证券化起源于1997年的"鲍伊债券"，随后得到蓬勃发展，仅2000年美国的版权证券化募集资金就高达25亿美元。国内没有严格意义上的文化资产证券化实践，除了华侨城通过对主题公园门票进行的证券化探索尝试外，各地尝试的艺术品权益拆分交易有点类似文化资产证券化。2010年7月3日，深圳文化产权交易所推出中国第一个艺术品权益拆分交易，将画家杨培江的12件画作整体打包后成为一个资产包，初始作价200万元，并将其所有权份额"拆分"为1000份，每份面值为2000元，挂牌认购，持续流通，投资人将通过艺术品资产包的增值获得投资回报。艺术品权益拆分交易模式具有降低艺术品投资门槛、增加资产流动性与促进融资等多重效果，推出之后很受投资者青睐，从而各地开始效仿。但是，2011年，国务院连续发布了《关于清理整顿各类交易场所切实防范金融风险的决定》（"38号令"）和《关于贯彻落实国务院

---

① 英文简称是ABS（Asset-backed Securitization），意思是指背后有资产支持的证券化。通常被证券化的是一些流动性较差的资产，如银行的长期抵押贷款、企业的应回收账款、大型文艺或体育场馆的预期收入，以及旅游景区或主题公园的门票收入等，资产证券化是一种衍生的直接融资工具。典型的资产证券化模式中，必须有专业的中介机构参与，进行投资的项目公司（即原始权益人）向中介机构转让或销售项目下的资产及未来收益，中介机构基于项目资产的支持在资本市场发行债券募集资金，所募集的资金用于项目建设，但项目的开发管理等权利仍然由原始权益人而非中介机构来行使，项目建成后产生的收益首先用于清偿所发债券的本息，一旦债券本息还清，原始权益人就取得对项目的全部权属。

决定加强文化产权交易和艺术品交易管理的意见》（"49号令"），紧急叫停艺术品权益拆分交易。监管层之所以紧急叫停，主要源于短时间内这类交易已发展到相当混乱的程度。究其根源，主要是相关法律制度不健全，专业人才匮乏，导致交易风险失控。但对这种尝试应予肯定，在逐步完善相关法律制度的前提下，稳步推进文化资产证券化的实践创新。

5. 融资租赁

融资租赁是集融资与融物、贸易与技术更新于一体的新型金融形态，其具体内容是：出租人根据承租人对租赁物件的特定要求和对供货人的选择，出资向供货人购买租赁物件，并租给承租人使用，承租人则分期向出租人支付租金，在租赁期内租赁物件的所有权属于出租人所有，承租人拥有租赁物件的使用权，租赁期满后出租人将租赁物的所有权转给承租人。其主要优点是：以租代买，分期付租，减少一次性购置大量设备的资金压力；属于表外业务，不列入企业负债项目，不影响企业信用等级和多渠道融资；对企业资信和担保的要求不高，非常适合中小企业融资，且手续简单，资金到位快。对于需要大量机器设备的文化企业，像广电、游艺、网络等方面的企业，特别适合。例如，重庆广播电视集团（总台）2007年、2009年分别将全部办公用电脑、5000万专业设备通过IBM融资租赁公司进行融资租赁，2010年又与交银租赁公司签约融资租赁1亿元额度的专业设备，由中视冠华作为供货商提供单向设备，快捷地解决了公司发展所需的资金与设备问题。目前，各地大剧院中的音响灯光等设备采购也开始采用这种融资方式。国内主要采用简单融资租赁的方式，杠杆融资租赁、项目融资租赁等方式用得较少，融资租赁的作用远未充分发挥。

6. 公私联合融资

对于大型文化场、馆、园等项目，比较适合的方式是公私合作（PPP模式），即由政府公共部门与社会企业共同出资进行大型文化场、馆、园的融资、设计、建设、运营。政府先根据项目选择理想的合作公司，共同出资建立项目公司，再通过项目公司进行项目融资、建设，项目建成后，项目公司获得一定期限的特许经营权（一般为30年），特许期内回收成本，获得收益，期满后无偿转交给政府公共部门。其优点是：在减轻政府投资建设负担与风险的同时，提高文化场馆园的建设运营效率和服务质量。与PPP模式相类似的公私联合融资模式还有LCP、PFI、BOT、TOT等许多种。比如，北京2008年奥运会的主体建筑国家体育馆及奥运村、会议中心以及奥林匹克水上公园的建设与运营，采用的方式是建筑用地由政府提供，体育场馆向社会招标，由中标单位（即投资者）进行融资和建设，建成后中标单位取得一定期限内的经营权，经营期满后移交政府，就属这类模式。以前广泛采用的土地置换融资也属于此类模式，但由于土地置换中存在诸多问题而广受批评，但如果能较好地控制土地低估风险、保护征地农民合法权益，还是可用的。

第六节　以金融服务创新支持文化产业又好又快发展

可爱的小鸟如何长成美丽的白天鹅？对于文化产业来讲，需要从小处做起，从细节处抓起，而不是大而空疏地"眉毛胡子一把抓"，但又不能失去大格局、大气象和全球视野。文化产业发展需要大量资金投入，只有完善投融资体系，形成多元化的投融资渠道，多层次、多样化地满足不同文化企业的资金需求，才能扶持文化企业做强做大。目前，国家提出投资主体多元化、体制机制市场化和投资准入区别化的投融资体制改革的目标，如果在实践中得到落实，就能使金融业为文化产业发展保驾护航。

当前重点在于加快金融创新的步伐。监管上，通过货币信贷政策和金融监管政策，鼓励金融机构积极创新，加大对文化产业的支持力度；金融机构上，充分认识支持文化产业发展既是国家战略的需要，也是实现金融业务新的增长点的契机。金融机构抓住机会树立创新意识，根据文化产业发展的实际和文化产业、产品的特性，制定相应的信贷管理策略和授信审批机制，适当简化文化产业贷款授信审批手续。同时，创新信贷产品和服务方式，开发针对文化项目和企业的特色产品，探索知识产权、企业无形资产等质押方式，解决文化创意企业抵押难问题。还要扩展服务范围，对文化企业提供涵盖结算与现金管理、投资银行业务、理财、供应链融资、并购贷款、国际业务等综合性金融服务，不断提高金融服务水平，满足企业资金需求，促进企业资金流转。

金融支持文化产业发展，不仅发挥间接融资的作用，还要发挥直接融资的作用；不仅发挥正规金融体系的主导作用，还要发挥好民间资金的补充作用。在政策允许范围内鼓励利用企业债券、股票等融资工具和私募股权基金、保险、信托、融资租赁等融资方式发展文化产业。同时，积极吸引民间资金和外资投资文化产业，拓展利用民间资本和国际资本的方式和空间，积极发展民营和中外合资文化企业。还要继续争取世界银行、亚洲开发银行、联合国教科文组织等相关国际机构的大力支持，为文化产业发展提供多样化的融资渠道。

完善融资配套服务体系。大力建设文化产业投资信息服务平台，吸引有实力的企业和民间资本投资文化产业，具体的可以通过定期或不定期组织文化产业项目推介会、信息发布会等，为实力雄厚的企业和社会资金进入文化产业领域提供必要服务。还要加快信用担保、产权交易、无形资产评价等中介服务体系建设，制定和完善规范专利权、版权等无形资产评估、质押、登记、流转和托管的管理办法，为文化企业利用无形资本融资创造条件。同时，推动保险业加大对文化产业发展的支持力度，为文化产业提供多环节、全流通的风险管理服务。保险业对文化产业的支持，是建立健全多渠道、多层次文化产业投融资体系不可或缺的环节。我国文化企业多是中小微企业，通常规模小、抗风险能力弱；可抵押资产少，贷款融资难；产业链不完善、附加值不高；产品创意风险高，一旦创意不符合市场需求，价值毁损严重。因此，文化产业需要保险业提供全风险的管理方案，以提高文化企业应对风险的能力，为中国30多万个文化市场主体装上"安全网"。

培育合格的融资主体。文化产业的发展最终取决于作为主体的文化企业本身，金融支持文化产业的效果最终要落实到融资主体上。因此，必须深化文化体制改革，着力培育一批实力雄厚、具有较强竞争力和影响力的大型骨干文化企业，在演艺、影视、出版发行、动漫游戏、网络文化、数字节目制作等领域发挥龙头作用，引领和带动文化产业整体发展。同时，促进文化企业改制，建立健全现代企业制度和财务制度，规范企业管理。加大对中小企业的孵化、引导和扶持力度，推动文化产业的集约化发展，扶持建立一批示范性文化产业园区和产业基地，形成有竞争力的产业集群，发挥规模效应。加大文化市场的开放性和文化产业的竞争性，放宽文化产业准入条件，鼓励和支持民间资本参与进来。鼓励文化企业不断拓展延伸产业链，加强文化产业与其他产业的互动融合，大力发展文化衍生品。

推进文化金融创新，促进文化和资本市场全面对接，构建满足不同类型、不同成长阶段文化企业需求的金融服务体系，打造专业化、精细化和特色化"文化金融"服务机制。在文化产业链的每一个环节和不同发展阶段，基于文化产业的特性都有不同类型的金融产品与之对接，使金融业助推文化产业的升级和提升其竞争力。采取项目资助、贷款贴息、股权投资、奖励等多种方式支持非公有制文化企业和中小企业发展。实施项目式投资，形成政府资金引导、社会资本参与、文化资源优化配置的投融资格局。加快培育产权市场，加强对文化产权交易的管理，完善无形资产评估机制，鼓励和支持文化企业依法进行股权、版权、商标、品牌等方面的交易。重点支持具有一定规模、公司治理完善、发展战略清晰、财务制度健全、人才队伍充实的优秀文化企业，积极打造文化金融品牌。如工商银行已与近4万家文化企业建立了金融合作关系，融资支持累计达到2000多亿元。

　　创新金融服务模式。积极推动文化产业与金融业对接，提高文化企业直接融资和间接融资比重，发展面向文化企业的保险担保业务，运用好产业投资基金、风险投资基金等金融工具，进一步提升金融服务文化产业发展水平。据中国人民银行统计，截至2011年年末，已有68个重点文化产业项目获得总计188.91亿元银行贷款支持；全国文化产业本外币中长期贷款月累计达到861亿元，年末余额同比增长20.4%。全国共有文化产业投资基金111支，资金总规模超过1330亿元，其中，2011年1—11月设立的基金数量达到47支，占总数的42.34%，资金规模达到554.2亿元，占基金总规模的40.9%。① 其中，中国首支由中央财政注资引导的国家级文化产业投资基金——中国文化产业投资基金于2011年7月在北京成立，由财政部、中银国际控股有限公司、中国国际电视总公司和深圳国际文化产业博览交易会有限公司共同发起设立，目标总规模为200亿元，主要以股权投资方式，投资新闻出版发行、广播电影电视、文化艺术、网络文化、文化休闲及其细分文化及相关行业等领域，以引导示范和带动社会资金投资文化产业，推动中国文化产业的振兴和发展。但在现实中存在极端不平衡等问题，现以文化产业投资基金为例，分析其中的症结所在：一边是大量文化企业呼唤资金支持，同时一些文化产业投资基金"趴"在帐上闲置；一边是有大量资金积累的文化企业，因现代企业法人制度的不完善以及受体制弊端的瓶颈制约，而无力施展"抱负"，同时有些文化企业因缺乏资金而徘徊于产业链低端难以进行创新；一边是文化产业投资基金蜂拥争夺即将上市的文化企业的"稀缺资源"，同时一些文化企业欲完善和拓展"全产业链"却缺乏资金的支持。当前文化产业投资基金盘子到底有多大？据统计，目前全国共有各类文化产业投资基金116支，包括文化产业股权投资基金、艺术品投资基金、文化产业专项投资基金等几大类。以35支文化产业股权投资基金为例，首期实际募资规模达459亿元，成为集聚资金的"大湖泊"。中国文化产业投资基金的迅速成长，改变了外资和国内投资的对比。2011年以前，在中国文化产业投资中，外

---

① 李舫：《文化产业投融资体系初步建立　总规模超1330亿》，《人民日报》2012年3月9日。

资占到 60% 以上的份额，分别投向了分众、盛大、完美世界、新浪等公司，2011 年后，外资投资比重降到了 40% 以下。目前，我国文化产业股权投资基金实际完成募资金额为总募资规模的 30%—40%。按照一般私募股权投资机构 2—3 年的投资周期计算，每年能够投到企业的资金为 150 亿—200 亿元。实际上文化产业投资基金在 2009 年、2010 年和 2011 年披露的投资案例有 52 个，总投资金额不超过 100 亿元。这意味着至少一半的资金没有得到有效利用，而 "趴" 在账上。为何出现这种局面？主要缘自基金逐利的本性，使其偏好投资未来两三年能上市的成熟企业，通过快进快退，实现盈利。而文化产业市场化进程相对较晚，导致产业成熟度较低，形成规模化和商业模式成熟的企业较少，同时文化产业的企业成长性普遍较弱，大多数文化产业领域内的企业经营不可能出现爆发性增长。此外，出版广电传媒等细分领域还受到政策和行政体制的影响，有一定的进入门槛。这使得文化产业中能够即将上市的企业成为 "稀缺资源"，被各类投资基金竞相追逐。尽管文化产业投资呈现 "局部过热"，但并不表明整个文化产业的融资情况得到好转。对将要上市公司的投资是 "供大于求"，但对文化产业整体阶段的资金而言还是 "供不应求"。现在文化产业的特点是集中度不高，文化企业的特点是 "小、散、弱"，做大做强就需要并购重组，大型并购离不开资金的强力推手，投资基金要放出眼光，选择一些 "小而美" 的企业，打通产业链，整合资源，从中获利。"有钱投不出去" 表明文化产业投资基金过于 "同质化" 竞争和资金布局不合理。并购行为就行业来讲，主要集中在影视产业，共计 23 起，占总案例数的 43.23%，其次为旅游演艺行业，共有 8 起。就资金布局来讲，只想分享利益最大的那一块，其实不只有上市前的投资才是最大机会。关键是对文化产业要有深入的了解，洞察其产业特点，抓住需求，开阔视野，提供专业化服务，就能从文化企业发展的各个阶段获得利益。文化企业发展的不同阶段需要不同的金融服务，单一融资模式不能 "包治百病"，需要组合担保、银行、保险等多种机构，动用多种金融手段，形成 "组合方案"，才能在 "全产业链" 上分享中国文化产业成长的机会。在投融资体系建构和完善中，政府的政策支持要有针对性、细化和有效落地，不能以金融政策之 "大" 空疏了文化产业之 "小"。

说到底，创新文化产业投融资模式是一项系统工程，需要全社会的合力推动，需要法律与政策体系的强力支持，尤其需要突破制约瓶颈。

1. 文化产业政策背后的理念创新问题

加强文化产品与服务的内容监管，强化文化企业的价值导向功能，是构建社会主义核心价值体系、建设社会主义文化强国的必然要求。但实践中对文化产业发展规律认识的不深刻不清晰，导致管理中普遍存在管得宽或管得死的现象，最后必然形成管不了、管不好的结局。对于文化产业的内容监管，应坚持底线管理的原则，变事前审查为事后查处，只要不涉及违反法律和意识形态底线的内容，都应允许，一旦有违背的内容，就坚决严肃查处到位，守好"不违法违规"的底线。在管理实践中，因缺乏清晰可量化的标准，致使投资人在能不能通过部门审查中犹豫不决。坚持什么、发展什么、鼓励什么，都要有明确的引导机制，对于价值引导的功能，则应坚持激励倡导的原则，对那些坚守主阵地、弘扬主旋律、宣扬社会主义核心价值理念的文化企业和文化产品，通过文化产业补贴、贴息、风险补偿、政府担保、购买产品等方式予以资金扶持，并通过评奖、授誉等方式给予激励。反对什么、抵制什么、规制什么，也要有明确的具体要求，这样企业在经营中才会有"度"。

2. 文化资源资本化问题

文化资源资本化是文化产业发展的基础。我国文化资源基础雄厚，数量庞大，其资本化进程将极大地释放文化产能。一是要解决文化资源资本化的门槛问题，从政策上允许并规范各种文化资源的资本化。解决好文化资源资本化不够与过度开发利用并存的问题，正确处理好开发利用与保护的关系，确保文化资源的永续利用。二是加快国有文化资源管理体制改革。我国大多数文化资源都属国家所有，形态万千，分布广泛，所属不一，管理难度大。目前采用的国有文化资产由财政部门监管、文化行政部门具体管理、党委宣传部门对变动事项审查把关的管理体制本身不够顺畅，根本无法适应管理需要。可由各级党委、政府成立类似于国资委的文化资源管理委员会或文化资本基金会，专门负责文化资源的全面管理与资本运营工作，基于文化产业的意识形态属性，可将其与党委宣传部合署办公。加强国有文化企事业单位转制改革，对企事业单位原有的国有文化资源，经清产评估后转为资本金，由文化资源管理委员会或文化资本基金会履行出资人职能。如北京市按照管人、管事、管资产、管导向相结合的原则，成立了全国首家省级国有文化资产监督管理机构，在这方面做了有益探索。三是要鼓励民营资本参与文化资源资本化进程。进一步放宽民营资本进入文化产业的政策，鼓励、支持、引导民营资本参与国有文化资源资本化进程，将一些战略层级低、总体数量多、市场化程度高的一般性国有文化资源进行民营化，既可激发文化产业的发展活力，又使政府能集中精力和资本管理好战略性国有文化资源，通过并购重组，继而做大做强公有制文化经济。四是要解决好文化资源价值评估问题，建立健全文化资源评估体系。政府应出台相应政策和制度安排，在全面清理整顿文化资源、知识产权之类评估机构的基础上，鼓励、引导评估机构规范发展，逐步做大做强，形成规范化、专业化的文化价值评估体系。

　　3. 文化产业立法与执法问题

　　立法是文化产业快速、可持续发展的根本。我国文化立法工作较薄弱，多是部门规章层面的条例，立法层级低，权威性不强，且侧重于管理，加上出台较早，根本不适应形势发展的需要。如果将文化领域各个条例上升为法律，因现行条例一般以规范和管理为核心，而文化产业发展更需要促进和激励，面临着立法思路的根本调整，难度很大。文化产业是一个关联度高、渗透性强的"跨界"产业，与科技、教育、金融等众多产业都有密切关联，修改和完善现行法律来促进文化产业发展，由于涉及法律多、利益主体多，可以说很不现实。从发展趋势看，促进政策法律化，是文化产业可持续发展的必然方向。起步较早的文化产业发达国家，普遍选择修改现有法律，以适应促进文化产业发展的需要。如美国，20 世纪80 年代以来，多次修改著作权等法律。作为文化产业后起之秀的日本和韩国，则选择了专门出台文化产业促进法的方式。如韩国，先后出台了《文化内容产业振兴基本法》和《网络数字内容产业发展法》两部法律。当下，应搁置文化立法层面的诸多争议，从共识出发，尽快出台《文化产业促进法》。同时，加大知识产权保护的执法力度，保障知识产权权益，防范知识产权侵权与滥用行为。

　　文化产业发展不仅关乎国家文化安全，更关乎国家经济利益和民族创造力、创新力。既然文化产业离不开资本，而且资本会说话，那么在市场经济条件下进行意识形态管理内容调适和方式创新，就不能不考虑市场维度，用经济的手段把对意识形态倡导的主流价值诉求和教化目标所遭遇的抵抗降到尽可能低的水平，从而达到经济与文化发展以及政治安全的同向性，不但在攻克管理难度和提高大众接受认可度上会降低成本，还会起到事半功倍的效果。因此，建立起强大的民族文化产业集团和财团，通过经济效益最大化来实现国家文化意志和捍卫民族文化价值观，就会从根本上实现国家文化治理的柔性化和有效性。

第七章　中国文化产业园建设

从根本上说，文化是一个民族的精神和灵魂，是其安身立命守护家园的"虚灵的真实"的价值保藏和显现，它的显、隐层面都张扬着一个民族的认同感、归属感、凝聚力及其身份意识。文化在 21 世纪愈发凸显，而成为国际政治、经济相互博弈的重点领域之一。一个国家的文化和价值体系有吸引力，别国就会自动趋近；谁掌握全球文化发展的主导权，谁就占据未来社会发展的制高点。谁的价值观支配了国际经济、政治、文化秩序，谁就在国际社会中居于领导地位。当下，文化产业成为文化发展最重要的形态和方式。2009 年《文化产业振兴规划》和 2010 年《关于金融支持文化产业振兴和发展繁荣的指导意见》的出台，标志着文化产业发展上升为国家战略，此后的一系列中央文件更是夯实了文化产业为国家新兴战略产业的地位。因此，发展文化产业要有战略意识，要体现文化发展的"顶层设计"思想，在保量重质的基础上要实现文化产业的内生式包容性增长。建文化产业园是各地政府推动文化产业发展的重要抓手，但文化产业园的建设如何符合国家的要求，如何满足经济、社会、文化发展的需求，以及契合文化产业自身的诉求，成为文化产业发展中不可绕过的难题。

第一节　文化产业园出场的历史语境

所谓文化产业园是指从事演艺、动漫、文化娱乐、游戏、文化会展、文化旅游、艺术品和工艺美术、艺术创意和设计、网络文化、文化产品数字制作与相关服务等文化产业门类集聚和业态融合的场所。它作为文化企业及其配套服务和相关机构的聚集，是公共服务平台和信息传播、发布、技术平台的搭建者，亦是落实政府扶持政策的有效载体。文化产业园通常是生活和工作地相结合，文化生产和消费相结合，自由宽松的文化环境，鲜明的地域特色和本土文化风格与国际性表达形式，并与世界各地有着广泛联系。严格意义上说，文化产业园的出场离不开现代化、城市化和城市复兴背景，它的发展有两个逻辑值得关注。一是文化逻辑：后现代主义文化的空间凸显，文化观念的变迁与文化新业态的生成，文化存在及其增长方式的变化；二是经济逻辑：经济、文化的相互交融，非物质的符号经济和心理体验消费的凸显，新的经济增长点和新市场的拓展，新经济形态的驱动要素，经济发展的新引擎。这两个逻辑一定程度上保持了文化与经济发展的平衡，使文化与经济在相互交融中相互支撑。早在 20 世纪 80 年代，欧美国家的大城市相继出现一些由艺术家、文化工作者群集形成的特色区域，这些特色区域被称为文化艺术园，如伦敦西区、纽约苏荷区、巴黎左岸区、德国鲁尔区、西班牙的毕尔巴鄂市、洛杉矶的环球影城等，这些文化艺术园作为城市复兴的发动机被瞩目，而城市政府为了活化衰败的城区、降低失业率，纷纷把文化产业作为都市振兴再生政策的着力点，主要解决城市衰败和支柱产业的转移。

从国际背景看，发达国家普遍进入后工业社会，曾经辉煌的工业中心经历转型期的低潮，一些工业区渐趋沉寂，一些支柱产业开始衰落，现代"城市病"开始蔓延。但人们发现，在工业遗迹的废弃厂房中自发形成了以绘画、表演、音乐、动漫制作为特色的艺术集聚区，它们不仅成为都市艺术名片和新的文化地标，还成了新兴文化创意产业的重要载体，在这里，文化资本通过"关注度"，被注意力经济兑换为经济资本。自由、开放、包容的国际城市氛围吸引了全世界艺术家的汇聚，艺术家的汇聚进一步强化了惬意的文化环境以及浓郁的创意氛围。艺术集聚所带来的创意能量，一方面可以内化为经济创新的引擎，另一方面也成为吸引资本流入的核心魅力。[①] 这种前景给城市管理者思考如何走出城市困境带来启发和灵感。这与国内通过建立文化产业园发展文化产业的语境不同，当然国内有些文化园也和旧城改造特别是闲置的旧厂房相关联，同样有着城市化背景和城市品位与活力的提升，其中政府的主导、规划和政策导向发挥了重要作用。

从世界范围看，一个国家或城市经济发展到一定程度必然引发文化创意产业浪潮。随着中国经济的崛起，中国文化产业园的兴起既是全球化的一个表征，是对世界文化发展潮流即文化生产和文化消费方式转变的应合；也体现了政府的一种文化意志和文化体制的宽松，既有文化自觉意

[①]　魏鹏举：《艺术集聚区与中国当代文化生态》，《文艺研究》2010 年第 5 期。

味，也有转变经济发展方式的诉求。因此，在管理上无论是自发的还是政府主导的文化园区，都被各级政府命名为文化产业示范园区（基地）。不同于国际知名文化艺术区，国内大多数文化产业园主要作为区域经济发展模式——新的经济增长点和拉动内需的方式，受到资本的追捧和政府的扶持。随着经济发展和文化体制改革的深化，文化市场不断成熟，文化生产力进一步解放，由企业组织、政府推动形成的文化产业园还会大量涌现，这些园区多偏重经济功能，遵循商业模式运营，为获得政府资金和财税的支持，正积极主动地纳入政府文化产业园的管理体制中。

基于国情和文化传统，我国文化产业发展有其特殊性和阶段性。有学者指出，现阶段的文化产业发展主要处于外延数量扩张阶段，需要大量投入才能支撑其发展，同时它对国民经济发展的推动作用较强。但国内需求较弱，也就是说广义文化业对国民经济发展的推动作用远远大于其所受到的国民经济发展的拉动作用。因此，中国广义文化业适合采取主动发展的模式，即通过主动发展广义文化业来推动国民经济发展，而不是等国民经济发展后来拉动广义文化业发展。[①] 这一结论大体上符合现阶段文化产业发展的现状。就是说，当前文化产业处于价格驱动、政府引导、投资拉动，在发展形态上不同于发达国家的质量驱动、市场引导和消费拉动。因此，采取积极措施和途径加速推动文化产业发展势所必然，在初级阶段，政府的扶持和政策导向很关键。历经大浪淘沙，文化产业的大发展必然经历一个由外推型向内涵式的跃升，由无序向有序化的递进，由单一型向混合型、复杂型产业园的迈进。其中，政府能否在文化产业发展的政策制度上进行持续创新，决定着文化产业发展的前景，政府的"作为"决定着区域文化产业发展的重心和未来。其引导和护航作用体现在，一是做规划，即规划文化产业布局和产业发展重点；二是定规则，即制定合理合情的文化产业发展规则；三是立规范，即营造良好的市场环境和文化秩序。应该说，政府是产业发展的指导者和宏观调控者，但不是执行者，原则上不应该"赤膊上阵"，直接进入市场博取利益。

文化产业就其本性而言，符合当前国家优化产业结构、拉动居民消费、产品升级换代的要求。但由于各地文化产业发展基础不同，水平有差异，普遍缺乏对文化产业何为的深刻认知。这体现在文化产业的发展现状：文化产业起步晚，基础差，规模小；被看作是弱质产业，发展空间和

---

① 杨玉英等：《文化业的产业关联程度与产业波及效果分析》，社会科学文献出版社 2009 年版，第 110 页。

潜力大；同时，在文化产业发展中有虚热：有人概括为"两头热、两头冷"，一是越往上越热、越往下越冷，政府热、媒体热而企业冷；二是宣传部门热、相关综合部门冷。总体上说，文化产业园虽数量众多，仅国家级就有数百之多，但规模偏小，专业化、集约化能力和技术创新能力不足，产品档次低，附加值不高，产业链不完善，一些地方政府行为和政策导向存在误区。同质化竞争、过度竞争严重，区域发展很不平衡。尽管全国文化产业园遍地开花，但缺乏知名文化品牌，原创产品中民族文化内涵匮乏，缺少核心竞争力。

从文化产业园名称来说，有基地、园区、示范区、集聚区、实验区、功能区等，可谓五花八门。就经济发展规律看，以园区形式在一定地理空间把科技、文化、人才、创意等各种要素有效集中，有利于促进资源优化配置，降低协作成本，营造产业发展的良好环境，提升产业的整体形象和综合竞争力。园区发展模式主要有自发的文化资源集聚模式、政府引导的依托原有资源模式以及政府规划的全新建设模式，在初级阶段宜采取开放性宽泛的思路去定位文化产业园。当下，文化产业园越来越成为综合性的区域概念，不断打破以艺术业为主的单一格局，突出文化与科技、旅游、会展、娱乐、休闲、特色餐饮等行业的融合，基本依据改建与新建并重、充分利用闲置存量资源的原则。出于功能和便利性考虑，文化产业园多选在城市的某些特定区域，依托周边区域丰富的人才资源和浓厚的文化氛围，为文化工作者提供更多的就业机会和良好的工作环境，有文化消费者，有专门组织和策划各类文化艺术活动的机构和团体，体现消费与生产的结合，产业园区与社区的融合。

第二节　在实践探索和理论研究中深化对文化产业园的认知

随着产业的下游化和人的需求的上游化，以及新的社会形态的来临，特别是文化创意作为驱动要素的集聚，使内生性产业升级的现实需求凸显。人们对文化产业发展寄予厚望，文化产业园雨后春笋般地涌现。人们越来越认识到：文化产业不是一般的经济门类，它以知识创意和版权消费为核心。发展文化产业不能盲目，它需要具备一些基础条件，包括区域经济实力、文化市场规模、人才储备和产业发展的配套资源等。因此，不是所有的地区（城市）都适合将文化产业作为支柱产业，更不是随便划块地就能建文化产业园。当前，许多影视基地和影视拍摄基地、主题公园、实景演出等都没有实现两个效益，政府和企业盲目跟风，导致有些文化产业园出现空壳化、候鸟化乱象。

地方政府应依据所在区域的文化资源环境、产业环境和市场发育现状以及政府对文化产业扶植环境，确定优先发展的领域和重点项目，做出能容纳未来一个时期的长远发展规划。回答是否建文化产业园，如何建文化产业园，文化产业园与城市复兴（旧城改造）、城市文化发展及形象提升的关系，文化产业园与当地居民的身份认同、幸福感的关系，文化产业园与文化发展的关系，园区建设由政府主导还是交由市场等问题。明晰家底和发展前提，政府才能"有所为有所不为"。盲目造园既浪费土地资源，也破坏文化资源，甚至造成重复建设，难以实现文化产业的可持续发展。只有找准比较优势，在适合本区域、基础好、有发展潜力的产业领域率先突破，建设一批机制灵活、运作高效的产业园，形成优势（特色）产业群，以集约化壮大产业规模。实践表明，自发型的市场集聚往往更有生命力。

建文化产业园，对大多数地方政府来说可能是对高科技产业园或工业园的借鉴。经验表明制造业在具有产业竞争力的地方，总是存在着一定形态的产业集群，如在经济发达的长三角、珠三角、环渤海湾等地区形成了充满活力和产业竞争力的集群区。在竞争优势中地点扮演重要角色，形成了始自地方又超越地方的品牌，即使全球化弱化了昔日产业集群形成的理由，在产业集群竞争日趋复杂化和动态化中，地方性也很重要。问题是不同产业集群各有其规律和作用机理，文化产业园建设如何借鉴工业园模式？区域内文化资源禀赋与区域文化经济发展方式以及区域发展战略之间的关系是什么？主导产业与区域文化资源和要素以及市场发育开发状况是否一致？如何处理好园区之间和城区文化产业发展的关联，避免同质化的恶性竞争？但凡文化产业发展好的地区，必然因地制宜，结合当地文化资源分布特点、产业发展现状、市场需求和辐射力、产业链的完善度，选择最佳的产业突破口和联结点，立足地方性培育优势文化产业。譬如，杭州立足区域经济发展形势、文化资源特点和现实机遇，着力培育数字电视、动漫游戏、休闲旅游等优势产业，做大做强龙头企业，把文化创意产业打造成全市的支柱性产业。再如，广西桂林"印象·刘三姐"的产业联结点的科学选择。基于桂林阳朔的县域特点，不能搞投资大、科技含量高的研发业、传媒业、制造业、影视业等，而是发挥旅游优势，加大创新力度，使古老的景区获得不断更新的文化内涵和强烈的吸引力。充分利用漓江山水打造全景剧场，以"印象·刘三姐"拉动周边旅游业，包括旅游、餐饮、住宿、房地产和运输业等，旅游业反过来给"印象·刘三姐"带来滚滚客源，在相互拉动中实现"双赢"，使之成为全球第一个山水实景常年演出基地。可见，做好文化产业园是发展文化产业和增强区域文化竞争力的着力点，文化产业园有利于产业创新、产生溢出效应，并形成产业发展的内生性驱动力。

文化是有个性的，成功的文化产业园是有特色的，一定意义上其管理和运营模式不可复制。就此而言，无论是北京的798、宋庄原创艺术区还是深圳大芬村以及西安的"曲江新区"、开封的"清明上河园"，都已成为区域文化产业发展的典范，正成为国内产业园发展的领跑者。其特点就是立足本地文化资源，通过全民参与形成文化生产和消费高地，兼顾公共文化服务体系建设和文化产业发展，不但成为当地的文化名片和"会客厅"，还使当地人在受益中提升了文化素质和身份认同感。一定程度上，纠偏了文化产业发展过于注重经济效益和追求GDP，很少关注文化产业对增强区域身份认同的作用。因此，必须把文化产业园纳入当地经济社会文化发展的一体化格局中去定位，充分发挥文化产业园对当地的多重效应。设立文化产业园，不仅具有区域文化经济整合的意味，还契合了文化经济内在的地理维度，成为提升区域文化产业竞争力的有效路径。一些知名的文化产业园越来越有专业化的地理识别度，这种文化艺术的地方化集聚不仅有利于形成本土化风格和区域文化中心，还因全球化在国际市场形成一定的影响力，从而使文化艺术的本土化越来越有国际色彩。这种新的文化艺术生成方式不仅改写了国内文化发展格局，还有力地影响了国际文化秩序，更以文化力、经济力参与全球文化贸易体系的建构，从而成为全球文化"软实力"博弈中的一个支撑点。

现实是，在地方政府文化产业业绩冲动和一些学者对园区的片面鼓吹作用下，很多地方以所谓"政府主导、社会参与、市场化发展"模式强力推进文化产业园建设，通过政策和财政扶持推动土地、劳动力、资源、市场、配套设施等要素在园区集聚，凭着优惠政策招商建园，而不是市场力量驱动，也不是依靠当地具有比较优势的要素自发形成，之所以还能运转，是因政府的力量在托着，实际上不少园区早已"空壳化"。如同很多大型文化企业和企业集团不是在市场中"做强"，而是依靠行政力量"做大"，其实不少大型文化企业和企业集团外强中干，难以经受住市场的风浪。必须遵循文化产业的发展规律，通过环境塑造和体制建设来扶持和培育市场主体，因为市场上缺乏成熟的文化企业，一些政府竞相开出优惠条件吸引外来企业，效果并不好。传统筑巢引凤的做法不适合文化企业，因为市场上多数文化企业是小企业。它需要持续积累，需要孵化、培育企业，需要人才培养和创意经验的积累。因此，通过公共服务平台建设，发挥产业园的孵化功能，切忌功利化的短期做法；同时，要对投资项目进行必要的考核、监督，使投资真正获得收益。当下政府主导型园区建设不容乐观，权力推手难免会推出一些虚假繁荣的泡沫。政府的先入为主和强势介入，往往与实际运行在着力点和发展方向上有偏差；说到底，政府应该做环境和政策，维护市场竞争秩序，产业园的运行和发展应交由市场，使其在市场中生存和发展。在发展理念上要明白，文化产业园有别于工业园。划拨土地建大楼、厂房是工业园的发展方式。那种划拨几千亩地做版权交易的做法不切实际，市场上的版权交易量很少，一栋大楼足够用，影视版权交易不是靠土地和建筑物堆砌，而是依据无形资产的价值。文化产业的核心价值是知识产权，强化知识产权保护，推动以系统创意、软件、内容、设计与品牌等无形资产的附加值为主导的产业化运作，形成优势竞争，保障创新者收益，才是文化产业发展的正道。

以各地蓬勃发展的文化产业园为例，从文化发展和资源利用看，很多文化产业园的规划和设计未能妥善处理文化资源的空间特点及上下游产业之间的交融，并配合相关政策使园区实现文化资源保护、活化和城市复兴的目标，多数显示出"就园区而园区"的发展趋势，错失了保护、盘活和转化文化资源优势的机遇。文化产业园关涉城市发展和旧城改造，必须对城市进行历史文化定位，做到建园与保护历史文化遗产相统一，使其传承和延续历史文脉。既尊重城市发展的历史文脉，也要尊重现代已形成的产业格局，要对土地级差状态作评估，对居民生活现状有所考察和考量。只有实现二者的结合，才会避免拆掉有价值的历史街区的极端失误，也能避免只讲保护而漠视当地居民改善居住条件的呼声。

建文化产业园，落实管理和运营主体至关重要。文化产业作为新兴战略产业，存在自主创新能力不强、市场需求不足、体制机制不健全等诸多制约因素，有些跨媒体、跨部门的项目如果没有主体来负责和统筹，就会陷入困境。有些交叉园区或重点项目，由政府派出的专门管理机构还是由开发区管委会管理，或者具体企业负责，就存在实践主体模糊的问题。作为各种机缘和合力推动的文化产业虽成为社会关注点，但各地资源禀赋不同，发展阶段不同，资源积累和生产要素的积聚能力有较大差异，如何有针对性地展开错位竞争和差异化发展取决于实践主体。从各地文化产业园来看，主导产业选择同构、内容雷同、候鸟现象、空壳化现象、运动式发展的乱象已露端倪，这就是未能明确企业是文化产业发展的真正市场主体，政府过多干预和介入所致。

文化产业园作为文化产业发展的"飞地"要担负政策创新的功能。文化企业多为中小企业或者工作室，自身的资金相对有限，而创意产品的风险很高，银行很难评估其价值和风险，因此以版权等无形资产作抵押申请银行贷款很难。虽然文化企业在创意方面有能力和经验，但大多缺乏为创意生产融资和进行资本运作的经验。对文化产业的风险和收益评估缺乏深刻认知，直接制约了金融业对文化产业的支持，为此政府的扶持政策，如在财政、税收等方面要有所创新，创新金融对文化产业的支持，培育文化产业保险市场，营造包括贷款贴息、保费补贴、投资基金、风险投资等配套机制，扶持企业迅速度过成长期。再如，为弥补市场失灵而设立文化艺术保护基金，对民族文化内容的传承、保护和内容创新给予扶持。在市场经济条件下，以国家文化发展基金的方式扶持民族文化内容创新，是世界各国普遍采用的一种国际化的通行方式，旨在解决市场失灵问题。文化产业园可在此方面结合国情和区域发展特点进行探索，设立"国家文化发展基金"，通过国家意志的引导和间接资助与管理机制的引入，来遏制文化发展的无序现象和"三俗"文化的蔓延，部分地解决当前国家对民间和社会艺术人才管理和资助的"缺位"问题，引导体制内外文化资源和要素的合理流动与优化组合。

政策创新需要深化对市场的理解。其实，我们对"市场"的理解一直有偏颇，不全面、不完善，这与中国文化缺乏市场经济的传统有关，也与当下现实中的公权滥用，各种伪市场化滋生有关，所以，中国当前的"市场"因各种权力介入而扭曲，特别是扭曲了要素市场。其实，种种市场失灵的乱象恰恰是市场化不充分所致，文化领域也不例外。凡在政府不开放或开放不足的行业，往往是那些受政府保护的企业，造成真正的垄断及其弊端，诸如产量低、价格高、缺乏创新、"霸王条款"、效率低、活力不足、放胆谋取高额利润以自肥等，不一而足。就现实而言，不可否认的是，在人的自由和基本权利上，市场化改革空前提高了中国社会的开放和平等程度。市场经济为什么能够推动社会如此大的进步？因为，"市场经济无非是民众的自主经济，其根本是把自由地、自主地创造、获得、支配财富与财产的权利、条件、机会向全体人民（即一个个具体、现实的人）开放。所以，市场化改革的过程，不仅是反贫困的过程，同时也是一步步打破社会不平等，从而带来人的解放的过程。在市场经济的发展中，社会财富的增进使普通人得以分享越来越多的物质和文化产品。可以说，市场化改革空前提高了中国社会的开放和平等程度，没有市场经济，便不会有中国的普遍富裕"①。以此鉴照当下，文化体制改革虽不断健全、完善、规范、统一文化市场，培育市场竞争主体，但离真正"市场灵验"功能的发挥，还有很大差距，尤其在存量领域，已形成利益的"板结化"。因对"市场"的人为扭曲，及其传统和惯性思维方式作祟，对市场"看不见的手"缺乏深刻认知，加之文化建设、社会建设严重滞后于经济建设，导致现实中文化领域的各种无序乱象、怪象丛生，使文化体制改革、文化发展愈发艰难。因为不懂市场，不尊重文化发展规律，不遵循文化产业发展规律，而使文化产业发展陷入困境。不少地方政府为面子工程乱花钱，如在不具备消费基础的地方，政府花大钱做摇滚音乐节或者网络音乐节等活动，因缺乏经济效益和消费基础，结果成了摊派费用、资金外流的面子工程，既成不了产业，也于事业无补。如前期投资 1.8 亿，一年半光景沦落到以 2750 万元贱卖 55% 的股权，《印象·海南岛》的变故成为实景演出行业的一个事件。在《印象·刘三姐》大获成功后，短短几年间，各式实景演出在大江南北遍地开花。它们大多由地方政府主导策划，甚至打着城市营销、推动城市文化产业发展之名直接投资。空洞化、同质化，甚至低俗化，使实景演出越来越受人诟病。这种运动式发展文化产业既不符合艺术发展规律，也没遵循市场规律。甚至缺乏文化思维和创意，更谈不上文化创新。究其根本，项目化思维适合经济领域，在文化领域未必灵验。发展文化产业仅靠热情和激情不够，更不能靠"拍脑门"，需要理性和冷静。建文化产业园是发展文化产业的一种方式，它未必适合所有的城市和区域。文化产业对地方有宣传或者展示形象的效果，但这种效果要结合产业发展才有意义。当前，在表面积极和数量上升的繁荣下，各地政府和企业产生"建园"的盲目性冲动，出现许多脱离实际或者违背产业发展规律的观念和做法，滋生一系列乱象。

第三节　文化产业园要通过空间集聚实现产业集群化

经济学意义上的产业集群是指经营同类产业的企业群体通过地域关联、功能关联或目标关联，在地理上形成空间集聚，它既包括同类企业集聚，也包括上下游产业链和相关支持性服务业的集聚。其一般有三个要点：一是具有主导性的专业产品；二是有特定的地理空间为集聚地；三是

---

① 周为民：《思想的力量与市场的解放》，《学习时报》2010 年 10 月 25 日第 4 版。

有相当数量的企业因产业链关联而业态交融。产业集群是在集聚基础上围绕核心竞争力扩散来实现，它使参与经济活动的中小企业获得效益。因为产业链的关联提高了区域专业化分工程度，降低了从新产品开发、原材料采购、生产加工、销售流通等各环节必须付出的交易成本，因而提高了产品竞争力，成为推动区域经济发展的一条路径。

文化产业园的设立是对经济领域成功经验的借鉴，这种借鉴基于文化产业自身的发展特性和规律。文化产业作为当今人类文化生产的一种主导方式，通常是多种文化形态和多个企业间交往密集的场所，和特定地点有某种共生关系。因此，有学者指出："地点、团体和文化产业往往紧紧地联系在一起。因此，许多类型的产品在偏好各异的消费者眼里总是和特殊的地理位置联系在一起。伦敦的歌剧、巴黎的时装、意大利的家具，都带有这种声誉效应。正如莫洛奇曾经指出的，产地给了产品一种保证，这有点像时装设计师的标记所具有的慢慢积聚起来的符号价值，因此，它是以产地为特征的垄断租金的来源之一。"[①] 越来越多的迹象表明，文化是在具体的社会背景下发展起来的，文化产业的创意和创新带有突出的地方特点，它们扎根于生产体系的地理环境中。就文化意义而言，一个地点，在语义上表示一个地方，同时也是某类文化产品或产业类型的标志。文化产业具有天然的根植性特征，基于集聚特性各地纷纷建立形式不同的文化产业园来推动文化产业的集群化，以此增强区域文化产业竞争优势。世界范围的文化产业实践表明：通过文化产业园来推动文化产业集聚化，符合经济全球化下的产业发展趋势，是各国政府为促进文化产业发展普遍采取的一种策略，是提升文化产业竞争优势、增强文化竞争力的一种空间组织形式。而竞争优势的获取通常源于差异化和成本领先。就前者而言，文化产业竞争力的差异化主要源于文化地方性的创新，如西安对"大唐文化"的复兴、开封对"北宋文化"的张扬、杭州对"南宋文化"的开发、北京对"明清文化"的保护与利用、深圳对"大众文化和新兴文化业态"的培育等，都以特色文化形成品牌内涵和差异竞争的"质"点；就后者来说，主要通过规模经济和有影响的文化活动实现其成本领先和兑换"注意力经济"，包括激发文化要素市场的活力，增强消费吸纳力和文化产品的有效供应力，促进经济资本、文化资本和社会资本的交融和借势，以获取最大效益。

[①]　[美] 阿伦·斯科特：《文化产业：地理分布与创意领域》，载林拓等主编《世界文化产业发展前沿报告》，社会科学文献出版社 2004 年版，第 124 页。

文化产业园集群化的共生效应，使其在园区内形成产业链的交织状态，根据价值链，文化产业园大致有五种类型：创造型文化园、消费型文化园、复合型文化园、都市型文化园、原生态型文化园。创造型园区偏于生产性，具备研发、投资、孵化、制作、培训、交易等功能，通过传播输出文化创意产品，承接和提供服务项目来提升园区价值，大多显现为无形的版权价值。消费型园区偏于提供特色消费，通过展示、服务吸引消费群体的参与。文化消费品泛指消费者可大量重复购买、使用的产品和服务，具有较高的审美取向和娱乐功能。复合型园区是二者的混合，兼具二者的特性。符合城市风格和迎合城市风情的都市主题园区，其价值来源、提供价值和提供价值的方式带有浓郁的都市情调。原生态型园区则是利用原生态资源和环境，对某一地域实现计划性保护，根据当地特色进行文化继承和灵活创意而生产独特的产品，提供特色服务。

文化产业园和产业集群到底是何关系？有学者认为所谓文化产业集群亦称"文化产业集聚"、"文化产业园区"，是指众多相互关联的文化企业或机构共处在一个文化区域，形成产业组合、互补与合作，以产生孵化效应和整体辐射力的文化企业群落或产业集聚。① 文化产业园旨在推动文化企业集约化发展，通过集群效应形成核心竞争力，并进入产业价值链的高端。如上海张江国家高新技术开发区，是以动漫和网络游戏为主导的文化产业集群，以此为中心建设了微电子产业基地、国家产业软件基地、国家863信息安全成果产业化基地等9个国家级基地，有集成电路设计、制造、封装、设备等150家中外企业组成规模庞大、技术先进的信息产业技术开发体系，其创意产业内容扩展到影视制作、空间设计、游戏娱乐产品、产品造型设计等领域，成为一个潜力巨大、前景广阔的文化产业园，在2011年入选第三批国家级文化产业示范园区。要明白产业集群化不限于园区形式，跨国公司、龙头企业、大型企业集团在产业集群化形成中越来越重要，而文化产业园不在于培育大型骨干企业，而是中小企业的集聚和孵化。可见，文化产业园和文化产业集群并非同一，主要是文化的特性和文化企业的现状，与经济学上对产业集群的理解有一定差异，但把产业集群理论应用到文化产业中，确实契合了文化产业发展的空间维度，可以对以产业发展为本体的思路形成互补。从空间视角考察文化产业发展可以关注到城市内部不同的发展格局和资源的空间分布与整合，纠偏了此前文化产业政策只着眼宏观经济效益，而忽视空间布局的缺陷。同时，这种发

---

① 詹成大：《文化产业集群及其发展模式》，《浙江经济》2009年第9期。

展思路也回应了近年来快速城市化和城市复兴问题。在现阶段，二者之间的区分不宜过细！这样不利于政策引导和实践操作以及业界的自主整合。从发展趋势看，文化产业园要经历一个由粗放向精致化、由文化泛化向文化特色化发展，界域逐渐清晰的过程。

从国外经验看，文化产业园有一个动态的发展过程，依次经历了文化基础设施建设、文化园创建、旧式建筑和文化历史遗迹重新利用以及多样化和数字化的文化集群趋势等阶段，且每一阶段都有不同的特点和要求。现阶段，文化产业园应高起点、规模化运营、品牌化拓展，通过对文化资源的优化配置和要素的流动，形成区域文化集散地，便于辐射、溢出、平台和业态融合等诸多功能的发挥，使其成为文化科技创新的孵化器、文化企业快速成长的助推器、文化产业集约发展的平台，代表国家水准和未来发展方向，是转变文化产业增长方式、实现集约化经营的抓手。

当前，我们对文化产业园的认知有误，对其功能定位多偏于经济诉求，对根本性的推动文化发展、文化影响力的扩张和城市形象建构重视不够，对文化产业园的独特性关注不够，创意集群的城市空间性没有得到足够重视。还普遍存在重复建设、缺乏特色、恶性竞争、园区孵化功能不强、产业链整合和延伸不够、政策导向缺失、主导产业不明晰，园区的溢出效应和助推产业链升级的目标未能真正实现，尚未找到不同文化产业园的异质性所在，在园区建设的政策决策和管理方面存在不足。与文化产业强国相比，园区规模小、集群效应不明显，趋同化和依附性较强，即使拥有本土文化资源优势和政府大力扶持的文化产业园，也未能在国际分工中占据优势地位。文化产业发展需要集聚，但不是圈地，政府更不能与企业合谋，造成圈地乱象。表面上，一些主题公园很有气派，实际上是通过政府配套住宅用地来牟利，在文化产业上的投入没有产生什么回报。有的企业入园是为了吃政策，吃完补贴企业就搬走或者注销，导致支持区域文化产业发展的资源萎缩。

第四节　文化产业园要"说中国话"

文化产业园作为地域文化发展的有机组成部分，不仅承担孵化产业的经济功能，也是展示区域文化影响力、亲和力、吸引力、创造力、感召力的窗口，尤其对推动文化活动的开展和公共文化服务体系的建设，吸引文化消费群体和营造良好的文化氛围，具有重要意义，这一点在文化底蕴深厚的城市尤其明显。但通过对相关文件解读和现实调研可以看出，对文化产业园的理解和认识在宏观上偏于文化的社会功能，在具体的微观操作层面偏于文化的经济功能，这大体上说较符合现阶段国情。但从文化产业自身看，对文化产业的核心点即知识产权和创意的重视和制度化建设缺乏深刻理解和有效探究，已成为制约文化产业发展的深层次瓶颈。我们期望通过文化体制改革和文化产业发展，借助文化产业园的集聚平台，在文化观念和文化思维方面更新，从而对文化和文化产业有一个切近时代的理解，就是说，从发展的角度，文化产业毋宁是文化自身的"别称"。因此，文化产业园不仅有社会维度、经济维度，更有内容上的文化价值维度。在文化产业园建设上，我们主张"文化产业园说中国话"。

区域经济学认为大量相关企业空间聚集所形成的地方化的产业氛围，是其他区域最难模仿的，我们认为这也适合文化产业园，对此可从如下几方面理解：从经济学视角看，产业集聚可以带来外部经济，不同企业分享公共基础设施和专业技术劳动力资源，既节约生产成本，又促进企业之间的分工和产业链的延伸。从社会学视角看，企业之间的相互关联协作，有利于建立人与人之间的信任关系和保障这种信任关系的社会制度安排，从而积累社会资本，降低交易费用，有利于形成"地方性"品牌的声誉，吸引新的生产者与消费者。从文化视角看，文化人的扎堆交往和吸引人流有利于营造文化氛围，激发创意灵感，形成文化传播的扩散效应，生成文化活力的区域文化高地，以文化符号的审美化、流动性提升地方品牌的影响力，如798、宋庄、上海创意8号桥的繁荣，极大地提升了区域文化竞争力。从创新学科视角看，相关企业和文化人的集聚可以促进专业知识的传播，和艺术风格的流行，特别是年轻人的创意和新技术的应用能够创造新产品和引领文化新业态，促进学科交叉和产业融合，有利于新产业与新市场的拓展。其实，"文化产业园说中国话"就是强调凸显地方性。要明白，园区固然是一个地理空间，但文化产业发展中的"地方性"是一个"无形"的符号概念，"地方化"不是简单的区域地理要素的空间界定或文化界定，全球化并非消解"地方性"，而是凸显和推动"地方性"的全球流动，催生品牌的溢出效应。产业集群不是只能由园区这一种"有形"方式来实现，地方化可以越出园区关联于区域发展，它不像工业园那样界域分明、有所限制，而是打通界限，融入社区，凸显人的因素。为了促进产业发展、形成竞争优势、提升品牌的溢出效应，可以借助园区模式。但不能由此形成"路径依赖"，认为发展文化产业必须建园区。

"说中国话"的文化产业园，可以借鉴发达国家的园区管理模式和运营机制，但一定要和中国的文化经济制度相结合，和民族文化的传承发展、创造相结合，和本土化的民族文化内容及其文化传统相结合，同时要有国际视野和现代价值取向，并熟悉国际表达方式及其全球营销策略。强调本土化的文化内容，是为了避免引进的文化企业水土不服，因为文化产业不仅是文化产品的大规模复制，它还是思想观念和价值的传播，作为一种文化意义和象征价值的精神产品，其背后有强大的文化认同和价值认同的消费驱动。外来文化只有在与本土文化交融形成区域性的文化高地，才能在国内和全球提高民族文化的位态，才能在全球形成具有蓝海战略的文化产品市场和不断延伸的产业链。中国经济的崛起和持续发展表明中国文化是经济发展的推动者，并为经济发展提供智力支持和引领方向。但作为文化资源丰厚的大国，经济崛起没有带来相应匹配的文化复兴。这是中国文化产业面临的国际尴尬，是资源向产业转化的匮乏。文化产业的创意和创造，离不开本土化内容，也需要世界眼光。因此，文化园区建设要保持开放性和相互交流，但不能做强势文化的"注脚"和"爬虫"。一言以蔽之，本土化的内容、管理体制与运营机制上的全球视野、可通约的文化形式与普适性的价值诉求，是文化产业园发展的目标。现今，我国文化产业发展面临西方发达国家文化资本、传播技术、管理制度等占据绝对优势的压力，只有以文化体制机制创新才能有效应对挑战和竞争。

文化产业园"说中国话"是指通过民族文化的开发，大力发展高附加值和以版权为内核的内容产业。近年来通道建设取得很大成绩，再加上经济实力的增强和科技力量的支撑，文化产业园应有意识地推动文化产业在产业链两端实现升级，占据价值链高端，才能提升产业竞争力，在国际市场有话语权。我国文化产业构成本身先天存在"以制造业为主，内容产业为辅"的结构性缺陷，以传统的加工包装或贴牌生产为主的资源消耗性的设备制造业方式发展文化产业，忽视了文化产业本身以知识产权为核心的产业特点。只有从文化产业核心的知识产权发力，打破传媒垄断、开放通道，才能真正实现由文化资源优势转化为产业优势，进而转化为经济优势，实现文化产品的经济价值，使中华文化产生真正的影响力和辐射力。这涉及出版、传播、发行等体制，随着改革的深入，处于存量领域上游的体制障碍会不断被革除，随着投资主体的多元化和股份制改造的完成，控股权问题、内容和舆论引导问题会进一步凸显，竞争会进一步加剧，知识产权保护会更突出。因此，要尽快完善知识产权保护和数据统计标准，减少内容产业的贸易逆差和物质形态（硬件设备）的贸易顺差，使文化产业的发展真正回到文化的发展和创新与积累上。

文化产业园"说中国话"是强调文化产业发展要有鲜明的价值导向。文化"软实力"的提升需要方向——否则会对自身发展形成戕害,甚至危及民族文化的根本。依靠开放市场引进消费性文化部分满足了大众的文化消费需求,依托加强公共文化服务体系建设部分满足了群众的基本文化权益,但国内文化市场的"战略性短缺"的现状未能根本改善,当前的文化矛盾依旧突出,"三俗"文化盛行,文化精品、文化大家和大师依旧缺乏,这一切都指向生产性文化体制的弊端。文化产业园除了承担文化产业发展的经济功能和孵化器以外,还要在意识形态创新方面有所担当——自觉的文化使命意识。在生产源头上对文化发展起积极推动作用——政策的先行先试和内容上的文化自主表达。可以利用我国现有经济规模和科技优势特别是信息产业优势,来包装、加工蕴含中华民族文化价值和理念的产品,通过市场化运作解决主流文化、高雅文化萎缩的状况,如电影《云水谣》、舞台艺术《云南映象》和文化产业项目"丽江模式"的成功运作,还有当下如火如荼的"红色旅游"的深层次产业开发。在文化市场分类上,既培育不同等级、类型的细分市场,又关注当下大众文化、主流文化、精英文化相互融合趋势下各个不同分类市场的相互贯通。以内容和业态创新,来优化和发掘文化资源,以具有意义含量的文化创造活动为中心,层层扩散形成一个由内容创意、生产输入、再生产和交易的生产链。经由产业化增强文化的社会凝聚力、整合力。为了实现中华民族的伟大复兴,实现国家的长治久安,中国迫切需要一个长期稳定的国际环境,因此,文化"走出去"必须在内容和价值观上重构积极正面的中国形象,争取大多数国家和民众对中国的理解和支持,这是各种资源和要素集聚的文化产业园担负的使命。文化产业园的竞争力在于质不在于量,只有通过质的提升,提高文化产业园的国际化、产业化、社会化、组织化程度,才会形成区域性竞争优势。在文化思潮的相互激荡中,我们不能缺失自己的价值立场,文化园区"说中国话"就是要勇于亮出清晰的主流文化价值观。

第五节 对建构文化产业园评估体系的思考

如何建构文化产业园的价值评估体系,是困扰文化产业园发展的现实瓶颈。居于高端和快速发展阶段的欧美发达国家,在文化产业发展现状、组织形态、运行机制和产业结构、综合效应等方面,基本形成了较完善的评估体系，可以指导文化产业的发展。而处于低端和初步阶段的我国文化产业不仅缺乏客观数据统计、评价标准，甚至对文化产业的特性认知和产业范围还存在争议。就发展现状而言，现有的统计标准和指标体系严重滞后文化产业发展实际，文化产业的引领作用未能从统计上体现出来，其意义与价值往往被低估，与市场主体的对应性有落差，这一现状制约了文化产业的发展，亟须建立一套可操作的便于评估发展状况的评价体系。而对文化产业园发展的理论研究和实践指导尤其是价值评估体系建设更滞后，远远不能适应文化产业园的现实发展。文化产业园评估体系的建构是产业集群从理论研究到实践应用的关键环节，是保障产业园可持续发展和维护竞争优势的重要举措。

文化产业园的评价主要有规范性的分析评价（定性评价）和建立在数量模型基础上的数据分析（一系列量化指标的定量分析）。因为文化产业发展和园区建设很不成熟，建立模型的定量分析目前难度较大，很多地方仅统计文化产业投资以及产值的数量，对投入带来的收益、利润率、产品内容的接受度、影响力、从业人员工资的增长率等缺乏相应的评估。可以尝试进行定性分析，做出导向性的价值评估。譬如，可以对文化产业园从经济功能：集聚效应、完善产业链体系、孵化功能、溢出效应作为经济"引擎"对 GDP 的贡献和推动经济发展方式转变；从文化功能：文化产品的有效供给与文化繁荣、创立文化品牌、城市或区域形象提升、文化创新——文化高地、创新的动力源；从社会功能：和谐社会、市民素养和幸福指数、精神家园的建构、社会管理创新、人才培养等层面进行分析评估。此外，从政策创新、先行先试层面进行评估，园区政策创新会间接影响国家对文化产业政策的制定。

应该说，文化产业园是个性化、差异化的，不能实行千篇一律的管理模式和运行机制。特别是不同发展阶段、不同类型的园区要根据实际调整管理体制和运行机制。任何一种管理和运行模式，只要具备适应挑战、解决问题、推动发展的能力，就是一套合适的管理体制和运行机制，既没有必要在管理体制和运行机制上进行"规制"，也不需要政府给予过多倾斜，只要因需配置服务和营造良好的市场环境就好。现实是，一方面，文化产业园遍地开花，但许多产业园没有效益。文化产业园过多过滥，表明政府在发展文化产业方面缺乏合理配置资源，或者资源使用不合理。在文化产业的增长方式、文化产品的人文内涵、文化产业的效益实现以及文化产业的行政监管等存在问题，如果不及时进行调整和改变做法，将会使文化产业发展错失机遇。另一方面，一些地方因盲目或者错误的做法导致产业发展不力，出现发展思路与效果的错位。文化产业的发展方式基本上是粗放型，对地方自然景观、历史景观、名人资源的开发方式近乎粗暴，大多通过门票收入、周边土地增值以房地产开发的形式获得收益。这与文化产业自身的要求和未来前景有很大差距，也与文化产业园设立的目标有落差。文化产业效益的实现，主要依托文化产业园中产品规模化生产模式带来的规模经济和范围经济。另外，产品的规模经济来自于产品的数量乘以产品的价格。文化产品的价值由物质价值和非物质价值，即功能价值和象征价值构成，文化产品的高价格在于象征价值。只有提高文化产品的象征价值，才能维持文化产品的高价格，进而形成规模经济，而不是单靠提高文化产品数量。产品的范围经济来自于文化产业价值链完善的集聚效应，价值链集聚的核心在于由象征价值所形成的知识产权的流动产生的价值传递和价值递增。但在大部分文化产业园，很少看到文化产业上下游之间由知识产权所形成的产业关联。同时，产品的范围经济还在于产品所拓展的国内市场和国际市场，但现有的产品不仅难以满足国内市场需求，更缺乏国际市场竞争力。

就政府角色而言，要鼓励竞争而非扭曲竞争，真正做好有竞争力的产业园，地方政府必须加大对文化产业的政策引导和服务支持力度，但政府的政策支持和扶持要以市场导向为主，要因势利导，提供可持续发展的动力支持。对园区内企业在基础设施完善、市场信息、教育培训等方面提供帮助，逐步提高政府的宏观管理能力和政策制定水平，做到政府到位而不越位，有所为有所不为。政府在制定文化产业的扶持政策时，应避免以"园区万能"的观点看待文化产业园的发展。尤其不宜单纯从经济视角评价文化产业园，要摆脱以单一产业思维看园区的迷思，和单纯追逐 GDP 的弊端，要兼顾文化的特殊性，以及资源利用的可持续性。不宜把园区和周边社区人为地隔离开来，不宜以一种模式规制不同类型的文化园区，要允许各类投资管理模式并存。随着园区的发展，管理机构越来越重要，成立具有综合协调和服务功能的园区管理机构十分必要，其性质和定位取决于具体主体和现实需要，只要能够较好地推动处于不同发展阶段和水平的园区的管理和发展，就是适宜的管理模式。在具体运行机制上，要根据不同园区的发展成熟程度，既可由管理机构直接负责运营，也可在管理机构下设或明确一个企业负责运营，其性质到底是偏公共性的事业还是偏商业性的企业，不可一概而论。可以探索政府管理与市场自主运作的结合，可以事业单位企业化运作，但不可企业单位事业化管理。放任园区不管，是政府缺位的表现；过度管制，是政府越位的表现。

要注重评估文化产业园对城市发展的溢出效应。每个城市都有独特的社会、文化、艺术资源优势，因势利导设立文化产业园，有利于提升城市的综合实力。国内外经验表明，文化产业园与区域文化竞争力的提升具有较强的正相关性。文化产业的集群化，不仅提升了产业竞争力，还促进了区域经济的发展，如西安的"曲江新区"、深圳的"华侨城示范区"、开封的"清明上河园"等，不仅改善了城市形象，提升了城市竞争力，还使城市发展朝着品牌化方向趋近。从实践效果和发展趋势而言，文化产业园与文化产业的区域竞争力存在密切的关联性。如北京、上海、深圳等已经形成良性循环的互动。随着市场机制的完善和文化产业扶持政策的到位，文化产业园与文化产业区域竞争力的关联性将进一步加强，会有力地提升城市竞争力和城市形象的品位。说到底，文化艺术产业园旨在通过空间和要素的聚集形成产业链的完善和集约效应，在产值的放大中发挥带动作用，在业态的相互交融和上下游产业链的合作中实现创意和创新，为城市化进程助跑并提升城市美誉度，使大都市的艺术中心具有强大的凝聚力。在现代化和城市化背景下发展起来的文化产业园，其规划要兼顾历史、都市规划、区域发展、文化、社会、经济、政治等诸多因素，园区的运营要照顾个别利益，更要顾全社会公众尤其是当地居民的整体利益，这其中会遭遇诸多难题，尤其是如何形成园区的文化向心力和核心竞争力，如何焕发园区的凝聚力的问题通过政策引导固然重要，但不能采取强制性、独断性的方式，更不能简单移植和模仿，否则会导致园区发展的空壳化。其中文化政策导向和发展规划的制定非常重要，市场环境的改善，尤其是知识产权保护是重中之重，世界艺术园非常注重版权收入和内容生产，这是文化产业能够可持续发展的不竭动力。文化生产和消费的自由与多样化是关键因素，赋权于民的自主发展才有可持续性。不遵循文化和文化园区的发展规律，即使出台再多的优惠政策，投入再多的资金和资源，也未必能建设和经营好有影响力的文化产业园。

国际经验表明，以文化产业园带动都市复兴有多方面的价值，欧美许多发达国家城市文化园的成功，极大地凸显了文化园的吸引力和溢出效应，这使发展中国家产生了所谓"园区万能"的迷思。我们要洞察其成功背后的细节及其发展规律，认识到多数文化园由下而上自发形成，不能过度干预，政府的介入只需加强园区的规划和管理水平，使园区的影响力成为都市文化发展的一环。如798等文化艺术园的活力证明了城市发展可以不通过大规模拆迁改造，在保护工业遗产的同时，以文化艺术的多元共生使一个被遗弃的衰颓区域重新繁荣，成为城市化进程中的活力地标，这对城市改造和可持续发展具有重要引导和示范价值。而自上而下的强制性和政府的强力意志，只会把文化推向同质化和碎片化，反而戕害了本土文化特色。

现在，多数文化产业园是以经济利益的诉求引人瞩目或被政府倚重，大多着眼于培育新的经济增长点，而忘记一个运作良好的文化园也是文化生产和消费的集散地，区域文化的风向标，是文化发展或增长的一个有效路径。其实，它更根本的价值是新的历史语境下的文化存在方式、传播方式、发展方式和累积方式，是以文化经济化和经济文化化相交融为特征的社会、文化、经济、政治的全面发展，其价值是多维的，而非单一的；其意义是未来的，而非止于当下的。文化增长方式、居民文化素养的提升、生活水平的幸福指数和城市形象的溢出效应是文化产业园更重要的功能。文化艺术园在引领社会时尚和创造个性展示方面功不可没，成为文化艺术创新的实验场；同时它还带来生活方式的变化，高涨的人气带来商业的繁荣。在社会转型期，艺术与商业悖论性地共生，这种交织的状态呈现极其复杂的意味。798等园区内各种力量的博弈，可以看出其繁华盛景多由商业逻辑主导。艺术与商业存在相互矛盾，艺术遭遇排挤，甚至被迫漂移。艺术的被驱逐，可以领会艺术价值实现的过程有可能也是艺术价值被扭曲的开端！既然是文化艺术工作者的自发集聚，就有可能开始新的文化地理漂移，产生一个新的艺术区。文化经济一体化进程本身就有着二者的相互整合与相互背离及其回归自身的双重维度，经济就是经济，文化就是文化，在一种究极的意味上，有着各自独立的向度。不能洞悉其中的奥秘，必然会在实践中生出许多乱象。

从终极意义上说，文化产业园改写了文化生态，这既是一种文化艺术生产方式的变革，也是一种文化空间的重构。有学者指出，在市场力量和行政规制无所不在的社会里，自发、自然的集聚总是或快或慢地进入商业的或政府的运营与管理机制中。艺术园区对中国当代艺术空间进行着意义深远的解构与重构。作为具有经济独立能力和个性自由精神的生活方式，不仅使这些区域本身具有游离体制之外的"公共领域"特征，而且对于城市的文化氛围也产生着深刻影响。① 从深远的意义看，这既为新一轮的全球文化融合和文化跃升做着准备，也为新的社会形态（文化时代）的来临提供条件。因此，注重文化产业园经济意义的同时，更要关注它的文化意义。处理好文化产业发展的两个维度（经济维度和人文价值维度）

---

① 魏鹏举：《艺术集聚区与中国当代文化生态》，《文艺研究》2010年第5期。

的和谐及其文化秩序的重建，就要警惕文化产业自身滋生的价值失衡及对人文价值遮蔽的偏颇，以及与"入侵"的文化霸权"合谋"而压制民族文化，使民族的大众文化沦为强势文化的爬虫，这在当下如火如荼的文化产业中已露端倪。就文化产业园建设而言，政府要创新园区的管理体制和运营机制，不是管死、抑制其活力；而是因势利导，自然而然地遵循文艺规律，不能人为地僭越，做到内容创新与形式创新的结合，时时关注和推动文化产业园升级。

　　文化创意时代的来临引发我们思考：到底是文化引导未来还是经济主导社会发展？资本的时代，经济逻辑往往是强势逻辑，象征（符号）资本和文化资本都要经过一系列中介转化为经济资本，并借助经济资本的力量发挥强有力的持续影响；而在创意时代，文化逻辑会上升为社会的主导地位，文化话语权、文化软实力凸显，诚如温家宝同志所言："国家的影响力，取决于经济、科技和军事实力，但归根结底取决于文化实力。……一个国家，当文化表现出比物质和货币资本更强大的时候，当经济、产业和产品体现出文化品格的时候，这个国家的经济才能进入更高的发展阶段，才能具有可持续发展和持续创造财富的能力。"[1] 文化产业有广泛的辐射力、感染力和渗透性，它对大众的日常生活和价值观具有强大的塑造功能，对国家形象的构建具有重要作用。文化产业已成为提高产品附加值的战略性产业，其意义不再局限于获得经济方面的利益，在提高公民素质，增加就业，促进经济社会协调发展，优化产业结构、转变经济增长方式、实现可持续发展，促进中国传统文化的传承与发展，保护生态环境等方面具有独特优势。从长远意义看，活力涌现的文化产业园有可能催生新的文化观。这对改善中国文化的现代处境、提升在全球影响力和文化的位态，既是一种焦虑，又是一种现实驱动力。

---

[1]　引自温家宝同志2010年2月4日在中央党校省部级主要领导干部专题研讨班上的讲话。

第八章　文化产业与城市转型发展研究

随着经济全球化的日益深入，城市化进程不断加快，可以说，当今世界已步入"城市的时代"。这个时代，国家之间的竞争越来越以城市为主体呈现，每一座城市都面临着越来越大的竞争压力。但城市发展是不均等的，对于发达国家来讲主要是随着产业转移和经济结构调整带来的再城市化问题，而对发展中国家则是城市化运动带来的"千城一面"、急剧膨胀等问题。无论是城市化和再城市化运动都面临一些相似的困境和挑战，诸如克服城市系统资源和环境的脆弱性问题、克服"千城一面"的城市特色营造问题、城市经济运行质量和市民生活品位的提升问题、社会治理与信息技术的融合问题、公共服务均等化和最优化问题、城市公共安全问题、城市发展活力问题、城市运营的人文品格问题、城市创新和可持续发展能力提升问题等，越来越多的问题和"城市病"开始聚焦"城市转型"发展，这已成为专家学者和城市管理者的国际共识。对于当下的中国而言，既有城市化发展带来的现代"城市病"问题，更有老旧城区改造和资源型城市枯竭转型发展带来的新问题。在城市转型发展过程中，文化产业在其中扮演何种角色？如何以文化产业发展激发城市创造活力，助推城市形成可持续发展的竞争优势，通过特色城市打造使其在城市竞争中胜出？对此，国际上很多城市都选择依靠科技进步和文化创意作为经济社会发展的首要驱动力，把文化创意产业列为面向未来发展的重大战略，文化产业在城市转型发展中的作用和意义问题凸显。文化创意产业作为新经济形态的"核心财富"，对一个城市、区域、国家的影响不限于单纯的经济增长和拉动就业，及其文化价值传播和社会裂隙的弥合，更是形成整体性溢出效应，有效地推动城市走出地域迈入品牌城市的行列。严格意义上讲，品牌城市是文化城市，但并非所有的文化城市都是品牌城市，只有在城市运营中把城市作为文化品牌塑造，并把文化作为主要驱动要素，在城市竞争中胜出的城市才是品牌城市，品牌城市必然是文化产业发达的城市。品牌城市建构不是营销公关的产物（当前的主流塑造手段），而是在城市软实力支撑下凸显文化功能转型的个性化展示和形象传播，是城市品位和格调的文化提升。一个城市让人感觉好才可爱，而不单纯是景观景色好，这就是中外旅游城市的品格和格调之别。品牌城市是指城市自身作为品牌的价值诉求，它表现在功能上是转型的城市，在风格上是有特色的城市，在性质上是文化城市，是为人的城市，它以城市文脉传承为底蕴，以现代文化产业体系为支撑，是有文化影响力和感召力的全国性或区域性中心城市。城市转型背后是经济形态的升级和产业转型发展方式的转变，以及市民文化意识和创意创新能力的提高，因文化的丰富多彩而在城市建设中不仅有利于增强市民的凝聚力和认同感，提升市民的文化素质和改变其生活方式，以及有利于弥合社会分化鸿沟，增强社会和谐感，有效拉动城市人口的就业，文化产业还可以在城市差异化竞争中发挥重要的支撑作用。

第一节　文化产业的地方性特征

文化产业作为当今人类文化生产的一种主导方式，通常与多种文化形态和多个企业间交往密集的场域，即特定地点有某种共生关系，这个地点越来越呈现为城市的某一地理空间集聚，而成为城市的品牌或符号。从国际文化品牌塑造来看，地点、团体和文化产业发展往往紧紧地联系在一起。因此，许多类型的产品在偏好各异的消费者眼里总是和特殊的地理位置相关联。伦敦的歌剧、巴黎的时装、意大利的家具，都带有这种声誉效应。因为品牌的信誉度，产地给了产品一种保证，这有点像时装设计师的标记所具有的慢慢积聚起来的象征符号价值，因此，它是以产地为特征的垄断租金的来源之一。越来越多的迹象表明，文化是在具体的社会背景下发展起来的，文化产业的创意和创新带有突出的地方性，它们扎根于生产体系的地理环境中。就文化意义而言，一个地点，在语义上表示一个地方，同时也是某类文化产品或产业类型的标志。文化产业具有天然的根植性特征，基于集聚特性各地纷纷建立形式不同的文化产业园来推动文化产业的集群化，以增强区域竞争优势。世界范围的文化产业实践表明：通过文化产业园来推动文化产业集聚化，符合经济全球化下的产业发展趋势，是各国政府为促进文化产业发展普遍采取的一种策略，是提升文化产业竞争优势、增强文化竞争力的一种空间组织形式。竞争优势的获取通常源于差异化和成本领先。就前者而言，文化产业竞争力的差异化主要源于文化地方性的创新，如西安对"大唐文化"的复兴，开封对"北宋文化"的张扬，杭州对"南宋文化"的开发，北京对"明清文化"的保护与利用、上海对"创意"、"设计"文化的张扬，深圳对"大众文化和新兴文化业态"的培育等，都以特色文化形成品牌内涵和差异竞争的"质"点；就后者来说，主要通过规模经济和有影响的文化活动实现成本领先和兑换"注意力经济"，包括激发文化要素市场的活跃，增强消费吸纳力和文化产品的有效供应力，促进经济资本、文化资本和社会资本的交融和借势，以获取最大效益。

文化产业的生产和消费往往使其与特定地域或城市相关联，世界很多大都市都是文化产业的集聚地。通常，市场都是围绕着能够体现地方语言和符号色彩的商品和服务构建起来的。也就是说，文化创意产业天然具有地方特殊性，并能从不完全竞争的动态表现中获得利益。因此，一些充满创意和广阔发展空间的文化产业园，不仅担负着文化业态和产品的孵化功能，还在要素的聚集和产业链的延伸中把自身的地理因素整合进文化生产体系中，这些地点的特殊性最终被产品所同化，并把这种特殊性凝聚为产品或符号的附加值，反过来这些产品就限定和再限定了它们的产地，随着附加值的提升，某些地域的文化品牌成为全球品牌，某些城市的文化艺术园因其品牌效应成为全球知名的艺术园。伦敦的戏剧、巴黎的时装、意大利的家具、威尼斯双年展、好莱坞的电影、北京的798、上海的创意8号桥等，都带有这种声誉效应。文化产业的创意和创新，不仅需要一种空间集聚，而且越来越体现在要素和业态的聚集与交融中。其成功典范就意味语词能指上的地点，就在所指上预示着一个文化产业的产品品牌，如深圳大芬村之于油画复制品产业，北京宋庄之于中国当代艺术一样。像好莱坞的创意和创新正是靠着无数小型的适应性强的企业，使其很快地能从一个项目转到另一个项目，并能对新数字技术加以全面的包容，从而增强抗击外界的冲击力。作为电影业的好莱坞与作为地点的好莱坞具有某种共生的关系，好莱坞的电影业以街道布景、自然风光、生活方式等形式拥有大量的地方文化资本。这些资本不仅给电影产品附上独特的外观，也在精神风采的塑造方面起了关键作用。同时产品塑造了好莱坞或者洛杉矶的新形象，或者赋予以往形象以新的意义。如此一来，电影业又受到该地区文化资助的青睐，当新一轮文化生产开始时，这些资助作为资本投入，就会有新的资本跟进，甚至其他文化产业产品形式也会被吸引进来，如音乐唱片业、电视剧制作、服装设计业、餐饮休闲娱乐业等，从而使园区成为具有独特文化意味的文化生产和消费高地。这些典型案例表明文化产业园建设符合文化产业自身的发展规律，它既需要产业自身的集聚，也需要政府通过营造环境有意识的推动。当下，无论是中央政府命名的文化产业基地、文化产业示范区，还是地方政府推动的文化产业集聚区，都在探索文化产业发展的独特规律。

要明白，所谓城市空间中的文化园区固然是地理空间，但文化产业发展中的"地方性"不是简单的区域地理要素的空间界定或文化界定，而是具有象征意味的符号概念。全球化并非消解"地方性"，而是凸显和推动"地方性"的全球流动，催生了品牌的溢出效应，从而提升了城市的知名度。"地方创意经济的繁荣能够增强对某些特定地方的宣传力度。文化不仅成为国家身份和国家品牌的重要组成部分，而且已变成地方独特性标记和国际宣传工具。这一变化是城镇、城市和城市区域在全球化经济中不断被确定为自治主体的一个关键因素。它还在关系资产的构建中扮演了关键角色。"① 一些城市对文化活动和文化要素的倚重，不仅推动了文化创意产业的发展，而且对城市治理的改善和建立新型城市——以人为中心的和谐均衡发展的城市，并摆脱 20 世纪城市发展中出现的种种不可持续的形式和功能，起到了积极的作用。虽然设立文化产业园区越来越成为政府推动文化产业集约化发展的抓手，但要注意的是产业集群不只能由园区这一种"有形"方式来实现，地方化可以越出园区关联于区域发展，它不像工业园那样界域分明、有所限制，而是打通界限，融入社区，凸显人的因素。为了促进产业发展、形成竞争优势、提升品牌的溢出效应，可以借助园区模式。但不能由此形成"路径依赖"，认为发展文化产业必须建园区。以至于全国文化产业园遍地开花，很多却没有什么效益。

这个由形象主宰的世界里，文化产业不可避免地与一个地方的（城市）形象联系在一起，强盛的文化应该创造积极正面的形象。文化与高品质的生活联系在一起。因此全世界的城市营销策略都越来越多地把重点放在它们的文化上，即它们的艺术机构、艺术家、创意人才和文化产业。通过塑造积极正面的形象，文化产业对吸引投资有着直接的影响。文化产业在新一轮的城市复兴中发挥了重要作用，特别是在旧城改造、带动城市人口就业、改善城市环境、重构城市形象中有着积极意义；其次，曾经以制造业和贸易为身份特征的城市越来越转向以体育和文化为傲。文化对城市品牌的提升具有重要意义，它能用来吸引投资和游客，如西班牙的毕尔巴鄂市的转型策略，该市通过著名建筑师兰克·盖瑞设计的古根海姆博物

---

① 联合国教科文组织、联合国开发计划署编：《创意经济报告 2013》，意娜等译，社会科学文献出版社 2014 年版，第 19 页。

馆重构了自己的国际形象，在城市的复兴中发挥了重要作用。特别是在被失业和经济衰退所困扰的城市中，市民层面的文化企业家能在逐渐渗透一种新的使命感中起到关键作用，但要想有效地实现这一转变，重塑城市的品牌和文化形象，还需要在本土生产和商业方面进行投资。

当前文化产业发展越来越集聚在城市的某一区位空间，强调文化产业发展中的"地方性"（植根于城市文脉）和凸显本土化的文化内容，是为了营造城市的文化特色，避免引进的文化企业水土不服，因为文化产业不仅是文化产品的大规模复制，还是价值观念的交流，作为一种文化意义和象征价值的精神产品，其背后有强大的文化认同和价值认同的消费驱动。外来文化只有在与本土文化交融形成区域性的文化高地，才能在国内和全球提高民族文化的位态，才能在全球形成具有蓝海战略的文化产品市场和不断延伸的产业链。文化产业的创意和创造，既要有本土化内容，也要有世界眼光。因此，作为载体和平台的城市集聚空间的文化产业园要保持开放性和相互交流，但不能做外来强势文化的注脚和爬虫。

第二节　城市的文化属性

从人类发展史上看，城市自诞生之日起就是人类文明的重要载体，是文化传承的场所。虽然古希腊早就有城邦和集市的概念，但"城市"（urban）一词却生成于17世纪早期，用来指称居住在市镇（city/town）的人们的特定的习惯、方式及表达的风格，表明居住在城市里的市民与居住在乡村地区的民众在行为、思想及生活方式等方面有显著的不同。可见在对"城市"的界定中，文化是一个重要的质点。"城市"与"乡村"的不同其实是生活在某一地域的人们的"说法"与"活法"的文化的不同，是在历史进程中人化自然与人文教化结果的不同的显现。因此，有学者指出：在一定意义上，城市既是人所创造的、所栖息的环境，又是人自身。[①] 也就是说，城市是为人的，体现着人的价值追求和"诗意地栖居"的本质，因而城市有着文化的属性。城市作为文化的"说法"和"活法"，是一个城市经过长期历史演进，在各种文化融合中逐步发展，以其独特的历史背景和人文价值追求形成的文化底色和底蕴。城市文化是特定的市民生存状态、行为方式、精神特征和城市风貌的总体形态，是体现城

---

① 何蓉：《城市化：发展道路、特征与当前问题》，《国外社会科学》2013年第2期。

市生活的完整价值体系，是反映一个城市历史传统和精神世界的窗口。

城市发展经历了从原始社会的中心聚落，到设防城堡、城寨，到专为护卫统治阶层的王城、王都，再到政治中心、经济中心、商贸中心以及交通枢纽、重要港埠、军事重镇等具有各种功能的城市。21世纪初，世界城市人口约为30亿，几乎占世界总人口的一半。作为世界第一人口大国和第二大经济体，中国的城市化浪潮不断加速。2013年，中国城市化率达到53.7%，城市数量从193个增加到658个。联合国人居项目《全球化世界中的城市（全球人类居住区报告）》指出：到2030年，世界城市人口将由2001年的30亿增长到接近50亿，城市人口比例将由48%增加到60%以上。其中，发展中国家的城市化速度快于发达国家，经济最不发达国家城市化的速度最快。一些新兴国家的一批城市正快步走向国际化都市，并产生了广泛的影响。

可以说，城市是人类文明的表征，是文化创造、传承、展示和共享的最主要场所。城市不仅是人们日常生活的家园，而且拥有文化创造、文化记忆记载和文化传承的功能。城市文化是城市物质环境和人文环境的统一，是城市外在形象与内在精神特质的统一，是城市的历史文化与现代文化的统一。城市文化的多样性构成了不同城市各具特色的文化生态。城市文化承载着人们的家园情怀，深深地熔铸在城市的生命力、创造力和凝聚力之中。了解自己居住的城市并积极投身其中，可以提高市民对城市的认同感、满意度，为自己的城市而自豪，从而产生强大的凝聚力、向心力和精神感召力，这是城市发展的内生动力，是一个城市文化发展的根本价值所在。城市文化是不断发展、更新的动态系统，是既保留传统特色又体现时代特征的文化，具有民族性、地域性，以及反映民族精神、地域特性的思维方式、生活品性、人格追求、艺术审美情趣等城市文化的本质特性，而对城市的设计、管理和建设更是体现了人的价值追求。城市文化的地域性气质有特定区域的地理环境、气候条件、物质生活、民俗风情、社会风气、语言特点、文化传统等诸多因素综合作用下逐渐积累形成的，并在城市规划布局、街道景观、园林绿化、建筑风格、城市管理等方面得以展示。城市文化体系通常包括城市历史、现实定位、城市核心价值、城市科技教育文化要素、城市个性、市民风俗、产业亮点、地方特产、语言特色、旅游产品、城市符合、城市形象等方面。其中的品牌是对城市文化特质和产品的提炼，是城市发展中的无形资产，体现着城市鲜明的价值追求。因此，"城市不只是建筑物的群集，它更是各种密切相关并经常相互影响的各种功能的复合体——它不单是权力的集中，更是文化的归极"。①

城市的文化属性要求城市不仅要体现出人文品格，更要体现出鲜明的文化价值追求。对于国家来讲，核心价值体系是其兴国之魂；对于一个城市来讲，缺失核心价值观则会使城市发展陷入混乱和无序，而丧失可持续发展的能力。因而各个城市都非常注重核心价值观的培育和表述语的提炼，以体现其鲜明的价值追求，使自己在城市竞争中保持特色。城市价值观的培育和塑造，首先要梳理城市发展的文脉和人文价值体系，使之体现在城市管理和发展的方方面面，并在市民的日常生活中落地生根；其次要立足城市的底蕴和特色加强文物、非物质文化遗产的保护和管理，加强历史文物资料和典籍的整理研究，形成对城市中唯一性文化资源的保护体系；最后还要把城市的人文价值追求外显于形、外现于行，既体现在市民日常的文化产品的消费和文化活动中，也体现在市民自觉的精神追求和日常举手投足的行为中。

在城市发展中，一些历史文化名城提出"城市即文化，文化即城市"，越来越重视文化在城市发展中的作用，提出打造特色文化城市的理念。所谓"特色文化"是指一个城市中特征鲜明、类型独特、积淀深厚、传承久远、价值极高的文化形态，是一个城市区别于其他城市的由内而外全面显现的显著标志，一方面在外观上给人们以独特地域的文化形象，另一方面在气质上彰显地域的文化内涵和积淀。依据内涵的积淀，特色文化城市主要有以下几类。

一是"禀赋型"特色文化城市。这类城市在长期发展过程中以其所拥有的人文历史、自然文化、地理区位、宗教信仰、建筑遗址等文化形态来彰显特色。如"华夏故都"西安、"文艺复兴的摇篮"佛罗伦萨、"薰衣草之乡"普罗旺斯、"中国最美乡村"婺源、"港口之都"鹿特丹、"石窟壁画艺术圣殿"敦煌、"建筑艺术之都"罗马、"中国古建筑博物馆"平遥古城等。

二是"专项型"特色文化城市。这类城市主要源自城市某一方面的文化艺术特征和产业文化积淀形成特色文化。如"音乐之都"维也纳、"童话之都"哥本哈根、"钟表之都"伯尔尼、"国际小商品之都"义乌、"啤酒之都"慕尼黑、"狂欢之都"里约热内卢、"会展之都"汉诺威、"论坛之都"瑞士达沃斯和海南博鳌等。

---

① 刘易斯、芒福德：《城市发展史——起源、演变和前景》，宋俊岭等译，中国建筑工业出版社2005年版，第358页。

三是"复合型"特色文化城市。这类城市主要依托文化资源的交叉融合与复合积累形成的特色文化。如"文学艺术之都"爱丁堡、"赛车、博彩与邮票之都"摩纳哥、"体育与酒店管理之都"洛桑等。

四是"创新型"特色文化城市。这类城市主要依靠城市文化再创造和"无中生有"的创意创新来营造城市特色。如"未来之城"迪拜、"新艺术之都"毕尔巴鄂、"创意设计之都"深圳、"恐龙之城"常州、"影视拍摄之都"浙江东阳等。

因在城市发展中追求或者凸显特色,所以特色文化城市在运营过程中往往会形成一系列城市品牌,城市品牌是一个城市在推广自身城市形象过程中,根据城市的发展战略定位传递给社会大众的核心概念。城市品牌作为一个城市的品质体现,可以有效推动城市竞争优势的全面提升,并通过城市品牌溢出效应兑现城市的品牌价值。城市品牌的建构是一个动态的过程,在不同的历史时期和发展阶段,各有其突出重点和侧面,是城市管理者利用所属城市具有的独特要素禀赋、历史文化积淀、产业优势等差别化品牌要素,向目标受众提供持续的、值得信赖的、有关联的展示和价值观传播,以提高受众对城市的美誉度、认同感,从而增强城市的凝聚力和感召力,进而维护城市的竞争优势,及其差异化的特色优势。

在"千城一面"问题愈发严峻的语境下,如何张扬个性和凸显特色成为城市发展的聚焦点——文化的作用越来越受到瞩目。每一座城市都应该在与外部的对照和比较中,品出自己独有的特色和价值,使当地的居民产生强烈的身份归属感。但当下中国大部分城市发展都陷入了特色危机,"南方北方一个样,大城小城一个样,城里城外一个样"。危机的有效化解已非经济发展之所能,而是经济强势发展对文化的侵蚀和文化多样性所遭遇的极度破坏所致。文化特色既是城市景观中极具活力的视觉要素,又是构成城市形象的关键和基础。中国历史文化名城大都有着上千年的历史积淀,形成了独特的城市文化优势,这是城市发展中的珍贵价值。从有形的物质文化遗产到无形的非物质文化遗产,都在讲述着城市的历史变迁和文脉遗存,承载着城市丰富的表情和记忆信息,在令人震撼中展示着城市宽广深厚的阅历和独特的个性。

当下,人们越来越意识到城市的魅力和吸引力来自文化,文化是城市的灵魂,文化决定了一个城市的气质。对于城市而言,特色文化展示城市风貌,体现城市品格,凝聚城市精神,决定城市的长远竞争力,只有文化内涵丰富,特色文化突出的城市,才是魅力无穷、活力无限的城市。文化,在此意味着一种生活、行为、表达、思考和学习的方式和精神追求。

特色城市之"特色"都可以在城市运营中打造成城市的一个或多个品牌，增加城市的知名度和竞争砝码，从而成为"文化城市"的资源要素和基础，而唯有城市的系列品牌整体上成为文化，凸显文化的驱动和支撑力量时才是"文化城市"。在"千城一面"的突围中，文化铸就了城市差异化发展的底蕴，特色文化逐渐成为城市发展的驱动要素。通过对城市文化传统及其历史遗产的保护、传承，以及文化资源的开发和产业运作，来促使经济的、社会的、技术的和教育的战略，越来越紧密地与文化产业轴心关联起来。当今时代文化产业成为文化传承与创新发展的主导形态及其方式，在城市转型发展中信息内容、文化创意、知识创新成为城市经济可持续发展的关键，当代城市只有成功应对文化的挑战，才能在竞争中保持优势。

第三节 "文化城市"的历史性出场

城市文化是特定的市民生存状态、行为方式、精神特征和城市风貌的总体形态，是体现城市生活的完整价值体系，是反映一个城市历史传统和精神世界的窗口。城市的属性是文化的，可以说城市发展从来没有离开过文化，但"文化城市"的出场却有其历史性机缘。只有在全球化消费时代的语境下，文化才以城市发展轴心战略的姿态出现，从而促使人的生活更有质量和品位，更有尊严和幸福感。虽然文化和城市伴随人类历史走过数千年的历史，但文化产业和文化城市的概念及其实践却是后现代社会的产物，是经济发展步入后工业社会和消费社会的必然，是人的需求越来越上游化和产业越来越下游化并在信息泛滥的全球化语境中吸引注意力的结果。所谓后工业社会是一个从"工业化时代"迈向"信息化时代"、从"机械时代"走向"创意时代"、从"增长主义"迈向"可持续发展"的过渡性时代，随着物质经济的越发丰裕，人们对产品和服务的审美属性和符号属性的消费凸显，象征性的符号价值及其符号资本越来越成为社会认同的表征，在社会发展中广泛渗透着文化属性、创意属性和符号价值的文化经济活动的领域日益扩大，并成为社会经济发展的引擎。在此语境下，如何铸造城市自身的特色和竞争优势，越来越取决于城市的活力和可持续发展能力。随着文化作用的凸显，国际上很多城市都把目光聚焦科技和文化相融合的文化创意产业，把文化创意产业列为面向未来发展的重大战略。我们正是在这一背景下来定位文化产业与城市转型之间的内在关联和耦合性的。现在，城市转型是文化竞争力基础上的一种提升，转型成功的城市将是文化的城市。在"千城一面"的突围中，文化铸就了城市差异化发展的底蕴。通过对城市文化传统及其历史遗产的保护、传承，以及文化资源的开发和产业运作，来促使经济的、社会的、技术的和教育的战略，越来越紧密地与文化产业轴心关联起来。当今时代文化产业成为文化传承与创新发展的主导形态及其方式，在城市转型发展中信息内容、文化创意、知识创新成为城市经济可持续发展的关键，当代城市只有成功应对文化的挑战，才能在竞争中保持优势。

一　"文化城市"出场的历史性机缘

城市作为一个地区或国家的中心，其历史地位是不断建构的，继政治、经济在城市生活中占据重要地位以来，文化的作用随着时代的发展日益凸显。文化软实力不仅成为国家综合国力的重要组成部分，更是一个城市竞争力的重要体现。随着经济形态的升级，文化越来越成为推动和引领城市发展的重要力量。有学者指出，21世纪中"城市"与"文化"的联姻是历史进步的必然，城市发展的走向必将是从"功能城市"走向"文化城市"。[①]通过文化和文化价值的引领，使城市（城镇）有了魅力和灵魂，从而提升城市的品位，使城市发展从单纯的经济诉求完善经济功能向文化城市提供优质服务功能升级。在本质上，文化城市不是一种资源型、传统工业型的城市发展模式，而是全球化语境下契合信息文明、知识经济时代的发展特征和文明跃升的新高度的新型城市发展模式。党的十八届三中全会提出，坚持走中国新型城镇化道路，推进以人为核心的城镇化，这是中国城市转型发展的指导思想。所谓"新"就是由过去片面追求城市规模扩张，改变为以提升城市的文化内涵为中心的发展，以文化创意及其文化产业发展为内驱动力，从而展示出能够承载历史文脉、彰显时代文明的城市新形象。北京率先提出建设全国文化中心的口号，并出台系列政策支持文化中心城市建设。

任何一个命题的提出都有其生成的语境和问题域，"文化城市"出场的机缘与20世纪中后期的城市化运动、城市复兴、城市振兴、城市转型发展等时代命题相关联，其出场自然离不开特定的历史语境。

1. 随着经济全球化的深入，发达国家和城市面临经济结构的调整和产业的转移：一般制造业在加速朝后发国家和城市迁徙，城市功能随之由

---

① 单霁翔：《从"功能城市"走向"文化城市"》，天津大学出版社2007年版，第217页。

生产中心转向服务中心，服务业在国民经济中的比重日益凸显，使城市（旧城区）复兴与服务业（尤其是文化创意产业）之间有了密切关联，正是城市复兴的再城市化运动成为"文化城市"出场的直接背景。通过寻求新的发展路径，为城市发展注入新的动力，是城市复兴中面临的重大问题。在此语境下，文化的活力和吸引力与文化产业对城市发展的带动作用和关联效应受到重视，文化产业既是现代服务业的核心内容之一，也是现代服务业的主要驱动力。发展文化和文化产业被视为国家和城市复兴的有效路径，甚至有人认为，通过发展文化和文化产业来振兴城市，其重要性与欧洲文艺复兴具有同等重要的意义。①

"文化城市"理念的历史性出场是时代的选择，它首先出现在西方文化语境中"再城市化运动"，特别是欧洲的城市复兴运动。从性质上看，这一理念的出现既是一种发展战略，受到城市和国家的重视与推动，又是城市自身发展转型中的价值定位。人们越来越认识到城市的竞争力不仅仅指城市经济指标等硬实力，还包括城市形象、城市品牌在内的城市软实力。一个有知名度的文化城市，不仅能提高市民的文化自豪感和价值归属感，增强城市的凝聚力，而且还能够吸引世界有限的注意力，将形象力转化为城市的竞争力和生产力。因此，文化城市运营，必须着力阐释挖掘城市中的文化要素，从自然地理环境、历史人文典籍、文化积淀、建筑遗产、产业体系、产品类型、管理和服务等方面提炼出城市的品牌，而贯穿其中的主线和灵魂就是城市文化。在城市发展越来越同质化的时代，开发和运用城市文化资源成为城市从差异化竞争中胜出的关键。

20世纪下半叶，欧洲的许多城市在经历了快速发展的扩张期后，由于过度开发、资源匮乏、环境污染等因素的制约，一些传统的制造业开始转移，使城市原有的支柱产业出现空心化而丧失功能、经济开始衰败、就业人口锐减、治安问题凸显、公共服务能力减弱，各种矛盾即现代"城市病"开始显露。正是为了解决20世纪城市病，文化城市理念开始浮出历史的地平线，20世纪90年代，在西方发达国家开展的城市复兴运动（再城市化运动、城市振兴、城市转型等）中，文化旗舰项目往往成为其中的重要战略。即所谓城市复兴，是指因产业转移导致的城市空心化或者中心城区的衰落的城市和老城区的改造，特别是指那些社会、经济、环境

---

① 1999年，英国著名建筑师理查德·罗杰斯领导的"城市工作专题组"的题为《迈向城市的文艺复兴》的研究报告中，首次把城市复兴的意义提高到同欧洲文艺复兴相同的历史高度，被称为"新世纪之交有关城市问题最重要的纲领性文件之一"。

和社区邻里因此受损的城市，通过采取一系列的手段在物质空间、社会、经济、环境和文化等方面得到全面的改善，再生其活力，恢复其已经失效的社会功能，改善生态平衡与环境质量，并解决相应的社会问题。① 所谓的再城市化是指西方发达国家的城市复兴实践，即二战后西方发达国家的许多城市单纯强调以经济为本的片面发展之路，因传统产业衰落，人口过度膨胀，土地过度承载，居住条件恶化，文化设施少，休闲场所不足，闲暇时间被挤压，犯罪率上升，安全感下降，所谓的现代"城市病"，通过一系列手段在物质空间、社会、经济、环境和文化等方面得到全面改善，再生其经济活力，恢复已失效的社会功能，改善生态平衡与环境质量，并解决相应的社会问题。到 60 年代末 70 年代初，如何振兴城市，成了西方许多国家探讨的重要问题，文化创意产业在城市复兴（再城市化）过程中发挥了关键作用。其复兴路径大多经由文化基础设施建设、举办盛大庆典活动、文化旅游、体育赛事等来实现。

英国在失去制造业大国地位后，其产业的空心化现象愈益凸显。为解决城市发展面临的各种问题，1998 年英国成立了以理查德·罗杰斯为负责任人的"英国城市工作组"，其在《迈向城市的复兴》报告中指出："城市复兴要求在文化的认识上发生转变，这种转变要通过教育、辩论、交流和参与的过程中完成。文化在这里不仅仅是一种策略，也是一种技能、信仰和价值观念。"② 在这份被称为"新世纪之交有关城市问题最重要的纲领性文件"中，规定了城市复兴的文化导向，并指出了城市复兴的"文化城市"建设路径。其中最成功的政策是通过文化基础设施建设、吸引艺术家入住、形成创意阶层，以及举办盛大庆典活动、文化旅游、体育赛事等文化措施，激发了城市的活力，形成了新的支柱产业，并使城市借机提升了它们的文化、经济和城市形象。如美国纽约市的苏荷区的文化改造项目，西班牙的毕尔巴鄂的古根海姆博物馆项目都是其中的成功案例，它们都是通过文化改造项目成功地实现了城市老城区的振兴，使其重新焕发了生机和活力。在理论上，城市振兴是指文化产业在知识经济发展中对城市产业结构的促进与对城市文化设施、服务业态及非物质经济资源配置、财富创造、资本形态的改观所带来的产业革命、文化变革与新经济新技术创新，还有文化产业对以城市为载体的社会结构及上层建筑的影响，对城市化方向、进程、技术路线和生产力要素及核心竞争力的影响。

---

① 吴晨：《文化竞争：欧洲城市复兴的核心》，《瞭望》2005 年第 2 期。
② Urban task Force, *Towards an Urban Renaissance*, Routledge, 1999, p. 5.

由此文化经济形成新的社会财富观与价值体系，即由文化产业的资本形态与非物质资本的资源配置方式、资本递增效益形成的新的文化财富观与非物质财富价值观，包括媒介资本、符号资本、信息资本、形象资本、知识资本、教育资本的财富创造力与世界财富整合力、国际财富竞争力等。

在诸多的城市复兴项目中，欧盟在1999年实施的"欧洲文化之都"计划最为知名和成功。"文化城市"的最初理念就包含在早期欧洲一体化进程的"欧洲文化之城"中，他们把文化视为欧洲一体化进程的推动力量，文化成为连接东西方、团结欧洲人民、促进欧洲文化交流与展示、营造欧洲多元文化共识的桥梁和载体，及至更名为"欧洲文化之都"后"文化城市"的理念愈加明晰。巴罗佐曾指出："欧洲文化之都是欧盟文化创造性的一面旗帜……它的实施证明，文化在欧洲政策的可持续性发展层面发挥了重要作用，它不仅关系到欧洲城市和地区的长远发展，也是激活城市活力和创造力、增强社会包容的源泉。"① 处于欧洲一体化进程中的"文化城市"作为政治型和经济型城市之外的一种城市形态，文化既是加强欧洲诸国、城市联系的纽带，有利于文化资源的整合以建构一个统一的文化欧洲，承担着欧洲文化走向世界的重大责任，是欧洲城市参与世界城市竞争的重要方式。这种发展趋势表明在城市转型发展中，文化已经成为欧洲城市社会经济发展的重要资本，凸显了文化在城市发展中的活力和创造力；文化是充分整合欧洲资源的重要基础，有利于促进欧洲国家之间以及与其他地区在文化领域的国际交流与合作，内容包括培养文化艺术人才、发展亲民艺术、发掘和保护文化遗产、提升城市文化生活质量等；促使整体性的欧洲与世界对话，从而超出地域性的城市或国家文化中心城市的概念和范畴，代表欧洲参与国际文化的竞争，尽管在这方面发展的不够理想、成效不显著，但在战略上发挥了增强欧洲自身的文化身份认同，保卫和强化欧洲的文化独立性、彰显欧洲文化共识和文化特色的作用。

发达国家的城市复兴和城市转型经验表明：文化城市的理念受到文化创意产业的强有力支撑，文化创意产业在对转化产业资源、扩大消费市场、促进贸易、降低失业率、实现城市复兴与转型发展、增强社会凝聚力、提高人口素质等经济和社会作用方面，均已呈现出潜在的优势。在城市复兴的再城市化运动中，文化成为城市发展的新目标和新动力。基于此，很多城市把文化创意产业推到了区域战略性新兴产业的地位，希望借

---

① European Communities, *European Capitals of Culture: the Road to Success from 1985 to 2010*, 2009.

助文化创意产业的发展，带动区域创新、产业升级和经济整体增长，尤其是一些中小城市或者是资源枯竭型城市的发展。有学者指出：小城市在保持其基本面貌的同时，还有可能成为文化消费和休闲产业的中心，特别是欧洲的城市，因其可持续性、丰富的历史遗产和浓郁的文化气息，成为吸引全球旅游者的中心。不过，小城市若想成为文化与休闲中心，必须有一定的经济资源和规划能力。另外，对创新的研究表明，创意产业往往都以小城市为基础。[①] 国际经验表明，城市、文化与经济之间彼此联结、相互作用、互联互动、优势互补、共同发展。文化的繁荣有利于激发城市内部的经济活力，带动城市的复兴；同时，经济活动为城市复兴中的文化再生产、传播、消费和艺术创造提供了基础。

2. 随着经济全球化的日益深入，发展中国家的城市不断崛起，在 21 世纪掀起了新一轮城市化运动，如何在城市化进程中提高城市的品位和美誉度、知名度和建构城市形象，从而使"文化城市"的地位和作用日益凸显？城市化运动主要指发展中国家的城市发展，也包括一些新兴的发达国家，核心理念是通过保护和开发文化资源，激发全民族的文化创意创新，发展新兴服务业，提升城市品质，增强吸引力和凝聚力。虽然我国早在 20 世纪 80 年代就提出"历史文化名城"的概念，但其内涵和价值诉求不同于"文化城市"的概念。我国从 1982 年起在全国范围内评选"历史文化名城"，并于 2008 年制定实施了《历史文化名城名镇名村保护条例》等相关文化政策，至今已有三批 118 个城市获此殊荣。"历史文化名城"主要是基于当下中国在现代化快速发展进程中文化遗产遭到破坏的现状，从文化资源保护的角度提出来的，其价值重心和诉求目的在于文化资源保护，谨防在开发中对城市文化这一不可再生资源的毁坏；[②] 而"文化城市"的理念主要是在后现代消费社会语境下的价值开发，是一种产业结构和经济形态的升级，以及文化产业和业态的创造创新，二者有着城市发展形态和价值理念的重大差异，并不是同一语境下的概念分歧。但"文化历史名城"保护的好坏直接影响着"文化城市"发展的资源基础，甚至影响着"文化城市"的底蕴和特色。

随着文化创意时代的来临，国家之间的竞争越来越多地体现在城市之间，城市之间的竞争成为国家力量的展现形式，如奥运会、世博会、园博

---

① 何蓉：《城市化：发展道路、特征与当前问题》，《国外社会科学》2013 年第 2 期。

② 对于这些历史文化资源的保护，此前曾被很多城市视为城市发展的包袱，因在城市发展中保护不利而招致诸多破坏，随着观念认知的深化，人们越来越认识到这是城市发展的重要资源，是创造财富的新方式。

会的举办城市之争等。当前城市综合实力的竞争由以硬实力为主向硬实力和文化"软实力"并重转变，文化竞争力日益成为国家和城市竞争的核心要素。在竞争中"文化城市"成为越来越多的城市认可的一面旗帜，广大发展中国家的城市发展既面临经济全球化的冲击，又面临再城市化运动的挑战，全球化语境下的共时态发展使许多城市面临双重压力，发展中国家的"文化城市"建构既以其自身的特殊性视角迎来发展机遇，又契合了再城市化运动中的城市转型而具有某种同构性。因此，近年来中国的北京、上海、深圳等地都围绕文化城市发展，纷纷制定了文化发展战略，确立了文化城市的发展目标和路径。作为新兴发达国家新加坡明确提出：要把新加坡建成"文艺复兴城市"、全球设计中心、全球媒体中心，使新加坡成为一个在艺术和文化方面具有高度创新性和兼容多项功能的国际化城市。现在越来越多的国家政要认识到，"文化城市"对于提高城市的创新功能、完善休闲娱乐功能、增加城市的可宜居程度和舒适度、提高市民的素质、扩大城市影响力具有重要价值。

在这种杂糅型的"文化城市"建构中，有学者指出其在实践中主要沿着两条线索展开：其一，主要围绕城市振兴实施的一系列文化和文化产业活动。包括重视公共文化设施和商业性娱乐设施建设，重视节庆活动和会展业的价值，鼓励通过艺术对老城区进行创造性改造，鼓励创意和设计，重视塑造城市品牌和形象，等等。其二，促进文化与科技的融合，大力发展新媒体产业，以推动产业升级。网络技术、通信技术和数字技术的不断进步，打破了各种文化行业之间的界限，图像、文字、影响、声音被整合，文化艺术表现内容和表现形式得到极大的丰富，新兴文化行业层出不穷，新媒体产业呈现出令人鼓舞的发展前景，其成为经济和社会发展的强大动力。[1] 文化创意产业在转变经济发展方式和产业升级，提高国际竞争力方面具有重要作用。对一个国家或城市来讲，文化产业竞争力状况反映了一个国家经济实力、科技水平和创新能力；同时，文化产业竞争力又是一种文化影响力，是国家或城市综合竞争力的重要内容。

目前，城市发展转型是我国城市面临的最紧迫任务。在城市的时代，中国有600多座城市都在全球化语境中展开竞争，每一座城市都面临越来越大的发展压力。全方位历史语境的变化，对于中国这个在快速城市化进程中的有着后现代头脑、现代躯干和前现代四肢的庞然大物来讲，既面临

---

① 祁述裕主编：《中国文化产业发展战略研究》，社会科学文献出版社2008年版，"序言"第2页。

挑战也迎来发展机遇。可以说，中国的城市发展面临着城市化和再城市化运动的双重冲击，既有城市发展的任务，也有城市转型的压力。一方面，改革开放三十多年的经济高速发展，使中国崛起了一大批城市，但支撑城市经济发展的资源、能源、环境等基础性要素受到极大的消耗和破坏，开始出现发达国家曾经的"城市病"。《中国城市发展报告》指出："出口导向为主的外向型发展模式受到严峻挑战；过度依赖廉价劳动力与自然资源、破坏生态环境的产业结构走到了尽头，也是中国城市经济面临的重大问题。"[①] 一方面，2013 年，党的十八届三中全会提出新型城镇化发展的要求，2014 年中央发布了《国家新型城镇化规划（2014—2020）》，中国又迎来了新一轮的城镇化运动。同时，党的十八大提出"扎扎实实推进文化强国战略"，城市担负着实现文化强国的重大使命，城市发展史表明，城市的崛起往往标志着国家的崛起，如纽约之于美国、东京之于日本、伦敦之于英国等莫不如此。当下，中华民族的伟大复兴迎来了历史性的"拐点"，在此语境下，"文化城市"的历史性出场对当前城市转型升级极富启示意义，文化以及文化城市的理念的重要性超过了以往任何一个时代，城市特别是世界城市之间的文化软实力之争成为当代世界重要的文化历史事件，文化竞争优势已成为增强城市竞争力的核心表现形式。北京、上海、深圳、杭州、成都、哈尔滨等都在申请"世界创意城市网络"中的"设计之都"、"手工艺与民间艺术之都"、"美食之都"、"音乐之都"等，紧紧依托城市特色文化资源，着力于塑造个性鲜明的城市文化品位、文化品牌、城市形象，以此来提升城市的感召力、影响力和辐射力。这不仅是以其文化资源积累和特色优势文化参与国际城市竞争的重要方式，也是向"文化城市"转型发展的重要举措。

从国际发展经验来看，消费社会和网络信息社会的来临，推动了城市产业结构的调整，即由原来的第二、第三、第一产业逐次递减转变为第三、第二、第一产业的顺序，以文化经济为主要内容的现代服务业在三种产业中的比重不断上升，成为城市经济发展的支柱产业，城市的发展越来越多地与文化资源、文化产品、文化资本、科技创新、文化创意等关联起来。一方面，传统文化资源经过创造性转换和创新性发展进入现代文化产业体系；另一方面，一些文化新业态如文化创意及其设计服务、动漫游戏、数字出版、手机等新媒体终端的发展，在城市文化经济中发挥了文

---

① 刘治彦、复晓东：《中国城市经济发展评价与展望》，《中国城市发展报告》，社会科学文献出版社 2010 年版，第 141 页。

化消费和文化产业增长的引擎功能。在此语境下城市的文化定位日益凸显，走向文化城市成为一种趋势。同时，信息消费等内需的拉升推动了城市的转型，进一步推动城市向文化城市迈进。政策的激励和现实需求出现了促使城市发展转型的机缘。城市发展不是一味地追求"大"，而是应该将"适宜"、有文化品位作为目标。

"文化城市"在多重语境下合乎机缘的历史性出场，既推动了我国城市在全球化进程中参与国际城市竞争，又契合了国际上城市转型发展的潮流，还体现了我国城市化运动中以产业结构调整为契机、培育新的经济增长点、加快城市发展的内在机制创新，从而谋求城市转型发展的内在要求。同时，"文化城市"作为我国城市发展的新理念、新目标，既有利于我国生生不息的文化传统的传承、城市文脉的保护，使中国城市发展愈加具有中国文化底色和民族特色；还有利于城市在现代化立场上探索一条既保障文化的公益性，又充分注重文化的市场性，既坚持艺术创造的卓越性原则，又激发市场活力的效益原则的发展之路。因而，对推动城市文化的协调、有序、健康发展具有积极意义。

二 "文化城市"的内涵阐释和价值诉求

尽管"文化城市"是在不同历史语境和现实逻辑中呈现的，反映了不同历史阶段和发展水平的城市社会经济文化的状况，具有不同层次的内涵，但在总体上作为当下一种城市发展的主导价值理念，文化城市的理论内涵大致可以从理论本身的发展逻辑和城市发展的历史性进程来阐释。

从"文化城市"出场的历史语境看，"文化城市"是后现代消费社会语境的产物，其主要着眼点是城市功能的转型，强调把文化作为重要资源和城市发展的主要驱动力，这是对城市建设与文化发展关系的新定位。尽管对何谓"文化城市"有不同的理解，如日本学者矶村英一主要着眼于城市的文化定位视角，指出"较多地保存了文化财富的历史城市，或建设了近代的文化设施的城市，称之为文化城市。这类城市，又多属于观光城市或学园城市。并且，与人们常常用文化这个词一样，所谓文化城市，并不是说，现在的文化水平高，常常是作为城市建设的目标"①。而学者左大康则从城市的文化功能指出："以宗教、艺术、科学、教育、文物古迹等文化机制为主要职能的城市"，并按文化功能的不同，分为宗教性城

---

① ［日］矶村英一主编：《城市问题百科全书》，王君健等译，黑龙江人民出版社1988年版，第176页。

市、艺术教育型城市、文明古籍型城市等。① 其实，对"文化城市"理解的不同，只是切入视角的差异，事实上只有文化功能完善的城市才算得上是文化城市，而文化城市目标的实现也离不开城市文化功能的充分发挥。

在"文化城市"研究中，城市不再仅仅是承载文化的空间，或者文化发展的平台，其更加注重的是文化创意创新及其文化与科技的融合发展如何助推城市转型，凸显的是文化驱动在城市发展中的主导性功能，这是城市发展的新境界。文化城市的发展离不开文化创意的驱动和文化产业带动效应的发挥，以文化及其创意为驱动要素的文化创意产业成为支撑城市发展的内生模式，它不同于以自然资源和能源、投资为主要去动力的外在性发展模式，资源和能源的枯竭以及资金链的断裂都会使城市发展陷入危机。但文化资源的积累、文化创意人才的积淀和培育、数字化信息技术的融合是城市可持续发展不断循环利用的资源，文化城市推崇现代创意对城市内部文化资源的开发利用，强调文化艺术和创意人才对城市经济的贡献，它契合的是人的需求的上游化。诉求的是偏重于体验经济、审美经济、信息互联网文化经济等非物质经济的高附加值，追求的是一种自然资源节约型、环境友好型的生态型产业发展之路。

就文化城市发展形态而言，发达的城市文化经济和丰富的城市文化生活是其发展重点，它不仅顺应的是城市内生型发展模式的必然要求，也是城市转型发展的必然诉求。在文化城市中，以影视制作、出版发行、演艺娱乐、会展节庆、广告设计、休闲旅游、信息服务、软件开发、艺术品交易、文化创意等为代表的文化产业是其核心增长极。尤其是文化艺术消费有极强的带动效应，可以支撑城市经济的发展。如纽约 2012 年以百老汇音乐剧为核心的纽约时报广场经济圈年度营业总额超过 1100 亿美元，占全市年总产值的 18%，文化娱乐业已成为纽约市的第二大支柱产业。另外，充分发挥文化创意的"跨界"融合作用，以及艺术对经济和社会的渗透功能，在发展趋势上契合文化经济化、经济文化化的世界发展潮流，再有文化的经济中与有经济支撑的文化发展中，提升城市运营的质量和品位。以文化要素为驱动和整合各要素的着力点，旨在发挥文化本身的渗透性和包容性，使文化在文化城市发展中发挥一种导向性作用，从而统筹城市经济社会发展。文化与科技、经济等要素的融合一体化发展，不仅是城市文化产业现代体系建构的基础，更是城市经济形态升级和增强自身综合实力的有效路径。文化城市文化发展中的文化产业与文化事业是相互促进

---

① 左大康：《现代地理学辞典》，商务印书馆 1990 年版，第 731 页。

相互支撑的。在市场经济体制逐步完善和文化体制改革深入的条件下，公益性的文化机构可以嵌入城市文化产业体系中，它虽然不直接进入市场盈利，但可以间接带动和推动文化产业的发展和产业链的丰富。随着创意时代的来临，博物馆日益凸显其孵化创意和休闲娱乐的功能，博物馆也要从陈列展览到服务、宣传工作，以满足社会公众要求的变化。在此背景下，博物馆应主动走向观众、服务观众、获取大众的认同，针对博物馆与多元文化诠释、博物馆与市场营销、博物馆与小区、博物馆与观光、博物馆与全球化的关系等议题被逐一展开，博物馆逐渐成为一种"文化产业"的经营体，成为观光旅游、文化消费的中心，除了创造文化的经济效益，更注重文化的创作与传承，给予生活精致化、特殊化、丰富化的价值。可见，博物馆虽是公益性事业单位，却对文化产业的发展产生巨大影响，二者之间有着密切的关联，但这不是说要把博物馆作为产业推向社会。如与伦敦大英博物馆齐名的纽约大都会艺术博物馆，由一群杰出的社会名流、慈善家和艺术家出资于1870年建成，藏有自史前至当代的200多万件世界艺术珍品。2000年纽约大都会艺术博物馆举办的一次《凡·高在阿尔勒》的展览，不仅吸引了本市观众，还吸引了外地参观者25.3万人，他们在旅馆、饭店、娱乐、交通和购物方面的消费总金额高达2.23亿美元。纽约文化产业在2000年的经济贡献超过120亿美元之多，其中非营利性艺术事业占纽约整个艺术产业经济贡献率的30%，20世纪90年代文化产业成为纽约经济发展的一个主要动力，吸引了大量的外来游客和赞助人，连同金融业、商业服务业等一起，成为一个重要的就业部门和城市经济的出口门类。可见，博物馆的开放带动了其他相关产业的发展，如文化旅游业等。虽然通过博物馆事业的发展带动文化产业及其他相关产业所产生的经济效益是间接的，却直接为其他相关产业的发展提供了广阔的市场。同时，博物馆在现代城市中具有鲜明的地方文化特色，富有塑造城市精神形象的责任，在提升社会文明水平、树立社会共同的道德准则和行为规范方面发挥着重要的作用；非营利的文化机构如博物馆等在提高城市文化品位和城市竞争力中更是有着不可替代的地位。现在学者们普遍意识到，文化经济内在地具有地理维度，也就是说当代文化生产是不平衡的，城市特别是大都市占据主导地位，如纽约、伦敦、悉尼、北京、上海等都是世界文化产业发展中心。

　　"文化城市"以文化为驱动力对城市构成要素进行重新整合与转换，建构了一个以文化创意为内生动力，以文化内容的再生产、传播、消费相衔接的健全产业链，以城市文化服务和城市文化生活为有效供给的城市文化生态系统,是融合着传统与创新、物质与精神、科技与经济,以适合人的生存和社会全面发展的新型城市理念与形态。

第四节 文化产业对品牌城市的文化塑造

当今世界进入了"城市时代"。世界范围内城市化进程普遍加速,城市化比例逐年上升,城市在世界地理版图和权力结构中越发占据主导地位。城市,作为一个国家中相对独立的区域,和相对自足的经济社会综合体,越来越成为社会发展和人类生活的中心。然而,并不是每个城市都能获得相等的发展机会和发展水平,幸运女神并非总是青睐那些所谓的大城市,而是将更多机会给予那些吸引注意力的品牌城市。文化城市是城市发展的新境界,文化城市在城市主导产业和特色营造中衍生出一系列城市品牌,使城市变得丰富多彩并凸显城市的文化力量和价值追求,当文化城市以自身为城市品牌时,它就开始迈入品牌城市行列。虽然品牌城市是文化城市,但唯有在竞争中胜出的文化城市才成为高品质、高品位、高格调的品牌城市,从内涵上讲这是城市发展的最高境界,是市民幸福感和认同度最高的城市。品牌城市的提出打破了此前等级结构制的城市划分方式,主要从文化"软实力"视角给予那些中小城市更多的机遇,以张扬个性和凸显特色作为评估城市发展水平和潜力的主要指标,以遏制"千城一面"的城市弊病和因资源与权力不均的边缘化趋势。现实情况是:一些城市的成功,往往伴随着另一些城市的相对衰落、衰败,这种发展的不均衡性和相互博弈,恰恰使品牌城市愈发凸显其价值。品牌是城市综合实力、质量、信誉、文化形象、服务水平的综合体现,品牌是一个城市竞争力、影响力、号召力的体现。经济竞争的本质是文化竞争,城市的博弈以文化论输赢。文化创意产业不仅以其产业形态增强一个城市经济实力的扩张,还以其价值影响力提升城市的美誉度、辐射力和吸引力,以及高度的认同感和强大的竞争力。在此语境下,当今世界文化与经济愈发相互交融与互动,以文化产业为核心的文化经济的崛起,成为城市提升综合竞争力的重要支撑点,而日益受到城市管理者的重视。在城市转型发展中,文化具有规划和重构城市物质空间、建构城市创新体系、重组经济结构和完善文化服务功能等多维度价值和魅力。

1. 文化发展规划在品牌城市发展中的导向性作用

从人类文明史来看,人类社会的发展越来越呈现出一个规律,那就是随着人们变得富有且有教养，个体从满足低端的心理安全需要逐步上升到高端的以满足认知审美精神方面的需要。特别是冷战后经济的繁荣和不断增加的安全感使得人们更加渴望参与和自我表达，这是文化繁荣的内在契机。一个经济持续繁荣对文化充满期待的城市本身就是促进文化发展的巨大动力。特别是随着消费社会的来临，"文化城市"的历史性出场，文化发展与城市建设的内在关联性越发凸显。城市作为一个地区或国家的中心，其历史地位是不断建构的，继政治、经济在城市生活中占据重要地位以来，文化的作用随着时代的发展日益凸显。当今世界进入了"城市时代"。文化软实力不仅成为国家综合国力的重要组成部分，更是一个城市竞争力的重要显现。特别是在城市竞争愈加激烈的全球化语境下，文化发展规划对品牌构建具有重要意义。

所谓城市文化规划是对城市文化资源的系统性整合和城市文化发展方向的战略性安排，品牌城市的塑造需要从战略的高度对城市的发展理念、目标定位、路径选择和措施保障等方面作出规划和政策引导。这是城市转型发展理念在实践中的首要举措，一些发达国家在完成城市转型过程中都非常注重城市文化发展规划。品牌城市的文化规划要注重城市文化产业发展与生态文化资源保护两个目标的平衡。一些成功的经验获得普遍共识，如限制性开发模式、核心区处的新区增量开发模式、价值链下游开发模式等。两大目标的协调平衡，越来越取决于一个高水平和科学可行的规划，借助于规划的强制性措施，明确鼓励、限制、禁止的领域，形成文化产业科学发展的战略性约束力量；其次，一个城市要形成自己优势的主导文化产业及其明晰的商业模式，将优势主体产业规划建立在创意产业或生态旅游、文化旅游产业链之上，将经济价值的实现建立在生态文化资源的核心价值保护之上，以保护核心文化生态价值的措施约束经济行为的外部性，从而形成保护历史文化和生态资源价值的内生力量，其最终目的是提升城市的软实力。

从城市角度来说，政府的文化规划和文化产业布局要和城市文脉的历史传统以及经济发达程度相匹配。这有利于形成一个城市主导性的文化产业形态，或某一门类的优势产业。譬如，香港的画廊业基本上以现当代艺术和油画构成主要业态，也有少部分经营中国传统字画，在不同的集聚区比例不同。在毕达行，现当代艺术和油画占到了83%，在观塘工业区，这一比例高达95%，但在荷里活道，古董和家具与当代油画平分秋色，这与区域历史文化和传统沿革息息相关。旧城区中的老工业基地和老厂房，在城区改造中根据重新设定的功能定位，被重新改造和再利用，承担了新的功能。其中，有的被改造成城市公园，有的被改造成艺术区，像北京798、上海莫干山50号都是利用原有厂房进行改造的艺术区典范。宽敞的空间、低廉的租金吸引了大批艺术家入驻，慢慢地形成了自发的艺术区，艺术区带动了旧城区的繁荣，为老城区的复兴发挥了积极作用。城市经济整体的繁荣和经济发展水平，以及政府对经济结构的调整，都会对文化产业的发展布局产生重要影响。

契合时代的发展趋势，为提高城市竞争力，一些城市把文化规划提升到"文化立市"的战略高度。文化能否支撑一个城市的发展？意大利的威尼斯、日本的京都等都是以旅游业带动城市发展，在桂林市，以旅游业为龙头的第三产业税收占地方财政的一半，旅游业成为该市的核心支柱产业。以奥地利维也纳市为例，音乐产业既是其文化传统，也是其重要的经济形态。维也纳每年举办1000多场各种音乐会，每一个餐厅、酒店、咖啡馆至少有一支乐队，每年举办的各种舞会更是数不胜数。该市有40多处著名音乐大师的故居和遗址，到处可以见到贝多芬、莫扎特、舒伯特、海顿、施特劳斯等音乐大师的塑像。全市有90座博物馆，每一座博物馆里都陈列着许多珍贵的艺术品。维也纳被公认为世界音乐殿堂。浓郁的艺术气息，吸引了世界各地的游客，带动了旅游业和相关产业的发展。维也纳常住人口160多万，每年的游客超过300万人次，且以每年30%的速度递增。

从国外城市的运营经验来看，英国的曼彻斯特市在其文化产业的战略咨询报告中，提出"文化变成城市发展战略的轴心，经济、社会、技术和教育等，都将日益维系于文化这个轴心"的理念。创意产业最大的资源是创造和革新。前者代表新的原创思想的生成，后者则是对新的原创思想的应用，二者构成创意产业的核心。其关键因素是：人——"有令人信服的证据表明，一个庞大的多元的艺术人才在某一个地区聚集往往是因为（该地区）能够为艺术和创意产品创造一个'超前市场'"。[①] 为避免许多项目的盲目上马，造成文化项目的雷同，必须加强规划的科学性和执行力，破除地方保护的集团化及其内部恶性竞争和资源的不合理配置。文化发展需要政府发挥积极的引导作用，英国城市转型成功的经验就是政府的工作从单纯的资助补贴扶植方法过渡到使创意产业自己形成投入产出模式，形成市场基础上的良性发展。最典型的城市是伦敦。英国伦敦作为工业化完成最早的城市，在经历了工业化辉煌之后同样面临进一步发展经

---

① *Staying Ahead: the Economic Performance of the UK's Creative Industry*, www.culture.gov.uk, p. 114.

济、改善民生的问题，正是在此背景下伦敦确立了以创意产业为核心的文化城市发展路径，相继以市长的名义出台了三分文化战略草案：《伦敦：文化之都——发掘世界级城市的潜力》（2004 年）、《文化大都市：伦敦市长 2009—2012 年的文化重点》（2008 年）、《文化大都市——伦敦市长文化战略草案：2012 年及其以后》（2010 年），逐步实现了由工业城市向文化创意城市的华丽转身，并针对维持世界创意都市地位、着眼未来城市创意文化发展、保持城市文化多样性和激发城市文化活力等问题进行了有步骤、有秩序、有重点的规划。

城市软实力是现代城市竞争力的决定因素，城市软实力的建构由城市文化理念引导和文化产业支撑，是一个城市建立起来的独特的竞争优势，并保持可持续发展的内在动力，已成为城市综合实力和竞争力建设的重要指标和路径。有学者指出，所谓"城市软实力"是反映城市在参与竞争中，建立在城市文化、城市环境、人口素质、社会和谐等非物质要素之上的，包含文化号召力、教育发展力、政府执行力、城市凝聚力、社会和谐力、形象传播力、区域影响力、环境舒适力等在内所形成的合力。这种力量通过内部公众（市民）对城市的认可和城市对外部公众（流动人口、游客）的吸引产生作用，尤其表现为对外部公众的吸引力、感召力、说服力、影响力。①

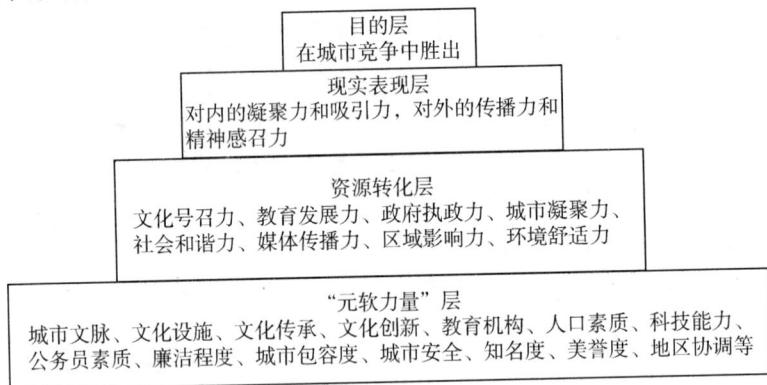

城市软实力概念模型

提升城市的"软实力"已成为许多世界城市发展战略的组成部分，并将文化战略及相应的文化政策作为提升城市整体竞争力的核心。伦敦2003 年推出的《伦敦：文化资本，市长文化战略草案》，提出进一步加强

---

① 陶建杰：《十大国际都市文化软实力评析》，《城市问题》2011 年第 10 期。

其作为"世界卓越的创意和文化中心"的建设目标；新加坡在 21 世纪提出《文艺复兴城市》的文化发展战略，要把新加坡建设成为一个"充满动感与魅力的世界级艺术城市、21 世纪的文艺复兴城市和世界文化中心城市之一"；巴塞罗那提出"都市即文化，文化即都市"的口号，要将文化作为其建设"知识都市"的发动机；文化大都市纽约则提出：文化是经济发展的强大动力，要保持纽约作为全美国文化中心城市的地位；等等。国内不仅北京提出"文化北京"的口号，新兴城市深圳也提出了"文化深圳"的发展目标，通过打造"文化深圳"的城市品牌，使其成为中华文化走向世界的重要窗口，成为具备强大文化创造力、吸引力和感召力的东方魅力都会。可以说，当下的城市发展已进入一个重经济发展、更重文化建设的新阶段。事实上，文化在纽约不仅被视为城市的灵魂，还被视为城市发展的动力：1994 年，纽约市长朱利安尼说，保存和发展艺术是纽约的关键问题，这不仅因为它是保持城市精神的一部分，还因为文化是一个重要的产业部门。这种文化态度和战略意识构成了纽约文化政策最为核心的组成部分。在人类社会由工业经济时代、信息经济时代向文化经济时代转变的今天，发掘和保护文化特色已成为塑造城市独特魅力和品牌的关键，文化软实力已成为一个城市的核心竞争力。

文化"软实力"主要体现在：城市精神、城市形象和城市文化的传播力与影响力。今天的城市建设，在重心上应该有所转移，要把在体量上视觉上求大求高求美的冲动，化为对城市内涵和品质的提升之上；要把形式的修辞冲动，转化为城市的文化建设和生态修复上来，使城市美学变为一种有深度的美学，有意涵的美学，真正惠及大众的美学。城市的建筑，不能光有漂亮光鲜的外观，尤其是不能有旁若无"物"的自高自大，它应该作为城市建筑的一部分，在城市这部交响曲中，合着整体的节奏清晰地奏出自己应有的乐音，而不是任性地突出自我，超出群体和环境。

城市精神是城市文化"软实力"的核心所在，是一个城市的整体的价值追求。这种价值追求是社会的主流文化和主导价值观念的具体体现，是民族精神和时代精神在一个城市的个性表现。城市精神是一个城市发展的内在动力，也是一个城市发展模式和发展方向的内在根据。城市精神越鲜明，内涵越丰富，对城市自身发展的影响和推动就越大，从而使城市对外具有更大的感召力和影响力。因此，地方特色鲜明又能为市民强烈认同的城市精神是品牌城市形成的标志之一。一个城市是否具有开放、自由、多元化等文化价值取向，并付诸某些公共政策来加以制定与执行，会深刻影响一个城市的综合竞争力。事实上，城市的竞争力并非单纯体现在经济发展上，更主要体现在城市文化中，或者说，更集中体现在城市所推行的文化公共政策及其政策产出中。

无论是城市复兴和城市转型发展，还是城市化运动中的特色城市打造，其追求的目标都指向更高境界的品牌城市塑造，它们在发展中都对文化充满了期待，因而对文化发展规划在城市中的重要性有着深刻认知。纵览人类历史进程，大国的崛起和新兴城市的崛起都有着文化精神的生成和文化理想的支撑，文化引导着发展的方向。未来城市之间的竞争已经从单纯的经济、科技转向文化，文化创意、文化艺术成为品牌城市的核心符号！"城市，让生活更美好"，是上海世博会的口号。其深刻含义需要文化解读。城市的竞争，从一定意义上讲是文化创意之间的竞争。

一定意义上，只有调动市民的热情积极参与，把他们培育成本土的固定的文化消费者，才会在城市形成一种文化磁场效应，才会吸引更多外来者的参与，他们也会期望比往年更多地融入城市的艺术和文化活动中，愈加激发创意和梦想。同时，文化人的聚集、文化活动促进了学生的教育实践，使学生能够参与社会活动，从而增强其创造性。此外，文化创意活动还可以促进社区的稳定和谐，打造有品位的生活。在品牌城市建构中，能否为寻求文化认同的不同社群和外来务工群体营造空间，使每一位市民都能愉快地参与到城市的文化活动中，成为城市转型发展与文脉传承的关键所在。正是一座城市的文脉使一个城市的特色和特质凸显，从而成为发展文化并建构现代文化产业体系的根基，是涵养城市文化生态的灵魂。良好的文化生态是文化与自然、社会（不同人群）和谐共生、协调发展的共在状态，发展文化产业在当下是为了更好地传承和实现创造性转换和创新性发展的主导方式，而不是过度开发和破坏文化资源与制造文化乱象。它在根本上就是为人的，在文化发展的多样性生态中满足人的精神的差异化的需求，就是关怀人的，而非冷漠地拒斥人的存在。因此，在城市的文化品牌塑造中，谨防以"创新"之名破坏城市的文脉和文化遗产，以及移植一些水土不服的"洋文化"。当下，一些城市打着发展文化的旗号，搞出一些"形象工程"，建一些富丽堂皇的大剧院、音乐堂、图书馆等所谓"标志性建筑"。看起来是对文化很重视，殊不知，或是以高票价把普通大众拒斥在豪华的大剧院外，或是把图书馆等公共文化服务设施建在远离中心市区的边缘地带的行为导致市民不方便参与文化活动，这些归根结底是经济发展中"有形思维"的体现，与城市发展的文化气质与秉性不相符。

2. 文化产业与品牌城市发展的内在耦合性

根据百度百科的解释，原初意义上的耦合性也叫块间联系。主要指软件系统结构中各模块间相互联系紧密程度的一种度量，因此，也称耦合度。模块之间联系越紧密，其耦合性就越强，模块的独立性则越差，模块间耦合的高低取决于模块间接口的复杂性，调用的方式以及传递的信息。把它借用到文化产业与城市发展之间的关联中，不单单指以系统论思维看待城市的发展，把文化产业视作一个独立的模块嵌入城市发展系统中，更是以耦合性来强调文化产业对文化城市的根植性，即那种内在的"黏性"而非外在的叠加性，体现了文化产业的"地方性"与城市文化属性的内在统一，其特性在"文化城市"中愈加凸显。在此语境下，当今世界文化与经济愈发相互交融与互动，以文化产业为核心的文化经济的崛起，成为城市提升综合竞争力的重要支撑点，而日益受到城市管理者的重视。

　　文化产业、创意产业、版权产业、内容产业或者文化创意产业，是相互关联的几个概念，不同的命名对应着不同的分析立场和意识形态策略，但它们应对的其实都是文化经济时代。文化经济（创意经济）作为宏观总体概念，表明了文化产业区别于一般文化的根本性质；体现了当代文化与经济的相互交融，文化的经济化和经济的文化化的发展趋势，表明了文化对于当代世界经济发展的重要意义。当前，我们越来越倾向于把文化产业看作一个动态跨界的产业群概念。世界上最早把文化产业与城市发展（复兴）关联起来的是英国，英国也是最早在国家层面实施创意产业政策并提出"创意产业"概念——源于个人创造力与技能及才华，通过知识产权的生成和取用具有创造财富并增加就业潜力的产业的国家。英国人认为，真正能够振兴英国处于衰退中的经济的最具竞争性的因素不是笼统的"文化"，而是富有时代感的"创意"。因此，在产业扶持上，英国人提出的是创意产业，这反映了在国家振兴过程中英国社会发展的趋势，及其对创新性和创造力的渴望。2014年4月英国一家独立的创新基金会发布《创意经济宣言》指出，英国原有的创意产业的定义、相关政策和经营模式已经过时了，跟不上互联网时代的发展。建议英国政府重新定义创意产业，将之简化为"专门使用创意才能实现商业目的的部门"，并扩大其分类；还建议开放互联网，并在教育方面加强数字技术的普及，在税收等政策方面鼓励创新。不止英国，那些创意产业起步较早的国家，如澳大利亚、美国等都将更多的力量投入数字化和社交媒体中，以继续保持创意产业在本国的国民生产总值的增加值、对外贸易和高收入创意人才数量方面的领先地位。欧盟还于2011年启动了"创意欧洲"计划，从2014年起支持欧盟的文化与创意产业发展，其目的正是为了帮助文化与创意部门在"数字时代"和全球化背景下获得更多的机会，并且协助欧盟的"欧洲

2020"十年发展计划，实现可持续的经济、就业和社会凝聚力的增长。

随着创意产业的发展，越来越多的学者认识到创意经济将是21世纪国家战略、区域发展与城市活力的新增长极。创意经济是一种在全球化的消费社会的背景中发展起来的新兴经济形态，它契合的是随着人的需求的愈发上游化、产业愈发下游化的发展趋势。当前各国政要、经济学家普遍意识到：创意是推动一国经济成长的原动力。近年来欧洲、美国、澳大利亚等国发布的产业报告和研究成果大大丰富了关于创意部门和创意产业的理解。创意产业的实践及其效益改写了世界经济发展的格局（跃升到经济的新形态——主导和引领经济的发展）。大而言之，后金融危机时代，世界经济、政治、文化战略格局的重组也与这种引领相关联。通过发展创意产业推动经济增长方式转变已经成为发达国家和城市普遍采取的重要战略举措。经济增长方式的转变可以理解为驱动经济增长的主导要素发生了质的变化，经济增长所依赖的手段和途径发生了质的变化，不同发展阶段由于主导要素的差异（土地、资本、技术、制度、文化等要素），经济发展呈现不同的增长方式。在世界经济步入知识社会，向创意经济发展的今天，文化要素和人的创造力成为推动经济增长的主导要素，主导要素的变迁从三个层面（产业的下游化、社会形态和人的需求的上游化、驱动要素的文化化）促进了新经济的崛起，正在改变经济增长的模式。可以说，全球正在走向创新驱动型与知识驱动型经济。文化创意在城市化进程中的作用日益凸显，它越来越成为特色城市和品牌城市的核心竞争力，文化创意产业的集聚发展与品牌城市建构之间的契合度越来越高。

经过十几年发展，文化产业在中国已从一个概念发展成为能够产生巨大经济效益和社会效益的产业链，在经济发展转方式、调结构、促销费中发挥了巨大作用，尤其通过知识、科技和文化的集约型发展对城市转型起着积极的推动作用，甚至对城市群的关联带动作用也开始凸显，文化产业与城市化特别是城市转型发展的融合将展示一个丰富多彩充满活力的世界。经过改革开放30多年的快速发展，我国的一些资源型城市、工商业城市，由于土地、矿产、能源等不可再生资源日益紧缺，传统工业化的发展方式难以为继。粗放式的低端发展方式、不断下滑的产业效应以及城市服务功能滞后等问题，迫使城市发展必须思考经济结构升级和功能转型，从传统产业发展模式转向提升产业原创和创新能力，提升无形资产投入与产出的效益，发挥文化和创意经济的"渗透、融合、联动"的作用，走出一条文化产业与当地特色优势产业互动发展之路。文化产业的融合驱动是指"从推动企业升级到培育新兴产业，从发展从属于企业的工业设计、创意开发、会展服务、时尚服务等部门，到逐步形成面向社会的工业设计、创意开发、会展服务、时尚传播等企业，再到形成具有规模优势的文化创意产业集群"①，旨在形成以文化产业为主导的城市创新体系。

　　文化创意产业作为提升城市软实力的重要载体，是将创意融合于文化元素，再通过科技和智力创造生产出具有高附加值的产品，进而形成的满足市场需求的产业，它是文化和经济相交融的产业群，它对提升城市文化软实力的各构成要素均具有重要支撑作用。文化产业是支撑城市"软实力"的硬实力，显现于城市的文化品牌和精品力作及其有效的产品供给和消费吸纳力。文化品牌包括文化活动品牌和文化的产品品牌，这是一个城市文化生产能力和消费水平的表现，这种能力不是以多取胜，而是以优取胜、以强取胜，一个文化"软实力"强的城市，必然在传播和资讯方面有着强大的实力。这些品牌对市民、游客和其他城市的民众有着极大的心理感召力和市场影响力。文化产业是品牌城市建设的文化基础。昆明通过发展文化创意产业建设"创意之城"，文化及其影响力正在为昆明烙上"魅力之城"的独一无二的印记。"要像重视经济工作那样重视文化建设，像狠抓产业项目那样狠抓文化项目，加快把昆明建设成为泛亚文化名城。"② 国际上很多大城市在实现工业化后，都把发展文化创意产业作为催化经济转型的重要战略举措。文化创意产业已不仅是一个发展的理念，而且有着巨大经济效益和社会效益的现实。只有促进文化创意成果转化为产业资源，通过向传统产业的渗透和产业链的整合与延伸，进行深度开发，才能充分实现文化创意产业的效益。作为现代服务业，创意产业与艺术、文化、信息、休闲、娱乐等精神心理性服务活动相关，满足小康社会众人的精神文化娱乐需求的所谓"第五产业"，是城市精神消费与娱乐经济融合发展的新载体，是现代服务业的高端组成部分。因文化创意产业占据产业链的高端，及其在促进经济增长方式转变和经济转型发展中的重要作用，在很多城市被列为新兴战略产业予以扶持，并与城市发展关联起来。

　　从以上分析可以看出，当下语境中发展文化产业与城市转型和品牌城市塑造有一种内在性的逻辑关联，可谓一种相互的召唤和应答，二者在价值取向上相互契合、相互切近，这一点在当下中国的城市化进程中表现得

① 花建：《新型城镇化背景下的文化产业发展战略》，《东岳论丛》2013 年第 1 期。
② 昆明市委书记：《像重视经济工作那样重视文化建设》，人民网，2011 年 4 月 12 日，http：//politics. people. com. cn/GB/14562/14368276. html。

尤为明显。就现实发展而言，虽然近年来文化产业发展增速很快，每年几乎以两位数以上加速度增长，但就其效益而言仍跟不上城市化发展进程。也就是说，文化产业发展与城市发展和功能转型并不同步，文化产业对城市发展及其内涵式扩张的贡献率不够高，其产能和价值未能完全释放；同时，对发展文化产业之于城市发展及其品牌塑造的意义和重要性的认知仍不到位，还要进一步解放思想、更新观念。

3. 文化产业对品牌城市物质空间的文化再造

澳大利亚学者金迈克在《文化创意产业的关键概念》一书中认为，21 世纪为我们提供了一个重新估价文化在生活中所扮演的角色的机会。这意味着伴随文化时代的来临，文化将在未来全球发展和人类事务中扮演积极角色，它不仅对个人和机构，而且对社团、地区、国家和国际的发展都起着关键作用。正如加拿大学者谢弗在《文化引导未来》中说："二十年前，人们被动地对待文化，而且极大地忽视文化。今天，世界上的每一个国家实际上都通过许多措施来促进文化，从通过立法来保护历史遗产到执行种种规划、计划和政策来引导文化发展和增加公民参与文化生活。"①现在，人们越来越感受到文化的力量，文化作为国家"软实力"的核心并不软！文化被视为新世界的曙光，引导未来的灯塔！

相对于谢弗对"文化时代"的阐释，费孝通先生的"文化自觉"的时代命名更有意味。自费先生 1997 年提出"文化自觉"概念以来，文化自觉已获得海内外学者的高度重视和普遍认同。文化自觉应是全球化背景下当代中国文化建设和社会发展所持有的一种理性的认知态度。当今时代，越来越多的国家和民族认识到文化在人类发展中的重要作用。人们普遍认识到经济发展是一个民族的文化的一部分，脱离人或文化背景的发展是一种没有灵魂的发展。人不仅需要物质基础，还要生活的多姿多彩，不仅要有民生保障，更要活得有尊严、有滋味。因此，文化作为发展的手段尽管很重要，但它最终不能只作为经济发展的手段或降到促进者这样一个次要的地位。1998 年，联合国教科文组织在斯德哥尔摩政府间会议上达成共识：发展可以最终以文化概念来定义，文化的繁荣是发展的最高目标。文化的创造性是人类进步的源泉。文化多样性是人类最宝贵的财富，对发展至关重要。无疑，未来世界的竞争是文化生产力的竞争，文化生产力的发展已成为 21 世纪最核心的话题之一。

文化产业对城市物质空间的文化再造，契合的正是这种文化价值、文

---

① 谢弗：《文化引导未来》，许春山等译，社会科学文献出版社 2008 年版，第 2 页。

化"软实力"在城市发展中地位不断凸显的发展趋势，也是以此为逻辑骨架展开的。城市在发展过程中，往往以其固有的自然环境和基础设施构筑了城市特有的空间形态和特定风貌，这些特定的区位优势往往成为文化产业的集聚区，成为文化产业对城市物质空间再造的基础。在后工业社会的兴盛时期，城市中规模化的工业区、码头区和工人住宅区形成了城市特有的底色，但随着现代化进程的深入和后工业时代的来临，一些老城区失去了激活城市空间的动力机制。文化对城市物质空间的改造，不仅将城市工业遗产转化为文化资本，推动城市空间的创意性开发，重构了城市的精神文化风貌，而且通过文化活动的举办及其艺术设计加强了文化与城市空间环境的协调，在文化与城市的创意互动中，增强了对城市的文化认同感和凝聚力，提升了城市的知名度。"地方创意经济的繁荣能够增强对某些特定地方的宣传力度。文化不仅成为国家身份和国家品牌的重要组成部分，而且已变成地方独特性标记和国际宣传工具。这一变化是城镇、城市和城市区域在全球化经济中不断被确定为自治主体的一个关键因素。它还在关系资产的构建中扮演了关键角色。"①

城市物质空间的文化再造的典型路径是文化产业园区，文化产业园区是一个城市推动文化产业集群发展的重要方式，也是文化产业重构城市文化地形图的平台，它契合的是文化产业发展的根植性特点。产业集群最重要的特征是根植性，这是建构城市空间文化内涵的主要表现。"根植性"概念源自经济社会学，其含义指经济行为深深嵌入社会关系中；意在表明集群内的企业、机构不仅仅在地理上集中，更要形成很强的本地联系，这种联系不仅是经济上的，还包括社会、文化、政治的各方面。园区文化竞争力的培育单靠移植和外力是不够的，这种外部联系若不能扎根的话，一旦外部环境发生变化（如金融危机），本地原有的成本优势如低劳动力成本或政策优惠减少时，园区内企业会寻求更佳的优惠地，致使区域经济走向衰落。因此，只有根植性才会形成信任的产业文化氛围，才会促进市场环境和政策环境的有效协调，才会形成经济主体之间的频繁互动和联系，才会形成有影响力的社会资本和文化资本。要强调的是，凸显根植性并不否定集群内企业与群外保持联系，在全球化语境下，区域文化经济不可能孤立地发展，必须要有全球视野和世界眼光，以获取新的信息、技术和资金，但产业集群作为一种区域发展战略，要着重培育区域发展的内力，使

---

① 联合国教科文组织、联合国开发计划署编：《创意经济报告 2013》，意娜等译，社会科学文献出版社 2014 年版，第 19 页。

区域本身获得一种"黏性"来留住和吸引企业，这种"黏性"就是产业集群的根植性，是区域外其他竞争对手难以复制的，是克服园区企业"候鸟"乱象的有效途径。

国内最早把"根植性"概念应用于产业集群的是北京大学王缉慈教授，她在1996年将 Embeddedness 翻译成根植性，以替代此前社会学翻译的"嵌入性"。这里实际上强调的是一种虚灵的无形的产业文化氛围，促使形成一种产业发展的文化语境，使其形成难以复制的特性，这恰是文化产业园区最应着重培育的，也是当前招商引资被忽略的。这需要漫长的积累与沉淀（不能急功近利），需要隐含的经验类知识与特定性的本地文化的结合。国际上新经济社会学的代表格兰诺维特首先提出"根植性"概念，他把经济行为对特定区域环境关系（如制度安排、社会历史文化、价值观念、风俗、隐含经验类知识、关系网络等）的依赖性称为"根植性"。他指出经济行为根植于网络与制度中，这种网络与制度是由社会构筑并有文化意义的。这一论述特别强调企业间非贸易的相互依赖，企业集群必须扎根于当地的社会文化，有活力的社会文化环境保证了经济活动和技术创新的持续发展。① 要指出的是，本土化的根植性一旦形成，就会获得本土文化的支撑而难以被模仿。但要在实践中注意保持集群的开放性，避免过度根植而走向自我封闭。经过引导、累积、积淀形成的根植性具有很强的文化认同感，促使人员在流动时对集群内企业有一定的亲和感，从而加速了集群内知识和信息的流动，会有效地提升集群的效率和竞争力。

这种根植性的产业特性也表现在文化产业发展对城市物质空间的再造上。为了振兴老城区推动城市转型发展，激活城市空间的发展潜能，优化城市空间结构，文化通常在以下几方面嵌入城市的物质空间结构中：（1）废弃建筑的再利用，以其低廉的租金吸引艺术家、文化企业入驻；（2）改善环境，特别是完善公共服务设施；（3）提高城市空间的利用度，减少破坏行为，增强安全感；（4）增强地区自豪感；（5）开发生活/工作空间和综合性功能空间（可持续的开发、适居性，紧凑城市等）；（6）设计团队及其艺术家；（7）把文化纳入未来规划。② 在通过文化产业复兴老城区的个案中，鲁尔区是一个典型案例（参见本章附录）。

对城市物质空间的文化再构，目的是通过文化和文化价值的引领，使

---

① 转引自赵强等《产业集群竞争力的理论与评价方法研究》，经济管理出版社2009年版，第121页。

② G. Evans and P. Shaw, *The Contribution of Culture to Regeneration in the UK*, London：London Metro Politan University, 2004, p. 19.

城市（城镇）具有魅力和灵魂，从而提升城市的品位，使城市发展从单纯的经济诉求向品牌城市升级。市场经济带给当代中国人的一个结果是经济观念日益深入人心，经济至上的思维已成为某种定势，其直接表现就是东部发达地区为了承接国际产业的转移，中西部地区为了承接东部地区产业的转移，都不惜以牺牲本地文化为代价，都曾出现过为发展经济而"驱逐"（边缘化）文化的现象。为了填补所谓的"文化空白"，使时尚的流行的商业娱乐文化在霓虹灯暧昧的五彩缤纷中充斥着城市的空间，愈加遮蔽或湮没了本土文化的底色和底蕴，荒芜了城市的精神家园。随着城市建设、建筑样式的千城一面，作为城市本色和底蕴的本土文化不断流逝，城市不仅失去了个性，还逐渐"丧魂失魄"，或者魂不附体。譬如，苏州现在成了外商在华最大的加工业基地，为很多知名品牌商代工，但代表苏州的本土的艺术奇葩——"苏州评弹"却日渐式微，仅在某些娱乐场所的表演中沦为赚钱的噱头。评弹本是发源于苏州的一种说唱艺术，是本地人生活的一种本真样态，至今已有400余年历史，一直保持着只用琵琶、三弦伴奏的古老传统，曾作为市民大众的心灵和精神寄托，现在它已远离大众的日常生活。因此，文化产业的根植性要求必须立足城市文化底蕴和特色发展主导优势产业，其在本质上既是文化传统和地域民俗文化资源的激活，也是借助现代技术尤其是数字化技术的创意创新。像"苏州评弹"这样的文化资源完全可以嵌入现代文化产业体系，使之"活态化"般地回归市民的日常生活，成为苏州文化空间再造的底色。究其本色只有通过城市文化遗产的保护性开发，才能接续城市文脉，铺排城市文化底色，以特色塑造城市品牌。城市的文化特色必须彰显城市的记忆，一座城市的文化传统是该城市文化和文化产业赖以发展的基础，也是一座城市区别于其他城市的重要标识。因此，保护和开发城市有特色的文化，就是保存城市历史，保存城市魅力。一些老街道诸如北京的胡同、上海的里弄、广州的老街、丽江的民居等，都是能够让生长在此地的人感到亲切，让外来游客感到惊奇的历史景观，是一座城市的记忆，也是一座城市的魅力所在，是城市弥足珍贵的资产，文化产业对城市物质空间的再造恰是在此中生长出来的。

21世纪以来，我国城市化过程中出现严重的文化趋同现象，包括城市规划、城市文化娱乐方式以及城市语言的趋同（方言的消失）等。城市文化的趋同导致城市标识模糊，娱乐方式单调，城市应有的文化活力难以显现，具有地域特色的传统文化艺术和民间文化日趋衰落。在现代大众文化娱乐样式的挤压下，传统和民间艺术样式和形态的生存空间日趋缩小，受众群体逐渐萎缩，相当多的传统艺术样式和民间艺术形态（如地方戏曲）作为日常文化娱乐方式不断消失，传统文化（包括工艺、习俗、饮食等）日趋衰微。因此，必须通过发展文化产业大力扶持和鼓励多样化的文化艺术，特别是具有地方特色的传统文化艺术复兴，使其以"活态化"方式融入城市空间。文化艺术产品特别是有地方特色的传统文化艺术既具有私人产品的属性，也具有公共文化产品的属性；在满足私人消费的同时，也在传递公共文化精神，它甚至是一种民族精神和城市精神的传播，保留一种本土化的文化形态，其社会意义和文化意义是经济价值无法涵盖的。

因此，城市文化基因是构建城市物质空间文化再造的逻辑起点。有学者指出："文化因时间而具有价值，因空间而具有多样性，多样性即差异性，而差异性则意味着稀缺性……时间与空间在'稀缺'中交汇、融合。这一规律规定了文化经济的价值构成。"[1] 城市文化空间的再构离不开原有的文化基因、产业发展基础和公共服务设施及其相应的现代制度，由此形成城市发展的底色和特色，作为城市差异化竞争的核心要素。城市文化特色和产业特质的凸显，要着力于在城市文化空间再构中成为文化生产、传播和消费的集聚地，使之成为区域性文化中心。可见，特定的城市基因与文化产业的品格之间存在着密切的关联，其作为城市空间再造的逻辑起点，必将以文化创意产业体系的建构为特色城市迈向品牌城市的逻辑终点。因此，基于城市集聚的文化产业空间组织形式的构建，必须立足于城市的某一特定基因，在城市物质空间再造并不断扩大的全球化市场中，寻求到具有发展潜力的利基空间，作为城市空间文化再造的起点和基础，全力推动其发展成为某专门领域内，具有广泛影响力的文化生产前沿或者文化中心。

在实践中，以发展文化产业的方式介入城市保护和旧城区复兴是一条良性之策。首先要评估、认定古城区的价值。意识和观念的转变，使原有的作为包袱的"旧城"改造被有文化关怀的财富创造的"古城"保护替代，因而"旧城"的功能不再是为新城发展让出地理空间，而是为新城发展提供历史底蕴和文化滋养，"旧城"不再是人们要迅速销毁和抛弃的存在，而是成为人们引以为豪的见证。蕴藏在历史中的文化优越感和文化认同感，不仅对市民，对游客也会产生极大的动力和吸引力。以文化产业的形态开发旧城区，就会形成文化生产与消费的高地，文化交易的集散地，通过"活态化"文化遗产与大众的互动，就使文化资源的保护不再

---

① 胡惠林：《时间与空间文化经济学论纲》，《探索与争鸣》2013 年第 5 期。

博物馆化，而是活在大众的日常生活中，成为城市经济的新亮点，这些历史文化遗产是历史留给整座城市、民族甚至全世界的财富，子孙后代可以从它身上不断汲取更多理想的养分、精神的能量和文明的情愫，并借此创造出更大的社会效益、文化效益和经济效益，从而生成为居民的荣誉感和归属感，形成城市文化的自豪感和宜居的幸福感。

对于历史文化名城来说，主要通过"活化"历史文化资源，营造城市特色的文化氛围，凸显城市的历史文化底蕴，来激活城市的生机和活力。历史文化名城中的一片片历史街区，一条条古老街巷，一座座传统建筑，就像一部部史书，一卷卷档案，贮存着城市的文化信息，见证着城市的历史足迹。通过保护和"活化"历史文化遗产，不仅可以在物化层面立体地展示中华传统文化在当代的价值，增强构成文化认同感和归属感的基础，修复民族集体记忆，强化文化共同体意识，而且可以有效地促进国民的文化自觉、文化自信和文化自觉意识的苏醒，提高国家文化软实力的竞争力。世界上不乏以文化遗产转化为文化资本成功立市的城市，如日本的京都、奈良，意大利的佛罗伦萨和威尼斯等，都是依靠珍贵丰富的文化资源，成为世界上著名的文化旅游城市的，这样的城市是个性张扬、特色鲜明、具有自我营销能力的品牌城市。而那种打着发展文化产业的旗号在旧城区大拆大建，造仿古一条街和假古董的"改造"，或者把原本居住在老城区的市民或者古镇的居民迁出老房子的做法，是一种背离文化价值的伪文化，不是真正对城市空间的文化再造，其结果是在切断城市文脉中离文化创意城市越来越远。文化创意城市的本质是以文化及其创意为驱动城市发展的要素，在城市的空间布局上实现园区、社区和街区的三区融合发展。随着城市产业结构的升级、消费结构的转型与发展方式的转变，文化产业的发展将更多地与城市功能转型相融合，渗透到社区、街区建设以及城市发展的方方面面。打造系列城市品牌是其发展方向，以品牌建设提升城市的形象和美誉度。英国创意城市经济学家查尔斯·兰德利解释说：创意氛围是一种空间的概念，指的是建筑群、城市的某处，甚至整座城市或区域。就像巴黎左岸、伦敦西区、北京的798、上海的田子坊等。它涵盖了必要的先决条件，足以激发源源不断的创意点子与发明的一切"软""硬"件设施。这类环境是实质的，它源于一个城市"有效地在城市的'基因码'中深植创意，并获得显而易见的成功"①。传承基因不是固步自

① ［英］查尔斯·兰德利：《创意城市：如何打造都市创意生活圈》，杨幼兰译，清华大学出版社2009年版，第26页。

封，而是在保护的基础上实现创造性转换和创新性发展，赋予时代的情趣和时尚的形态。通常一些老旧城区及其旧工业建筑群的改造都会借助文化产业园区的方式进行，在保留其建筑特色和风貌的基础上，按照 LOFT 概念，由艺术家按照自己的美学和艺术理念，注入前卫、时尚、另类的现代文化内涵。在特定的空间里，设计、改造并构建出一个具有时代、地域和城市特色的，能满足文化艺术成果展示、交流、交易、消费的互动空间。融合"创意、设计、文化、艺术、科技"多维元素，涵盖建筑设计、视觉艺术、动漫、收藏、音乐和舞蹈、戏剧表演等艺术门类，以展览中心、画廊、酒吧、餐厅、工作室等为载体，构建出一个能满足艺术创作者与消费对象进行成果交流、交易、消费的平台。这种艺术、文化、科技结合产生的创意生活体验，能给消费者带来精神、情绪、体力、智力上的美的独特体验。这样的文化园区通常成为一个城市新的文化地标和城市品牌，不仅能够提升城市原有服务业的附加值，带动服务业的现代转型，还极大地提升了城市形象。

事实上，文化特色越强，城市影响力就越大，社会经济发展就越快。在当前中国新型城镇化进程中，大量的旧城改造（尤其是县级城市改造），一定要以"艺术城市"的理念进行规划。创造"艺术城市"要结合生态旅游、文化旅游，挖掘当地未挖掘的历史和传统文化，形成地域性特色城市；要站在全球旅游、特色旅游角度进行城市规划；要从"影响力、标记性、艺术性、公共性"四个方面评价城市雕塑与公共艺术建设；要将构建"艺术城市"与区域经济、文化产业发展相结合。以"艺术城市"概念为指导，充分利用我国丰富的历史文化、人文文化遗存，进行城市规划建设，将会让城市形象更加鲜明、更加美好，将会产生一大批经得起历史考验的，又极具个性风格的艺术城市、文化城镇，必将使我们的民族文化升华，同时，也会给我们各城市带来规模化的文化产业经济效益。

4. 文化产业对城市经济结构的重组及其关联带动作用

当今时代被称为文化经济时代。这个时代的一个重要事件就是文化创意产业的崛起与凸显，它既是经济转型产业升级与结构调整的结果，也是文化转向的一个重要结果。从形态上看，从自然资源转向文化资源，预示着整个社会从经济转向文化。后现代（非物质资源或虚拟经济）成为新的社会发展方向，像《指环王》、《阿凡达》等都是创造巨大经济效益的文化产业精品。文化产业作为一种"核心财富"对地区和城市的发展不仅仅局限于直接的文化产业领域，而且是对相关产业、就业、社会生活等方面产生一种综合性的整体影响，溢出效应越来越明显。一个国家经济越发达，文化的地位和作用就越凸显，发达国家之所以在全球具有话语权，很大程度上依赖其文化的影响力和渗透力，依赖创意产业在国际市场的开拓中的先导和导向作用，形成了国家经济持续增长的竞争力。一个经济发达的国家和城市应该是创意产业快速聚集和集散的中心，是社会财富创造的积极性迸发的基地。创意产业越发达，一个地方的经济社会就越繁荣，这样的城市就越有魅力，文化创意产业对一个国家和城市来讲，不仅有经济维度，更有人文价值的引导，它更有利于人的自由全面发展。

在消费社会语境中，文化的经济功能凸显，正如经济学家阿兰·桑赛尔尼所言，文化不仅仅是诸多经济功能中的一种，它还是经济的发源地、经济的框架和经济的结构。① 经由文化产业，文化与经济实现了深层次、高强度的交融，在提升经济的品质的同时，也强化了文化的价值属性。在城市复兴和转型发展中文化具有的经济功能不仅体现在文化产业作为新兴战略产业的增长点，而且还确立了围绕文化进行资源优化配置的产业结构和经济结构的重组，从而推动了产业结构的调整和经济形态的升级。

英国著名的曼彻斯特北部园区和谢菲尔德文化产业园区原来都是工业重镇，在20世纪中期之后，纺织业和钢铁业等传统工业的逐渐衰落使这些地区的繁荣被废弃的厂房和破落的社区所包围，失业率上升，经济增长失去动力。20世纪七八十年代左右，许多先锋的摇滚或流行乐队逐渐占领这些地区，"这些乐队利用废置厂房作为创作基地，改变了当地的经济和文化生态，并创造出了很好的音像制品销售成绩"②。英国政府对这一变化高度关注，谨慎配合引导，使这些地区成为在世界范围内颇具影响力的艺术（音乐）创意产业园区。再如英国的利物浦市，利物浦从20世纪中期开始衰败，为了振兴城市，他们曾设想将其改建成纽约模式的金融商业中心或主打某一产业的专业城市，却苦于找不到自己的优势。1990年苏格兰格拉斯哥市当选"欧洲文化之都"，发展了旅游，吸引了投资，带动了城市的复兴。利物浦人从中受到启发，认识到文化的力量，经由转变观念，使"一无所长"的利物浦变得"浑身是宝"。港口兴衰的历史故事、世界闻名的甲壳虫乐队，以及独特的公园和水景，成为该市创建影视业、博物馆业、旅游业，吸引外来投资、文化创意人以及大批旅游者的最大资本，成为英国重要的文化创意产业的孵化器。2003年获得了"欧洲

---

① ［加］阿兰·桑赛尔尼：《文化产业和发展中国家：文化与民族认同》，转引自林拓、李惠斌、薛晓源主编《世界文化产业发展前沿报告（2003—2004）》，社会科学文献出版社2004年版，第148页。

② 牛维麟：《国际文化创意产业园区发展研究报告》，中国人民大学出版社2007年版，第29页。

文化之都"的称号，2008 年，利物浦新增文化和旅游投资 20 亿英镑，创造就业机会 1.4 万个。利物浦不仅成功改造了包括画廊、海洋博物馆以及电视新闻中心在内的规模宏大的艺术、休闲和零售商业为一体的综合设施，同时，甲壳虫乐队的丰富文化遗产和英国肥皂剧 Brookside 的成功（流行文化），进一步改善了城市形象，今天的利物浦人已真正建立了自信。伦敦在面向创意城市的转型发展中，逐步确立了以创意为核心的产业组织和生产活动，出台了系列创意产业政策，并举办了全球性的"创意英国"等活动。如今，伦敦创意产业对城市经济的增长的贡献已经超过金融业，成为享誉全球的"创意之都"，其创意实绩在 2012 年伦敦奥运会开、闭幕式上有过精彩的体现。伦敦作为全球国际设计之都，是世界三大广告产业中心城市之一，而且拥有 2/3 以上国际广告公司的欧洲总部，是世界总部经济最为发达的城市之一。伦敦市长在报告中明确指出："文化是伦敦的核心，正是文化造就了伦敦社会、经济和城市外在的显现形式。"正是在城市转型发展中，通过一系列面向文化的变革，文化城市的理念在实践中展现了多样的形式。随着文化经济日益融入现代城市，文化生产、文化传播、文化消费在城市经济增长中的比重日益提高，文化产业成长为经济增长的主要力量，并推动了产业结构向文化服务型转变，从而张扬了文化城市的发展特色和优势。

德国柏林也是通过发展文化产业实现城市转型的典范。柏林的创意产业源于工业的匮乏和金融危机，正是创意产业使整个城市重新焕发了生机。此前，柏林几乎没有创意工业，其严重的金融危机——1.5 万亿欧元的国家债务，16% 的失业率，30% 的房地产空置率，说明这个城市的衰落。正是在此背景下创意产业被推到前台，政府创造了发展创意产业的环境。在柏林，创意工作者可以以低廉的租金建立自己的工作室，不必承担很高的财务风险。正是借助低租金和创意，柏林逐渐成为国际设计者们的聚集之地，国际文化产业的繁荣之地。到 2005 年，其文化产业已达到 81 亿欧元（约 97.2 亿美元），占柏林 GDP 的 11%。现在整个柏林就是一个创意的城市，先是步行街，后开辟出近千个步行区，将传统文化街区与商业形态和居民生活相交融。柏林最长的步行区，主街一天也走不完。步行区内花草树木茂盛，环境优美，文化底蕴浓郁，活动内容丰富，集购物、消费、文化休闲、娱乐于一身，让市民和游客充分感受到生活的闲暇和情趣，经由文化创意产业的提升，柏林成了一个有文化品位的城市。

文化城市的文化经济功能不仅体现为文化产业的支柱地位，还体现在优质的公共文化服务的有效供给上。如博物馆作为文化基础设施，兼具收藏、教育、研究等多重功能。既能营造一个良好的社会文化环境，同时也是现代文明城市必不可少的标志之一。1989年修订的《国际博物馆协会会章》规定：“博物馆是一个不追求盈利的、为社会和社会发展服务的、向公众开放的永久性机构，为研究、教育和娱乐，对人类和人类环境的见证物进行搜集、保存、研究、传播和展览。”就世界范围而言，绝大多数博物馆均为社会公益性质，它们普遍以政府税收或基金会、董事会为其经费的主要来源，而完全靠社会捐赠及门票收入来维持日常运转的博物馆几乎没有。市场、产业在一定程度上与公益性事业并不矛盾，不以营利为目的并不表示不可以有一部分产业化运作作为补充，有一部分产业是为了其公益性更好地发挥，而不是替代其公益性。文化服务通过保障市民的文化权益、满足市民的基本文化需求为核心，可以激活城市的文化资源、活跃文化城市的文化氛围、塑造有个性的城市文化形象。西班牙的毕尔巴鄂市就是通过完善文化设施（建造博物馆）完成了向文化城市的转型，著名的古根海姆博物馆既是城市的文化地标，也是驱动城市经济发展的动力机制。1997年博物馆落成后，人们争相参观，第一年参观人数就达到136万人次，其中85%以上来自该地区以外，其中84%是专门为博物馆而来，仅博物馆门票就占当年全市财政收入的4%。截至2000年，博物馆的经济收入已达到4.55亿美元，成为带动当地经济增长的龙头产业。据统计，自博物馆开馆以来，毕尔巴鄂平均每年新增过夜停留游客数量779028人次，新增全职工作岗位约907个，创造的相关产值超过2.11亿欧元。[1] 可见文化服务对城市经济发展的带动效应，文化与城市发展的相互促进作用可见一斑。正如芒福德指出的：“把城市文化设施作为经济目标的行为，城市也为其特定的文化进程赋予了来自更广泛的经济和区域体验所引发的激励。”[2] 可见，通过推进文化设施建设，增强城市的文化服务功能，可以释放其所蕴藏的经济功能。对于毕尔巴鄂更重要的是，就像悉尼歌剧院赋予悉尼人世人皆知的个性一样，毕尔巴鄂也从博物馆的建筑中受益，一跃成为国际大都市的典范。文化设施的完善有助于增添城市的魅力，使其朝着品牌城市迈进。当代大都市只有成功应对文化的挑战，才能在竞争中保持优势。

　　纽约把城市精神确定为“高度的融合力、卓越的创造力、强大的竞

---

① 西尔克·哈里奇等：《创意毕尔巴鄂：古根海姆效应》，焦怡雪译，《国际城市规划》2012年第3期。

② 刘易斯·芒福德：《城市发展史——起源、演变和前景》，宋俊岭等译，中国建筑工业出版社2005年版，第91页。

争力、非凡的应变力"。在 20 世纪 70 年代当手工制造业衰落，整个城市陷入了严重的经济危机时，市长 Abe Beame 主持成立了一个文化政策方面的委员会，该委员会指出经济的复苏可以在开发文化资产的帮助下进行。20 年后，国家地区协会认为作为全球金融交易中心的复苏，艺术的杰出成就在其中扮演了一个重要角色。纽约有 2000 个艺术机构，15 万艺术家和 2000 家商业美术行以及相关的专业人士。美国的主要电视网络在其中占据主导地位，同时有世界最重要的剧院、博物馆、艺术市场经纪人和时尚的领军人物。因此，纽约的艺术、时尚、流行文化和"硅港"（计算机商业区）已成为创意产业发展的沃土。纽约艺术联盟的相关报告《文化资本：纽约经济与社会保健的投资》显示，2000 年，纽约艺术与文化非营利组织所创造的经济效益是 57 亿美元。同年，商业盈利的艺术与文化组织（包括百老汇、画廊、拍卖会、影视产业等）的经济效益高达 88 亿美元。总计为纽约提供 13 万个工作机会。该报告将文化产业视作纽约经济的"核心财富"，其对纽约发展产生的影响不仅仅局限于经济、就业方面，而且产生强烈的溢出效应。纽约市长曾表示文化艺术对纽约市的最大贡献不单纯是其经济产值，最重要的是文艺有助于保持城市的经济活力和创造力，使城市有了可持续发展的基础。纽约的转型是把文化产业作为一种"核心财富"，充分发挥其对相关产业和城市发展的溢出效应，从而产生一种综合的整体性的良性影响。事实上，这一点对北京市的发展也尤为重要。2013 年北京文化创意产业企业法人单位实现收入 1.2 万亿元，2013 年北京市文化创意产业实现增加值 2406.7 亿元，占北京市 GDP 比重约为 12.6%，连续多年成为仅次于金融业的第二大支柱产业。对北京来讲，如果少了几个高档社区和高楼大厦，可能对北京市的国际形象没什么影响，但如果没有了 798 等艺术园区，其影响可能就很大，这就是艺术及其文化创意产业对城市发展的间接带动效应。

表面上一个城市创意产业园区由一群艺术家主导，实际上是以城市的包容、宽容的环境和创意阶层的出现为支撑的，这一点最难以模仿，也是后发城市难以移植的。这样的环境不仅吸引了艺术家，也吸引了金融家、企业家和各类消费群体，并由此形成几个具有特点的结合。

——工业遗产与文化艺术创造性的结合，形成有人文艺术价值的内容和消费品。比如冰冷的机器设备，经过艺术家的艺术再造，成为鲜活的艺术品，具有了文化价值、美学价值、观赏价值，成为具有人文艺术价值的文化新地标，是旅游内容，也是消费品。

——传统业态与文化艺术创造性的结合，破解了文化艺术生存的难题。比如餐饮休闲场所，经过文艺的再造，成为有艺术内涵的，富有诗情画意的消费空间，带给消费者的不仅仅是美食，还有精神和心灵上的抚慰。

——文化、艺术与科技的结合，推动着文化创意产业的发展。

——工业遗产、文化与旅游的创造性结合，形成一种新的盈利模式。

——艺术品与传统制造业的结合，形成具有高附加值的产业发展模式。

经由文化创意的渗透与"跨界"融合，就有了集产业经济、社会发展与文化认同于一体的新的业态的生成。

文化产业促进城市发展表现在两方面：一是随着城市生活水平的提高，文化产业承担着提供满足市民文化消费需求的功能；另一表现是为其他产业提供服务的功能，文化产业在创意、人才、信息、产品销售等方面，在完善产业链方面发挥着不可或缺的作用。因此，许多城市提出推动文化产业成为支柱产业。一座城市经济发展水平对其文化产业发展具有基础性作用，但并非是简单的线性关系。一般来说，服务业在 GDP 总量中的比重越高，文化产业发展的越好，反之则相对欠缺。在文化产业发展中，文化资源本身不能直接带来经济效益，要把文化资源变成经济价值需要经过创造性转化和创新性转换，使之进入生产、流通、消费的循环系统，形成产业链，转化为具有消费价值的文化商品，只有这样才能实现文化资源的经济价值，即形成有效供给和有效吸纳力，并经由文化产品催生文化高地。其中的关键需要一种激活机制即创意创新机制。当前，一些地方筹划文化产业时总是过分依赖文化资源，却忽视激活机制的必要性。其实，文化资源只是发展文化产业的充分条件，而激活机制才是必要条件。这就是为什么没多少文化资源的美国成为世界头号文化产业强国，而一些文明古国的文化产业发展却不发达的原因！

究其根本，生态型的城市文化经济其理念应当是追求在生态文明框架下构建天人合一、能够托起大众文化梦想的协调发展的社会共同体。它在建设的逻辑起点上应超越工业文明的规模化和功能集中的叠加化，以服务功能的完善化和满足大众多样化消费需求为追求目标。正如斯科特指出的："没有更广泛地关注城市社会整体的欢乐和友爱，那么实现城市创造力的任何努力……必定一如既往地宣告失败……这项努力还涉及公民意识和民主的基本问题，以及社会各阶层充分参与城市的生活，这不仅是为了自身利益，也是让广大市民的创意充分发挥的一种手段。"① 具体就一个

① 转引自联合国教科文组织、联合国开发计划署编《创意经济报告 2013》，意娜等译，中国社会科学出版社 2014 年版，第 27 页。

城市而言，要明晰文化产业发展现实，依托自身优势善抓机遇，培育主导性行业，特别是推动文化产业自身的转型升级，使之朝着生态型文化产业方向提升，从而为"美丽中国"的实现提供支撑力量。相对于文化产业发展的三种形态——传统文化产业形态、现代文化产业形态、生态型文化产业形态，上述三种文化产业形态的价值实现方式和运动规律呈现不同的特点，在发展趋势上出现不断交融的现象，并呈现出不断趋近产业链高端的可能。同时，启示我们：一个城市发展文化产业并非面面俱到的，而是要找准优势培育主导行业。在发展优势文化产业上，中心城市与其他城市各有利弊。一个城市文化产业的发展潜力、发展方向，既取决于内部因素，也取决于外部条件。

文化产业作为一种"核心财富"对地区和城市的发展不仅仅局限于直接的文化产业领域，而且对相关产业、就业、社会生活等方面也产生一种综合性的整体影响，其溢出效应越来越明显。2001 年 3 月，英国国务大臣克里斯·史密斯认为："文化产业作为创意产业对知识经济和国民财富的重要性得到了广泛认同——创意产业已经从外围进入中心。"① 就是说，它的资本形态已经从外围进入世界财富中心，它的创新体系正支配着世界财富中心的转移，从而形成一个城市经济社会发展的核心结构。

5. 文化产业对城市创新体系的重构

中国古代的城市自有其特点，高大厚重的故都城墙，近千人参与复活的"清明上河图"的场景，让世人遐想中国古代城市如古汴京、古长安往昔的宏伟和繁华。但近代以来，中国的城市却是蹒跚学步踩着西方工业化的脚印发展起来的，而且复制式的发展伴随着对自己传统叛逆性的抛弃。一定程度上中国大都市复制（模仿）外国大城市，内陆和中小城市又复制（模仿）大都市，结果造成"千城一面"、缺乏个性。置身城市时空，很难感受到城市之间的差异。现在这个问题引起了城市建设者和管理者的反思，开始注重自身特色和品位的塑造。全球经济一体化竞争平台上，国内城市发展如何契合世界发展潮流凸显民族文化特色？要走有本土意义的道路。中国城市要告别急躁和复制阶段，需要慢下来细思量（香港一个大的文化旗舰项目，要经过四五年的论证和筹划，甚至要推倒重来），从容走向未来。城市是体现现代化的集中区域。改革开放之初，中国城市有太多方面需要学习和复制，机场、港口、摩天大楼、立体交通、金融证券、流行时尚……以急躁的情绪复制一切可以复制的东西。但发展

---

① 转引自田君《作为创意文化产业而发展的工业设计》，《装饰》2005 年第 12 期。

到今天，中国作为世界第三大经济体，中国的城市不能再亦步亦趋于外国城市，再走复制之路已无法维持未来的持续发展，要有自己的特色。世界上有不少富有创造力的城市，而中国却很缺乏，我们拥有最多的是"新兴城市"。法国思想家列维·斯特劳斯曾这样评价新兴城市："它们永远年轻，但却从不健康。"① "不健康"可能意味着不完善、不完满、不圆润，缺乏一种精神格调——新兴城市像一个少年，成长迅速却发育不平衡；它不缺乏激情，但缺乏沉着和从容。从容让城市焕发出不同寻常的美丽。世界上每一个有抱负的城市都想成为文化之都、艺术之都、时尚之都、科学之都、思想之都，归根结底，都想成为创意之都和品牌城市。一个浮躁的人，永远拿不出时间去创造；同样，一个缺乏从容的城市，她的发展只能是翻版拷贝，而无法创新。今天的中国，正在大踏步迈向城市化进程中，如果要建设有品位的城市，创建"城市，让生活更美好"的典范，那么当飞快地将千百万吨混凝土浇灌到城市的地基上时，别忘了为城市增添一种格调，那就是从容；别忘了让城市养成一种品位，那就是创意，格调、品位虽然很虚很空很无形，但在城市激烈竞争的今天，实在很重要。中国如何推动城市化和实现一种什么样的城市化，不仅具有中国意义，也具有世界意义。

"创意产业"往往意味着对过去行业经营方式的反思与突破。在创意和知识产权驱动下，试图对旧行业的理论范式、现有机制、政策趋向和实际运作的调整或反拨，尤其是以其知识和价值观念的更新对城市发展做出重新阐释和界定。什么是城市的创新？城市创新应该持守的底线和底色是什么？创新是否一定要抛弃自己民族的文化传统？当下的中国城市在快速发展中还有多少民族的特色？如何在"千城一面"中突围？文化产业以其创意创新的灵魂在价值理念的纠偏中重构城市的创新系统。文化产业集群最重要的功能是创新，其根本观念是通过"越界"促成不同行业、不同领域的重组与合作。通过越界，寻找新的增长点，推动文化发展与经济发展，并且通过在全社会推动创造性发展，促进社会机制的改革创新。从发展趋势看，数字化高端融合是创意产业集聚区的高级形态和未来发展趋势。文化创意产业通过重构文化城市的创新体系将有机会全面实现官、产、学、研、投、贸等各个链环的创意创新整合，打造城市创新发展的高级形态和未来发展趋势。

文化创意产业的发展离不开城市的区位优势环境，基于城市空间的集

---

① 转引自佚名《城市"永远年轻却从不健康"》，《新周刊》2002 年 9 月 29 日。

聚化发展对文化产业效益的溢出起着越来越重要的作用。事实上，文化产业发展多集聚在都市空间，借助现代城市服务体系的支撑，依靠创意人才和技术来驱动。同时，城市又借助文化创意产业的高创新性、高文化含量和自主知识产权助推城市创新体系重构，有利于营造城市的文化特色，并依托文化的驱动力向品牌城市迈进。一方面，城市作为商业、金融、专业服务和政府管理的行政中心，另一方面作为艺术、文化和娱乐中心的相互联系不断深入，有力地推动了文化创意产业的集聚发展。可以说，最有影响力的世界城市和品牌城市往往是文化创意产业最集中和最发达的区域，如纽约、伦敦、米兰、旧金山、迈阿密、东京、巴黎、法兰克福等，这些城市之所以能够在竞争中胜出，最主要的一个原因是根植于文化创意的丰富和文化内涵的厚重。通过文化创意产业的协同带动效应的发挥，文化产业不但能提高城市的创新能力，还能够凝聚高水平的文化创意人才，在相互促进中强化了城市文化与经济发展的有效融合。文化创意产业带来的效益无法单独用市场价值来衡量，也不是单纯 GDP 所能测算的，文化产业的发展还带来了其他非物质的利益，这些效益能确立其产生和集聚地的文化特征，从而提高人们的生活水平，提升当地的形象和美誉度。说到底，文化产业对品牌城市的空间建构本质上是一个文化化的过程，是对城市精神和主流文化价值观的践行！

一些城市对文化活动和文化要素的倚重，不仅推动了文化创意产业的发展，而且对城市治理的改善和建立新型城市——以人为中心的和谐均衡发展的城市，并摆脱 20 世纪城市发展中出现的种种不可持续的形式和功能，起到了积极的作用。特色城市不仅突破"千城一面"的发展瓶颈，而且依托文化创意产业的原创性和持久的创造力提升城市竞争力，这种创造性不仅源自个体艺术家及其创意阶层的存在，更是文化感召力下各种主体之间相互交流的激发。基于城市空间的创意集聚越来越成为持续性创意的源泉，特别是以多样化项目为主导、以自组织形式形成的新组合，成为城市空间相互信任、知识共享的最有效形式，是激发文化创意创新的有利环境，对此政府要尽量减少干预，使之形成文化创意的自治"飞地"。

一座城市的历史结构和新的文化发展形态可以相互交流、相互促进，但要立足自身的文化根基和底蕴。因此，发展文化创意产业不仅是通过文化传承和保护来维护和保持城市的特色，而且还要创新文化新业态及其艺术表现新形式来增强城市特色，保存记忆、保护城市文脉、展示个性、文化积累和文明积淀等。保护不是唯一要考虑的问题，重点是要在城市文化规划中增强当地居民的归属感和认同感，在本质上要回答"我们是谁"

以及"我们要往哪里去"的问题。当下中国处于城市化进程加快的历史阶段，在此语境下，如何在城市发展过程中避免"千城一面"，增强当地市民的文化归属感和地域自豪感，就要考虑如何在城市发展转型中嵌入文化产业，以留住城市的记忆和文脉，提高城市的生活质量和宜居空间。一定意义上，正是对特色的印象和技艺、感悟形成了对城市的认同，因特色而形成城市的特质，并成为21世纪城市竞争力的重要基因。遗憾的是，在城市和城镇化进程中，许多城市发展的文化价值取向偏离了公平和可持续的发展方向。这不仅是因为开发商只重视有形的建筑物，而且还因为"土地财政"的关系政府与房地产商有意采用刺激过度消费的主导模式，使得市民在城市发展中难以"诗意地栖居"，这需要主流文化价值观来纠偏，以维护城市生活方式的多样化。

在本质上，文化产业的高端形态与城市功能转型具有耦合性，呈现出相互促进的发展趋势。要指出的是，文化产业嵌入城市经济社会发展中不是简单的文化或者产业移植。对于政府来讲，主要是营造宽松的社会创意氛围与城市环境、培育良好的市场秩序以及营造城市品牌形象。其宽松的制度环境一方面有利于吸引人才、企业、艺术家和消费群体的培育，另一方面有利于促进人才、技术和资源与资本的流动并形成自组织，进而促使每个主体都有机会参与到文化创意活动中来，以此提升大众对文化城市建设的参与度。文化产业通常以其文化创意的渗透融合功能，特别是产业价值链的拓展与新的文化空间组织形式的构建，助推城市在转型中重构城市创新系统，形成专业企业、创意人才、资源与资本等要素的集聚。文化创意的溢出效应使其成为城市创新系统重构的驱动力，越来越多的城市以创意集聚为区域发展的主导力量，着力提升城市创新能力，加快高级生产要素集聚，以提升城市在区域竞争中的能级和迈向价值链高端。正是城市空间的创意要素集聚，能够不断地吸纳创意经济所需的各类人才、企业、资金和项目，形成具有专业化能力的企业、专门性人才和风险投资基金等要素集聚资源库，围绕市场消费的多样化需求和差异化的创意项目，形成无限可能的组合变化，由此构成经济"新常态"背景下城市创新系统形成的基础。另外，文化产业以其先进生产力的表征，赋予城市发展以新的内涵——经济价值、科技价值、生态价值和社会价值，塑造或重构城市文化空间，实现城市空间再造、城市功能转型和再城市化进程。基于城市空间集聚的文化生产、传播（市场）和消费体系的构建，是调整城市空间布局，促进城市功能转换，实现新兴城市化发展目标的有效路径。基于城市集聚的文化空间组织形式的构建，一方面是实现各区域、各城市间文化产业错位竞争和特色发展的重要路径，另一方面是促进我国文化产业突破传统的生产组织方式，实现网络化、弹性化和规模经济效益的重要动力。通过文化要素和产业集聚实现城市空间的重构，形成城市内部独特的区域创新体系和核心竞争力，这种城市空间的重构和再城市化有利于实现城市发展的可持续性、集约性、共享性和差异联动性，进而促使其朝着特色化与品牌化方向提升。

第五节　文化产业对品牌城市塑造的关联度分析

当下进入了城市竞争的时代。这种竞争是基于文化的一种博弈，是在一定的物质基础上，将城市文化"软实力"作为主要"筹码"的竞争，而文化创意，则是城市竞争中的核心要素，是原创力时代的核心竞争力。市场经济时代，一个有活力与激情的文化城市，必然借助文化产业的力量在城市竞争中不断传播城市文化价值观，以其生活方式和价值观发挥示范效应和辐射作用，从而成为全国或区域性文化中心城市。城市竞争力不单纯体现在经济发展上，而且是城市综合实力和全方位发展的展示。文化创意产业发展对城市发展的整体性、独特性和发展品位以及人居环境的塑造起着重要作用，对城市产业经济发展的特色导向性明显。因而，"创意产业"或"文化立市"战略成为品牌城市提高竞争力的重要策略。

全球化和网络信息化语境中，城市并非一个独立的界限分明的单元，而是更大的社会系统的一部分；不仅是一个空间组织形式，而且是整体经济发展的元素。在全球经济日益互动的语境下，城市之间的竞争不断凸显。为什么某个城市创造的财富要多于其他城市？为什么某些城市更有知名度和影响力？财富的地区分布始终是不均匀的，这意味着城市经济的发展处于不断变化和成长中，而各城市的增长方式与动力来源不尽相同，人们始终寻求最优的或最妥当的增长策略，其中的关键因素是人。人是文化的教化对象也是创造者，人的成长、教育水平和创造力对于绿色、可持续的新经济而言至关重要。当前，一方面，发达国家在城市复兴中诉求全球性的品牌城市，它是人、物、思想、信息流动的集中枢纽，是主导世界经济发展方向的指令中心，以及社会经济文化变革的发生地；另一方面，发展中国家在城市化运动中加快城市转型，追求特色城市和文化城市并向品牌城市迈进。在中国城市化进程中，已有600多个城市，其中有200多城市提出国际化城市的发展目标，这实际上是一个发展误区——求大、求洋、求虚、求豪华，而忽略质量、品位、特色和人性关怀，忽视人的自由发展和宜居的幸福指数。对于现阶段的中国城市而言，应以追求有特色优势的品牌城市来定位发展目标，宜人、和谐、品位、活力是品牌城市的关键词，开放性、趣味性、人民性、舒适性、体验性、生态型（绿色）、创意性和多元文化是其基本品格。所谓"宜人"，是指城市发展要以人为本，体现对人性和市民的普遍关怀，把市民的工作、生活和发展需求置于城市发展的首位；所谓和谐，是说城市发展应是平和的、从容的，注重人与自然、人与人、精神和物质之间各种关系的平衡和协调，树立和而不同、和衷共济的价值观，共建美好家园；品位是城市的个性和文化魅力所在，许多城市的规模不大，经济较好，文化发展不凡，依然逍遥，令人羡慕；活力是指一个有生命力的城市，应是积极进取、充满生机的城市，是创业创新的乐土。城市竞争中的品牌溢出效应会为城市发展赢得各种机遇，有利于形成文化的聚合功能和放大功能，不仅会使其成为区域文化展示和创新中心，还会在文化交流与传播中掌握话语权，放大本土文化价值观的感召力。

新型城市化发展是一个知识化、信息化、生态化、非物质化的一个创新过程，一个以信息服务业、文化创意产业等为引擎的新的产业重构为支撑的城市振兴与可持续发展过程。它将回答发展如何包容传统，成长如何兼顾人性，破坏能否有创造性的一面？文化产业在新的城市化和再城市化过程中，将会以自身的发展作出回答。它在根本上关乎如何人的生活品质和幸福感，以及中国能否成为真正大国等根本性问题。有学者指出：城市的伟大不在于其身形，而在于它是否能够为生活于其中的人提供良好的栖息环境和公共空间，多样而包容的文化、便利而不断创新的技术手段，等等。在这个意义上，城市化的根本发展动力源自人们对美好生活的内在向往，而城市建设中规划者的作用，体现在对各种利益和力量的整合，城市化本身应当是一个社会诸行动者之间获知相互利益、立场，并达成冲突的和解与稳定，妥协、共存和共同发展的政治过程。[①] 建筑使城市巨大，而文化使城市伟大。品牌城市是以文化而不是政治、经济或者工业产业闻名于世，文化的核心是价值观和生活方式。城市的灵魂其实是生活方式，值得他人羡慕和追随。"宜居城市"的理念是中国城市发展模式由"经济城市"转向"文化城市"的象征，是城市发展方式转型和建设"美丽中国"的自觉。人本主义城市学派代表人物芒福德指出：我们与人口统计学家们

———————

① 何蓉著：《城市化：发展道路、特征与当前问题》，《国外社会科学》2013 年第 2 期。

的意见相反，确定城市的因素是艺术、文化和政治目的，而不是居民数目。其突出特点是对文化的高度重视。他反复强调：城市不只是建筑物的群体，不单是权力的集中，更是文化的归结。芒福德提出了一个衡量城市发展的重要尺度：不是城市人口的增加，不是经济总量与财富的集聚，而是艺术、文化的繁荣。[①] 在文化城市的理念中，艺术占据了重要的位置。文化生产力提供的新生产要素与资源，给城市经济带来了活力和新的增长元素、增长方式，而城市经济的发展，则为艺术再生产创造了更好的物质条件与社会环境。文化的城市是创造审美经验、让市民过上"有尊严"的生活的城市。生活在同一个城市的人们享有普遍而均等的市民权利，而不是特权阶层的天堂。它以人为本、方便百姓，而不追求奢华。

全球化语境下，城市本身作为品牌，是城市发展的核心无形资产，是一个城市综合竞争力的实力标识。品牌城市使城市在竞争中脱颖而出。城市发展通常经历三个阶段：城市建设阶段、城市管理阶段、品牌城市阶段，中国的城市大多处于第一、第二阶段。文化产业对城市转型发展具有重要意义，但不是所有的城市都适宜发展文化产业。发展文化创意产业须选择充分体现城市特有功能、产业基础、文化底蕴和区域优势的重点领域，加以培植和扶持。创意的环境是模仿不来的（如北京的798），但可以培育，这是政府的职责之一。一个城市创意能力的培养和发展需要一种适合其生成的语境和氛围，需要一种市场环境和"创意阶层"的自组织存在。它会形成自我促进的良性循环，同时，也会带动创意产业链的延伸和环节的丰富。创意成就品牌、提升附加值，品牌意味着形成对高附加值商品的市场认知度。一定意义上，文化创意产业往往同城市复兴相关联，这是创意产业总是分布在特定地理空间的主要原因。创意产业首先形成于世界经济中心城市，和这些城市的旧区重建相关，如伦敦著名的泰德艺术馆、柏林的哈克欣区、纽约的苏荷等地区，都是由19世纪制造业大发展时建造的厂房、仓库改造而成的。国内上海的创意仓库、北京的798也都是利用旧仓库、厂房改建。可见文化创意产业发展的背景正是1980年以来的全球城市复兴计划、城市更新和新城市主义思潮，这股思潮同样体现了全球化时代城市的竞争！这种变化使城市越来越人性化、地方化、多样化、宽容和优雅，也越来越有情趣。

伦敦作为世界金融中心，很多银行家选择伦敦其实很大程度上取决于

---

① 以上引文参阅［美］路易斯·芒福德《城市是什么？》，张艳虹译，罗岗主编《帝国、都市与现代性》，《知识分子论丛》第四辑，江苏人民出版社2006年版。

喜欢其浓厚的文化创意氛围。独特格调的城市、生活质量舒适度高的社区，在吸引和挽留高学历、创造性人才方面成功的可能性越大，就越容易发展文化创意产业。如北京798艺术园区，在2003年被美国《时代》周刊评为全球最有文化标志性的22个城市艺术中心之一，有力地提升了北京市的国际知名度。同年，美国《新闻周刊》评选出"世界城市TOP12"（年度12大世界城市），北京首次被列入其中，原因是798艺术区的存在证明了北京作为世界之都的未来潜力。2004年，北京被列入美国《财富》杂志一年一度评选的世界有发展性的20个城市之一，入选理由仍然是798。许多国外政要也对798艺术区表现出极大的兴趣。如德国前总理施罗德、欧盟主席巴罗佐、法国前总统希拉克、萨科齐等都先后参观访问过798艺术区。来过798的国外要人都表示，没想到中国还有这样表现活跃思想的好地方，这体现了中国改革开放的成果。同样深圳华侨城文化产业园和深圳国际文化产业博览会在提升城市品位和建构城市形象中也发挥了重要作用。目前，全球最有创意的城市是伦敦。伦敦在创意产业发展方面一直处于领先地位，并以此优势带领整个英国朝此方向发展。其经验就是丰富多元的文化设施和艺术院团，庞大的创意产业基础以及热心参与文化活动的市民，使其成为世界文化创意中心，也由此成就了其品牌城市的国际地位。英国把人民的梦想（创意）看成国家的最大资源，其议会在1998年的一份报告中说：一切发明、经济效益、科学发现甚至社会的繁荣兴旺都孕育在人民的想象中。美国的好莱坞作为"梦幻工厂"就是为世界生产"梦想"（这个"梦想"不但输出价值观和生活方式，还是"吸金王"，《泰坦尼克号》、《阿凡达》衍生出数百亿美元的产业链、"哈利·波特"系列已形成了2000多亿美元的产业链），使美国成为当今世界创造力最强的国家（最能体现美国创造力的领域：高科技产业、文化产业）。新一届中国领导集体提出了"实现伟大民族复兴的中国梦"，"中国梦"的实现需要"创意"和文化创新。作为资源配置最集中的都市怎么能缺失"创意"呢？

　　发展文化创意产业不能像推动制造业那样，用发展制造业的方式发展文化创意产业；也不能用政治运动的方式发展文化创意产业。在中国各级政府和社会力量的推动下，文化创意产业的增速很快，尽管与城市的经济和社会发展呈同步增长态势，但溢出效应不明显，表明产业链条有待健全和拓展（缔造全景产业链，包括纵向上形成由创意产品价值的生产链和顾客价值的需求链共同构造的产业链；横向上形成由不同产业部门相互融合形成的同心圆式的再造价值链），创意产业的影响力、辐射力要进一步加强。当前的文化创意尚未形成强大完善的产业链，仅有一些创意产品如图书出版、影视剧制作、动漫和主题公园等，还需要向制造业、旅游业、工业设计产业链的上游、中游延伸，向最核心的版权和品牌延伸，这样才能在全球价值链中处于高端环节。对中国来说，创意经济是在寻找最好的高地。对中国城市来说，创意经济是在寻找最好的大脑。一个城市创意的成功取决于这个城市拥有的创意者阶层的比重，创意人才是城市博弈的关键点。如北京的798、宋庄、上海的新天地、张江园区等，都是因人而知名。

文化——富有时代特色的本土文化，文化在本质上是一种价值观和生活方式，不仅是我们民族的遗传密码，也是品牌城市的底蕴和标识。文化的认同才会形成一种凝聚力。文化园区通常选择有历史遗迹或者文化底蕴的、交通便利、租金便宜、服务设施周全，甚至与周边居民区相交融的老城区，这就是为什么文化园区青睐那些旧城区、老厂房的原因：一是对文化艺术属性的追求，二是文化资源优势的吸引，这种对文化艺术属性的追求使它与周边区位的文化资源优势具有一致性。该区域可以有商业氛围，但不能过于商业化，否则会出现商业资本驱逐艺术的遭遇，导致艺术区的陷落和艺术家的流失。通常一个城市的文化消费中心，也是文化生产中心，文化消费离不开经济社会环境，离不开人口集聚的生活区，这是文化艺术得以生存的土壤和根脉，但文化艺术的繁荣积聚了人气，也推高了房租。因此，政府做文化产业园规划时不能强势"造园"，而是顺势成"园"，这样既尊重市场，也维护了艺术家的尊严。文化园区中一定要有公共文化服务机构，或者公共艺术项目落户园区，要有公共艺术品的展示，以及公共艺术教育的培训。

在全球化语境下，品牌城市塑造是提升城市竞争力的目标。文化创意产业、创意经济是实现目标的路径。二者之间的关联度很高，是一种正向关系。

其一，作为"文化城市"的追求和支撑点，不应离开城市发展、城市规划与城市建设来谈文化创意产业发展，特别是文化底蕴深厚的老城区改造和新兴社区建设。要做到资源配置的合理、高效、优化。跳出把旧城改造当成房地产项目运作的思维误区，在城市物质空间的再造中真正做出有内容的文化。

其二，文化创意产业的发展不单纯是文化事件、经济事件，而是关乎综合性城市发展的总体提升与溢出效应的发挥。城市要为文化创意产业发展提供环境和平台，尤其要吸引人才入住。就现有的一些文化创意产业园来看，若从整体性、功能性和前瞻性视角看，大多需要进一步拓展和完善。可以结合中心城区产业结构调整、旧区改造和历史建筑风貌保护进行总体规划和整合。鼓励文化创意产业发展与城市历史和文化内涵结合起来，鼓励企业或行业的品牌运作。在当下文化产业热的语境下，规划要实事求是不可操之过急，但也不能太慢！

其三，以文化创意产业发展促进品牌城市建设要理念先行、规划先行。要有一种"后现代思维和意识"来面对城市改造，而不是一味地追求"现代化"，但又不可唯后现代主义！在重视城市基础设施建设、解决民生问题和加强公共服务体系建设时，要注重增加审美价值的比重，保护和延续历史文脉。如何把城市建设得更有"创意"，以适应创意产业发展对居住环境、空间场所的需求？文化创意产业和品牌城市建设都需要差异化思维和差异性展示，如何在差异化竞争中保持竞争优势很关键。

其四，以文化创意产业发展助推品牌城市建设，基于城市特色和基础要找好路径和切入点；品牌城市建设作为城市发展目标要为文化创意产业发展营造环境和氛围，在二者相互契合中建构一种可持续发展模式。要注意二者的交互性与互动性以及阶段性和可持续性。

其五，以文化创意产业发展推动品牌城市建设要在传承和发扬本土文化基础上，利用现代科技手段，结合区域周边的自然环境、人文价值等优势资源，建构有别于其他城市的，独具魅力和影响力的现代文化创意产业体系。成熟的文化创意产业和品牌城市都是个性鲜明的，不是一朝一夕可以形成的，初期都是根据城市的具体情况和自身资源积淀和科技发展实际发展的，其形成在潜意识中凝聚了该区域的人文、经济、自然环境和同时代的先进技术，历经几十年甚至上百年的磨砺，逐渐被社会认可，得以可持续发展，最终成就其品牌地位。关键是本土文化区域特色与时代的先进技术及其管理方式的有机融合。加强数字化信息服务业与知识经济和文化产业的联系，扩大城市化进程中非物质资本发展的都市产业效应，在城市扩张的资源增量中重构产业体系的核心竞争力。

其六，在思想观念上深化认识文化产业发展对城市转型的作用，在重点高校和科研院所设立相应的文化产业研究机构，建立契合城市转型的文化产业人才支撑体系，在党校和行政学院围绕"文化产业发展与城市建设"专题大规模培训与轮训城市管理者（市长、书记）。

一个城市的资源存量和资源配置方式是城市文化的基础，文化产业作为城市的伴生物，是依托城市而产生的一种文化形态和经济形态，是城市文化的结晶，同时也是一个城市的灵魂、骨骼与血液，没有文化及其产业，就没有城市文化。在城市文化的风格体系与风貌特征中，往往有着产业结构的资源链与发展灵魂的资本链，有着产业文化与文化产业的内容生产元素及知识要素，无论东西方城市、新老城市还是内陆沿海城市，基本都是如此。

第六节　品牌城市建构的文化基础与政策推动及其测评

城市作为品牌是指一个城市在推广自身城市形象的过程中，根据城市主导功能的定位，确定自己的核心价值，将城市的各种资源优势、人文标志、地域特色以及城市的发展规划和战略目标等要素共同塑造而成的，是可以感受得到的"神形合一"的城市标志、名称或口号。从总体上看，城市品牌形象战略是城市理念、城市环境、城市经济、城市市民行为和城市视觉标志的综合构成体。策划、实施与建构城市形象是一项促进城市发展的注意力产业。这一产业将产生巨大的效益，具有难以估量的经济推动力，创造出城市的增殖价值。品牌城市是城市的性质、名称、历史、声誉以及承诺的无形总和，同时也使目标顾客对城市产生清晰、明确的印象和美好联想。所以品牌城市绝对不能简单地等同于表层的市容、市貌等城市形象，它是一座城市的精神和灵魂，因此品牌推广式的营销城市仅是其中的一个环节。当代品牌城市形象的建立当然依据它在历史中积累的丰富的多种自然的和人文的资源，以及这些资源的持续影响，创意翻新，因时而变。但今天全球化背景下的品牌城市的塑造、营销，将不再仅仅依靠过去时代的自然和历史遗产，而是在当代城市发展理念指导下，依靠对新型文化城市的全面规划、设计、建构、经营，一句话，按照美誉和谐的归路来建造，它需要震撼人心的高端创意。品牌城市带来巨大的向心力，对品牌形象的向往启动了每个人内在的文化需求。它吸引信息流、资金流、物资流、人才流，带来时尚消费、创意潮流，引领地区乃至世界的文化风尚。这样，品牌城市的形象影响力就能转化为生产力。同时，当代品牌城市的形象经营，就是要通过城市自我形象魅力的展示，使城市内外，国际国内的人群对其产生良好的心理认同，并产生巨大的马太效应。应和这种传播的扩展效应，公众在面临与该城市有关的活动时，就会产生有利于该城市的情感性选择倾向，无形中提高了该城市的综合竞争力。

城市品牌塑造不单是城市内部的事情，还关乎对外的形象展示和价值观传播，城市品牌的传播不仅涉及媒体的宣传，更是城市品牌消费者对城市每个接触点的认知和感知。塑造城市品牌的基础是城市本身的发展形态和质量。城市历史文脉的传承、地域文化特色的张扬、人文情怀、经济发展水平和现代化程度、产业优势和在国内或国际分工体系中的位置、人居环境和市民精神风貌等都是城市品牌质量的关键，也是城市品牌建设的根基，是消费者对城市产生清晰、明确印象和联想的保证，是区别性因素，是城市品牌建构的本质。像经营品牌一样运营一座城市越来越成为人们的共识。未来的变化趋势是，城市功能由经济主导型或经济唯一型向综合平衡的更加社会化的功能转变；全球城市的发展更注重城市社会功能的开发，更注意解决城市的公共服务问题，防止社会分裂，促进经济和社会的协调。城市越来越是为人的，也是文化的，伴随产业升级和人的精神需求的变化，人们在消费社会消费的不再是商品的使用价值，而是一种品位，所以符号价值、象征价值凸显，文化资本、象征资本在城市发展中发挥越来越重要的作用，城市变得越来越五彩缤纷，越来越有情调。城市将充溢越来越多的快乐和体验色彩，在风格上越来越呈现出后现代消费社会的多元。从城市形象和传播影响方式看，城市竞争是一种争夺"注意力"的竞争，有情趣有格调的城市才是有吸引力的城市，它不仅滋生创意，有生动丰富的创意和创意者阶层，还要将自身建设成为一个消费和体验创意的城市。这类有文化的城市，是吸引眼球最多的城市。

要强调的是现代与后现代并非替代关系，而是呈现出某种"混杂"性（多形态并置——这也是后发晚生型现代化国家的特点），就现实性而言，后现代更多地表现为一种过渡性和非中心化特点，其凸显空间的特点把广大发展中国家和发达国家置于同一全球化发展平台上，这为发展中国家赢得了机遇。作为城市的建设者和管理者应当有后现代的思维和意识。

在品牌城市塑造中，除必需的基础设施，一些被称为城市后现代性的审美情趣、风格、城市体验等难以测量的因素，都在影响着文化创意产业和创意群体的选择。我们注意到：文化创意园往往利用旧厂房改建而成，通过改造吸引创意工作室和企业入驻，但这只是提供了一个外壳，培育了一种形态。问题的关键是产业化和产业链的延伸！其实是创意群体开发了旧厂房的价值，赋予了旧厂房文化的灵魂。不唯旧厂房，就是新建的产业园，也要呈现出相似的建筑风格、审美情趣。这就是文化创意产业园要求后现代格调的空间体现。体验经济时代，城市建设者管理者必须学会创造丰富的、令人动心的城市体验，已获得更多的认同。当下西方社会正在跨越服务经济，进入创意经济、体验经济时代，这对处于城市化进程中的我们是挑战。

21世纪以来的全球化、信息化和生态化浪潮中，城市的后现代结构与后物质文明及其文化经济的凸显，发展出非物质结构的都市产业体系与非物质资本的知识服务业，从非物质基础设施结构到非物质都市产业结构，再到非物质化的主题社区，创意工业文化园、创意商业文化园、创意生态文化园、创意数字文化园、创意体育文化园而成的科技文化谷。这种新的产业形态及其集聚发展带来了都市财富结构的变化，与城市财富中心的转移，实质上是非物质化、服务化、信息化、生态化带来的世界财富中心的转移。随着城市文化基因结构的符号化、媒介化，城市的产业形态也发生了变化，城市产业资本正在向非物质经济的文化产业资本及新兴服务业态转移，从而构成财富中心、财富创造力与动力源的产业群转移，如从交通工业到物流产业，从田园产业到休闲产业，从建筑工业到环境产业，从服装工业到形象设计业，从医疗产业到健康产业，从产品交易到产权交易，从印刷工业到创意产业，等等，这些变化不断主导着城市发展的趋势与未来。通过发展文化产业推动城市转型，使其凸显特色并朝着品牌城市发展越来越成为共识。

一般来说，城市经济基础好，现代化程度高，经济总量大，文化产业发展业态和趋势就会很好，文化产业对城市品牌塑造的贡献就会大。但二者之间并非简单的线性关系。即使经济总量大，但产业结构不甚合理、经济运行质量不高的城市，其文化产业发展可能也不充分，甚至处于低端粗放式阶段，对城市发展和品牌塑造没有多大助推力；反之，某些经济总量较小，但产业结构合理，符合现代发展趋势，市场环境好，是文化发展的区域高地，尤其存在一定规模的消费市场，可能该城市的文化产业发展很好。也就是说，文化产业发展与现代服务业特别是生产性服务业关联度较大，与区域性的文化消费市场规模关联度较大。越是文化产业发达的城市，其城市特色往往愈鲜明，文化产业对城市品牌塑造的贡献就越大，城市品牌的号召力就越强，这样的城市首先是文化城市，正在迈向品牌城市。因形成可持续的核心竞争力，而在城市竞争中保持优势地位，并在产业分工体系中处于价值链的高端，甚至有可能主导某一行业的产业分工。

如何测度一个品牌城市呢？

1. 通常，城市品牌的号召力和影响力是主要参照系数。所谓城市品牌是指在城市发展中注重文化、凸显特色、张扬人的创造力、依托知识经济驱动所形成的有感召力的系列品牌。城市营销和城市品牌专家西蒙·安浩（Simon Anholt）2006年提出了城市品牌指数（CBI）。这些指数包括知晓程度、地缘面貌、城市潜力、城市活力、市民素质、先天优势等6项一级指标，又称"城市品牌六边形"，每个一级指标下又细分为若干二级指标。① 这六大一级指标涵盖了文化城市建设的主导方面，与文化创意的驱动有着内在的关联。

从文化产业视角来衡量城市品牌建设水平，主要看文化产业发展能否促进城市物质空间的文化再造，是否有助于形成区域文化中心。城市由于所具有的区位条件、服务能力、交通运输、信息交换、权力资源、设施水平、人口规模等诸多优势而具有较强的集聚功能。衡量集聚的基本指标是文化产业从业人员在地理空间上的集聚（就业人员数量的上升），消费的有效吸纳力，以及相关公司的地理集聚。通常，世界发达国家和地区，无论是其文化产品的生产能力还是文化市场需求，都要远远高于经济欠发达国家和地区，其在国际文化市场中所占的比例就更大些。文化产业发展不仅在国际、国内有不均衡性，即使在城市内部也是不均匀分布，特别是那些艺术气质较强、创造创新特制较显著的产业门类，通常随着外部环境的变化在城市中不停地移动。其中，影响艺术家流动的最主要因素是租金、房价。文化产业本身的风险性决定了文化产业就业人员在城市的集中。文化产品的特点是其市场和需求的不可预测性，且多为中小企业和自由职业者。富有朝气和生机的城市环境为文化创意人群创造了更多的工作机会，所以创意人员通常居住在大城市，得以从事自己喜欢的艺术。文化产业是城市创新的动力。如果说全球化进程强化了城市之间的相互依存与竞争，那么文化产业既从中获得了坚实的支撑，也成为城市之间相互联系的纽带及城市竞争力的主要来源。文化产业的空间集聚对城市环境引力的作用主要体现在两个方面：一是强化城市外在影响提升的吸引力；二是催生城市内在布局优化的牵引力。

2. 如何对一个城市的创意能力和创新水平进行评估是一件很棘手的事，评价指数和评价体系很难获得共识，定性式分析又因每个城市的个性不同而差异性很大。如对伦敦这个全球最富创意的城市进行评估时，通常是把文化和创造力相结合，从文化运营的创新体系给出三个能量升级的定义：

其一，伦敦创意城市议程涉及英语中两个最复杂的单词：文化和创造力。

---

① ［美］西蒙·安浩：《铸造国家、城市和地区的品牌竞争优势识别系统》，葛岩、卢嘉杰、何俊涛译，上海世纪出版集团2010年版，第75—76页。

其二，真正的创造力包括：再思考或从最基本的原理出发思考问题的能力，敢为人先的能力，修改规则的能力，想象未来方案的能力，以及或许是最为重要的，"在一个人所能胜任的边缘状态下而不是完全能胜任的状态下工作的能力"。

其三，典型创意城市构造的特点：

——不断明确的目标和抱负。

——不断鼓励富于想象力的个体和组织。

——思维开放，乐于冒险。

——坚持战略上的原则性和战术上的变化性。

——在制订计划时要坚决，但不能秉持宿命论，要保持预见性。

——乐于了解当地的文化传统和地方特色，并愿与之共同发展。

——确保领导阶级的广泛性。

——消除谴责文化。

这是对伦敦城市创意环境的评估，从中可见文化资本形态与创新体系在城市拓展中的延伸与扩张。

美国城市经济学家佛罗里达认为，构建创意城市的关键是"3T"理论，即技术（Technology）、人才（Talent）和包容（Tolerance），三者相辅相成，是创意城市形成的充分必要条件。[①] 其中的关键是在一个城市中能否形成创意阶层，该阶层是以创意增加经济价值的一群人。可分为两类，一类是具有特别创造力的核心人员，如科学家、艺术家、大学教授、诗人、小说家、设计师、建筑师、编辑、文化人士、咨询公司研究人员等；另一类是具有创造性的专门职业人员，如高科技、金融、法律及其他各种知识密集型行业的专门职业人员。根据佛罗里达的计算，创意阶层现如今在美国有 3830 万人左右，大约占美国总体劳动力的 30%。基于此，佛罗里达从创意城市的三 T 理论建构了一套创意指数，有以下四个同等权重因子组成：（1）创意人才。创意阶层占全体劳动力的比例。（2）创新指数。专利发明数量。（3）高科技指数。一是城市高科技产出量占全国高科技产出量的比例，二是城市高科技产出量占全区经济的比例与全国高科技产出量占全国经济的比例作比较。（4）多样性指数。主要指城市的包容度和对多样性的接受程度。建构这些指数的目的在于运用数据去呈现一个城市是否具备了适合创意阶层成长的良好环境氛围。

---

① ［美］理查德·弗罗里达：《创意经济》，方海萍等译，中国人民大学出版社 2006 年版，第 56 页。

3. 品牌城市建设不只是政府职责、政府权力和政府行为，而是包含着政府管理、市场运营（国有与私营）、民间社会的多种力量，它体现了城市治理的理念和多元价值的诉求。这里的权力和责任是共有的，也是平衡的，更多的权力意味着更多的责任。其中，政府起着主导作用，发挥有前瞻性的宏观整体发展的决策作用，市场主体和社会主体是实施这一目标的主要力量，旨在协调不同的利益取向与整体目标的一致。

在品牌城市塑造中，要关注城市的人民性。人是城市发展的出发点，文化创意园区要与市民的生活相交融，城市品位可以通过市民生活的文化质感得到提升和凝固。归根结底，无论城市如何发展，它始终是"人民的城市"。发展文化创意产业要有文化情怀，就像品牌城市要成为人民的城市。创意——不能仅仅盯住市场和商人！在文化时代，文化要为所有的人民带来希望、尊严、平等和公正，文化创意产业要与提升大众的生活之感相融合，文化园区要与大众的生活社区相交融。究其底蕴，文化创意产业不仅是经济增长方式（生产方式）的转变，也是生活方式的转变，旨在打造城市与人、自然的和谐共生共在共荣。通过发展方式的转变和社会、文化形态的转型，创造一个有"创意"的城市、"品牌"的城市。中国移动有一句广告语："移动改变生活"，其实，更应该是"创意改变生活"。创意改变一个城市的生态和品位。

塑造品牌城市不仅要发挥文化的作用，还要照顾到相关利益者，城市的发展都会融入每一个利益相关者的人文情怀。人是品牌城市塑造中的能动因素，市民的有效参与是积极力量。政府不应仅仅在硬件建设上下功夫，还要在城市的软实力以及培养与利益相关者的良好关系上下功夫，其中文化及其产业形态会发挥重要作用，市民既是文化产品的消费者，也是文化的生产者和传播者。文化是城市差异化的底色和身份识别符号，地方性在全球化进程中愈加凸显，它成为"我们是谁"的文化注释。城市形象传播不单纯是一个包装的问题，她是"以人为本"的市民素质的展示，高素质的市民是城市竞争中的绝对优势。只有调动市民的热情积极参与，把他们培育成本土的固定的文化消费者，才会在城市形成一种的艺术和文化活动中，愈加激发创意和梦想。同时，文化人的聚集、文化活动促进了学生的教育实践，使学生能够参与社会活动，从而增强其创造性。此外，文化创意活动还可以促进社区的稳定和谐，打造有品位的生活。在品牌城市的建设中，除了城市管理者发挥政府职能的主体作用外，还要充分发挥广大市民的主体作用，市民的广泛参与度、融入城市发展的水平和素质的提升，不仅决定一个城市文化创意产业的发达程度，还影响城市品牌的塑造。如河北石家庄市女孩王月的"树洞画"就是在冬季利用街道两旁树上的疤作画，以其创意给市民带来惊喜，美化了这个被雾霾遮蔽的城市，给这个城市带来了一抹艺术的亮色和人文的关怀，不仅以艺术美化了城市，还以个人的创意和才华营造了城市的艺术氛围。这样的城市才是文化的城市，人民的城市。

此外，在城市文化政策研究方面，国外学者 Frith 把推动城市经济发展的西方城市文化政策分为三类：产业性文化政策，适用于当地文化产品的生产；旅游性文化政策，用以推动城市文化旅游的发展；装饰性文化政策，用以美化城市形象，增加城市吸引力。据此有的学者总结出三种发展模式：①

模式一：结合文化设施建设的城市更新。通过文化设施建设来改善城市形象，吸引文化旅游，以其相关的银行服务、保险业等现代服务业等，带动城市的发展。20 世纪末期是一个文化设施大发展的时期，博物馆、美术馆、大剧院、文化艺术中心、公众集会场所、节日庆典公园等城市文化设施在世界范围内出现一个建设高潮。其中的典型案例莫过于西班牙港口城市毕尔巴鄂市，它通过造型独特的古根海姆博物馆和一系列重要项目的建设，使一个衰败的默默无闻的港口城市发展成为重要的文化旅游城市。可以说，文化设施的建设扮演了城市经济和环境改善的重要角色，为毕尔巴鄂市赢得了世界声誉。

模式二：结合举办文化活动来复兴城市。大型文化活动的举办意味着城市面貌的改善、旅游经济的发展、城市知名度与地位的提高和吸引更多的投资与人才，这从奥运会、世博会承办城市的激烈竞争可见一斑。事实上，北京奥运会、上海市博会的成功举办，对提高北京和上海的世界声誉具有重要作用。欧盟的"文化首都"计划就使很多衰败的城市得以复兴，如英国的格拉斯哥、荷兰的鹿特丹、德国的埃森市、爱尔兰的都柏林等，都通过评选"文化首都"使这些工业城市转变为吸引旅游者的文化城市。

模式三：结合文化产业发展推动城市复兴。文化产业在城市经济中的重要性日益凸显，很多城市通过对文化产业进行扶持和引导来推动旧城区的复兴。把旧城区的改造与设立文化产业区结合起来，不但使城市复兴有效地利用了本地的文化资源，还拉动了城市就业和增强了对城市复兴的文化认同。

---

① 参阅黄鹤《文化政策主导下的城市更新——西方城市运用文化资源促进城市发展的相关经验和启示》，《国外城市规划》2006 年第 21 卷，第 36—37 页。

英国政府在文化创意产业集聚区不同发展阶段发挥了不同的促进作用，通过提供价格低廉、数量充足、使用便利的设施为初期发展的集聚区注入活力；中期则以放宽经营限制为主要的政策推力；在集聚区发展成熟后，进一步加大对闲置楼房的开发利用，完善集聚区的配套服务设施。一些城市成立了专门的服务机构推动集聚区持续发展，负责制定和实施推动文化产业集聚区发展的相关政策。政府的政策推动促成了英国各具特色的文化产业集聚区的形成。伦敦是英国创意产业的中心，英国1/3的演艺公司、70%的唱片公司、90%的音乐活动、50%的广播与电影收入、46%的广告从业人员、85%的服装和其他各类产品设计师都集中在伦敦；格拉斯哥集中了大量的英国软件企业，体现了与软件和电子产品结合的产业特点；曼彻斯特已成为英国西北部的创意集散地，拥有众多知名的高等教育、文化和媒体制作机构；布拉德福德是新媒体公司的重要集聚地，是越来越多的电影、媒体、数字等企业的创业中心。文化政策主导下的城市复兴有明显效果：一是在改善城市面貌上，有效地增强了城市的活力；二是在城市的经济上，对于推动城市旅游经济的发展效果显著，对于城市经济的多样化、解决工业衰退后的产业转移带来的城市病有积极作用。因而文化越来越成为城市发展的底色和驱动力，在城市竞争中文化政策的重要性日益凸显。但在城市发展中，如果仅仅把文化当作刺激经济发展的"因子"，下降为工具手段的位置，而不注重文化潜在的精神功能及其自身就是目的的理念，不能有效满足当地居民的文化权益（自由消费、自主创造），这样的文化产业发展即使实现一时的文化繁荣，也很难有可持续性。其实，21世纪以来，这种单纯局限于经济发展目标的文化政策主导下的城市复兴模式越来越招致批评，协调经济发展和社会整体发展的文化规划开始在西方城市得到广泛讨论并付诸实施。

当下的中国城市发展在运用文化资源时，要想做到科学发展，就要避免局限于单纯经济发展目标的诉求，单纯追求经济效益的文化建设常常是对文化资源的掠夺式开发，和运动式、盲目性的粗放式发展文化产业，往往忽略本地文化特色和忽视对居民文化需求的回应。城市文化创意氛围是文化创意企业不可或缺的外在环境，甚至是企业选择落地发展的决定性因素。有研究表明，没有良好的人文环境、生活环境和制度环境，再高的薪酬，也难以吸引人才的集聚和创意阶层的培育。城市文化氛围的营造是一个长期培育的过程，是养成区域文化共同情感、构建地方认同的过程，需要更多的人积极参与到文化建设中，其中要协同政府的力量和民间的力量。政府在相关扶持政策的制定、引导，以及社会整合方面发挥重要作用；民间活力的激发和文化生态的健全，是城市创造力迸发的源泉，政府宽容的心态有助于文化生态的自发成长。

在城市化进程中，城市空间越来越大的同时，地球似乎越来越小；人们在享受城市现代化设施便利的同时，似乎对不期而至的风险越来越束手无策。巨大的城市在其特有的美学震撼力之外，也使人们越来越暴露于种种危险中。似乎现代化链条上的任何一个小环节出现问题，都有可能给人们的生活带来震荡。此外，还有钢筋水泥给人们带来的冷漠和隔膜，这些都需要用文化去融合，用文化筑起心理的温暖和温情。发展文化产业的意义可以说弥漫于城市的每一个细节和角落，一个文化的城市是一个让人放心、安心、安全的城市。

在城市转型发展中，大型文化活动（如奥运会、世博会等）的成功举办，以及"文化资本"的运营在城市形象和品位的提升对城市品牌的建构具有重大影响，有利于丰富城市品牌的文化内涵，拓展城市品牌的国际视野，进而提升城市品牌的知名度和影响力。大型活动产生的集聚效应带来的不仅仅是城市知名度的提升，更是整个城市发展与腾飞的契机，是提高城市品牌形象、文化软实力和城市硬件设施的好机会。但不是举办得越多越好，而是要适当和适宜。对于一个定位于国内消费者群的城市，举办一个大型国际会议对其品牌传播目标的实现未必会有多大的积极作用。大型活动或国际会议固然有其传播优势，但不是每个城市都适合，也不是每个国际会议或大型活动都适用于城市品牌传播。

打造和培育全球知名的创意城市，推动更多的城市加入了联合国教科文组织创意城市网络联盟，形成具有全球影响的城市群，是当下中国大城市发展中的一个被关注的突出问题。但对于一个城市来说，应淡化对所谓"创意之都"或"创意联盟城市"不切实际的追求，而是在量力而行中积累资源。一个城市的文化特质和文化品行应当是这个城市人们的文化生活方式的自然流露。他的城市就是他的生活，是居住在这座城市中的人们精神文化生活的一种自然表露和自然表达，而不是某种贴在这个城市上的招贴或者唬人的噱头！当下，很多城市都有丰富的文化资源，但因为文化产业发展水平的低下和能力的弱化，导致沟通、传播的不顺畅和可持续性，这抑制了城市品牌化的提升。城市品牌离不开文化力量的依托，大都市更是离不开文化创意产业的支撑，有规模和影响力的文化园区一定会成为传播城市形象的重要载体，成为城市的名片。城市品牌塑造作为一项系统工程，需要相关利益者的共同参与，必须坚持"以人为本"的原则，其实质是城市发展质量的整体提高。城市品牌的塑造和传播相互促进、不可分割，传播是城市品牌建构的重要环节。文化（包括文化产业）有助于提高城市品牌的辨识度，强化或维护其不可复制的品牌形象。城市品牌定位的本质在于精而不在于多，在于专而不在于全，最重要的是给目标人群一个清晰的容易辨识的定位系统——离不开文化创意的支撑。城市品牌的发展为城市带来了更多的无形资产，成功的城市品牌拥有更强的竞争力，在城市竞争中拥有更多的话语权，创造更多的价值，它能够凝聚力量，对于危机处置有从容的应对能力。城市品牌的提升，是城市发展实力的整体提高。

当然，品牌城市的建设不是一蹴而就，也不是一劳永逸的。成功的城市形象不仅在于设计的过程，更为重要的是不断推广和创新，从而保证一个品牌城市从创立到营销，都在一个健康的体系中运转。总之，品牌城市的品牌魅力在于城市广泛的影响力、普遍的美誉度、巨大的辐射力、强烈的吸引力，以及高度的认同感和强大的竞争力。城市作为品牌是一个城市的象征，也是一个城市的名片，它体现着一个城市的自然的、人文的、历史的、社会的综合实力。城市的品牌是城市风格、特色、风俗和生活在这里的城市人的展示，是城市个性的表达，是城市文明的集中体现，是城市整体功能的抽象象征。

附录 一个机构和两个成功转型的
城市案例

联合国全球创意城市联盟。该联盟的建立便于各创意城市分享彼此的经验、专业知识、商业技巧和专业技术。除了分享经验外，还能在全球平台上凸显城市的文化资源，促进城市多元文化产品在全球市场的实现。尤其是对发展中国家而言，创意城市联盟通过建立在城市层面的公众部门和私人部门的新型伙伴关系，挖掘文化产业的创造力，培育他们自己的创意经济，并带动社会、文化、经济的全方位提升。创意城市联盟设立了七个城市类型：设计之城、民间艺术之城、烹饪之城、文学之城、音乐之城、媒体艺术之城和电影之城。

1. 昔日烟囱林立的德国鲁尔区如何成为 2010 年的欧盟"文化之都"

德国鲁尔地区是现代工业的发源地和欧洲最重要的工业基地之一，随着资源的枯竭和产业的转移，鲁尔地区陷入了城市的萧条和衰败，煤矿和钢铁企业倒闭、大批工人失业。但借助文化创意产业的力量，鲁尔地区成功摆脱了城市危机走出了一条城市功能转型的道路。鲁尔区由资源型城市转变为品牌城市。

昔日烟囱、井架和高炉林立以及浓烟蔽日、煤渣满地的老鲁尔地区，被今日绿荫环绕、天空蔚蓝、充满生机和活力的新鲁尔——"鲁尔大都会"所取代。2006 年 9 月，欧盟宣布以埃森市为首的"鲁尔大都会"当选为 2010 年的"欧洲文化首都"，这是对鲁尔由工业区变身为文化区的奖赏和激励。如今的鲁尔地区有 3500 多处工业遗迹、120 座剧院和数量超过伦敦和巴黎的博物馆，以及众多的艺术节、展览、画廊和工作室、咖啡馆等，是一个充满活力的文化艺术创意大都会。

鲁尔的成功转型，离不开文化产业的助力。具体而言之：

一是整体规划，依法推进转型，创新发展路径，促进产业升级。政府制定了《联邦区域整治法》、《煤矿改造法》、《投资补贴法》等，从 1966 年开始编制鲁尔地区第一个总体发展规划。在转型过程中，北威州政府发起实施"未来鲁尔"的倡议，这是该州历史上首个跨部门、跨城市的地区发展战略，该战略明确了鲁尔地区产业升级和城市功能转型的方向，确定了"创意代替计划"的理念和"知识密集型产品与服务决定鲁尔地区的未来"的思路，制定了从教育政策到经济政策以及基础设施政策的综合性配套政策，力争把鲁尔地区建设成为欧洲主要创新中心之一。通过技术改造对原有企业进行整合，同时，深化企业专业化分工，使原先的单一性产业结构的企业发展为多产业的企业。

二是重视高科技发展，推进产学研相结合。20世纪60年代以来，鲁尔地区先后建立了一批高等院校和科研机构，各个大型公司普遍具有自己的研发机构，重视专业中等技术学校建设。目前鲁尔地区是欧洲境内大学最密集的地区，也是世界信息技术中心之一。在欧盟和德国各级政府的资金支持下，鲁尔地区几乎所有城市都建立了技术开发中心，全区有30个技术中心。同时，鲁尔地区重视技术的市场化建设，完善了从技术向市场应用转化的体系，所有大学和研究所都有技术转化中心，帮助企业把技术转化为生产力。

三是制定优惠政策，加大政府资金投入，重视生态修复，改善投资环境。德国政府先后就钢铁工业制定了四项措施（提供额外补贴、改善钢铁企业的利润、加强科研投入、增加投资补贴）和特殊资助政策，仅1983年联邦政府就资助30多亿马克。同时，对煤炭企业也给予税收优惠和补贴，提升其附加值。为保持社会稳定，联邦政府规定：企业每创造一个就业岗位将获得5万马克的补助；工人的转岗培训费用全部由政府承担。成立环境保护机构，从法律上作了严格规定；在技术上采取严格措施，建立回收有害气体装置，在主要河流上建立完整供水系统和污染净化系统；开展植树造林，美化环境，建立风景优美的产业园区，吸引企业落户，发挥集聚效应。

2. 城区复兴个案：英国曼彻斯特北部园区

背景：20世纪60年代以后，由于经济结构调整和产业转型，英国城市衰退的现象十分突出。特别是制造业集中的城市普遍出现了工厂倒闭、失业增加、就业减少、市场萎缩等现象。

曼彻斯特北部园区主要指商业区市场街、奥海姆街等多条主干街道组成的中心地带。18世纪、19世纪该区域是商业繁华之地。第二次世界大战之后曼彻斯特的传统工业如纺织业陷入衰落，当地失业问题严重，北区商业活动因而受到拖累，成为一个商业活力不足、人均收入偏低、人口流失问题严重的地方。

复兴计划

20世纪80年代，北区当地仅存的小商店如时装店、用品店、钢琴店等，连同迁入的一批新企业（如酒吧、音乐俱乐部、工作坊等）自发组织起来挽救当地经济，并于20世纪90年代成立东岸协会，为有意进驻当地的商户提供低息贷款。此后，北区成为一个因摇滚音乐、音乐节及相关活动（如音像制品店、流行音乐广播店、录音工作室等行业）而知名的地方，更有"疯狂的曼彻斯特"之称。

1993年曼彻斯特市议会发布了《城市复兴研究报告》，并联合北部园区协会（前身为东岸协会）共同制定了《曼彻斯特北部地区发展策略》。计划书指出，北部将发展成为一个结合时尚服装业、文化产业（包括流行音乐）、休闲娱乐的综合区。通过协会发放低息贷款吸引企业入驻、组织每年一度的曼彻斯特北部园区街道艺术节，为当地注入经济和文化活力。

2000年以来，曼彻斯特议会成立文化产业发展服务会，该组织连同曼彻斯特培训企业委员会、西北艺术委员会等公共机构及多家高等教育机构，为业界提供信息、就业配置、创业及发展资金、产业低息贷款等多项服务。到2002年曼彻斯特北区约有550家企业和商铺，其中约有100家时尚服装店，70家餐饮、酒吧、俱乐部，40家艺术、手工艺术品店，50家非营利艺术组织，20家音像店以及超过200家的商业店铺。通过上述努力，曼彻斯特市重新焕发了生机。

从20世纪80年代，英国政府就十分重视以文化为主导，推进城市再造。1989年英国艺术委员会发表了一份重要文件《城市复兴：艺术在城区复兴中的作用》。自20世纪90年代英国的城市产业结构开始朝向附加值高的科技、教育、旅游观光和文化艺术部门产业变迁。

2003年，伦敦市长发布了《伦敦：文化资本，市长文化战略草案》，提出文化战略要维护和增强伦敦作为世界卓越的创意和文化中心的声誉，成为世界级文化城市。其文化目标体现在四个方面：卓越性，增强伦敦作为世界一流文化城市的地位；创新性，把创新作为推动伦敦成功的核心；途径，确保所有的伦敦人都有机会参与到城市文化中；效益，确保伦敦从它的文化资源中获得最大的利益。

随着文化和文化产业在城市发展中作用的凸显，"创意城市""品牌城市"的概念开始流行。一些学者和国家政要、市长们越来越认为文化和创造力是现代城市最重要的元素。如何通过城市形象的整体策划，提高城市知名度和影响力，成为城市管理者普遍关心的话题。

城市文化发展战略或文化政策的制定及其引导城市品牌塑造：以伦敦为例。英国政府把发展文化产业作为突破英国经济瓶颈的重要途径，并在全球推出"创意英国"的活动，试图用文化创意产业的创造性和创意性来展现英国在国际上的地位和实力。同时，在地方上，各地地方政府成立的艺术委员会，"其构成比英国创意产业行动小组更具专业性，相关专家占绝对比重，政府官员适当参与，从而加强其学术性和独立性，避免政府过分干预"[1]。伦敦在借助英国的国家文化产业政策时，也推出了自己的文化战略，还两次公布了关于发展文化创意产业的战略方针。2003 年 2 月，时任伦敦市长利文斯通公布伦敦第一份文化发展草案，即《伦敦：文化资本——市长文化战略草案》，草案明确指出：把伦敦建设成为英国最具文化创意以及世界最具文化多元化的城市，成为世界级的文化中心。基于此，草案对伦敦未来的文化发展战略提出了12 项战略措施。[2]

1. 伦敦需要确保其文化机构和活动是高质量的，具有世界水平。

2. 改善基础设施，对能够释放伦敦多元文化的创造潜能进行必要的扶持。

3. 伦敦需要发展起作为世界文化城市和旅游目的地的品牌，提升自己。

4. 创意在对伦敦经济发展及取得成就中的贡献应得到认可。

5. 教育和终身教育在培养创意和提供就业机会的过程中必须发挥其核心作用。

6. 文化应该是每个伦敦人可以获得的权利。

7. 文化应该是发展伦敦社区的一种方式。

8. 应该有超越伦敦和各级行政区——地方、次郊、郊区——的广泛而高质量的文化供给。

9. 文化活动应该在伦敦发展和重建过程中得到鼓励。

10. 伦敦公共文化领域中的文化价值和潜能应予以充分展现。

11. 文化资源应与伦敦的人口、经济以及空间的需求相一致。

12. 对伦敦市民而言，文化的建构和资金支持都应做到最优的配置。

2008 年 11 月，伦敦市长鲍里斯·约翰逊公布了第二份发展文化产业的战略草案，即《文化大都市——伦敦市长 2009—2012 年的文化重点》，

---

[1]　牛维麟：《国际文化创意产业园区发展研究报告》，中国人民大学出版社 2007 年版，第 14 页。

[2]　参阅《伦敦：文化资本——市长文化战略草案》，引自王林生《国际重要首都城市与北京文化战略比较分析》，《西部学刊》2013 年第 7 期。

重新从 12 个方面进行了规划。①

1. 维持伦敦全球卓越的文化中心的地位。

2. 塑造面向 2012 年及更为持久的世界级文化。

3. 加强对年轻一代的艺术和音乐教育。

4. 提高艺术覆盖面和参与率。

5. 加大对（伦敦）外围区域的文化供给。

6. 为新人提供发展之路。

7. 创造一个充满生机的公共空间。

8. 支持草根文化。

9. 推介伦敦。

10. 为创意产业提供有针对性的支持。

11. 捍卫文化在特定领域中的地位。

12. 加大政府对伦敦文化的支持力度。

可以说，在英国发展文化创意产业的背景下，伦敦所采取的政策措施和战略方针是具体而明晰的，有力地促进和培育了创意产业在伦敦的发展。

2010 年，约翰逊公布了第三份文化战略草案，即《文化大都市——伦敦市长文化战略草案：2012 年及其以后》，这一草案着眼于伦敦文化战略在 2012 年后的发展，提出通过拓展文化发展渠道，加大对教育、技能和职业的投入，改善基础设施、环境和公共领域，以追求实践的精神和加大伦敦市政府与其他文化机构、组织的协调，努力维持伦敦作为一个世界级城市在文化层面的地位。

文化产业及其政策如何塑造城市品牌。伦敦发展创意产业、确立文化城市的政策思路：②

1. 为了巩固伦敦作为世界之城的角色，应当增进它的文化财富和文化多样性，吸引重要的国际活动，寻求全球性的文化伙伴。

2. 增进作为一个多元化和创造性的城市市民在文化认同方面的自豪感。

3. 开拓伦敦的公共场所，不管是公园、图书馆、街道还是地铁车站，都应该成为人人参与并对城市文化更新做出贡献的场所。

4. 通过保证城市的文化生活使所有伦敦人都能够参与并做出贡献，

---

① 参阅《文化大都市——伦敦市长 2009—2012 年的文化重点》，引自王林生《国际重要首都城市与北京文化战略比较分析》，《西部学刊》2013 年第 7 期。

② 参阅王琳《新趋势：文化城市的确立及其发展模式》，《南方论丛》2005 年第 2 期。

而不仅仅是文化精英的领地。

5. 发展旅游战略，以确认文化多样性的重要，使其成为伦敦吸引旅游者的主要特征。

6. 在教育领域推动创造性，确保在伦敦成长的年轻人有机会发展他们的创意技能和活力。

7. 将创意工业作为催生地方经济发展和社会整合的手段。

可见，通过发展文化产业推动品牌城市建设是增强城市竞争力的重要举措，伦敦的经验及其发展模式对我国城市转型发展和国际竞争力的提升，无疑有着深刻的启示价值。

结语 中国文化产业发展中的
深层次问题研究

进入 21 世纪以来，随着文化的地位和作用的全球凸显，人们开始用战略的眼光审视文化，伴随发达国家政府和政要对文化的日益倚重，世界进入了文化战略竞争阶段。相对于中国经济的崛起和成为世界第二大经济体，文化"软实力"的发展处于相对滞后的状况，不仅与我国当前的政治、经济地位不匹配，也与伟大文明古国的地位不相符。中国科学院中国现代化研究中心发布的《中国现代化报告 2009：文化现代化研究》中指出，中国的文化影响力指数在世界排名第 7 位，居于美国、德国、英国、法国、意大利、西班牙之后，而中国文化竞争力仅居世界第 24 位。文化"软实力"是国家"软实力"最重要的支撑，文化产业的运行和对文化市场主导权和制高点的争夺，已成为后金融时代全球战略格局重组的重要领域。基于此，党的十八大报告明确提出把"激发全民族文化创造活力，提高国家文化软实力"作为重要的文化发展战略。尽管 21 世纪以来在中央的高度重视和国家政策的激励下，文化产业发展突飞猛进，正在迈向国民经济的支柱产业，而且在经济新常态中呈现"超常态"的发展趋势和迹象，但我们不无遗憾地看到，文化市场存在着有效供给不足的"战略性短缺"，尤其缺少有世界影响力的文化品牌。2011 年的一组调查数据显示，全球 100 个最有价值、最具有全球影响力的文化品牌中（如美国的好莱坞、迪斯尼、百老汇，德国的贝塔斯曼，日本的索尼等），美国有 68 个，欧盟有 25 个，日本有 6 个，而中国却没有。所谓国际竞争力，主要是以内容产业贸易平衡为评价指标，显现于国际化的品牌数量及其影响力。中国文化产业看起来发展得如火如荼，但文化市场的结构性矛盾依旧存在，与中华民族文化特质相契合的具有国际竞争优势的主导文化产业仍处在培育中，且在整体上因盈利模式不清晰而缺乏竞争力，特别是文化创造活力有待激发，这一切症结都指向文化产业发展中深层次问题的破解。这些深层次问题在理论上可回应为如何认识和把握文化产业发展规律，以及要建构一种什么样的文化观作为文化产业发展战略的指导思想。

一　深层次问题分析

差异化的理解视角生成了文化产业不同的命名：文化产业、创意产业、版权产业、内容产业、数字产业、文化创意产业等①，不同的命名对应着不同的分析立场和意识形态策略，体现着不同的价值诉求和特殊意味。但我们要明白文化产业——在当下时代是文化传承、生成、发展的主导性方式，它事关全社会，而不是某一个领域的事情。在此观念的转变中要充分认识文化产业是当代文化发展与文化积累和传承的一种主导方式，是新的文化业态生成和传播的主导方式，其核心是文化价值的传承和高扬。极端地说，现今时代，文化产业毋宁是文化（动词）的别称。因此，不要简单地把文化产业理解为一个固化的领域，而是应视其为一种符合现代特点的文化发展方式，它固然主要靠市场力量驱动，但也需要政府和社会力量发挥作用。当下，随着产业结构的调整和经济发展方式的转变，文化是生产力的观念越来越成为全社会共识。经济全球化语境下，文化产业作为文化资源配置的重要方式已成为能够影响世界力量格局重组的变动因子，而为各国政府所倚重。因此，一个国家的文化产业发展战略就是国家的文化战略。

从总体上看，中国文化产业发展并不像媒体和社会期待的那样风生水起，现实情形是要么有措施没境界，要么有细节没全局，尚未发展到理性健康纵横捭阖的阶段，就是说在文化领导权的掌握上还不是那么圆润从容，即软实力还不强！说到底，文化产业是有境界追求的，它应体现时代的社会的民族的本质性追求，张扬社会主义的文化理想，在本性上要超越执着于物的工业经济诉求的规模经济和范围经济，而趋向无形的契合后工业社会特征的势力经济。

从根本上说，破解阻碍文化产业发展的症结点，必须在深层次上领会和把握文化产业的特性和发展规律。

1. 在战略高度上深刻领会文化产业在国家"五位一体"现代化事业总体布局中的作用，洞悉文化和文化产业何为。当前，文化产业发展中最

---

① 国家层面，文化创意被视为文化产业分类标准中的一个类别——文化创意与设计服务，2014年国务院专门出台文件扶持文化创意与相关产业的融合发展，极大地推动了文化创意与关联产业的跨界融合。根据《北京市文化创意产业分类标准》，文化创意产业是以创作、创造、创新为根本手段，以文化内容和创意成果为核心价值，以知识产权实现或消费为交易特征，为社会公众提供文化体验的具有内在联系的行业集群。

大的问题是没有厘清文化的本性，没有理顺文化资源的配置、文化生产方式（包括传播和消费）与社会制度（包括生产力发展水平和技术支撑能力）及其国家和民族文化的性质之间的内在关联，导致文化产业发展出现诸多不匹配和思想制度性障碍，尚未形成在世界上有影响力的主导文化产业，进而跻身国际产业分工体系的价值链高端，甚至主导全球文化产业分工布局。（除了航天和高铁，当代中国又能贡献多少？）美国的好莱坞、百老汇，韩国的网游和影视剧，日本的动漫，德国的图书出版，英国的期刊等都是世界文化产业的优势主导产业门类，中国在文化产业上的主导优势是什么？其在文化产业中能承载和传播什么样的思想？发展文化产业看起来是一个产业问题，是一个市场问题，其实是一个思想问题，一个价值观问题，一个意识形态创新问题，说到底是一个政治问题。因此，在后金融危机时代全球战略格局重组中，文化产业（创意产业、创意经济）被视为新兴战略产业，成为政治、经济、文化博弈的一条中轴线，谁取得文化产业制高点，就不仅占据了价值链高端，还占据了价值观输出（意识形态）的高点，更占据了道德舆论的制高点，因而能把"故事"讲得精彩动听，就能在全球广为传播！由此可见文化产业越来越成为国际上意识形态传播最隐蔽和持久的载体和路径，这已为越来越多的国家政要所洞察和倚重！从根本上讲，社会主义在本质上是一种价值观，是一种人的自由全面发展和追求平等公正的文化理想，是一种道义上的制高点，是一种道德舆论制高点，它应成为中国文化产业发展自觉的诉求目标和张扬的旗帜，是中国文化发展中的主流文化追求的目标，它表征着我们的价值诉求和身份认同。基于此，不同价值诉求的文化在全球化舞台上相互博弈、竞争。

考察美国历史可以发现，美国文化霸权的建构过程是通过文化产业的市场运作，大力发展与市场经济相匹配的大众文化，经由改写"文化"的观念及其攫取文化阐释权，由此形成美国全社会认同的主流文化——商业娱乐的大众文化，并在强势经济和科技支撑下向全世界倾销国际市场上的主流文化产品，借此夺得了世界的文化领导权！继而使人类迈入现代化进程以来的世界文化领导权由欧洲转移到了美洲。但是，文化领导权不是永固的，总会随着条件和环境的变化而旁落。中华民族的伟大复兴和中国的和平崛起就是一次冲击"世界文化领导权"的操练！只要全社会全民族从根本上坚持三个自信，尤其是文化自信，弘扬优秀的传统文化，积极培育和践行社会主义核心价值观，通过文化产业发展壮大主流文化，就能迎来文化的伟大复兴。事实上，从软实力的构成来看，并非一个国家中的所有文化都能构成软实力，只有主流文化在多元文化竞争中胜出，才能成为一种软实力，才能成为一种有利于巩固政权的正向力量。说到底，文化产业发展是国家总的"文化事业"的重要组成部分，是以文化产业的方式加强意识形态的领导权、管理权、话语权，旨在从根本上把社会的、民间的、企业的尤其是全民的文化活力，全民族的文化创造活力调动起来，成为中国竞争力提升的基础。因此，要着力思考中国文化产业崛起对中国全面发展的价值，在文化强国建设过程中为民族复兴提供什么样的文化动力，为中国话语权的提升和国际社会贡献什么。作为一个世界大国，中国应夯实自己的文化根基，依托深厚的文明积累和厚重的历史文化，实现现代文化的积累与创新，提升中华文化在世界文化多元格局中的位态，对世界当代文化价值的建构做出责无旁贷的卓越贡献。

一定意义上，文化产业是全球化语境下衡量一个国家现代化发达程度的尺度。这不仅是说它作为先进生产力的表征所体现的技术力和经济力，更是内在的文化价值的软实力的发挥及其影响力所体现的文化力。因此，文化产业从理论上是一个学科群的概念，在实践中是一个产业群的概念，它有多维价值和意义。所以发展文化产业不但有经济价值，还有文化价值。它在本质上有利于提高大众的美学修养和文化素养，促进社会文化环境和文化生态的改善，提高大众的生活品质和幸福感。当下，社会治理能力和治理体系现代化越来越离不开文化和文化产业的参与，甚至发展文化产业本身就是国家治理体系的重要组成部分。也就是说，文化产业不但要"强身健体"，更要有"灵魂"，这样的文化产业才有市场竞争力！

在全球化语境下，文化产业越来越成为意识形态传播的经济基础，其传播的隐蔽性（悄无声息）越来越强，且效力越来越持久。在发展观念上，不仅要把文化体制改革视为夯实意识形态工作的经济基础，其实文化产业与意识形态和社会核心价值观之间的关系远比人们想象的更密切，而且要把文化产业视作文化发展和意识形态管理方式的创新，文化产业治理是国家治理体系和治理能力现代化的重要支撑力量之一。文化产业说到底是当代文化生产、传播的一种主导方式，它是内容产业，它本身就是文化，就是价值观的传播、消费和弘扬。因此，要对发展文化产业有足够的敏感性和政治意识，它不单关乎经济，更关于意识形态的建构和传播，更关乎政治——特别是有关文化内容的地缘政治——其实质是谋取信息控制权（文化身份认同，在某种程度上重构历史不能通过殖民主义方式来实现，而要通过内容产业和软实力来完成，文化版图的改写和扩大会带来政治上的诉求）。各个国家在国际市场上展开竞争，在电视领域为谋取音像、电视连续剧和脱口秀节目"形式"的支配地位而战；在文化领域，为占领电影、音乐和图书的新市场而战；其最终还是一场通过互联网展开的全球内容贸易的战争。这场为软实力发动的战争却是力量极度不均衡，而且越来越呈现非对称性。其间，既有各主导国家之间地位的争夺，也有主导国家与新兴国家之间的竞争，旨在为了对那些文化产品与文化服务产量极低甚至没有的国家民众实施影像与梦想的控制；同时，这场战争也是通过文化与信息的传播来赢取新的地区影响力而展开的。这场没有硝烟的文化之争，越来越依托文化产业的发展，以至于文化产业越来越成为博弈的一条中轴线。

文化产业的专业化、集约化，特别是社会化大批量生产特征，使得文化产品在投入市场时，以取得尽可能多的市场占有率为目标。在此境遇下，产品的精神价值蕴含就变得格外重要和关键——与其说文化产业是在制造文化产品（服务），不如说是在直接"生产"、"制造"一种精神、一种价值，其中必然有着明确的价值诉求和情感互动。价值立场的选择使得民族文化产业在恪守本土文化价值观时，必然与现代社会文明的精神价值发展要求与现实需求进行交融互动，从而生成新的精神价值观念系统，就成为单纯有效的固本守成同时又与时俱进的方法。文化产业的集约化程度越高，社会化批量大生产就越能在市场和消费者中得以充分的体现和证明，而单一、单纯的精神价值诉求，可能就成为必然的需要也是最有效的需要（如好莱坞的电影生产）。所以，发展文化产业在价值诉求上要有着明确的文化认同，以社会公认并普遍接受的精神价值观念系统（价值认知、价值判断与价值取向）为基础，这应是文化产业推进与发展的最核心、首要的内在支撑。只有夯实民族文化产业发展的根基，才能使文化产业在精神价值的导向上，成为主流文化价值观传播的有效载体。民族文化根基的夯实与文化产业发展体系的建立，首先要有理念的自觉，其次需要政府、社会（组织、机构、团体等）、市场与个体的共同推动，只是民族的、社会的、国家的主导精神价值可能在竞争中更加突出与紧迫。

文化产业本身作为合力是一个精神物质化、物质精神化和再精神化的发展推进过程，所以精神性（文化性）是其本质呈现，而且精神性是全程参与并有某种不确定性和随机性。有学者指出：在生产过程和接受与转化环节上，只要有一种精神因素的影响、作用，就可以促使产出与回报的增长，这一因素就变成生产过程中参与的主控、主导力量，也可能在生产过程末端引发产品原初投入设计的精神与物质效应的改变（如名人效应）。事实上，与社会文明发展总体趋向相关联的正向、良性的精神的投入可以产生正向、良性的结果存在——反之，则走向反面。文化产业正向、良性的精神投入，是一种精神与物质价值累积、增长的结果，但若是反向、非良性的精神投入，便可能带来原有精神价值结构的变化与损伤（损毁）。① 也就是说，文化产业的精神价值空间是多向度的，就一时而言，其社会效益和经济效益可以相互分离，甚至可能因物质回报的最大化而诱导精神的融入。因而，在文化产品生产过程中，精神的投入要有导向性和限度，不可能是无限制的盲目投入。文化产业发展的起始阶段可能会出于某种立场的本土化价值诉求，在一定区域内形成一个较闭合的循环发展"圈"，可能一时发展迅猛。但文化产业开放、动态、外向的特质，决定它必然要参与到本土、本区域之外的全球性文化生产和市场接受的循环进程，发展文化产业面对两种资源和两个市场，它的发展离不开全球化和信息化的相互激荡，这样才会获得发展的可持续性和最基本的发展条件。其结果是在最大限度地满足本土精神文化消费需求的同时，以文化产业的全球化、信息化进程来实现自身安全发展。因此，有学者指出文化产业发展在精神价值诉求上的前倾态势：在现代社会文明条件下，全力构建本土传统文化的精神价值观念系统，应特别注重传统文明的物质、精神依存与现代社会物质精神存在、需求之间的置换，着力进行精神价值意义上的动态发展；以传统文化的精神价值观念系统为一定基础和借鉴，形成现代社会文化语境中的国家意志和民族精神，在国际文化交流与冲突关系中成为被强势推导、流布的文化精神中心；不管是在本土的文化生产、市场、接受的关系处理与资本、资源配置中，还是在对外的国际文化关系中，第一应以接受者为文化产业主体构成和转化的核心目标，第二大力进行对接受主体、目标市场全面而深入的细化与细分，接受与转化的层次性、多面性、复杂化、深广度等愈来愈变得重要而有着明晰与确定的必然，第三是开始对社会人们的个体进行有差异性或是专门性的精神价值传达及灌输，这种在精神价值意义上个性化的差异性开掘，正逐步向着个人化服务的方向推进。②

从根本上看，一个国家的文化体系，决定了文化产业根基的培育和产业链的延伸（好莱坞电影的强势不是有其国内每年 14 亿张电影票的支撑吗）。文化产业绝不是呈现于市场上的那一块，而是扎根于广阔深厚的民

---

① 方伟：《文化生产力——一种社会文明驱动源流的个人观》，河北教育出版社 2006 年版，第109 页。

② 同上书，第 130 页。

族文化根基。它与"文化例外"（以高雅艺术为核心）和文化多样性有着更内在的关联，共同支撑起一个国家的文化体系，而仅仅在商业文化生产的意义上，市场在资源配置中才发挥决定性作用！中国的文化产业链为何做不长？因对文化和文化产业认知的偏颇，造成21世纪以来可以说是国家对文化投入最多，却是精品力作少、经典作品缺乏的困境，其原因之一是对文化产业发展内容为王认识不深刻，对内容产业重视不够，只有内容产业占据文化产业结构的核心和文化贸易的大部分比重，才能形成真正的文化生产、传播、消费高地，继而从根本上解决在文化大发展繁荣中，为何老是"著名"多，"名著"少的痼疾。

如何理解当前文化发展环境和社会评价的集体无意识？如冯小刚用心制作的电影《一九四二》出现票房亏损，而娱乐着、玩着拍摄的电影《私人定制》却赚得钵满盆溢，这到底是怎样的一个文化环境？它对当前的社会建设有什么影响？到底是什么在深层次上制约文化产业的整体性提升和竞争力的增强？价值观的摇摆、游移和诉求模糊是其中的一个关键因素，而这个因素却为人们所习焉不察。中央高层对此早就有所洞察，它不仅体现于对社会效益的强调，也见之于对文化创作引导的多次强调。它虽然是虚的，却事关整体，这一问题不是在改革中单兵突进和局部突破能解决的，往往在现实中因很难找到有效抓手，而被人们所忽略。但这个问题又是亟须引起社会关注，通过营造氛围、达成共识合力推进的，对于这一点要在思想观念和意识中必须有着明确认知。美国文化产业的强势就与其有着明确又隐蔽的意识形态输出和清晰的价值诉求，成正向关系。不仅美国历届政府为此不遗余力地为美国文化企业保驾护航，美国各大文化公司也有着鲜明的文化自觉。

良好有序健康的文化环境除需要法律和政府监管以外，还要有一套科学合理的干预机制，它干预的不是创作自由，而是谨防市场灵验下文化生态的破坏。优化文化发展环境——既然文化产业是当前文化改革发展的主导性力量，就必须深刻把握和领会文化产业何为。因此，在文化产业发展的理念上，要深刻把握文化产业的特殊性，树立文化产业是文化传承、创新和文化价值观传播的理念，这就要求我们必须遵循内容产业的特有规律（高文化才会产生精神感召力），建构一套科学的内容产业生产的考核评价及监管机制！就是说，即使在市场机制发挥积极甚至决定性作用的文化产业领域，也不能是市场价值唯一，而是要建构有多元化文化力量支撑的多维评价体系，以形成相互交织的制衡力量，在平衡中完善市场机制下的纠错、纠偏以及补偿功能，从而谨防消费主义文化盛行偏离航道太远。因为市场有时是盲目的短视的，需要一些非市场力量进行干预，但这个干预要依靠科学合理的机制，不能由政府主导，也不能随意化，最好是交由文化非营利组织实施。说到底，它是在市场灵验功能下的文化产业生态的自我健全，也就是说，即使市场主导的文化产业发展除了必要的法律和政府监管外，在文化意义上也不能完全放任，如对娱乐化的过分追逐"娱乐至死"，可能不违背监管原则和法律，但会破坏文化健康的生态和有序的文化环境，会对文化企业形成"恶"的价值导向，从而不会去真正关心文化发展和文化积累，进而忽视了文化产业也是文化发展的本意。实践中，缺少这套机制可能市场上就会出现冯小刚认真执导的《一九四二》票房亏损，而娱乐着玩着制作的《私人定制》的票房却赚得钵满盆溢的尴尬，以及社会面对尴尬的沉默、无奈。即使在发达的完全市场经济国家，文化生产也不是完全市场化的。但是，在政策保护下的文化产业发展还是在市场机制下的文化保护，其实是两种价值取向的差异。很明显，一种符合社会主义市场经济发展方向，另一种实质上阻碍文化体制改革深入和文化产业大发展。在文化消费日益融入日常生活的当下，文化产业发展直接影响社会的文化环境，它不单单是市场、政府和法律的事，而且需要更多的文化力量的呵护和关注，以及必要的道德上的"善"的力量引导和干预，但这个多元文化力量的干预离不开"一臂间隔"的文化非营利组织，正是大量文化非营利组织丰富、健全了文化产业进行机体。正如在公共文化服务体系建设中要引入社会力量和群众监督评价一样，在市场机制发挥主导作用的文化产业领域，也要有这种多元化的合力的监督和干预，这样文化产业发展才能健康有序和可持续，才能在实质上是文化的发展。

　　文化理念决定着文化发展的高度，就此说文化发展的核心是观念的转变。只有不断丰富文化产品和服务的内容与形式，摒除文化发展的思维障碍和体制瓶颈，融入国际文化产业的分工体系和流通方式，推动文化产业的多元嫁接和广泛融合，才能明确文化产业可持续发展的市场逻辑。在文化产业领域，因产业链断裂和不完善，附加值低，加工环节及其低端市场的大而不强，不仅极易遭受外部环境变化的影响（如金融危机、国家政策调整、劳动力成本提升等），还缺乏有效的市场竞争力。如何有效协调依赖代工现象与自主创新发挥引擎功能之间的关系？占据产业链高端和培育核心竞争力，成为文化产业发展的突破口。最大的问题就是找到与民族文化气质相一致的具有国际竞争优势的主导文化产业门类，使其成为中国文化价值传播高地和"中国风"的展示载体。事实上，培育本国在国际上具有竞争优势的主导文化产业门类是突破国际文化产业抑制瓶颈的重要路径，中国需要发掘自身具备普世价值而文化折扣较少能被世界大众普遍接受的文化产业载体，这是日韩等国文化产业崛起给我们的启示。对一个国家来讲，培育一个在国际上具有竞争优势地位的主导文化产业，不单是要攫取经济利益，更是要提升文化势能，进而摆脱弱势文化地位，从而提升国际话语权的重要举措。在国际文化产业博弈中，只有使民族文化成为强势文化和全球"公共文化"，才能真正占有战略上的主动，文化产业才能成为国家的战略性产业。

2. 深刻认识处于提质增效阶段的文化产业结构的不合理性。就文化生产力形态而言，传统型文化产业所占比重过大，现代型文化产业大而不强、附加值不高，生态科技型新兴文化产业发展快、亮点多，但所占比重不高；就产业活动而言，相比文化制造业的强势，内容文化产业的优势和占比不够突出，导致上游文化市场开放度不高，文化产品有效供给不足；就组织结构而言，大型骨干文化企业的集团化与中小微企业的集约化发展都不够充分，难以实现产业的集群化发展和市场集中度的提高，也就是说存量改革与增量发展都需深化，做大做强以公有制为主导的文化经济尚需努力。在管理上，尚未形成高效运作的统一宏观管理体制。究其根本，行政主导力量的强势与市场机制的弱势，导致整体产业布局尚未形成产业链的关联和延伸，尚处于规模经济的培育中，遑论迈向占据价值链高端的势力经济，总体上文化产品的科技含量低、竞争力差，难以满足消费者对文化产品的高科技化与时尚化的差异化需求，文化产业发展正处于为提高整体竞争力而调结构、转方式的提质增效状态。

日本文化产业的竞争优势体现在企业的集群化发展上，表现为活跃的中小企业与系列化生产。大企业与中小企业和平共处是日本企业结构的典型特征，中小企业一般都被纳入大企业的系列化生产体系，以大企业为顶端、以中坚企业为骨干、以大量中小企业为基础，由此构成企业发展的"垂直型"协作方式。此外，中介机构活跃，以其弥合性的无缝对接充当文化和市场高度融合的桥梁，营造了全民性的支持文化产业发展的氛围（全民动漫），既抬高了产品质量的门槛，又提升了专业化水平，也增强了文化消费对产业的拉动作用。

当下阶段，产业结构不合理导致对产业动力机制把握不准确，造成过于依赖政府主导和期待政策推动下资源配置的不顺畅和产业链的不健全的情况，这一困境加剧了产业发展的不平衡和产业结构的不合理，导致政策壁垒愈加迟滞了文化产业的集群化发展和市场灵验功能的发挥。文化产业发展到新的阶段产业结构的不合理性愈加凸显，已经束缚了文化产业的发展增速，为了保持必要的增幅，必须依靠政府强势政策推动，2014年密集出台了多个支持文化产业发展的政策文件。如《国务院关于推进文化创意和设计服务与相关产业融合发展的若干意见》、《国务院关于加快发展对外文化贸易的意见》、《国务院关于印发文化体制改革中经营性文化事业单位转制为企业和进一步支持文化企业发展两个规定的通知》、《关于深入推进文化金融合作的意见》，文化部等《关于扶持特色文化产业发展的意见》、《关于推动传统媒体和新兴媒体融合发展的指导意见》、《关于大力支持小微文化企业发展的实施意见》、《关于支持电影发展若干经济政策的通知》、《2014年度文化产业发展专项资金拟支持项目公示》，等等。政策效果不断显现，但我们越来越看到政策红利的衰减，其乏力性愈发加剧了这种不合理性。现阶段，政策推动仍是必要的，但不可对政策效用期待过大，要加强制度建设包括立法促进产业发展和健全现代文化市场体系及完善市场灵验机制，在政策与制度并重的环境下优化产业结构和实现转方式。

基于此，政策（财政、金融、税收等）要在相互配套中以组合拳的方式扩大影响力，但不可对政策的效用期待过大。虽然政府对文化产业发展的财政投入不断加大，但财政"缺位"现象、投入低效率问题依然存在。其中，现行财政管理体制、财政投入模式与现行文化管理体制、文化发展形势、文化特殊属性未能很好对接是主要原因。财政资金杠杆作用的发挥，必须与其他领域的政策安排密切配合，从中找到引导带动金融资本及其他社会资本投入文化创意产业的路径、方法与机制，在方式创新中打出财政、金融、税收等政策组合拳，合力扩大政策的影响力。财政资金主要发挥杠杆效应，以贷款贴息、保险费补贴等方式，带动银行、金融机构、社会资本的投入，促进投资主体和渠道的多元化，构建完善的文化创意产业投融资体制。当前，社会和民间资本积累很快，出现一大批有能力投资文化产业的企业和机构甚至个人，但缺乏相应的引导机制和针对性的政策扶持。作为发展中国家，政策扶持被认为是实行追赶战略的关键，这是大多数人对韩国文化产业迅速崛起的经验总结。目前，动画被认为是实行后发追赶战略中政策扶持力度最大的文化产业。我国动画产业经历过去10年政策扶持，年产量增长超过50倍，2012年就已经位居世界第一位，比居动画国际贸易首位的日本年产量的2倍还要多，是欧洲的6倍，美国的3倍；而且动画产业还率先实现了国际贸易顺差。动画产业政策扶持模式是否代表了我国内容产业国际竞争力培育的理想模式呢？据2010年对219家动漫企业的调查显示，相关税收、财政、土地、人才及市场准入等方面的优惠政策并没有取得预期效果，其支持作用并不明显。动画进出口的顺差更多是因为晚间黄金时段对海外动画节目的严厉限制导致的海外产品在中国市场的收缩。而我国动画出口金额还不到日本的十分之一，过半销往了国际非主流市场。因此，作为后发赶超型战略的引擎，我国文化政策体系需要进一步优化才能对文化产业发展起到积极的推动作用，而不能把内容产业国际竞争力的培育简单化为政策的扶持。如对国产电影在档期上的保护政策、黄金时段的动画播出政策、对国有文化企业的政府补贴等，已经越来越引起学界和社会的诟病，迫使我们反思政策在文化产业发展到一定规模和阶段后的效用问题。事实上，政府不能保护过度，而企业发展应以激励竞争和提升竞争力为目标。

文化产业发展的动力机制来自外部推动还是内生驱动？直接关乎文化产业的运行质量和效益。我国文化产业的快速发展与政策效应和红利的释放分不开，但从政策实施效果看，政府在政策导向上对"文化事业"和"文化产业"之间的政策界限及其内在关联性的理解仍很模糊，缺乏有前瞻性、指导性、针对性、可操作性的细化政策，政策过于空泛、流于空疏，各地方政策还带有浓厚的行政性垄断和地方保护主义色彩，政策趋同性明显，未能充分体现地方的比较优势和竞争优势。一个好的产业政策应该既有政策目标，又有具体的政策措施，应该具体明晰、可操作性强。当前政策的最大问题是过于坚持原则性，停留在口号上，粗线条、缺乏操作性。许多政策缺乏配套措施，更没有实施细则，落地很难，尤其是限制性、禁止性政策，还缺乏对政策实施效果的监督和评估。这些症结促使我们要把着力点放在法律法规的促进上，以立法来规范文化产业健康理性有序发展。文化产业发展离不开政府的有效支持，但政府支持不能变成对资源和市场的垄断。其实，推动大批中小企业进入文化创业过程本身就是一种经济增长方式的创新，由于文化产业的发展要用大量资金，风险比较高，企业特别是私人企业一般在初期难以承担创意的高额投入，有些企业尽管可以投入，但因高风险的不可控，对创意成果保护机制的不健全而不愿投入，所以，在文化产业发展的初级阶段，需要政府的大量投入，打造平台、改善环境、做好服务。当前的问题是：一方面，政府的金融支持不到位，无论是信用市场还是资本市场，尽管出台了金融业支持文化产业的政策和配套细则，但很难落实到中小微企业。另一方面，政府在很长时期里成为唯一的投资主体，特别是国有文化单位几乎垄断了所有的文化产业资源，虽然在市场机制倒逼下不断开放，特别是在增量领域里民间资本很活跃，但很多民营企业很难公平地分享文化资源，企业之间的市场竞争很不充分。因垄断而导致资源配置的低效率，不利于文化产业整体发展壮大。因此，要加强对政府政策扶持实施效果的监督和评估，以确保政策发挥应有的效用，为政策调整提供依据。尤其要健全第三方评价体系，委托专门机构出具整体效果评估报告和专项资金使用效率报告，及时对外公布，主动自觉接受群众监督。

在文化产业发展中，谨防政策的空疏化和短期化，就必须加强对政策执行效果的评估。既要注重市场在资源配置中的积极作用，发挥市场灵验功能；也要注重政策效用的发挥，释放政策红利，使政策灵验有效。在现实中，一些转企的市场主体对政策把握不当，市场经济意识不够强烈，使一些企业患上"政策依赖症"，存在"等、靠、要"的现象，试图以靠国家政策支持维持生存。如动漫行业因政策的空疏化和管理粗放，致使一些动漫企业不以市场为导向而以拿政府补贴为目标，浪费了大量资源却没有产生有效产值，更没有形成文化影响力。据统计，目前85%的动漫企业处于亏损状态，靠政策套利维持生存，极不利于动漫产业的可持续发展和竞争力的提升。这种依靠行政力量和资金补贴的外在推动力，催生的只是数量（如2012年电视动画片制作量达到27万分钟），而精品寥寥（与国家投入和社会期望值差距很大）。重"量"轻"质"问题突出，动漫作品的人物形象、情节设计等内容原创不尽人意，充斥着"哈韩"、"仿日"、"崇美"的格调，导致大量动画片积压，投入与产出比失调。政策的初衷与执行效果不匹配，外推而非内生驱动使政策的作用有限，很容易使文化产业项目沦为政府的形象工程，或者某些人的牟利工具。滋生了不少"候鸟"企业，或者一家企业多地注册的乱象。此外，政策的空疏化还导致"搭车"现象严重，特别是在产业园区的建设与招商方面，很多集聚区空有企业之名，而无集聚创意之实，集聚的群体竞争优势和规模效益难以发挥。再如被国务院叫停整顿的文化产权交易所乱象，同样违背了当初盘活文化资源存量，促进区域文化创意与各类资本有效对接，实现区域文化资源更优化配置的本意。

作为其特殊性的显现，政府、学界和市场部要研究文化企业"轻资产"的特点如何成为其立身之本。文化产业属性的差异化及运作机制的复杂性，即自身运动的强度和活力决定了它的价值构成、价值实现和价值运动的不同。因此，文化产业发展要放在经济、政治、文化相互作用的系统中来理解和定位，在其根本点上能否形成统一性的轴心同构原则，决定了文化产业发展的可持续性和文化影响力的发挥。①

在文化产业由起步阶段向初级理性发展阶段递升过程中，相对于各种外力、推力的强势作用，更应该强化自身的内生驱动力——夯实民族文化根基——文化核心价值观的培育，及其以现代高科技为支撑的发展体系的完善。随着中国经济的崛起，发展文化产业应该"不差钱"，但不能在资本的追逐"围猎"中变成脱离文化的"资本独舞"。以电影产业为例，目前，风投和基金对中国电影产业的投资行为基本集中在制片领域，尽管制片是电影产业链上附加值最高的环节，也是投资风险最高的环节，扎堆制片环节所诱发的功利角逐，不仅使资本压倒艺术，甚至造成局部资金流的"梗阻"，还因短视性难以培育健全的产业链。作为内容产业的电影带来的不仅是经济利益，还有社会影响力和品牌效应。由于缺乏对电影产业内部规律的了解，在个别影片高回报的诱惑下，电影业外的资本纷纷涌入，盲目投资带来的泡沫越来越高，已经影响了电影产业良性发展的生态，抑制了电影产业由外在粗放到内生集约的产业升级。各种业外的资本只是对电影产业发挥助推器的作用，而无法为产业持续健康发展提供基础性保障。在产业化的起步阶段，站在解放文化生产力、活跃产业积极性的出发点上，市场可以容忍泥沙俱下，但在产业升级阶段，市场必然要经历大浪淘沙，培养出一批专业水准特别高、示范性特别强、可持续生产力特别强大的集团式大企业，才能使中国电影（华语电影）随着市场的扩大和开放度的提高保持竞争优势。

化解文化产业结构的不合理，要重在提升内容产业在文化产业中的比重，增强文化与科技的深层次交融，发挥文化创意及其设计服务对关联产业的带动融合效应。本书提出建议要发展强大的内容产业，在发展理念上不仅仅将其视为娱乐，而且把它看作艺术的泛化（日常生活审美化）和思想精神的创造及其传播，鼓励对艺术卓越性的追求。就对外传播而言，首先中国大陆要成为海外生产与消费中华文化（汉语文化、儒家文化、华语文化）的中心，尤其要考虑其支撑载体和传播渠道建设（中医中药的养生文化、中餐的饮食文化、茶文化等，影视剧图书及其互联网新媒体的传播渠道）。当前与我们竞争这一中心地位的有中国台湾地区、香港地

---

① 如美国文化产业的强势发展有力地支撑其夺得世界文化领导权，即资产阶级获得经济领导权、政治领导权，直至20世纪60年代经由美国资产阶级的文化运动才最终获得文化领导权，美国的大众文化从世界文化版图的边缘性地位作为美国的主流文化开始发挥世界影响力，而成为世界的主导文化之一。政治民主化、市场经济、后现代的大众文化构成了美国社会稳定运行的轴心同构原则。

区、日韩等，特别是韩国试图成为儒家文化的代表和传承者，新加坡企图成为全球华语创意中心；其次，要以文化实力使中华文化成功地融入国际主流文化圈，在民族文化位态的提升中成为世界多元主导文化中的一元，从而在国际文化竞争中拥有话语权。当前最紧迫的是面对强势的美国大众文化的侵蚀，不能使其成为中国流行的主导文化（或者中国流行文化的代名词），而只能是中国大陆流行文化中的一种，我们要掌握中国大众文化的主导权，也就是说我们必须生产出系统性的具有中国特征和价值取向的主流娱乐文化。美国大众文化成为全球主流文化不可怕，关键是我们要有与之抗衡的中国主流娱乐文化，它是地地道道中国的，美国娱乐文化只能是中国主流娱乐文化的补充和多样化存在，而不能把中国大众文化的领导权"拱手相让"，使中国主流娱乐文化碎片化，被全球文化"碾压机"的美国大众文化所肢解为不同区域特征的地方性文化，如海派文化、京派文化、中原文化、齐鲁文化以及各少数民族文化等契合市场特点的时尚化组合，以此消解中国文化的整体性和本根性，而丧失中国文化的话语权是最可怕的。因此，中国发展文化创意产业一定要有文化的整体性和主体性意识，面对文化的不断分化要重构文化的整体性和主体性自觉！美国尽管有着族裔的文化多样性，但在全球输出中却是统一的"美国文化"，而不是哪个区域城市或者族裔的美国文化。正是唯此世界才有全球统一的"美国文化"，而没有所谓的"拉丁文化"，也没有统一的"欧洲文化"，没有"东南亚文化"，甚至没有"东盟文化"，这是因为首先是语言的边界，其次是政治的文化的边界的存在，而没有形成统一的文化市场。如欧洲由于缺乏统一的语言以及国内市场和经济增长存在着内在关联的 critical mass（指为提供一个可实现充分互动的环境而进行的资源集中及其足够大的群体支撑），尽管是同处一个大陆，也形成了政治框架的欧盟和欧洲理事会以及统一的欧元货币，但欧洲却是一个连串的相互之间几乎没有文化互动的诸多国内市场而已。美国在世界各地通过实施本土化策略，生产全球各区域的文化，但其骨子里却是美国文化（遵循美国标准）。美国迪斯尼版的《花木兰》以及好莱坞的《功夫熊猫》，配置的是中国题材、投放的是中国市场，赚的是中国的人民币，可价值观却是美国的（遵循的是美国的标准——这就是话语权）。久之，它会影响文化的阐释权和版权保护。中国文化产业必须在发展中，通过市场竞争占据文化制高点重新赢得中国大众文化的话语权。

内容产业所占比重的提升不是空洞的，它需要大型骨干文化企业的集团化与众多创新型中小企业的集约化发展的合力推动。文化产业究其本质是内容产业或者创意产业，它有着不同于一般产业的特点和规律，其市场竞争力取决于文化及其价值观，而文化价值观的有效传播离不开高质量的文化产品和服务。也就是说相对于规模化发展和大型骨干企业的培育，其专业化水平的提升至关重要。一定意义上，大型骨干企业是一个行业或者产业成熟与规模化的体量强健的表征，中小企业发展的集约化程度则是衡量其创新与专业化水平的尺度。一定意义上，大型骨干企业是一个行业或产业成熟与规模化体量（竞争力与市场集中度）的表征，中小企业是创新与专业化水平的体现，这一点在文化产业尤为明显。文化产业固然需要培育大型骨干企业以壮国威，但其特性决定更需要中小企业的集约化发展。文化创意产业的发展趋势越来越趋向于，不再由像黄金时代的好莱坞电影公司那样的大型制片厂构成，而是通过成千上万家小型制片厂和创业型小工作室形成生产网络；创意产业不再是大型企业，而是成千上万个不同商标或字号的各自独立的专业公司，独立公司逐渐形成企业联合，而这些企业联合则通过独立公司来运营并成为主流。文化创意产业在本质上是"一种真正分散化经营的体制，或者说是大企业与独立公司紧密联系、相互依存而不再进行相互竞争的体制。这种体制充满活力、不会停滞，实际上，往往颇具优势，同类产品中被复制了同样的创意、嬉皮的特质以及酷的风格，为复制而对原创进行的实验不断地处在变化中"①。目前，美国对这一体制运用得驾轻就熟，无可匹敌。

日本以技术支撑在文化内容创新中通过完善产业链向全球传播其价值观。日本动漫产业的年营业额达到 230 万亿日元，占日本 GDP 十几个百分点。经过多年培育，日本民族特色浓郁的动漫产品已形成了一套完整的产业链，举国动漫不但推动日本经济的发展，还有效地传播了日本的主流文化价值观。日本动漫业从 1917 年起步，历经近百年的发展，在手冢治虫（代表作《铁臂阿童木》）、富野由悠季（代表作《蜡笔小新》）、藤子不二雄（代表作《机器猫》）、宫崎骏（代表作《千与千寻》）几代人的努力下，始终抱着"日本动漫反映日本文化"的理想，在借鉴欧美先进动漫技术的同时，完整地保留了日本大和民族的文化底蕴，最终使日本动漫产品成为"日本符号"，传播到世界的每一个角落。正是在市场条件下的保护创新使日本动漫在市场中脱颖而出，最终风靡全球，成为世界动漫强国。

---

① ［法］弗雷德里克·马特尔：《主流——谁将打赢全球文化战争》，刘成富等译，商务印书馆 2012 年版，第 370 页。

　　文化创意产业在实践中是一个产业群的概念，其中每一个行业都有相对完整的产业链，包含着产业链上中下游的不同环节。其中不同行业间又存在交叉和关联，行业之间的高度关联性和产业之间的渗透性、交融性是其结构特点。制约中国文化产业发展的最大障碍是缺乏产业链意识（产业链短、周边产品开发不足），也就是说在文化内容生产时就要潜入产业链意识，并随着影视剧的开播放映不断拓展产业链。如好莱坞的《泰坦尼克号》、《阿凡达》，韩国的《大长今》、《来自星星的你》等，都能有效形成文化符号立体交易模式和文化产品的复合带动模式，从而带动图书、玩具、服饰、餐饮、旅游、医药文化等的符号资本升值。只有在内容生产中嵌入产业链意识，建立文化资本的全新交易模式，在文化制造元素的创意经济上下功夫，在文化符号再生产中不断提升附加值，文化产业自身发展才能实现产业升级，促进文化产业增长方式的变革，进而进入高质量的运行阶段，才能最终解决产业集中度和市场占有率的问题，从而推动文化产业的集群化发展和企业做大做强。

　　文化产业结构的合理性及其凸显内容产业优势，有利于激发文化产业的正向外部溢出效应。文化作用于经济发展的途径归纳起来有三条：其一，文化能产生积极正面的经济活动，并激发和维持经济的活力；其二，文化能促进补足性产品或服务的专业化分类，比如旅游；其三，文化能提升一个社区所给予的愉悦感，并增进认同感，进而吸引居民和公司进驻设区。此外，文化还具有"未来效应"，即当前的文化能促进后代产生更多的文化，提升其价值。[①] 越来越多的城市管理者认识到，文化有助于保持城市经济的活力，并通过文化创意提升经济的附加值和人文品格。纽约就是因为文化艺术的广泛存在和大量的博物馆、艺术馆而使城市充满了朝气，使经济充满了活力；伦敦作为世界金融中心，就是因为其创意的氛围吸引着金融家入驻伦敦，促使伦敦的创意产业成为仅次于金融业的支柱产业，而且二者相互促进并引领世界发展潮流。

　　有学者认为，文化产品的外部性是指某一个体对文化产品的消费对另一个体的福利所产生的影响，这种影响没有通过市场价格机制反映出来。首先，文化产品既能产生正的外部性，也能产生负的外部性。一方面，好的文化产品不仅给消费者本身带来好的精神享受和愉悦情怀，同时也给他人带来效用的增加。另一方面，不好的文化产品如"三俗"产品不仅对消费者本身产生严重误导，损害消费者的精神世界，也会对整个社会和民

---

① 计国忠：《文化产业的政府支持：正外部性角度的分析》，《新疆社会科学》2004 年第 4 期。

族文化带来严重的精神污染，损毁民族的文化根基。其次，文化产品的外部性还包含着时空性，即代内外部性特征和代际外部性特征。优秀的文化产品既是同时代优秀文化思想的表现形式，其消费也是文化传承到下一代的重要组成部分。在此，文化产品的外部性特征具有交互性，某个个体对某种文化产品的消费能够影响到其他个体对其消费。①

文化产业具有极强的渗透与带动效应，其产业关联度很高。为了激发其溢出效应，在文化的创意创新领域，要鼓励多元化的资本投入。目前，在文化产业发展中令人担忧的是，上游的研发和创意阶段资金的来源过于单一，尽管各地政府大都成立了文化产业集团或投资公司，担当扶持或投入文化产业的市场主体责任，但因政府意志起主导作用，未能充分发挥市场灵验功能，没有起到"以小博大"，或以此撬动社会资本的杠杆作用，社会力量参与度不高，多是以政府或国有文化单位为主要出资人。目前，文化产业内资本投入的单一性，是中国文化市场有形资本的主要来源。其结果往往造成政府行为代替"市场行为"，"政府理念"代替社会文化理念，政府意志压抑了公益性服务中的大众审美需求与文化市场消费者的自主选择的差异性，导致在社会运行和消费层面的各种失序和错位现象滋生。可见，由政府担当创新创意主体会带来诸多弊端，此外权力的越位使政府出了力，但没有使老百姓满意。尽管启动和深化文化体制改革，但在政策落地中市场机制尚未理顺和完善，阻碍了现代文化市场的健全。只有放开与完善资本市场，引入市场竞争机制，实现投资主体多元化、资金来源多元化，才能使文化产业发展驶入正轨。尽管"资本会说话"，资本的进入会影响一个国家的文化生态，但资本投入的多元化与国家文化安全并不构成直接关联。核心问题是在资本多元化投入中，应遵循什么样的原则和法律法规，以及如何具体配置、使用并接受社会监管（尤其是内容上的监管）？我们要明白文化是国家的重要战略资源，在事关国家文化安全和重大文化项目上，对这种资源的资本配置要有一定的限度，就是说多元化资本的投入在事关国家文化核心利益上应该有"壁垒"存在——不论形式如何多样化，都应由体现国家意志的政府、社会、企业三者一体化的力量来主控，正如当下国际上对能源的国家控制一样。

3. 协调尊重文化发展规律与遵循产业发展规律之间的平衡，是破解制约文化产业发展中秘而不宣的深层次问题的关键。归根结底，发展文化产业既要做到尊重文化发展规律，又要遵循产业发展规律。中国文化产业

---

① 左惠：《文化产品的公共物品属性及其供给模式选择》，《中州学刊》2009 年第 5 期。

发展水平与世界的差距不是硬件设备和制作水准，而是文艺的人文情怀和审美境界的提升以及文化人的使命感，是世界眼光和全球视野，落到现实中就是对规律的把握尚不到位，协调得不理想，影响了文化产业发展的高度和运行的质量与效益。

市场经济条件下，文化产品和服务除具有一般的经济属性外，还有特殊的文化属性。因此，有学者指出还要考虑处于社会转型期的发展阶段和特殊的制度条件，关注文化产品的"意义内容"的影响，以及基于意义内容的监管形式。当前中央对文化产品"社会效益"的一再强调，以及对文化生产机构"始终将社会效益放在首位"的要求，即表现出对意义内容影响的关注；对文化领域投融资的各种"准入"政策，则反映了国家对于赋有宣传职责的文化机构的特殊监管考虑。① 事实上，文化的经济化，固然可能通过市场运营带来社会经济资本的增加与利益的增长，但过于追逐市场效益也可能陷入其中迷失文化的价值导向。

要树立文化产业是产业的理念，文化产业的强大要依靠市场而不能依赖政府，必须尊重市场逻辑和遵循产业发展规律。但即使遵循市场逻辑也要考虑文化产品的特殊属性和影响力，商业上的成功离不开"政治上的正确"。文化产业内容上的创新在某种意义上是"走钢丝的艺术"，它需要在文化发展规律和产业发展规律之间把握平衡，才能实现社会效益和经济效益的统一。如"独立"在好莱坞电影中属于美学范畴，在电影产业运作中虽与电影的金融性质毫不相干，但二者却在好莱坞电影中对利润的追逐实现了统一，体现了美国文化企业对协调文化规律与产业规律平衡把握的高妙。

文化产业是内容产业，其特点是创意性强、产业链长、资源消耗低、环境污染少、最有可持续性。文化产业对消费者精神文化生活和价值观有很大影响，它不仅是各国经济发展的重要内容，也是提升国民素质的重要途径。大多数地方政府都非常重视文化产业发展，但不少地方对文化产业发展还没有形成准确、清醒的规律性认识，忽视文化产业发展需要积累和培育过程，存在急功近利的心态，对文化产业发展规律认识不清，往往给产业健康发展带来伤害。如过于追求高经济指标，忽视了文化产品对人的精神、道德、价值观等方面的影响；有的在制定文化产业发展规划时，不从本地经济发展水平和市场需求情况出发，盲目提出不切实际的发展目

---

① 张晓明、齐勇锋：《中国文化事业单位改革研究》，《中国公共文化服务发展报告（2007）》，社会科学文献出版社 2007 年版，第 48 页。

标。另外，建园区、上项目成为各地发展文化产业的普遍做法，但有些园区和项目建设上存在盲目性，缺少客观的分析论证，造成重复建设、同质竞争和资源浪费，甚至有的园区和项目沦为圈地项目、政绩工程，给产业发展造成负面影响。

如果单纯从经济角度考虑文化政策的制定，通常会忽略文化的公共物品属性及其有利于公共利益的特征。说到底，文化的服务对象是人，创造主体是人，发展的目的是为了人，流行、时尚产品和服务的供给，绝不是文化产业发展的终极目的，使社会中的每个人都有其自主选择的精神娱乐和审美体验，才是文化发展的最终归属，这就是文化发展中的以人为本原则。基于文化产业的特殊性，国家对文化产业的扶持要落实到人身上，人是文化产业发展的根本和瓶颈，是文化产业可持续发展的基础。发展需要文化来定义，文化是繁荣的最高目的。文化产业要实现经济效益是产业发展的必然，但当文化服务的提供设置了物质条件进入的门槛，当文化服务提供的过程是供应者经济利益诉求目的实现的过程，当金钱成为获得文化消费的"通行证"时，又有多少人被排斥在文化消费和文化创造之外？有多少人会遭遇豪华文化场馆的冷漠拒斥？如果文化发展时时都浸润在物质利益实现的过程中，文化发展的目的又是什么？在人们习以为常的精神与物质的交换中，人们坚守的精神、人文的独立性还会持续下去吗？因此，大力发展文化产业尤不可忽视公共文化服务体系的建构和公共文化服务的均等化，使文化享受和文化创造成为大众日常生活的有机组成部分。不可忘记文化事业与文化产业的相互促进、相互支撑与转化，以及文化本有的民主化与公平公正性。文化的繁荣发展需要事业、产业的双轮驱动，而非单兵突进，没有事业的繁荣就不会有产业的大发展，没有满足大众差异化服务的产业的大发展也谈不上事业的繁荣。实践表明：一个健全完善的公共文化服务体系，"对内可以积极保护和开发文化遗产，推动文化共享，鼓励文化原创，以达到凝聚核心价值，加强文化认同，促进社会和谐的作用；对外可以通过积极开展文化交流，传播文化理念，塑造文化形象，以提升国家软实力，营造和谐发展的国际环境。积极构建公共文化服务体系，有助于我国在更大程度上获得国际社会的文化认同，在更大程度上参与国际交往规则的制定，让更多中国传统伦理智慧融入人类共同价值体系，在国际舞台上树立成熟的现代国家形象"①。正是在此基础上，文

---

① 章建刚等：《中国公共文化服务发展的历史性转折》，《中国公共文化服务发展报告（2007）》，社会科学文献出版社2007年版，第7页。

化产业发展才会获得起跑的助推力。

当前，亟须深化改革，在文化产业领域（商业文化）充分发挥市场资源配置的决定性作用。因当前立法不完善、政策不配套，尤其是管理水平和治理能力不高，有些乱象是人为扭曲市场造成的，只有对市场的全面深刻理解才能做到两个规律的统一。在文化产业发展中，文化发展规律和产业发展规律的统一必须建立在市场机制灵验的基础上，才会有发展的可持续性和防止产生割裂式理解文化的两张皮现象；同时，建立市场条件下的高雅艺术的对位性保护机制，在涵润和健全文化生态中培育文化生产力和创新力。通过完善现代文化市场体系，充分发挥市场配置资源的决定性作用，鼓励一些成长性好、竞争力强的本土文化企业通过兼并重组的方式做大做强，使大型文化企业成为创意经济和文化市场的支柱，作为有较强竞争力的"三跨"企业，成为带动中国文化产业发展的中坚力量。所谓兼并重组，一方面鼓励本地企业的联合，形成以公有制为主体的跨所有制的文化企业集团，另一方面鼓励有市场竞争力和特色集群优势的文化企业与外资合作，形成多元化的投资主体，利用国际知名的文化企业的先进技术、产品和经营管理理念，参与国际市场的竞争和融入文化产业的国际分工体系，进而提高本土企业的创新能力和国际知名度，带动本国文化产业国际化；同时还要与海外文化企业共享全球创意资源，共享外企在技术创新、企业管理、市场开拓、人才培养等方面的经验，不仅生产中国特色产品，还要生产制造国际流行时尚产品。

只有通过发挥市场在资源配置中的决定性作用，才能破解文化产业发展中市场微观主体的"二元结构"弊端。所谓文化市场微观主体的"二元结构"，是指国有文化企业和其他所有制的文化企业普遍缺乏产权联系的分离状态，不是完整意义上的市场竞争主体。其中，尤以文化产业的核心领域——新闻出版、广播电视行业的"二元结构"特征最为显著。相对于影视制作、娱乐节目等市场化程度较高的领域，广电系统的改革可谓举步维艰、进展缓慢，在视听产业大发展的格局下尤其显得促狭，面对增量领域民营企业的急剧扩张，以及"多屏竞争"的产业发展态势，其自我束缚的守势愈加明显。广电领域作为文化内容最主要的传播渠道一直掌握在政府的手中，在电视主导文化产业格局的背景下其对舆论的影响比较好把握，在互联网及其移动终端技术的冲击挑战下，文化产业发展格局早已超出广电业，而成为以数字化技术为支撑的大产业格局的视听产业，这使得传统的行业管理和行政规制越发力不从心。在束缚自我发展和错失新技术融合的背景下，广电业已处于被大视听产业"包围"的状态；越来越滞后于新业态的发展，也使自己的影响力不断式微。上海文广系统的再次改革是这种"突围"的尝试，其中尤以"澎湃"新闻的社会影响力最为显著。

按照十八届三中全会提出的"鼓励非公有制文化企业的发展，降低社会资本进入门槛，允许以控股形式参与国有影视制作机构、文艺院团改制经营"，"在坚持出版权、播出权特许经营前提下，允许制作和出版和播出分开"等要求，但其前提必须是国有文化企业的产权清晰、现代企业制度完善。而在现实中，进入新闻出版、广播电视等领域的社会资本，只能以"合作经营"的方式与具有"刊号"和"特许经营权"的国有文化单位进行项目合作，缺乏产权（股权）关系的内在关联。当前，"国有文化企业单一、国有投资主体政企不分、政事不分的传统体制还基本上没有得到实质性的触动，尤其是在新闻出版、广播电视等国有垄断性文化行业，对非国有资本存在'市场进入壁垒'的情况下，两者产权关系的分离，就不可避免地形成'两张皮'的'二元结构'企业体制形态"①。究其原因，最根本是现代文化市场体系不完善所致。主要是当前的文化体制改革不彻底和不够深入，在思路上是政治任务压力下的重改革轻发展，使存量改革与增量发展步调不一致，存在体制结构上的矛盾和利益固化问题，增量领域因市场机制健全而发展较快，存量领域虽然转企但尚未建立和完善现代企业制度，导致非国有文化企业难以与国有文化企业实现有机融合发展为混合所有制经济结构。其次是在新闻出版和广电领域仍存在严格的"市场准入壁垒"，非国有资本难以进入这些行业，甚至非文化宣传系统的国有资本也难以进入，过于强调意识形态属性和"喉舌"功能的"泛意识形态化"倾向，使本已存在的"二元结构"在这些领域愈加强化。"二元结构"微观主体的存在，使整个社会的文化创造活力未能充分激发，也导致很多文化乱象滋生，还极大地浪费了资源，既使得非国有资本在"市场壁垒"面前却步不前，也使国有资本得不到民间资本的强有力"输血"与机制激活，从而丧失通过股份制改造盘活资源增强对文化产业发展的控制力和引导力，最终因束缚文化生产力而迟滞了中国文化产业的大发展。

严格意义上讲，文化产业主要是在经营性的商业文化领域运行并受市场机制的调配，现代市场经济要求公开、公正和公平竞争，反对各种形式的地方保护和资源垄断，要求各种文化资源要素在全国流动，并按产业链

---

① 冯颜利等：《中国特色社会主义文化制度研究》，经济科学出版社 2013 年版，第 83 页。

延伸和完善可以跨行业跨地域甚至跨所有制运营，在市场灵验的驱动下趋向价值链高端。但当下的中国文化市场离真正的发育良好的、完全意义上的健全文化市场还有相当的距离，有些经营性领域不仅是外资就连民间资本也很难进入，企业兼并重组的"三跨"经营还遇到很大障碍。一些国有文化企业利用与行政机构曾经的隶属关系，依靠行政力量垄断资源，虽然转企却依旧是事业性考核，导致产品与市场消费需求脱节的"过剩"，加剧了文化市场中供求的"结构性矛盾"。另外，在做大做强文化产业旗帜下的行政组合，只是成立了若干具有行政级别的国有文化企业，因不是以资本为纽带且没有清晰的产权，还不能实行现代企业制度和公司法人治理结构，其看起来貌似体格庞大，实际上在市场竞争中仍是"摊开的五指"而不是"伸出去的拳头"，如有线电视的区域网即使各省市都能实现整合，充其量也是各省市一张网，也难以实现全国一张网，这种在传播渠道上的"破碎"，不仅割裂了产业链还抑制了内容的生产传播，严重束缚了国有文化企业的做大做强。只有把结构调整与体制转型结合起来使之成为真正有竞争力的市场主体，才能真正解放文化生产力。因此，党的十八届三中全会提出"激发全民族的文化创造活力"是深化文化体制改革的中心环节，就是要把所有转企单位培育成有竞争力的市场主体，担当文化大发展的重任，就此我们说文化体制改革的深度就是文化产业发展的高度，它直接决定着有活力的体制和有竞争力的机制，其基础恰恰是减少行政干预，充分发挥市场在资源配置中的决定性作用！

当前，政府的工作重点是为社会力量参与更多的文化创造提供条件，在更大程度上激发全民族文化创造的潜力。积极落实十八届三中全会提出的鼓励金融资本、社会资本和文化资源相结合的要求，不断提高市场的开放度，充分发挥市场的激励和驱动作用以壮大文化产业。以文化产业的核心门类——电影业为例，当前中国大陆已稳固地成为世界第二大电影市场，就是市场化程度不断提高、鼓励竞争的结果。随着数十部国产片突破亿元大关，新闻出版广电总局等出台支持中国电影产业发展的若干经济政策的落实，中国电影业迎来了自己的"黄金时代"。现在"华语电影"的概念越来越得到大陆、港台以及海外华人的共识，并以其差异化的发展丰富了华语电影的厚重感和审美的多样性。尤其是大陆电影以2014年近300亿元的票房，将近2.3万块银幕数，正处于蓬勃发展期。可以说，大陆电影市场发展的空间已打开，其发展潜力不可限量，足以支撑一个产业链完整的华语电影工业体系、华语电影产业体系。毫无疑问，继续做大做强以大陆为主体，覆盖香港、台湾、澳门以及其他地区的华语电影市场，是华语电影自身发展的关键。① 在发展战略上整合大陆、香港和台湾的电影产业，13.6 亿人口的大陆市场，加上香港、台湾的区域性市场，只有形成良性互补、互动发展的华语电影新格局，充分整合三地的人才、资源和市场，最终形成一个无论在地理位置或历史文化方面更接近的电影市场，使之成为全球华语电影生产、制作和消费中心，从而掌握全球华语电影的话语权，在进一步融合中最终成为与"好莱坞"、"宝莱坞"并列的世界电影中心之一，积极弘扬和传播中华文化价值观。正如有学者指出的，一个在理论上拥有15 亿人口的电影市场，一个具有共同语言、文化和历史背景的电影市场，可能带来巨大的潜力和无尽的想象，是唯一能够在市场空间和规模上跟美国电影进行博弈的大电影市场。② 以中华文化深厚的积累和生生不息的文化传承，以及强势的经济基础的支撑和互联网数字技术创新为依托的大视听产业格局，这种可能正日趋成为现实。契合中国文化产业的战略意识、国际化视野和互联网化趋势，通过在产业发展中融入更多的本土文化情怀和时尚化的表现形态，中国电影会越来越成为国际电影中的强有力的竞争者，在不断遵守、参与制定国际电影行业游戏规则中获取更多的话语权，并有效改变世界电影的地理版图和文化版图。一个可期许的未来是："未来的大华语电影是以中国思想文化为圆心，内地电影为第一半径，包括港台电影在内的大中华区为第二半径，三同心圆共同构成大华语电影文化格局，在其外围则将是中华文化与其他国族文化相交织的电影产品，表现为形形色色中华文化元素越来越多地出现在其他国家的影片中。"③ 如此，中华文化已然是全球主导性的文化之一了。

在国际市场竞争中，文化产业投资的高风险随着国际市场存在的风险不确定性和文化折扣进一步增高，因为文化产品国际渠道商总是愿意选择已经获得国际市场或者本国观众肯定的文化产品（而不是首先考虑文化多样性原则），如果是新作品，则必须是受到出口国观众热捧的文化精品。市场肯定会青睐已被认可的类型商品化，任何创新哪怕是名家的创新之作，都会有风险，走出去更会遭遇高文化折扣，出于尊重产业发展规律的原则，类型化商品会引领时尚成为市场消费热点。但文化产品是影响人的思想观念和生活方式的特殊产品，不能以"经济至上"的思维来看待

---

① 饶曙光：《如何打造中国电影"华莱坞"?》，引自中国经济网文化产业微信公众号。
② 同上。
③ 同上。

文化产业，它在本质上需要创新，要尊重艺术及其表现形式多样性的发展规律，这需要市场灵验机制下非市场力量的积极干预——通过对出口文化产品的贸易补贴实现对文化创新的保护和文化价值传播的肯定。

国际经验表明：拥有最大的国内市场的以"内容为王"的文化产品作为共同消费品的文化折扣和市场大小的交互作用，被微观经济学视为文化产业的核心竞争优势；庞大的国内市场会为本土文化产品带来较大的、理想的（利润最大化）收益，并成为最具国际市场竞争力的产品。这两条规律在中美两国的文化产业竞争中，从正反两方面得到印证。

就中国文化产业发展而言，内容贸易的逆差状态体现出我国未能发挥大国市场规模的天然优势，主要原因是产业集中度和产品市场占有率较低。按照以影视产业为代表的内容产业的既有研究结论，共同消费品（文化产品）的文化折扣和国内市场规模的相互作用是获得文化国际贸易竞争优势的基础。但我国超大国内市场规模未能成为国际贸易竞争优势构建的天然基础，究其原因在于，我国文化产业国内市场的分割形成了以文化集团方式强化行业与区域垄断为价值取向，区域各自为战，尚未形成统一规范的现代文化市场以及资源的全国性流动，导致文化产品在国内交易不充分的背景下直接参与国际文化贸易，结果，相互杀价，恶性竞争，最终形成"大国市场规模，小国经济实现条件"的"诸侯经济"模式。正是带有保护主义色彩的区域分割与行政垄断最终消解了我大国市场规模的优势，形成我国文化产业输出中国际市场价值取向（拳头）和国内市场的价值取向（五指）的背离，使得文化"走出去"成为无源之水，没有获得文化整体实力和创新力的有效支撑。

美国文化竞争力培育经验表明，正是通过利用国内市场的竞争优势，使其在对外文化输出中以较低的文化折扣获取了高额的文化贸易利润。由于文化折扣的现实情况，国内文化市场的大小和发育程度就至关重要，美国巨大的市场成为其天然的竞争优势，而中国因为市场发育的不健全和开放度不高，原本具有的天然优势难以发挥出来。通常，强势文化对弱势文化国家的折扣值小于弱势文化对强势文化国家的折扣值。有文化隔膜和隔阂的国家，其情况就更为严重。当一个国家占据某一特定行业品牌文化的制高点时，它就获得了垄断性的竞争优势，有时甚至会出现超越文化折扣现象。如美国大片《泰坦尼克号》在中国的票价比美国本土还高。

有学者在比较分析中认为，中美两国都强调文化产业在生产过程中不同于物质生产的特殊性，只不过是中国文化产业强调文化产业产品的内容属性（意识形态属性），美国则强调文化产业内容生产者的权利及其在文化产业中的核心地位，强化版权的法律约束性。前者重在突出文化产业所生产的产品不同于一般物质生产的特殊性，后者更强调文化产业的生产方式及生产权限。这两个核心概念的不同彰显了中美两国在文化产业战略价值、管理方式、生产过程和消费理念上的不同。① 观念认知和对规律特点倚重的不同，直接影响政策的导向作用和管理体制的建构，进而影响文化产业发展的效率和效益，这关乎如何理解和贯彻市场在资源配置中发挥决定性作用的论断。

中国文化产业尤其是传媒业在二者的平衡把握中，往往会注重意识形态属性，但不能因此而束缚手脚，甚至自我捆绑而错失发展机遇。与中国相比，美国似乎更注重产业规律，但美国其实早就对商业娱乐文化和高雅艺术作了区分，并在文化产业运行中建构了市场条件下的高雅艺术的对位性保护机制。

因此，在建立和完善文化产业管理体制中，既要依赖市场灵验功能的发挥，发挥市场在资源配置中的积极作用；又要谨防市场失灵（扼杀艺术的多样性及其创新冲动），而是充分发挥政府的作用，保护高雅艺术、原创艺术、版权。可见，即使在文化产业发展中，因当前文化市场的不健全，也不能机械地认为市场在资源配置中发挥决定性作用，要兼顾文化产业的多重属性和多维价值，要关注文化产业的伦理维度（这在当下的中国是个问题，在经济领域无关乎意识形态，已不存在姓资姓社的争论；而在文化领域因其特殊性，就不能简单地提市场决定论）。也就是说，文化产业的硬实力落在产业维度上：要做强，文化产业的软实力要落在文化价值上（文化的魂——普适性的价值诉求和民族文化的位态——全球主导文化中的一元）：要做高，只有做到内外维度的统一，文化产业才会有全球竞争力！什么时候，中国生产的民族文化产品——中国文化产品，是世界主流文化产品，中国文化自然就有世界影响力和成为全球主导文化中的一元，这时市场就可以完全发挥决定性作用。说到底文化发展是水往高处流，谁的文化越有精神感召力，谁就掌握全球文化领导权，进而掌握市场的资源配置权！

4. 只有通过深化改革，才能有效破解文化产业发展的大格局与管理体制的小视野之间的深层次矛盾。回顾改革历程，21 世纪前 10 年的最大

① 刘志华、孙丽君：《中美文化产业行业分类标准及发展优势比较》，《经济社会体制比较》2010年第 1 期。

功绩和收获主要基于文化产业与文化事业之别，解放和推动了文化经济功能的实现。在文化体制改革步入深水区和文化产业有一定规模后，要重新考虑二者之间的联系及其相互支撑，要着重研究二者内在的关联性。文化事业是产业发展的基础，产业是事业的支撑和积累的基础。今日的产业形态有可能积淀为明天的事业资源。今后改革发展要在联系上下功夫，寻求突破口。在大辩论中形成对文化改革路径的共识，从此前外在的自上而下转变为自下而上的内生驱动（要思考改革的起点和终点问题）；以市场灵验促使文化产业生产方式的改变——在产业领域从小作坊到社会化大生产、从分业管理的割裂到全产业链打通的大部门制，实现深层次的融合发展；依托数字化技术及其互联网的思维——在内容积淀的突破中成为文化产业的新业态和主力军。

从一种深刻性上来理解文化与经济的关系——正是文化产业的广度、深度和厚度，决定了文化必须融入经济中，成为经济发展的灵魂和内在支撑，重点解决文化建设和经济发展的两张皮现象，文化发展和科技支撑的两张皮现象，以经济和科技为文化产业发展护体，形成强大的市场竞争力。一方面，文化事业发展离不开国民经济体系的支撑；另一方面，文化产业发展作为战略性新兴产业已成为国民经济新的增长点，正与国民经济、国民教育、城乡建设、科技和旅游等相融合，并渗透于国民经济各行业，提升其品牌价值、增加物质产品和现代服务业的附加值和文化含量，对加快转变经济发展方式发挥着不可替代的作用。文化产业已经成为提高产品附加值的战略性产业，而文化产业的意义也不再局限于获得经济方面的利益，它在提高公民素质、增加就业，促进经济社会协调发展，优化产业结构、转变经济增长方式、实现可持续发展，促进中国传统文化的传承与发展，保护生态环境等方面具有独特优势。

当前，文化产业发展在国家政策激励和消费市场内生驱动下，越来越从文化宣传系统的内部循环融入国民经济的大循环，而现有的管理体制远远滞后于发展实际。局限于宣传文化系统的管理体制无论是宣传部门，还是政府管理职能的文化部门，都无法协调系统外的其他政府部门，从而难以实现文化资源的有效统筹，对文化资源与金融资本对接的有些举措也难以落实，文化与金融对接放款的"最后一公里"始终难以有效突破。这种现象被有的学者嘲讽为"小马拉大车"，其结果"一是文化产业推而不动；二是宣传文化系统和其他政府部门各抓一摊；三是由宣传部长兼任副市长，党政一起抓……我们看到，无论在中央还是在地方，文化产业发展规划与经济社会发展规划往往是两张皮：在有关文化建设的文件中，文化产业被放在突出位置予以强调，但在国家经济社会发展规划中，文化产业的位置被弱化或者虚化，文化建设的有关文件要求难以真正落实到位，也无法形成具有长远性、整体性发展规划与产业政策"。① 实践中，文化产业链的不断完善、拓展，使现有的分业管理和碎片化监管越来越捉襟见肘。一方面产业越来越细分，另一方面在文化创意驱动下关联产业越来越呈现"跨界"融合的趋势，文化产业越来越趋向专业化、集约化发展，分工协作中的每一个环节都在提升其附加值；同时，它又在经济实力和文化影响力提升的情况下不断越出文化圈子，而融入社会经济发展中，在不断走向综合中形成规模化发展。也就是说，文化产业以其新业态越来越嵌入社会经济大视野，并成为其中的引擎或亮点。处于新的发展周期的文化产业正在迎来自己的"新常态"，并经历着结构调整、企业重组和产业转型。

文化产业大发展格局使现有的管理体制日益陷入困境。由于管理文化产业发展的体制视野偏狭，一些应该由政府着力扶持的基础性工作往往被排除在外，如国家的一些财政补贴资金很少投放在更基础性的又对文化产业发展至关重要的教育支持、消费培育、创新驱动等基础性环节，由于扶持见效慢，对这些环节始终关注度不够高，扶持不给力。囿于思想观念和管理体制的僵化，对文化产业核心部分的文化内容创新不敏感、对文化创意和原创性重视不够。文化产业是内容产业，这是其有别于其他产业的特殊性所在，即其具有意识形态属性和社会公益性。一定程度上，监管的尺度决定着内容创新的高度，文化内容创新包括传统文化符号的当代化、主流文化的精品化及多元文化的内生包容发展，最核心的是在思想解放中凸显人的创造性。市场经济是法制经济，文化治理必须要依法治理和规范市场主体。一直为社会所诟病的文化内容生产的平庸、不出彩、少精品力作，最关键的一个制约因素就是文化生产上游因思想不够解放，导致文化原创性不足，下游的市场监管方式滞后、方法粗疏，管理不够科学精益，缺少底线管理的思维和分级制的操作手段。文化产业管理方式的进步直接取决于意识形态工作方式和内容的创新，思想的僵化和不解放导致文化管理方式方法已不适应文化发展现实。文化内容监管主要靠行政手段调节，管理的科学化、民主化程度不高，文化内容管理法治不健全，缺乏有指导性、操作性和效力层级高的法律法规，长官意志、个人判断的随意性干预、执法透明度低、相应的责任追究和追诉赔偿机制缺乏，由此

---

① 祁述裕：《我国文化产业发展亟需完成七个转变》，《探索与争鸣》2014 年第 4 期。

造成管理者与市场主体之间的矛盾冲突不断。

运动式管理手段、方式与"一刀切"的管理政策越来越不适应内容产业的发展态势，必须通过完善文化产业管理体制实现精细化、差异化的管理。当前，文化内容管理手段粗疏、简单化，忽视文艺的特殊性和内在规律性，又在事前引导和事中把控上不足，"头痛医头、脚痛医脚"的方式，难以实现管理的良性化。针对管理对象的特殊性，应该坚持管理的个性化原则。近年来影视界不断呼吁影视剧的分级制应该尽快研究落实，以满足不同类型消费者和不同文化企业的价值诉求。对内容管理要完善依法监管，坚持"二为"方向，既不做市场的奴隶，也不做政治的附庸，而是要做文化市场的主人，就要坚持自主、独立、民主的创作原则，坚持以人民为中心的创作导向。就内容产业发展实际而言，文化生产方式的多样性、个体创意的差异化、艺术表现形式的多样化、内容监管的专业化，都随着文化与科技的交融和新业态的涌现变得愈发复杂，现有的文化管理方式显得越发力不从心，需要建立多方主体参与的走向文化治理的新型文化产业管理体制。

事实上，因着文化产业管理体制的不健全以及部分行政化资源配置和某些垄断性行业的存在，相对于文化内容生产的日趋完整，当下文化产业发展中渠道的支离破碎现象依旧存在，导致文化传播中形成"梗阻"现象，人为地抬升了成本、降低了效率。经验表明，文化产业发展越是市场化程度高，渠道越是完整畅通，文化内容就越是丰富多彩，文化发展就越是繁荣。其破解只能期待建构完善统一开放的现代文化市场体系，使文化资源全国流动，不能人为地设置壁垒阻碍文化传播，必须培育一批具有国际视野的战略投资者，完善文化产业布局及其优化文化贸易结构，使渠道扩张与内容壮大相匹配，克服"短板"发挥市场灵验功能是文化产业发展壮大的基础。

美国政府对文化产业和文化单位采取不直接控制和不干预政策，中央和地方政府都不设专门的文化产业管理机构，各种文化形式和文化形态都能自由发展而不受政府的政策限制。通过观察分析发现，美国文化产业运作坚持的一个基本原则就是：在市场竞争机制下，依靠商业运作，让最好的文化产品流行于市场，向社会传播主流文化价值观，并为社会所认知和接受，继而影响民众。把文化作为一个产业来发展，使文化企业通过市场证明自己存在的价值，这是美国伊始就很明确的文化产业管理模式。

5. 有效破解文化产业发展与践行社会主义核心价值观之间的统一问题。文化产业的内容要经过长期积累和知识的积淀，需要社会核心价值观的融入和慢慢提炼打磨。当前中国文化产业发展最大的问题和困惑是，价值诉求的不够清晰明确和价值观的摇摆，或者偏离社会主流轨道而被大众所诟病。尤其是其中的核心产业门类如传媒业，既有大众传媒的"新闻诉求"，也是党和国家主流意识形态教化的渠道和载体，如何实现市场的新闻导向和社会舆论价值引导的统一？只有在各方兼顾基础上做出制度性的安排，使其既成为市场中的产业集团又是舆论传播的传媒集团，需要在两个效益统一中做出体制机创新。

究其根本，文化产业是在市场上运行的商业娱乐文化，是被大众消费的主流文化产品，它应该传播社会主流文化价值观，这样才符合社会"主流"的概念。所谓"主流"必须是能够辐射大多数人群的文化产品，这正是文化产业发展要追求的社会目标，也是其能够获得经济效益最大化的保障。但当下中国文化产业发展中的一些问题和困惑恰是在根本性的价值观上缺乏深刻认知，从而滋生了文化产业发展中的一些深层次问题。一些文化企业误读市场，为了眼前的利益去迎合市场，而缺乏传播主流文化价值观的自觉，文化引领时代的发展使命和社会责任被高高挂起，成为应付监管的遮羞布。因而，在根本上文化企业应当明确其社会责任对经济效益的价值优先性，唯此才能主动自觉地把企业发展与社会主义核心价值观的建构与传播进行深度融合，使其成为社会主流价值传播源，从而努力塑造和培育符合社会主义核心价值观的文化内容和品牌理念及发展战略。

其中最突出的是市场条件下传媒集团产业发展的市场价值取向与舆论导向之间的统一。2014年是我国互联网产业发展日新月异的一年，这一年，我国从互联网大国向互联网强国迈进，从消费型互联网向生产型互联网转型，互联网精神与互联网思维所带来的改变加速了企业的跨界发展，促使各产业格局加速变革，信息技术向传统领域深度渗透，商业模式不断创新，呈现出"新业态、新格局、深融合"的"互联网＋"态势。2014年可以说是中国互联网发展的转折之年，网络空间战略开局布阵，传媒业全面深化改革，被媒体称作"新媒体元年"。新旧媒体的融合发展成为传媒业发展的主流趋势，这种格局的变化已经影响了宣传舆论格局的改写，舆论导向越来越被置于大产业视野中来定位，新旧媒体的融合发展及其产业化运作，强化优质深度内容与新传播形态的探索性融合，加速官方与草根两个舆论场的打通，使两大舆论场的交集显著扩大，舆论关注点转向宏观领域，推动了互联网信息的理性化进程，网络文化整体理性提升，提高了主流媒体的舆论引导能力。如上海横空出世的"澎湃新闻"就是上海报业集团和上海文广系统在2014年改革的收获，探索出一条

"媒体融合"发展之路。实现了"报纸只有占领市场、才能守好阵地，丢掉了市场，也就丢掉了阵地，只有阵地意识或者只有市场意识，都是片面的"改革目标。

改革促使在管理上要对传媒业发展有新思维，尤其是对党报系统的新媒体探索要有意识形态管理方式的松绑，以及内容管理方法的创新。当下，文化（如新闻资讯）内容生产方式、传播方式与消费方式都发生了变化，我们对传媒业发展的管理方式也要相应地与时俱进。2014年的"拐点"表征愈加明显，如报刊业广告都以两位数的速度下滑，而报刊业在内容、版式设计上都尽心尽力地做了很大提升，新技术也都应用了，可还是不能扭转颓势留住读者，其根本原因是受众的构成发生了根本性变化。作为网络原住民的"85后"、"90后"、"00后"基本上不读纸质媒体了，也有越来越多的中老年青睐新媒体，留给传统纸质媒体的消费者越来越少，受众的流失必然带来影响力的下降，自然就影响了经济效益（广告份额）。对此境遇各传媒集团早就探索转型发展，在加速新媒体化过程的同时更是在业务拓展上多头出击、多业经营，很多传媒集团在非主营业务上做得风生水起，如通过产业园的方式做文化地产生意盈利反哺主业，或在关联产业上做文章如文化物流业、零售业、批发业等的拓展，或是在文化新业态上积极探索做战略投资者拓展产业链条。各传媒集团在新业务上的如火如荼，反衬得传统主营业务在存量领域暗淡无光、增幅减缓甚至下滑，以至于引起业内人士和学者对文化产业"空心化"运作的担忧！面对新变化新机遇，我们必须研究消费者的构成及其变化，要对"变化"保持文化的敏感。否则，对受众是如何流失的，流失到了哪里，我们都茫然无知的话，久之，我们主流媒体的辐射圈会越来越小，其有效受众会越来越少，主流媒体的舆论效力会越来越弱，其宣教就会失去受众。传媒集团转型融合发展是主流趋势，对此必须对党报系统旗下的新媒体给予一定的自主发展空间，和必要的内容创新包容，在管理思维上既要坚持其确保"正确导向"，也要以"三贴近"的方式突破僵化的硬性的宣传尺度，使党媒下的新媒体发展具有可持续的生命力，并尽快形成市场盈利的商业模式，从传媒集团向产业集团迈进，以经济实力拓展文化影响力，以其主流价值观的传播真正占据社会舆论主导地位。从增量领域发展来看，一些民营文化企业正在向内容生产、价值传播渗透，与传统存量领域的交融度越来越高，这种发展趋势改写了舆论宣传的大格局和思想阵地意识。

无疑，新旧媒体之争胜负已定，传媒业的发展趋势和方向已经很清晰，路径也很明确，管理层就要跟得上这种变化，要敏于时代受众之

"变"实现融合创新发展。传统媒体在技术、渠道和市场定位上要与时俱进，在市场机制和法律保障下也容易做到，但管理思维的转变是很难的。新媒体在内容和导向上要靠近主流价值观，坚持导向的正确性，真正成为社会认可的"主流"。媒体的形态和受众都变了，管理者的思维方式也要跟着变，推动传媒业发展要从传媒集团到产业集团的跃升，在版权上下功夫，只有在主动参与的动态融合中才能真正确保党的文化领导权！

依据十八届三中全会提出的特殊股管理制度、登记许可证制度进行制度创新，建构统一开放格局中的大视听传媒业，推动传媒企业全产业链发展，在不断开放文化水平中首先对内开放管制，做大做强中华文化。一是按照党的十八届三中全会《中共中央关于全面深化改革若干重大问题的决定》，充分发挥市场在广播电视领域资源配置中的作用，健全市场体系，打破行业壁垒、地区封锁，使广播电视主体在市场竞争中发展壮大。二是允许吸纳社会资本，开展资本运作，向混合体制转变，营造公平参与市场竞争、同等受到法律保护的体制和法律环境。对重要媒体机构实行特殊管理股制度。三是推动跨地区、跨行业、跨层级的整合，通过并购重组使广播电视领域的优势媒体逐步向规模化、集约化、专业化、综合化的大型传媒集团演进，增强中国视听传媒产业的国际传播力与竞争力。

美国强势的文化竞争力来自于其独特的多元文化、雄厚的综合国力和在互联网等媒体上的话语权。相比美国的"文化霸权"战略，依托本国强大的经济、军事实力，以及对全球90%主要媒体的垄断，在全球推行其文化价值观念，推行文化霸权，利用文化进行渗透，对他国西化、分化，迫使他国放弃文化的观念和价值观评价立场，最终丧失文化主权。20世纪90年代后，日本政府便逐步意识到文化软实力所产生的巨大的影响力。在"文化立国"的口号下，日本的文化战略的重心从国内逐步的转向了国外。依托传媒集团的竞争优势从国内道德教育、文化教育逐步开始对外文化渗透，传播日本的主流价值观。可以说，向世界最大限度输出日本文化，占领世界文化市场，成为日本融入全球化进程中的主要目标。

"欧盟"在一体化的构建过程中，逐步完成了各成员国对"欧盟公民"身份的认可，同时又以极大可能性保证了各国的文化多样性。"欧元"就体现了这一点，既体现了统一货币的共同特征，7种欧元纸币分别代表欧洲发展史上的一个时代：古罗马文化、哥特文化、文艺复兴、巴洛克文化、洛可可文化、近代和现代。而在欧元的硬币上为各成员国保留了其"国别特色"的欧元区12国都有自己的历史、文化，欧元硬币图案充分展示了欧洲文化的多样性。① 欧盟在文化方面，通过大力发展文化产业，积极致力于防御美国等外来文化侵略、"欧盟"整体文化意识的创建、意识形态领域的指引和对外的传播、文化多样性的保护、对文化产业的扶持和对外竞争、文化发展和媒体发展计划。欧盟文化的发展与活力极大提升了欧盟的文化软实力，使欧盟整体在全球文化版图中占有重要一席之地。

6. 在市场条件下，不断完善文化产业发展中对高雅艺术及其艺术原创性的保护机制。一个国家文艺创作的繁荣是全民族的价值追求，但任何文化产品的公众接受都有一个过程，其中原创性越高的作品社会接受过程越漫长。通常，市场对这类作品往往热情不足，甚至遭到市场排挤，这就需要有市场机制以外的制度安排。即区分商业娱乐文化与高雅艺术的不同运作机制，完善中间地带建立要"保护区"及其市场条件下对高雅艺术的对位性保护机制，以激活文化产业发展的源头。

一个社会的文化发展体现为一系列环节和过程，但因现实的功利性和实用主义的态度，人们往往只是"断章取义"式地对待文化发展，在一种功利主义的态度上认为发展文化产业就是发展文化，狭隘化地把文化产业视作文化的全部，为逐利而熙攘往来。殊不知，文化产业只是整个社会中文化发展的一部分——可以放在市场上进行商业盈利的那部分，这就决定了文化产业发展的内容对象主要是大众文化——文化市场中的商业娱乐文化，其在艺术价值取向上必然是平庸化、平面化和大众化，以便能为大多数人所接受和消费，这也是它容易招致社会媒体、专家学者所诟病之处。诚然，这指责多少有些无辜和无奈，虽然其犯了以偏概全的错误，但却道出了市场条件下对高雅艺术的保护性问题，也就是说另外那部分没有放在文化市场中的艺术往往被忽略或者有意遗忘了，这种误解或者偏见不仅切割了文化与艺术之间的内在关联，还恶化了本就脆弱的民族文化生态系统，使中华民族的精神家园景观化、欲望化、畸形化甚至无根化。究其根本，在市场条件下保护高雅艺术，也就是保护艺术创造性和艺术的卓越性追求的价值取向，这是一个健康理性社会必须要建构的文化生态体系，这样才能夯实一个国家民族文化发展的根基和文脉的传承。

通常，文化生产与再生产过程可分为创作、生产、传播和消费四个环节。其中文化产业的生产主要是社会化大生产（也包括基于传统工艺的作坊式的文化小生产），其产品面向市场获得经济利益，以维护文化再生

---

① 王雅梅、谭晓钟：《从欧元图案透视欧盟文化政策》，《社会科学研究》2004年第2期。

产和赚取文化剩余价值即利润。这一过程得以实现，有一个前提，那就是艺术创作的准备和积累及其成果，但并不是所有的艺术创作成果都能进入市场并转化为市场上的商品。所以，文化体制改革不是把文化机构都推向市场转企就是发展文化产业了，而是有一个艺术创新培育和产品与企业孵化的过程，只有能够获得市场认可，能够将实现了"惊险一跳"的产品通过企业经营才是发展文化产业。因此，发展文化产业有一个艺术积累和成果转化的前提，艺术积累的越丰富、艺术独创性越高、艺术的技术性含量越多，其文化产业发展的质量和高度就越可观。就此我们看到美国不仅文化产业独霸全球，其艺术创作的创新程度和艺术追求的卓越性也是很多国家难以望其项背的，这就是现代文化发展的时代性特点，是此前的"欧洲文化时代"和"东方文化时代"的文化观所难以完全解释清楚的。美国文化独霸全球的大致原因可归结为：在各所大学推广原创性研究；将公共资金的权力下放；向传统文化价值挑战；让人才流动以发挥其能量；美国社会根深蒂固秉持的"发展驱动"理念；对艺术家的高度信任；对少数民族独特而灿烂文化的包容，以及用美国的方式对多元文化的捍卫。教育、革新、冒险、创意和胆量，只有美国的大学、社会团体以及非营利组织才具备这些素质，但他们并不参与市场活动，而是分散于各自所在的领域。① 美国文化体制运转的高效启示我们：在建立和完善文化产业管理体制中，既要依赖市场灵验功能的发挥，发挥市场在资源配置中的积极作用；又要谨防市场失灵，充分发挥政府和独立机构的作用，保护高雅艺术、原创艺术、版权。

在文化产业发展中要注重对艺术独创性的保护，这种保护仅靠公共文化服务体系是不完全的，而商业性文化生产的逐利本性使文化企业的保护是不可持久的，真正能够担负这种保护职责和使命的是那些文化非营利机构，正是依靠市场条件下社会化的文化非营利机构的广泛存在，才能对艺术创作的独创性和卓越性追求及其经典传承实施有效保护，从而夯实整个社会文化发展的基础，包括文化产业发展的根基。正是这些对艺术进行保护的文化非营利机构，构成了整个社会文化发展的毛细血管和细胞，从而维护着现代社会文化艺术的健全理性发展。通过艺术创作环节，其中的有些成果经由商业孵化和大众的检验就成为文化商品，成为文化产业发展的重要资源要素和资本要素；有些则在精英性的小圈子被欣赏、批评再升

---

① ［法］弗雷德里克·马特尔：《主流——谁将打赢全球文化战争》，刘成富等译，商务印书馆2012年版，第369页。

华，去追求艺术的卓越性和艺术表现形式的多样化。文化生产的集中化、社会化是文化生产力发展的必由之路，文化市场的特性必然趋于把艺术个性拉向平庸的扁平化，趋向一种大众化的接受水平，从而弱化了艺术创作的个性化。但市场的规模化、集约化和集中化又使艺术价值和影响力不断放大，从而实现"以文化人"的教化功能。因而，文化产业作为现代文化积累和价值传承的一种主导方式，同样要在追逐经济效益的过程中尊重艺术发展规律，健全和完善对艺术创作独创性的保护机制，这其实是保护文化生产力本身。就此有学者指出："如何激发人们的创作热情和活力，使人民群众喜闻乐见、健康向上的原创性作品层出不穷，应当是检验文化体制是否完备的试金石。创作本质上属于个体行为，但其最终成果是属于全社会乃至全人类的，从这个意义上讲，激励创作、保护原创应成为社会行为、国家行为，设立文化发展基金，建立文化艺术荣誉制度、健全版权保护制度是重要举措。"[①]

艺术发展的卓越性要求和大众文化的市场化追求是两种不同的文化艺术生产和运行机制，遵循着不同的文化规律和生产原则。在艺术创作的卓越性追求中，创新、实验、多元、另类等都是其价值诉求的体现，在这个界域内，越是民族的就越是世界的，越有独特性就越容易获得艺术价值的认可，这种"曲高和寡"式的艺术追求和生存状态需要国家和社会的保护，也就是一定要在市场条件下建构完善的保护机制。一定意义上，保护艺术的创造性和卓越性追求就是保护一个民族的创造力和想象力，就是在保护一个民族能够成为伟大民族的"根基"。

在市场上遵循商业化原则运作的大众文化，主要是为了满足市场上大众消费的差异化需求，其在价值诉求上必然是大众化和平庸化的，但这并不妨碍其对艺术水准和文化品质的追求，也就是说大众文化同样要成为精品，甚至在历经社会、专家学者的批评和艺术提升后成为文化经典，它的价值定位决定其价值取向必须要为大多数人所接受和认同才会有经济效益，因此在大众文化界域内越是大众的才越有市场，其在价值诉求上必然要传播社会主流价值观，而不是"小众价值观"，在表现形式上就要尽可能地稀释民族性和特殊性以凸显其时代性和时尚性，这样的文化产品才容易"走出去"为世界所接受和认可。在健全的民族文化生态系统中二者是和谐共存、共在共荣的，并且是相互促进、相互支撑甚至是相互转化

---

① 高书生：《中国文化产业研究论纲》，《中国文化产业评论》第 14 卷，上海人民出版社 2011 年版，第 10 页。

的，它们共同构成一个国家文化发展的血脉和细胞，形成文化生产力的根基。对高雅艺术的保护需要政府、社会施以援手，甚至担当保护主体，更需要文化产业的投入反哺艺术保护体系的完善，其艺术创作成果经过艺术培育、社会孵化，有的在其成熟后就会进入市场上的商业文化领域，为商业文化的提升和创新提供源泉；有些在市场上运行的大众文化历经艺术提升后，也会成为当代文化积累和文明成果积淀的一种方式而逐渐成为文化素材，进入课堂、博物馆、艺术馆等成为公共文化供给的组成部分，不仅其中的优秀精品会得到传承，还会在艺术机构的培育中得到再创新，这就是人类文化艺术的不断发展过程。只不过原本合一的过程，在当代大文化生产体系主导下越来越分为两个相互关联的领域，因此，需要在当前大力发展文化产业的语境下建构对高雅艺术的对位性保护机制，尤其需要对这种发展状态有深刻认知。在实践中不能混淆二者的界域，尤其不能以市场效益来评价高雅艺术传承和创新，也不能以专家评判来考量大众文化，而造成不必要的抵牾。现实中文化产业发展的强势和在某些文化政策导向出现偏颇的语境下，我们会在一种肤浅的认知上理解文化产业，甚至对中央一再警示的发展文化产业不是文化的产业化和市场化缺乏深刻性的洞察，从而对民族文化艺术的创造性缺失一种保护意识和有效机制。此外，2003年启动的文化体制改革是基于事业、产业两分法基础上的"分类改革"，极大地解放了文化生产力，释放了文化产能，活跃了文化市场，但过于注重二者之间的"分"也在无意间误读了文化发展的规律，而出现一些偏颇的政策导向，从而助长了一些社会上的"三俗"文化乱象。因此，党的十八届三中全会再启动的深化改革就要在"激发全民族的文化创造活力"和完善体制、机制上下功夫，就要着重在二者的"合"上做文章。

　　无论是文化产业的批量化生产还是文化事业的有效供给，都面临满足大众差异化的消费需求。通过解决社会化大生产与个性化创作之间、文化产品的社会化批量生产与大众个性化需求之间的矛盾，从而满足从"千人一面"到"一人一面"的消费需求。从文化产品的消费来看，由于文化产品和服务既有标准化、规模化、大众化的要求，也有区域性、差异性、小众化的特点，因此，比起一般产业，文化生产单位更丰富多样，文化企业、社会组织、个体都能成为文化产品和服务的供给者，而且相互不可替代。为大众提供标准化文化产品的文化企业，如图书、报刊、影视产品的生产企业，产品销售量越大，单位成本就越低，利润就越高。所以，尽可能多地占领市场是上述企业的最大追求，可以说做大做强是其追求目标；而那些为差异化受众群体提供文化产品和服务的文化企业，如有区域和地方特点的表演艺术、曲艺、手工艺品等，则是以特色取胜，可以通过专业化品位的提升做强，但一般很难做大，专而精往往是这类文化生产单位的诉求。节庆活动具有单一性和活动的一次性特征，节庆文化活动本身不会盈利，一般经市场化运作由社会组织筹办较为经济。就文化生产而言，文化产品对独创性要求很高，一些文化生产单位常常以个体或很少几个创意人员构成，轻资产是其特点，可通过融入产业链在某一环节上盈利实现集约化发展。正是基于文化产品的不同特点，文化生产企业呈现存在方式的多样化特点，使得完善文化产业管理体制至为重要。

有学者断言：文化发展的一个重要维度，就是文化产业形态发展的现代化程度。没有文化产业发展的现代化程度，就不能断言国家文化的现代化已得到充分实现。① 满足人民群众日益增长的精神文化消费需求的多样性，应成为国家治理和国家文化治理的一个重要目标。这从国家乃至国家战略层面提出文化产业发展的理性问题——价值尺度，既要强调其遵循产业规律的经济理性尺度——效益最大化尺度，又要尊重文化发展规律的人文理性的属人尺度——伦理价值尺度，这样的文化产业发展才能从国家战略高度回应文化治理现代化的要求。

7. 有效突破束缚文化产业做大做强的投融资瓶颈。经济学原理表明，没有金融业支撑的产业是不可能做大做强的。尽管在国家政策层面高调豪华地密集出台促进金融业与文化产业对接的扶持政策，也取得一些成效和出现成功案例，但尚未形成积极完善的多元化、多渠道的文化产业投融资体制，文化产业发展依旧面临投资主体单一、小企业融资难的困境。

从政府财税角度来讲，因对文化产业内部结构认识不清，导致我国财税支持政策缺乏行业针对性。财政对文化产业的支持力度不小，设立了各类发展基金，但大多比较分散，且在使用上不够灵活、便利，未能充分发挥财政支持文化产业大发展的效用；税收调节是政府扶持文化产业发展最有力的杠杆，也出台了一些优惠政策，但现实中如何实行免税和差别化税率的执行缺乏针对性，对不同特点的文化产业的财税支持政策区分度不够，既没有实行差别化税率，也没有根据文化创业特点采取针对性税率。文化创意产业很大程度上依靠知识和创意，其资产大多体现为知识产权、品牌价值、人力资源等无形资产，但企业在纳税时，这类智力投入如作者稿酬、购买版权的支出、影视剧编剧和剧本的投入以及制作成本等诸多人力成本消耗，都不能享受营改增的抵扣。这些弊端和政策缺陷限制了税收

① 胡惠林：《实现文化善治与国家文化安全的有机互动》，《探索与争鸣》2014 年第 5 期。

调节作用的发挥。导致税收优惠主体受限：主要为改制后的国有企业和极少数市场主体，未能普惠所有文化企业；税收优惠力度有限：只针对少数税种，并设置了严格条件，税收优惠期限较短（如鼓励国有文化单位转企改制的五年税收优惠政策），不具有可预期性和可持续性。

资本市场是企业直接融资的主要场所，但我国资本市场面临市场结构不合理、层次性不够、市场化程度与实体经济不协调，文化产业和资本市场实际对接程度低的问题。文化产业领域真正缺资金的是融资条件先天不足的中小企业和初创业者，这些中小企业有形资产多采取租借形式、固定资产比重很小，无法以有形的资产作抵押向银行申请贷款。中小文化企业除共性的融资难问题，还有自身的特殊性和行业政策的不配套问题。文化产业的核心生产要素和市场价值是商标、著作权、核心技术等无形资产，以"创意"为核心内容的价值体系目前缺乏科学完善的评价机制，价值评估较难，无法对文化创意企业或项目做出客观公正的评估。从银行业来看，现有金融产品主要针对传统产业设计的，大多数文化企业很难达到银行贷款对抵押和风险控制的要求，缺乏针对性的文化产业金融产品，面对文化产业的特殊性和新需求，银行的贷款经验不足，相应的信用体系、价值评估体系、责任追究机制、成熟的证券化服务体系都不完善，金融机构难以把握风险，导致双方热情有余、执行力不足。这些瓶颈制约着金融业对文化产业的输血，导致支持效果不尽人意。

高风险、高投入是文化产业的特点，但这不是企业融资难的真正瓶颈。风险高不可怕，风险不可控才真正可怕，诸多不可控或不确定因素制约了文化企业的投融资。政府操控的文化产业专项资金或者引导基金未能发挥杠杆作用，不仅自身存在数量少、受惠主体有限、行业发展不均衡、操作的科学性和公开性不够等问题，以项目补助为主的扶持手段，未能真正撬动社会资本大量进入文化产业领域。虽然在中央政府的高度重视和政策激励下社会各界对发展文化产业达成了共识，但有些部门和地区对文化产业投融资的政策落实仍不到位。另外，金融与文化产业对接需要一系列中介服务机构的有效参与，如保险、咨询、评估、信息发布、产权交易等，但这些要素市场和中介服务机构发育很不完善，像资产创意评估机构、文化产权交易市场等还处于起步阶段，文化企业多采用知识产权、版权收入、未来收益等无形资产进行质押贷款，而我国大多数银行对知识产权、创意产品等无形资产的价值评估缺乏经验，这类社会机构实力很弱，中介服务机构的缺乏和不完善更是制约文化产业投融资的症结所在。此外，政策执行长效机制不健全，压抑了金融机构持续支持文化产业发展的信心，制约了文化创意产业投融资工作的稳步推进。同时，在政策的落实执行中因缺少统一管理机构的协调和监督，各部门根据自身需要推进相关政策措施落实，全局意识和沟通协调不足，行政资源未能有效整合，政策及其配套措施不系统、不全面，政策推进缓慢，执行不到位。实践表明国家投融资及其配套政策的完善，和金融及其产品的创新，才是解决文化产业资金"饥渴症"的出路。

事实上，金融业对文化产业的支持程度和力度与文化产业在国民经济和转方式中的地位不匹配，当前应着力深化国有文化企业产权制度改革，加快建立现代企业制度，推动企业成为自主经营、自负盈亏的市场主体；完善贷款贴息和风险补偿机制，健全信用担保体系，引导金融机构加大文化企业信贷支持；推动优质文化企业上市直接融资；探索股权投资引导机制，推动股权投资机构的直接投资。产业政策倾斜是吸引投融资的基础，支持文化产业投融资，必须从政策上予以扶持。文化产业的特殊风险决定了如果没有有力的扶持机制，文化产业不可能做大做强。其中，税收调节是一个有效杠杆，能刺激更多的资金流向文化领域。

就间接融资而言，借贷资金是文化产业融资的主渠道。制约瓶颈是完善文化产业无形资产评估体系，为金融机构处置文化类无形资产提供保障；鼓励银行创新金融信贷，引入欧美成熟的项目融资和文化创意产品资产证券化等新方式，进一步鼓励银行探索信用贷款、联保联贷等方式，股权融资、债权融资等模式都在探索中，需从制度上进行规范；适度放宽对文化企业发行债券的准入条件，适度扩大文化企业发行债券的规模，使文化企业获得更多的社会流动资金；鉴于中小文化企业绝大多数通过民间借贷融资的事实，规范民间借贷，使其合法化制度化。

就直接融资而言，上市融资是低成本的融资捷径，但现阶段文化企业上市有一定的距离和难度。无论是主板市场还是中小板、创业板市场，对企业上市均设置了较高门槛。对风投进入文化产业尤其是内容产业领域有一定限制，而高风险等也束缚了风投资金的进入。如何按照十八届三中全会精神进行政策创新，特殊股制度、准入条件、许可证制度等措施，值得期待。

金融业支持文化产业的程度和力度，与中央对文化产业的高度重视及其战略定位很不相称。因影视剧制作企业普遍存在有形资产少、未来收益和市场价值不确定、成本回收周期较长、无形资产难以评估和流转等问题，风险较高，因而从金融机构获得资金支持十分有限。我国文化产业贷款余额只占到全国各产业贷款余额的 0.2%，支持力度严重不足。因缺乏金融业细微的呵护，很多创意被扼杀在摇篮中。只有破解"融资难"瓶颈，建立完善的文化资产价值评估体系，打通"授信"与"放款"的最后一公里，才能使文化产业和金融业的融合进入新境界，推动文化产业与金融业强强联合、深度对接。文化企业一般是轻资产甚至零资产，获得订单后，需要大量的流动资金，由于缺乏可抵押物，银行不愿意放贷，造成企业"输血"的困难。以文化产业发展较好的无锡市为例。2013 年全市文化产业增加值突破 360 亿元，占 GDP 比重达 4.5%。但从贷款余额总量看，2013 年文化产业在全部贷款余额中占比仅为 0.8%，远低于文化产业的 4.5%。从获得贷款方式看，除无锡广电集团等少数几家企业获得过信用贷款、知识产权质押贷款外，不动产抵押和保证等传统担保方式占比超过 51%；从贷款期限看，小微文化企业贷款期限基本不超过 1 年，均为流动资金贷款，难以满足中长期贷款需求。破解难题关键在于完善知识产权评估体系和市场交易体系，有了独立客观公正的资产评估机构，就可以把文化企业无形的软实力转化为待价而沽的硬通货。一方面需要文化产业提高规模化和集约化程度，提高自主创新能力和核心竞争力，另一方面需要金融机构创新服务模式和产品与优化环境。在发展初期以政府担保方式为中小文化企业融资是很多国家在扶持文化产业方面通常的策略，北京市文资办就通过打造文化投融资平台，以政府财政资金的"杠杆"效应，促使文化产业与金融业深度对接。对文化产业的投融资需要耐心：通过建立完善可持续的赢利模式，帮助文化企业在经营管理上获得提升。

　　一个值得期许的现象是互联网金融创新，如百度百发有戏、阿里娱乐宝、京东影视剧众筹模式等，为文化产业发展带来惊喜。在互联网中，以海量网民为基数，每一个创意都有被认可和分享的价值，创意价值可直接转化为现实需求价值。分散的创意和小众需求能实现无成本的无缝对接，通过大数据应用，金融信用随之形成。互联网众筹模式在 2013 年推出后，其对小微文化创意项目的支持越来越得心应手。动画片《大鱼·海棠》通过众筹融资 160 万元。天娱传媒的《快乐男声》主题电影在 20 天内在众筹网上成功地筹到 501 万元，天娱传媒与众筹网的跨领域合作是互联网金融与商业娱乐的一次成功跨界联姻。这表明娱乐品牌企业可以利用已建立的粉丝基础，尝试多样化的融资模式。此外，通过众筹模式做营销宣传和市场调研也是一种新的有效方式。互联网技术使消费者接触影视内容和制作过程的扁平化，势必放大电影本身的商业价值。由此利用互联网技术创新电影融资方式，带动整个电影产业快速发展，电影投资会越来越"不差钱"。当务之急是解决电影互联网融资过程信息不透明、风险提示不到位等问题，确保投资者风险和收益对等。

文化产业发展实践表明，只有促使资金来源和投资主体多元化，不断完善投融资体制和金融服务体系才能破解瓶颈。发达国家普遍重视完善资金支持机制，采取措施多渠道筹措发展资金，如加大国家财政投入、设立专项基金、动员社会资金、完善税收政策等措施，为文化产业发展提供融资服务。此外，还应鼓励社会资金、民间资本、基金会等进入文化产业领域。

英国政府在支持创意产业发展中提供多元化融资渠道，如政府拨款、准政府组织资助、基金会资助等，建立起政府、银行、行业与企业之间紧密联系的融资网络。此外，彩票的部分收入投资文化建设，弥补了政府投资的不足。最有特色的是"政府配套资助"模式，即如果企业决定投资某一项目，政府将配套企业一起资助，为这项活动上"双保险"，首次投资时，政府配套资金比例是1∶1，当企业再次投资时，政府将对企业超出此前的部分实行1∶2的比例资助，这种激励方式提高了企业从事创意产业的积极性，同时政府的资助也带来了广告效应。

日本政府采取多元化的投资机制，政府推动并鼓励民间资本和境外资金资助文化产业发展，通过税收调节鼓励民间资本金进入文化产业。还建立了基于知识产权的融资机构和体系，企业界同商业银行合作开展了基于知识产权的融资实践，推出了以知识产权为担保抵押品的融资工具。韩国政府则是通过设立多种专项资金来扶持文化产业的发展，如文艺振兴基金、文化产业振兴基金、信息化促进基金、广播发展基金、电影振兴基金、出版基金等。此外，还有"文化产业专门投资组合"，这是以动员社会资金为主，官民共同合作的投融资运作的方式。

当前，中国政府出台多项政策推动文化产业投资主体多元化，为民间资本进入文化产业打开通道，积极鼓励金融业与文化产业的对接。中央和一些省份还设立文化产业投资基金，搭建文化产业融资平台。文化企业的上市数量不断增加。根据中国人民银行的统计，截至2013年年底，全国文化产业长期贷款余额达到1500亿元。全国性商业银行文化信贷产品趋于成熟，价值开始凸显。信贷（抵）质押主要围绕无形资产与收益权等形式展开，重点投向了广播影视领域中的传统大中型国有企业及民营龙头企业，新闻出版行业和文化旅游业受到重点关注，新型文化业态的个别企业获得信贷支持。2014年文化行业并购潮仍延续2013年的活跃态势，文化产业的并购越发趋于多元化，即倾向于在电影、电视剧、出版、动漫、游戏等产业链上下游协同发展。这意味着，未来将出现几家综合性的文化传媒集团。《文化部"十二五"时期文化产业倍增计划》再次明确要健全多元化、多层次、多渠道的文化产业投融资体系，促进文化产业与金融业的全面对接，鼓励各类金融机构创新金融产品，引导和鼓励社会资本投入文化产业。此外，在政府扶持文化产业发展时，要创新财政支持文化产业的投入方式，通过政府购买服务、项目补贴、以奖代补等方式，鼓励和引导社会力量提供公共文化产品和服务。

　　如果改革仅仅局限在文化宣传系统内就很难获得突破，它还需要社会各领域的合力协同推进。由于文化产业本质上是精神价值意义上的，很难作出十分明晰与确定的资本评估与风险承载的估算，所以，无形投入之于有形投入，很难在市场上起到吸纳与配置社会资本的影响和作用。也就是说，尽管国家在政策层面出台多项金融业支持文化产业发展的文件，但因社会整体环境以及匹配制度的不完善，资本市场、信用市场对文化产业的本质、特性和现实发展的经济效益价值与社会溢出作用，缺乏清醒、全面的认知，尤其是中介机构和资产评估体系的不完善，尚未做到金融业与企业之间的无缝对接，从而在根本上抑制了文化产业的做大做强。

　　8. 破解文化产业发展中深层次的有形思维障碍。中国经济领域的成功往往使一些人把经验借鉴到文化产业领域，在"经济至上"的思维已成定势下，因忽略文化产业的特殊性，滋生了文化产业发展中的有形思维弊端，使国家的政策导向和产业的运行深受影响。如实施（财政）补贴是文化产业发展初级阶段国际通行的扶持手段，不仅日、韩等国对文化产品有出口补贴，美国在国内早就践行"文化例外"的政策，把文化作为特殊商品来对待，以提升其国际竞争力。可见问题不是要不要国家补贴，而是如何补贴。当前通常的做法：一是偏重于文化制造业，因其见效快、有成绩，确实提升了我国文化制造业的水平，但忽视了文化产业的本质是内容产业，导致国家投入很多文化影响力，而事实上未能显著提高；二是过于偏重国有文化企业，本身就占有优质资源的国有文化企业，因其改革的不彻底虽获得大量国家补助，却因效率低而未能真正激活其创造力，反而因对待民营企业的歧视而遭遇社会公平性诟病，为政府形象带来负面影响。关于政府补贴与公司绩效之间的关系，在学者中历来存在争议。有学者认为政府补助不管是从长期效益还是短期效益看，都会产生明显的企业财务绩效。尤其是对于成长中的企业所产生的经济绩效最显著，表明政府补助决策与企业生命周期发展阶段的匹配很重要。① 还有学者认为文化企

---

① 周霞：《我国上市公司的政府补助绩效评价——基于企业生命周期的视角》，《当代财经》2014年第2期。

业负债率低是制约企业绩效提高的主要原因，政府给予上市企业财政支持和税收优惠，是一种实际参与上市公司的盈余管理活动，容易导致政府补助资金的低效与无效，无异于提升上市公司的长期绩效，甚至过多依赖政府补贴还带来企业绩效下降。[①]

　　基于文化产业的特殊性以及处于特定历史阶段和时期，尤其是文化产业具有的外部性和公共性特征，仅靠产业本身是无法克服的，也是不合理的，需要政府在总体上加大对文化产业的扶持力度，尤其是对内容生产企业的补助，不仅会带来经济效益还会产生社会效益，有利于体现政府的文化发展导向。另外，应该对民营文化企业采取一视同仁的补助政策，甚至加大对中小微企业的扶持力度。因此，针对当前政府补助现状要做适当调整[②]，科学制定和评估投入的方向、环节、力度和评估效果。政府应在充分发挥市场灵验的前提下，根据国家发展战略重点来确定扶持方向，对于那些依靠市场机制能够很好地实现资源配置的行业，如文化制造业、文化信息传输业等，要逐步减少财政扶持；而是通过设立创投基金等，加大财政资金的引导力度鼓励文化企业朝着主导方向去发展，加强对文化内容原创、文化产业技术创新、拥有自主知识产权特别是掌握国际标准的文化产品的文化企业的补助力度；重要的是要转变补助的方式，即使是对那些意识形态属性和产品公共性较强的传媒业的补助，也要改变直接补助的方式，引导它们通过自身的"造血"功能，在市场历练中实现由传媒集团向产业集团甚至财务集团的转向；同时，建立政府补助绩效评估机制，并将评估结果作为政府补助预算和政策调整优化的重要依据。

　　"有形思维"更是形成文化产业投融资体系瓶颈的重要原因之一，它不仅在投融资对接中使银行把借贷给了那些"文化地产"项目、有现金流的"演艺项目"或者有门票收入的主题公园项目等有形资产突出的企

---

① 陈晓等：《地方政府财政行为在提升上市公司业绩中的作用探析》，《会计研究》2001 年第 12 期。

② 臧志彭在《文化产业政府补助政策评估与优化路径》（《第五届全国文化产业青年学者论坛论文集》，上海交通大学，2014 年）中梳理的一组数据值得重视。他通过梳理 2011—2013 年上市文化企业获得政府补助情况得出：平均获得政府补助最多的是"文化用品的生产"类企业，拿到了 31.10 亿元，平均每家上市公司获得 7365.19 万元；最少的是"文化创意和设计服务"类企业，仅得到 1.33 亿元，平均每家企业仅获得 789.57 万元。这表明在政府补助方面存在着政策导向的"有形思维"及其设定的标准和条件忽视了文化产业的特殊性内涵，补贴没有真正放在应该扶持的地方，其效果和导向性就打折扣。这反映了文化产业管理体制中评估环节的缺失或者不到位，重立项轻评估。

业，而往往忽略对更为核心的无形资产的信贷支持。事实上，文化产业的特点是轻资产，在对待版权的态度上，不仅外界的银行等部门甚至业界自身有些人也认为，版权是"轻、薄、短、小、弱"的轻资产，难以评估其价值，更难以在银行进行抵押，导致版权等无形核心资产在实践中被轻视。从战略高度上看，只有依托版权资产的文化产业发展壮大才能提高国家文化软实力，提升全球文化资源的配置能力，这已成为维护国家文化安全、有效传播社会主义核心价值观的迫切需要。

只有尽快脱离"有形思维"的桎梏，以文化思维看待文化产业发展，让软实力成为硬通货，才能有效突破瓶颈。近来国务院出台意见提出，在加强监管的前提下，支持具备条件的民间资本依法发起设立中小型银行，为文化产业发展提供专业化的金融服务；创建文化金融合作实验区，引导和促进金融机构创新金融产品和服务模式；探索文化产业贷款风险分担补偿机制，鼓励文化企业在项目实施中更多运用金融资本，实现财政政策、产业政策与文化企业需求的有机衔接。同时，需要文化企业自身强身健骨，做出文化影响力和企业实力。

这种深层次的有形思维还体现在资本并购和追逐外在的奢华上。此起彼伏的文化产业并购风，使一些热钱开始流入文化产业，"虚火"现象再次点燃，要警惕资本的"独舞"现象，也要警惕所谓的科技"独舞"，谨防只是火了资本、炫了技术、虚了文化，借文化之名耗尽了有限的文化资源。2014年被有的学者称为文化产业的"并购年"，可谓各类业外上市公司纷纷跨界文化产业，数量之多、手笔之大不断刷新行业纪录。透过"虚热"可洞察各路业外资本热衷于追逐重组的财富效应甚至产业自身的整合，其目标在于短期市值管理和扎堆于营利性的制作环节，而非致力于培育文化本身的长期发展。通过买入热门题材公司吸引投资者追捧以获利，或在短期盈利环节上做文章，带有明显的投机心理，从而为文化产业发展带来风险和不确定性。

好几个亿的豪华设备和剧场，高额的运营维护费用，高票价阻挡了普通观众的消费可能，并没有实现文化的繁荣，更别指望实现文化惠民了。即使就创新而言，有多少好戏、艺术精品是在豪华大剧院排练成功的？我们往往在认知观念中误解了文化与科技的结合，认为高投入就是追求高科技，而完全忽视了硬件的高投入带来的是高初始成本、高折旧率、高票价，除了炫技和奢华包装，并无益于内容的创新和质量的提高。我们必须转变在文化产业发展中重硬件投入（建剧场剧院、高科技设备、大制作等）而轻软件内容的思维，也不能误认为文化与科技的融合就是高投入买豪华设备。否则的话，大量的资金投入几年后就什么也没有了，哪里还有文化的积累和创造？在文化与科技结合中不能肤浅地认识，要在文化业态的创新和发展理念与思维上下功夫。在文化产业发展中要有危机意识和伦理意识，不能盲目投资（包括并购和海外收购）膨胀逐利效应和误读扭曲市场。克服文化产业发展中有形思维催生的"虚火"现象，必须减少政府权力的干预，进一步简政放权，积极发挥市场灵验功能，对文化产业的认知回归本性，以文化思维看待文化产业的发展。

二 对策性建议

文化既是推动社会发展的重要力量，又是社会文明进步的重要目标。文化越来越有力地融入经济社会发展各方面和全过程，既对经济发展做出直接贡献，又对提高经济发展质量发挥重要作用。文化的经济功能明显增强，经济的文化含量不断提高，文化资源日益成为经济发展的基础资源，文化创意日益成为价值创造的重要支点，文化形态的无形资产日益成为市场竞争的关键力量。

文化产业发展的核心是"文化"——如何理解和对待"文化"决定了对待文化产业发展的态度。美国人所理解的"文化"主要是商业性的大众娱乐文化，这是美国的主流文化，因此他们向全球供给大众娱乐文化，为全球市场提供产品；韩国、日本都打着民族特色的旗帜，所生产的文化产品通常辨识度都很高，除了服务本国消费者外，在中国、东南亚和欧洲的某些国家也很畅销，他们理解的文化主要是民族文化，但在稀释特殊性的本土化策略中都取得成功。可见，文化产业发展因文化的不确定性，确实无一定之规，并没有什么铁律。其成功既是偶然，也是必然，关键在于理念、战略，及其细节功夫和专业化水平。一旦文化被认可在本土大规模社会化复制、模仿、跟风和受到追捧，就为衍生品或授权产品的开发营销打开方便之门。可见，在创作领域可能越凸显"民族性"（卓越性或特殊性），就越受到重视和关注；而在文化产业领域（商业文化）则是越具有消费的同构性和价值诉求的普适性，就越容易被消费者接受和受青睐，越可能流行。这也是某些产品获奖却没有市场的原因之一，小圈子的文化未必能走入消费者的内心。高雅文化和大众文化尽管都要面对市场，但却遵循不同的发展规律，不可混为一谈。

洞察了文化产业发展中的深层次问题，就要寻求破解之道，基于多年来的问题跟踪、实地调研和理论分析，笔者提出一些供决策者参考的对策性建议。

1. 在文化产业发展的国家顶层设计中增强战略意识和全球视野。21世纪以来，随着文化的地位和作用的全球凸显，文化领域的扩张和反扩张、渗透和反渗透作为国际政治经济竞争的内容之一，多是经由文化产业来实现的。文化产业作为世界经济文化竞争的前沿领域，在经济发达国家已成为提升产业结构的战略举措。伴随全球范围内资源配置的分化和重组，对文化资源和话语权的争夺成为全球性资源重组的重要内容，越来越多的文化产品进入全球市场，越来越多的区域文化经济融入世界市场体系。文化产业已成为当今世界经济文化竞争的前沿领域，特别是在经济发达国家和地区，发展文化产业成了转变和提升产业结构的战略举措，由此推动了文化产业在全球的迅猛发展。因越来越广泛地与制造业部门相联系，致力于发挥创意、信息、知识与文化在全球经济发展中的核心作用，文化产业在发展中国家也成为转变经济发展方式、提升经济活力的重要路径。国际经验表明：各个国家和地区基本都是在确立了文化产业的国家战略地位后，才迎来了文化产业的空前繁荣。美国、欧盟、日本、韩国、加拿大、澳大利亚、新西兰、新加坡等，无不把文化产业上升到国家战略高度来发展，这已成为全球文化产业迅猛发展的总体态势。

从战略规划的时间看，文化产业源于欧洲，兴于美国，可谓从西到东、由北及南，遍及全球，产业升级中还裹挟着文化版图的改写、文化观的变化和文化领导权的转移。尽管各国提出文化产业战略的时间不一，但多集中在20世纪末21世纪初。如果把视野再拉远一些，则大体可以看出全球文化产业发展经历三个阶段：第一阶段是美国在20世纪六七十年代率先开始调整的产业结构，及至80年代文化产业开始作为经济支柱产业，其标志是文化产业出口超过航空业成为第一出口品牌；第二阶段集中在20世纪末，以英国、德国、澳大利亚、日本、韩国、加拿大等为代表，通过实施国家战略迅即成为文化产业强国，其标志是英国第一个从国家层面提出创意产业政策，日、韩等明确提出"文化立国"战略；第三阶段大约在21世纪第一个10年，以中国、印度、巴西、俄罗斯等国为代表，其标志是2009年中国出台《文化产业振兴规划》，目前这些国家正处于文化产业发展的提速期，因国际文化产业门槛的提高而遭遇极大挑战。从逻辑上看，不同国家集中地提出文化产业战略，既反映了经济全球化的深刻变化，又体现了全球经济文化交融发展的内在呼求。

虽然中国在国家战略层面提出发展文化产业晚于发达国家，但在政府的强势推动下发展十分迅猛。就文化产业发展的硬件来讲，相比发达国家，不仅不差反而有后发优势和政策扶持特色。其差距主要在于对文化的理解，对待文化产业的态度、眼界、格调和使命感上。其实做文化产业如同悉心培育文化一样，关键要有一种从容的心态，不可急躁冒进而误读市场，扭曲产业。在国家政策激励和一些媒体舆论的误导下，文化产业发展出现虚热，到处都是文化，俯拾皆是产业，唯独缺失灵魂。价值观是文化产业的灵魂，即使追求娱乐和市场效益的美国大众文化，也在积极传播美国的价值观和生活方式，在东亚刮起数次"韩流"的韩国文化产业也善于讲自己的故事，日本也很注重民族文化特色，其发明的"酷"和"萌萌哒"等词在中国很流行，即使印度文化产品也离不开民族"歌舞"，在文化产业竞争的舞台上，有着丰厚文化资源的中国文化产业要走出自己的道路！

总体上，中国文化产业发展要么有措施没境界，要么有细节没全局，虽然中央政府全力推动文化产业成为国民经济支柱产业，但中国文化产业还没有发展到理性从容阶段，也就是说还没有真正走出一条中国特色的文化产业之路，这从根本上制约中国软实力的发挥！文化产业说到底应有境界追求、民族文化底色和传承优秀传统，有先进文化的精神感召力，在发展方式上不能走以消耗资源博取低端利润的"加工"之路，也要超越一般制造业追逐的规模经济和范围经济，而要在先进生产力支撑下趋向于后工业社会的不在于占有而在于控制的势力经济。只有文化理念上的清晰，才会有现实策略的精准。

事实上，美国大众文化之强势，并非单纯跨国文化企业公司之力。美国虽无文化部，但独特的文化运行体制却成就了美国文化霸权，其真正力量不是浮在水面上的锋利冰川即大公司，不是这些所向披靡的大众娱乐产品，而是冰山下面遍布全美的非商业文化体系所孕育的无限活力和创新意识！正是美国非商业文化体系孕育的创新意识和大公司所生产的商业娱乐文化，共同建构了美国的文化霸权。在国际竞争中，大型骨干企业在国家文化实力中诚然重要，但它打出去的拳头力量的强弱不在于拳头本身，而在于拳头拥有者的体格是否健壮，其力量之源非单纯显性的大型文化企业，还包括不计其数的中小企业以及如毛细血管般存在的文化非营利组织。因此，文化产业的国际竞争其实是整个国家文化体系之间的竞争！决定一个国家文化力量强弱的，主要不是电影、电视、出版、网络等大规模复制和无限复制机构与平台数量的多少，而是内在于所有这些形态中的文化创新含量的高低及其满足大众新的精神文化消费需求的程度，正是文化创新及其引发的需求优势，决定并主导着一个国家文化战略力量的优势。就此而言，文化产业发展事关国家整体利益。也许未来世界的文化战既不是冷战时的意识形态之战，也非亨廷顿所预言的"文明的冲突"，而是发生在世界文化经济体之间的文化经济战，其结果取决于文化产业力量的博弈。因而，有学者指出"如何面对和建构在一场可能改变世界文化战略力量间权力平衡的'文化世界大战'所需要的战略资源和手段，以确保不被摧毁。在这样一场全新的文化战争中，通过制度攻击、跨媒体衍生攻击、网络攻击、生态攻击等来制造文化市场危机和文化恐怖，摧毁国家文化体将成为新文化战的最主要的方式"。① 因此，提出在国家战略和全球视野定位中国文化产业发展，就是要建构一个完整的文化产业发展观，纠偏文化产业发展中只见"产业"不见文化灵魂的乱象。这也是十八届三中全会提出文化体制改革的中心环节是激发全民族文化创造活力的真正命意所在。从而在国家战略和全球视野中，从根本上厘清文化的本性、文化资源的配置、文化的生产方式（包括传播和消费）与社会制度（包括生产力发展水平和技术支撑能力）与一个国家和民族文化的性质之间的内在关联，在文化产业发展与民族文化性质相契合的基础上，培育在世界上有竞争优势的主导文化产业，从而跻身国际产业链高端！可见，发展文化产业看似是产业问题、市场问题，其实是眼界和视野问题，更是文化观念问题。

建议：（1）制定国家文化产业发展战略规划使其成为文化顶层设计的重要组成部分，研究全球化、信息化、数字化背景下文化在国家发展战略中的地位与架构、预期目标与文化安全。事实上，文化市场的"战略性短缺"一直是横亘在中国文化产业发展途中的一个难题，中国不缺乏文化产品，甚至出现产能过剩，但缺乏文化精品，特别是在内容生产方面缺乏大量有自主知识产权、有国际竞争力的精品。在国家规划中要凸显自主创新和内容产业在文化创意产业中的战略中心地位，提升内容产业在文化产业中的比重，提出量化目标和可行性提升路径，以科技支撑下内容产业的提升优化产业结构，从提高竞争力着手引导产业优化结构和转方式；文化创意产业各行业的发展是提升文化产业整体水平的突破口，它更加注重中观层面的发展目标和微观层面的举措，更具操作性，重在培育优势行业和主导性产业，凸显优势和特色产业门类。

（2）在不断完善管理体制中成立国家层面高规格协调力强的管理机构（领导小组、办公室），使地方政府的文化产业管理与之相匹配。目标旨在建立有效协调机制，统一发展思路和行动步伐、落实发展战略的

---

① 胡惠林：《国家文化安全研究导论》，上海人民出版社 2013 年版，第 422 页。

内容及其路径。从长远看，按照决策、执行和监督评估既相制约又相协调的原则，建立一种适合文化传承创新与市场经济发展的文化治理新模式，逐步扩大文化管理部门的职能范围，实现职能有机统一的文化大部门制势在必行。

（3）通过加强立法、健全法律法规，增强文化产业发展的法治思维，通过立法确立市场准入、明晰内容管理。文化治理必须依法治理，如美国依据《1934 年通信法》对电台、电视台设立许可制度。美国国会和政府通过《联邦通信法》、《儿童电视法》对商业广播电视机构的节目内容，尤其是低俗内容进行严格的监管，并对违反法律规定的行为予以严厉的处罚。依据《广播电视法》和《电信法》，加拿大广播电视电信委员会拥有广播电视营业执照的审批权。同时，各国都对广播电视商业广告的播出有严格的限制性措施，比如韩国根据《广播电视法》，由广播委员会委托广告审查机构对电视广告进行事前审查。通过立法推动产业发展。英国创意产业的竞争优势之一就是法律健全，对一个依靠知识产权的产业来讲，严格健全的法制是发展基础。对中国文化产业来讲，要通过立法保障以维护民族文化为目的的"内容产业"发展的优先性。

2. 完善以"创意"和版权保护为核心的知识产权政策与立法，加强对文化创意的培育和相关知识产权的保护。2015 中国政府工作报告首提"全要素生产率"，有力地推动了中国经济由投入型增长转向效率型增长。相比劳动力、技术和资本等要素推动，创意创新要素驱动在经济发展中的地位凸显。中国目前的软实力远不如传统实力，创意是突破点。

文化产业发展越是高位平稳运行，越要完善以知识产权保护为核心的制度建设。基于文化创意的内生驱动作用，文化产业的可持续发展源自创意创新能力。发达国家的经验表明：只有文化创意及其版权得到有效保护，文化产业才能得到可持续发展。文化产业的核心要素是信息、知识、文化和技术等与知识产权密切相关的无形资产，从研发设计到生产加工制作、市场营销各环节都有创意的融入，知识产权保护是文化产业发展的核心问题。对文化产业发展来讲，最重要的就是知识产权保护法的建立和完善。"创意之父"霍金斯认为，创意产业主要包括著作权（Copy right）、专利（Patent）、商标（Trademark）和设计（Design）等 4 项产业，创意产业的发展需要完善的知识产权保护机制。[①] 创意如此重要，甚至成为世

[①] John Howkins, *The Creative Economy*: *How People Make Money From Idea*, London: Penguin Books, 2001.

界文化版图重构的奥秘！何以产生创意？多元文化交融的环境至关重要。
从这些世界娱乐中心城市来看，多是处在地理上的十字路口，是移民中心
也是技术枢纽，拥有必不可少的资金支持，完善的知识产权保护体系，很
好的现代化基础设施，最重要的是这些城市赋予艺术家极大的言论自由和
生活方式的自由，包括对违法言论给予的政治自由，对反文化以及先锋派
思想的重视，对少数民族的保护、真正的文化多元化，对女性权利的尊重
以及对同性恋的宽容，这些几乎是保持艺术界基本状态的全部因素。还要
在一种深刻性上领会：艺术家的自由与公众的期待并非完全相通。即使在
中国流行的大众文化产品基本上也都是按照市场逻辑和国际标准（美国
标准）生产出来的，具有美国式的产品特征。如《中国合伙人》（中国版
的美国梦，或者美式的中国梦）、《泰囧》（娱乐搞笑）等。

　　美国文化竞争力的强势，主要源自创意创新能力的强大。事实上，不
像人们通常想象的那样，主流娱乐产品的生产并非易事，它要按照一定的
程式配方和配方程式进行现代化大生产，能够操控这一程式的核心是人
才。正是这些人才充当了全球创意市场的机场调度员角色，其管理模式完
全不同于早先的文化企业如电影制片公司体制或者明星体制那样事无巨细
的掌控方式（我们当前文化产业领域大多数企业的管理方式要么是纯产
业型，要么是传统文化事业型，其实都没有切近文化产业的特性——创
意、创新、版权）。可以说，美国人真正领会了文化创意产业的特性（它
也处于全球文化产业发展的最高阶段），抓住了两个核心要素：创意和版
权。经由创意实现版权，通过版权实现市场扩张和利润。而版权——最有
价值的核心资产，通常掌握在电影制片公司、大型企业以及传媒集团手
里。其中最重要的一条是制度（法律）保障，美国的版权制度，尤其是
劳动法中"因受雇而工作"的条款，非常有利于创意产品在全球的流通
并且能够适应各种媒体形式，因为它既区分了艺术创作与文化生产之别，
又在法律上把艺术创作（创意、版权）与文化生产打通了，从而实现市
场效益的最大化。"版权制度和'因受雇而工作'的制度尤其适合全球化
和数字化时代，美国人允许各个媒体内容品种的减少，但大力推动改编权
和全球传媒的发展，当然，这就使得艺术作品的数量下降，用以保护创作
者抵制工业化的各种手段也随之减少。"① 由此美国的文化创意产业形成
一个独特的生态系统，所有的参与者既各自独立又相互关联，这就使得既

---

① ［法］弗雷德里克·马特尔：《主流——谁将打赢全球文化战争》，刘成富等译，商务印书馆
　　2012 年版，第 371 页。

存的行业规则以及相关的制度能够正常实施并努力纠偏那些偏离轨道的行为。归根结底，支撑这一模式的是成千上万中小企业和个体工作室，它们追逐着"私人的"目标并追逐着自己的竞争者，尽管有着极大的不可预测性和风险性，但最终还是给整个体制带来持续的稳定。事实上，在美国，文化、信息甚至娱乐与其他商品不能混为一谈——它们属于一个特殊的领域，这就是"文化例外"。正是基于"文化例外"的原则，美国实现了文化创意产业的思维方式和管理方式的转型，真正切近了创意产业的本性，使其生产与管理体制支撑了技术创新的应用和产品的全球扩张（内容为王、创意为王、渠道为王）。全球化刺激了对美国文化产品的需求和倾销，数字化多媒体技术的应用有利于创意产品的传播。面对全球化语境下众多国家大众娱乐产品的稀缺，美国实行了一种积极的全球化策略，"即将未经区分的主流大众产品与进口国的小众产品相结合"①。在电视市场因其本土化诉求而兜售"节目形式"（出售创意概念，如近年来火爆的一系列选秀、真人秀节目，像最知名的"超女"创意就源自美国的选秀节目《美国偶像》）；针对音乐与图书市场的混合特征，他们在出售全球流行音乐和畅销书的同时，也制作本土的唱片和图书；在电影市场，相对于法国人只为法国人拍电影、印度人只为印度人拍电影、阿拉伯人只为阿拉伯人拍电影，只有美国人为全世界拍电影，是唯一为出口而拍电影的国家，其全球化影片多于美国片，国内市场弱于海外市场。可见，美国积极的全球化策略不仅有其全球视野和世界眼光，通过大量输出文化产品攫取经济效益，还以其内容生产和价值观传播维护文化帝国主义地位。因此，激发和培育创意以建立创新型枢纽和以媒体融合之路推动文化创意产业发展，必须遵循文化产业的发展规律，在发展壮大中引导而不是规制对创意产品的价值引领，建构普适性的"价值体系"，而不是实施意识形态监控，这样才能破解舆论引导与市场导向之间的矛盾，其遵循的尺度是效益最大化（所谓市场导向不是迎合市场，是尊重市场逻辑的发展趋向及其自我纠偏的灵验功能）。当把传媒作为一个产业运营时，要考虑其产品主要用来满足国内市场还是面向国际市场，这里有一个视野和价值重心之别。

文化产业的本质在于创新，它以文化创意创新为灵魂，以产业链的完善和延伸为核心，代表先进生产力的发展方向，以知识产权的保护和开发

---

① ［法］弗雷德里克·马特尔：《主流——谁将打赢全球文化战争》，刘成富等译，商务印书馆2012年版，第371页。

实现经济效益并拉动就业。如何保障文化创意主体的合法权益，不断激励其创意活动，是促进文化产业可持续发展的基础。这就必须解决知识产权保护体系不完善、管理部门分散、管理水平和效率低、诉讼程序烦琐、维权成本过高等问题。当前，政府扶持文化产业发展多从财政、税收、融资等方面，缺乏从知识产权等法律视角对创意成果的明确界定和全面保护，致使创意法律保护远远落后于实际。现有知识产权保护的法律法规内容不完善，过于笼统、抽象和狭窄，滞后于文化创意产业发展实际，无法确认创意人对其创造性劳动成果的合法权益，如果不能做到有效保护，听任创意侵权行为肆意泛滥，就无法实现对创意者合法权益的尊重和保护，使创意者的积极性受挫。以《著作权法》为例，只有"复制权、发行权、出租权和通过信息网络向公众传播权"四项经济权利。对文化创意成果的法律保护仍然存在真空地带，特别是广告、建筑、时尚设计等行业由于设计作品同质性强，对剽窃、抄袭很难界定，相关法律法规在专利权、版权保护的内容与范围，以及如何界定侵权等方面还留有空白。最大的挑战还是来源于互联网特别是新媒体。数字作品易复制、侵权较隐蔽，著作权人很难发现作品被侵权，发现了也难以追究（取证难、损失难估量、维权成本高、成效低）。一定意义上，保护创意就是保护民族的原创力和激励文化创新（尽管创意被抄袭不会导致智力成果本身的损耗，也不会影响其原始拥有者继续持有该智力成果，但会因共享造成原始创意者的利益损失，而打击创意者的积极性）。创意属于一种智力成果，具备"无形资产"的诸多特征。同专利、商标等知识产权类型一样，创意还有某种财产权的性质，一旦被利用，就会显现于产品、作品或其他物品的生产、销售等市场化活动中，就可能带来巨大的经济效益。

　　法律保护必须与时俱进。现实中，创意本身的抽象性、模糊性导致它与传统知识产权的保护客体（如发明、商标、作品、软件、外观设计等）存在较大差异，遭受的侵权形式也不尽相同。如计算机软件、电影电视音乐行业中侵权形式最多的是"盗版与非法下载"，时尚设计领域则是"商标侵权和仿冒"，广告、建筑设计行业则是"剽窃、抄袭"和"强占作品"等现象。因此，创意并不能完全适用于传统的知识产权保护制度，在很多情形下无法被纳入传统知识产权保护的客体范畴。实际上，创意的可操作性及其创意的价值等问题缺乏普遍接受的可行性评估方案和依据，一旦出现创意侵权纠纷，借助现行知识产权保护体系，无法达到令人满意的效果。针对"创意"在文化产业发展中的灵魂作用和广泛的渗透性，有人建议增列"商品化权"——人格财产权的扩张，对那些具有影响力、号召力和亲和力的形象标识的"二次性"的商业利用，通过与商品或服务的有机结合创造的经济价值。① 尤其针对文化产业链的以品牌或形象授权为核心的延伸和拓展，旨在为具有特殊精神内涵的形象标识商品化提供保障。从创意的价值属性看，创意保护符合创意的本质需求，有利于维护创意人的合法权益。此外，文化创意产业的产品不同于传统产品可以"重复消费"的特征，其消费具有一次性的特点，其侵权的损失无可挽回，这对文化产业的发展是致命的伤害，不仅影响创意者的积极性，还有可能使中小文化企业遭受灭顶之灾。创意保护集中体现了社会对创意人合法权益的尊重。创意的形成具有高风险、高投入、低成本复制的特征，致使创意及其创意产品的易侵权和盗版。

3. 实施差别化的税率和对小微企业的税收减免政策，实施积极的中小（微）企业政府采购政策。税收政策是影响文化产业发展的重要调控手段和方式，虽然国家出台了很多优惠政策，但存在导向不突出、方式单一、缺乏激励和可预期性与可持续性等问题。根据国际经验，文化产业中的某些门类如期刊业、出版业等是免税的，某些科技生态型的创新产业门类是低税率，某些娱乐性行业则是高税率，因此，对于复杂的产业群的文化产业应该实行差别化利率。另外，对小微企业最好实行免税。2009 年以来，美国政府先后实施了 18 个专门针对中小企业的减税计划，使小企业成为美国经济复苏的引领者。基于我国小微企业量大面广，所缴所得税在税收总额中占比不大，但征税成本不小，为减轻中小微企业负担，建议进一步加大对小微企业的税收减免力度。一是扩大小微企业所得税减免覆盖面。建议以 2011 年国家工信部等四部委联合颁布的中小企业划型标准，取代现行对小型微利企业的界定标准，将年所得额 6 万元以下小微企业所得税减半征收的政策改为全免政策；二是研究出台中小（微）企业新增员工所缴纳的社会保险费和公积金等抵扣企业所得税的政策；三是建议允许中小（微）企业按银行基准利率 4 倍以内的民间借贷利息在企业所得税税前列支。在关税政策上，根据不同种类的文化事业和不同社会效益文化产品以及文化服务，实行不同的税率。"差别税率以政府的文化导向为依据，如在文化产业结构上，对政府提倡和鼓励的高雅文化实行低税率，对低俗文化实行高税率；在文化产业布局和文化消费对象上，对政府倡导的扶持老少边穷地区、为少年儿童及农民服务的文化，则应给予税率上的优惠。对于营业性歌舞厅、卡拉 OK 厅、音乐茶座、夜总会、保龄球馆等

---

① 谌远知：《文创产业中商品化权与知识产权研究》，经济科学出版社 2012 年版，第 106 页。

高消费、高利润行业，为调控文化产业结构，引导资金流向，可按差别税率开征高消费娱乐税，用于支持民族文化和高雅文化的发展。"① 落实专门针对中小企业发展的财税、金融政策。一方面，应专门针对中小文化企业技术升级改造，给予政策、资金支持；另一方面，应当在融资方面给予中小文化企业所得税抵扣、减免等优惠，或给予其税收担保等。如韩国专门出台《一人企业育成法》以支持文化产业发展，还通过《税收特别限制法》，将广播电视业纳入减免税收的中小企业之列，可以减免纳税额。《中小企业创业支援法》第14条规定，采取基金贷款、专项财政贷款的形式，对节目制作机构从资金上予以支持。

建议实施积极的中小（微）企业政府采购政策。在民族文化产品的使用上，政府要率先垂范，在公共场合和大型节庆活动中采用大量的民族文以产品来装扮和设计。把艺术、文化、设计、商业、技术等整合到社区的发展计划中等，被证明是行之有效的培育市场、促进文化产品消费的措施和手段。对中小（微）企业来说，给订单是最大的支持，如美国政府一直将确保小企业达到政府采购合同23%的份额作为一项法定目标，并成立专门机构负责协调政府小企业采购政策落实，进一步简化对小企业采购的审核程序。目前我国中小（微）企业占政府采购合同的比例大约为15%，建议制定扶持中小（微）文化企业的产品目录，对一些适宜从中小（微）企业采购的产品，实行搁置购买、拆散合同等政府采购制度，即政府参与合同招标，选出适合于中小企业的合同项目搁置一边，待小企业投资，或将一项单一合同分成多个小合同，或从专项合同中分离出一般性合同，使小企业能尽可能多地获得政府采购合同份额。

4. 实施积极的国际文化贸易政策，通过文化贸易提升文化影响力。当前的世界文化之战的帷幕已经拉开。"美国文化帝国主义理论认为，文化的全球化是一个'主导地位'国家的单边、单向'霸权'的美国化。而实际的情况要微妙而复杂得多，文化贸易兼具了趋同与差异的特征。事实上，以美国为主导的娱乐成了全球娱乐的主流，与此同时，地区性的贸易壁垒也逐渐形成。尽管世界各地所参照的'他者'文化已经变成美国文化，但是各地的民族文化仍然在不断强化。结果，一切文化都在加速发展，而与此同时，一切文化又都交织在一起。现在美国的娱乐产品往往是由欧洲、日本或者印度的跨国公司来制作的，而各国的本土文化产品也越来越多地与好莱坞联合制作。新兴国家希望借助这些优势互补的文化产品

① 冯颜利等：《中国特色社会主义文化制度研究》，经济科学出版社2013年版，第96页。

为本国争得立足之地，同时与'帝国'一决雌雄。因此许多国家作为博弈者已然被卷入这场文化大战之中。全球化以及由互联网带来的贸易格局的重构导致贸易各方力量的变化。"① 世界各国的文化博弈越来越体现在所占市场份额上，市场份额的比重决定了一个国家在全球文化影响力的大小，只有在积极的文化贸易中其价值观才能得到有效传播。

文化"走出去"的方式多种多样，而文化产业"走出去"的主要渠道和方式是开展积极的文化贸易，文化贸易数字体现国家文化产业的国际竞争力，实实在在地反映了一国文化的国际影响力。中国作为世界文化资源大国和全球第二大经济体，要形成与之相匹配的文化影响力和话语权提升，必须在国家文化"走出去"战略框架中实施积极的文化产业对外贸易策略，从文化资源大国转变为世界文化产业强国。文化创意产业对外贸易不仅能拉动国家经济增长，还能传播本国文化和历史，并在产品消费中输出本国价值观，因而实施国际文化贸易（有学者喻为没有硝烟的文化战争），几乎是每个致力于发展文化产业的国家和地区必然采取的重要举措，世界主要发达国家和地区近年来都不遗余力地扶持和鼓励本地文化产品出口，其中英国、美国、日本、韩国等国家力度最大。除了培育国内市场满足大众的文化消费需求外，发达国家还特别注重国际市场的开发。文化产业的发展不仅成为本国经济发展的引擎，还能有效传播一国的文化、历史和价值观，因此，发达国家和地区都不遗余力地扶持和鼓励本地文化产品出口。美国文化产业产品占国际市场的43%，在向全球倾销文化产品时，还输出了美国的价值观和生活方式，并以其经济实力、技术水平、文化生产能力主导全球文化产业的国际分工，占据产业价值链的高端。事实上，文化产品已成为很多发达国家主要的出口产品。

英国在1998年成立了创意产业推广顾问团，通过研究政策促进了文化创意产品出口，为文化创意产业的发展提供广泛的咨询建议，为不同部门间协调文化创意产业出口政策提供专业意见，对国际市场的开拓发挥了重要作用，不仅加强了产业与政府之间的合作关系，对创意产业出口提供帮助，还促进了金融机构与国会对创意产业的了解，为创意产业提供了海外发展的必要援助，同时还促进创意产业出口协议的签订，促进共同基金的使用。

日本在国家战略中明确提出积极开展国际业务，广泛集聚世界各地人

---

① ［法］弗雷德里克·马特尔：《主流——谁将打赢全球文化战争》，刘成富等译，商务印书馆2012年版，第368页。

才，扩大融资渠道并实施融资国际化，加强技术革新与合作，积极应对知识产权的全球化，充分利用 IT 技术扩大市场规模。设立专项资金援助动漫产品出口是日本文化产业对外贸易政策的典型做法，在政府年度总预算中编列"文化无偿资金"，大量购买动漫版权，无偿提供给其他国家电视台播放，此举促使日本动漫成功进入欧美主流社会，使日本的动画风格成为国际时尚，日本成为全球头号动漫强国。

韩国在实施外向型文化经贸时，以中国、日本等东亚地区为踏板，通过驻外文化院、文化机构和企业办事处，以及网络等多种手段，加强调研；鼓励开展跨国生产合作，积极举办并鼓励参加国际性展销洽谈活动，集中资金支持重点出口项目，设立奖励制度。此外，韩国对文化产品的出口，特别采取翻译费用全额补贴的办法，自主地去增强、提升本国文化产品在世界范围内的生存力和竞争力。

我国的文化产业对外贸易不是在国内资本过剩的背景下，恰是在国内文化投资很缺乏的情形下；不是在本土文化企业很强势的语境下，而是在本土文化企业弱小、抗风险能力不强的态势下，因此政府的引导和扶持极为重要。中国政府实施了文化"走出去"战略，为文化经贸创造了良好环境。文化贸易政策渐成体系，不仅在《文化产业振兴规划》等中央政策文件中专门指出要落实国家鼓励和支持文化产品和服务出口的优惠政策，在市场开拓、技术创新、海关通关等方面给予支持。更是在十八届三中全会上明确提出提高文化开放水平，积极培育外向型文化企业，支持文化企业到境外开拓市场。但很多政策"很宏大"，操作性不强，难以落地，又因文化产业关涉众多部门，出现相互掣肘的现象。在文化产业走出去方面，尚未建立统一、权威的专门管理机构，没有健全系统稳定的促进海外出口和投资的法律法规体系，在总体上缺乏统一规划和合理布局，政策上没有形成成熟的导向机制。导致文化产业走出去零散且效益不高，投资也有些无序性和随机性。虽然在文化创意产业对外贸易的实施过程中，项目审批是核心，而项目审批的关键环节是前置审批，但在实践中还是缺乏过程管理和效果检验监督。文化贸易如果不能实现统筹管理，政策落实将面临巨大困难。

总体上说，在战略上要把培育国家优势主导文化产业与大型骨干文化企业统一起来，对优势主导行业的培育要与国家民族文化性质、文化气质相契合，从中来定位主导文化行业和大型骨干文化企业。文化与任何行业都息息相关，文化可发挥和想象的空间巨大，文化所创造的产能和价值是任何一个传统产业无法比拟的。中国转型发展需要以文化产业为龙头，实现产业升级发展。在战术上，骨干文化企业要内容、渠道、创新创意并重，成为全产业链的多跨企业，妥善协调好大型骨干企业与中小企业的关系，处理好集团的规模化与中小企业的集约化发展。也就是既要促进文化资源和要素向有优势的企业适度集中，提高产业集中度；又要大力扶持机制灵活、市场反应快、适应力强的中小企业，不断拓展文化产业的广度和深度，完善文化产业分工协作体系。

说到底，文化是优雅的，文化是自觉的，文化如水温润人心，在文化发展上是水往高处流，只有形成文化的高位态和文化高地，才能真正发挥文化的感召力和辐射力。当今时代，文化如何发展离不开国家战略意识的引导，文化之间的激荡和互动已成为国家"软实力"博弈的组成部分，以文化为轴心的战略格局的重组已把文化推到国际竞争的前沿，文化产业的竞争已被提升到国家战略高度。因此，文化产业的大发展一定要有国家战略意识，要有文化意识。在文化的传承与发展的关系上，既要继承优秀的文化传统，在时代的历史语境下进行现代转换和创新，又要眼光向前，而不是迷恋、贪恋于过去的成就，躺在老祖宗的文化遗产上睡大觉；在中外文化关系上，一定要基于生生不息的有五千年历史的文化传统，要有文化自尊和文化自信，要有文化包容乃大的胸怀，站在人类性层面去看待和借鉴人类的文化成果，去思考人性的发展，在各美其美的基础上展示共同美和人类文化的普适性价值，美美与共。重要的是在文化发展中为中华民族铸魂，在共有精神家园中高扬民族的文化理想，犹如鲁迅先生当年在《文化偏至论》中所说，"外之既不后于世界之思潮，内之仍弗失固有之血脉"。先生言之凿凿，声犹在耳，对我们今天的文化建设仍具有警醒和建设价值。

参考文献

一 中文专著类

《中共中央关于深化文化体制改革、推动社会主义文化大发展大繁荣若干重大问题的决定》，人民出版社 2011 年版。

《中国共产党第十八次全国代表大会文件汇编》，人民出版社 2012 年版。

《中共中央关于全面深化改革若干重大问题的决定》，人民出版社 2013 年版。

中共中央宣传部：《习近平总书记系列重要讲话读本》，学习出版社、人民出版社 2014 年版。

艺衡：《文化主权与国家文化软实力》，社会科学文献出版社 2009 年版。

胡惠林：《中国文化产业发展战略论》，经济科学出版社 2014 年版。

胡惠林：《我国文化产业发展战略理论文献研究综述》，上海人民出版社 2010 年版。

胡惠林等主编：《2014：中国文化产业发展指数报告》，上海人民出版社 2014 年版。

胡惠林：《国家文化治理：中国文化产业发展战略论》，上海人民出版社 2012 年版。

胡惠林、单世联：《新型城镇化与文化产业转型发展》，上海人民出版社 2014 年版。

胡惠林：《国家文化安全研究导论》，上海人民出版社 2013 年版。

胡惠林：《文化产业学》，高等教育出版社 2006 年版。

胡惠林：《文化政策学》，书海出版社 2006 年版。

胡惠林：《中国国家文化安全论》，上海人民出版社 2011 年版。

高书生：《感悟文化改革发展》，中信出版社 2014 年版。

张旭东：《全球化时代的文化认同——西方普遍主义话语的历史批判》，北京大学出版社 2005 年版。

管文虎主编：《国家形象论》，成都科技大学出版社 1999 年版。

胡晓明：《国家形象》，人民出版社 2011 年版。

李青宜：《"西方马克思主义"的当代资本主义理论》，重庆出版社 1990
年版。

范玉刚：《道可　道非：关于文化价值的祈想》，人民日报出版社 2010 年版。

王岳川：《文化战略》，复旦大学出版社 2010 年版。

韩永进：《新的文化发展观》，文化艺术出版社 2006 年版。

祁述裕等：《中国文化产业发展战略研究》，社会科学文献出版社 2008 年版。

方伟：《文化生产力——一种社会文明驱动源流的个人观》，河北教育出
版社 2006 年版。

蒯大申、饶先来：《新中国文化管理体制研究》，上海人民出版社 2010 年版。

杨玉英等：《文化业的产业关联程度与产业波及效果分析》，社会科学文
献出版社 2009 年版。

彭立勋主编：《文化软实力与城市竞争力》，中国社会科学出版社 2008 年版。

牛维麟：《国际文化创意产业园区发展研究报告》，中国人民大学出版社
2007 年版。

欧阳坚：《文化产业政策与文化产业发展研究》，中国经济出版社 2011 年版。

单霁翔：《从"功能城市"走向"文化城市"》，天津大学出版社 2007 年版。

赵晶媛编著：《文化产业与管理》，清华大学出版社 2010 年版。

张冬梅：《艺术产业化的历程反思与管理诠释》，中国社会科学出版社
2008 年版。

张京成等：《中外文化创意产业政策研究》，科学出版社 2013 年版。

郭周明：《国际分工视角下中国文化产业"走出去"战略研究》，对外经
济贸易大学出版社 2014 年版。

陈鸣：《西方文化管理概论》，山西人民出版社 2006 年版。

冯颜利等：《中国特色社会主义文化制度研究》，经济科学出版社 2013 年版。

程巍：《中产阶级的孩子们——60 年代与文化领导权》，生活·读书·新
知三联书店 2006 年版。

二　中文学术报告类

北京大学文化产业研究院：《中国对外文化贸易年度报告》，北京大学出
版社 2012 年版。

张晓明等：《中国文化产业发展报告（2009—2013）》，社会科学文献出版
社 2013 年版。

于平等：《中国文化创新报告》，社会科学文献出版社 2011 年版。

祁述裕等：《中国文化政策研究报告》，社会科学文献出版社 2011 年版。

祁述裕等：《中国文化产业国际竞争力报告》，社会科学文献出版社 2004
年版。

中国现代化战略研究课题组等：《中国现代化报告 2009》，北京大学出版
社 2009 年版。

三　期刊

胡惠林：《当前中国文化战略发展的几个问题》，《艺术百家》2011 年第 6 期。

胡惠林：《非传统安全与中国国家文化安全研究新范式》，新疆师范大学，
2012 年。

张晓明：《认识文化产业发展不平衡规律科学制定文化产业发展战略》，
《理论与当代》2006 年第 1 期。

傅才武、陈庚：《三十年来的中国文化体制改革进程——一个宏观分析框
架》，《福建论坛》2009 年第 2 期。

花建：《新型城镇化背景下的文化产业发展战略》，《东岳论丛》2013 年
第 1 期。

韩美群：《当代西方文化产业区域发展模式评析》，《国外社会科学》2009
年第 6 期。

丹增：《发展文化产业与开发文化资源》，《求是》2006 年第 1 期。

姚文放：《中国审美文化史的叙述方法》，《探索与争鸣》2012 年第 9 期。

刘英：《俄罗斯文化政策的转轨与启示》，《探索与争鸣》2012 年第 2 期。

陈燕谷：《Hegemony 霸权/领导权》，《读书》1995 年第 2 期。

贾磊磊：《中国文化软实力提升的策略与路径》，《东岳论丛》2012 年第 1 期。

李道中：《市场经济、民主政治与先进文化》，《理论动态》2003 年第
1609 期。

方彦富：《文化政策研究的兴起》，《福建论坛》2010 年第 6 期。

刘玉珠：《政府在发展文化创意产业中的作用》，《求是》2008 年第 8 期。

詹成大：《文化产业集群及其发展模式》，《浙江经济》2009 年第 9 期。

魏鹏举：《艺术集聚区与中国当代文化生态》，《文艺研究》2010 年第 5 期。

吴晨：《文化竞争：欧洲城市复兴的核心》，《瞭望》2005 年第 2 期。

何蓉：《城市化：发展道路、特征与当前问题》，《国外社会科学》2013
年第 2 期。

陶建杰：《十大国际都市文化软实力评析》，《城市问题》2011 年第 10 期。

王琳：《新趋势：文化城市的确立及其发展模式》，《南方论丛》2005 年第 2 期。

花建：《新型城镇化背景下的文化产业发展战略》，《东岳论丛》2013 年第 1 期。

黄鹤：《文化政策主导下的城市更新——西方城市运用文化资源促进城市发展的相关经验和启示》，《国外城市规划》2006 年第 21 期。

四　报刊

周为民：《思想的力量与市场的解放》，《学习时报》2010 年 10 月 25 日。

李舫：《文化产业投融资体系初步建立　总规模超 1330 亿》，《人民日报》2012 年 3 月 9 日。

祁述裕：《如何塑造我国的国家文化形象》，《解放日报》2006 年 11 月 6 日。

艾斐：《文化安全：最有力的维护是创新》，《人民日报》2013 年 3 月 15 日。

五　外文文献

［美］约瑟夫·奈：《美国定能领导世界吗?》，何小东、盖玉云等译，军事译文出版社 1992 年版。

［美］马歇尔·伯曼：《一切坚固的东西都烟消云散了》，徐大健等译，商务印书馆 2003 年版。

［美］V. 布什：《科学：没有止境的前沿——关于战后科学研究计划提交给总统的报告》，范岱年等译，商务印书馆 2004 年版。

［美］萨义德：《文化与帝国主义》，李琨译，生活·读书·新知三联书店 2003 年版。

［美］苏珊·桑塔格：《反对阐释》，程巍译，上海译文出版社 2003 年版。

［美］约翰·米尔斯海默：《大国政治的悲剧》，王义桅、唐小松译，上海人民出版社 2003 年版。

［美］保罗·萨缪尔森、威廉·诺德豪斯：《经济学》（第十七版），萧琛主译，人民邮电出版社 2004 年版。

［美］阿伦·斯科特：《文化产业：地理分布与创意领域》，载林拓等主编《世界文化产业发展前沿报告》，社会科学文献出版社 2004 年版。

［美］理查德·佛罗里达：《创意经济》，中国人民大学出版社 2006 年版。

［美］西蒙·安浩：《铸造国家、城市和地区的品牌竞争优势识别系统》，葛岩、卢嘉杰、何俊涛译，上海世纪出版集团 2010 年版。

［美］道格拉斯·霍尔特、道格拉斯·卡梅隆：《文化战略——以创新的

意识形态构建独特的文化品牌》，汪凯译，商务印书馆 2013 年版。

[日] 日下公人：《新文化产业论》，范作申译，东方出版社 1989 年版。

[日] 渡边靖：《美国文化中心——美国的国际文化战略》，金琮轩译，商务印书馆 2013 年版。

[英] 威廉斯：《关键词——文化与社会的词汇》，刘建基译，生活·读书·新知三联书店 2005 年版。

[英] 查尔斯·兰德利：《创意城市：如何打造都市创意生活圈》，杨幼兰译，清华大学出版社 2009 年版。

[英] 威廉斯：《文化与社会》，彭怀栋译，（台北）联经出版社 1985 年版。

[英] 泰勒：《原始文化》，连树生译，上海文艺出版社 1992 年版。

[德] 马克斯韦伯：《民族国家与经济政策》，生活·读书·新知三联书店 1997 年版。

[荷] C. A. 冯·皮尔森：《文化战略——对我们的思维和生活方式今天正在发生的变化所持的一种观点》，刘利圭等译，中国社会科学出版社 1992 年版。

[加拿大] 保罗·谢弗：《文化引导未来》，许春山等译，社会科学文献出版社 2008 年版。

[加拿大] 保罗·谢弗：《经济革命还是文化复兴》，高广卿等译，社会科学文献出版社 2006 年版。

[法] 弗雷德里克·马特尔：《论美国的文化》，周莽译，商务印书馆 2013 年版。

[法] 弗雷德里克·马特尔：《主流——谁将打赢全球文化战争》，刘成富等译，商务印书馆 2012 年版。

联合国教科文组织、联合国开发计划署编：《创意经济报告 2013》，意娜等译，社会科学文献出版社 2014 年版。

六　英文资料

Joshua Kurlantzick, *Charm Offensive*: *How China's Soft Power Is Transforming the World*, Yale University Press, 2007.

DCMS: *Staying Ahead*: *the Economic Performance of the UK's Creative Industries*, www. culture. gov. uk.

后　记

当下，我们身处全球化进程中，在相互联系和彼此影响中成长，不论是经济领域的相互促进，还是文化领域的相互交往，都有助于人类的成长和文明多样性的发展。全球化增加了选择性，选择越多就越难划一。哲学是爱智学，其实人类在天性上就有一种探索一切奥秘、扩大认知空间和加强精神与心灵沟通的愿望和能力。因此，全球化表面上是资本的全球扩张和狂欢，其实背后也有着人性和人的不断扩大的物质和精神需求本身的驱动，由此推动了全球化的进程。

理想是丰满的，现实是骨感的。仰望星空，我们有无限的遐思与惆怅，回到现实却更多的是无奈。市场经济激发的社会活力，使一向冷寂的学问场也热闹起来。整个社会弥漫着普遍的浮躁、浮夸的风气，信息之丰几用"内爆"来形容，但我们的内心并没有变得充实丰盈，反而感觉难以承受之轻。这或许是一个不甘平庸的学人的心态。在当下以光速、宇宙速度论短长的时代，能够对精神和真理保持敬畏而不为诸多诱惑所动，这确实需要对学术的虔诚和问学的定力。差不多二百年前（1816 年），大哲学家黑格尔在海德堡大学所作的《哲学史讲演录》中曾感叹道："时代的艰苦使人对于日常生活中平凡的琐屑兴趣予以太大的重视，现实上很高的利益和为了这些利益而作的斗争，曾经大大地占据了精神上一切的能力和力量以及外在的手段，因而使得人们没有自由的心情去理会那较高的内心生活和较纯洁的精神活动，以致许多优秀的人才都为这种艰苦环境所束缚，并且部分地被牺牲在里面。因为世界精神太忙碌于现实，所以它不能转向内心，回复到自身。"在今天熙熙攘攘的利来利往的语境下，非自主的又不得不为之的诸多非学术的因素，不断地挤压着学者的心性和时间。若要坚守学术尺度和学术品位，不但需要一种心态的纯粹，更需要一种心灵的淡定和毅力。

文化自觉，不仅是时代和国家民族的召唤，也是个人的自我期许。黑格尔强调："追求真理的勇气和对于精神力量的信仰是研究哲学的第一个条件。人既然是精神，则他必须而且应该自视为配得上最高尚的东西，切不可低估或小视他本身精神的伟大和力量。人有了这样的信心，没有什么东西会坚硬顽固到不对他展开。那最初隐蔽蕴藏着的宇宙本质，并没有力量可以抵抗求知的勇气；它必然会向勇毅的求知者揭开它的秘密，而将它的财富和宝藏公开给他，让他享受。"正是这些激情话语的巨大感召力，使我花十多年之功沉浸在文化问题的研读探讨调研考察中，在纷繁思绪的梳理中拨云见日，拾掇出聊以自慰的点滴之见。

相对于黑格尔那压抑人的"绝对精神"的自主自为，我更愿意借助康德主体性力量的解放和海德格尔"存在之思"的强力夺出，做一番逍遥游。在对文化之道的祈向中，既悉心于文化理念的究问，也关注实践发展的文化战略之探究。文化研究不但要有学术独立的品格，还要有正确的历史观，这样才不会迷失方向，和做出极端化的断制，甚至坠入西方文化所构建的知识学谱系，不自觉地成为西方文化在中国表述的注脚，甚至不自觉地充当"爬虫"。而文化习性和气质是要经过历史淘洗的"文"长期地浸润化成的，方可形成文化自觉和文化自尊。如果不体悟周公、孔孟、老庄、司马迁、朱熹、周敦颐、苏东坡、李清照和关汉卿、曹雪芹、蒲松龄、顾炎武、纳兰性德等人的文化养成和精神底蕴，今天的中国人很难清楚自己是谁，很难明白自己应当做一个什么样的人，很难培育有文化底蕴和价值核心的文化辨识力，从而难以分辨文化之"善"。

笔者对文化产业问题的关注和研究已有十多年之久，期间发表了数十篇论文，还主编过《中国文化产业园》、《国外艺术产业园区》等相关案例研究著作。对文化产业在中国的发展和研究历程有一定的了解，也有一些心得。尽管文化产业研究近年来是学界的一个"热点"问题，学界和社会的关注度很高，但文化产业在学科建设上是一个学科群的概念，在实践中是一个产业群的概念，其广泛的杂糅性是一般学科研究难以相比的，学科的不成熟又加剧了研究的难度，真正把它说清楚明白是有相当难度的，而把它置于国家战略视野下就更加艰难了。本书只是做了初步探索和尝试，肯定会存在诸多不足和肤浅之处，还望方家指正。

本书有幸被国家社科基金列为 2013 年度后期资助课题，在研究过程中得到了诸多专家学者的指导和肯定，尤其得到了中国社会科学出版社郭晓鸿编辑、慈明亮编辑的支持，他们为本书的出版付出了辛劳，在此一并致谢！当然，还要感谢中央党校科研部和文史部的领导，正是他们的支持使本课题能够顺利结项。

2015 年 1 月 16 日于大有庄寓所